# 구글 빅쿼리 완벽 가이드

Google BigQuery
The Definitive Guide

# 구글 빅쿼리 완벽 가이드

빅데이터, AI, 머신러닝 엔지니어를 위한
대용량 데이터 분석 도구

빌리아파 락쉬마난 · 조던 티가니 지음
변성윤 · 장현희 옮김

책만

## 추천의 글

구글 빅쿼리는 10억 명이 넘는 사용자를 보유한 구글 제품에서 수집되는 수천억 개의 유저 행동을 빠르게 처리하고 분석하기 위한 내부 활용을 목적으로 개발된 제품이었습니다. 이후 빅데이터 시대가 도래하고 그 빅데이터에 구글의 훌륭한 기술력이 더해져, 현존하는 가장 크고 강력하며 빠른 서버리스 빅데이터 플랫폼으로 발전했습니다. 이 책은 이러한 빅쿼리를 쉽게 잘 사용할 수 있도록 빅쿼리 공용 데이터셋과 구글 클라우드의 여러 솔루션을 함께 실습하며 배울 수 있는 내용이 가득 담겨 있습니다. 또한 빅쿼리에 익숙한 분이라면 이 책의 중후반부터 심도있게 다뤄지는 고급 과정을 통해 빅데이터 플랫폼의 정수를 깊게 느껴볼 수 있습니다. 제가 빅쿼리를 공부하며 오랜 기간 정독했던 원서였는데, 많은 개발자가 쉽게 읽고 이해할 수 있는 번역서가 출간되어 매우 기쁩니다. 이 책은 빅쿼리를 다루는 분이라면 마치 바이블 서적처럼 회사 책상에 한 권씩 구비해야 하는 책입니다. 만약 빅쿼리를 사용하지 않는다 하더라도 쿼리 엔진의 구조, 컬럼형 스토리지, 쿼리 최적화 방법, 머신러닝 등 빅데이터 플랫폼 아키텍처와 그 정수를 공부하는 데 큰 도움이 되는 책이므로 꼭 일독하시길 권합니다.

**– 백정상 / 구글 파트너 디벨로퍼 애드버킷**

『Google BigQuery: The Definitive Guide』 한국어판이 나오게 되어 기쁘고, 바쁜 중에도 번역을 완료해내신 성윤 님께 감사하고 축하드린다. 빅쿼리는 데이터 처리 용량이나 성능 면에서 획기적일 뿐만 아니라, 누구나 쉽게 데이터로부터 인사이트를 뽑을 수 있게 했다는 데에도 큰 의의가 있다. 이 책은, 여기에 더하여 빅쿼리 도입 효과를 극대화할 수 있는 여러 기법과 예제들을 소개하고 왜 그렇게 되는지를 설명한다. ICT 종사자라면, 특히나 데이터를 다루는 일을 하고 계신다면 꼭 읽어보시기를 추천드린다.

**– 황장군 / 데이터 엔지니어**

2년 전, 쏘카의 데이터 인프라를 처음부터 다시 만들면서 빅쿼리를 회사 전체의 메인 데이터 웨어하우스 및 분석 도구로 사용하기 시작했다. 지금은 200명 가까운 빅쿼리 사용자가 직접 쿼리를 하고 있는데, 이는 회사 전체의 절반이 넘는 인원이다. 회고해보자면 빅쿼리는 극단적으로 시간과 비용을 아껴주면서도 생산성을 극대화해주었기에, 우리가 수행한 여러 가지 시도 중 가장 잘한 결정 중 하나라고 생각한다.

빅쿼리는 역사가 깊은 제품임에도 적극적으로 기능이 변화하고 있어 당시의 빅쿼리 관련 서적은 아쉬움이 많았다. 『구글 빅쿼리 완벽 가이드』는 제목 그대로 빅쿼리를 잘 사용하는 법을 완벽하게 가이드하고 있어 데이터 분석을 새롭게 시작하거나 이미 활용하고 있는 독자 모두에게 큰 도움이 될 것이라 생각한다. 정확한 번역을 위해 고생해주신 역자분들께 감사의 인사를 전하고 싶다.

**– 김상우 / 쏘카 데이터그룹장, 쏘카/타다 데이터 오퍼레이션 총괄**

마이리얼트립이 '데이터가 흐르는 조직'이 되는 데 가장 큰 도움을 준 것은 클라우드 분석 환경, 그중에서도 구글 빅쿼리Google BigQuery다. 빅쿼리를 이용하면 적은 비용과 리소스로 데이터 분석 인프라를 굉장히 효율적으로 구축할 수 있다. 빅쿼리 기반의 분석 환경을 통해 데이터 분석가뿐 아니라 회사의 모든 구성원들이 쉽게 데이터에 접근할 수 있게 되었고, 이는 데이터 기반으로 일하는 문화를 만드는 데 큰 도움이 되었다.

이 책은 기본적인 SQL 언어의 문법부터 빅쿼리를 활용한 데이터 파이프라인 설계와 머신러닝 활용에 이르기까지, 빅쿼리를 통해 할 수 있는 데이터 활용에 대한 주제들을 굉장히 폭넓게 다룬다. 클라우드 데이터베이스를 활용해서 효율적인 분석 환경을 구축하고 싶은 데이터 엔지니어와 분석가들에게 큰 도움이 될 것이라고 생각한다.

**– 양승화 / 마이리얼트립MyRealTrip 그로스실 실장**

데이터 드리븐data-driven 문화를 위해서는 구성원 누구나 부담없이 데이터를 조회할 수 있는 환경이 필요하고, 이를 위한 데이터 웨어하우스를 구성해야하는 문제를 만나게 됩니다. 빅쿼리는 이러한 문제를 해결해주는 강력한 솔루션이고, 『구글 빅쿼리 완벽 가이드』는 완벽 가이드라는 제목 그대로 빅쿼리와 관련된 모든 내용을 일목요연하게 담아낸 책입니다. 빅쿼리가 왜 강력한지부터 시작해, 기본적인 SQL 문법부터 배열 / 구조체 / 윈도우 함수 등 빅쿼리 표준 SQL의 고급 문법, 빅쿼리 내부 아키텍처, 쿼리 퍼포먼스 최적화, 원하는 데이터를 빅쿼리에 로딩시키는 다양한 패턴들 소개와 더불어 스크립팅, BI 엔진, 빅쿼리 머신러닝 같은 최신 주제들까지, 빅쿼리 사용자에게 필요한 모든 내용을 충실히 담아냈습니다. 데이터플로우, 컴포저 같은 구글 클라우드의 다른 서비스들과 연계하여 통합된 데이터 시스템을 구성하는 패턴들에 대해서도 잘 설명되어 있어 이를 고민하는 엔지니어들에게도 훌륭한 길잡이가 되어줄 것입니다.

**– 이창현 / 매스프레소Mathpresso 데이터 팀 리드**

분산 파일 시스템의 기틀을 마련했지만 플랫폼 주도권 경쟁에서 오픈소스에 밀리고 말았던 구글은, 절치부심 하던 차 클라우드 시대를 맞이하여 주도권을 잡기 위한 기술력을 다시 한번 뽐내고 있다. 빅쿼리는 그런 구글의 기술력이 집약된 결정체로, 마치 마법과 같은 놀라운 성능을 보여주는 제품이다. 이 책은 구글에서 디렉터로 재직 중인 저자가 직접 집필하여 정확한 내용과 함께 풍부한 예제, 빅쿼리의 내부 구조를 상세히 소개한다. 빅쿼리의 마법이 궁금했던 이들에게 마법이 아닌 기술임을 알려주는 것은 물론, 빅쿼리를 잘 이해하고 있는 역자진의 자연스러운 번역과 함께 독자를 빅쿼리의 마법으로 이끌어줄 것이다. 마법에 빠져들고 싶은 모든 이에게 추천한다.

**– 박상길 / 현대자동차 AIRS 책임연구원, 『파이썬 알고리즘 인터뷰』 저자**

빅데이터 시대라는 말은 이제 이전 시대의 용어처럼 느껴짐에도 불구하고 데이터를 제대로 활용하는 회사는 드뭅니다. 데이터를 잘 사용해서 제품에 적용한다는 말이 언뜻 쉬워 보여도 데이터를 잘 쌓고 정제해서 분석하고 응용하는 과정은 어렵습니다. 특히 무엇보다도, 실제로 제품을 개발하는 개발 부서에서 직접 데이터를 쉽게 볼 수 있는 것이 중요합니다. 데이터 전문 인력이 아니더라도 제품을 개발하면서 적재적소에 데이터를 잘 활용하는 것은 매우 중요합니다.

빅쿼리는 개발자가 아니더라도 콘솔에서 쉽게 데이터를 조회하고 분석하고 더 나아가 대시보드까지 만들 수 있도록 환경을 만들어줍니다. 빅쿼리를 통해 대량의 데이터를 조회하는데 속도가 워낙 빨라서 데이터 분석 과정의 속도의 혁신이 생기고 있습니다. 이 책에서는 빅쿼리가 어떤 점에서 훌륭하고 어떻게 구성되어 있는지부터 시작해서 SQL까지도 친절하게 설명해줍니다. 데이터를 잘 활용하기 위해 빅쿼리를 고민하는 곳이라면 이 책은 정말 많은 도움이 될 것이라고 생각합니다.

**– 이웅원 / 당근마켓 데이터 사이언티스트**

이 책은 엔터프라이즈 데이터 웨어하우스를 기존 기술 스택에서 구글 클라우드로 이전하려는 빠르게 성장하는 기업들에게 꼭 필요한 책이다. 이 책의 저자 락과 조던은 비즈니스 분석에 엔터프라이즈 데이터 웨어하우스로 사용할 수 있고, SQL을 사용해 실시간 데이터 스트림을 쿼리할 수 있는 빅쿼리의 포괄적인 내용을 설명한다. 관리형 하둡 및 스파크 클러스터에서 빅쿼리에 액세스하며, 머신러닝을 사용해 카테고리를 자동으로 분류하고 당신의 데이터를 예측한다. 이 책의 저자인 락과 조던은 빅쿼리를 포괄적으로 다루므로, 빅쿼리의 다양한 활용을 배울 수 있다. 비즈니스 분석을 위한 기업용 데이터 웨어하우스로 활용할 수 있을 뿐만 아니라, SQL을 이용한 실시간 데이터 스트림 조회, 관리형 하둡과 스파크 클러스터에서 빅쿼리로의 접근, 머신러닝을 이용한 데이터의 자동 분류 및 예측에도 빅쿼리를 활용할 수 있다.

**– 토마스 쿠리안Thomas Kurian / 구글 클라우드Google Cloud의 CEO**

이따금씩 세상의 모든 것을 변화시키는 소프트웨어나 서비스가 나오기도 한다. 빅쿼리는 기업이 데이터에 대해 생각할 수 있는 모든 방법을 변화시켰다. 애초부터 세계에서 가장 거대한 데이터셋을 처리하기 위해 설계된 빅쿼리는 데이터 분석과 학습을 위한 최고의 플랫폼 중 하나로 자리잡았다. 2016년 6월에 발표된 '표준 SQL'은 지금까지 설계한 SQL 중 가장 깔끔하고 완전하며 강력한 구현 중 하나다. 빅쿼리의 강력한 기능의 몇 가지 예를 들자면, 중첩된 데이터, 자바스크립트와 SQL의 사용자 정의 함수, 지리 공간 데이터, 머신러닝과의 통합, URL을 통한 데이터 공유 등이 있다. 빅쿼리를 배우려 한다면, 이 세상에서 빅쿼리를 가장 잘 아는 2명인 조던과 락이 쓴 이 책말고 다른 선택지는 없을 것이다.

**– 로이드 탭Lloyd Tabb / 루커Looker의 공동 창업자이자 CTO**

7년 넘게 빅쿼리를 사용해왔음에도 빅쿼리에 대해 내가 미처 몰랐던 내용을 이 책에서 알려준다는 사실에 정말 기뻤다! 이 책은 모범 사례와 기법에 대한 귀중한 통찰력을 제공하며, 여러 가지 개념을 이해하기 쉽게 설명한다. 실용적인 방식으로 내용을 따라갈 수 있도록 훌륭하게 구성된 코드 예제는 책에 재미와 흥미를 배가시켜준다. 빅쿼리 사용자들에게 믿을 만한 참고서가 될 것임에 분명하다.

**– 그레이엄 폴리Graham Polley / 서비안Servian의 경영 컨설턴트**

빅쿼리는 많은 데이터를 매우 빠르고 저렴한 비용으로 처리할 수 있다. 빅쿼리 플랫폼은 모든 데이터를 한곳에 저장해 더 빠른 통찰력을 얻을 수 있도록 도와준다. 이 책은 빅쿼리의 핵심 부분에 대해 자세히 설명한다. 이 책에서 두 명의 저명하며 전설적인 구글러인 라크 락쉬마난과 조던 티가니와 함께 여러분은 빅쿼리의 본질은 물론, 머신러닝 같은 고급 주제에 대해 배울 수 있다. 나는 빅쿼리의 광팬이다. 빅쿼리를 직접 사용해 본 내 경험에 비춰보건대, 빅쿼리는 여러분의 빅데이터 삶을 훨씬 수월하게 만들어줄 것이라 단언한다. 내가 감탄하며 읽은 이 책을 통해 이제 여러분의 빅쿼리 여행이 시작된다! 가봅시다!

**– 미하일 베를리언트Mikhail Berlyant / 바이언트Viant Inc의 SVP 테크놀러지**

## 한국어판 특별 서문

한국은 빅쿼리를 초창기부터 사용해 왔습니다. 2015년에는 한국의 레진 엔터테인먼트 소속 개발자가 빅쿼리 사용에 대한 세미나를 진행하기도 했죠(https://www.slideshare.net/modestjude/big-query-43974844). 클라우드 컴퓨팅이 점점 발전하면서 한국에서도 다양한 분야의 여러 기업이 데이터 웨어하우스, 데이터 분석, 머신러닝 등에 빅쿼리를 활용하는 사례가 늘고 있습니다. 하지만 한국 개발자 입장에서 빅쿼리를 시작하고 권장 사례를 찾아보기란 쉽지 않았습니다. 참고 문서의 내용과 이런저런 블로그 포스트를 찾아 조합해야 겨우 원하는 바를 찾을 수 있었을 겁니다. 그렇기에 『Google BigQuery: The Definitive Guide』의 한국어판 『구글 빅쿼리 완벽 가이드』 출간을 축하하지 않을 수가 없네요!

그동안 높은 수준의 도서를 출간해 온 책만 출판사에서 한국어판이 출간된다고 하니 정말 자랑스럽습니다. 번역 경험이 풍부한 장현희 님과 머신러닝 및 데이터 과학에 경험이 풍부한 변성윤 님이 만나 원서 내용에 충실하면서도 쉽게 읽히는 책으로 번역해냈다고 들었습니다. 저는 한국어를 모르지만 구글코리아의 믿을 만한 동료에게 물어보니 번역 품질은 걱정할 것 없다고 하더군요.

다른 클라우드 기술처럼 빅쿼리도 계속해서 빠르게 발전하고 있습니다. 작년에만 해도 스크립팅, 영구 사용자 정의 함수, 새로운 머신러닝 모델 등이 추가되었죠. 하지만 빅쿼리는 벌써 10여 년간 유지되어 온 제품이고 핵심 아키텍처도 매우 안정적이므로 이 책에서 제시하는 권장 사례는 여전히 유효합니다. 특히 이번 한국어판은 제가 2020년 6월에 마지막으로 업데이트한 원서의 내용도 담고 있다고 들었어요. 원서에 대한 내용은 깃허브 웹사이트(https://github.com/GoogleCloudPlatform/bigquery-oreilly-book)에 지속적으로 업데이트하겠습니다.

빅쿼리 사용자 커뮤니티에 합류하신 것을 환영합니다!

**2020년 11월**<br>
**미국 워싱턴 주 벨뷰에서**<br>
**발리아파 락쉬마난**

## 지은이 소개

**발리아파 락쉬마난**Valliappa (Lak) Lakshmanan

구글 클라우드의 데이터 분석 및 AI 솔루션 부문의 글로벌 책임자다. 빅쿼리를 비롯한 구글 클라우드 데이터 분석 및 머신러닝 제품을 사용한 비즈니스 문제에 대한 소프트웨어 솔루션을 구축하는 팀을 이끌고 있다. 『구글 클라우드 플랫폼상의 데이터 과학』(에이콘출판, 2019)을 집필했다.

**조던 티가니**Jordan Tigani

빅쿼리 제품 관리 디렉터다. 빅쿼리를 만든 엔지니어 중 한 명으로, 빅쿼리를 구글 클라우드에서 가장 성공적인 제품 중 하나로 성장시키는 데 일조했다. 빅쿼리에 관한 첫 책을 집필하고, 널리 강의해왔다. 마이크로소프트 리서치부터 시작해 머신러닝 스타트업에 이르기까지 20여 년간 소프트웨어 개발 경험을 쌓았다.

## 지은이 감사의 말

정말 운 좋게도 훌륭한 리뷰어들이 우리 책을 검토해줬다. 엘리엇 브로사드, 에반 존스, 그레이엄 폴리, 레베카 워드, 테건 티가니는 이 책의 모든 장을 검토하고 다양한 개선안을 알려줬다. 엘리엇은 책에 들어가는 SQL 쿼리를 간결하고 깔끔하게 만들어줬다. 우리는 구글 파이낸스 분야에서 빅쿼리를 활용한 에반의 경험에도 도움을 받았다. 그레이엄은 비용 및 지역화와 관련된 내용에 대해 고객 관점의 귀중한 의견을 내줬다. 레베카는 사실 검증을 해줬고, 테건은 책의 설명이 단순하고 간단하게 표현됐는지 확인해줬다. 이 다섯 명 외에도 많은 구글 직원(채드 제닝스, 하리스 칸, 미샤 브루크만, 대니얼 건드럼, 모샤 파슈만스키, 아미르 호르마티, 밍게 뎅)은 각자의 전문 분야에서 원고를 검토해줬다. 혹여 이 책에 오류가 있다면, 우리 저자들이 찾아내지 못한 것이다.

우리를 응원해준 가족, 팀원, 매니저(로차나 골라니, 수디르 하스베)에게도 감사를 전한다. 오라일리의 편집자인 니콜 타쉐와 크리스틴 브라운과도 즐겁게 일했다. 매의 눈을 지닌 교열편집자 밥 러셀 덕분에 글이 엄청나게 좋아졌다. 이 책의 기획 아이디어를 낸 삽타르시 무케르지는 우리 둘이 새로운 빅쿼리 책을 공동 집필하도록 판을 짜줬다.

마지막으로, 항상 빅쿼리를 월등히 개선해주는 빅쿼리 사용자들(그리고 경쟁사들!)과 마법을 실현시킨 빅쿼리 엔지니어링 팀에게 감사를 표하고 싶다.

우리는 이 책의 인세 수입 전부를 우리가 살고 있는 킹 카운티의 유나이티드 웨이(https://www.uwkc.org)에 기부하고 있다. 이 책을 읽는 독자 여러분도 자선단체에 참여해 기부하거나 봉사하고, 지역사회의 가장 어려운 문제를 해결하기 위해 부디 행동에 나서주기를 바란다.

## 옮긴이 소개

**변성윤**(snugyun01@gmail.com)

인프런에서 카일스쿨이란 이름으로 강의를 진행하며, 스타트업의 데이터 역량을 개선하는 일을 하고 있습니다. 데이터 분석, 머신러닝 엔지니어링, 데이터 엔지니어링, 구글 클라우드 플랫폼, MLOps 등에 관심이 있으며, 기술에 대해 이야기하는 것을 좋아합니다. 또한 기술을 이해하기 쉽게 전달하는 교육에도 관심이 많고, 알고 있는 지식을 쉽고 간결하게 전달하려고 노력하며, 주변 사람들을 성장시키고 동기부여하기 위해 애씁니다.

'어쩐지 오늘은'이란 개발 블로그(https://zzsza.github.io/)를 운영하고 있고, 데이터 사이언스를 공부하고 싶은 분들을 위해 'I-want-to-study-Data-Science'(https://github.com/Team-Neighborhood/I-want-to-study-Data-Science/wiki)라는 자료를 만들었습니다. 최근엔 커리어 관련 내용을 전달하는 '카일 스쿨'이란 유튜브(https://www.youtube.com/c/kyleschool)를 시작했습니다.

**장현희**(aspnetmvp@gmail.com)

캐나다 캘로나 소재 QHR Technologies에서 시니어 소프트웨어 엔지니어로 근무 중이다. 21년째 개발자로 활동하며 25권에 이르는 프로그래밍 전문서를 집필하고 번역해왔다. 한국 개발자 커뮤니티에 조금이나마 기여하기 위해 원서 내용에 충실하면서도 읽기 쉬운 번역서를 만들기 위해 노력하고 있다.

대표 번역서로 『클라우드 네이티브 자바』(책만, 2018)와 『엔터프라이즈 데이터 플랫폼 구축』(책만, 2020) 등이 있다.

## 옮긴이의 말

데이터사이언스, AI 등 데이터와 관련된 산업은 빠르게 성장하고 있습니다. 특히 최근 몇 년간 머신러닝/딥러닝 분야는 상상을 초월하는 크나큰 발전이 있었습니다. 뿐만 아니라 데이터 처리 분야도 빠르게 발전하고 있습니다. 대표적으로 아파치 하둡, 아파치 스파크 등이 있고, 많은 양의 데이터를 빠르게 처리하는 방법에 대해 고민합니다. 이런 움직임 가운데에서 구글은 2011년에 드레멜Dremel 엔진을 사용한 빅쿼리BigQuery를 출시해 데이터 처리 분야의 혁신을 이루고 있습니다.

빅쿼리는 다양한 장점이 있습니다. 그중 대표적인 장점을 꼽자면 다음과 같습니다.

- 인프라를 구글이 관리하기 때문에, 사용자 입장에서 인프라를 관리할 필요가 없습니다.
- 내부적으로 분산 처리를 사용해 데이터를 빠르게 추출 및 가공할 수 있습니다.
- 지리 데이터 분석을 위한 GIS 함수, 머신러닝을 위한 빅쿼리 ML 등을 사용할 수 있습니다.
- 파이어베이스Firebase를 사용할 경우, 앱 로그 데이터를 쉽게 획득할 수 있습니다.

이 책 『구글 빅쿼리 완벽 가이드』는 구글 클라우드 플랫폼의 데이터 웨어하우스인 빅쿼리에 대한 모든 것을 담은 책입니다. 빅쿼리는 대용량 데이터를 빠르게 처리할 수 있도록 설계되었으며, SQL로 데이터를 추출할 수 있기 때문에 특정 프로그래밍 언어(예를 들어 스칼라, 파이썬 등)를 사용하는 아파치 스파크 등에 비해 배우기가 수월합니다. 또한 데이터 인프라를 별도로 관리할 필요가 없기 때문에, 사용자는 인프라 관리에 신경쓰지 않고 빅쿼리에서 데이터를 추출하는 업무에 집중할 수 있습니다. 이미 많은 데이터 처리 도구가 나와 있지만, 이와 같은 이유로 최근 들어 빅쿼리는 가장 큰 각광을 받고 있습니다.

오늘날에는 데이터 분석가가 아니어도 기획자, 마케터 등 다양한 직군에서 SQL을 공부합니다. SQL은 데이터를 추출하기 위해 사용하는 언어로, SQL에 익숙하면 회사에 저장되어 있는 데이터를 쉽고 빠르게 추출할 수 있습니다. 직군을 막론하고 커리어에서 SQL을 다룰 수 있으면 매우 큰 장점이 될 수 있으므로, 조금씩 꾸준히 공부하시면 좋을 것입니다.

저 또한 빅쿼리를 4년 넘게 사용하고 있습니다. 빅쿼리를 사용하는 지난 4년 여간 많은 분이 쉽게 빅쿼리를 사용할 수 있도록 여러 자료를 만들어왔습니다. 여러 자료를 만들던 중, 이 책의 원서인 『Google BigQuery: The Definitive Guide』를 처음 접했을 때의 기분을 잊을 수 없습니다. 이 책은 빅쿼리에 관련한 책 중 가장 자세한 내용을 담고 있으며, 데이터 분석가 또는 데이터 엔지니어 모두가 읽으면 좋은 내용이 설명되어 있습니다. 국내 독자 여러분을 위해, 원서에 좀 더 내용을 추가해서 다음과 같은 내용을 한국어판에서 더 보실 수 있습니다.

1. 한국어판 특별 부록

   책을 모두 번역하고 나니 실제로 파이프라인을 어떻게 만드는지에 대한 내용이 있으면 좋을 것 같아, 한국어판 특별 부록으로 '클라우드 컴포저와 빅쿼리를 사용한 ELT 파이프라인 만들기'라는 글을 기고했습니다. 이 부록에서는 아파치 에어플로우Apache Airflow의 매니지드 서비스인 클라우드 컴포저Cloud Composer 사용 방법을 안내하며 빅쿼리를 사용한 ELT 파이프라인을 만드는 내용을 배우실 수 있습니다.

2. 이 책의 소스 코드

   원서의 깃허브를 확인해본 결과, 각 장별로 모든 쿼리가 각기 하나의 파일에 저장되어 있었습니다. 이 부분은 책을 공부하시는 분들의 편의성을 낮출 수 있다고 생각해, 각 예제별로 모든 쿼리를 나눠 정리하고 저장했습니다. 한국어판에 담긴 예제별 소스코드는 책만 출판사의 깃허브(https://github.com/onlybooks/bigquery)에서 확인하고 내려받으실 수 있습니다. 혹시 책을 구입하고 학습하시는 중 이해가 잘 안 되는 내용이 있으시면 이 책의 공식 깃허브 이슈 트래커(https://github.com/onlybooks/bigquery/issues)에 바로 등록하시거나, 제 깃허브 계정(zzsza)을 태그하고 질문해주시면 최대한 빠르게 답변드리겠습니다.

이 책을 번역하고 출간하게 되어 너무나 영광입니다. 앞으로 좀 더 많은 분이 빅쿼리를 사용하면 좋겠습니다. 항상 제 선택을 존중해주시고 힘이 되어주시는 부모님, 번역을 제안해주시고 도움을 주신 김희정 대표님과 전진태 대리님, 공동으로 번역해주신 장현희 님, 책을 편집해주신 김창수 님, 그리고 책 추천사를 작성해주신 백정상, 황장군, 김상우, 양승화, 이창현, 이웅원, 박상길 님께 감사드립니다. 또한 이 책을 보고 계신 독자분들에게도 감사의 인사를 드립니다.

**– 변성윤**

구글 빅쿼리는 대용량 데이터의 저장 및 분석에 뛰어난 성능을 발휘하는 클라우드 기반 서비스입니다.

대용량 데이터나 빅데이터 같은 용어는 이미 오래전부터 우리 주변을 맴돌았지만 이를 제대로 저장하고 활용할 수 있는 인프라스트럭처나 애플리케이션을 구현하기란 쉽지 않은 일이었죠. 대용량 데이터를 자체적으로 처리하기 위해서는 많은 전문 지식과 비용 그리고 이를 제대로 구축할 수 있는 경험있는 개발자와 지탱할 수 있는 인프라스트럭처가 필요했지만 모든 기업이 이런 조건을 갖출 수는 없었기에 더욱 어려웠는지도 모릅니다.

하지만 클라우드 기술과 서비스가 발전하면서 이제는 매우 저렴한 비용으로 기반 인프라스트럭처나 확장성, 성능에 대한 걱정 없이 누구나 쉽고 빠르게 사용할 수 있는 기술들이 등장하기 시작했고 구글 빅쿼리는 바로 이런 가치를 제공하는 서비스 중 하나입니다. 특히 기존의 ANSI SQL과 호환되는 쿼리 언어를 지원한다는 것도 큰 장점이라고 할 수 있습니다.

타 빅데이터 플랫폼 대비 구글 빅쿼리의 장점은 크게 2가지로 정리할 수 있습니다.

1. 쉬운 사용성

   아파치 스파크나 하둡 등 기존의 빅데이터 플랫폼과 달리 빅쿼리는 ANSI SQL과 호환되는 쿼리 언어를 지원하므로 대용량 데이터 처리를 아직 경험하지 못한 개발자라도 RDBMS 사용 경험이 있다면 금세 활용할 수 있을 정도로 쉽습니다. 물론 데이터가 분산되어 있다는 점과 이를 효율적으로 활용하기 위한 분산 쿼리를 작성하는 경험을 쌓아야 하지만 완전히 생소한 언어를 배우거나 로직을 구현해야 하는 것에 비하면 장족의 발전이 아닐 수 없습니다.

2. 클라우드 인프라스트럭처

   여타의 클라우드 서비스가 그렇듯 빅쿼리도 클라우드 기반 서비스이므로 사용자가 직접 인프라스트럭처를 운영할 필요가 없습니다. 따라서 비싼 운영비에 대한 부담도 줄어들죠. 빅쿼리의 비용 정책은 상당히 효율적이어서 사용자가 빅쿼리의 특징을 충분히 이해하고 주의를 기울인다면 훨씬 저렴한 비용으로 훨씬 빠른 시간 내에 원하는 결과를 얻어낼 수 있습니다.

이 책은 이와 같은 빅쿼리의 탄생부터 아키텍처, 그리고 활용에 이르기까지 개발자가 필요한 지식을 재미있으면서도 실용적인 예제와 함께 설명하고 있습니다. 구글에서 클라우드 데이터 분석과 머신러닝 제품 개발에 오랜동안 빅쿼리를 활용해 온 저자진의 경험과 노하우는 이 책을 읽는 독자에게 큰 도움이 될 것입니다. 서비스에 새로운 기능이 빠르게 추가되는 클라우드 서비스를 다루는 책이다 보니, 이 책도 출간 후 7개월 만에 업데이트가 있었고, 다행히도 저자의 협조를 받아 해당 내용을 모두 반영해 출간할 수 있었습니다. 이 번역서는 최신 업데이트를 포함해 공역자이신 변성윤 님이 추가로 저술한 부록까지 포함하고 있으니 가장 최신 버전의 빅쿼리에 대해 즐겁게 학습하실 수 있으리라 믿습니다.

좋은 책과 더불어 한국어판 독자를 위해 특별히 서문까지 보내 준 저자 발리아파 락쉬마난과 조던 티가니에게 고마운 마음을 전합니다. 또한 이렇게 좋은 책을 번역할 수 있는 기회를 주신 책만의 김희정 대표님과 변성윤 님께도 감사를 전합니다. 책을 리뷰해주신 모든 분과 추천사를 작성해주신 황장군 님, 백정상 님, 김상우 님, 박상길 님, 양승화 님, 이창현 님, 이웅원 님, 일일이 찾아뵙고 인사를 드리지 못해 송구하면서도 감사합니다. 번역 작업을 하는 동안 늘 곁에서 응원해준 사랑하는 아내 지영과 예린, 은혁에게도 사랑을 전합니다.

끝으로 어려운 시기에도 개인의 역량 강화와 대한민국 소프트웨어 산업의 발전을 위해 늘 노력하는 독자 여러분을 응원합니다. 고맙습니다.

**– 장현희**

# 차례

## 10장 빅쿼리 관리 및 보안 539

## 한국어판 특별 부록 클라우드 컴포저와 빅쿼리로 ELT 파이프라인 만들기 583

기업은 점점 데이터 기반으로 움직이고, 회사의 모든 데이터를 통합한 중앙 저장소인 데이터 웨어하우스가 데이터 전략의 핵심으로 떠오른다. 전통적으로 데이터 웨어하우스는 데이터 분석가가 분석 보고서를 작성할 때 사용했다. 그러나 이제는 실시간 대시보드를 생성하거나 애드혹 쿼리를 작성할 때, 그리고 예측 분석을 통해 의사결정 지침을 제공할 때 많이 사용하고 있다. 오늘날 많은 조직이 구글 빅쿼리 같은 클라우드 기반 데이터 웨어하우스로 이전하는 주된 이유는 고급 분석에 대한 비즈니스 요구와 더불어 비용 관리, 민첩성, 자체 서비스의 데이터 접근 등 때문이다.

이 책에서는 서버리스serverless이자 확장성이 뛰어난 저비용 엔터프라이즈 데이터 웨어하우스인 구글 클라우드의 빅쿼리에 대해 자세히 다룬다. 인프라스트럭처를 관리할 필요가 없으므로, 기업은 익숙한 SQL을 사용해 의미있는 통찰력을 찾는 데이터 분석에 집중할 수 있다.

우리가 빅쿼리를 통해 이루고자 했던 목적은 최첨단 기능을 제공하고 클라우드 환경에서 사용할 수 있는 우수한 기술을 십분 활용하며 오늘날에도 믿고 활용할 수 있는 검증된 데이터 기술을 지원하는 데이터 플랫폼의 구축이다. 예컨대 첨단 기술의 측면에서, 구글 빅쿼리는 연산과 스토리지를 분리하는 서버리스 컴퓨팅 아키텍처다. 덕분에 아키텍처의 다양한 계층을 독립적으로 실행하고 확장할 수 있으며, 디자인과 배포 면에서 데이터 과학자에게 더욱 높은 유연성을 제공할 수 있다. 조금 독특하지만 빅쿼리는 머신러닝과 지리공간 분석도 네이티브로 지원한다. 또한 빅쿼리는 클라우드 펍/섭, 클라우드 데이터플로우, 클라우드 빅테이블, 클라우드 AI 플랫폼을 비롯한 다양한 서드파티 도구와 통합할 수 있다. 이를 바탕으로 광범위한 수준의 처리량과 응답 대기 요구사항을 충족하면서도 오래된 시스템과 현대적 시스템 모두와 상호운용이 가능하다. 검증된 데이터 기술 측면에서 빅쿼리는 많은 사용자가 요구해 온 애드혹 데이터 탐색의 핵심인 ANSI 표준 SQL, 컬럼 기반 최적화, 통합 쿼리 등을 지원한다.

## 이 책의 대상 독자

대규모 데이터셋에서 인사이트를 도출하기 위해 빅쿼리를 사용하는 데이터 분석가, 데이터 엔지니어, 데이터 과학자를 위한 책이다. 데이터 분석가는 루커Looker, 데이터 스튜디오Data Studio, 태블로Tableau 같은 대시보드 도구나 SQL를 활용해 빅쿼리를 사용할 수 있다. 데이터 엔지니어는 아파치 스파크Apache Spark와 아파치 빔Apache Beam 등의 프레임워크를 이용해 파이썬이나 자바로 작성한 데이터 파이프라인을 빅쿼리와 통합할 수 있다. 데이터 과학자는 빅쿼리에서 머신러닝 모델을 구축하고 빅쿼리에 저장된 데이터를 기반으로 텐서플로Tensorflow 모델을 실행하며 주피터 노트북Jupyter Notebook으로 빅쿼리에서 대용량 분산 작업을 실행할 수 있다.

팁이나 권고 사항을 나타낸다.

일반적인 참고 사항을 나타낸다.

주의사항이나 경고를 나타낸다.

## 초판 업데이트 사항

빅쿼리에는 빠른 속도로 새로운 기능 추가와 개선이 이뤄지고 있다. 빅쿼리에 적용되는 새로운 기능과 개선 사항을 설명하는 내용은 https://github.com/GoogleCloudPlatform/bigquery-oreilly-book에 꾸준히 업로드할 것이다. 또한 주기적으로 내용을 요약해 이 책의 원서에도 반영할 것이다.

이 책은 2019년 11월에 처음 출간되었으며 첫 번째 업데이트는 2020년 6월에 적용되었다. 이번 업데이트는 스크립팅, 예약, 구체화된 뷰, 컬럼 수준 보안, 동적 SQL, 머신러닝, 테이블 수준 접근 제어, 통합 쿼리 등과 관련된 절을 새로 추가하거나 내용을 보강했다.

## 이 책의 예제 코드 활용

이 책에 수록된 예제 코드 등 보충 자료는 https://github.com/onlybooks/bigquery에서 내려받을 수 있다.

이 책은 여러분을 돕기 위해 만들어졌다. 코드의 중요한 부분을 수정하지 않는다면, 전반적으로 이 책에 사용된 코드는 별도의 허가 없이 여러분의 프로그램이나 문서에 사용해도 된다. 예를 들어 이 책에 사용된 여러 코드 조각들을 모아서 새로운 프로그램을 작성할 때도 별도로 허가를 받을 필요는 없다. 이 책의 내용과 코드를 인용해서 질의 응답에 사용하는 것도 별도의 허가는 받지 않아도 된다. 하지만 이 책에 사용된 코드의 상당 부분을 여러분의 제품 문서에 포함하는 것은 허가를 받아야 한다.

출처를 밝혀주면 고맙지만 강제는 아니다. 출처를 넣을 때는 일반적으로 제목, 저자, 역자, 출판사, ISBN을 포함하는 것이 좋다. 예를 들면 "『구글 빅쿼리 완벽 가이드』, 발리아파 락쉬마난, 조던 티가니 지음, 변성윤, 장현희 옮김, 책만, 9791189909239"와 같이 작성한다. 여러분이 이 책의 내용을 사용할 때 공정 사용이나 허가 범위를 넘어서는 것이 우려스럽다면 주저하지 말고 permissions@oreilly.com(원서의 경우)이나 support@onlybook.co.kr(번역서의 경우)로 연락 주시기 바란다.

## 오라일리 온라인 러닝

O'REILLY® 지난 40여 년간 오라일리 미디어O'Reilly Media는 기업의 성공을 돕기 위해 기술 및 비즈니스 교육, 지식, 통찰을 제공해 왔다. 전문가와 혁신가들로 구성된 오라일리 네트워크에서는 서적, 기사, 컨퍼런스, 온라인 학습 플랫폼을 통해 지식과 전문성을 공유한다. 오라일리의 온라인 학습 플랫폼에서는 라이브 교육, 심도 있는 학습, 대화형 코딩 환경을 비롯해 오라일리 등 200곳 이상의 출판사에서 제공하는 방대한 텍스트 및 비디오를 상시 이용할 수 있다. 자세한 내용은 http://oreilly.com을 참고하기 바란다.

## 독자 문의와 도서 정보 페이지

한국어판에 대한 의견이나 질문, 오탈자 및 오류 신고는 책만 출판사 편집팀 support@onlybook.co.kr 주소로 메일을 주시면 최대한 빠른 시일 안에 회신 드리겠습니다. 이 책의 도서 정보와 기술 사항, 정오표 등은 책만 출판사 사이트(https://www.onlybook.co.kr/entry/bigquery)에서 찾아볼 수 있습니다. 원서와 관련한 정보는 오라일리 출판사 사이트(https://www.oreilly.com/library/view/google-bigquery-the/9781492044451/)와 https://github.com/GoogleCloudPlatform/bigquery-oreilly-book(원서 소스코드)에서 찾아 볼 수 있습니다.

1장

# 구글 빅쿼리

## 데이터 처리 아키텍처

구글 빅쿼리Google BigQuery는 쿼리 엔진이 내장된 서버리스serverless 서비스로, 확장성이 높은 데이터 웨어하우스다. 내장된 쿼리 엔진은 수 테라바이트의 데이터에 대한 SQL 쿼리를 단 몇 초 만에 처리할 뿐 아니라, 수 페타바이트의 데이터는 불과 몇 분이면 처리한다. 게다가 인프라를 별도로 관리하지 않고도, 그리고 인덱스를 만들거나 재구성하지 않아도 이런 성능을 얻을 수 있다.

빅쿼리는 팬이 엄청나게 많다. 스포티파이Spotify 엔지니어인 폴 레이미어Paul Lamere는 "마침내 우리 팀이 대용량 데이터를 빅쿼리로 신속하게 분석할 수 있게 되었다."면서 2016년 2월 "구글 빅쿼리는 정말 끝내준다!"라는 트윗을 올렸다. 그러면서 "2억 2천만 개의 데이터에 연산을 실행해 2만 개 정도로 요약하는 데 채 1분도 걸리지 않았다."고 부연했다. 빅쿼리의 가장 큰 특징은 규모와 속도이지만, 더 혁신적인 것은 서버리스에 내재한 단순함과 애드혹ad hoc 쿼리 덕분에 새로운 방식으로 작업할 수 있어서 인프라를 운영할 필요가 없다는 점이다.

많은 회사가 데이터에 기반해 의사결정을 하고 있으며 데이터를 특정 부서에서 독점하지 않는 개방된 문화를 만들고 있다. 이에 빅쿼리는 민첩하며 개방적인 문화로의 전환을 가능케 하는 기술적 수단을 제공해 혁신 속도를 높이는 데 큰 역할을 하고 있다. 예를 들어 최근 트위터는 자사 블로그에 "가장 많이 사용되는 테이블을 다양한 부서(엔지니어링팀, 재무팀, 마케팅팀) 직원들에게 제공함으로써, 빅쿼리로 데이터 분석의 민주화를 이뤄냈다."는 글을 올리기도 했다(https://blog.twitter.com/engineering/en_us/topics/infrastructure/2019/democratizing-data-analysis-with-google-bigquery.html).

글로벌 물류 소프트웨어 회사인 알페가 그룹Alpega Group에서는 빅쿼리가 제공하는 향상된 혁신과 민첩성 덕분에 문제 해결에 큰 도움이 되었다고 한다. 빅쿼리를 도입하면서 빠른 고객 대면 분석을 실시간으로 제공할 수 없는 상황에서 벗어났고, 클러스터나 인프라를 유지 관리할 필요가 없어져서 알페가의 소규모 기술팀은 소프트웨어 개발에 집중하게 되었으며, 데이터를 가지고 자유롭게 작업할 수 있게 되었다. 회사의 수석 아키텍트인 아트 베르베케Aart Verbeke는 "빅쿼리는 우리가 새로운 눈을 뜨게 해줬죠. 전통적인 환경에선 개별 빌딩 블록 모두를 설치, 설정, 배포 및 호스팅해야 했습니다. 이제 우리는 간단히 연결하고 필요한 만큼만 사용합니다."라고 말했다(https://cloud.google.com/customers/alpega).

물품 대여점 체인을 운영한다고 해보자. 고객에게 요금을 청구할 때 대여 기간을 기준으로 하므로 올바르게 청구할 수 있도록 다음과 같은 세부 정보를 기록해야 한다.

1. 물품을 어디서 빌렸는가
2. 물품을 언제 빌렸는가
3. 물품을 어디서 반납했는가
4. 물품을 언제 반납했는가

아마도 고객이 물품을 반납할 때마다 데이터베이스에 거래 데이터가 저장될 것이다.[1]

이 데이터셋에서 지난 10년간의 대여 기록 중 '편도' 대여 건은 매달 몇 건이나 되는지 알고 싶거나, 다른 지점에 반납하면 추가 요금을 받는 것도 고려하고 있어서 이 정책을 적용하면 얼마나 많은 지점이 영향을 받는지 알고 싶을 수 있다. 이런 데이터가 필요한 상황이 비일비재하다고 가정해 보자. 그렇다면 여러분은 이제 데이터에 기반해 의사결정을 하는 것이므로 원하는 데이터를 빠르게 찾아낼 수 있어야 한다.

그러려면 어떤 시스템 아키텍처를 도입해야 할까? 지금부터 몇 가지 옵션을 살펴보자.

## 관계형 데이터베이스 관리 시스템

여러분은 거래 데이터를 MySQL 또는 PostgreSQL 같은 온라인 트랜잭션 처리OLTP, Online Transaction Processing 데이터베이스에 저장하고 있을 것이다. OLTP 데이터베이스의 주요 장점 중 하나는 SQLStructured Query Language을 지원한다는 점이다. 이 장점 덕분에 직원들은 궁금한 질문

1 현실에선 고객이 물품을 대여하는 시점에 바로 기록해야 고객이 물품을 가지고 도주했는지 알 수 있다. 하지만, 이 책에서는 그런 걱정에 대해 생각하지 않는다.

에 답을 찾기 위해 자바나 파이썬 같은 고수준high-level 언어를 사용하지 않고 그 대신에 데이터베이스 서버에 다음과 같은 쿼리만 실행하면 된다.

**예제 1-1** SQL 쿼리 예시

```
SELECT
  EXTRACT(YEAR FROM starttime) AS year,
  EXTRACT(MONTH FROM starttime) AS month,
  COUNT(starttime) AS number_one_way
FROM
  mydb.return_transactions
WHERE
  start_station_name != end_station_name
GROUP BY year, month
ORDER BY year ASC, month ASC
```

문법에 관한 자세한 내용은 SQL 쿼리를 설명하는 이 책 후반부에서 살펴보기로 하고, 우선 OLTP 데이터베이스의 장점과 단점을 살펴보자.

첫째, SQL은 단순히 데이터베이스 컬럼column에서 원시raw 데이터를 가져오는 것뿐만 아니라 그 이상의 작업도 가능하다. 앞서 살펴본 쿼리는 타임스탬프 값을 파싱해서 연도와 월을 추출하며 집계(행 개수 계산), 일부 필터링(대여 시작 및 종료 위치가 다른 대여료 찾기), 그룹화(연도별, 월별) 및 정렬을 수행한다. SQL을 사용해 얻을 수 있는 가장 주된 장점은 원하는 데이터만 명시하면 데이터베이스 소프트웨어가 쿼리를 실행하는 최적의 방법을 스스로 찾아낸다는 점이다.

안타깝지만 이런 쿼리를 OLTP 데이터베이스에서 수행하는 것은 매우 비효율적이다. OLTP 데이터베이스는 데이터 기록과 동시에 읽을 수 있도록 데이터 일관성을 확보하는 데 최적화되어 있다. 이것이 가능한 이유는 데이터 무결성을 유지하기 위해 데이터를 매우 조심스럽게 잠그기 때문이다. station_name을 효율적으로 필터링하려면 station_name 컬럼에 인덱스를 생성해야 하며, station_name 컬럼에 인덱스를 생성해야만 데이터베이스가 스토리지에서 검색을 최적화하는 특별한 작업을 실행한다. 하지만 여기에는 읽기 속도가 높아지면 쓰기 속도가 느려지는 트레이드오프가 존재한다. station_name 컬럼에 인덱스를 생성했더라도 특정 쿼리는 집계, 그룹화 및 정렬 때문에 상당히 느려진다. 따라서 OLTP 데이터베이스는 이처럼 전체 데이터셋을 훑어야 하는 애드혹 쿼리[2] 실행에는 적합하지 않다.

2 이 책에서 언급하는 애드혹 쿼리는 인덱스 같은 기능을 사용해 최상의 성능을 발휘하도록 미리 만들어 둔 데이터베이스에 쿼리하는 것이 아니라 필요에 따라 (성능이 조금 떨어져도) 즉석에서 작성해 실행하는 쿼리를 말한다.

## 맵리듀스 프레임워크

OLTP 데이터베이스는 전체 데이터셋의 순회가 필요한 애드혹 쿼리에 적합하지 않아서 순회가 필요한 특수 목적의 분석은 자바나 파이썬 같은 고수준 언어로 수행한다. 2003년 제프 딘Jeff Dean과 산자이 게마와트Sanjay Ghemawat는 구글 동료들이 대용량의 원시raw 데이터를 처리하기 위해 수백 개의 특수 목적의 연산을 구현하고 있는 것을 봤다. 두 사람은 이런 특수 목적의 연산을 두 단계로 추상화해서 복잡도를 낮췄다. 여기서 두 단계란 키/값 쌍을 처리해 중간 키/값 쌍을 생성하는 map 함수, 동일한 중간 키와 연관된 모든 중간 값을 병합하는 reduce 함수[3]다. 맵리듀스MapReduce라고 알려진 이 패러다임은 엄청난 영향력을 갖게 되었고 아파치 하둡Apache Hadoop의 발전을 이끌었다.

하둡 생태계는 주로 자바로 빌드된 라이브러리로 시작했지만, 현재는 일반적으로 아파치 스파크Apache Spark로 하둡 클러스터에 대한 맞춤 분석을 수행하고 있다. 파이썬이나 스칼라로 스파크 프로그램을 작성해도 되지만, 스파크는 분산된 데이터셋에서 애드혹 SQL 쿼리를 실행하는 기능도 제공한다.

따라서 편도 대여 수를 확인하려면 다음과 같은 데이터 파이프라인을 만들면 된다.

1. HDFSHadoop Distributed File System에서 CSV 텍스트 파일로 거래를 정기적으로 내보낸다.
2. 애드혹 분석을 위해서 다음을 수행하는 스파크 프로그램을 작성한다.
   a. 텍스트 파일의 데이터를 데이터프레임으로 불러온다.
   b. 테이블 이름이 데이터프레임 이름으로 바뀌는 것을 제외하고, 앞에서 본 쿼리와 유사한 SQL 쿼리를 실행한다.
   c. 결과를 다시 텍스트 파일로 내보낸다.
3. 하둡 클러스터에서 스파크 프로그램을 실행한다.

간단해 보이지만 이 아키텍처에는 몇몇 보이지 않은 비용이 있다. 먼저 HDFS에 데이터를 저장하려면 클러스터가 충분히 커야 한다. 그리고 맵리듀스 아키텍처에서는 일반적으로 컴퓨팅 노드가 로컬에 있는 데이터에 접근해야 한다는 점을 간과하는데, 반드시 HDFS는 클러스터의 컴퓨팅 노드에 샤딩sharding되어야 한다. 게다가 데이터의 크기와 분석의 필요성은 서로와는 무관

3 제프리 딘과 산자이 게마와트의 "MapReduce: Simplified Data Processing on Large Clusters," OSDI '04: Sixth Symposium on Operating Systems Design and Implementation, San Francisco, CA (2004), pp. 137-150. https://research.google.com/archive/mapreduce-osdi04.pdf에서 볼 수 있다.

하지만 양쪽 모두 크게 증가한다. 그래서 클러스터가 부족한 경우나 과도하게 프로비저닝되는 경우가 종종 있다.[4]

따라서 하둡 클러스터에서 스파크 프로그램을 실행한다는 것은 조직에서 하둡 클러스터 관리, 모니터링 및 프로비저닝 전문가가 되어야 함을 의미한다. 문제는 이런 부분이 비즈니스 관점에서는 중요한 것으로 비치지 않을 수 있다는 점이다.

## 빅쿼리: 서버리스, 분산 SQL 엔진

인프라스트럭처를 운영하지 않아도 RDBMS처럼 SQL 쿼리를 실행할 수 있고 맵리듀스처럼 전체 데이터셋 탐색을 효율적으로 분산할 수 있다면 어떨까? 바로 이것이 세 번째 옵션이며 빅쿼리를 마술처럼 만든다. 빅쿼리는 서버리스 서비스이므로 인프라를 관리할 필요 없이 쿼리를 실행할 수 있다. 그리고 전체 데이터셋에 대한 집계를 수 초에서 수 분 내에 처리하는 분석을 수행할 수 있다. 글로만 보지 말고 지금 사용해 보자.

구글 클라우드 플랫폼Google Cloud Platform(https://console.cloud.google.com/bigquery)에 로그인하고 프로젝트 선택으로 이동해 창에 다음 쿼리를 복사해 붙여넣은[5] 다음 Run query 버튼을 클릭한다.

**예제 1-2** 뉴욕의 자전거 데이터셋에서 연도별 월별 편도 대여 수를 구하는 쿼리

```
SELECT
  EXTRACT(YEAR FROM starttime) AS year,
  EXTRACT(MONTH FROM starttime) AS month,
  COUNT(starttime) AS number_one_way
FROM
  `bigquery-public-data.new_york_citibike.citibike_trips`
WHERE
  start_station_name != end_station_name
GROUP BY year, month
ORDER BY year ASC, month ASC
```

4 구글 클라우드 플랫폼에서 클라우드 데이터프록(Cloud Dataproc, 관리형 하둡 제품)은 이런 문제를 다른 방식으로 해결한다. 구글 데이터 센터에서 사용할 수 있는 양분 대역폭이 높아서 클라우드 데이터프록 클러스터는 작업에 따라 달라질 수 있다. 즉 데이터는 구글 클라우드 스토리지에 저장되고 온디맨드 방식으로 읽힌다. 이것은 대역폭이 디스크 속도에 근사할 정도로 충분히 높은 경우에만 가능하니 집에선 시도하지 말자.

5 복사 및 붙여넣기 편의를 위해 깃허브 저장소(https://github.com/onlybooks/bigquery)에 이 책(예제 쿼리를 포함한)의 모든 코드와 쿼리 스니펫을 저장했다.

이 쿼리를 실행하면 그림 1-1과 같이 빅쿼리 사용자 인터페이스(UI)에는 쿼리에 2.5GB 데이터가 처리되고 결과 도출에 약 2.4초가 걸렸다는 내용이 나온다.

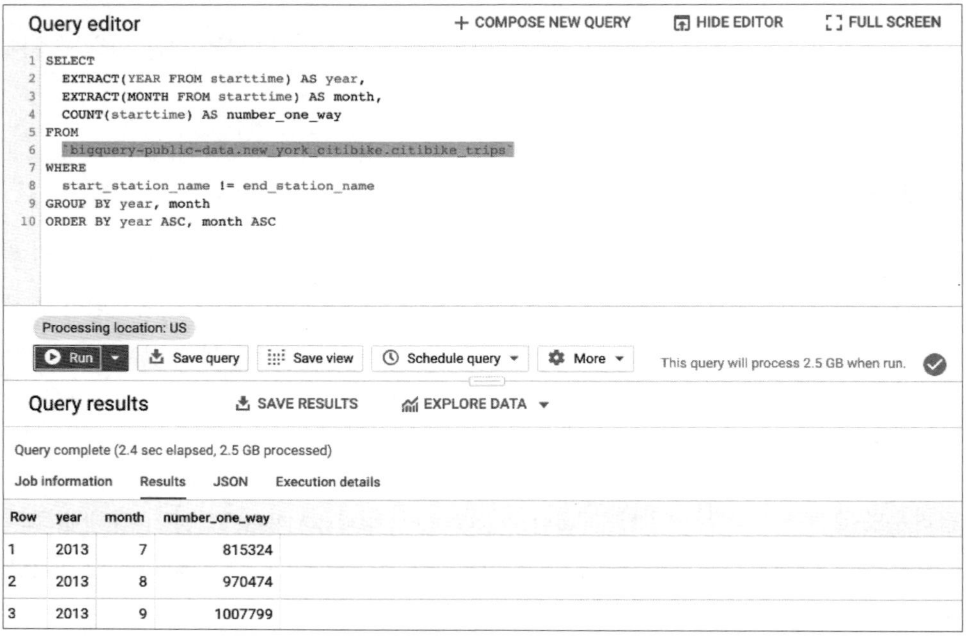


그림 1-1 빅쿼리 웹 UI에서 편도 대여 수를 계산하는 쿼리 실행

대여된 장비는 자전거로, 이 쿼리는 데이터셋에서 뉴욕의 매월 자전거 편도 대여 수를 합산한다. 데이터셋은 오픈 시티 이니셔티브Open City initiative의 일환으로 뉴욕시에서 공개한 공개 데이터셋이다(누구나 데이터를 쿼리할 수 있다). 이 쿼리로 2013년 7월 뉴욕시에서 자전거 편도 대여가 815,324번 있었음을 알 수 있다.

여기서 몇 가지 눈여겨봐야 할 부분이 있다. 빅쿼리에 이미 존재하는 데이터셋에 쿼리를 실행할 수 있다. 데이터를 호스팅하는 프로젝트 소유자는 이 데이터셋에 대한 "보기" 액세스 권한을 부여한다.[6] 그렇다고 해서 클러스터를 시작하거나 로그인할 필요는 없다. 곧바로 빅쿼리에 쿼리를 제출하고 결과를 받으면 된다. 그리고 쿼리는 모든 데이터 분석가에게 익숙한 SQL:2011 문법을 기준으로 작성한다. 기가바이트의 데이터를 예로 들었지만, 수 테라바이트나 수 페타바이트에 이르는 데이터를 집계할 때도 서비스가 잘 확장된다. 이 확장성은 서비스가 즉각적으로 수천의 워커worker에게 쿼리 처리를 분산하기 때문에 가능하다.

6 여러분도 꼭 그렇게 해야 할 필요는 없다. 이 데이터는 공개 데이터셋이라서 데이터의 소유자는 인증된 모든 사용자에게 이 권한을 부여했지만, 여러분의 데이터셋을 도메인 내 또는 팀에게만 공유해 외부에서의 데이터 접근을 막아도 된다.

# 빅쿼리로 작업하기

빅쿼리는 어느 정도 중앙 집중화가 되어 있고 보편성을 가지는 데이터 웨어하우스다. 앞에서 본 쿼리는 단일 데이터셋에 적용하였는데, 빅쿼리의 장점은 다른 소스의 데이터셋을 조인하거나 빅쿼리 외부에 저장된 데이터에 쿼리할 때 빛을 발한다.

## 여러 데이터셋에서 통찰력 도출하기

뉴욕시의 자전거 대여 데이터와 미국 국립해양대기청(NOAA)의 날씨 데이터와 결합해 비 오는 날에 자전거 대여가 적은지 알아보자.[7]

**예제 1-3** 비 오는 날에 자전거 대여가 적은지 확인하기 위한 쿼리

```
-- 비 오는 날에 자전거 대여가 더 적을까?
WITH bicycle_rentals AS (
  SELECT
    COUNT(starttime) AS num_trips,
    EXTRACT(DATE FROM starttime) AS trip_date
  FROM `bigquery-public-data`.new_york_citibike.citibike_trips
  GROUP BY trip_date
),

rainy_days AS
(
SELECT
  date,
  (MAX(prcp) > 5) AS rainy
FROM (
  SELECT
    wx.date AS date,
    IF (wx.element = 'PRCP', wx.value/10, NULL) AS prcp
  FROM
    `bigquery-public-data.ghcn_d.ghcnd_2016` AS wx
  WHERE
    wx.id = 'USW00094728'
)
GROUP BY
  date
)
```

7 이 코드는 책의 깃허브 저장소에서 내려받을 수 있다.

```
SELECT
  ROUND(AVG(bk.num_trips)) AS num_trips,
  wx.rainy
FROM bicycle_rentals AS bk
JOIN rainy_days AS wx
ON wx.date = bk.trip_date
GROUP BY wx.rainy
```

쿼리의 문법은 무시하고, 우선 굵은 표시된 부분을 보면, 자전거 대여 데이터셋을 완전히 다른 소스에서 가져온 날씨 데이터셋과 결합했음을 알 수 있다. 이 쿼리를 실행하면 뉴욕에서는 비가 올 때 자전거 이용률이 20% 정도 떨어진다는 사실을 알 수 있다.[8]

| 행번호 | num_trips | rainy |
|---|---|---|
| 1 | 39107.0 | false |
| 2 | 32052.0 | true |

엔터프라이즈 환경에서 데이터셋을 공유하거나 쿼리할 수 있다는 것은 무엇을 의미할까? 각 부서가 빅쿼리에 데이터셋을 저장하고 회사 내 다른 조직, 심지어 파트너 조직과 데이터를 쉽게 공유할 수 있다는 뜻이다. 빅쿼리가 서버리스라는 점은 기술적으로 부서 간에 필요한 데이터를 서로 나누어 유연하게 협업할 수 있음을 의미한다.

## ETL, EL, ELT

데이터 웨어하우스를 사용하는 전통적인 방법은 ETL(추출Extract, 변환Transform, 로드Load) 프로세스로 시작한다. 이 프로세스는 소스 위치에서 원시Raw 데이터를 추출하고 변환한 후 데이터 웨어하우스로 로드한다. 빅쿼리는 ETL을 매력적인 방법으로 만드는 매우 효율적인 컬럼 스토리지 포맷[9]을 가지고 있다. 아파치 빔Apache Beam 또는 아파치 스파크로 만든 데이터 파이프라인은 그림 1-2에서 볼 수 있듯, 원시 데이터(스트리밍 데이터 또는 배치 파일)에서 필요한 만큼 추출하고 변환해 필요한 정리나 집계를 수행한 후 빅쿼리에 로드한다.

8 두 저자 모두 매년 150일씩 비가 내리는 시애틀에 살고 있다.

9 컬럼 스토리지 형식에 대한 자세한 내용은 이 장의 '빅쿼리는 어떻게 만들어졌는가' 절에서 확인한다.

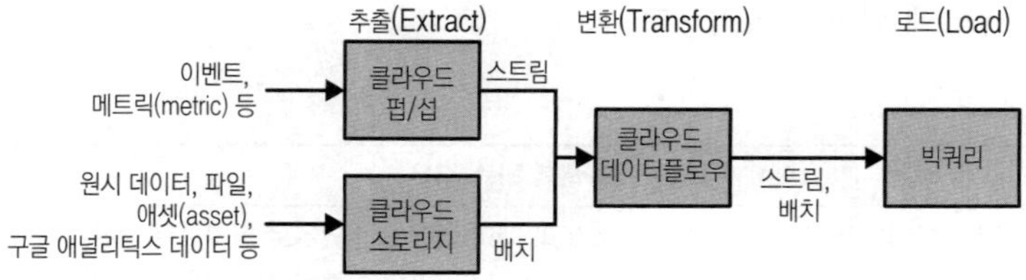


**그림 1-2** 빅쿼리를 사용한 ETL 참조 아키텍처는 클라우드 데이터플로우(Cloud DataFlow)에서 실행되는 아파치 빔 파이프라인을 사용해 스트리밍 및 배치 데이터를 하나의 코드로 모두 처리할 수 있다.

아파치 빔이나 아파치 스파크로 ETL 파이프라인을 구축하는 것이 일반적이지만, 빅쿼리 하나로도 구축이 가능하다. 빅쿼리에서는 컴퓨팅과 스토리지가 분리되어 있어서 구글 클라우드 스토리지에 현재 저장된 CSV(또는 JSON, 아브로Avro) 파일에 빅쿼리 SQL 쿼리를 실행할 수 있으며, 이 기능을 통합 쿼리federated query라고 한다. 이 통합 쿼리를 사용해서 구글 클라우드 스토리지에 저장된 데이터로부터 SQL 쿼리로 데이터를 추출하고 해당 데이터를 변환한 다음, 그 결과를 빅쿼리 테이블로 저장할 수 있다.

변환이 필요하지 않으면 빅쿼리는 CSV, JSON 또는 아브로Avro 같은 네이티브 스토리지native storage에 직접 접근할 수 있다. 즉 EL(추출 및 로드) 워크플로우도 가능하다. 데이터를 데이터 웨어하우스로 로드하는 이유는 네이티브 스토리지에 저장할 때 쿼리 성능이 가장 효율적이기 때문이다.

가능하다면 EL 워크플로우를 설계하고, 변환이 필요한 경우에만 ETL 워크플로우로 넘어가는 것이 좋다. 이때 가능하면 데이터 변환을 SQL로 수행하고 빅쿼리 내에 전체 ETL 파이프라인을 유지하는 것이 좋다. 변환이 SQL으로만 구현하기 어렵거나 파이프라인에 데이터를 빅쿼리로 스트리밍해야 한다면 아파치 빔 파이프라인을 만들어 클라우드 데이터플로우를 사용하는 서버리스 방식으로 실행한다. 빔/데이터플로우는 프로그래밍 코드이므로 이것으로 ETL 파이프라인을 구현하면 파이프라인을 지속적 통합CI, Continuous Integration 및 단위 테스트 시스템과 통합이 잘 된다는 장점이 있다.

ETL, EL 워크플로우 외에도 빅쿼리는 ELT 워크플로우를 구현할 수 있다. ELT는 원시 데이터를 그대로 추출해 로드한 다음 빅쿼리 뷰View로 해당 데이터를 즉시 변환하는 방법이다. ELT 워크플로우는 원시 데이터의 스키마가 유동적일 때 특히 유용하다. 예를 들면 특정 시각을 현지 시각으로 수정해야 할지 결정하고자 행마다 값을 탐색해야 하는 경우가 이에 해당한다. ELT 워크플로우는 프로토타이핑에 유용하며, 따라서 어쩌면 너무 이른 시점에 돌이킬 수 없는 결정을 내리지 않고 데이터를 기반으로 필요한 통찰을 얻을 수 있다.

용어들이 혼동될 수 있어서 표 1-1에 간단히 요약했다.

표 1-1 워크플로우, 샘플 구조, 사용해야 하는 시나리오

| 워크플로우 | 구조 | 사용해야 하는 경우 |
|---|---|---|
| EL | 구글 클라우드 스토리지의 파일에서 데이터를 추출한다.<br>빅쿼리의 기본 스토리지에 불러온다.<br>클라우드 컴포저, 클라우드 펑션(Function) 또는 예약된 쿼리에서 실행한다. | 히스토리 데이터를 배치 단위로 불러오는 경우.<br>정기적으로 로그 파일을 불러오는 경우(예: 하루에 한 번). |
| ETL | 펍/섭(Pub/Sup), 구글 클라우드 스토리지, 클라우드 스패너(Spanner), 클라우드 SQL 등에서 데이터를 추출한다.<br>클라우드 데이터플로우로 데이터를 변환한다.<br>데이터플로우 파이프라인을 통해 빅쿼리 테이블에 저장한다. | 원시 데이터를 빅쿼리에 불러오기 전에 품질 관리, 변환 또는 보강해야 하는 경우.<br>데이터 불러오기가 지속적으로 필요한 경우, 즉 스트리밍이 필요한 경우.<br>CI/CD(Continuous Integration/Continuous Delivery) 시스템과 통합하고 모든 구성 요소에서 장치 테스트를 수행하려는 경우. |
| ELT | 구글 클라우드 스토리지의 파일에서 데이터를 추출한다.<br>빅쿼리에서 원시 형식으로 데이터를 저장한다.<br>빅쿼리 뷰로 데이터를 즉시 변환한다. | 데이터를 사용하려면 어떤 종류의 변환이 필요한지 아직 모르는 실험 데이터셋.<br>변환이 SQL로 표현될 수 있는 모든 프로덕션 데이터셋. |

표 1-1의 워크플로우는 일반적으로 권장하는 순서다.

## 강력한 분석

데이터 웨어하우스는 저장된 데이터로 작업할 수 있는 분석의 종류가 많다는 장점이 있다. 빅쿼리와 주로 SQL로 상호작용하고 빅쿼리가 SQL 엔진이라서 태블로Tableau, 루커Looker, 구글 데이터 스튜디오Google Data Studio 같은 다양한 비즈니스 인텔리전스(BI) 도구로 빅쿼리에 저장된 데이터를 영향력 있는 분석, 시각화, 보고서로 만들 수 있다. 예를 들어 빅쿼리 웹 UI에서 Search in Data Studio 버튼을 클릭하면 그림 1-3처럼 자전거 편도 대여의 월별 차이를 빠르게 시각화할 수 있다.

빅쿼리는 배열array 및 복잡한 조인을 포함한 SQL:2011의 모든 기능을 지원한다. 특히 배열 지원으로 중첩되거나 반복되는 필드를 평평하게 할 필요 없이 계층 데이터(JSON 레코드 등)를 빅쿼리에 저장할 수 있다. SQL:2011 지원 외에도 빅쿼리에는 데이터 웨어하우스 사용 이상의 유용한 확장 기능이 있다. 그중에는 두 테이블을 거리나 겹침 조건overlap criteria을 기준으로 조인

하는 기능을 포함해서 위치 인식location-aware 쿼리를 지원하는 수많은 공간 함수를 제공하는 확장 기능[10]도 있다. 따라서 빅쿼리는 서술적 분석을 할 수 있는 강력한 엔진이다.

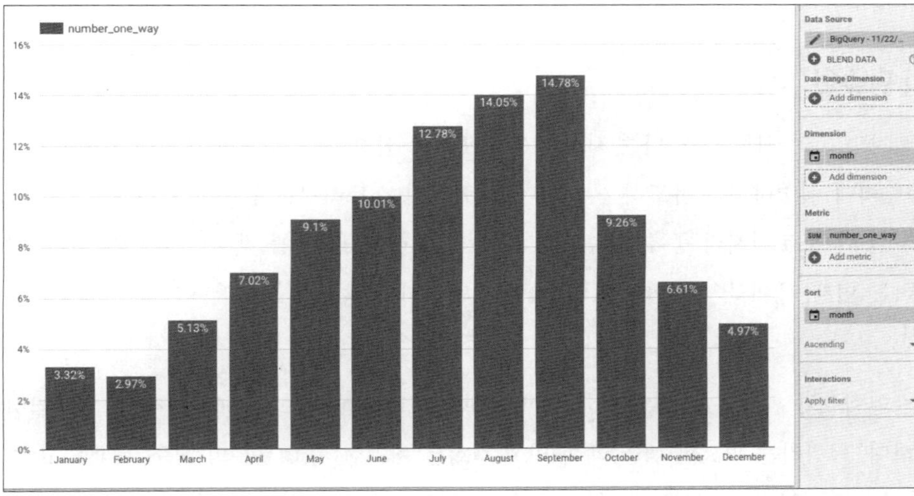


그림 1-3 월별 편도 대여에 대한 데이터 스튜디오 시각화(뉴욕에서 자전거 편도 대여의 약 15%가 9월에 이루어짐)

표준 SQL에 대한 또 다른 빅쿼리 확장 기능은 머신러닝 모델 생성과 배치 예측 작업을 지원한다. 9장에서 빅쿼리의 머신러닝 기능을 자세히 다루겠지만, 요점은 빅쿼리에서 데이터를 내보내지 않고도 모델을 학습하고 예측할 수 있는 점이다. 이를 수행할 수 있는 보안 및 데이터 지역성의 장점은 엄청나다. 따라서 빅쿼리는 현황 분석뿐만 아니라 예측 분석도 지원하는 데이터 웨어하우스다.

또한 데이터 웨어하우스는 다양한 유형의 데이터를 저장할 수 있다. 빅쿼리는 숫자 및 텍스트 컬럼뿐만 아니라 지리 공간 데이터와 계층 데이터 등 다양한 유형의 데이터를 저장할 수 있다. 평평한 데이터를 빅쿼리에 저장할 수 있지만, 스키마가 풍부하거나 매우 정교하지 않아도 된다. 위치 인식 쿼리, 계층적 데이터 및 시스템 학습이 결합된 빅쿼리는 기존 데이터 웨어하우징 및 비즈니스 인텔리전스를 뛰어넘는 강력한 솔루션이다.

빅쿼리는 배치 데이터와 스트리밍 데이터 수집 모두 지원한다. REST API를 통해 빅쿼리로 직접 데이터를 스트리밍할 수 있다. 예를 들어 윈도우window 계산을 추가해 데이터를 변환하려는 사용자는 클라우드 데이터플로우 서비스에서 실행되는 아파치 빔 파이프라인을 사용하면 되며,데

10 예를 들어 고객이 제품을 구매하기 위해 이동해야 하는 거리에 따른 전환율 지표를 계산하는 경우가 이에 해당한다.

이터가 빅쿼리로 스트리밍될 때도 쿼리를 실행할 수 있다. 히스토리(배치) 데이터와 현재(스트리밍) 데이터 모두에 대한 공통 쿼리 인프라를 갖추게 되면 매우 강력해지며 많은 워크플로우를 단순화할 수 있다.

## 관리의 단순함

빅쿼리의 디자인 고려 사항 중 하나는 사용자가 인프라에 신경 쓰는 것보다 데이터로부터 얻을 수 있는 통찰력에 집중하도록 유도하는 것이다. 빅쿼리의 스토리지는 완전한 관리형이므로 데이터를 적재할 때 스토리지의 종류나 속도 및 비용의 트레이드오프를 생각할 필요가 없다. 이 글을 작성하는 현재, 테이블의 데이터를 90일 동안 갱신하지 않으면 스토리지 비용을 자동으로 낮춰준다.[11]

빅쿼리에는 인덱스가 필요하지 않음을 이미 이야기했다. 즉 SQL 쿼리는 데이터셋의 모든 컬럼을 필터링하며, 빅쿼리는 필요한 쿼리 계획 및 최적화를 처리한다. 대부분의 경우, 명확하고 읽기 쉬운 쿼리를 작성하고 빅쿼리를 사용해 올바른 최적화 전략을 선택하는 것이 좋다. 이 책에서도 성능 튜닝에 대해 설명하겠지만, 빅쿼리의 성능 튜닝은 대부분 명확한 사고와 적절한 SQL 함수 선택만으로 이뤄진다. 복제replication, 조각모음defragmentation, 재해 복구disaster recovery 같은 데이터베이스 관리 작업은 수행할 필요도 없다. 빅쿼리 서비스가 이런 작업을 모두 관리한다.

쿼리는 자동으로 수천 대의 머신으로 확장되고 병렬로 실행된다. 이 대규모 병렬화를 활성화하고자 따로 작업을 수행하지 않아도 된다. 머신 자체가 작업의 여러 단계를 처리하도록 투명하게 프로비저닝되어 어떤 방식으로든 해당 머신을 설정할 필요가 없다.

인프라스트럭처를 직접 구축하지 않아도 되므로 보안을 신경 써야 하는 번거로움도 줄어든다. 빅쿼리의 데이터는 저장 및 전송 시 자동으로 암호화된다. 빅쿼리는 멀티테넌시multitenancy 쿼리 지원 및 제공에 대한 보안 고려 사항을 처리한다. 데이터셋은 구글 클라우드 계정 및 접근 관리IAM, Identity and Access Management를 사용해 공유할 수 있으며, 개방성, 감사 가능성 또는 기밀성이 필요한지와 관계없이 데이터셋(및 그 안의 테이블 및 뷰)을 구성해 다양한 보안 요구를 충족할 수 있다.

11 책을 쓸 당시에는 가격에 대한 언급은 모두 정확했지만 변경될 수 있으므로 관련 정책 및 가격표(https://cloud.google.com/bigquery/pricing)를 참고하자.

다른 시스템이라면 안정성, 탄력성, 보안 및 성능을 위한 인프라스트럭처 프로비저닝에 많은 시간을 투자하지만, 빅쿼리를 사용하면 이런 데이터베이스 관리 작업이 최소화되어서 분석가들이 데이터에서 통찰력을 얻는 데 집중할 수 있는 시간을 확보할 수 있다.

## 빅쿼리는 어떻게 만들어졌는가

2010년 말, 구글 시애틀 지사의 디렉터는 여러 프로젝트에서 일하고 있는 일부(이 책의 저자 중 한 명을 포함한) 개발자들을 차출해 데이터 마켓플레이스를 구축하는 임무를 부여했다. 임무를 부여받은 개발자들은 성공 가능한 마켓플레이스를 만들 수 있는 최고의 방법을 고안하려고 노력했다. 그런데 데이터 크기가 가장 큰 문제였다. 즉 사용자가 데이터를 처리하기 위해 테라바이트 단위의 데이터를 내려받아야 하는 경우에는 데이터 마켓플레이스를 제대로 사용할 수 없었다. 사용자가 데이터셋을 내려받지 않아도 되는 데이터 마켓플레이스를 어떻게 하면 구축할 수 있을까?

데이터베이스의 개척자인 짐 그레이Jim Gray에 의해 대중화된 원리(https://en.wikipedia.org/wiki/Jim_Gray_(computer_scientist))를 사용했다. 그레이는 "빅데이터가 있다면, 연산을 수행할 곳으로 데이터를 이동하는 것보다 데이터가 있는 곳에서 연산을 수행하고 싶을 것이다."라고 말했다. 그레이는 다음과 같이 설명한다.

> 데이터셋이 점점 커지면서 FTP로 올리거나 grep 명령으로 원하는 데이터를 찾는 것이 더 이상 가능하지 않다는 점이 큰 문제가 된다. 페타바이트의 데이터를 FTP로 교환하기란 매우 어렵다! 따라서 어느 시점에는 인덱스가 필요하고 데이터를 병렬로 접근해야만 데이터베이스가 제대로 작동한다. 데이터 분석에서 데이터를 필요한 곳으로 옮기는 방법도 있지만, 데이터가 있는 곳에서 쿼리를 실행하는 것도 하나의 방법이 된다. 쿼리든 데이터든 원하는 것을 옮길 수 있지만, 종종 데이터를 옮기는 것보다 쿼리를 옮기는 것이 더 효율적이다.[12]

12 "Jim Gray on eScience: A Transformed Scientific Method", The Fourth Paradigm: Data-Intensive Scientific Discovery, ed. Tony Hey, Stewart Tansley, and Kristin Tolle (Microsoft, 2009), xiv. https://oreil.ly/M6zMN에서 확인할 수 있다.

우리가 구축한 데이터 마켓플레이스에서는 사용자가 연산을 데이터로 가져올 수 있다면 사용자는 자신의 머신에 데이터셋을 내려받을 필요가 없다. 사용자는 데이터를 옮기지 않아도 데이터 작업을 수행할 수 있어서 우리는 내려받기 링크를 제공할 필요가 없어졌다.[13]

데이터 마켓플레이스를 구축하는 업무를 맡고 있던 우리 구글러들은 프로젝트를 잠시 중단하고 클라우드상의 컴퓨팅 엔진과 스토리지 시스템을 구현하는 데 집중하기로 결정했다. 사용자가 데이터로 어떤 작업을 할 수 있는지 확인한 후에 다시 데이터 마켓플레이스 기능을 구현하기로 한 것이다.

클라우드에 저장된 데이터로 연산을 수행할 때 어떤 언어를 사용하는 것이 가장 좋을까? 우리는 다음 세 가지 특성을 고려해 SQL을 선택했다. 첫째, SQL은 개발자뿐만 아니라 여러 사람이 데이터로 질문하고 문제를 해결할 수 있게 해주는 다용도 언어다. 사용이 쉽다는 점 또한 매우 중요한 선택 이유였다. 둘째, SQL은 '관계상 완전relationally complete'하므로 데이터에 대한 모든 연산을 SQL을 사용해 수행할 수 있다. SQL은 사용이 쉬울 뿐만 아니라 매우 강력하다. 마지막으로, 클라우드 컴퓨팅 언어를 선택하는 데 있어 가장 중요했던 점은 항상 SQL은 종료terminate되므로[14] '튜링 완전'하지 않은 언어[15]라는 점이었다. 항상 종료되므로 누군가가 무한 루프를 작성하거나 데이터 센터의 모든 컴퓨팅 성능을 독점하는 상황을 걱정할 필요 없이 SQL 연산을 호스트해도 문제가 없다.

그다음으로는 SQL 엔진을 선택해야 했다. 당시 구글은 데이터상에서 작동하는 내부 SQL 엔진을 많이 가지고 있었으며, 몇몇 엔진은 상당히 많이 사용되고 있었다. 그중 가장 진보된 엔진인 드레멜Dremel은 구글에서 많이 사용되었는데, 테라바이트 단위의 로그를 몇 초 만에 처리할 수 있었다. 또한 데이터 연산을 수행하고자 사용자 정의 맵리듀스 파이프라인을 구축해야 했던 많은 이들이 드레멜을 사용하기 시작했다.

드레멜은 맵리듀스 작업이 끝나기를 기다리는 데 지쳐 있던 엔지니어 안드레이 구바레브Andrey Gubarev가 2006년에 만들었다. 컬럼 스토어column store가 학계에서 인기를 얻고 있던 상황에서, 그는 구글에서 흔히 볼 수 있는 프로토콜 버퍼를 처리할 수 있는 컬럼 스토리지 형식(그림 1-4)을 재빨리 고안했다.

---

13 최근 빅쿼리는 테이블과 결과를 구글 클라우드 스토리지로 내보낼 수 있는 기능을 제공해 결국 내려받기 링크를 만들었다! 그런데 빅쿼리는 단순히 내려받기 링크가 아니다. 빅쿼리를 사용하는 주된 이유는 데이터를 운영하는 것이다.

14 SQL은 RECURSIVE 키워드를 가지고 있지만, 빅쿼리는 다른 SQL 엔진처럼 이 기능을 지원하지 않는다. 그 대신에 빅쿼리는 배열 및 중첩을 지원해 계층적 데이터를 처리하는 더 나은 방법을 제공한다.

15 https://ko.wikipedia.org/wiki/튜링_완전 참고 – 옮긴이

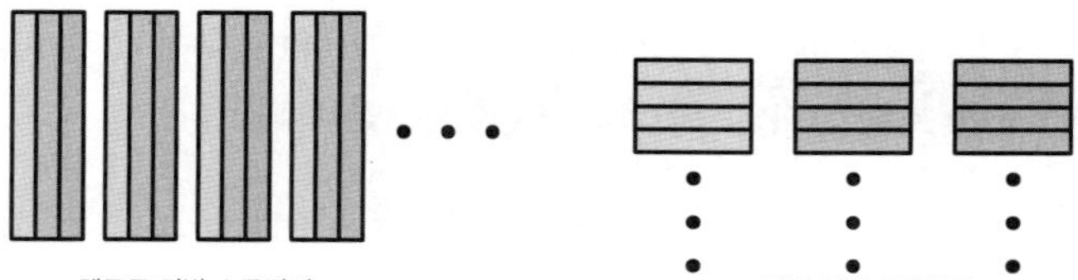


**그림 1-4** 컬럼 스토어를 사용하면 모든 행을 처리하는 쿼리에서 읽는 데이터 양을 줄일 수 있다.

컬럼 스토어는 일반적으로 분석에 유용한데, 특히 많은 팀이 수십만 개의 컬럼을 가진 프로토콜 버퍼를 운영하는 구글의 로그 분석에 유용하다. 안드레이가 전형적인 레코드 지향 스토어record-oriented store를 사용했다면, 파일을 한 행씩 읽어야 하므로 사용자는 사용하지도 않을 많은 양의 데이터를 읽어야 했을 것이다. 안드레이는 데이터를 컬럼 단위로 저장함으로써 사용자가 로그 프로토타입에서 수천 개의 필드 중 몇 개만 필요할 경우 전체 데이터 중 일부만 읽을 수 있게 했다. 이것이 드레멜이 몇 초 안에 테라바이트 규모의 로그를 처리할 수 있었던 이유 중 하나다.

드레멜이 데이터를 빨리 처리할 수 있었던 또 다른 이유는 쿼리 엔진이 분산 컴퓨팅을 사용했기 때문이다. 드레멜은 연산을 트리tree로 구성함으로써 리프leaf에서 필터가 처리되고 루트로 집계가 이루어져 수천 개의 워커로 규모를 확장할 수 있었다.

2010년 구글은 드레멜을 사용해 매일 페타바이트 규모의 데이터를 스캔하고 어떤 형태로든 이 데이터를 사용하고 있었다. 따라서 초기 데이터 마켓플레이스팀이 선택해 사용할 수 있는 완벽한 도구였다.

팀은 스토리지 시스템을 추가하고 자체 조정해 드레멜을 상용화해 외부 사용자에게 공개한 뒤, 드레멜의 클라우드 버전에 흥미를 느꼈다. 그러고는 구글의 NoSQL 데이터베이스 '빅테이블Bigtable'의 이름을 따라 '빅쿼리BigQuery'로 변경했다.

구글에서 드레멜은 구글의 파일 저장소인 콜로서스Colossus에 있는 파일을 빅쿼리로 쿼리한다. 빅쿼리에 파일 추상화뿐만 아니라 테이블 추상화도 제공하는 스토리지 시스템이 추가되었는데, 이 스토리지 시스템은 ACID(원자성, 일관성, 격리, 내구성) 트랜잭션 및 자동 최적화 같은 주요 기능을 지원해서 빅쿼리를 간단히 그리고 항상 빠르게 사용할 수 있게 하는 핵심 역할을 했다. 따라서 사용자는 파일들을 관리할 필요가 없어졌다.

초기에 빅쿼리는 이렇게 드레멜에 뿌리를 두면서 로그를 검색하는 데 집중했지만, 점점 더 많은 고객이 데이터 웨어하우징과 복잡한 쿼리를 원하자 빅쿼리에 조인과 분석 함수와 같은 고급

SQL 기능을 추가하게 되었다. 구글이 2016년에 빅쿼리에서 표준 SQL을 지원하면서, 사용자는 어색한 초기 'DremelSQL' 언어 대신 표준 호환 SQL로 쿼리를 실행할 수 있게 되었다.

데이터 웨어하우스로 출발하지는 않았지만, 빅쿼리는 지난 수년간 데이터 웨어하우스로 발전했다. 이런 발전엔 좋은 점과 나쁜 점이 있다. 긍정적인 측면에서 보면, 데이터가 데이터 웨어하우징 모델에 잘 맞지 않더라도 빅쿼리는 데이터에 대한 문제를 해결하도록 설계되었다. 이런 방식으로 빅쿼리는 단순한 웨어하우스 이상의 의미를 가진다. 하지만 부정적인 측면에서 보면, 데이터 정의 언어DDL, Data Definition Language(예를 들어 CREATE문)와 데이터 조작 언어DML, Data Manipulation Language(예를 들어 INSERT 문)과 같이 사람들이 기대하는 몇몇 데이터 웨어하우징 기능은 최근까지 없었다. 다시 말해, 빅쿼리는 구글만이 제공할 수 있는 차별화된 기능을 추가하면서 클라우드에서 훌륭한 데이터 웨어하우스가 되겠다는 목표에만 집중하고 있다.

## 빅쿼리는 어떻게 구현할 수 있었을까

아키텍처 관점에서 빅쿼리는 기본적으로 테라데이터Teradata 또는 버티카Vertica 같은 온프레미스on-premise 데이터 웨어하우스, 그리고 레드시프트Redshift 또는 마이크로소프트 애저 데이터 웨어하우스Microsoft Azure Data Warehouse 같은 클라우드 데이터 웨어하우스와 근본적으로 다르다. 빅쿼리는 스케일 아웃 솔루션이 된 최초의 데이터 웨어하우스이므로 속도와 스케일에 대한 유일한 제한은 데이터센터의 하드웨어 양이다.

이제 빅쿼리를 성공적이고 특별하게 만든 일부 구성 요소를 알아보자.

### 컴퓨팅 및 스토리지 분리

많은 데이터 웨어하우스에서 컴퓨팅과 스토리지 둘 다 동일한 물리적 하드웨어에 위치한다. 이는 스토리지를 추가하려면 컴퓨팅 성능도 추가해야 함을 의미한다. 또는 컴퓨팅 성능을 추가하려면 스토리지 용량을 추가로 확보해야 한다는 의미다.

모든 사용자의 데이터 요구가 비슷하다면 모든 사람들에게 적합한 컴퓨팅과 스토리지의 황금비율이 있을 것이기 때문에 문제가 되지 않는다. 그러나 실제로는 상황에 따라 컴퓨팅 또는 스토리지가 제한 요소가 된다. 어떤 데이터 웨어하우스는 컴퓨팅 용량에 제한이 있어 피크 타임에 속도가 느려지며, 어떤 데이터 웨어하우스는 스토리지 용량에 제한이 있어 유지보수 담당자가 파기할 데이터를 취사선택해야 한다.

빅쿼리처럼 스토리지와 컴퓨팅을 분리하면 더 이상 데이터가 필요하지 않는 경우가 아니라면 데이터를 파기(삭제)하지 않아도 된다. 대단한 일처럼 들리지 않을 수도 있겠지만, 데이터를 영구적으로 보관하고 언제든지 필요할 때 접근할 수 있다는 것은 매우 강력한 장점이다. 이런 장점 덕분에 다른 방식으로 계산할 때도 원시 데이터로 돌아가서 다시 쿼리할 수 있다. 하지만 용량 제한으로 원시 데이터를 삭제했다면 이렇게 할 수 없다. 일부 집계 값에 이상 징후가 발견되어 그 이유를 자세히 알고 싶어도 집계에 사용한 데이터를 삭제했다면 그 이유를 알 수 없게 된다.

컴퓨팅 확장도 마찬가지로 강력하다. 빅쿼리 리소스는 대략 'CPU 코어의 절반'에 해당하는 '슬롯slot'으로 표현한다(6장에서 자세히 다룬다). 빅쿼리는 사용 가능한 물리적 컴퓨팅 리소스의 수를 슬롯이라는 추상적인 개념으로 표현한다. 쿼리가 너무 느리게 실행되면 슬롯을 추가하면 된다. 많은 사람이 보고서를 만들고 싶어 한다면 슬롯을 추가하면 된다. 비용을 줄이고 싶다면 슬롯을 줄이면 된다.

빅쿼리는 대량의 하드웨어 리소스 풀을 관리하는 멀티테넌트 시스템이므로 사용자별 또는 쿼리별로 슬롯을 분리할 수 있다. 프로젝트 또는 조직을 위해 하드웨어를 예약하거나 공유 주문형 풀에서 쿼리를 실행할 수 있다. 이런 방식으로 리소스를 공유함으로써 빅쿼리는 매우 많은 양의 컴퓨팅 능력을 쿼리에 할당할 수 있다. 컴퓨팅 성능이 주문형 풀에서 사용할 수 있는 것보다 더 많이 필요하다면 빅쿼리 예약Reservation API를 통해 추가 구매가 가능하다.

빅쿼리 고객의 상당수는 수만 개의 슬롯을 예약하고 있어서 이 고객들이 한 번에 하나의 쿼리만 실행해도 수만 개의 CPU 코어를 동시에 사용하게 된다. 처리된 행raw당 CPU 사이클cycle 수에 대한 합리적인 가정을 통해 이런 인스턴스가 초당 수십억 또는 수조 개의 행을 처리할 수 있음을 쉽게 알 수 있다.

수 페타바이트의 데이터를 보유하고 있지만 매일 비교적 적은 양의 데이터를 사용하는 고객도 있고, 수 기가바이트의 데이터만 저장하지만 수천 개의 CPU로 복잡한 쿼리를 수행하는 고객도 있다. 모든 사용 사례에 적합한 만능 접근 방식은 없다. 하지만 다행히도 빅쿼리는 컴퓨팅과 스토리지가 분리되어 있어 광범위한 고객 요구를 수용할 수 있다.

## 스토리지 및 네트워킹 인프라

빅쿼리의 쿼리는 여타 클라우드 데이터 웨어하우스와 달리 주로 분산 파일 시스템의 회전식 디스크에서 처리된다. 대부분의 경쟁사 시스템에서는 우수한 성능을 얻으려면 컴퓨팅 노드 내에 데이터를 캐시해야 하지만, 빅쿼리는 구글의 고유 시스템인 콜로서스 파일 시스템Colossus File System과 주피터 네트워킹Jupiter Networking에 의존해서 컴퓨팅 클러스터의 실제 위치에 관계없이 데이터를 신속하게 쿼리할 수 있다.

구글의 주피터 네트워킹 패브릭은 훨씬 더 큰 논리적 스위치가 필요한 기능을 제공하기 위해 더 작은(따라서 더 저렴한) 스위치가 배열된 네트워크 구성을 사용한다. 중앙 집중식 소프트웨어 스택과 맞춤형 하드웨어 및 소프트웨어와 함께 이런 스위치 배열 덕분에 데이터센터 내에서 1페타비트의 양분 대역폭bisection bandwidth을 사용할 수 있다. 이는 초당 10Gb로 10만 대의 서버가 서로 통신할 수 있는 규모다. 따라서 컴퓨팅 및 스토리지를 동일 위치에 배치하지 않아도 빅쿼리가 작동한다. 디스크를 호스팅하는 머신과 연산을 실행하는 머신이 각각 같은 데이터 센터 안의 반대쪽 끝에 위치하더라도 마치 두 머신이 동일한 랙rack에 있는 것처럼 효과적으로 빠르게 작동한다.

고속 네트워킹 패브릭은 디스크에서 데이터 읽기와 쿼리 단계의 셔플shuffle에 특히 유용하다. 앞서 설명한 것처럼 빅쿼리는 컴퓨팅과 스토리지가 분리되어 데이터센터 내의 모든 머신이 스토리지 디스크에서 데이터를 수집할 수 있다. 하지만 이렇게 하려면 쿼리에 필요한 입력 데이터를 네트워크를 통해 매우 빠른 속도로 읽을 수 있어야 한다. 셔플에 대한 자세한 내용은 6장에서 알아보겠지만, 복잡한 분산 쿼리를 실행하려면 보통 중간 단계에서 대량의 데이터가 컴퓨터 간에 이동해야 하며 작업을 수행하는 컴퓨터를 빠른 네트워크를 연결하지 않으면 셔플이 병목 현상을 일으켜 쿼리가 크게 느려진다는 사실을 우선 알아두자.

네트워킹 인프라는 속도뿐만 아니라, 대역폭도 동적으로 프로비저닝한다. 구글 데이터센터는 다양한 사용자에게 탄력적인 방식으로 대역폭을 할당하고 우선순위가 높은 작업에 안정적인 서비스 품질을 제공하도록 소프트웨어 기반의 B4(https://www.usenix.org/conference/atc15/technical-session/presentation/mandal)라는 백본 네트워크를 통해 연결된다. 이러한 B4 네트워크는 고성능과 동시성이 요구되는 쿼리를 수행하는 데 중요하다.

하지만 디스크 서브시스템이 느리거나 충분한 확장성을 갖추지 못하면 빠른 네트워킹만으로는 충분하지 않다. 대화형 쿼리를 지원하려면 사용 가능한 네트워크 대역폭을 최대한 사용하도록 디스크에서 데이터를 충분히 빨리 읽어야 한다. 구글의 분산 파일 시스템인 콜로서스는 오래된 콜드cold 데이터를 지속적으로 재조정하고 새로 작성된 데이터를 디스크 전체에 고르게 분배함으로써 수십만 개의 디스크를 조정한다.[16] 이는 실질적인 처리량이 초당 수십 테라바이트에 이른다는 뜻이다. 빅쿼리는 이런 효과적인 처리량과 효율적인 데이터 형식 및 스토리지를 결합해 페타바이트 규모의 테이블을 몇분 만에 쿼리할 수 있는 기능을 제공한다.

## 관리형 스토리지

빅쿼리의 스토리지 시스템은 구조화된 스토리지를 다룰 때 적합한 추상화는 파일이 아닌 테이블이라는 개념을 토대로 구현되었다. 클라우드에 기반을 둔 일부 오픈 소스 데이터 처리 시스템에서는 파일 개념이 사용자에게 노출되어 있어서 사용자로 하여금 파일 크기를 관리하고 스키마의 일관성을 유지하게 한다. 정적 데이터 저장소에 적합한 크기의 파일을 생성할 수 있지만, 시간이 지나며 변경되는 데이터를 최적의 파일 크기로 유지하는 것은 매우 어렵다. 마찬가지로 스키마가 있는 파일(예를 들어 아브로Avro 또는 파케이Parquet)이 많으면 일관된 스키마를 유지하기가 어려운데, 보통은 파일을 생성하는 시스템의 소프트웨어를 업데이트할 때마다 스키마가 변경되기 때문이다. 그러나 빅쿼리는 테이블에 있는 모든 데이터가 일관된 스키마를 가지며 히스토리 데이터에 대한 적절한 마이그레이션 경로를 적용한다. 또한 빅쿼리는 기반 데이터 형식과 파일 크기를 추상화함으로써 사용자에게 노출하지 않아 원활한 환경을 제공하며 쿼리도 항상 빠르게 처리한다.

빅쿼리가 스토리지를 자체적으로 관리해서 생기는 또 다른 장점은 최종 사용자에게 투명한 방식으로 빅쿼리가 계속해서 빨라질 수 있다는 점이다. 예를 들어 향상된 스토리지 형식을 사용자 데이터에 자동으로 적용할 수 있으며 스토리지 인프라의 개선 사항을 즉시 이용할 수 있다. 빅쿼리가 모든 스토리지를 관리하므로 사용자는 백업 또는 복제를 걱정할 필요가 없다. 다시 말해 빅쿼리의 스토리지 관리 시스템은 업그레이드, 복제, 백업 및 복원에 이르는 모든 작업을 투명하게 자동으로 처리한다.

테이블(파일이 아닌)의 추상화 수준에서 구조적 스토리지로 작업하고 최종 사용자에게 투명하게 스토리지를 관리하면 빅쿼리는 DML 같은 데이터베이스와 유사한 기능을 지원할 수 있다. 테이블에서 행을 갱신하거나 삭제하는 쿼리를 실행하면 빅쿼리가 알아서 스토리지를 수정해 갱신이나 삭제를 반영한다. 빅쿼리 작업은 ACID다. 즉 모든 쿼리가 완전히 커밋되거나 전혀 커밋되지 않는다. 쿼리에는 다른 쿼리의 중간 상태가 표시되지 않으며, 다른 쿼리가 완료된 후 시작된 쿼

16 콜로서스에 관한 자세한 내용은 http://www.pdsw.org/pdsw-discs17/slides/PDSW-DISCS-Google-Keynote.pdf와 https://www.wired.com/2012/07/google-colossus/를 참고한다.

리에는 이전 데이터가 표시되지 않는다. 데이터 저장 방법을 제어하는 지시문을 지정해 스토리지를 미세 조정할 수 있지만, 이런 명령은 파일이 아닌 테이블의 추상화 수준에서 작동한다. 예를 들어 테이블의 파티셔닝과 클러스터링 방식을 제어해서(이 기능은 7장에서 자세히 다룬다) 성능을 높이거나 해당 테이블에 대한 쿼리 비용을 줄일 수 있다.

관리형 저장소는 형식이 강력하게 지정되므로 시스템 진입 시 데이터의 유효성을 검사하게 된다. 그런데 빅쿼리에서는 사용자가 API를 통해서만 스토리지와 상호 작용할 수 있으므로 빅쿼리 외부에서 수정되지 않은 기본 데이터를 신뢰할 수 있다. 따라서 관리형 스토리지에 있는 데이터를 읽을 때 빅쿼리는 유효성 검사 오류가 발생하지 않도록 보장한다. 이 보장은 테이블을 쿼리하는 방법을 알아낼 때 유용한 정식 스키마를 의미한다. 빅쿼리 스키마에는 유형 정보뿐만 아니라 필드 사용 방법에 대한 주석 및 테이블 설명도 포함되므로 믿을 만한 스키마가 있으면 쿼리 성능을 높일 때나 어떤 데이터를 이해하려고 할 때도 도움된다.

관리형 스토리지의 한 가지 단점은 다른 프레임워크를 사용해 데이터에 직접 액세스하고 처리하기가 더 어렵다는 점이다. 예를 들어 파일의 추상화 수준에서 데이터를 사용할 수 있었다면 하둡 작업을 빅쿼리 데이터셋에서 직접 실행했을 것이다. 빅쿼리는 데이터를 읽을 수 있는 구조화된 병렬 API를 제공해 이 문제를 해결한다. 이 API를 사용하면 스파크 또는 하둡 작업에서 최대 속도로 읽을 수 있을 뿐만 아니라 프로젝션, 필터링 및 동적 리밸런싱과 같은 추가 기능도 사용할 수 있다.

## 구글 클라우드 플랫폼과 통합

구글 클라우드는 소수의 우수한 제품이 서로 긴밀하게 통합되는 '책임 분리' 설계 원칙을 따른다. 따라서 빅쿼리를 다른 데이터베이스 제품과 비교할 때는 구글 클라우드 플랫폼GCP, Google Cloud Flatform 전체를 고려해야 한다.

많은 GCP 제품은 빅쿼리의 유용성을 확장하거나 빅쿼리 사용 방법을 더 쉽게 이해할 수 있도록 해준다. 이 책에서 이런 관련 제품에 관해 자세히 설명하지만, 이들 제품의 책임 분리에 대해 알고 있어야 한다.

- 스택드라이버StackDriver 모니터링 및 감사audit 로그는 조직의 빅쿼리 사용을 이해하는 방법을 제공한다. 스택드라이버는 2020년 3월에 클라우드 로깅Cloud Logging과 클라우드 모니터링Cloud Monitoring으로 리브랜딩되었다.

- 클라우드 데이터프록Cloud Dataproc은 아파치 스파크 프로그램으로 빅쿼리 테이블을 읽고 처리하고 저장할 수 있는 기능을 제공한다. 따라서 빅쿼리는 하둡 기반 데이터 레이크의 스토리지 계층처럼 동작할 수 있다. 구글 클라우드의 경우에는 데이터 웨어하우스와 데이터 레이크의 경계가 옅어지고 있다.
- 통합Federated 쿼리를 통해 빅쿼리는 구글 클라우드 스토리지, 클라우드 SQL(관계형 데이터베이스), 빅테이블(NoSQL 데이터베이스), 스패너(분산 데이터베이스) 또는 구글 드라이브(스프레드 시트 제공)에 있는 데이터에 쿼리할 수 있다. 빅쿼리는 통합 쿼리 덕분에 클라우드 스토리지를 스토리지 계층으로 사용하는 데이터 레이크의 프로세싱 엔진처럼 동작할 수 있다.
- 구글 클라우드 데이터 유실 방지Data Loss Prevention API(https://cloud.google.com/dlp)를 사용하면 민감한 데이터를 관리하고 테이블에서 개인 식별 정보PII, Personally Identifiable Information를 수정하거나 마스킹할 수 있다.
- 다른 머신러닝 API는 빅쿼리가 보유한 데이터에서 가능한 것을 확장한다. 예를 들어 클라우드 자연어Cloud Natural Language API는 일부 테이블 열에 저장된 자유 형식의 텍스트(예를 들어 고객 리뷰의 텍스트)로 사람, 장소, 감정 등을 식별할 수 있다.
- AutoML Table 및 AutoML Text는 빅쿼리 테이블에 저장된 데이터로 고성능 맞춤형 머신러닝 모델을 생성할 수 있다.
- 클라우드 데이터 카탈로그Cloud Data Catalog는 조직 전체가 보유한 데이터를 검색하는 기능을 제공한다.
- 클라우드 펍/섭Cloud Pub/Sub으로 스트리밍 데이터를 수집하고 클라우드 데이터플로우Cloud Dataflow로 데이터를 변환해 빅쿼리에 로드할 수 있다. 또한 클라우드 데이터플로우로 스트리밍 쿼리를 수행할 수 있다. 물론 빅쿼리 자체 내에서 스트리밍 데이터를 대화식으로 쿼리할 수 있다.[17]
- 데이터 스튜디오Data Studio는 빅쿼리의 데이터를 기반으로 차트 및 대시 보드를 제공한다. 루커Looker는 시맨틱 계층Semantic Layer[18]을 갖춘 엔터프라이즈 비즈니스 인텔리전스Business Intelligence, BI 데이터 플랫폼을 제공한다. 태블로Tableau 같은 서드파티 도구도 빅쿼리를 백엔드로 지원한다.

17 두 제품 중 클라우드 데이터플로우가 지속적이고 일상적인 처리에는 더 좋은 반면, 빅쿼리는 대화형 애드혹 처리에 더 좋다. 클라우드 데이터플로우와 빅쿼리 모두 배치 데이터와 스트리밍 데이터를 처리하며 클라우드 데이터플로우 내에서 SQL 쿼리를 실행할 수 있다.

18 기업이 보유한 데이터를 비즈니스에 맞게 표현하는 계층을 말한다. – 옮긴이

- 클라우드 AI 플랫폼Cloud AI Platform은 빅쿼리에서 보유한 데이터에서 정교한 머신러닝 프로그램을 훈련할 수 있는 기능을 제공한다. 또한 빅쿼리 ML 모델의 하이퍼파라미터hyper-parameter를 튜닝하는 방법과 온라인 예측을 위해 배포하는 방법도 지원하고 있다.
- 클라우드 스케줄러Cloud Scheduler 및 클라우드 펑션Cloud Functions을 사용하면 대규모 워크플로우의 일부로 빅쿼리 쿼리를 스케줄링 하거나 실행할 수 있다.
- 클라우드 데이터 퓨전Cloud Data Fusion은 드래그앤드롭drag-and-drop 형식의 데이터 통합 도구와 커넥터connectors를 제공한다. 클라우드 데이터플로우Cloud Dataflow는 상태가 있는stateful ETL 파이프라인을 구성할 수 있는 기능을 제공한다.
- 클라우드 컴포저Cloud Composer를 사용하면 구글 클라우드 또는 하이브리드 클라우드 설정의 온프레미스에 관계없이 클라우드 데이터플로우 또는 기타 처리 프레임워크에서 수행해야 하는 작업과 함께 빅쿼리 작업을 조정할 수 있다.

빅쿼리와 GCP 생태계를 조합하면 다른 클라우드 업체의 여러 데이터베이스 제품으로 기능을 확대할 수 있다. 다른 클라우드 데이터베이스 제품을 분석용 웨어하우스로 사용할 수도 있지만 ELT 시스템, (파일에 직접 쿼리하는) 데이터 레이크 혹은 BI를 위한 원본 데이터로도 사용할 수 있다. 이 책의 나머지 부분에서는 다양한 측면에서 빅쿼리를 사용하는 방법을 알아본다.

## 보안 및 규정 준수

빅쿼리의 GCP와 통합은 다른 제품과의 상호 운용성을 넘어서고 있다. 플랫폼에서 제공하는 크로스 커팅cross-cutting 기능은 일관된 보안 및 규정 준수를 제공한다.

가장 빠른 하드웨어와 최신 소프트웨어도 여러분이 보유한 데이터와 궁합이 맞지 않는다면 무용지물이다. 빅쿼리의 보안 모델은 GCP의 다른 서비스와 긴밀하게 통합되어 있으므로 데이터 보안을 전체적으로 볼 수 있다. 빅쿼리는 구글의 IAM 접근 제어 시스템을 사용해 개별 사용자 또는 사용자 그룹에 특정 권한을 할당한다. 또한 조직의 외부에서 데이터에 접근하거나 타사로 내보내려는 사용자로부터 데이터를 보호할 수 있는 구글 VPCVirtual Private Cloud 정책 제어와 밀접하게 연계되어 있다. IAM과 VPC 컨트롤은 모두 구글 클라우드 제품에서 작동하도록 설계되어서 특정 제품에서 보안 허점이 발견될 우려가 없다.

빅쿼리는 구글 클라우드가 있는 모든 지역에서 사용할 수 있으므로 원하는 위치에서 데이터를 처리할 수 있다. 이 글을 쓰는 시점에서 구글 클라우드에는 전 세계에 24개가 넘는 데이터센터가 있으며 신규 데이터센터 또한 빠른 속도로 추가되고 있다. 비즈니스상의 이유로 데이터를 호주나 독일에 보관해야 한다면 그렇게 할 수 있다. 호주 또는 독일 지역 코드를 사용해 데이터셋을 생성하면 해당 지역 내에서 데이터에 대한 모든 쿼리가 수행된다.

일부 조직은 데이터를 저장하고 처리하는 것 이상의 강력한 데이터 위치 요구사항을 가지고 있다. 특히 데이터 복사 등 데이터가 특정 물리적 영역을 벗어날 수 없도록 하려고 한다. GCP의 모든 제품은 물리적 위치를 제어하는 기능을 제공한다. 예컨대, 선택한 리전region 외부로의 데이터 이동을 허용하지 않는 'VPC 서비스 제어' 정책을 생성할 수 있다. 이런 제어 정책을 사용하도록 설정하면 사용자는 리전 간에 데이터를 복사하거나 다른 리전의 구글 클라우드 스토리지 버킷으로 내보낼 수 없다.

## 정리

빅쿼리는 확장성이 뛰어난 데이터 웨어하우스로, 서버리스 아키텍처에서 대규모 데이터셋에 대해 빠른 SQL 분석을 제공한다. 사용자는 빅쿼리의 규모와 속도를 높이 평가하지만, 회사 경영진은 서버리스 아키텍처에서 애드혹 쿼리를 통해 데이터를 쉽게 가공함으로써 회사 전체가 데이터 중심 의사결정을 내릴 수 있게 됐다는 점을 높게 평가한다.

빅쿼리에 데이터를 수집하려면 EL 파이프라인(일반적으로 로그 파일의 주기적 로드에 사용됨), ETL 파이프라인(일반적으로 데이터가 풍부하거나 품질 관리가 필요한 경우에 사용됨) 또는 ELT 파이프라인(일반적으로 탐색 작업에 사용됨)을 사용할 수 있다.

빅쿼리는 OLAP(데이터 분석)를 위해 설계되었으며 SQL:2011의 모든 기능을 지원한다. 빅쿼리는 컬럼 기반 스토리지 사용, 중첩 및 반복 필드 지원, 컴퓨팅과 스토리지의 분리 등 구글이 발표한 논문에서 소개한 혁신적인 엔지니어링 아이디어를 기반으로 확장성과 속도를 달성한다. 빅쿼리는 빅데이터 분석 도구의 GCP 생태계의 일부인 인프라스트럭처 요소(보안, 모니터링 및 로깅 등)와 데이터 처리 및 머신러닝(스트리밍, 클라우드 DLP 및 AutoML 등)과 긴밀하게 통합된다.

# 2장

# 쿼리 필수 요소

빅쿼리는 구조화된 데이터와 준구조화semi-structured된 데이터(JSON 객체 등)를 위한 영구persistent 스토리지를 제공하는 우수한 데이터 웨어하우스다. 영구 스토리지가 지원하는 기본적인 4가지 CRUD 작업은 다음과 같다.

- Create
  새 레코드를 추가한다. SQL `INSERT` 문을 통한 로드 작업 또는 스트리밍 삽입insert API를 통해 구현한다. 또한 SQL로 데이터 정의 언어DDL, Data Definition Language을 지원하는 테이블, 뷰, 머신러닝 모델 같은 데이터베이스 객체를 생성할 수 있다. 각각의 예는 나중에 살펴본다.
- Read
  레코드를 검색한다. SQL `SELECT` 문과 벌크bulk read API로 구현한다.
- Update
  기존 레코드를 수정한다. 빅쿼리의 데이터 조작 언어DML, Data Manipulation Language의 일부인 SQL `UPDATE` 및 `MERGE` 문으로 구현된다. 1장에서 설명한 것처럼 빅쿼리는 분석용 도구로 업데이트가 잦은 경우엔 사용되지 않는다.
- Delete
  기존 레코드를 제거한다. DML 작업 중 하나인 SQL `DELETE`로 구현한다.

빅쿼리는 데이터 분석을 위한 도구이며, 여러분이 작성할 쿼리 대부분은 앞서 언급한 Read 작업을 수행하는 쿼리다. 데이터 읽기 및 분석은 이 장의 핵심인 `SELECT` 문으로 수행한다. 데이터의 생성과 갱신, 삭제는 이후 장에서 살펴본다.

## 간단한 쿼리

빅쿼리는 SQL:2011(https://www.iso.org/standard/53681.html)과 호환되는 SQL 언어를 지원하는데, 명세가 모호하거나 부족하면 빅쿼리는 기존 SQL 엔진에서 설정한 규칙을 따른다. 머신러닝같이 명세가 전혀 없는 영역에서는 빅쿼리가 자체 구문과 의미를 정의한다.

> **레거시(Legacy) SQL이란?**
>
> 오랫동안 빅쿼리는 SQL 문법 일부만 차용해 구글이 조금 개선한 문법을 사용했다. 왜냐하면 빅쿼리는 원래 프로토콜 버퍼(Protobufs)[1]에 보관된 로그 데이터를 처리하기 위해 만들어진 구글의 내부 SQL 조회 엔진인 드레멜을 기반으로 했기 때문이다. 드레멜은 범용 SQL 엔진으로 구축되지 않았기 때문에 계층 구조를 유지하는 데 사용되는 프로토콜 버퍼에 적합하도록 만든 SQL(현재, 레거시 SQL라고 불리는)을 사용할 수 있었다. 예를 들어 레거시 SQL은 레코드(로그 메시지와 관련된 전체 계층 구조)와 행(구조의 조각)을 구분했다.[2] 따라서 드레멜에서 COUNT(*)는 반복되는 필드에서 NULL이 아닌 값의 수를 계산한다. 이런 특징 덕에 특정 유형의 쿼리는 훨씬 쉽게 만들 수 있었지만, 드레멜은 표준 SQL이 아니기 때문에 익숙해지는 데 시간이 걸렸다.
>
> 이 책에서는 표준 SQL에만 초점을 맞추고 있다. 구글 클라우드 플랫폼 클라우드 콘솔의 빅쿼리 사용자 인터페이스는 기본적으로 표준 SQL로 설정되며, 빅쿼리의 새로운 기능들은 레거시 SQL을 지원하지 않는다. 그러나 일부 도구 및 사용자 인터페이스는 여전히 레거시 SQL이 기본값이다. 어떤 도구를 사용하더라도, 다음 예처럼 쿼리의 첫 번째 행에 #standardsql을 입력해 쿼리를 사용하면 된다.
>
> ```
> #standardsql
> SELECT DISTINCT gender
> FROM `bigquery-public-data`.new_york_citibike.citibike_trips
> ```
>
> 첫 번째 행에 #standardsql이 명시된 쿼리 문자열을 수신하면 빅쿼리의 쿼리 엔진은 설령 클라이언트가 표준 SQL을 인지하지 못하더라도 수신한 쿼리를 표준 SQL로 처리한다.

### SELECT로 행 검색하기

SELECT 문을 사용하면 테이블에서 지정된 열의 값을 검색할 수 있다. 예를 들어 뉴욕 자전거 대여 데이터를 생각해 보자. 이 데이터엔 대여 기간, 성별을 포함한 자전거 대여와 관련된 여러 컬럼이 있다. 이 컬럼을 추출하기 위해 SELECT 문을 사용하자(주석은 이중 대시 또는 #으로 시작한다).

---

1 프로토콜 버퍼는 프로그래밍 언어에 상관없이 효율적인 저장 공간을 제공하기 때문에 구글에서 매우 인기있는 데이터 형식이다. 현재 오픈 소스로 공개되어 있고, 더 궁금하다면 https://developers.google.com/protocol-buffers/ 문서를 보자.

2 드레멜에 대한 더 많은 정보가 궁금하다면 https://ai.google/research/pubs/pub36632 문서를 보자.

**예제 2-1** SELECT로 행 검색하는 쿼리

```
-- 간단한 SELECT 문
SELECT
  gender, tripduration
FROM
  `bigquery-public-data`.new_york_citibike.citibike_trips
LIMIT 5
```



이 쿼리의 실행 결과는 다음과 같다.

| 행번호 | gender | tripduration |
|---|---|---|
| 1 | male | 371 |
| 2 | male | 1330 |
| 3 | male | 830 |
| 4 | male | 555 |
| 5 | male | 328 |

쿼리의 결과에서 SELECT 문에 지정된 순서대로 2개의 컬럼(gender 및 tripduration)이 출력되었음을 볼 수 있다. 쿼리의 마지막 줄에서 반환할 행의 수를 5개로 제한했기 때문에 5개의 행만 출력되었다. 빅쿼리는 행을 읽는 작업을 여러 워커에 분배하고, 각 워커는 데이터셋의 서로 다른 샤드(또는 샤드의 일부)에서 데이터를 읽으므로 여러분이 이 쿼리를 직접 실행하면 출력 결과가 이 예와 다를 수 있다.

LIMIT 제약 조건을 사용하면 쿼리 엔진이 처리할 데이터 양이 아니라 표시되는 데이터 양만 제한함을 주목하라. 일반적으로는 쿼리에서 처리되는 데이터의 양에 따라 요금이 청구되므로 쿼리에서 읽는 컬럼이 많을수록 청구되는 요금이 많아진다. 처리되는 행의 수는 일반적으로 쿼리가 읽는 테이블의 전체 크기이며, 이를 최적화하는 방법이 있다(7장에서 다룬다). 성능 및 요금에 대한 고려 사항은 다른 장에서 설명한다.

값을 탐색하는 테이블은 다음과 같다.

```
bigquery-public-data.new_york_citibike.citibike_trips
```

여기서 bigquery-public-data는 프로젝트 ID이며 new_york_citibike은 데이터셋의 이름, 그리고 citibike_trips은 테이블의 이름이다. 프로젝트 ID는 데이터셋 및 해당 테이블과 관련된 영구 저장소의 소유권을 나타낸다. 따라서 bigquery-public-data 프로젝트의 소유자가 new_york 데이터셋과 관련된 스토리지 비용을 부담한다. 쿼리 비용 역시 쿼리가 실행된 프로젝트에서 부담한다. 앞서 살펴본 쿼리를 실행하면 쿼리 요금이 부과된다. 데이터셋은 IAM을 제공한다. 데이터셋의 테이블을 확인하고 쿼리할 수 있는 이유는 빅쿼리에서 new_york_citibike 데이터셋[3]을 만든 사람이 이 데이터셋을 공개했기 때문이다. 이 citibike_trips 테이블에는 모든 자전거 대여 데이터가 저장되어 있다. 프로젝트, 데이터셋 및 테이블은 마침표(.)로 구분한다. 예제의 경우, 프로젝트 이름(bigquery-public-data)의 하이픈이 뺄셈으로 해석되기 때문에 이스케이프 문자인 백틱(`)을 사용해야 한다. 개발자 대부분은 다음과 같이 전체 문자열을 백틱 안에 간단히 묶는다.

**예제 2-2** 백틱을 전체 문자열에 사용한 쿼리

```
-- 간단한 SELECT 문
SELECT
  gender, tripduration
FROM
  `bigquery-public-data.new_york_citibike.citibike_trips`
LIMIT 5
```

더 간단해 보이지만 이렇게 하면 테이블 이름(citibike_trips)을 별칭으로 사용할 수 없다는 단점이 있다. 따라서 프로젝트 이름만 백틱으로 둘러싸고 데이터셋과 테이블의 이름에는 하이픈을 사용하지 않는 습관을 기르는 것이 좋다.

빅쿼리의 테이블을 비정규화된 형태로 저장할 것을 오랫동안 권장해왔다(예를 들어 여러 테이블을 조인할 필요 없이 필요한 모든 데이터를 포함하는 단일 테이블). 그러나 빅쿼리가 발전했기 때문에 더 이상 비정규화된 형태로 저장할 필요가 없다. 이제 스타star 스키마[4]를 사용해도 우수한 성능을 얻을 수 있다.

표 2-1은 `bigquery-public-data`.new_york_citibike.citibike_trips 이름을 구성하는 3가지 구성 요소를 정리한 것이다.

---

3 데이터셋을 만든 사람은 구글 클라우드 플랫폼 공개 데이터셋 팀의 구성원이다. 사용 가능한 다른 데이터는 구글 클라우드 퍼블릭 데이터셋에서 확인할 수 있다.

4 스타 스키마는 다차원 데이터를 표현하기 위한 관계형 데이터베이스 설계 기법이다. – 옮긴이

표 2-1 빅쿼리 객체와 설명 요약

| 빅쿼리 객체 | 이름 | 설명 |
|---|---|---|
| 프로젝트(Project) | bigquery-public-data | 데이터셋 및 해당 테이블과 연결된 영구 스토리지의 소유자 이 프로젝트는 다른 모든 GCP 제품 사용에도 적용된다. |
| 데이터셋(Dataset) | new_york_citibike | 데이터셋은 테이블 및 뷰에 대한 액세스를 구성하고 제어하는 데 사용되는 최상위 컨테이너다. 사용자는 여러 데이터셋을 소유할 수 있다. |
| 테이블/뷰(Table/View) | citibike_trips | 테이블 또는 뷰는 데이터셋에 속해야 하므로 빅쿼리에 데이터를 로드하기 전에 하나 이상의 데이터셋을 생성해야 한다.[5] |



테이블을 가리키는 3가지 구성 요소를 구분하는 것은 나중에 지리적 위치, 데이터 접근 및 데이터 공유에 대해 알아볼 때 특히 중요한 부분이다.

## AS로 컬럼 이름에 별칭 지정하기

기본적으로 결과 집합의 컬럼 이름은 데이터가 저장된 테이블의 컬럼 이름과 같은 이름을 사용한다. 하지만 AS 키워드를 이용하면 컬럼에 별칭을 지정할 수 있다.

**예제 2-3** 컬럼 이름에 별칭 지정하는 쿼리

```
-- 컬럼 이름에 별칭 정하기
SELECT
  gender, tripduration AS rental_duration
FROM
  `bigquery-public-data`.new_york_citibike.citibike_trips
LIMIT 5
```

이 쿼리의 실행 결과는 다음과 같다(LIMIT 5를 사용했기 때문에 결과가 다를 수 있다).

| 행번호 | gender | rental_duration |
|---|---|---|
| 1 | male | 432 |
| 2 | female | 1186 |
| 3 | male | 799 |
| 4 | female | 238 |
| 5 | male | 668 |

5 https://cloud.google.com/bigquery/docs/datasets-intro 참조

컬럼 별칭은 데이터를 변환할 때 유용하다. 예를 들어 별칭을 사용하지 않는 다음 쿼리를 살펴보자.

**예제 2-4** 데이터 변환시 별칭을 사용하지 않는 쿼리

```
SELECT
  gender, tripduration/60
FROM
  `bigquery-public-data`.new_york_citibike.citibike_trips
LIMIT 5
```

이 쿼리를 실행하면 결과의 두 번째 컬럼은 자동으로 생성된 이름을 사용한다.

| 행번호 | gender | f0_ |
|---|---|---|
| 1 | male | 6.183333333333334 |
| 2 | male | 22.166666666666668 |
| 3 | male | 13.833333333333334 |
| 4 | male | 9.25 |
| 5 | male | 5.466666666666667 |

하지만 쿼리에 별칭을 추가하면 두 번째 컬럼의 이름을 더 명확하게 표현할 수 있다.

**예제 2-5** 데이터 변환시 별칭을 사용한 쿼리

```
SELECT
  gender, tripduration/60 AS duration_minutes
FROM
  `bigquery-public-data`.new_york_citibike.citibike_trips
LIMIT 5
```

이 쿼리의 실행 결과는 다음과 같다.

| 행번호 | gender | duration_minutes |
|---|---|---|
| 1 | male | 6.183333333333334 |
| 2 | male | 22.166666666666668 |
| 3 | male | 13.833333333333334 |
| 4 | male | 9.25 |
| 5 | male | 5.466666666666667 |

## WHERE로 필터링하기

대여 시간이 10분 미만인 대여 건을 찾으려면, WHERE 절을 사용해 SELECT가 반환한 결과를 필터링하면 된다.

**예제 2-6** WHERE로 필터링하는 쿼리

```
SELECT
  gender, tripduration
FROM
  `bigquery-public-data`.new_york_citibike.citibike_trips
WHERE tripduration < 600
LIMIT 5
```

예상대로 이 쿼리는 대여 기간이 600초(10분) 미만인 데이터만 반환한다.

| 행번호 | gender | tripduration |
|---|---|---|
| 1 | male | 178 |
| 2 | male | 518 |
| 3 | male | 376 |
| 4 | male | 326 |
| 5 | male | 516 |

WHERE 절은 불리언 표현식Boolean expression을 사용할 수 있다. 예를 들어 대여한 사람이 여성이고 대여 기간이 5분에서 10분 사이인 대여 건만 찾으려면 다음 쿼리를 사용하면 된다.

**예제 2-7** WHERE절에 여러 조건을 사용한 쿼리

```
SELECT
  gender, tripduration
FROM
  `bigquery-public-data`.new_york_citibike.citibike_trips
WHERE tripduration >= 300 AND tripduration < 600 AND gender = 'female'
LIMIT 5
```

WHERE 절의 표현식에는 OR 키워드와 NOT 키워드도 사용할 수 있다. 예를 들어 여성이 아닌 사용자(남성 사용자 및 성별을 알 수 없는 사용자)를 찾으려면 WHERE 절을 다음과 같이 작성한다.

```
WHERE tripduration < 600 AND NOT gender = 'female'
```

또한 괄호를 사용해 연산 순서를 제어할 수 있다. 다음 쿼리는 모든 남성 사용자와 대여 시간이 10분 미만인 여성 사용자를 검색한다.

```
WHERE (tripduration < 600 AND gender = 'female') OR gender = 'male'
```

WHERE 절은 FROM 절에 지정한 테이블의 컬럼을 참조한다. 따라서 WHERE 절에서는 SELECT 절에서 지정한 별칭을 참조할 수 없다. 즉 10분 미만의 대여를 찾을 때 다음과 같이 쿼리를 작성할 수 없다.

```
SELECT
  gender, tripduration/60 AS minutes
FROM
  `bigquery-public-data`.new_york_citibike.citibike_trips
WHERE minutes < 10 -- WHERE에 별칭을 참조할 수 없다
LIMIT 5
```

대신 WHERE 절에서 다시 한 번 변환을 실행해야 한다(이보다 더 나은 방법은 나중에 다시 설명한다).

**예제 2-8** WHERE절에서 변환을 사용해 필터링하는 쿼리

```
SELECT
  gender, tripduration / 60 AS minutes
FROM
  `bigquery-public-data`.new_york_citibike.citibike_trips
WHERE (tripduration / 60) < 10
LIMIT 5
```

## SELECT *, EXCEPT, REPLACE

비용 절감과 성능 향상을 위해서(자세한 내용은 7장을 참고하자) 원하는 컬럼만 선택하는 것이 좋다. 그러나 테이블에 있는 모든 컬럼을 선택해야 한다면 SELECT *를 사용하면 된다.

**예제 2-9** 모든 컬럼을 선택하는 쿼리

```
SELECT
  *
FROM
  `bigquery-public-data`.new_york_citibike.citibike_stations
WHERE name LIKE '%Riverside%'
```

이 예제의 WHERE 절에서는 LIKE 연산을 사용해 이름에 Riverside가 들어간 모든 대여소를 검색하고 있다.



일부 컬럼을 제외한 나머지 컬럼을 모두 선택하려면 SELECT EXCEPT를 사용한다.

**예제 2-10** EXCEPT를 사용해 특정 컬럼을 제외한 모든 컬럼을 선택하는 쿼리

```
SELECT
  * EXCEPT(short_name, last_reported)
FROM
  `bigquery-public-data`.new_york_citibike.citibike_stations
WHERE name LIKE '%Riverside%'
```

이 쿼리는 2개의 컬럼(short_name 및 last_reported)만 제외할 뿐, 이전 쿼리와 동일한 결과를 반환한다.

모든 컬럼을 선택하면서 그중 한 컬럼의 값을 변환하고 싶다면 SELECT REPLACE를 사용한다. 예를 들어 대여 가능한 자전거 수에 5를 더하고 싶다면 다음과 같이 쿼리를 작성한다.

**예제 2-11** REPLACE를 사용해 컬럼의 값을 변환하는 쿼리

```
SELECT
  * REPLACE(num_bikes_available + 5 AS num_bikes_available)
FROM
  `bigquery-public-data`.new_york_citibike.citibike_stations
```

## WITH를 사용한 서브 쿼리

서브 쿼리를 사용하면 반복을 줄이고 별칭을 계속 사용할 수 있다.

**예제 2-12** 서브 쿼리를 이용해 별칭을 사용한 쿼리

```
SELECT * FROM (
  SELECT
    gender, tripduration / 60 AS minutes
  FROM
    `bigquery-public-data`.new_york_citibike.citibike_trips
)
WHERE minutes < 10
LIMIT 5
```

바깥쪽의 SELECT는 괄호로 묶은 안쪽의 서브쿼리의 결과를 참조한다. 안쪽 쿼리가 컬럼 별칭을 사용하고 있으므로 바깥 쿼리의 WHERE 절에서도 이 컬럼 별칭을 그대로 사용할 수 있다.

하지만 괄호가 있는 쿼리는 읽기 어렵다. 이럴 때는 서브 쿼리의 부분을 WITH 절로 감싸는 방법이 더 좋다.

**예제 2-13** WITH절을 사용한 쿼리

```
WITH all_trips AS (
  SELECT
    gender, tripduration / 60 AS minutes
  FROM
    `bigquery-public-data`.new_york_citibike.citibike_trips
)

SELECT * FROM all_trips
WHERE minutes < 10
LIMIT 5
```

빅쿼리에서 WITH 절은 이름이 있는 서브쿼리처럼 작동하며 임시 테이블을 생성하지 않는다. all_trips와 같이 FROM 절에서 사용할 수 있는 객체를 빅쿼리에서는 'from_item'이라 부른다. from_item은 테이블은 아니지만 테이블처럼 값을 선택할 수 있는 모든 데이터베이스 객체를 이르는 용어다.[6]

## ORDER BY로 정렬하기

ORDER BY 절로 쿼리 결과에 행이 반환되는 순서를 제어할 수 있다.

**예제 2-14** ORDER BY 절을 사용해 순서를 제어한 쿼리

```
SELECT
  gender, tripduration/60 AS minutes
FROM
  `bigquery-public-data`.new_york_citibike.citibike_trips
WHERE gender = 'female'
ORDER BY minutes DESC
LIMIT 5
```

6 대부분의 RDBMS 시스템에서는 WITH 절을 이용한 쿼리를 CTE(Common Table Expression)라고 부른다. - 옮긴이

기본적으로 출력 결과의 행은 정렬되지 않는다. 정렬에 사용할 컬럼을 지정하면 기본적으로 오름차순으로 정렬된다. 행을 내림차순으로 정렬하고 반환되는 행의 수를 5개로 제한하면 데이터셋에서 여성 사용자 중 대여 시간이 가장 긴 5개의 행이 반환된다.



| 행번호 | gender | minutes |
|---|---|---|
| 1 | female | 250348.9 |
| 2 | female | 226437.93333333332 |
| 3 | female | 207988.71666666667 |
| 4 | female | 159712.05 |
| 5 | female | 154239.0 |

이때 ORDER BY 절에서 별칭으로 지정된 minutes라는 이름을 사용했다! ORDER BY 절은 SELECT 절이 실행된 이후에 실행되므로 별칭을 사용할 수 있다.

## 집계

앞서 살펴본 예제에서는 테이블의 모든 행으로부터 tripduration 컬럼의 값을 60으로 나눠 초를 분으로 변환했다. 하지만 집계 함수를 이용하면 모든 행의 값을 집계해 결과 집합에 하나의 행만 나타나도록 할 수 있다.

### GROUP BY로 집계하기

다음 쿼리는 남성 사용자의 평균 대여 시간을 찾는다.

**예제 2-15** 남성 사용자의 평균 대여 시간을 구하는 쿼리

```
SELECT
  AVG(tripduration / 60) AS avg_trip_duration
FROM
  `bigquery-public-data`.new_york_citibike.citibike_trips
WHERE
  gender = 'male'
```

그리고 이 쿼리의 실행 결과는 다음과 같다.

| 행번호 | avg_trip_duration |
|---|---|
| 1 | 13.415553172043886 |

이 결과를 보면 뉴욕에서 남성 사용자가 평균적으로 자전거를 대여하는 시간이 약 13.4분임을 알 수 있다. 그러나 데이터셋은 지속적으로 갱신되므로 여러분이 이 쿼리를 실행하는 시점의 결과는 다를 수 있다.

여성 사용자는 어떨까? 앞서 살펴본 쿼리를 각각 남성 사용자와 여성 사용자를 대상으로 2번 실행해도 되지만, 그러면 데이터셋에 2번 접근하면서 그만큼 비용을 낭비하게 된다. 이때는 WHERE 절 대신 GROUP BY 절을 사용하면 된다.

**예제 2-16** GROUP BY를 사용해 성별 평균 대여 시간을 구하는 쿼리

```
SELECT
  gender, AVG(tripduration / 60) AS avg_trip_duration
FROM
  `bigquery-public-data`.new_york_citibike.citibike_trips
WHERE
  tripduration is not NULL
GROUP BY
  gender
ORDER BY
  avg_trip_duration
```

이 쿼리의 실행 결과는 다음과 같다.

| 행번호 | gender | avg_trip_duration |
|---|---|---|
| 1 | male | 13.415553172043886 |
| 2 | female | 15.977472148805207 |
| 3 | unknown | 31.4395230232542 |

결과에서 보듯이 집계 함수는 ORDER BY 절에 지정한 그룹별로 적용된다. 이때 SELECT 표현식에 그룹을 구분하는 컬럼(성별)의 값과 집계(AVG) 값을 포함하는 것도 가능하다. 실제 데이터셋에는 성별을 나타내는 값이 male, female, unknown 3가지라는 점에 유의하자.

## COUNT로 레코드 수 세기

앞서 살펴 본 쿼리에서 계산한 평균값에 몇 건의 대여 기록이 포함되어 있는지 궁금하다면 다음과 같이 COUNT( ) 함수를 사용하면 된다.

**예제 2-17** COUNT로 레코드 수 세는 쿼리

```
SELECT
  gender,
  COUNT(*) AS rides,
  AVG(tripduration / 60) AS avg_trip_duration
FROM
  `bigquery-public-data`.new_york_citibike.citibike_trips
WHERE
  tripduration IS NOT NULL
GROUP BY
  gender
ORDER BY
  avg_trip_duration
```

이 쿼리의 실행 결과는 다음과 같다.

| 행번호 | gender | rides | avg_trip_duration |
|---|---|---|---|
| 1 | male | 35611787 | 13.415553172043886 |
| 2 | female | 11376412 | 15.977472148805207 |
| 3 | unknown | 6120522 | 31.4395230232542 |

## HAVING으로 그룹화된 항목 필터링하기

HAVING 절을 사용하면 그룹화 연산grouped operation 이후에 필터링을 할 수 있다. 평균 14분 이상 대여한 성별을 알고 싶다면 다음 쿼리를 사용한다.

**예제 2-18** HAVING으로 그룹화된 항목 필터링하는 쿼리

```
SELECT
  gender, AVG(tripduration / 60) AS avg_trip_duration
FROM
  `bigquery-public-data`.new_york_citibike.citibike_trips
WHERE tripduration IS NOT NULL
GROUP BY
```

```
  gender
HAVING avg_trip_duration > 14
ORDER BY
  avg_trip_duration
```

이 쿼리의 실행 결과는 다음과 같다.

| 행번호 | gender | avg_trip_duration |
|---|---|---|
| 1 | female | 15.977472148805207 |
| 2 | unknown | 31.4395230232542 |

WHERE 절에서 성별 또는 대여 기간을 필터링할 수 있지만, 평균 기간은 그룹화한 후 계산되므로 WHERE 절에서 평균 기간으로 필터링할 수 없다!(시도해 보자!)

## DISTINCT로 고윳값 찾기

데이터셋의 성별 컬럼에 어떤 값이 저장되어 있는지 확인하고 싶은가? GROUP BY를 사용할 수도 있지만 컬럼의 고윳값을 추출하고 싶으면 간단하게 SELECT DISTINCT를 사용한다.

**예제 2-19** DISTINCT로 고윳값을 추출하는 쿼리

```
SELECT DISTINCT
  gender
FROM
  `bigquery-public-data`.new_york_citibike.citibike_trips
```

이 쿼리를 실행하면 4개의 행만 나타난다.

| 행번호 | gender |
|---|---|
| 1 | male |
| 2 | female |
| 3 | unknown |
| 4 | |

그런데 4번째 행은 왜 반환된 걸까? 다음 쿼리로 한번 확인해 보자.

**예제 2-20** 4번째 행 데이터를 확인하기 위한 쿼리

```
SELECT
  bikeid,
  tripduration,
  gender
FROM
  `bigquery-public-data`.new_york_citibike.citibike_trips
WHERE gender = ""
LIMIT 100
```



결과는 다음과 같다.

| 행번호 | bikeid | tripduration | gender |
|---|---|---|---|
| 1 | null | null | |
| 2 | null | null | |
| 3 | null | null | |
| ... | | | |

아무래도 성별 값이 누락되거나 저품질poor-quality 데이터가 존재하는 것 같다. 3장에서 결측치missing data(NULL 값)에 대해 설명하고 어떻게 다뤄야 하는지 알아본다. 우선 간단히 설명하자면, WHERE 절에서 NULL 값을 필터링할 때 NULL 값에 대한 비교 연산(=, !=, <, >)은 NULL 값을 반환하므로 WHERE 조건으로 적절치 않다. 대신 IS NULL 또는 IS NOT NULL을 사용하면 된다.

성별의 고윳값을 구하기 위해 DISTINCT를 사용했던 쿼리를 다시 확인해 보면, DISTINCT는 성별 컬럼뿐만 아니라 SELECT 절에서 지정한 컬럼 전체에 적용된다! 이 의미를 확인하기 위해 쿼리의 SELECT에 두 번째 컬럼을 추가해 보자.

**예제 2-21** DISTINCT를 두 컬럼에 적용한 쿼리

```
SELECT DISTINCT
  gender,
  usertype
FROM
 `bigquery-public-data`.new_york_citibike.citibike_trips
WHERE gender != ''
```

쿼리의 결과는 6행이 반환된다. 즉 데이터셋에 존재하는 고유한 성별과 고유한 사용자 유형(구독자 또는 고객)을 토대로 가능한 모든 조합에 해당하는 결과를 얻게 된다.

| 행번호 | gender | usertype |
|---|---|---|
| 1 | male | Subscriber |
| 2 | unknown | Customer |
| 3 | female | Subscriber |
| 4 | female | Customer |
| 5 | male | Customer |
| 6 | unknown | Subscriber |

## 배열과 구조체 기초

여기서는 배열을 간단히 설명하고, 다음 장에서 예제 데이터와 함께 데이터 타입과 함수를 설명한다. ARRAY(다음 예제 쿼리에서 대괄호 부분)와 UNNEST를 함께 사용하면 쿼리, 함수 및 데이터 타입을 빠르게 실험할 수 있다.

예를 들어 다음 쿼리로 문자열의 SPLIT 함수가 어떻게 작동하는지 간단히 확인해 보자.

**예제 2-22** SPLIT 함수 작동 방식을 이해하기 위한 쿼리

```
SELECT
  city, SPLIT(city, ' ') AS parts
FROM (
  SELECT * FROM UNNEST([
    'Seattle WA', 'New York', 'Singapore'
  ]) AS city
)
```

이 쿼리는 굉장히 빨리 실행되며, 그 결과는 다음과 같다.

| 행번호 | city | parts |
|---|---|---|
| 1 | Seattle WA | Seattle |
| | | WA |
| 2 | New York | New |
| | | York |
| 3 | Singapore | Singapore |

SQL 쿼리에 배열을 하드코딩할 수 있으므로 쿼리를 작성할 때 적절한 데이터셋을 찾거나 시간이 오래 걸리는 쿼리를 실행할 필요 없이 배열과 데이터 타입을 사용해 필요한 쿼리를 작성할 수 있다. 더 좋은 점은 0바이트를 처리하므로 빅쿼리 요금이 발생하지 않는다.[7]

여러 데이터를 빠르게 실험하는 다른 방법은 UNION ALL로 단일 행을 반환하는 SELECT 문을 결합하는 방법이다.

**예제 2-23** 여러 데이터를 빠르게 실험하기 위해 UNION ALL을 사용한 쿼리

```
WITH example AS (
  SELECT 'Sat' AS day, 1451 AS numrides, 1018 AS oneways
  UNION ALL SELECT 'Sun', 2376, 936
  UNION ALL SELECT 'Mon', 1476, 736
)

SELECT * FROM example
WHERE numrides < 2000
```

이렇게 하면 대여 횟수가 2,000회 미만인 두 행의 데이터를 가진 작은 인라인 데이터셋을 만들 수 있다.

| 행번호 | day | numrides | oneways |
|---|---|---|---|
| 1 | Sat | 1451 | 1018 |
| 2 | Mon | 1476 | 736 |

다음 장에서는 하드코드된 숫자로 이같은 인라인 데이터셋을 만들어 여러 데이터 타입의 특징과 함수의 작동 방식을 설명하는 데 사용한다.

이 절의 목적은 배열과 구조체를 간단히 소개해 예제에서 사용할 수 있도록 하는 것이다. 배열과 구조체는 8장에서 더 자세히 다루니, 계속해서 간단한 예제를 살펴보자.

7 이 책에서 가격을 언급할 때는 집필 시점에서 최대한 정확성을 유지하려 했지만 이후 변경될 수 있으므로 관련 정책 및 가격표(https://cloud.google.com/bigquery/pricing)를 확인하자.

## ARRAY_AGG로 배열 만들기

성별 및 연도별 대여 횟수를 찾아보자.

**예제 2-24** 성별 및 연도별 대여 횟수를 확인하는 쿼리

```
SELECT
  gender
  , EXTRACT(YEAR FROM starttime) AS year
  , COUNT(*) AS numtrips
FROM
  `bigquery-public-data`.new_york_citibike.citibike_trips
WHERE gender != 'unknown' AND starttime IS NOT NULL
GROUP BY gender, year
HAVING year > 2016
```

결과는 다음과 같다.

| 행번호 | gender | year | numtrips |
|---|---|---|---|
| 1 | male | 2017 | 9306602 |
| 2 | male | 2018 | 3955871 |
| 3 | female | 2018 | 1260893 |
| 4 | female | 2017 | 3236735 |

SELECT 절을 보면 컬럼 이름 앞에 쉼표가 있는데 그 이유는 무엇일까? 이 책이 처음 출간되었던 시점(2019년 10월)의 빅쿼리 표준 SQL은 후행 쉼표를 지원하지 않았으므로, 쉼표를 다음 줄로 이동하면 행을 쉽게 재정렬할 수 있고, 특정 줄에 주석을 달아도 다음 예제와 같이 주석 처리된 줄 위 또는 아래의 줄에서 문법 오류가 발생하지 않으므로 쿼리가 여전히 잘 작동한다.

```
SELECT
  gender
  , EXTRACT(YEAR FROM starttime) AS year
  -- 이 줄은 주석 처리한다 , COUNT(1) AS numtrips
FROM etc.
```

이제 빅쿼리는 후행 쉼표를 지원하므로 굳이 예제처럼 선행 쉼표를 사용할 필요는 없지만, 이미 선행 쉼표가 버릇이 된 내가 후행 쉼표에 적응하기에는 시간이 걸릴 것 같다.[8]

8 프로젝트 성공과 선행 쉼표 사용 간의 상관 관계에 대한 재미있는 데이터 분석 결과를 https://oreil.ly/mFZKh에서 볼 수 있다.

여러 해에 걸쳐 성별과 관련된 대여 횟수를 시계열으로 얻으려면, 다시 말해 다음과 같은 결과를 얻으려면 어떻게 해야 할까?

| 행번호 | gender | numtrips |
|---|---|---|
| 1 | male | 9306602 |
| | | 3955871 |
| 2 | female | 3236735 |
| | | 1260893 |

이런 결과를 얻으려면 대여 횟수의 배열을 만들어야 한다. ARRAY 타입을 사용해 해당 배열을 SQL로 표시하고 ARRAY_AGG 함수로 배열을 생성하면 된다.

**예제 2-25** ARRAY_AGG 함수를 사용해 배열을 생성하는 쿼리

```
SELECT
  gender
  , ARRAY_AGG(numtrips order by year) AS numtrips
FROM (
  SELECT
    gender
    , EXTRACT(YEAR FROM starttime) AS year
    , COUNT(1) AS numtrips
  FROM
    `bigquery-public-data`.new_york_citibike.citibike_trips
  WHERE gender != 'unknown' AND starttime IS NOT NULL
  GROUP BY gender, year
  HAVING year > 2016
)
GROUP BY gender
```

일반적으로 성별로 그룹화할 때는 AVG(numtrips) 함수로 같은 그룹의 단일 스칼라 값을 계산해 모든 연도의 평균 대여 횟수를 찾는다. 그런데 ARRAY_AGG를 사용하면 개별 값을 수집해 순서가 있는 리스트 또는 ARRAY에 넣을 수 있다.

ARRAY 타입은 쿼리 결과에서만 사용할 수 있는 것은 아니다. 빅쿼리는 JSON과 같은 계층 형식의 데이터를 수집할 수 있으므로 다음과 같은 JSON 배열도 입력 데이터로 사용할 수 있다.

```
[
  {
    "gender": "male",
```

```
    "numtrips": [
      "9306602",
      "3955871"
    ]
  },
  {
    "gender": "female",
    "numtrips": [
      "3236735",
      "1260893"
    ]
  }
]
```

이런 JSON 파일을 수집해서 테이블을 생성하면 numtrips 열이 ARRAY 유형인 테이블이 생성된다. 배열은 NULL이 아닌 요소의 순서 리스트다. 예를 들어 ARRAY<INT64>는 정수의 배열이다.

> 기술적으로 배열은 NULL 값을 가질 수 있지만 그 배열을 테이블에 저장할 수는 없다. 예를 들어 다음 쿼리는 결과를 보관하는 임시 테이블에 배열 [1, NULL, 2]를 저장하려고 하기 때문에 작동하지 않을 것이다.[9]
>
> ```
> WITH example AS (
>   SELECT true AS is_vowel, 'a' AS letter, 1 AS position
>   UNION ALL SELECT false, 'b', 2
>   UNION ALL SELECT false, 'c', 3
> )
> SELECT ARRAY_AGG(IF(position = 2, NULL, position)) AS
> positions FROM example
> ```
>
> 그러나 다음 쿼리는 NULL 값을 포함한 배열이 임시 테이블로 저장되지 않으므로 정상적으로 작동한다.
>
> ```
> WITH example AS (
>   SELECT true AS is_vowel, 'a' AS letter, 1 AS position
>   UNION ALL SELECT false, 'b', 2
>   UNION ALL SELECT false, 'c', 3
> )
> SELECT ARRAY_LENGTH(ARRAY_AGG(IF(position = 2, NULL,
> position))) FROM example
> ```

9 쿼리의 결과는 모두 임시 테이블에 저장된다. – 옮긴이

## 구조체의 배열

구조체STRUCT는 순서를 갖는 필드의 그룹이다. 필드에는 원하는 이름을 지정할 수 있는데(생략하면 빅쿼리에서 이름을 지정한다), 가독성을 위해서라도 이름을 지정하는 것이 좋다.

**예제 2-26** 구조체의 배열 예시 쿼리

```
SELECT
  [
    STRUCT('male' AS gender, [9306602, 3955871] AS numtrips)
    , STRUCT('female' AS gender, [3236735, 1260893] AS numtrips)
  ] AS bikerides
```

이 쿼리의 실행 결과는 다음과 같다.

| 행번호 | bikerides.gender | bikerides.numtrips |
|---|---|---|
| 1 | male | 9306602 |
| | | 3955871 |
| 2 | female | 3236735 |
| | | 1260893 |

## 튜플

STRUCT 키워드와 필드 이름을 생략하면 튜플tuple 또는 익명 구조체anonymous struct가 생성된다. 빅쿼리는 쿼리 결과에서 이름이 지정되지 않은 컬럼 및 구조체 필드에 임의의 이름을 할당한다. 다음 쿼리를 보자.

**예제 2-27** 튜플 예시 쿼리

```
SELECT
  [
    ('male', [9306602, 3955871])
    , ('female', [3236735, 1260893])
  ]
```

이 쿼리의 결과는 다음과 같다.

| 행번호 | f0 _._field_1 | f0 _._field_2 |
|---|---|---|
| 1 | male | 9306602 |
| | | 3955871 |
| 2 | female | 3236735 |
| | | 1260893 |

당연히 컬럼 이름의 별칭을 생략하면 이후 쿼리는 읽기도 어렵고 유지보수도 어렵게 된다. 일회성의 실험용 쿼리를 작성하는 것이 아니라면 반드시 컬럼 이름을 사용한다.

### 배열 활용하기

일단 배열을 생성했다면 배열의 길이를 찾을 수도 있고 배열 내의 개별 항목을 탐색할 수도 있다.

**예제 2-28** 배열의 길이를 확인하고 배열 내 항목을 선택하는 쿼리

```
SELECT
  ARRAY_LENGTH(bikerides) AS num_items
  , bikerides[ OFFSET(0)].gender AS first_gender
FROM
(SELECT
  [
    STRUCT('male' AS gender, [9306602, 3955871] AS numtrips)
    , STRUCT('female' AS gender, [3236735, 1260893] AS numtrips)
  ] AS bikerides)
```

결과는 다음과 같다.

| 행번호 | num_items | first_gender |
|---|---|---|
| 1 | 2 | male |

오프셋은 0부터 시작하므로 OFFSET(0)은 배열의 첫 번째 값을 제공한다.[10]

10 ORDINAL(1)을 사용하면 1부터 시작하는 인덱스를 사용할 수 있다. 배열은 8장에서 더 자세히 다룬다.

### 배열 풀기

다음 쿼리를 살펴보자.

```
SELECT
  [
    STRUCT('male' AS gender, [9306602, 3955871] AS numtrips)
    , STRUCT('female' AS gender, [3236735, 1260893] AS numtrips)
  ]
```

이 쿼리에서 SELECT 절은 배열을 포함하는 행 1개만을 반환하므로, 두 성별 데이터가 같은 행에 반환된다(다음 표 참고).

| 행번호 | f0 _.gender | f0 _.numtrips |
|---|---|---|
| 1 | male | 9306602 |
| | | 3955871 |
| | female | 3236735 |
| | | 1260893 |

UNNEST는 배열의 요소를 행으로 반환하는 함수로, 결과 배열을 풀면(UNNEST하면) 배열의 각 항목에 해당하는 행을 가져올 수 있다.

**예제 2-29** UNNEST를 사용해 배열 데이터를 추출하는 쿼리

```
SELECT * FROM UNNEST(
  [
    STRUCT('male' AS gender, [9306602, 3955871] AS numtrips)
    , STRUCT('female' AS gender, [3236735, 1260893] AS numtrips)
  ])
```

결과는 다음과 같다.

| 행번호 | gender | numtrips |
|---|---|---|
| 1 | male | 9306602 |
| | | 3955871 |
| 2 | female | 3236735 |
| | | 1260893 |

UNNEST는 from_item이므로 SELECT 절에서 사용할 수 있다. 또한 배열의 일부만 선택할 수도 있다. 예를 들어 다음 쿼리는 numtrips 컬럼의 값만 얻는다.

**예제 2-30** 배열의 일부만 선택한 쿼리

```
SELECT numtrips FROM UNNEST(
  [
    STRUCT('male' AS gender, [9306602, 3955871] AS numtrips)
    , STRUCT('female' AS gender, [3236735, 1260893] AS numtrips)
  ])
```

결과는 다음과 같다.

| 행번호 | numtrips |
|---|---|
| 1 | 9306602 |
| | 3955871 |
| 2 | 3236735 |
| | 1260893 |

## 테이블 조인

데이터 웨어하우스 스키마는 종종 이벤트를 포함한 기본 '팩트fact' 테이블과 느리게 변경되는 정보를 포함하는 위성satellite 테이블[11]인 '차원dimension' 테이블에 의존한다. 예를 들어 소매 스키마는 '판매' 테이블을 팩트 테이블로, '제품'과 '고객' 테이블을 차원 테이블로 구성할 수 있다. 이 유형의 스키마를 사용하는 대부분의 쿼리는 특정 고객이 구입한 모든 제품의 이름을 반환하는 등 조인 작업이 필요하다.

빅쿼리는 이너inner 조인, 아우터outer 조인, 크로스cross 조인, 안티anti 조인, 세미semi 조인, 안티 세미anti-semi 조인 등 관계 대수의 모든 공통 조인을 지원한다. 때론 조인을 피하는 것이 더 빠를 수 있지만, 빅쿼리는 거의 모든 크기의 테이블을 효율적으로 조인할 수 있다. 7장에서 조인 성능을 최적화하는 방법에 대해 더 자세히 설명하며, 여기서는 기본적인 조인 작업만 설명한다.

11 영어권에서는 중심이 되는 어떤 것의 주변에서 중심이 되는 것을 돕거나 꾸미는 역할을 하는 것들을 주로 위성이라 표현한다. 여기서는 중심이 되는 테이블인 팩트 테이블과 연련된 데이터를 여러 곳에 나누어 저장한 테이블 정도로 해석할 수 있다. – 옮긴이

## 조인의 작동 원리

1장에서 서로 다른 두 조직에서 생성한 두 데이터셋의 테이블에서 조인의 예를 살펴봤다. 기억을 상기하기 위해 앞에서 살펴본 쿼리를 다시 한번 살펴보자.



**예제 2-31** 비 오는 날에 자전거 대여가 적은지 확인하기 위한 쿼리

```
WITH bicycle_rentals AS (
  SELECT
    COUNT(starttime) AS num_trips,
    EXTRACT(DATE FROM starttime) AS trip_date
  FROM `bigquery-public-data`.new_york_citibike.citibike_trips
  GROUP BY trip_date
),

rainy_days AS
(
SELECT
  date,
  (MAX(prcp) > 5) AS rainy
FROM (
  SELECT
    wx.date AS date,
    IF (wx.element = 'PRCP', wx.value/10, NULL) AS prcp
  FROM
    `bigquery-public-data`.ghcn_d.ghcnd_2016 AS wx
  WHERE
    wx.id = 'USW00094728'
)
GROUP BY
  date
)
SELECT
  ROUND(AVG(bk.num_trips)) AS num_trips,
  wx.rainy
FROM bicycle_rentals AS bk
JOIN rainy_days AS wx
ON wx.date = bk.trip_date
GROUP BY wx.rainy
```

1장에서는 조인 구문에 큰 관심을 두지 않았지만, 이번에는 제대로 살펴보자.

첫 번째 WITH 절은 citibike_trips 테이블에서 일별 대여 건수를 가져와 bicyle_rentals라는 이름의 from_item을 생성한다. 이 from_item은 테이블은 아니지만 테이블처럼 사용할 수 있다. 그래서 from_item이라 부른다. 두 번째 from_item인 rainy_days는 지구 기후 네트워크GHCN, Global Historical Climtate Network에서 매일 수집한 데이터를 쿼리한다. 이 from_item은 뉴욕의 기상청 'USW00094728'가 제공한 데이터로부터 적어도 5mm의 강수량이 관측된 날은 비가 온 날로 표시한다.

이제 2개의 from_item이 준비되었다. 개별적으로 코드를 보면 다음과 같다.

**예제 2-32** from_item 중 하나인 bicyle_rentals

```
WITH bicycle_rentals AS (
  SELECT
    COUNT(starttime) AS num_trips,
    EXTRACT(DATE FROM starttime) AS trip_date
  FROM `bigquery-public-data`.new_york_citibike.citibike_trips
  GROUP BY trip_date
)
SELECT * FROM bicycle_rentals LIMIT 5
```

bicycle_rentals from_item의 데이터는 다음과 같다.

| 행번호 | num_trips | trip_date |
|---|---|---|
| 1 | 31287 | 2013-09-16 |
| 2 | 22477 | 2015-12-30 |
| 3 | 37812 | 2017-09-02 |
| 4 | 54230 | 2017-11-15 |
| 5 | 25719 | 2013-11-07 |

마찬가지로 rainy_days from_item의 데이터는 다음과 같다.

| 행번호 | date | rainy |
|---|---|---|
| 1 | 2016-10-11 | false |
| 2 | 2016-12-13 | false |
| 3 | 2016-09-28 | false |
| 4 | 2016-01-25 | false |
| 5 | 2016-05-24 | false |

이제 두 from_item의 trip_date 컬럼 값이 일치하는 조인 조건을 사용해 다음과 같이 두 결과 셋을 조인할 수 있다.



**예제 2-33** 두 결과 셋을 조인한 쿼리

```
SELECT
  bk.trip_date,
  bk.num_trips,
  wx.rainy
FROM bicycle_rentals AS bk
JOIN rainy_days AS wx
ON wx.date = bk.trip_date
LIMIT 5
```

그러면 두 테이블의 데이터가 날짜별로 조인된 테이블이 만들어진다.

| 행번호 | trip_date | num_trips | rainy |
|---|---|---|---|
| 1 | 2016-07-13 | 55486 | false |
| 2 | 2016-04-25 | 42308 | false |
| 3 | 2016-09-27 | 61346 | true |
| 4 | 2016-07-15 | 48572 | false |
| 5 | 2016-05-20 | 52543 | false |

이 테이블로부터 비가 오는 날과 비가 오는 날의 평균 대여 횟수를 찾는 것은 간단하다. 앞에서 설명한 것을 이너 조인inner join이라고 하며, 조인 유형을 지정하지 않으면 기본적으로 사용되는 유형이다.

조인의 작동 방식은 다음과 같다.

- from_item을 2개 만든다. 2개의 테이블, 서브 쿼리, 배열 또는 SELECT 할 수 있는 WITH 문 등 어떤 것이든 from_item이 될 수 있다.
- 조인 조건을 결정한다. 조인 조건은 반드시 동등 조건일 필요는 없다. 2개의 from_item을 사용하는 불리언Boolean 조건이라면 조인 조건으로 사용할 수 있다.
- 원하는 컬럼을 선택한다. from_item에 같은 이름의 컬럼이 있으면 별칭(예제 쿼리의 bk, wx)을 사용해 어떤 from_item의 컬럼을 읽을 것인지 명확하게 지정한다.
- 이너 조인을 사용하지 않으면 원하는 조인 유형을 지정한다.

조인을 하려면 from_item을 작성할 때 사용하는 모든 데이터셋이 동일한 빅쿼리 리전region에 있어야 한다(빅쿼리의 모든 공개 데이터셋은 미국 리전에 있다).

## 이너 조인

테이블을 조인하는 방법은 여러 가지가 있다. 그중 앞의 예제에서 기본값으로 사용했던 조인은 이너 조인(INNER JOIN, 간단히 JOIN으로 표기한다)으로, 값을 선택할 수 있는 공통 행의 집합을 생성한다.

**예제 2-34** 이너 조인을 사용한 쿼리

```
WITH from_item_a AS (
  SELECT 'Dalles' AS city, 'OR' AS state
  UNION ALL SELECT 'Tokyo', 'Tokyo'
  UNION ALL SELECT 'Mumbai', 'Maharashtra'
),

from_item_b AS (
  SELECT 'OR' AS state, 'USA' AS country
  UNION ALL SELECT 'Tokyo', 'Japan'
  UNION ALL SELECT 'Maharashtra', 'India'
)

SELECT from_item_a.*, country
FROM from_item_a
JOIN from_item_b
ON from_item_a.state = from_item_b.state
```

첫 번째 from_item에는 도시 목록이 있고, 두 번째 from_item에는 각 주가 속한 국가가 있다. 이 두 from_item을 조인하면 3개의 컬럼이 있는 데이터셋이 생성된다.

| 행번호 | city | state | country |
|---|---|---|---|
| 1 | Dalles | OR | USA |
| 2 | Tokyo | Tokyo | Japan |
| 3 | Mumbai | Maharashtra | India |

다시 말하지만, 조인 조건에 동등성 검사equality check를 할 필요는 없다. 빅쿼리는 조인을 효율적으로 실행할 수 없을 때 오류를 반환하므로 가능한 한 동등 조건을 사용하는 것이 좋지만, 기본적으로는 어떤 불리언 조건도 사용할 수 있다.



예를 들어 한 국가에서 다른 국가로 배송할 때 추가 요금이 부과되는 비즈니스 규칙이 있다고 가정해 보자. 지정된 위치에서 추가 요금이 부과되는 국가 목록을 얻으려면 다음과 같이 지정하면 된다.

**예제 2-35** 동등 조건이 아닌 요소를 조인하는 쿼리

```
SELECT from_item_a.*, country AS surcharge
FROM from_item_a
JOIN from_item_b
ON from_item_a.state != from_item_b.state
```

이렇게 하면 다음 결과를 얻을 수 있다.

| 행번호 | city | state | surcharge |
|---|---|---|---|
| 1 | Dalles | OR | Japan |
| 2 | Dalles | OR | India |
| 3 | Tokyo | Tokyo | USA |
| 4 | Tokyo | Tokyo | India |
| 5 | Mumbai | Maharashtra | USA |
| 6 | Mumbai | Maharashtra | Japan |

조인 조건이 충족될 때마다 행이 나타난다! 조인 조건인 주state가 서로 다른 행이 2개 있으므로 from_item_a에 있는 행마다 2개의 행을 얻게 된다. 조인 조건과 일치하지 않는 행의 데이터는 출력되지 않는다.

## 크로스 조인

크로스 조인(CROSS JOIN) 또는 곱집합은 조인 조건이 없다. 즉 2개의 from_item의 모든 행이 결합된다. 이 조인은 INNER JOIN의 조인 조건이 항상 참으로 평가되면 얻을 수 있는 조인이다.

예를 들어 토너먼트에서 각 경기의 우승자를 저장하는 테이블과 각 경기의 선물에 대한 테이블을 가지고 있다고 가정해 보자. 각 이벤트의 우승자에게 줄 선물을 쿼리하려면 다음과 같이 INNER JOIN을 사용해야 한다.

**예제 2-36** 우승자에게 줄 선물을 추출하는 쿼리

```
WITH winners AS (
  SELECT 'John' AS person, '100m' AS event
  UNION ALL SELECT 'Hiroshi', '200m'
  UNION ALL SELECT 'Sita', '400m'
),
gifts AS (
  SELECT 'Google Home' AS gift, '100m' AS event
  UNION ALL SELECT 'Google Hub', '200m'
  UNION ALL SELECT 'Pixel3', '400m'
)
SELECT winners.*, gifts.gift
FROM winners
JOIN gifts
USING (event)
```

결과는 다음과 같다.

| 행번호 | person | event | gift |
|---|---|---|---|
| 1 | John | 100m | Google Home |
| 2 | Hiroshi | 200m | Google hub |
| 3 | Sita | 400m | Pixel3 |

반면에 수상자 모두에게 모든 선물을 주려면(예를 들어 각 수상자가 세 개의 선물을 모두 주는 경우) 다음과 같이 CROSS JOIN을 사용하면 된다.

**예제 2-37** 수상자에게 모두 선물을 주기위해 크로스 조인을 사용한 쿼리

```
WITH winners AS (
  SELECT 'John' AS person, '100m' AS event
  UNION ALL SELECT 'Hiroshi', '200m'
  UNION ALL SELECT 'Sita', '400m'
),
gifts AS (
  SELECT 'Google Home' AS gift
  UNION ALL SELECT 'Google Hub'
  UNION ALL SELECT 'Pixel3'
)
SELECT person, gift
FROM winners
CROSS JOIN gifts
```

잠재적으로 가능한 조합의 결과는 다음과 같다.

| 행번호 | person | gift |
|---|---|---|
| 1 | John | Google Home |
| 2 | John | Google hub |
| 3 | John | Pixel3 |
| 4 | Hiroshi | Google Home |
| 5 | Hiroshi | Google hub |
| 6 | Hiroshi | Pixel3 |
| 7 | Sita | Google Home |
| 8 | Sita | Google hub |
| 9 | Sita | Pixel3 |

앞서 살펴본 쿼리는 CROSS JOIN 문을 명시적으로 사용했다.

```
SELECT from_item_a.*, from_item_b.*
FROM from_item_a
CROSS JOIN from_item_b
```

하지만 다음과 같이 쉼표를 이용해 더 간단하게 작성할 수 있다.

```
SELECT from_item_a.*, from_item_b.*
FROM from_item_a, from_item_b
```

이런 이유로 크로스 조인(CROSS JOIN)은 쉼표 크로스 조인이라고도 한다.

## 아우터 조인

선물이 없는 이벤트와 토너먼트에서 일어나지 않은 이벤트에 대한 선물이 있다고 가정해 보자.

```
WITH winners AS (
  SELECT 'John' AS person, '100m' AS event
  UNION ALL SELECT 'Hiroshi', '200m'
  UNION ALL SELECT 'Sita', '400m'
  UNION ALL SELECT 'Kwame', '50m'
),
gifts AS (
  SELECT 'Google Home' AS gift, '100m' AS event
  UNION ALL SELECT 'Google Hub', '200m'
```

```
    UNION ALL SELECT 'Pixel3', '400m'
    UNION ALL SELECT 'Google Mini', '5000m'
  )
```

(event 컬럼으로) 이너 조인을 실행하면 50m 경주 우승자는 선물을 받지 못하고, 5000m 경주의 선물은 우승자가 없으므로 선물이 지급되지 않는다. 전에 언급했듯이, 크로스 조인을 실행하면 모든 우승자가 모든 선물을 받는다. 아우터 조인(OUTER JOIN)은 조인 조건이 충족되지 않을 때 발생하는 상황을 제어한다. 표 2-2에는 다양한 유형의 조인과 결과가 요약되어 있다.

**표 2-2** 조인 유형과 결과 요약

<table>
<tr><th>구문</th><th>발생하는 일</th><th>결과</th></tr>
<tr><td>SELECT person, gift FROM winners<br>INNER JOIN gifts ON<br>winners.event = gifts.event</td><td>조인 조건을 만족하는 행만 유지된다.</td><td><table><tr><th>Row</th><th>person</th><th>gift</th></tr><tr><td>1</td><td>John</td><td>Google Home</td></tr><tr><td>2</td><td>Hiroshi</td><td>Google Hub</td></tr><tr><td>3</td><td>Sita</td><td>Pixel3</td></tr></table></td></tr>
<tr><td>SELECT person, gift FROM winners<br>FULL OUTER JOIN gifts ON<br>winners.event = gifts.event</td><td>조인 조건이 충족되지 않아도 모든 행이 유지된다.</td><td><table><tr><th>Row</th><th>person</th><th>gift</th></tr><tr><td>1</td><td>John</td><td>Google Home</td></tr><tr><td>2</td><td>Hiroshi</td><td>Google Hub</td></tr><tr><td>3</td><td>Sita</td><td>Pixel3</td></tr><tr><td>4</td><td>Kwame</td><td>null</td></tr><tr><td>5</td><td>null</td><td>Google Mini</td></tr></table></td></tr>
<tr><td>SELECT person, gift FROM winners<br>LEFT OUTER JOIN gifts ON<br>winners.event = gifts.event</td><td>모든 승자는 유지되지만 일부 선물은 사라진다.</td><td><table><tr><th>Row</th><th>person</th><th>gift</th></tr><tr><td>1</td><td>John</td><td>Google Home</td></tr><tr><td>2</td><td>Hiroshi</td><td>Google Hub</td></tr><tr><td>3</td><td>Sita</td><td>Pixel3</td></tr><tr><td>4</td><td>Kwame</td><td>null</td></tr></table></td></tr>
<tr><td>SELECT person, gift FROM winners<br>RIGHT OUTER JOIN gifts ON<br>winners.event = gifts.event</td><td>모든 선물은 유지되지만 일부 수상자는 사라진다.</td><td><table><tr><th>Row</th><th>person</th><th>gift</th></tr><tr><td>1</td><td>John</td><td>Google Home</td></tr><tr><td>2</td><td>Hiroshi</td><td>Google Hub</td></tr><tr><td>3</td><td>Sita</td><td>Pixel3</td></tr><tr><td>4</td><td>null</td><td>Google Mini</td></tr></table></td></tr>
</table>

## 저장 및 공유

빅쿼리 웹 UI는 쿼리를 저장하고 공유할 수 있는 기능을 제공한다. 동료에게 쿼리를 링크로 전달해 바로 실행할 수 있으므로 협업에 매우 편리하다. 그런데 쿼리를 받았으나 데이터에 대한 접근 권한이 없으면 쿼리를 실행할 수 없다. 데이터를 공유하고 제한하는 방법에 대해선 10장에서 다룬다.

## 쿼리 기록 및 캐싱

빅쿼리가 감시audit 및 캐싱cashing을 위해 빅쿼리에 제출한 쿼리의 기록(쿼리가 성공했는지 여부와 관계없이)을 그림 2-1처럼 저장한다.

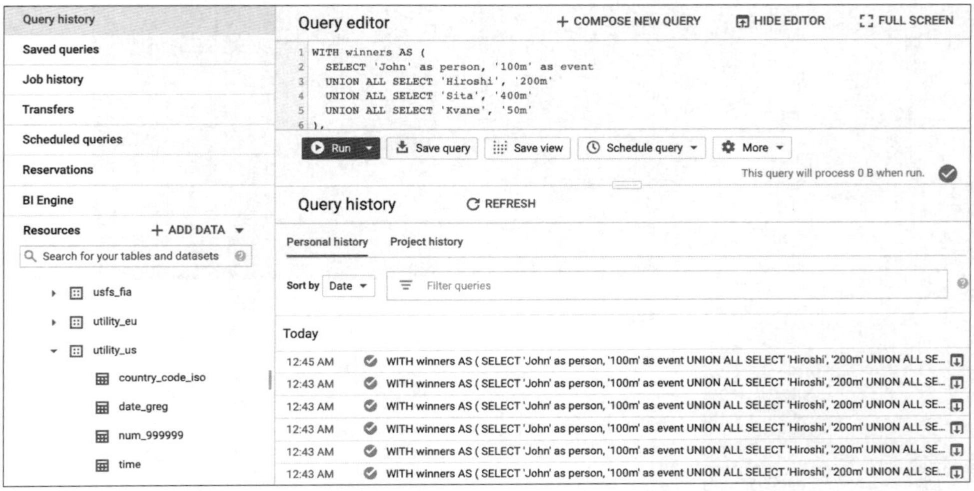


그림 2-1 빅쿼리 서비스에 제출된 쿼리 기록은 웹 UI의 'Query history' 탭에 보인다

쿼리 기록은 웹 UI 뿐만 아니라 API나 bq 명령줄 도구로 제출한 쿼리도 모두 보여준다. 쿼리를 클릭하면 편집기에서 쿼리를 열어 수정하고 다시 실행할 수 있다. 또한 이력 정보에는 쿼리에서 처리된 데이터 양과 실행 시간이 포함된다. 이 책을 쓰는 현재 시점에서 쿼리 기록은 최근 6개월 내에 실행된 최대 1,000개의 쿼리만 저장한다.

쿼리의 실제 결과는 약 24시간 후에 만료되는 임시 테이블에 저장된다. 테이블이 만료되지 않았다면 웹 UI에서 쿼리 결과를 찾아볼 수도 있다. 개인의 쿼리 기록은 개인만 이용할 수 있지만, 쿼리 비용을 부담하는 프로젝트의 관리자도 프로젝트 기록에서 쿼리를 볼 수 있다.

이 임시 테이블에 저장된 쿼리는 정확히 동일한 쿼리 텍스트가 서비스에 제출되고 쿼리에 CURRENT_TIMESTAMP()나 RAND() 같은 동적 요소가 포함되어 있지 않으면 쿼리 캐시로도 사용된다. 캐시된 쿼리 결과는 비용이 발생되지 않지만, 쿼리가 중복인지 여부를 결정하는 알고리즘은 단순히 문자열이 일치하는지 확인한다. 따라서 공백을 하나 추가하기만 해도 쿼리가 다시 실행된다.

## 저장된 쿼리

쿼리 편집기에 쿼리를 로드하고 Save Query 버튼을 클릭한 후 그림 2-2와 같이 쿼리 이름을 지정해 저장할 수 있다. 그러면 빅쿼리는 저장한 쿼리에 대한 URL을 제공한다.

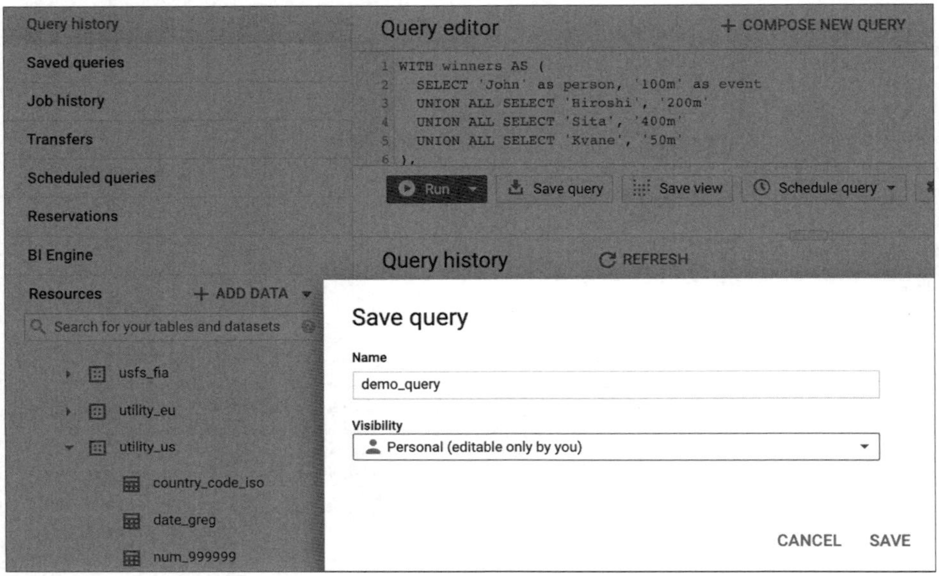


그림 2-2 웹 UI에서 'Save Query' 버튼을 클릭해 쿼리를 저장하자

이렇게 저장한 쿼리는 공유도 가능하다. 해당 URL에 접근하는 사용자는 쿼리가 미리 채워진 UI를 보게 된다.

쿼리를 공유할 때 실제로 공유하는 것은 쿼리의 텍스트다. 즉 데이터에 대한 액세스 권한을 공유하지는 않는다. 쿼리를 실행하기 위한 데이터셋 권한은 IAM 컨트롤을 사용해 독립적으로 제공해야 한다(10장에서 다룬다). 또한 대부분 빅쿼리 기능과 달리 쿼리 저장 및 공유 기능은 웹 UI에서만 사용할 수 있다. 이 책을 쓰는 현재, 이런 기능을 제공하는 REST API나 클라이언트 라이브러리는 존재하지 않는다.

저장된 쿼리 목록은 UI에서 사용할 수 있다. 그림 2-3과 같이 언제든지 링크 공유를 해제해 쿼리 텍스트를 다시 비공개로 만들 수 있다.

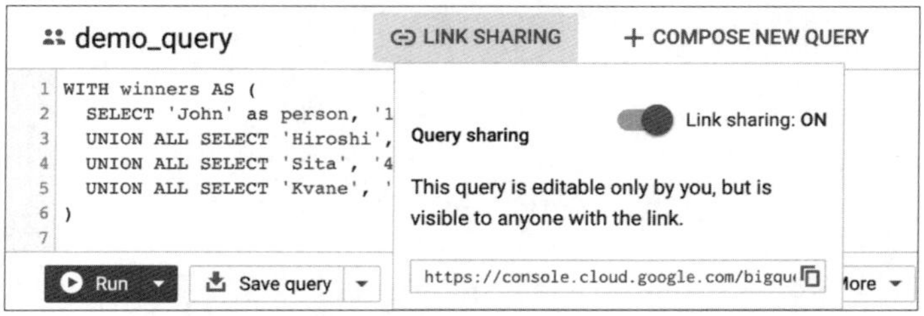


그림 2-3 언제든지 링크 공유를 해제해 쿼리 텍스트를 다시 비공개로 만들 수 있다

### 뷰와 공유 쿼리의 비교

쿼리 링크를 공유하면 (쿼리의 텍스트를 이메일로 복사하는 것과는 달리) 공동 작업자가 항상 쿼리의 최신 버전을 얻을 수 있도록 쿼리를 계속 편집할 수 있다는 장점이 있다. 따라서 공동 작업자도 쿼리를 살펴보고 필요에 따라 수정한 후 쿼리를 실행하는 경우에 특히 유용하다.

공유하는 쿼리의 구문은 반드시 문법적으로 정확하지 않아도 무방하다. 최종 사용자가 완료해야 하는 불완전한 쿼리 텍스트나 템플릿 쿼리를 저장하고 공유할 수 있다. 이런 기능은 동료와 협력할 때 유용하다.

특정 부분 집합에서 쿼리해야 하거나 쿼리 결과에 다시 쿼리를 해야 할 때, 쿼리를 뷰로 저장하고 동료에게 뷰에 대한 링크를 보내는 것이 좋다. 쿼리를 공유하는 것보다 뷰를 공유하면 뷰가 데이터셋에 저장되며 세분화된 IAM 컨트롤을 제공할 수 있다는 장점이 있다. 또한 필요하다면 뷰를 구체화할 수도 있다.

10장에서는 승인된 뷰와 사용자에 기반한 동적 필터링에 대해 알아본다.

## 정리

2장에서는 레코드 선택하기(SELECT), 컬럼 이름에 별칭 짓기(AS), 필터링(WHERE), 서브쿼리 사용(괄호와 WITH), 정렬(ORDER), 집계(GROUP, AVG, COUNT, MIN, MAX 등), 그룹화 후 필터링(HAVING) 고윳값 필터링(DISTINCT), 조인(INNER/CROSS/OUTER JOIN) 등 빅쿼리의 SQL:2011 지원에 대해 알아봤다. 또한 빅쿼리는 배열(ARRAY_AGG, UNNEST)과 구조체(STRUCT)도 지원한다. 빅쿼리에 제출된 기록(결과가 아닌 쿼리 텍스트)을 보는 방법도 살펴봤다. 쿼리 기록은 쿼리를 제출한 사용자와 프로젝트 관리자에게 제공되며, 링크를 통해 쿼리 텍스트를 공유하는 방법을 알아봤다.

3장

# 데이터 타입, 함수, 연산자

2장에서 다룬 자전거 대여 쿼리에서 여행 기간(trip_duration)의 데이터 타입이 숫자형이어서 60이라는 값으로 나눌 수 있었다. 성별(gender) 데이터를 60으로 나누려고 하면 성별 데이터는 문자열이라 실행되지 않는다. 즉 여러분이 원하는 함수와 연산자는 적용할 데이터 타입에 따라 제한된다.

빅쿼리는 숫자, 문자, 시간, 지리 데이터, 정형 데이터, 반정형 데이터 등 다양한 데이터 타입을 지원한다.

- `INT64`
  유일한 정수형이다. 대략 $10^{-19}$부터 $10^{19}$까지 숫자를 나타낸다. 실수이면 `FLOAT64`를 사용하고, 불리언이면 `BOOL`을 사용한다.
- `NUMERIC`
  `NUMERIC`은 38자리의 정밀도와 9자리의 10진수를 제공하며, 재무 계산이나 과학 계산 등 정확한 계산이 필요할 때 적합하다.
- `STRING`
  일급first-class 타입이며, 가변 길이의 유니코드 문자열을 표현한다. `BYTES`는 가변 길이의 (유니코드가 아닌) 문자열이다.
- `TIMESTAMP`
  시간의 절대 시점을 나타낸다.
- `DATETIME`
  달력상의 날짜와 시간을 나타낸다. 날짜나 시간을 별도로 표현하기 위한 `DATE`와 `TIME` 타입도 지원한다.

- GEOGRAPHY
  GEOGRAPHY는 지구 표면의 점, 선, 폴리곤polygon을 나타낸다.
- STRUCT와 ARRAY
  2장에서 자세히 다루었으니 그 부분을 참고하자.

## 숫자형과 함수

방금 언급했듯이, 빅쿼리에는 하나의 정수형 타입(INT64)과 하나의 부동소수점 타입(FLOAT64)이 있다. 이 두 가지 타입 모두 일반적인 사칙 연산을 지원한다. 따라서 한 컬럼을 다른 컬럼으로 나눠서 편도 자전거 대여 횟수를 구할 수 있다.

**예제 3-1** 한 컬럼을 다른 컬럼으로 나눠서 자전거 대여 횟수를 구하는 쿼리

```
WITH example AS (
  SELECT 'Sat' AS day, 1451 AS numrides, 1018 AS oneways
  UNION ALL SELECT 'Sun', 2376, 936
)
SELECT *, (oneways/numrides) AS frac_oneway FROM example
```

이 쿼리의 결과는 다음과 같다.

| 행번호 | day | numrides | oneways | frac_oneway |
|---|---|---|---|---|
| 1 | Sat | 1451 | 1018 | 0.7015851137146796 |
| 2 | Sun | 2376 | 936 | 0.3939393939393939 |

정수형 타입은 산술 연산자 외에 비트 연산자(시프트를 위한 << 및 >>, AND를 의미하는 &, OR를 의미하는 | 등)도 지원한다.

데이터 타입에 대한 연산은 함수를 이용하면 된다. 함수는 입력된 값에 대한 작업을 수행한다. 다른 프로그래밍 언어와 마찬가지로 SQL의 함수는 재사용 가능한 논리를 캡슐화하고 구현의 복잡성을 추상화한다. 표 3-1에서 다양한 함수 유형을 볼 수 있다.

표 3-1 함수 유형

| 함수의 유형 | 설명 | 예시 |
|---|---|---|
| 스칼라(scalar) 함수 | 하나 이상의 입력 파라미터에서 작동해 단일 값을 반환하는 함수.<br>반환 데이터 타입이 허용되는 모든 곳에서 사용할 수 있다. | `ROUND(3.14)`는 FLOAT64인 3을 반환하므로 FLOAT64가 허용되는 모든 위치에서 ROUND 함수를 사용할 수 있다.<br>`SUBSTR("hello", 1, 2)`는 'he'를 반환하며 3개의 입력 파라미터를 사용하는 스칼라 함수다. |
| 집계(aggregate) 함수 | 값 모음에서 계산을 수행하고 단일 값을 반환하는 함수.<br>종종 행 그룹을 계산하기 위해 GROUP BY 절과 함께 사용된다. | `MAX(tripduration)`는 `tripduration` 열의 최대 값을 계산한다.<br>다른 집계 함수로는 SUM( ), COUNT( ), AVG( ) 등이 있다. |
| 분석(analytics) 함수 | 값 모음에서 작동하지만 모음의 각 값에 대한 결과를 반환하는 함수.<br>윈도우 프레임(window frame)을 이용하면 분석 함수가 적용될 행의 집합을 지정할 수 있다. | `row_number( )`, `rank( )` 등이 있다(8장에서 다룬다). |
| 테이블 반환(table-valued) 함수 | FROM 절에서 사용할 수 있는 결과 집합을 반환하는 함수. | 배열에서 UNNEST를 호출한 다음 선택할 수 있다. |
| 사용자 정의(user-defined) 함수 | 내장 함수가 아니라 사용자가 직접 구현한 함수.<br>SQL(또는 자바스크립트)로 작성할 수 있으며 앞에서 언급한 타입을 반환할 수 있다. | `CREATE TEMP FUNCTION lastElement(arr ANY TYPE) AS ( arr[ORDINAL(ARRAY_LENGTH(arr))] );` |

## 수학 함수

편도 자전거 대여 비율을 계산했던 쿼리에서 최종 결과를 반올림하려면, 정수 및 부동소수점 타입을 지원하는 여러 내장 수학 함수(https://cloud.google.com/bigquery/docs/reference/standard-sql/mathematical_functions) 중 하나인 ROUND 함수를 사용하면 된다.

**예제 3-2** ROUND 함수를 사용해 결과를 반올림하는 쿼리

```
WITH example AS (
  SELECT 'Sat' AS day, 1451 AS numrides, 1018 AS oneways
  UNION ALL SELECT 'Sun', 2376, 936
)
SELECT *, ROUND(oneways/numrides, 2) AS frac_oneway FROM example
```

결과는 다음과 같다.

| 행번호 | day | numrides | oneways | frac_oneway |
|---|---|---|---|---|
| 1 | Sat | 1451 | 1018 | 0.7 |
| 2 | Sun | 2376 | 936 | 0.39 |

## 표준 규격 부동소수점 분할

분모가 0이거나 결과가 오버플로우면 나누기 연산이 실패한다. 따라서 사전에 값이 0인지 확인해서 나눗셈 연산을 보호하는 것보다는 분모가 0일 가능성이 있다면 앞의 예제처럼 특수 함수를 사용하는 것이 좋다. 즉 다음과 같이 쿼리를 개선할 수 있다.

**예제 3-3** IEEE_DIVIDE를 사용한 쿼리

```
WITH example AS (
  SELECT 'Sat' AS day, 1451 AS numrides, 1018 AS oneways
  UNION ALL SELECT 'Sun', 2376, 936
  UNION ALL SELECT 'Wed', 0, 0
)
SELECT
  *, ROUND(IEEE_DIVIDE(oneways, numrides), 2)
AS frac_oneway FROM example
```

IEEE_DIVIDE 함수는 IEEE Institute of Electrical and Electronics Engineers에서 설정한 표준을 따르며 0으로 나누려고 하면 Not-a-Number(NaN)라는 특수 부동소수점 숫자를 반환한다. 또한 앞서 표준 나눗셈 연산자를 사용했던 쿼리와 SAFE_DIVIDE(잠시 후에 설명한다)[1]를 사용하는 쿼리를 서로 비교해보자. 이 책의 모든 쿼리는 깃허브 저장소(https://github.com/onlybooks/bigquery/)에 저장되어 있다.

## SAFE 함수

스칼라 함수에 SAFE 접두사prefix를 사용하면 오류를 발생시키지 않고 NULL을 반환한다. 예를 들어 음수의 로그는 정의되지 않으므로 다음 쿼리를 실행하면 오류가 발생한다.

```
SELECT LOG(10, -3), LOG(10, 3)
```

1 표준 나누기 연산자는 0으로 나누면 오류를 발생시키며, SAFE_DIVIDE는 0으로 나누면 NULL을 반환한다.

그런데 다음과 같이 LOG 함수 앞에 SAFE를 덧붙여 보자.

**예제 3-4** SAFE 함수를 사용해 오류를 피하는 쿼리

```
SELECT SAFE.LOG(10, -3), LOG(10, 3)
```

그러면 LOG(10, -3)의 결과로 NULL이 반환된다.

| 행번호 | f0_ | f1_ |
|---|---|---|
| 1 | null | 2.095903274289385 |

SAFE 접두사는 수학 함수, 문자열 함수(예를 들어 SUBSTR 함수는 시작 인덱스가 음수이면 일반적으로 오류를 발생시키지만 SAFE.SUBSTR로 호출되면 NULL을 반환한다) 및 시간 함수에 사용할 수 있다. 그러나 SAFE 접두사는 스칼라 함수에만 사용할 수 있으며, 집계 함수, 분석 함수 또는 사용자 정의 함수에는 사용할 수 없다.

## 비교

비교 연산은 <, <=, >, >=, != (또는 <>) 등의 연산자를 이용해서 그 결과를 얻는다. NULL과 NaN은 정렬을 위해 유효한 숫자(-inf 포함)보다 작은 값으로 평가되며, NaN은 NULL보다 큰 값으로 평가된다. 그러나 NaN과의 비교는 항상 false를 반환하며, NULL과의 비교는 항상 NULL을 반환한다. 이는 역설적인 결과로 이어질 수 있다. 다음 예제를 살펴보자.

**예제 3-5** 데이터에 -inf와 NULL이 있는 예제 데이터

```
WITH example AS (
  SELECT 'Sat' AS day, 1451 AS numrides, 1018 AS oneways
  UNION ALL SELECT 'Sun', 2376, 936
  UNION ALL SELECT 'Mon', NULL, NULL
  UNION ALL SELECT 'Tue', IEEE_DIVIDE(-3,0), 0 -- 이 값은 -inf와 0이다
)
SELECT * FROM example
ORDER BY numrides
```

이 쿼리의 결과는 다음과 같다.

| 행번호 | day | numrides | oneways |
|---|---|---|---|
| 1 | Mon | null | null |
| 2 | Tue | –Infinity | 0 |
| 3 | Sat | 1451.0 | 1018 |
| 4 | Sun | 2376.0 | 936 |

하지만 다음과 같이 대여 건수가 2,000회 미만인 행을 필터링해 보자.

```
SELECT * FROM example
WHERE numrides < 2000
```

그러면 3개가 아닌 2개의 결과만 나타난다.

| 행번호 | day | numrides | oneways |
|---|---|---|---|
| 1 | Sat | 1451.0 | 1018 |
| 2 | Tue | –Infinity | 345 |

그 이유는 WHERE 절은 결과가 참인 행만 반환하는데, NULL을 2000과 비교하면 결과는 NULL이므로 참으로 평가되지 않기 때문이다.

빅쿼리의 &와 | 연산자는 비트 연산에만 사용함에 주의하자. ! 기호는 !=처럼 NOT을 의미하지만 독립적으로는 사용할 수 없다. 즉 다른 언어처럼 성별에 대한 논리적 부정을 계산하기 위해 !gender를 사용할 수 없다. 같지 않음은 <> 연산자로도 표현할 수 있지만 일관성을 위해 != 또는 <> 중 하나만 사용하는 것이 좋다.

## NUMERIC을 사용한 정밀 소수 계산

INT64와 FLOAT64는 유연하고 빠르게 설계되었지만 계산에 사용될 때는 64비트 영역의 컴퓨터 메모리에 2진수 형태로 저장되므로 표현할 수 있는 값의 범위에 제한이 있다. 대부분의 애플리케이션에서는 문제없이 사용할 수 있지만, 10진법으로 표현하는 숫자를 정확하게 계산해야 하는 재무 및 회계 프로그램에서는 문제가 된다.

빅쿼리의 NUMERIC 데이터 타입은 숫자를 나타내는 38자리 숫자를 제공하며 그 숫자 중 9자리는 소수점 아래의 숫자를 표시한다. 또한 16바이트를 스토리지로 사용하므로 소수점 이하 자릿수를 정확하게 표현할 수 있어 재무 계산에 적합하다.

예를 들어 3번의 결제 기록의 합을 계산하는 경우를 가정해 보자. 당연히 계산 결과가 정확해야 한다. 그러나 FLOAT64 값을 사용하면 숫자가 메모리에 표시되는 방식과 숫자가 10진수로 표시되는 방식 간의 차이로 인해 작은 차이가 생길 수 있다. 다음 예제를 살펴보자.



**예제 3-6** FLOAT64를 사용한 소수점 계산

```
WITH example AS (
  SELECT 1.23 AS payment
  UNION ALL SELECT 7.89
  UNION ALL SELECT 12.43
)
SELECT
  SUM(payment) AS total_paid,
  AVG(payment) AS average_paid
FROM example
```

이 쿼리의 결과는 다음과 같다

| 행번호 | total_paid | average_paid |
|---|---|---|
| 1 | 21.549999999999997 | 7.183333333333334 |

재무 및 회계 응용 프로그램에서 이런 부정확한 값 때문에 장부상의 최종 잔액이 달라질 수도 있다. 결제 데이터 타입을 NUMERIC으로 변경하면 어떻게 되는지 확인해 보자.

**예제 3-7** NUMERIC을 사용한 소수점 계산

```
WITH example AS (
  SELECT NUMERIC '1.23' AS payment
  UNION ALL SELECT NUMERIC '7.89'
  UNION ALL SELECT NUMERIC '12.43'
)
SELECT
  SUM(payment) AS total_paid,
  AVG(payment) AS average_paid
FROM example
```

지불의 합계가 이제 정확하게 나온다(평균은 반복되는 소수점이므로 NUMERIC 타입으로도 정확하게 나타낼 수 없다).

| 행번호 | total_paid | average_paid |
| --- | --- | --- |
| 1 | 21.55 | 7.183333333 |

한 가지 주의할 점은 NUMERIC 타입은 NUMERIC '1.23'처럼 문자열 형태로 빅쿼리에서 직접 수집해야 한다. 그렇지 않으면 정확한 부동소숫점 표현을 얻을 수 없다.

## 불(BOOL) 다루기

불리언 변수Boolean variable는 True 또는 False 중 하나의 값만 갖는 변수다. SQL은 대소문자를 구분하지 않으므로 TRUE나 True는 모두 같은 의미를 갖는다.

### 논리 연산

필터링에 대해 설명할 때 WHERE 절에 AND나 OR 또는 NOT 등을 포함한 불리언 표현식은 물론 실행 순서를 제어하기 위해 괄호를 사용할 수 있다는 점을 설명했다. 그때 예제로 사용했던 쿼리는 다음과 같다.

**예제 3-8** 실행 순서를 제어하기 위해 괄호를 사용한 쿼리

```
SELECT
  gender, tripduration
FROM
  `bigquery-public-data`.new_york_citibike.citibike_trips
WHERE (tripduration < 600 AND gender = 'female') OR gender = 'male'
```

다음과 같이 불리언 변수와 함께 비교 연산자를 사용해도 된다.

**예제 3-9** 비교 연산자를 사용한 쿼리

```
WITH example AS (
  SELECT NULL AS is_vowel, NULL AS letter, -1 AS position
  UNION ALL SELECT true, 'a', 1
  UNION ALL SELECT false, 'b', 2
  UNION ALL SELECT false, 'c', 3
)
SELECT * FROM example WHERE is_vowel != false
```

결과는 다음과 같다.

| 행번호 | is_vowel | letter | position |
|---|---|---|---|
| 1 | true | a | 1 |

그러나 다음 예제처럼 내장 상수와 비교할 때는 IS 연산자를 사용하는 것이 더 간단하다.

**예제 3-10** IS 연산자를 사용한 비교

```
WITH example AS (
  SELECT NULL AS is_vowel, NULL AS letter, -1 AS position
  UNION ALL SELECT true, 'a', 1
  UNION ALL SELECT false, 'b', 2
  UNION ALL SELECT false, 'c', 3
)
SELECT * FROM example WHERE is_vowel IS NOT false
```

결과는 다음과 같다.

| 행번호 | is_vowel | letter | position |
|---|---|---|---|
| 1 | null | null | –1 |
| 2 | true | a | 1 |

이때 두 쿼리의 실행 결과가 다른 것을 알 수 있다. 비교 연산자(=, !=, < 등)는 NULL과 비교하면 NULL을 리턴하지만 IS 연산자는 그렇지 않기 때문이다.

NULL은 일반적으로 결측치 또는 수집되지 않은 값을 뜻한다. NULL은 값을 갖지 않으며, 0도 빈 문자열도 공백도 아니다. 데이터 집합에 NULL이 있으면 NULL과의 비교는 항상 NULL을 반환하므로 WHERE 절에서 NULL 값을 필터링하는지 확인해야 한다. 값에 NULL이 있는지 확인하려면 IS 연산자를 사용하면 된다. 이때 불리언 변수를 직접 사용하는 것이 더 간단하며 읽기도 쉽다.

```
WITH example AS (
  SELECT NULL AS is_vowel, NULL AS letter, -1 AS position
  UNION ALL SELECT true, 'a', 1
  UNION ALL SELECT false, 'b', 2
  UNION ALL SELECT false, 'c', 3
)

SELECT * FROM example WHERE is_vowel
```

결과는 is_vowel IS TRUE와 같다.

| 행번호 | is_vowel | letter | position |
|---|---|---|---|
| 1 | true | a | 1 |

물론, 쿼리의 가독성은 불리언 변수의 이름을 얼마나 잘 짓는가에 달려 있다.

## 조건식

불리언이 WHERE 절에서만 유용한 것은 아니다. SELECT에서 조건식을 사용하면 쿼리를 단순화할 수 있다. 예를 들어 카탈로그의 품목별로 희망하는 가격 인상율 및 세율을 적용해 최종 판매 가격을 계산해야 한다고 가정해 보자. 이때 카탈로그에서 인상율이나 세율이 누락되어 있으면 기본 인상율이나 세율을 적용하고자 한다. 이런 경우 IF 함수를 사용하면 된다.

**예제 3-11** 조건식을 사용한 쿼리

```
WITH catalog AS (
  SELECT 30.0 AS costPrice, 0.15 AS markup, 0.1 AS taxRate
  UNION ALL SELECT NULL, 0.21, 0.15
  UNION ALL SELECT 30.0, NULL, 0.09
  UNION ALL SELECT 30.0, 0.30, NULL
  UNION ALL SELECT 30.0, NULL, NULL
)
SELECT
  *, ROUND(
  costPrice *
  IF(markup IS NULL, 1.05, 1+markup) *
  IF(taxRate IS NULL, 1.10, 1+taxRate)
  , 2) AS salesPrice
FROM catalog
```

이 쿼리를 실행하면 가격이 정해지지 않은 품목을 제외한 모든 품목의 판매 가격을 결정할 수 있다.

| 행번호 | costPrice | markup | taxRate | salesPrce |
|---|---|---|---|---|
| 1 | 30.0 | 0.15 | 0.1 | 37.95 |
| 2 | null | 0.21 | 0.15 | null |
| 3 | 30.0 | null | 0.09 | 34.34 |
| 4 | 30.0 | 0.3 | null | 42.9 |
| 5 | 30.0 | null | null | 34.65 |



IF 함수의 첫 번째 파라미터는 평가할 조건이다. 조건이 참이면 두 번째 파라미터를 반환하고, 그렇지 않으면 세 번째 파라미터를 반환한다. 이 함수를 SELECT에서 호출했으므로 해당 작업은 각 행마다 실행된다.

## COALESCE로 NULL 값을 깨끗하게 처리하기

단일 값이 누락된 경우에는 보완이 가능하지만, 둘 이상의 값이 누락되어 값을 보완할 수 없다면 어떻게 할까? 다시 말해, 세율만 누락된 경우에는 10%의 세율을 적용하고, 품목의 가격 인상률까지 누락된 경우에는 그렇게 하지 않으려고 한다.

이런 경우 COALESCE 함수를 사용하면 NULL이 아닌 값을 얻을 때까지 표현식을 계속 평가할 수 있어 편리하다.

**예제 3-12** COALESCE 함수를 사용한 쿼리

```
WITH catalog AS (
  SELECT 30.0 AS costPrice, 0.15 AS markup, 0.1 AS taxRate
  UNION ALL SELECT NULL, 0.21, 0.15
  UNION ALL SELECT 30.0, NULL, 0.09
  UNION ALL SELECT 30.0, 0.30, NULL
  UNION ALL SELECT 30.0, NULL, NULL
)
SELECT
  *, ROUND(COALESCE(
  costPrice * (1+markup) * (1+taxrate),
  costPrice * 1.05 * (1+taxrate),
  costPrice * (1+markup) * 1.10,
  NULL
  ), 2) AS salesPrice
FROM catalog
```

결과는 다음과 같다(이전 계산과 마지막 행만 다르다).

| 행번호 | costPrice | markup | taxRate | salesPrce |
|---|---|---|---|---|
| 1 | 30.0 | 0.15 | 0.1 | 37.95 |
| 2 | null | 0.21 | 0.15 | null |
| 3 | 30.0 | null | 0.09 | 34.34 |
| 4 | 30.0 | 0.3 | null | 42.9 |
| 5 | 30.0 | null | null | null |

COALESCE는 가능할 때마다 계산을 단락short-circuit 평가한다.[2] 즉 NULL이 아닌 결과를 얻은 후에는 식을 평가하지 않는다. 따라서 COALESCE 함수의 마지막 파라미터인 NULL은 필요하지 않지만 그 의도를 더 명확히 표현하기 위한 것이다.

빅쿼리는 입력값이 2개이면 COALESCE보다 간단하게 사용할 수 있는 IFNULL 함수도 지원한다. IFNULL(a, b)는 COALESCE (a, b)와 동일하며 a가 NULL이면 b를 반환한다. 즉 IFNULL(a, b)는 IF(a IS NULL, b, a)와 동일하다.

조건부 표현식에 대한 이 절의 첫 번째 쿼리는 다음처럼 단순하게 표현할 수 있다.

**예제 3-13** IFNULL 함수를 사용한 쿼리

```
SELECT
  *, ROUND(
    costPrice *
    (1 + IFNULL(markup, 0.05)) *
    (1 + IFNULL(taxrate,0.10))
  , 2) AS salesPrice
FROM catalog
```

## 타입 변환과 타입 강제

직원의 휴가 사유를 근무 시간 대신 기록하기 위해 근무 시간을 문자열로 저장하는 예제 데이터셋을 살펴보자(좋은 스키마 설계가 아니지만 참아 보자).

2 단락 평가는 첫 번째 값이 결과가 확실하면 두 번째 값은 확인(평가)하지 않는 방법이다. 그리고 마지막으로 단락 평가를 실시한 값을 그대로 반환한다. – 옮긴이

```
WITH example AS (
  SELECT 'John' AS employee, 'Paternity Leave' AS hours_worked
  UNION ALL SELECT 'Janaki', '35'
  UNION ALL SELECT 'Jian', 'Vacation'
  UNION ALL SELECT 'Jose', '40'
)
```

이제 총 근무 시간을 알고 싶다. 그런데 hours_worked 컬럼이 숫자 타입이 아닌 문자열이므로 다음 쿼리는 작동하지 않는다.

**예제 3-14** 문자열로 저장된 데이터를 합하는 쿼리

```
WITH example AS (
  SELECT 'John' AS employee, 'Paternity Leave' AS hours_worked
  UNION ALL SELECT 'Janaki', '35'
  UNION ALL SELECT 'Jian', 'Vacation'
  UNION ALL SELECT 'Jose', '40'
)
SELECT SUM(hours_worked) FROM example
```

올바른 값을 얻으려면 집계를 수행하기 전에 hours_worked 컬럼을 INT64로 명시적으로 변환해야 한다. 명시적 타입 변환을 **캐스팅**casting이라고 하며 CAST() 함수를 명시적으로 사용해야 한다. 캐스팅이 실패하면 빅쿼리는 오류를 반환한다. 오류 대신 NULL을 반환하려면 SAFE_CAST를 사용한다. 예를 들어 다음 쿼리는 오류가 발생한다.

```
SELECT CAST("true" AS bool), CAST("invalid" AS bool)
```

이제 SAFE_CAST를 사용해 보자.

```
SELECT CAST("true" AS bool), SAFE_CAST("invalid" AS bool)
```

다음과 같은 결과가 표시된다.

| 행번호 | f0_ | f1_ |
|---|---|---|
| 1 | true | null |

암시적 변환을 **타입 강제**coercion라고 하며, 사용하는 데이터 타입과 필요한 데이터 타입이 다르면 자동으로 타입 강제가 이뤄진다. 예를 들어 FLOAT64가 필요한데 INT64를 사용하면 정수는 부

동소수점 숫자로 강제로 변환된다. 빅쿼리가 수행하는 유일한 타입 강제는 INT64를 FLOAT64 및 NUMERIC으로, NUMERIC을 FLOAT64로 변환하는 것이다. 다른 모든 변환은 명시적으로 CAST를 사용해야 한다.

총 근무 시간을 구하는 문제에서 hours_worked 문자열 컬럼의 값 중에는 'Vacation'처럼 정수로 변환할 수 없는 값도 있으므로 SAFE_CAST를 사용해야 한다.

**예제 3-15** SAFE_CAST를 사용한 쿼리

```
WITH example AS (
  SELECT 'John' AS employee, 'Paternity Leave' AS hours_worked
  UNION ALL SELECT 'Janaki', '35'
  UNION ALL SELECT 'Jian', 'Vacation'
  UNION ALL SELECT 'Jose', '40'
)
SELECT SUM(SAFE_CAST(hours_worked AS INT64)) FROM example
```

이 쿼리의 결과는 다음과 같다.

| 행번호 | f0_ |
|---|---|
| 1 | 75 |

만약 단순히 스키마 문제로 모든 행의 데이터가 숫자를 표현하는 문자열로 저장된 경우라면, 즉 숫자가 아닌 문자열이나 NULL 값 등이 없다면 간단하게 CAST를 사용할 수 있다.

**예제 3-16** CAST를 사용한 쿼리

```
WITH example AS (
  SELECT 'John' AS employee, '0' AS hours_worked
  UNION ALL SELECT 'Janaki', '35'
  UNION ALL SELECT 'Jian', '0'
  UNION ALL SELECT 'Jose', '40'
)
SELECT SUM(CAST(hours_worked AS INT64)) FROM example
```

## 불리언 변환을 피하기 위해 COUNTIF 사용하기

다음 예제 쿼리를 살펴보자.

**예제 3-17** is_vowel의 개수를 세는 쿼리

```
WITH example AS (
  SELECT true AS is_vowel, 'a' AS letter, 1 AS position
  UNION ALL SELECT false, 'b', 2
  UNION ALL SELECT false, 'c', 3
)
SELECT * FROM example
```

쿼리의 결과는 다음과 같다.

| 행번호 | is_vowel | letter | position |
|---|---|---|---|
| 1 | true | a | 1 |
| 2 | false | b | 2 |
| 3 | false | c | 3 |

이제 모음의 총 개수를 찾고 싶다. 아마도 다음과 같이 간단히 처리하고 싶을 것이다.

```
SELECT SUM(is_vowel) AS num_vowels FROM example
```

그러나 SUM, AVG 등은 불리언 값과는 작동하지 않는다(못 믿겠다면 시도해보라!). 따라서 다음과 같이 집계를 수행하기 전에 불리언 값을 INT64로 변환해야 한다.

```
WITH example AS (
  SELECT true AS is_vowel, 'a' AS letter, 1 AS position
  UNION ALL SELECT false, 'b', 2
  UNION ALL SELECT false, 'c', 3
)
SELECT SUM(CAST(is_vowel AS INT64)) AS num_vowels FROM example
```

결과는 다음과 같다.

| 행번호 | num_vowels |
|---|---|
| 1 | 1 |

하지만 가능하면 타입 변환은 피하는 것이 좋다. 이 예제에서는 불리언 값에 IF 문을 사용하는 것이 더 깔끔하다.

```
WITH example AS (
  SELECT true AS is_vowel, 'a' AS letter, 1 AS position
  UNION ALL SELECT false, 'b', 2
  UNION ALL SELECT false, 'c', 3
)
SELECT SUM(IF(is_vowel, 1, 0)) AS num_vowels FROM example
```

그리고 이보다 더 나은 방법은 COUNTIF를 사용하는 것이다.

**예제 3-18** COUNTIF를 사용해 is_vowel 개수를 세는 쿼리

```
WITH example AS (
  SELECT true AS is_vowel, 'a' AS letter, 1 AS position
  UNION ALL SELECT false, 'b', 2
  UNION ALL SELECT false, 'c', 3
)
SELECT COUNTIF(is_vowel) AS num_vowels FROM example
```

## 문자열 함수

데이터를 여러 형태로 바꾸다 보면 문자열을 조작해야 하는 경우가 많으므로 빅쿼리는 내장 문자열 함수(https://cloud.google.com/bigquery/docs/reference/standard-sql/string_functions) 라이브러리를 제공한다. 다음 쿼리를 살펴보자.

**예제 3-19** 문자열 함수(LENGTH, LOWER, STRPOS)를 사용한 쿼리

```
WITH example AS (
  SELECT * FROM UNNEST([
    'Seattle', 'New York', 'Singapore'
  ]) AS city
)
SELECT
  city
  , LENGTH(city) AS len
  , LOWER(city) AS lower
  , STRPOS(city, 'or') AS orpos
FROM example
```

이 쿼리는 문자열의 길이를 계산해 문자열을 소문자로 만든 후 'city' 컬럼에서 부분 문자열의 위치를 찾는다. 따라서 쿼리의 실행 결과는 다음과 같다.

| 행번호 | city | len | lower | orpos |
|---|---|---|---|---|
| 1 | Seattle | 7 | seattle | 0 |
| 2 | New York | 8 | new york | 6 |
| 3 | Singapore | 9 | singapore | 7 |

부분 문자열 'or'은 'New York' 및 'Singapore'에서 찾을 수 있지만 'Seattle'에서는 찾을 수 없다.

문자열 조작에 특히 유용한 두 가지 기능은 SUBSTR 및 CONCAT이다. SUBSTR은 부분 문자열을 추출하고, CONCAT는 입력값을 연결한다. 다음 쿼리는 이메일 주소에서 @ 기호의 위치를 기준으로 사용자 이름을 추출한 후 해당 사용자가 거주하는 도시를 연결한다.

**예제 3-20** 문자열 함수(SUBSTR, CONCAT)를 사용한 쿼리

```
WITH example AS (
  SELECT 'armin@abc.com' AS email, 'Annapolis, MD' AS city
  UNION ALL SELECT 'boyan@bca.com', 'Boulder, CO'
  UNION ALL SELECT 'carrie@cab.com', 'Chicago, IL'
)
SELECT
  CONCAT(
    SUBSTR(email, 1, STRPOS(email, '@') - 1), -- username
    ' from ', city) AS callers
FROM example
```

결과는 다음과 같다.

| 행번호 | callers |
|---|---|
| 1 | armin from Annapolis, MD |
| 2 | boyan from Boulder, CO |
| 3 | carrie from Chicago, IL |

## 국제화

빅쿼리의 문자열은 유니코드이므로 영어와 관계된 가정은 피해야 한다. 예를 들어 일본어에는 '대문자'라는 것이 없으며, 문자열 타입을 바이트 배열 타입으로 변환할 때 기본적으로 적용되는 UTF-8 인코딩은 타밀어 같은 언어를 제대로 표현하지 못한다.

**예제 3-21** 문자열 함수(UPPER, CAST)를 사용한 쿼리

```
WITH example AS (
  SELECT * FROM UNNEST([
    'Seattle', 'New York', 'சிங்கப்பூர்', '東京'
  ]) AS city
)
SELECT
  city
  , UPPER(city) AS allcaps
  , CAST(city AS BYTES) AS bytes
FROM example
```

보다시피, 의도한 대로 작동하지 않는다.

| 행번호 | city | allcaps | bytes |
|---|---|---|---|
| 1 | Seattle | SEATTLE | U2VhdHRsZQ== |
| 2 | New York | NEW YORK | TmV3IFlvcms= |
| 3 | சிங்கப்பூர் | சிங்கப்பூர் | 4K6a4K6/4K6Z4K+N4K6V4K6q4K+N4K6q4K+C4K6w4K+N |
| 4 | 東京 | 東京 | 5p2x5Lqs |

빅쿼리는 유니코드 문자 배열, 바이트 배열 및 유니코드 코드 포인트 배열(INT64)로 문자열을 나타내는 3가지 방법을 지원한다.

**예제 3-22** 유니코드 문자 배열, 바이트 배열, 유니코드 코드 포인트 배열로 문자열을 나타내는 쿼리

```
WITH example AS (
  SELECT * FROM UNNEST([
    'Seattle', 'New York', 'சிங்கப்பூர்', '東京'
  ]) AS city
)
SELECT
  city
  , CHAR_LENGTH(city) AS char_len
```

```
  , TO_CODE_POINTS(city)[ORDINAL(1)] AS first_codept
  , ARRAY_LENGTH(TO_CODE_POINTS(city)) AS num_codept
  , CAST (city AS BYTES) AS bytes
  , BYTE_LENGTH(city) AS byte_len
FROM example
```

동일한 문자열에서 CHAR_LENGTH 및 BYTE_LENGTH 결과와 코드 포인트 수가 문자 수와 어떻게 다른지 확인하자.

| 행번호 | city | char_len | first_codept | num_codepts | bytes | byte_len |
|---|---|---|---|---|---|---|
| 1 | Seattle | 7 | 83 | 7 | U2VhdHRsZQ== | 7 |
| 2 | New York | 8 | 78 | 8 | TmV3IFlvcms= | 8 |
| 3 | சிங்கப்பூர் | 11 | 2970 | 11 | 4K6a4K6/4K6Z4K+<br>N4K6V4K6q4K+<br>N4K6q4K+<br>C4K6w4K+N | 33 |
| 4 | 東京 | 2 | 26481 | 2 | 5p2x5Lqs | 6 |

따라서 어떤 열에 다른 언어로 된 텍스트가 포함되어 있는지 파악한 후 언어의 차이를 고려해서 문자열 조작 함수를 사용해야 한다.

## 출력 및 파싱

문자열을 파싱할 때는 간단히 INT64나 FLOAT64 타입으로 변환하면 되지만, 어떤 값을 원하는 형태의 문자열로 표현하려면 FORMAT 함수를 사용해야 한다.

**예제 3-23** FORMAT 함수의 활용 방식

```
SELECT
  CAST(42 AS STRING)
  , CAST('42' AS INT64)
  , FORMAT('%03d', 42)
  , FORMAT('%5.3f', 32.457842)
  , FORMAT('%5.3f', 32.4)
  , FORMAT('**%s**', 'H')
  , FORMAT('%s-%03d', 'Agent', 7)
```

쿼리의 결과는 다음과 같다.

| 행번호 | f0_ | f1_ | f2_ | f3_ | f4_ | f5_ | f6_ |
|---|---|---|---|---|---|---|---|
| 1 | 42 | 42 | 042 | 32.458 | 32.400 | **H** | Agent-007 |

FORMAT은 C의 printf 함수(http://www.cplusplus.com/reference/cstdio/printf/)와 유사하게 작동하며 같은 형식 지정자를 사용한다. 좀 더 유용한 지정자 중 몇몇은 앞의 예에서 설명했다. FORMAT 함수는 날짜나 타임스탬프 값도 지원하지만, 사용자의 로케일을 감안해서 날짜를 형식화할 수 있는 FORMAT_DATE와 FORMAT_TIMESTAMP 함수를 사용하는 것이 더 좋다.

## 문자열 조작 함수

문자열 조작은 ETL 파이프라인에서 일반적으로 필요하므로, 다음 편의 함수convenience function를 잘 기억해 두면 유용하다.

**예제 3-24** 문자열 조작 함수를 사용한 쿼리

```
SELECT
  ENDS_WITH('Hello', 'o') -- true
  , ENDS_WITH('Hello', 'h') -- false
  , STARTS_WITH('Hello', 'h') -- false
  , STRPOS('Hello', 'e') -- 2
  , STRPOS('Hello', 'f') -- 0 for not-found
  , SUBSTR('Hello', 2, 4) -- 1-based
  , CONCAT('Hello', 'World')
```

결과는 다음과 같다.

| 행번호 | f0_ | f1_ | f2_ | f3_ | f4_ | f5_ | f6_ |
|---|---|---|---|---|---|---|---|
| 1 | true | false | false | 2 | 0 | ello | HelloWorld |

SUBSTR()의 작동 방식을 주목하라! 첫 번째 파라미터는 시작 위치(1부터 시작함)이며, 두 번째 파라미터는 하위 문자열에서 원하는 문자 수다.

## 변환 함수

그 밖에도 문자열을 변환시키는 함수들도 알아 두면 좋다.

**예제 3-25 문자열 변환 함수를 사용한 쿼리**

```
SELECT
  LPAD('Hello', 10, '*') -- 왼쪽에 *가 추가된다
  , RPAD('Hello', 10, '*') -- 오른쪽에 *가 추가된다
  , LPAD('Hello', 10) -- 왼쪽에 공백이 추가된다
  , LTRIM(' Hello ') -- 왼쪽의 공백이 제거된다
  , RTRIM(' Hello ') -- 오른쪽의 공백이 제거된다
  , TRIM (' Hello ') -- 양쪽의 공백이 제거된다
  , TRIM ('***Hello***', '*') -- 양쪽의 *이 제거된다
  , REVERSE('Hello') -- 문자열이 뒤바뀐다
```

이 쿼리의 결과를 보자.

| 행번호 | f0_ | f1_ | f2_ | f3_ | f4_ | f5_ | f6_ | f7_ |
|---|---|---|---|---|---|---|---|---|
| 1 | *****Hello | Hello***** | Hello | Hello | Hello | Hello | Hello | olleH |

## 정규 표현식

정규 표현식은 편의 함수들보다 훨씬 강력하다. 예를 들어 STRPOS 함수 등은 특정 문자만 찾을 수 있지만, REGEXP_CONTAINS를 사용하면 강력한 검색을 수행할 수 있다.

예를 들어 컬럼에 미국 우편번호가 포함되어 있는지를 판별하려면 다음 쿼리를 사용하면 된다(짧은 형식은 5자리 숫자이며, 긴 형식은 추가 4자리 숫자를 하이픈 또는 공백으로 구분한다).

**예제 3-26 정규 표현식을 사용한 쿼리**

```
SELECT
  column
  , REGEXP_CONTAINS(column, r'\d{5}(?:[-\s]\d{4})?') has_zipcode
  , REGEXP_CONTAINS(column, r'^\d{5}(?:[-\s]\d{4})?$') is_zipcode
  , REGEXP_EXTRACT(column, r'\d{5}(?:[-\s]\d{4})?') the_zipcode
  , REGEXP_EXTRACT_ALL(column, r'\d{5}(?:[-\s]\d{4})?') all_zipcodes
  , REGEXP_REPLACE(column, r'\d{5}(?:[-\s]\d{4})?', '*****') masked
FROM (
  SELECT * FROM UNNEST([
    '12345', '1234', '12345-9876',
    'abc 12345 def', 'abcde-fghi',
    '12345 ab 34567', '12345 9876'
  ]) AS column
)
```

쿼리의 결과는 다음과 같다.

| 행번호 | column | has_zipcode | is_zipcode | the_zipcode | all_zipcodes | masked |
|---|---|---|---|---|---|---|
| 1 | 12345 | true | true | 12345 | 12345 | ***** |
| 2 | 1234 | false | false | null | | 1234 |
| 3 | 12345-9876 | true | true | 12345-9876 | 12345-9876 | ***** |
| 4 | abc 12345 def | true | false | 12345 | 12345 | abc ***** def |
| 5 | abcde-fghi | false | false | null | | abcde-fghi |
| 6 | 12345 ab 34567 | true | false | 12345 | 12345 | ***** ab ***** |
| | | | | | 34567 | |
| 7 | 12345 9876 | true | true | 12345 9876 | 12345 9876 | ***** |

여기서 몇 가지 주목할 부분이 있다.

- 정규 표현식 \d{5}는 5개의 10진수로 구성된 문자열과 일치한다.
- 괄호로 묶인 표현식의 두 번째 부분은 하이픈 또는 공백(\s)으로 분리되는 첫 번째 5개 10진수와 분리된 4개의 10진수(\d{4})의 선택적(괄호 끝에 ? 표시함) 그룹(?:)을 찾는다.
- 문자열에 \d, \s 등이 있으면 문제가 발생할 수 있으므로 문자열 앞에 r(원시)을 붙여 문자열 리터럴로 만들었다.
- 두 번째 표현식은 정확히 일치하는 경우를 보여준다. 지정된 문자열로 시작(^)하고 끝나야($) 한다고 보면 된다.
- 정규식과 일치하는 문자열 부분을 추출하려면 REGEXP_EXTRACT를 사용한다. 식이 일치하지 않으면 NULL을 반환하고, 일치하는 항목이 여러 개 있으면 첫 번째로 일치하는 값만 반환한다.
- REGEXP_EXTRACT_ALL은 모두 일치하는 항목을 반환한다. 일치하는 것이 없으면 빈 배열을 반환한다.
- REGEXP_REPLACE는 모든 일치 항목을 대체 문자열로 바꾼다.

빅쿼리의 정규 표현식은 구글의 오픈 소스인 RE2 라이브러리의 규칙을 따른다. 이 라이브러리의 문법을 확인하려면 https://github.com/google/re2/wiki/Syntax로 접속하자. 정규 표현식은 수수께끼처럼 보이지만 마스터할 가치가 있는 주제다.

## 문자열 함수 정리

데이터 분석에서 문자열 데이터는 매우 흔하므로 사용 가능한 함수를 폭넓게 학습하는 것이 좋다. 정확한 문법에 대해서는 빅쿼리 공식 문서(https://cloud.google.com/bigquery/docs/reference/standard-sql/string_functions)를 참조하자. 표 3-2는 문자열 함수를 5개의 유형으로 구분한다.

표 3-2 문자열 함수 유형

| 유형 | 함수 | 설명 |
|---|---|---|
| 문자열 표현 | CHAR_LENGTH, BYTE_LENGTH, TO_CODE_POINTS, CODE_POINTS_TO_STRING, SAFE_CONVERT_BYTES_TO_STRING, TO_HEX, TO_BASE32, TO_BASE64, FROM_HEX, FROM_BASE32, FROM_BASE64, NORMALIZE | 다른 유니코드 공백 문자를 같은 것으로 취급하게 하는 등의 정규화를 실행한다. |
| 출력 및 파싱 | FORMAT, REPEAT, SPLIT | FORMAT 구문은 C의 printf와 비슷하다: format("%03d", 12)는 012를 반환한다. 로케일 기준 변환에는 FORMAT_DATE 등을 사용하자. |
| 편의성 | ENDS_WITH, LENGTH, STARTS_WITH, STRPOS, SUBSTR, CONCAT | LENGTH 함수는 문자열이면 CHAR_LENGTH, 바이트면 BYTE_LENGTH와 같다. |
| 문자열 변형 | LPAD, LOWER, LTRIM, REPLACE, REVERSE, RPAD, RTRIM, TRIM, UPPER | 기본 문자열 자르기(trim) 구분자는 유니 코드 공백이지만 다른 trim 문자를 지정할 수 있다. |
| 정규 표현식 | REGEXP_CONTAINS, REGEXP_EXTRACT, REGEXP_EXTRACT_ALL, REGEXP_REPLACE | 빅쿼리에서 허용하는 구문은 https://github.com/google/re2/wiki/Syntax 문서를 참고하자. |

# 타임스탬프 다루기

타임스탬프는 위치와 관계없이 절대 시점의 시각을 나타낸다. 따라서 2017-09-27 12:30:00.45(2017년 9월 27일 12시 30분 UTC)의 타임스탬프는 2017-09-27 13:30:00.45+1:00(UTC보다 1시간 빠른 시간대에서 오후 1시 30분)과 동일한 시각을 나타낸다.

**예제 3-27** 타임스탬프를 사용한 쿼리

```
SELECT t1, t2, TIMESTAMP_DIFF(t1, t2, MICROSECOND)
FROM (SELECT
  TIMESTAMP "2017-09-27 12:30:00.45" AS t1,
```

```
  TIMESTAMP "2017-09-27 13:30:00.45+1" AS t2
)
```

이 쿼리의 결과는 다음과 같다.

| 행번호 | t1 | t2 | f0_ |
|---|---|---|---|
| 1 | 2017-09-27 12:30:00.450 UTC | 2017-09-27 12:30:00.450 UTC | 0 |

## 타임스탬프 값의 파싱과 형식화

빅쿼리는 타임스탬프를 파싱할 때 다소 관대하다. 문자열 표현의 날짜와 시간 부분은 ISO 8601(https://www.iso.org/iso-8601-date-and-time-format.html)에 따라 T 또는 공백으로 분리할 수 있다. 마찬가지로 월, 일, 시간 등은 앞에 0을 가질 수도 있고 그렇지 않을 수도 있다. 그러나 앞에서 설명한 표준 표현을 사용하는 것이 좋다. 해당 문자열 표시에서 알 수 있듯이, 타임스탬프는 연도를 4자리로만 나타낼 수 있다. 기원전 시각은 TIMESTAMP 타입으로 표현할 수 없다.

표준 형식이 아닌 문자열을 파싱하려면 PARSE_TIMESTAMP 함수를 사용한다.

**예제 3-28** 문자열을 타임스탬프로 파싱하는 쿼리

```
SELECT
  fmt, input, zone
  , PARSE_TIMESTAMP(fmt, input, zone) AS ts
FROM (
  SELECT '%Y%m%d-%H%M%S' AS fmt, '20181118-220800' AS input, '+0' AS zone
  UNION ALL SELECT '%c', 'Sat Nov 24 21:26:00 2018', 'America/Los_Angeles'
  UNION ALL SELECT '%x %X', '11/18/18 22:08:00', 'UTC'
)
```

그러면 다음과 같은 결과를 얻을 수 있다.

| 행번호 | fmt | input | zone | ts |
|---|---|---|---|---|
| 1 | %Y%m%d%-H%M%S | 20181118-220800 | +0 | 2018-11-18 22:08:00 UTC |
| 2 | %c | Sat Nov 24 21:26:00 2018 | America/Los_Angeles | 2018-11-25 05:26:00 UTC |
| 3 | %x %X | 11/18/18 22:08:00 | UTC | 2018-11-18 22:08:00 UTC |

첫 번째 예제는 제공된 문자열에서 타임스탬프를 생성하고자 연도, 월, 일 등의 형식 지정자를 사용한다. 두 번째와 세 번째 예는 일반적으로 접하는 날짜 시간 형식을 파싱하기 위해 미리 정의된 지정자를 사용한다.



FORMAT_TIMESTAMP 함수를 사용하면 원하는 형식으로 타임스탬프를 출력할 수 있다.

**예제 3-29** 타임스탬프를 원하는 형식으로 출력하기 위해 FORMAT_TIMESTAMP를 사용한 쿼리

```
SELECT
  ts, fmt
  , FORMAT_TIMESTAMP(fmt, ts, '+6') AS ts_output
FROM (
  SELECT CURRENT_TIMESTAMP() AS ts, '%Y%m%d-%H%M%S' AS fmt
  UNION ALL SELECT CURRENT_TIMESTAMP() AS ts, '%c' AS fmt
  UNION ALL SELECT CURRENT_TIMESTAMP() AS ts, '%x %X' AS fmt
)
```

이 결과는 다음과 같다.

| 행번호 | ts | fmt | ts_output |
|---|---|---|---|
| 1 | 2018-11-25 05:42:13.939840 UTC | %Y%m%d-%H%M%S | 20181125-114213 |
| 2 | 2018-11-25 05:42:13.939840 UTC | %c | Sun Nov 25 11:42:13 2018 |
| 3 | 2018-11-25 05:42:13.939840 UTC | %x %X | 11/25/18 11:42:13 |

앞의 예에서 CURRENT_TIMESTAMP() 함수를 사용해 쿼리의 실행 시점의 시스템 시간을 검색했다. PARSE_TIMESTAMP 함수와 FORMAT_TIMESTAMP 함수를 사용할 때 시간대는 선택 사항이며 생략하면 UTC를 기본값으로 사용한다.

## 달력 정보 추출하기

타임스탬프를 확보했다면 그 타임스탬프로부터 그레고리력의 정보를 추출할 수 있다. 예를 들어 다음 쿼리로 휴전 기념일[3]에 대한 정보를 추출할 수 있다.

3 https://en.wikipedia.org/wiki/Armistice_Day에 따르면, 이 협정은 1918년 11월 11일 오전 5시 45분에 체결되었다. 1918년 겨울 당시, 프랑스는 지금과 달리 UTC 시간대에 있었다. https://www.timeanddate.com/time/zone/france/paris 문서를 참고하자.

**예제 3-30** EXTRACT 함수를 사용해 달력 정보를 추출하는 쿼리

```
SELECT
  ts
  , FORMAT_TIMESTAMP('%c', ts) AS repr
  , EXTRACT(DAYOFWEEK FROM ts) AS dayofweek
  , EXTRACT(YEAR FROM ts) AS year
  , EXTRACT(WEEK FROM ts) AS weekno
FROM (
    SELECT PARSE_TIMESTAMP('%Y%m%d-%H%M%S', '19181111-054500') AS ts
)
```

결과는 다음과 같다.

| 행번호 | ts | repr | dayofweek | year | weekno |
|---|---|---|---|---|---|
| 1 | 1918-11-11 05:45:00 UTC | Mon Nov 11 05:45:00 1918 | 2 | 1918 | 45 |

한 주week는 일요일로 시작하는 것으로 간주하며, 그해의 첫 일요일 이전 날들은 0주로 지정된다. 이 방식은 국제적으로 통용되지 않는다. 한 주가 토요일에 시작되는 국가(이스라엘)는 다음과 같이 다른 요일을 한 주의 시작일로 지정할 수 있다.

```
EXTRACT(WEEK('SATURDAY') FROM ts)
```

EXTRACT 함수로는 1970년 1월 1일부터 시작하는 유닉스 시간에 해당하는 총 초second를 추출할 수 없다. 대신, 타임스탬프를 유닉스 시간으로 변환하는 UNIX_MILLIS 함수와 유닉스 시간을 타임스탬프로 변환하는 TIMESTAMP_MILLIS 함수가 있다.

**예제 3-31** 타임스탬프와 유닉스 시간을 변환하는 쿼리

```
SELECT
  UNIX_MILLIS(TIMESTAMP "2018-11-25 22:30:00 UTC")
  , UNIX_MILLIS(TIMESTAMP "1918-11-11 22:30:00 UTC") --유효하지 않다
  , TIMESTAMP_MILLIS(1543185000000)
```

결과는 다음과 같다.

| 행번호 | f0_ | f1_ | f2_ |
|---|---|---|---|
| 1 | 1543185000000 | -1613784600000 | 2018-11-25 22:30:00 UTC |

두 번째 컬럼은 오버플로우되어 음수가 되었지만 오류는 발생하지 않는다!

### 타임스탬프 연산하기

타임스탬프에서 시간을 더하거나 뺄 수 있다. 또한 두 타임스탬프의 차이를 구할 수도 있다. 이런 함수에는 모두 시간 단위를 지정해야 한다.

**예제 3-32** 타임스탬프를 연산하는 쿼리

```
SELECT
  EXTRACT(TIME FROM TIMESTAMP_ADD(t1, INTERVAL 1 HOUR)) AS plus_1h
  , EXTRACT(TIME FROM TIMESTAMP_SUB(t1, INTERVAL 10 MINUTE)) AS minus_10min
  , TIMESTAMP_DIFF(CURRENT_TIMESTAMP(),
            TIMESTAMP_SUB(CURRENT_TIMESTAMP(), INTERVAL 1 MINUTE),
            SECOND) AS plus_1min
  , TIMESTAMP_DIFF(CURRENT_TIMESTAMP(),
            TIMESTAMP_ADD(CURRENT_TIMESTAMP(), INTERVAL 1 MINUTE),
            SECOND) AS minus_1min
FROM (SELECT
  TIMESTAMP "2017-09-27 12:30:00.45" AS t1
)
```

이 쿼리는 지금부터 1시간 후와 10분 전의 타임스탬프를 반환하고, 지금부터 1분 후와 1분 전의 시간 차이를 초로 반환한다.

| 행번호 | plus_1h | minus_10min | plus_1min | minus_1min |
|---|---|---|---|---|
| 1 | 13:30:00.450000 | 12:20:00.450000 | 60 | –60 |

### Date, Time, DateTime

빅쿼리에서 시간을 나타낼 때는 DATE, TIME, DATETIME의 3가지 타입을 사용할 수 있다. DATE 타입은 어떤 일이 발생하는 날만 추적하며 정밀도가 그리 많이 필요하지 않은 경우에 유용하다. TIME은 어떤 일이 발생한 시각을 나타내며 수학적 연산을 수행해야 할 경우 유용하다. TIME을 사용하면 "시작 시간으로부터 8시간 뒤는 몇 시입니까?" 같은 질문에 대답할 수 있다. DATETIME은 특정 시간대를 기준으로 렌더링한 TIMESTAMP이므로 이벤트가 발생한 명확한 시간대가 있을 때 유용하며 시간대 변환이 필요하지 않다.

DATETIME 타입에는 대부분 TIMESTAMP 함수를 사용할 수 있다. 그러므로 PARSE_DATETIME 및 FORMAT_DATETIME 함수뿐만 아니라 DATETIME_ADD, DATETIME_SUB 및 DATETIME_DIFF 함수도 사용할 수 있다. 또한 DATETIME에서 일정 부분을 추출(EXTRACT)할 수도 있다. DATETIME과 TIMESTAMP 타입은 서로 호환해 사용할 수 있다. 즉 TIMESTAMP에서 DATETIME을 추출하는 것과 DATETIME을 TIMESTAMP로 변환하는 것이 가능하다.

**예제 3-33** 타임스탬프에서 DATETIME 추출하고 DATETIME에서 타임스탬프로 변환하는 쿼리

```
SELECT
  EXTRACT(DATETIME FROM CURRENT_TIMESTAMP()) AS dt
  , CAST(CURRENT_DATETIME() AS TIMESTAMP) AS ts
```

이 쿼리의 결과는 다음과 같다.

| 행번호 | dt | ts |
|---|---|---|
| 1 | 2018-11-25T07:03:15.055141 | 2018-11-25 07:03:15.055141 UTC |

DATETIME의 정규 표현에는 날짜 부분과 시간 부분을 구분하는 T 문자가 있고, TIMESTAMP의 표현에는 공백이 사용된다. 또한 TIMESTAMP는 명시적으로 시간대를 포함하고 있는 반면, DATETIME은 시간대가 내포되어 있다. 그러나 대부분의 경우 빅쿼리에서는 DATETIME과 TIMESTAMP를 상호 교환해 사용할 수 있다.

DATE는 DATETIME(또는 일부 시간대로 해석되는 TIMESTAMP)의 날짜 부분이며, TIME은 시간 부분이다. 현실의 시나리오가 특정 날짜에 발생할 수 있어서(예를 들어 특정 일에 여러 번), 많은 데이터베이스 테이블은 DATE 타입만 사용된다. 그래서 날짜를 직접 파싱해서 형식을 지정할 수 있는 장점이 있다. 반면, TIME 타입은 DATETIME 타입 값의 시간 부분이 표현하는 것보다 더 정확한 시간을 표현할 수 있지만 필요한 경우는 거의 없다.

따라서 대부분 경우에서는 TIMESTAMP 및 DATE 타입만 사용하는 것이 좋다. 그러나 TIMESTAMP 타입은 한 가지 어려운 부분이 있다. 빅쿼리의 TIMESTAMP는 마이크로초microsecond 해상도의 8바이트를 사용해 저장된다. 즉 0에서 9999까지의 연도와 이 기간에 해당하는 마이크로초를 저장할 수 있다. 다른 데이터베이스(MySQL)에서 TIMESTAMP는 4바이트를, DATETIME은 8바이트를 사용해 저장된다. 이런 시스템에서 TIMESTAMP의 범위는 유닉스 시간의 한도인 1970년에서 2038년까지다. 따라서 현재 60세인 사람의 생일이나 30년짜리 대출의 만료일을 저장할 수 없다. 이런

이유로 TIMESTAMP는 빅쿼리에서 작동은 하지만 MySQL와 동일한 스키마를 사용하지 못할 수 있으며, 빅쿼리와 MySQL 간의 쿼리 및 데이터 이동을 어렵게 만든다.



## GIS 함수 사용하기

GIS 함수는 고급 함수들을 살펴보는 8장에서 더 자세히 살펴볼 것이므로 이번 절에서는 간단하게만 소개한다.

GEOGRAPHY 타입은 지구 표면의 점, 선, 폴리곤을 나타낼 때 사용한다(즉 관련된 높이가 없다). 지구는 울퉁불퉁한 질량 덩어리이므로 표면의 점은 표면의 구형 및 타원상 근사치로만 나타낼 수 있다. 빅쿼리에서는 점의 지리적 위치 및 선과 폴리곤의 정점을 WGS84 타원체로 나타낸다. 실제로 이것은 지구 위치 확인 시스템(GPS)에서 사용하는 것과 같은 타원체이므로 대부분의 센서에서 보고되는 경도 및 위도 위치를 확보하면 빅쿼리에서 직접 사용할 수 있다.

가장 간단한 지리 위치는 경도와 위도로 지정된 점이다. 예를 들어 다음은 북위 47.61도, 서경 122.33도(워싱턴 주 시애틀)를 나타낸다.

```
ST_GeogPoint(-122.33, 47.61)
```

빅쿼리의 공개 데이터셋 중에는 미국의 각 주와 영토에 해당하는 폴리곤을 저장한 테이블이 있다. 따라서 어떤 지리적 지점이 어느 주에 있는지 확인하려면 다음과 같은 쿼리를 실행하면 된다.

**예제 3-34** ST_CONTAINS 함수를 사용해 지리적 지점이 어느 주에 있는지 확인하는 쿼리

```
SELECT
  state_name
FROM `bigquery-public-data`.utility_us.us_states_area
WHERE
  ST_CONTAINS(
    state_geom,
    ST_GeogPoint(-122.33, 47.61))
```

예상한대로 이 쿼리는 다음과 같은 결과를 반환한다.

| 행번호 | state_name |
|---|---|
| 1 | Washington |

이 쿼리는 ST_CONTAINS 함수를 사용해 빅쿼리 데이터셋의 state_geom 컬럼에 저장된 주의 지오메트리geometry에 원하는 지점이 포함되는지 확인한다. 빅쿼리가 지원하는 공간 함수는 SQL/MM 3 명세(https://oreil.ly/9AgOe)를 따르며 포스트그레스Postgres에서 제공하는 PostGIS 라이브러리(https://oreil.ly/x8kNM)와 유사하다.

## 정리

표 3-3은 이 장에서 다뤘던 빅쿼리의 데이터 타입을 요약한 것이다.

**표 3-3** 빅쿼리가 지원하는 데이터 타입

| 데이터 타입 | 지원되는 샘플 함수 및 연산자 | 설명 |
|---|---|---|
| INT64 | 산술 연산(+, -, /, *) | 대략 $10^{-19}$부터 $10^{19}$ |
| NUMERIC | 산술 연산 | 38자리의 정밀도와 9자리의 소수점의 수. 재무 계산에 적합하다. |
| FLOAT64 | 산술 연산 및 IEEE_DIVIDE | 값 중 하나가 NaN 또는 ± inf이면 IEEE-754가 작동된다. |
| BOOL | 조건문, MIN, MAX, SUM, AVG 등은 지원되지 않음(먼저 불리언을 INT64로 캐스팅해야 함). | 참과 거짓 중 하나. SQL은 대/소문자를 구분하지 않으므로 TRUE, true 등도 작동한다. |
| STRING | 문자열에 적용하려면 CONCAT, LENGTH 등과 같은 특수 문자열 함수(https://cloud.google.com/bigquery/docs/reference/standard-sql/string_functions)를 사용한다. | 문자열은 유니코드 문자이며 길이는 가변적이다. |
| BYTES | | 가변 길이 문자<br>많은 문자열 함수가 BYTES에도 정의되어 있다. |
| TIMESTAMP | CURRENT_TIMESTAMP( )는 현재를 표현한다.<br>타임스탬프에서 월, 연도, 요일 등을 추출할 수 있다. 타임스탬프의 산술은 산술 연산자가 아닌 특수 함수(https://cloud.google.com/bigquery/docs/reference/standard-sql/timestamp_functions)를 통해 지원된다. | ISO 8601의 서브셋으로 표현되는 마이크로초 정밀도에 대한 절대 시점.<br>이 타입은 시간을 빅쿼리에 저장하는 권장 방법이다. |
| DATE | CURRENT_DATE( )는 UTC 시간대의 현재 날짜를 나타내는 반면, CURRENT_DATE("America/Los_Angeles")는 로스앤젤레스 표준 시간대의 현재 날짜를 나타낸다.<br>TIMESTAMP와 마찬가지로 날짜에 대한 산술은 특수 함수(https://cloud.google.com/bigquery/docs/reference/standard-sql/date_functions)를 통해 지원된다. | 2018-3-14(또는 2018-03-14)는 시간대와 무관하게 2018년 3월 14일이다(https://cloud.google.com/bigquery/docs/reference/standard-sql/data-types#timestamp-type). 이는 서로 다른 시간대의 24시간 블록을 나타내므로 절대 시점을 나타내기 위해 TIMESTAMP를 사용한다. 그런 다음 특정 시간대를 기준으로 TIMESTAMP에서 날짜를 구성할 수 있다. |

(이어짐)

| 데이터 타입 | 지원되는 샘플 함수 및 연산자 | 설명 |
|---|---|---|
| DATETIME | DATE와 동일하다. | 2018-03-14 3:14:57 또는 2018-03-14T03:14:57.0000은 시간대와 무관한 날짜다. 대부분의 애플리케이션은 TIMESTAMP를 사용하는 것이 좋다. |
| TIME | DATE 부분만 없는 것만 제외하고 DATETIME과 동일하다. | 특정 날짜 또는 시간대와 무관하다. 범위는 00:00:00:00부터 23:59:59.999999까지다. |
| GEOGRAPHY | 지리상의 위상 함수는 특수 함수를 통해 지원된다.(https://cloud.google.com/bigquery/docs/reference/standard-sql/geography_functions) | 지구 표면의 점, 선, 폴리곤(즉 높이가 없다).<br>WGS84 타원체로 표현되며, GPS에서 사용하는 것과 동일한 타원체다.<br>가장 간단한 지리 정보는 경도와 위도로 지정된 점이다. |
| STRUCT | 이름을 이용해 필드를 구분할 수 있다. | 순서가 있는 필드 모음이다.<br>필드 이름은 선택 사항이다. 즉 다음 중 하나를 사용할 수 있다.<br>STRUCT<INT64, STRING><br>또는<br>STRUCT<id INT64, name STRING> |
| ARRAY | 오프셋을 이용해 항목을 구분하거나 배열에서 항목을 집계하거나 항목을 하나씩 가져올 수 있다. | null이 아닌 요소의 순서가 지정된 목록(예로 ARRAY <INT64>).<br>배열의 배열은 허용되지 않지만 구조체 자체에 배열이 포함된 STRUCT 배열을 만들 수 있다.<br>즉 ARRAY<STRUCT<ARRAY<INT64>>>이다.<br>(2장에서 배열을 다뤘다) |

ORDER BY 및 GROUP BY 절에는 배열 및 구조체를 제외한 모든 데이터 타입을 사용할 수 있다.

# 4장

# 빅쿼리로 데이터 로드하기

3장에서 다음과 같은 쿼리를 작성했다.

**예제 4-1** 특정 좌표가 속한 주 이름을 가져오는 쿼리

```
SELECT
  state_name
FROM `bigquery-public-data`.utility_us.us_states_area
WHERE
  ST_CONTAINS(
    state_geom,
    ST_GeogPoint(-122.33, 47.61))
```

우리는 -122.33, 47.61라는 위치의 도시가 워싱턴 주에 있다는 사실도 알았다. 그런데 state_name과 state_geom 컬럼의 데이터는 어디에서 왔을까?

이 쿼리의 FROM 절을 들여다보자. bigquery-public-data 프로젝트의 소유자는 이미 주[state] 경계에 관한 정보를 utility_us라는 데이터셋 안의 us_states_area라는 테이블에 이미 로드해뒀다. 게다가 빅쿼리의 인증된 모든 사용자와 utility_us 데이터셋을 공유하고 있으므로(권한을 더 제한하는 것도 가능하다), 그 데이터셋에 있는 us_states_area 테이블을 쿼리할 수 있다.

그렇다면 애당초 빅쿼리에 이 데이터를 어떻게 가져온 것일까? 이 장에서는 빅쿼리로 데이터를 로드하는 여러 가지 방법을 설명한다. 우선 가장 기본적인 방법부터 알아보자.

## 가장 기본적인 방법

미국의 모든 주 경계 같은 데이터 값은 거의 변하지 않으며,[1] 대부분의 애플리케이션은 무시할 수 있을 정도로 작은 변경만 일어난다. 데이터 웨어하우스에서는 이런 변경을 **느리게 변하는 관점**slowly changing dimension이라고 한다. 이 책을 집필 중인 현재, 가장 마지막으로 주 경계가 바뀐 것은 2017년 1월 1일이며 19개의 주택과 1개의 주유소에 해당하는 아주 작은 규모의 변경이었다.[2]

그래서 주 경계 데이터는 대부분 단 한 번 로드되는 종류의 데이터다. 분석가는 하나의 테이블을 쿼리한 이후에는 시간이 지나면 이 데이터가 변경될 수 있다는 사실을 그냥 무시한다. 예를 들어 판매 업체에서는 조금 전 물건을 구매한 집이 어느 주에 있는지만 알면 올바른 세율을 적용할 수 있다. 그래서 주 간의 조약이나 강의 물골 변화 같은 이유로 어떤 변경이 발생하면, 데이터셋의 소유자는 테이블을 더 최신의 데이터로 갱신할 것이다. 하지만 이 갱신 작업 이후에 이루어지는 테이블에 대한 쿼리는 조금 다른 결과를 반환할 수도 있다는 사실은 그냥 무시하는 것이다.

하지만 데이터를 수정하는 시점의 영향을 항상 무시할 수 있는 것은 아니다. 토지의 권리를 관리하는 기업이 토지 구획의 소유권을 추적하거나 또는 감사 기업이 다른 해에 발생했던 판매 물품에 관한 세금이 납부되었는지 확인하려는 목적으로 주 경계 데이터를 이용한다면 몇 년 전의 주 경계 데이터를 쿼리해야 하는 방법을 마련해야 한다. 따라서 이 장의 첫 부분에서는 데이터를 한 번만 로드하는 방법을 설명하지만, 데이터를 정기적으로 갱신하고 사용자가 자신이 쿼리하는 데이터의 버전을 알 수 있도록 지원해야 하는지 여부에 관해서는 주의 깊게 고민해야 한다.

### 로컬에서 데이터 로드하기

미국 정부는 고등 교육의 비용과 그 가치를 비교하는 데 도움을 주기 위해 대학별로 '점수카드scorecard'를 발행했다. 예시를 위해 이 데이터를 빅쿼리로 로드해 보자. 원본 데이터는 catalog.data.gov에서 얻을 수 있다. 편의를 위해 이 책의 깃허브 저장소에도 4장 폴더 아래에 college_scorecard.csv.gz 파일을 올려 두었다. 이 파일은 data.gov로부터 내려받은 CSV 형식의 파일을 오픈 소스 소프트웨어 유틸리티인 gzip으로 압축한 것이다.

1 주 경계의 변경은 10년을 기준으로 6번에서 8번 정도 일어난다. 좀 더 자세한 내용은 https://oreil.ly/Merow를 참고하기 바란다.

2 https://abc7ny.com/news/border-of-north-and-south-carolina-shifted-on-january-1st/1678605/와 https://www.nytimes.com/2014/08/24/opinion/sunday/how-the-carolinas-fixed-their-blurred-lines.html 문서를 참고하기 바란다.

> 파일을 압축한 이유는 무엇일까? 압축되지 않은 원본 파일은 136MB에 달하지만, 압축한 파일은 겨우 18MB이다. 네트워크를 통해 빅쿼리에 파일을 전달해야 하므로 대역폭에 맞춰 최적화하는 것이 좋다. 빅쿼리의 `load` 명령은 gzip으로 압축한 파일도 처리할 수 있지만 압축된 파일의 일부를 병렬로 로드하지는 못한다. 이미 클라우드 스토리지에 보관된(따라서 네트워크 트래픽 오버헤드를 최소화할 수 있는) 압축되지 않은 CSV 파일을 전달하거나, 아브로(Avro)처럼 내부적으로 각 블록은 압축되지만 파일 전체는 여러 워커(worker)로 나뉘는 형식의 데이터를 사용하는 것보다는 분할 가능한(splittable) 파일을 빅쿼리에 전달하면 로드 과정이 훨씬 빨라진다.
>
> 분할 가능한 파일을 이용하면 각 워커에 의해 각각 다른 부분의 파일을 로드할 수 있지만, 그렇게 되면 워커가 파일을 처음부터 읽지 않고 파일의 중간에 있는 예측 가능한 지점을 '탐색'할 수 있어야 한다. 파일 전체를 gzip으로 압축하면 이런 작동을 지원할 수 없지만, 아브로처럼 블록 단위 압축을 지원하는 형식은 이런 작동을 지원할 수 있다. 그러므로 아브로처럼 압축되고 분할 가능한 형식을 사용하는 것이 가장 좋다. 하지만 압축되지 않은 상태에서만 분할할 수 있는 CSV나 JSON 파일을 사용할 때는 로드 시간이 오래 걸리더라도 더 빠르게 네트워크를 통해 전송하는 것이 차라리 더 나은 방법인지는 생각해봐야 한다.

클라우드 셸에서 `zless` 명령을 이용하면 압축된 파일의 내용을 페이지 단위로 확인할 수 있다.

**예제 4-2** zless 명령은 압축된 파일의 내용을 페이지 단위로 확인할 수 있다

```
zless college_scorecard.csv.gz
```

> 좀 더 상세한 과정은 다음과 같다.
>
> 1. 브라우저에서 https://console.cloud.google.com/cloudshell을 방문해 클라우드 셸을 실행한다.
> 2. 터미널 창에서 `git clone https://github.com/onlybooks/bigquery/` 명령을 실행한다.
> 3. 대학별 점수카드 파일이 있는 ch04 폴더로 이동한다. `cd bigquery/ch04`
> 4. **`zless college_scorecard.csv.gz`** 명령을 실행한 후 스페이스바를 이용해 페이지 단위로 데이터를 확인한다. 종료하려면 q 키를 누른다.

이 파일은 각 컬럼의 이름을 가진 헤더header 행을 가지고 있다. 헤더 행 이후의 각 줄은 한 줄의 데이터를 표현하는 값들이다.

데이터를 빅쿼리로 로드하려면 먼저 `ch04`라는 데이터셋을 생성한다.

**예제 4-3** ch04 데이터셋을 생성하는 bq 명령

```
bq --location=US mk ch04
```

bq 명령줄 도구는 구글 클라우드 플랫폼상의 빅쿼리 서비스를 사용하기 위한 편리한 명령들을 제공한다. 다만, bq 명령줄 도구로 할 수 있는 작업들은 REST API로도 얼마든지 가능하다. 또한 GCP 클라우드 콘솔을 이용해도 거의 모든 작업을 실행할 수 있다. 예제의 명령은 ch04라는 이름의 데이터셋을 만들도록(mk) 요청하는 명령이다.

빅쿼리의 데이터셋은 테이블, 뷰, 그리고 머신러닝 모델 등을 정리하고organize 접근성을 제어하기 위한 최상위 폴더처럼 작동한다. 데이터셋은 현재 프로젝트[3]에 생성되며, 데이터셋 안의 테이블에 대한 스토리지 비용은 해당 프로젝트에 청구된다(쿼리에 대한 비용은 쿼리를 실행하는 프로젝트에 청구된다).

또한 이 명령에서는 데이터셋의 위치를 US로 지정했다(이 값은 기본값이므로 생략해도 무방하다). 위치는 US, EU처럼 여러 리전을 포함하는 위치를 선택할 수도 있고 us-east4, europe-west2, australia-southeast1처럼 특정 리전을 명시할 수도 있다.[4] 다만 리전에 데이터를 로드할 때는 주의해야 한다. 이 책을 집필하는 현재, 다른 리전의 테이블과는 조인을 수행할 수 없기 때문이다. 이 책에서는 US라는 리전 위치를 사용하고 있으므로 미국 내에 위치한 공개 데이터셋 안의 테이블을 조인하는 쿼리를 실행할 수 있다.

그런 다음, 깃허브 저장소를 클론한 디렉터리에서 다음 명령을 실행해 파일 안의 데이터를 빅쿼리의 테이블로 로드한다.

**예제 4-4** college_scorecard.csv.gz 파일을 빅쿼리 테이블로 로드하는 명령

```
bq --location=US \
  load \
  --source_format=CSV --autodetect \
  ch04.college_scorecard \
  /tmp/college_scorecard.csv.gz
```

3 GCP 클라우드 콘솔의 드롭다운 목록에서 설정하거나, 이전에 gcloud init 명령을 실행하면서 설정했을 것이다. 일반적으로 프로젝트는 하나의 워크로드 또는 하나의 소규모 팀에 해당한다.

4 최신 목록은 https://cloud.google.com/bigquery/docs/locations을 참고하기 바란다.

이 예제 명령은 bq 도구를 이용해 데이터셋을 로드하는 명령으로, 원본의 형식이 CSV이며 도구가 직접 스키마를 자동으로 탐지하도록(예를 들면 각 컬럼의 개별 데이터 형식 등) 설정한 것이다. 또한 college_scorecard라는 테이블을 데이터셋 ch04 안에 생성하고 로드할 데이터는 현재 디렉터리의 college_scorecard.csv.gz 파일에서 찾도록 지시했다.

하지만 이 명령을 실행하면 다음과 같은 에러가 발생한다.

```
Could not parse 'NULL' as int for field HBCU (position 26) starting at location 11945910
```

이 문제는 로드 작업이 다음 에러로 인해 실패했기 때문에 발생한 것이다.[5]

```
CSV table encountered too many errors, giving up. Rows: 591; errors: 1.
```

문제는 CSV 파일 안의 데이터와 관련이 있다. 빅쿼리의 스키마 자동 탐지는 26번째 컬럼(HBCU 컬럼)의 값이 정수integer일 것이라고 예상하고 있지만, 파일의 591번째 줄의 해당 컬럼에는 NULL 이라는 텍스트가 저장되어 있다. 이는 대부분 해당 학교가 그 필드에 대한 질문에 답하지 않은 경우이다.[6]

이 문제를 해결하는 방법은 여러 가지가 있다. 예를 들어 어떤 값을 사용해야 하는지 알고 있으면 데이터 파일을 직접 수정해도 무방하다. 또는 각 컬럼의 스키마를 직접 명시하고 NULL 값을 허용하도록 HBCU 컬럼의 타입을 문자열로 변경해도 된다. 아니면 --max_bad_records=20 같은 파라미터를 이용해 빅쿼리로 하여금 문제가 있는 레코드는 건너뛰도록 설정해도 된다. 마지막으로 빅쿼리 로드 프로그램에게 이 특정 파일은 null 값을 문자열 NULL로 표현하고 있다고 알려줘도 된다(CSV 표준은 널 값을 빈 필드로 표현하는 것이다).

마지막 방법이 가장 적합해 보이므로[7] 이 방법을 적용해 보자.

5 자동 탐지 알고리즘은 더 많은 예외를 처리할 수 있도록 지속적으로 개선되고 있어서 이런 문제가 생기지 않을 수도 있다. 그러나 스키마 자동 탐지 기능이 완벽할 수는 없다. 스키마의 어느 부분이 제대로 인식되지 않았는지와는 무관하게, 우리 저자진이 말하고 싶은 것은 이 절에서처럼 스키마 자동 탐지를 사용하고 이를 바탕으로 데이터 형식을 맞춰가라는 것이다.

6 정수 컬럼은 널(null) 값도 허용할 수 있지만, 이 파일이 NULL이라는 값을 비표준 방식으로 인코딩하고 있다는 점이 문제다. 이때 빅쿼리는 NULL이라는 텍스트를 문자열로 해석하므로 로드 작업이 실패한 것이다.

7 파일의 NULL 문자열은 해당 필드에 데이터가 없음을 의미하므로, 빅쿼리 테이블의 NULL 값도 같은 의미로 해석되어야 한다.

**예제 4-5** NULL 값을 지정해 데이터를 로드하는 명령

```
bq --location=US \
  load --null_marker=NULL \
  --source_format=CSV --autodetect \
  ch04.college_scorecard \
  ./college_scorecard.csv.gz
```

bq load 명령과 함께 사용할 수 있는 모든 옵션의 목록을 보려면 bq load --help 명령을 실행하면 된다. 기본적으로 bq load 명령은 테이블에 레코드를 덧붙인다append. 여기서는 기존의 테이블을 대체할 것이므로 --replace 옵션도 지정해야 한다.

**예제 4-6** college_scorecard.csv.gz 파일을 빅쿼리로 로드하는 명령의 최종 버전

```
bq --location=US \
  load --null_marker=NULL --replace \
  --source_format=CSV --autodetect \
  ch04.college_scorecard \
  ./college_scorecard.csv.gz
```

기존의 테이블에 행을 추가하려면 --replace=false를 지정하면 된다.

### 로딩을 해야 할까 스트리밍을 해야 할까?

빅쿼리로 데이터를 로드한다고 해서 요금이 발생하지는 않지만, 데이터가 로드된 후에는 스토리지에 대한 요금이 발생하게 된다.[8] 만일 정액 요금을 사용하면서 빅쿼리로 데이터를 로드하면 정액 요금에 포함된 슬롯과는 별개의 연산 자원을 사용하게 된다. 따라서 거의 실시간에 가까운 데이터 웨어하우스가 필요하지 않다면 클라우드 스토리지 전송 예약(이 장 뒷부분에서 설명한다)을 설정하는 것이 빅쿼리로 데이터를 가져오는 가장 합리적인 방법이다. 만일 데이터의 변형이 필요하다면 클라우드 컴포저나 클라우드 펑션을 이용해 빅쿼리로 데이터를 매일 로드하면 된다.

bq 명령은 모두 빅쿼리 서비스가 제공하는 REST API를 호출하는 작업을 수행한다. 따라서 데이터를 여러 가지 방법으로 로드할 수 있다. 클라이언트 라이브러리는 자바, 파이썬, Node.js 등 여러 언어를 지원하므로, 편리하고 프로그래밍 가능한 방법으로 데이터를 올리면 된다. 클라이언트 라이브러리에 대한 좀 더 자세한 내용은 5장을 참고하기 바란다.

8 앞 장에서 언급했듯이, 이 책에서 언급하는 가격은 집필 시점을 기준으로 정확한 가격이지만 변동될 수 있으니 관련된 정책과 가격표를 반드시 참고하기 바란다(https://cloud.google.com/bigquery/pricing).

실시간에 가까운 데이터가 필요하다면 데이터를 빅쿼리로 스트리밍해야 한다. 비록 비용이 발생하지만 실시간에 가까운 데이터가 필요하다면 자주 데이터를 로드하는 것보다는 스트리밍이 더 나은 선택이다. 많은 수의 로드 작업을 빈번하게(예를 들면 1분마다) 사용해서 데이터를 로드하는 것은 좋은 방법이 아니다. 이렇게 빈번하게 로드되는 테이블에는 심각한 파편화와 높은 메타데이터 오버헤드가 발생해 빅쿼리가 최적화를 실행하기 전까지는 쿼리의 속도가 매우 느려질 수 있기 때문이다. 빈번한 데이터 로드와 달리 스트리밍은 데이터를 스토리지에 기록하기 전에 백엔드에서 데이터 행을 일괄 처리하므로 파편화가 적게 일어나며 쿼리 성능을 유지할 수 있다. 스트리밍되는 데이터는 곧바로 쿼리할 수 있지만, 로드 작업은 로드가 완료된 후에야 쿼리가 가능하다. 게다가 작은 규모의 로드 작업을 빈번하게 사용하면 이 파일을 생성하는 시스템의 스로틀링(throttling)이나 백업 때문에 실제로 데이터가 사용 가능해지기까지 예상치 못한 지연이 발생할 수 있다.



빅쿼리 웹 UI를 이용하면 데이터를 한 번에 로드할 수 있다! 프로젝트를 클릭하면 데이터셋(예제에서는 ch04)을 생성할 수 있는 버튼을 볼 수 있다. 데이터셋을 클릭하면 테이블을 생성할 수 있는 버튼이 나타나는데, 지시에 따라 파일을 빅쿼리 테이블로 올리면 된다. 다만, 이 책을 집필하는 현재, 웹 UI를 사용해 로컬 파일로부터 데이터를 로드하는 작업은 파일 크기는 최대 10MB, 행 수는 최대 16,000행으로 제한되어 있다. 따라서 구글 클라우드 스토리지를 먼저 생성하지 않으면 대학의 점수카드 데이터셋을 로드하는 작업은 실행이 되지 않을 수 있다.

웹 UI를 사용하지 않는다고 해도(또는 사용할 수 없다고 해도), 웹 UI를 이용해 생성된 테이블의 상세 정보와 자동 탐지한 스키마가 올바르게 생성되었는지를 확인하는 것이 좋다. 또한 테이블이 생성된 후에도 몇몇 상세 정보를 수정할 수 있다. 예를 들어 테이블이 며칠 후에 자동으로 만료되도록 설정하거나, 컬럼을 추가하거나, 또는 필수 필드가 널 값을 허용하도록 변경하는 등의 작업을 수행할 수 있다.

테이블 만료일은 ALTER TABLE SET OPTIONS 구문으로도 지정할 수 있다. 다음 예제를 살펴보자.

**예제 4-7** 테이블 만료일을 지정하는 쿼리

```
ALTER TABLE ch04.college_scorecard
  SET OPTIONS (
    expiration_timestamp=
      TIMESTAMP_ADD(CURRENT_TIMESTAMP(), INTERVAL 7 DAY),
    description="지금으로부터 7일 뒤에 만료되는 college_scorecard 테이블"
  )
```

좀 더 자세한 내용은 https://cloud.google.com/bigquery/docs/reference/standard-sql/data-definition-language#alter_table_set_options_statement 문서를 참고하기 바란다.

테이블에 데이터를 로드하는 방법과는 무관하게 테이블을 포함하는 데이터셋에 대한 접근이 허용된 사용자라면 누구나 테이블을 쿼리할 수 있다. 프로젝트 수준에 보기 권한을 가진 모든 사용자가 새로 생성된 데이터셋을 볼 수 있게 기본 설정이 되어 있다. 하지만 개인(개인의 구글 계정), 도메인(예를 들면 xyz.com) 또는 구글 그룹 등으로 데이터셋의 공유[9]를 특정할 수 있다. 인증 및 접근 관리IAM, Identity and Access Management를 이용해 데이터셋을 공유하는 방법은 10장에서 자세히 살펴본다. 우선 지금은 데이터셋이 생성된 프로젝트에 보기 권한을 가진 사람 누구나 쿼리를 실행할 수 있다.

**예제 4-8** 빅쿼리로 로드한 데이터에서 원하는 조건의 데이터를 검색하는 쿼리

```
SELECT
  INSTNM
  , ADM_RATE_ALL
  , FIRST_GEN
  , MD_FAMINC
  , MD_EARN_WNE_P10
  , SAT_AVG
FROM
  ch04.college_scorecard
WHERE
  SAFE_CAST(SAT_AVG AS FLOAT64) > 1300
  AND SAFE_CAST(ADM_RATE_ALL AS FLOAT64) < 0.2
  AND SAFE_CAST(FIRST_GEN AS FLOAT64) > 0.1
ORDER BY
  CAST(MD_FAMINC AS FLOAT64) ASC
```

이 쿼리는 소위 '명문' 대학이라고 할 수 있는, 평균 SAT 점수가 1300점을 넘으며 입학 경쟁률이 20% 미만인 대학의 이름(INSTNM)과 입학 경쟁률 및 기타 정보를 쿼리한다. 또한 가족 중에 처음으로 대학에 진학하는 학생들을 10% 이상 입학시켜 가정의 중위소득 순으로 순위를 매기는 대학을 골라낸 다음, 문화적, 경제적으로 혜택을 받지 못한 학생들에게 입학 기회를 주는 명문 대학들을 찾아낸다. 이 쿼리는 또한 학생들의 입학 후 10년 뒤의 소득도 보여준다.

9 이 책을 집필하는 현재, 이 기능은 '신규' UI에는 존재하지 않는다. 따라서 반드시 bq 명령줄 도구를 이용해야 한다.

| 행번호 | INSTNM | ADM_RATE_ALL | FIRST_GEN | MD_FAMINC | MD_EARN_WNE_P10 | SAT_AVG |
|---|---|---|---|---|---|---|
| 1 | University of California–Berkeley | 0.1692687830816 | 0.3458005249 | 31227 | 64700 | 1422 |
| 2 | Columbia University in the City of New York | 0.06825366802669 | 0.2504905167 | 31310.5 | 83300 | 1496 |
| 3 | University of California–Los Anageles | 0.17992627069775 | 0.3808913934 | 32613.5 | 60700 | 1334 |
| 4 | Harvard University | 0.05404574677902 | 0.25708061 | 33066 | 89700 | 1506 |
| 5 | Princeton University | 0.06521516568269 | 0.2773972603 | 37036 | 74700 | 1493 |



쿼리를 다시 한번 잘 살펴보자. WHERE 절이 여러 가지 타입 캐스팅을 사용하고 있음을 알 수 있다.

```
SAFE_CAST(ADM_RATE_ALL AS FLOAT64)
```

타입 캐스팅을 하지 않으면 다음과 같은 에러가 발생한다.

```
No matching signature for operator > for argument types: STRING, INT64.
```

게다가 부동소수점 타입으로 캐스팅해도 값이 문자열(PrivacySuppressed)인 행에서 부동소수점으로 캐스팅할 수 없다는 에러가 발생한다.

```
Bad double value: PrivacySuppressed; while executing the filter ...
```

그 이유는 자동 스키마 탐지 기능이 입학 경쟁률 컬럼을 숫자로 인식하지 않았기 때문이다. 이 컬럼이 문자열로 인식된 이유는 사생활 보호(예를 들면 입학 신청자 수가 매우 적은 경우 등)를 위해 몇몇 행의 값이 실제 값이 아닌 PrivacySuppressed라는 값으로 대체되었기 때문이다. 사실 가족 평균 수입도 문자열이므로(다행히 조건에 맞는 대학의 값들은 모두 숫자였다) 정렬 전에 캐스팅이 필요하다.[10]

10 문자열은 사전순으로 정렬된다. 만일 문자열로 저장되었다면 'abc'가 두 글자인 'de'보다 나중에 정렬되는 것과 같은 이유로 '100'이 '20'보다 작은 값이 된다. 숫자로 정렬한다면 당연히 20이 100보다 작은 값이다.

## 스키마 지정하기

실제 데이터셋에서는 빅쿼리에 데이터를 로드하기 전에 반드시 데이터의 정리와 변형을 해야 한다. 이 장의 뒷부분에서 좀 더 정교한 데이터 처리 파이프라인을 구현하겠지만, 우선은 유닉스 도구를 이용해 대체된 데이터를 NULL 값으로 바꾼다.

**예제 4-9** 압축된 파일에서 특정 문자열을 NULL로 바꾸는 명령

```
zless ./college_scorecard.csv.gz | \
  sed 's/PrivacySuppressed/NULL/g' | \
  gzip > /tmp/college_scorecard.csv.gz
```

여기서는 문자열 편집기String Editor(sed)를 이용해 PrivacySuppressed 문자열을 모두 NULL 값으로 바꾼 후에 그 결과를 압축해서 임시 폴더에 저장했다. 이제 원래 파일 대신 이 임시 파일을 올리면 된다.

새 파일을 올리면 빅쿼리는 더 많은 컬럼을 정수나 부동소수점 컬럼으로 인식하지만 SAT_AVG나 ADM_RATE_ALL 컬럼의 타입은 여전히 제대로 인식되지 못하고 문자열로 자동 탐지된다. 그 이유는 스키마 자동 탐지 알고리즘이 파일의 모든 행을 살펴보지 않고 처음 몇 개의 행만 샘플링하기 때문이다. 너무 많은 수의 행이 SAT_AVG 컬럼에 null 값을 가지고 있어서(20%도 채 되지 않는 대학들만 SAT 점수를 보고한다) 이 알고리즘은 해당 필드의 타입을 제대로 추정할 수 없다. 따라서 이 도구는 타입을 제대로 판단하지 못하는 컬럼은 문자열이라고 추정하는 안전한 방법을 택한 것이다.

그러므로 운영 환경production에서는 일부 샘플 데이터에 좌지우지되는 스키마 자동 탐지 기능을 사용하지 말고, 로드 시점에 컬럼의 데이터 타입을 지정하는 것이 낫다.

다만, 처음부터 스키마를 모두 기록하는 불편을 덜고자 자동 탐지 기능을 사용하는 것은 좋다. 이때는 다음 명령으로 테이블 스키마를 확인할 수 있다.

**예제 4-10** 테이블의 스키마를 확인하는 bq 명령

```
bq show --format prettyjson --schema ch04.college_scorecard
```

또한 스키마를 파일로도 저장할 수 있다.

**예제 4-11** 테이블의 스키마를 파일로 저장하는 bq 명령

```
bq show --format prettyjson --schema ch04.college_scorecard > schema.json
```

### 스키마 생성 자동화하기

아직 테이블 메타데이터에 대해 다루지는 않았지만(8장에서 다룬다), SQL 자체를 이용해 스키마 생성을 자동화할 수 있다. 다음의 쿼리는 데이터셋 ch04의 모든 테이블의 스키마를 얻는 쿼리다.

**예제 4-12** ch04 데이터셋에 생성된 모든 테이블의 스키마 정보를 읽는 쿼리

```
SELECT
  table_name
  , column_name
  , ordinal_position
  , is_null
  , data_type
FROM
  ch04.INFORMATION_SCHEMA.COLUMNS
```

이렇게 한 후에 TO_JSON_STRING 함수를 이용해 스키마의 JSON 표현을 생성하면 명령줄 도구를 사용하지 않아도 된다.

**예제 4-13** ch04 데이터셋의 모든 테이블 스키마 정보를 JSON 형식으로 변환하는 쿼리

```
SELECT
  TO_JSON_STRING(
    ARRAY_AGG(STRUCT(
      IF(is_nullable = 'YES', 'NULLABLE', 'REQUIRED') AS mode,
      column_name AS name,
      data_type AS type)
    ORDER BY ordinal_position), TRUE) AS schema
FROM
  ch04.INFOMATION_SCHEMA.COLUMNS
WHERE
  table_name = 'college_scorecard'
```

이렇게 하면 다음과 같은 JSON 문자열이 생성된다.

```
[
  {
    "mode": "NULLABLE",
    "name": "INSTNM",
    "type": "STRING"
```

```
    },
    {
      "mode": "NULLABLE",
      "name": "ADM_RATE_ALL",
      "type": "FLOAT64"
    },
  ...
```

이제 스키마 파일을 선호하는 텍스트 편집기(특별히 선호하는 편집기가 없다면 클라우드 셸의 펜 아이콘을 눌러 기본 편집기를 실행해도 된다)에서 열어 필요에 따라 컬럼의 타입을 변경하면 된다. 특히, WHERE 절에서 사용하는 네 개의 컬럼(SAT_AVG, ADM_RATE_ALL, FIRST_GEN, MD_FAMINC)는 모두 FLOAT64 형식으로 변경한다.

```
{
  "mode": "NULLABLE",
  "name": "FISRT_GEN",
  "type": "FLOAT64"
},
```

그리고 (우선은) T4APPROVALDATE 컬럼은 비표준 날짜 형식[11] 값을 가지고 있으므로 문자열로 변경한다.

```
{
  "mode": "NULLABLE",
  "name": "T4APPROVALDATE",
  "type": "STRING"
},
```

스키마를 수정했으면 데이터를 로드할 때 스키마 파일을 함께 지정하면 된다.

**예제 4-14** 스키마 파일을 지정해 데이터를 빅쿼리로 로드하는 명령

```
bq --location=US \
  load --null_marker=NULL --replace \
  --source_format=CSV \
```

11 표준 날짜 형식은 YYYY-MM-DD(ISO 8601 형식)이지만, 이 파일의 날짜 형식은 D/M/YYYY 형식이다. 자동 탐지 기능은 여러 행을 살펴보고 12/11/1965 형식의 날짜가 11월 12일을 의미하는지, 아니면 12월 11일을 의미하는지 유추할 수 있지만, 스키마를 지정한 경우에도 빅쿼리가 이런 식으로 유추하기를 원하지는 않을 것이다. 그래서 이 장의 뒷부분에서 구현할 데이터 변형 파이프라인은 이 날짜를 표준 형식으로 변환한다. 우선은 날짜 데이터를 문자열로 취급하자.

```
--schema=schema.json --skip_leading_rows=1 \
ch04.college_scorecard \
/tmp/college_scorecard.csv.gz
```

스키마를 직접 지정할 때는 빅쿼리가 CSV 파일에서 헤더 정보를 가지고 있는 첫 번째 행을 무시하도록 지시해야 한다.

테이블이 로드되면 앞 절의 쿼리를 실행하면 된다.

**예제 4-15** 테이블 스키마를 적용한 후 더 깔끔하게 변경된 쿼리

```
SELECT
  INSTNM
  , ADM_RATE_ALL
  , FIRST_GEN
  , MD_FAMINC
  , MD_EARN_WNE_P10 , SAT_AVG
FROM
  ch04.college_scorecard
WHERE
  SAT_AVG > 1300
  AND ADM_RATE_ALL < 0.2
  AND FIRST_GEN > 0.1
ORDER BY
  MD_FAMINC ASC
```

SAT_AVG, ADM_RATE_ALL과 다른 컬럼들은 더 이상 문자열이 아니므로 문자열을 부동소수점 값으로 캐스팅할 필요가 없어 쿼리가 훨씬 깔끔해졌다. 이 컬럼이 더 이상 문자열이 아닌 이유는 ETL 과정에서 보안을 이유로 공개되지 않았던 데이터를 어떻게 처리할 것인지(즉 사용 불가능한 값으로 취급하도록) 결정했기 때문이다.

## 새 테이블에 복사하기

데이터가 로드된 테이블은 불필요한 컬럼도 많이 가지고 있다. CREATE TABLE 구문을 이용해 새 테이블을 생성하고 필요한 컬럼의 값만 채운다면 더 깔끔하면서도 목적이 확실한 테이블을 생성할 수 있다.

**예제 4-16** 쿼리 결과로 새 테이블을 생성하는 쿼리

```
CREATE OR REPLACE TABLE ch04.college_scorecard_etl AS
  SELECT
    INSTNM
    , ADM_RATE_ALL
    , FIRST_GEN
    , MD_FAMINC
    , SAT_AVG
    , MD_EARN_WNE_P10
 FROM ch04.college_scorecard
```

견고한 ETL 파이프라인을 사용하면서 더 이른 결정을 내린다면 다운스트림 쿼리는 더욱 깔끔하고 간결해진다. 하지만 ETL 프로세스를 도입하면 (데이터 타입을 결정하고 스키마를 지정하는) 추가적인 작업이 필요하며, 한번 내린 결정은 되돌릴 수 없을 수 있다(예를 들면 해당 컬럼의 값을 사용할 수 없는 이유가 수집이 안 된 것인지, 아니면 보안상의 이유로 제공되지 않은 것인지, 아니면 삭제된 것인지를 다시 표시하도록 되돌릴 방법이 없다). 이 장의 후반부에서는 적시에 적절한 결정을 내리는 데 있어 SQL의 ELT 파이프라인을 어떻게 활용할 수 있는지에 대해 설명한다.

## 데이터 관리(DDL과 DML)

데이터의 로딩을 알아보고 있는데, 왜 데이터 관리까지 신경 써야 할까? 데이터 로드는 데이터를 관리하는 작업의 일부인 경우가 대부분이기 때문이다. 데이터가 실수로 로드되면 삭제해야 하거나, 때로는 규제와 법령 등에 따라 삭제해야 하는 경우도 있다.

> 이 책의 모든 명령과 쿼리를 따라 해보기를 권장하지만 이 절은 절대 따라하지 말기 바란다. 데이터를 몽땅 잃게 될 테니까!

테이블(또는 뷰)을 통째로 삭제하는 가장 쉬운 방법은 빅쿼리 UI를 이용하는 방법이다. 아니면 bq 명령줄 도구를 이용해 삭제해도 된다.

**예제 4-17** 테이블을 삭제하는 명령

```
bq rm ch04.college_scorecard
bq rm -r -f ch04
```

첫 번째 줄의 명령은 하나의 테이블을 제거하지만, 두 번째 줄의 명령은 재귀적으로(-r) 경고 없이(-f) 데이터셋 ch04와 그 안의 모든 테이블을 제거한다.

SQL을 이용해도 테이블(또는 뷰)을 삭제할 수 있다.

**예제 4-18** 테이블을 삭제하는 쿼리

```
DROP TABLE IF EXISTS ch04.college_scorecard_gcs
```

게다가 다음과 같이 ALTER TABLE SET OPTIONS 구문을 사용하면 미래의 특정 시점에 테이블이 만료되도록 지정할 수도 있다.

**예제 4-19** 테이블에 만료일을 설정하는 쿼리

```
ALTER TABLE ch04.college_scorecard
  SET OPTIONS (
    expiration_timestamp=TIMESTAMP_ADD(CURRENT_TIMESTAMP(), INTERVAL 7 DAYS),
    description="지금으로부터 7일뒤에 만료되는 college_scorecard 테이블"
  )
```

CREATE TABLE 구문과 마찬가지로, DROP TABLE과 ALTER TABLE 구문은 데이터 정의 언어DDL, Data Definition Language 구문에 해당한다.

테이블에서 특정 조건에 해당하는 줄만 삭제하려면 다음 쿼리를 사용하면 된다.

**예제 4-20** 테이블에서 조건에 부합하는 행만 삭제하는 쿼리

```
DELETE FROM ch04.college_scorecard
WHERE SAT_AVG IS NULL
```

마찬가지로, 테이블이 이미 존재할 때는 테이블 전체를 교체하는 대신 테이블에 줄을 삽입(INSERT)하는 것도 가능하다. 예를 들어 다음 쿼리를 이용하면 college_scorecard 테이블에 더 많은 값을 삽입할 수 있다.

**예제 4-21** 테이블에 행을 삽입하는 쿼리

```
INSERT ch04.college_scorecard
  (INSTNM
    , ADM_RATE_ALL
    , FIRST_GEN
```

```
      , MD_FAMINC
      , SAT_AVG
      , MD_EARN_WNE_P10
)
VALUES ('abc', 0.1, 0.3, 12345, 1234, 23456),
       ('def', 0.2, 0.2, 23451, 1232, 32456)
```

또한 서브쿼리subquery를 이용하면 한 테이블에서 다른 테이블로 값을 복사할 수 있다.

**예제 4-22** 서브쿼리를 이용해 테이블 데이터를 복사하는 쿼리

```
INSERT ch04.college_scorecard
SELECT *
FROM  ch04.college_scorecard_etl
WHERE SAT_AVG IS NULL
```

DELETE, INSERT, MERGE 구문은 데이터 조작 언어DML, Data Manipulation Language에 해당한다.

> 이 책을 집필하는 현재, 빅쿼리는 SQL COPY 구문을 지원하지 않는다. 테이블을 복사하려면 다음과 같이 bq cp 명령을 사용하면 된다.
>
> **예제 4-23** 테이블을 복사하는 bq 명령
>
> ```
> bq cp ch04.college_scorecard someds.college_scorecard_copy
> ```
>
> 쿼리를 실행한다고 해서 비용이 청구되지는 않지만 새 테이블의 데이터를 저장하기 위한 스토리지 비용은 발생한다. bq cp 명령은 첨부(-a 또는 --append_table 옵션을 지정한다)와 교체(-noappend_table 옵션을 지정한다)도 지원한다.
>
> 또한 복사의 대상 테이블의 존재 여부에 따라 CREATE TABLE AS SELECT 또는 INSERT VALUES 같은 표준 SQL 쿼리를 사용할 수도 있다. 하지만 bq cp 명령이 훨씬 빠르며(테이블의 메타데이터만 복사하기 때문이다) 쿼리 비용도 발생하지 않는다.

## 데이터를 효율적으로 로드하기

빅쿼리는 CSV 파일로부터 데이터를 로드할 수 있지만, CSV 파일은 비효율적이며 표현력이 좋지 않다(예를 들면 CSV 파일로는 배열이나 구조체를 표현하는 방법이 없다). 따라서 가능하면 데이터를 다른 형식으로 내보내야 한다. 그렇다면 이때 어떤 형식을 선택할 수 있을까?

아브로Avro(https://avro.apache.org)는 효율적이면서도 표현력이 좋은 형식이다. 아브로는 자기 기술적인self-describing 바이너리 파일을 사용하며, 이 파일은 블록 단위로 분리되어 압축이 가능하다. 따라서 아브로 파일로부터 데이터를 병렬로 로드하거나 데이터를 병렬로 내보낼 수 있다. 블록이 압축되므로 파일 크기 역시 실제 데이터의 크기보다 작아진다. 표현력과 관련해서 아브로 형식은 계층 구조를 가지고 있어서 빅쿼리는 지원하지만 CSV 파일로는 쉽게 표현할 수 없는, 중첩되고 반복되는 필드를 표현할 수 있다. 게다가 아브로 파일은 자기 기술적이어서 스키마를 지정할 필요가 없다.

아브로 파일에는 크게 2가지 단점이 있다. 첫 번째는 사람이 읽을 수 없는 형식이라는 점이다. 가독성과 표현력이 중요하다면, 줄 단위로 구분하는 JSON 파일newline-delimitered JSON file[12]에 데이터를 저장한다. JSON은 계층 구조의 데이터를 표현할 수 있지만, 바이너리 컬럼은 base-64 형식으로 인코딩해야 한다. 하지만 JSON 파일은 각 필드의 이름이 줄마다 반복되기 때문에 같은 데이터를 가진 CSV 파일보다 크기가 크다. 아브로 파일의 두 번째 단점은 줄 단위로 저장된다는 점이다. 이 때문에 아브로 파일은 통합 쿼리만큼 효율적이지 못하다.

파케이Parquet 파일은 구글의 드레멜Dremel ColumnIO 형식[13]에 영향을 받은 형식으로, 아브로처럼 바이너리 형식, 블록 단위, 작은 크기, 계층 구조의 표현 등의 특징을 갖는다. 아브로 파일은 줄 단위로 저장되지만, 파케이 파일은 컬럼 단위로 저장된다. 컬럼형 파일은 컬럼의 일부만을 읽는 작동에 최적화되어 있다. 그런데 데이터 로드는 보통 모든 컬럼을 읽어야 하므로 컬럼형 형식은 데이터 로드에는 비교적 덜 효율적이다. 그럼에도 불구하고, 곧 설명할 통합 쿼리federated query를 실행할 때는 컬럼형 파일 형식인 파케이가 아브로보다 나은 선택이다. 또 다른 오픈 소스 컬럼형 파일 형식으로는 ORCOptimized Row Columnar 형식이 있다. ORC 형식은 성능과 효율성 면에서 파케이 형식과 유사하다.

그래서 파일 형식을 선택할 때 빅쿼리로 데이터를 로드하고 파일을 삭제할 것이라면 아브로 형식을 추천한다. 그게 아니라 통합 쿼리를 위해 파일을 계속 보유해야 한다면 파케이 형식을 사용하는 편이 좋다. 사람의 가독성이 중요하다면 크기가 작은 파일에 한해 JSON 형식을 사용하는 것도 좋다.

12 줄 단위로 구분하는 JSON 파일은 jsonl 또는 JSON lines format이라고도 한다.

13 https://blog.twitter.com/engineering/en_us/a/2013/dremel-made-simple-with-parquet.html 문서를 참고하자. 6장에서는 ColumnIO의 후속인 빅쿼리 백엔드의 스토리지 형식인 커패시터(Capacitor)를 설명한다.

### 압축의 영향과 구글 클라우드 스토리지를 이용한 스테이징

CSV와 JSON 같은 형식은 압축을 지원하지 않으므로 gzip을 이용해 압축할 것인지를 판단해야 한다. 압축된 파일은 전송에 유리하며 더 적은 공간을 차지하지만 빅쿼리로 데이터를 로드할 때는 더 느리다. 네트워크가 느리다면 데이터 압축에 더 의존하게 된다.

네트워크가 느리거나, 많은 파일 또는 크기가 너무 큰 파일을 처리해야 한다면 `gsutil cp` 명령으로 여러 스레드를 활용해 데이터를 올릴 수 있다. 데이터를 모두 구글 클라우드 스토리지에 올리면 클라우드 스토리지 위치에서 다음과 같이 `bq load` 명령을 실행한다.

```
gsutil -m cp *.csv gs://BUCKET/some/location
bq load ... gs://BUCKET/some/location/*.csv
```

여기서 압축의 사용 여부와 `bq load` 명령을 실행하기 전에 대학 점수카드 데이터를 구글 스토리지로 스테이징staging하는 방법 간의 다양한 트레이드오프가 있음을 알 수 있다. 표 4-1에 이 내용을 정리해 두었다. 물론 네트워크와 로딩하는 실제 데이터에 따라 그 결과는 매우 다를 수 있다.[14] 따라서 로드 작업을 다방면으로 측정해 가장 좋은 성능을 발휘하는 방법을 선택해야 한다.

**표 4-1** 압축 및 구글 클라우드 스토리지에서 bq load 명령을 실행하기 전에 대학점수 카드 데이터를 스테이징하는 방법의 트레이드오프

| 압축 파일 | GCS에 스테이지 되는가? | GCS 크기 | 네트워크 시간(분리된 경우) | 빅쿼리로의 로드 시간 | 총 시간 |
|---|---|---|---|---|---|
| 예 | 아니오 | 없음 | 해당 없음 | 105초 | 105초 |
| 아니오 | 아니오 | 없음 | 해당 없음 | 255초 | 255초 |
| 예 | 예 | 16MB | 47초 | 42초 | 89초 |
| 아니오 | 예 | 76MB | 139초 | 28초 | 167초 |

파일을 구글 클라우드 스토리지에 스테이징하면 최소한 빅쿼리가 로드 작업을 완료하기 전까지의 스토리지 비용이 청구된다. 그런데 스토리지 비용은 일반적으로 매우 낮은 편이며, 이 정도 크기의 데이터셋과 네트워크 연결(표 4-1 참고) 성능이라면 클라우드 스토리지에 압축된 데이터를 스테이징하고 이 파일에서 데이터를 로드하는 것이 가장 좋다. 압축되지 않은 파일로부터 빅쿼리로 데이터를 로드하는 것이 빠르기는 하지만 파일을 네트워크로 전송하는 시간이 빠른 로드 시간의 장점을 상쇄한다.

14 이 책의 깃허브 저장소(https://github.com/onlybooks/bigquery/)에서 ch04 폴더의 load_*.sh 스크립트를 실행해 보기 바란다.

이 책을 집필하는 현재, 빅쿼리는 메모리가 유한한 워커 노드에서 실시간으로 파일의 압축을 해제하기 때문에 압축된 CSV와 JSON 파일의 로딩은 최대 4GB의 크기로 제한되어 있다. 만일 이보다 큰 데이터셋을 가지고 있다면 여러 개의 CSV나 JSON 파일로 분할해야 한다. 파일을 직접 분할하면 어느 정도의 병렬로 데이터를 로드할 수 있지만, 파일의 크기에 따라 빅쿼리가 스토리지 최적화를 결정하기 전까지 테이블의 크기가 최적으로 유지되지 않을 수 있다.



### 가격과 할당량

빅쿼리는 데이터의 로드에 대해서는 비용을 부과하지 않는다. 데이터의 적재는 쿼리에 사용되는 슬롯을 제공하는 클러스터와는 별개의 워커에서 실행된다. 따라서 데이터를 적재하는 중이더라도 쿼리가(심지어 데이터를 적재하는 테이블에 대한 쿼리도) 느려지지 않는다.

데이터의 로드는 원자적atomic이므로 해당 테이블에 대한 쿼리는 `bq load` 작업을 통해 로드된 데이터 전체가 반영되거나 또는 전혀 반영되지 않는다. 즉 로드되는 데이터의 일부만을 볼 수 없다는 뜻이다.

'무료' 클러스터를 이용한 데이터 로드의 단점은 로드 시간을 예측하기 어려우며 기존 작업에 의해 병목 현상이 발생할 수 있다는 점이다. 이 책의 집필 시점에서, 로드 작업은 테이블당 1,000회, 매일 프로젝트당 100,000회로 제한되어 있다(https://cloud.google.com/bigquery/quotas#load_jobs). CSV와 JSON 파일에서는 각 행과 열은 100MB로, 아브로 파일에서는 블록당 16MB로 제한되어 있다. 또한 각 파일은 5TB의 크기를 초과할 수 없다. 이보다 더 큰 데이터셋은 5TB보다 작은 크기의 파일로 나눠야 한다. 하지만 하나의 로드 작업은 최대 15TB의 데이터를 최대 1천만 개의 파일로 나눠 실행할 수 있다. 로드 작업은 반드시 6시간 이내에 실행이 완료되어야 하며 그렇지 않으면 취소된다.

## 통합 쿼리와 외부 데이터 원본

데이터를 먼저 로드하지 않고도 빅쿼리를 사용할 수 있다. 데이터는 현재 위치에 그대로 둔 채 데이터의 구조만 명시한 후 빅쿼리를 쿼리 엔진으로만 사용하는 것이 가능하다. 지금까지는 빅쿼리가 자체 네이티브 스토리지를 쿼리하는 경우를 설명했지만, 여기서는 '통합 쿼리federated query'를 이용해 '외부 데이터 원본external data source'을 쿼리하는 방법과 그 사용 사례를 알아본다.

현재 지원되는 외부 데이터는 구글 클라우드 스토리지, 클라우드 빅테이블, 클라우드 SQL, 구글 드라이브 등이다. 이 데이터들은 빅쿼리 입장에서는 외부에 존재하지만 결국 구글 클라우드 경계 안에 있음을 눈치챘을 것이다. 그렇지 않으면 네트워크 오버헤드와 보안 장치들로 인해 쿼리가 느려지거나 실행이 불가능해지므로 어쩔 수 없는 부분이다.

## 통합 쿼리 사용하기

외부 데이터 원본으로부터 데이터를 쿼리하는 단계는 다음과 같다.

1. bq mkdef 명령으로 테이블의 정의definition을 생성한다.
2. bq mk 명령으로 테이블을 만들고 외부 테이블 정의를 전달한다.
3. 평상시와 마찬가지로 테이블을 쿼리한다.

테이블의 쿼리는 네이티브 스토리지의 데이터를 쿼리하는 것과 동일하게 웹 UI를 이용하거나 프로그래밍 인터페이스를 사용한다. 웹 UI를 사용할 때는 방금 설명한 대로 테이블을 생성하면 되지만, 그림 4-1과 같이 네이티브 테이블이 아닌 외부 테이블을 사용할 때는 외부 테이블을 사용한다고 명시적으로 지정해야 한다.

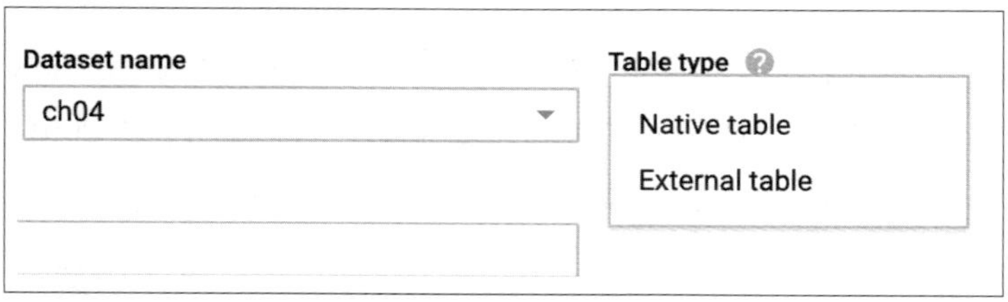


**그림 4-1** 웹 UI에서 'Create table' 워크플로우를 이용해 외부 테이블을 생성할 수 있다. 이때 테이블의 타입을 'External table'로 명시해야 한다

명령줄 인터페이스를 사용한다면 bq mkdef 명령을 이용해 테이블 정의를 생성한다. bq load 명령을 사용할 때처럼 --autodetect 옵션을 사용할 수 있다.

**예제 4-24** 테이블 정의를 생성하는 bq 명령

```
bq mkdef --source_format=CSV \
  --autodetect \
  gs://bigquery-oreilly-book/college_scorecard.csv
```

이 명령은 테이블 정의 파일을 표준 출력standard output에 출력한다. 보통은 이 출력 결과를 파일에 기록한 후 테이블을 생성하기 위한 bq mk 명령을 실행할 때 파라미터로 전달한다.

**예제 4-25** 테이블 정의를 생성하고 파일에 저장하는 bq 명령

```
bq mkdef --source_format=CSV \
  --autodetect \
  gs://bigquery-oreilly-book/college_scorecard.csv \
  > /tmp/mytable.json

bq mk --external_table_definition=/tmp/mytable.json \
  ch04.college_scorecard
```



이 두 단계를 거치면 앞에서와 같이 college_scorecard 테이블을 쿼리할 수 있지만, 이 쿼리는 이제 구글 클라우드 스토리지에 저장된 CSV 파일을 대상으로 실행되며, 데이터 자체는 빅쿼리의 네이티브 스토리지에 적재되지 않는다.

### 와일드 카드

아파치 스파크Spark, 아파치 빔Beam를 비롯한 여러 빅데이터 프레임워크는 출력 결과를 course_grades.csv-00095-of-00313 같은 이름을 이용해 수백 개로 나눈다. 이런 파일을 로드할 때 파일 이름을 하나하나 입력하지 않아도 된다면 더 편리할 것이다.

다음과 같이 bq mkdef 명령(그리고 bq load 명령)의 경로에 와일드카드를 사용하면 여러 파일을 한 번에 지정할 수 있다.

**예제 4-26** 여러 파일을 이용해 한 번에 테이블 정의를 생성하는 bq 명령

```
bq mkdef --source_format=CSV \
  --autodetect \
  gs://bigquery-oreilly-book/college_* \
  > /tmp/mytable.json
```

이렇게 하면 패턴에 일치하는 모든 파일을 참조하는 테이블이 만들어진다.

### 임시 테이블

테이블 정의 파라미터와 함께 쿼리를 전달하면 세 단계(mkdef, mk, query)를 압축해 쿼리가 실행되는 동안에만 테이블 정의를 사용하도록 할 수 있다.

**예제 4-27** 테이블을 생성과 쿼리를 한 번에 실행하는 bq 명령

```
LOC="--location US"
INPUT=gs://bigquery-oreilly-book/college_scorecard.csv

SCHEMA=$(gsutil cat $INPUT | head -1 | awk -F, '{ORS=","}{for (i=1; i <= NF; i++){
print $i":STRING"; }}' | sed 's/,$//g'| cut -b 4- )

bq $LOC query \
  --external_table_definition=cstable::${SCHEMA}@CSV=${INPUT} \
  'SELECT SUM(IF(SAT_AVG != "NULL", 1, 0))/COUNT(SAT_AVG) FROM cstable'
```

이 쿼리에서 외부 테이블 정의는 임시 테이블 이름(cstable), 2개의 콜론, 스키마 문자열, @ 기호, 형식(CSV), 등호(=), 그리고 데이터 파일을 가리키는 구글 클라우드 스토리지 URL 등으로 구성된다. 이미 테이블 정의 파일을 가지고 있다면 다음과 같이 직접 지정할 수도 있다.

```
--external_table_definition=cstable::${DEF}
```

JSON 스키마 파일을 지정하는 것은 물론 JSON, 아브로 등 지원되는 파일 형식을 클라우드 스토리지, 클라우드 빅테이블 및 기타 다른 데이터 원본으로부터 직접 쿼리하는 것도 가능하다.

분명히 편리하기는 하지만, 통합 쿼리는 아직 만족스러운 성능을 내지 못한다. CSV 파일은 줄 단위로 저장되며 임의의 순서로 정렬되어 있으므로, 빅쿼리와 관련된 효율성의 상당 부분이 적용되지 못한다. 게다가 빅쿼리 입장에서는 쿼리의 실행에 앞서 빅쿼리가 얼마나 많은 데이터를 스캔해야 하는지를 예측할 수 없다.

### 파케이와 ORC의 로드 및 쿼리

앞서 설명했듯이, 파케이와 ORC는 컬럼형 데이터 형식이다. 따라서 이런 형식의 파일을 통합 쿼리와 함께 사용하면 CSV나 JSON 같은 줄 단위 형식의 파일에 저장된 데이터를 쿼리할 때보다 성능이 좋아진다(하지만 여전히 빅쿼리의 네이티브 커패시터Capacitor 스토리지를 사용할 때보다는 느리다).

파케이와 ORC는 자기 기술적이므로(즉 파일 자체가 스키마를 포함하고 있으므로) 스키마를 명시하지 않고도 테이블 정의를 생성할 수 있다.

**예제 4-28** 파케이 형식 파일로 테이블을 생성하는 명령

```
bq mkdef --source_format=PARQUET gs://bucket/dir/files* > table_def.json
bq mk --external_table_definition=table_def.json <dataset>.<table>
```

CSV 파일로부터 생성한 외부 테이블을 쿼리하는 것과 마찬가지로, 이 테이블을 쿼리하는 것 역시 빅쿼리 내의 다른 테이블을 쿼리하는 것과 같은 방법으로 작동한다.

파케이와 ORC 파일이 줄 단위 파일 형식보다 나은 쿼리 성능을 보이기는 하지만 여전히 외부 테이블에 관련된 제한이 있다.

### 하이브 파티션의 로드와 쿼리

아파치 하이브Hive는 친숙한 SQL 쿼리 언어를 사용하는 아파치 하둡 기반의 데이터 웨어하우스로부터 데이터를 읽고 쓰고 관리하는 기능을 제공한다. 구글 클라우드상의 클라우드 데이터프록은 하이브 소프트웨어로 하여금 구글 클라우드 스토리지의 하이브 파티션에 저장된 분산 데이터를 다룰 수 있도록 해준다. 공개형 클라우드로 이전하는 패턴은 기존의 온프레미스on-premises 하이브 워크로드는 클라우드 데이터프록으로 옮기고, 좀 더 최신의 워크로드는 빅쿼리의 통합 쿼리로 작성하는 것이 일반적이다. 이렇게 하면 현재 하이브 워크로드는 예전과 동일하게 작동하며, 새로운 워크로드는 빅쿼리가 제공하는 서버리스serverless, 대규모 쿼리 등의 장점을 활용할 수 있게 된다.

구글 클라우드 스토리지상의 하이브 파티션을 로드하려면 `bq load` 명령에 하이브 파티셔닝 모드를 지정하면 된다.

**예제 4-29** 하이브 파티셔닝 모드로 테이블을 생성하는 명령

```
bq load --source_format=ORC --autodetect \
  --hive_partitioning_mode=AUTO <dataset>.<table> <gcs_uri>
```

하이브 테이블의 클라우드 스토리지 URI는 파티션 키를 와일드 카드로 포함하지 않으면서 테이블 경로 접두어를 인코딩해야 한다. 따라서 하이브 테이블의 파티션 키가 `datestamp`라는 이름의 필드라면 클라우드 스토리지 URI는 다음과 같은 형태가 되어야 한다.

```
gs://some-bucket/some-dir/some-table/*
```

설령 모든 파일의 이름이 다음과 같이 datestamp=로 시작하더라도 위의 형식에 어긋나지 않는다. 파티셔 키는 와일드 카드에 포함할 수 없으므로 클라우드 스토리지 URI는 다음과 같은 형태여야 한다.

```
gs://some-bucket/some-dir/some-table/datestamp=
```

이 책의 집필 시점에, AUTO 파티셔닝 모드는 STRING, INTEGER, DATE, TIMESTAMP 형식을 탐지하며 파티션 키를 문자열로 탐지하는 것도 가능하다(작업량이 많을 때 유용하다).

**예제 4-30** 하이브 파티셔닝 모드에서 파티션 키를 지정하는 명령

```
bq load --source_format=ORC --autodetect \
  --hive_partitioning_mode=STRINGS <dataset>.<table> <gcs_uri>
```

구글 클라우드 스토리지에서 CSV 파일을 읽을 때와 마찬가지로, 하이브 파티션의 통합 쿼리도 테이블 정의 파일을 생성해야 하며, 이때 사용할 수 있는 옵션은 데이터를 로드할 때의 옵션과 비슷하다.

**예제 4-31** 자동 하이브 파티셔닝 모드로 테이블을 생성하는 명령

```
bq mkdef --source_format=ORC --autodetect \
  --hive-partitioning_mode=AUTO <gcs_uri> > table_def.json
```

테이블 정의 파일을 생성하고 나면, 외부 데이터셋이 CSV 파일로 구성되었든 하이브 파티션으로 구성되었든 쿼리하는 방법은 같다.

앞서 설명했듯이, ORC와 더불어 다른 형식의 데이터도 지원된다. 예를 들어 줄로 구분된 JSON에 저장된 데이터에 대한 테이블 정의 파일은 다음과 같이 생성할 수 있다.

**예제 4-32** JSON 형식의 데이터로 테이블 정의를 생성하는 명령

```
bq mkdef --source_format=NEWLINE_DELIMITED_JSON --autodetect \
  --hive_partitioning_mode=STRINGS <gcs_uri> <schema> > table_def.json
```

앞서 명령에서는 파티션 키는 자동으로 탐지되지만, 파티션 키의 데이터 타입은 자동으로 탐지되지 않는다. 그 이유는 파티션 키를 문자열로 취급하도록 명시적으로 지정했으며 다른 컬럼의

데이터 타입은 스키마를 명시적으로 전달했으므로 지정할 필요가 없기 때문이다.

앞에서 하이브 파티션에 대한 쿼리는 이미 상당한 양의 하이브 워크로드가 있지만 향후 빅쿼리를 이용해 새로 워크로드를 구현할 수 있도록 클라우드 이전 작업을 지원하는 목적으로 주로 사용한다고 설명했다. 그런데 아파치 하이브는 데이터에 대한 완전한 관리(읽기와 쓰기)를 지원하지만, 빅쿼리의 외부 테이블은 읽기 전용이다. 게다가 빅쿼리는 통합 쿼리가 실행 중인 동안(예를 들면 하이브에서) 수정된 데이터를 처리할 수는 있지만, 특정 시점의 데이터를 읽는 개념은 지원하지 않는다. 이런 제한이 존재하므로 빅쿼리의 외부 테이블은 시간을 투자해서 데이터를 빅쿼리의 네이티브 스토리지로 옮기고 하이브 워크로드를 빅쿼리로 재작성하는 것이 낫다. 데이터를 빅쿼리의 네이티브 스토리지에 저장하면 DML, 스트리밍, 클러스터링, 테이블 복사 등 여러 가지 기능을 활용할 수 있다.

## 통합 쿼리와 외부 데이터 원본의 사용 사례

외부 데이터를 쿼리하는 것은 빅쿼리에 저장된 데이터를 쿼리하는 것보다 느리므로, 장기적으로 통합 쿼리는 빈번하게 접근해야 하는 데이터에는 그 사용을 권장하지 않는다. 하지만 다음과 같은 경우에는 통합 쿼리를 사용하는 것이 좋다.

- 빅쿼리로 로드하기 전에 원본 데이터를 어떻게 변환할 것인지를 결정하기 위한 연구 목적으로 통합 쿼리를 사용하는 경우다. 예를 들어 실제 분석 워크로드를 증거로 삼아 운영 환경의 테이블에 데이터가 어떻게 변환되어 있는지를 알아낼 수 있다. 또한 원래 데이터인 외부 데이터를 스테이징해서 통합 쿼리를 통해 데이터를 변환한 후 이를 운영 테이블에 기록할 수도 있다.
- 스프레드 시트의 데이터를 대화형으로 편집하기 위해 구글 시트에 보관하고, 쿼리 결과에 시트 내의 실제 데이터를 반영할 필요가 있을 때만 통합 쿼리를 사용하는 방법도 있다.
- 데이터에 대한 SQL 쿼리가 상대적으로 빈번하지 않은 경우 외부 데이터 원본에 데이터를 보관할 수 있다. 예를 들어 데이터를 주로 사용하는 목적이 낮은 지연 응답과 대용량 스트리밍 적재이며 데이터에 대한 대부분의 쿼리가 키 접두어를 이용해 이뤄지고 있다면, 그 데이터는 클라우드 빅테이블에 보관할 수 있다.

규모가 크고, 상대적으로 안정적이며, 정기적으로 갱신되고 자주 쿼리되는 잘 구성된 데이터셋을 가지고 있다면 빅쿼리 네이티브 스토리지가 최선의 선택이다. 지금부터는 방금 얘기한 상황들을 조금 더 자세히 살펴보자. 우선 통합 쿼리를 연구 목적으로 사용하는 경우다.

## 통합 쿼리를 연구 목적으로 사용하는 경우

자동 탐지는 입력 파일로부터 (수백 개 중) 몇 개의 행을 샘플링해서 컬럼의 타입을 결정하는 편리한 기능이다. 하지만 아브로, 파케이 또는 ORC 같은 자기 기술적인 파일 형식을 이용하지 않는 한 완벽하게 작동하지는 않는다. ETL 파이프라인이 제대로 작동하도록 하려면 각 컬럼의 데이터 타입이 올바른지 확인하기 위해 각 행의 모든 값을 검증해야 한다. 예를 들어 어떤 컬럼에서는 대부분 정수 값을 가지고 있으면서도 일부 몇 개의 행이 부동소수점 값을 가지고 있을 수 있다. 이런 경우라면 자동 탐지 기능이 부동소수점 값을 가지고 있는 행을 검사할 확률이 매우 낮으므로 대부분의 경우 해당 컬럼을 정수형이라고 판단한다. 이렇게 되면 사용자는 테이블 전체에서 스캔하는 쿼리를 실행하기 전까지는 그 사실을 모를 수 있다.

가장 좋은 방법은 자기 기술적인 파일 형식을 사용하는 것이므로 이때는 빅쿼리가 데이터를 어떻게 해석하는지에 대해 염려할 필요가 없다. CSV나 JSON을 사용해야 한다면 스키마를 명시적으로 지정하는 것이 좋다. JSON 파일에 스키마를 명시하거나, `bq mkdef` 명령줄 도구에 다음과 같은 형식으로 문자열을 만들어 스키마를 전달하면 된다.

```
FIELD1:DATATYPE1,FIELD2:DATATYPE2,...
```

데이터의 품질을 확신할 수 없다면 모든 것을 `STRING` 타입으로 지정하면 된다. 문자열은 기본 데이터 타입이므로, 이때는 명령줄에 다음과 같은 형식의 문자열을 전달하면 된다.

```
FIELD1,FIELD2,FIELD3,...
```

그런데 왜 모든 컬럼을 문자열로 취급해야 할까? 몇몇 필드가 정수와 부동소수점 값을 갖고 있음을 알고 있더라도 그 가정이 맞는지 확인하는 것이 좋다. 이때 모든 컬럼을 문자열로 취급하고 데이터를 쿼리해 에러를 확인하다 보면 데이터를 어떻게 변형해야 할지 알게 된다. CSV 파일의 첫 번째 행에서 컬럼 이름을 추출해 원하는 형식으로 스키마 문자열을 생성할 수 있다.[15]

**예제 4-33** 바이트 순서 마커를 제거하고 스키마 문자열을 생성하는 명령

```
INPUT=gs://bigquery-oreilly-book/college_scorecard.csv
SCHEMA=$(gsutil cat $INPUT | head -1 | cut -b 4- )
```

15 이 파일은 첫 문자에 '바이트 순서 마커'(`\u0eff`)를 가지고 있으므로 `cut -b 4-` 명령을 이용해 처음 몇 개의 바이트를 제거해야 한다.

스키마를 명시적으로 지정하려면 첫 번째 행은 건너뛰고 파일에서 빈 줄을 발견해도 지나치도록 설정해야 한다. 그러려면 다음과 같이 라인 편집기[16]에 테이블 정의를 파이프 문자(|)로 연결하면 된다.



**예제 4-34** 첫 줄과 빈 줄을 건너뛰도록 설정하는 명령

```
LOC="--location US"
OUTPUT=/tmp/college_scorecard_def.json
bq $LOC \
  mkdef \
  --source_format=CSV \
  --noautodetect \
  $INPUT \
  $SCHEMA \
  | sed 's/"skipLeadingRows": 0/"skipLeadingRows": 1/g' \
  | sed 's/"allowJaggedRows": false/"allowJaggedRows": true/g' \
  > $OUTPUT
```

이 명령은 US 위치에서 작업을 실행하며 결과(테이블 정의)를 /tmp 폴더에 저장한다.

이 시점에서 쿼리할 테이블이 생성된다. 여기서는 다음 두 가지를 주목해야 한다. 첫 번째는 이 테이블은 외부 데이터 원본에 정의되어 있으므로 데이터가 적재될 때까지 기다리지 않고도 데이터에 대한 쿼리를 실행할 수 있다는 점이며, 두 번째는 모든 컬럼이 문자열이며 원본 데이터에 되돌릴 수 없는 변경은 가하지 않았다는 점이다.

이제 캐스팅을 이용해 데이터를 확인해 보자.

**예제 4-35** 로드한 테이블의 데이터를 확인하는 쿼리

```
SELECT
  MAX(CAST(SAT_AVG AS FLOAT64)) AS MAX_SATAVG
FROM
  `ch04.college_scorecard_gcs`
```

이 쿼리는 다음과 같은 에러 메시지와 함께 실패한다.

```
Bad double value: NULL
```

16 전체 스크립트는 load_external_gcs.sh 파일에 작성되어 있으며 이 책의 깃허브 저장소 ch04/load_external_gcs.sh 파일을 참고한다.

이 메시지는 존재하지 않는 데이터가 파일에 비표준 방식으로 인코딩된 것을 처리해야 함을 의미한다. 대부분의 CSV 파일에서 존재하지 않는 데이터는 빈 문자열로 인코딩되지만 이 파일에서는 NULL이라는 문자열로 인코딩되어 있다.

이 문제는 캐스팅을 실행하기 전에 값을 미리 검사해 해결할 수 있다.

**예제 4-36** WITH 절을 이용해 값을 미리 검사하는 쿼리

```
WITH etl_data AS (
  SELECT
    SAFE_CAST(SAT_AVG AS FLOAT64) AS SAT_AVG
  FROM
    `ch04.college_scorecard_gcs`
)
SELECT
  MAX(SAT_AVG) AS MAX_SAT_AVG
FROM
  etl_data
```

먼저 WITH 절을 이용해 데이터셋에서 처리되어야 할 모든 ETL 작업 결과물을 가져온다. 사실 앞 절에서 데이터셋을 둘러보고 문제를 해결할 쿼리를 작성하면서 숫자 데이터를 정리할 재사용 가능한 함수가 필요하다는 점은 이미 알고 있다.

**예제 4-37** 숫자 데이터를 정리할 새 함수의 정의를 추가한 쿼리

```
CREATE TEMP FUNCTION cleanup_numeric(x STRING) AS
(
  IF ( x != 'NULL' AND x != 'PrivacySuppressed',
    CAST(x AS FLOAT64),
    NULL )
);

WITH etl_data AS (
  SELECT
    INSTNM
    , cleanup_numeric(ADM_RATE_ALL) AS ADM_RATE_ALL
    , cleanup_numeric(FIRST_GEN) AS FIRST_GEN
    , cleanup_numeric(MD_FAMINC) AS MD_FAMINC
    , cleanup_numeric(SAT_AVG) AS SAT_AVG
    , cleanup_numeric(MD_EARN_WNE_P10) AS MD_EARN_WNE_P10
  FROM
    `ch04.college_scorecard_gcs`
```

```
)

SELECT
  *
FROM
  etl_data
WHERE
  SAT_AVG > 1300
  AND ADM_RATE_ALL < 0.2
  AND FIRST_GEN > 0.1
ORDER BY
  MD_FAMINC ASC
LIMIT 10
```

이제 다음 쿼리를 이용해 미리 정리된 데이터(SELECT *를 사용하고 있음!)에서 필요한 컬럼만 추출해 새 테이블로 옮길 수 있다(CREATE TABLE 구문에 주목하자).

**예제 4-38** 새 테이블에 필요한 데이터를 복사하는 부분을 추가한 쿼리

```
CREATE TEMP FUNCTION cleanup_numeric(x STRING) AS
(
  IF ( x != 'NULL' AND x != 'PrivacySuppressed',
    CAST(x AS FLOAT64),
    NULL )
);

CREATE TABLE ch04.college_scorecard_etl
OPTIONS(description="대학 점수카드 데이터를 정리한 데이터") AS

WITH etl_data AS (
  SELECT
    INSTNM
    , cleanup_numeric(ADM_RATE_ALL) AS ADM_RATE_ALL
    , cleanup_numeric(FIRST_GEN) AS FIRST_GEN
    , cleanup_numeric(MD_FAMINC) AS MD_FAMINC
    , cleanup_numeric(SAT_AVG) AS SAT_AVG
    , cleanup_numeric(MD_EARN_WNE_P10) AS MD_EARN_WNE_P10
  FROM
    `ch04.college_scorecard_gcs`
)

SELECT * FROM etl_data
```

이 쿼리에서 CREATE TABLE 구문을 제거하고 bq query 명령에 --destination_table 옵션을 지정하면 스크립트로도 활용할 수 있다.

### 연구 목적의 SQL에서 ETL 활용하기

많은 조직이 엔지니어보다 데이터 분석가를 더 많이 고용한다. 따라서 데이터 분석 팀의 요구사항은 실제 데이터 엔지니어들이 공급할 수 있는 것보다 훨씬 크다. 이럴 때 데이터 분석가가 빅쿼리에 연구 목적의 데이터셋을 직접 생성하고 분석 작업을 시작할 수 있다면 도움이 될 것이다.

그렇게 하면 조직은 실제 분석 워크로드를 이용해 데이터 엔지니어들이 집중해야 할 것들의 우선순위를 정할 수 있다. 예를 들어 데이터 엔지니어로서 로그 파일로부터 어떤 필드를 추출해야 할지 아직 모른다고 가정해 보자. 그래서 외부 데이터 소스를 셋업하고 데이터 분석가가 구글 클라우드 스토리지의 원본 데이터를 직접 쿼리할 수 있도록 허용했다.

만일 원본 로그 파일이 JSON 형식이며 여러 애플리케이션이 로그를 작성해서 각 행마다 각각 다른 구조를 가지고 있다면, 분석가는 전체 로그 메시지를 하나의 빅쿼리 문자열 컬럼으로 정의하고 JSON_EXTRACT 함수와 문자열 조작 함수를 이용해 필요한 데이터를 추출할 수 있다. 매달 말일에 빅쿼리 쿼리 로그를 분석해서 실제로 어떤 필드에 어떤 식으로 접근했었는지 파악한 후 이 필드를 빅쿼리로 정기적으로 로드하는 파이프라인을 구현하면 된다.

예를 들어 스택드라이버Stackdriver로부터 빅쿼리 감사 로그를 JSON 형식으로 내보낼 수 있다. 이때 전체 로그 메시지는 protopayload_auditlog.metadataJson이라는 컬럼으로 표현된다. 다음 쿼리는 루트 요소인 tableDataRead로부터 로그 메시지의 개수를 파악하고 각 데이터셋이 사용된 횟수를 기준으로 데이터셋의 순위를 판단한다.

**예제 4-39** 데이터셋의 순위를 결정하는 쿼리

```
SELECT
  REGEXP_EXTRACT(protopayload_auditlog.resourceName,
  '^projects/[^/]+/datasets/([^/]+)/tables') AS datasetRef,
  COUNTIF(JSON_EXTRACT(protopayload_auditlog.metadataJson, "$.tableDataRead")
    IS NOT NULL) AS dataReadEvents
FROM `ch04.cloudaudit_googleapis_com_data_access_2019*`
WHERE
  JSON_EXTRACT(protopayload_auditlog.metadataJson, "$.tableDataRead")
    IS NOT NULL
GROUP BY datasetRef
```

```
ORDER BY dataReadEvents DESC
LIMIT 5
```

JSON_EXTRACT 함수의 첫 번째 파라미터는 컬럼 이름(protopayload_auditlog.metadataJson)이며, 두 번째 파라미터는 JSONPath[17]이다.

만일 원본 데이터가 관계형 데이터베이스 관리 시스템RDBMS, Relational Database Management System에 저장되어 있다면, 주기적으로 이 데이터를 탭으로 구분된 값TSV, Tab-Separated Values 형식으로 구글 클라우드 스토리지로 내보낼 수 있다. 예를 들어 MySQL상에 somedb이라는 이름의 데이터베이스를 가지고 있다면 다음과 같은 명령을 실행하면 된다.

**예제 4-40** MySQL 데이터베이스를 구글 클라우드 스토리지로 내보내는 명령

```
mysql somedb < select_data.sql | \
  gsutil cp - gs://BUCKET/data_$(date -u "+%F-%T").tsv
```

select_data.sql은 가장 최근의 레코드를 가져오는 쿼리를 가지고 있다(여기서는 최근 10일간의 데이터만 가져온다).

**예제 4-41** MySQL에서 가져온 데이터를 조회하는 쿼리

```
SELECT * FROM my_table
WHERE transaction_date >= DATE_SUB(CURDATE(), INTERVAL 10 DAY)
```

파일을 주기적으로 내보내도록 했다면 분석가는 쉽게 통합 쿼리를 이용해 데이터를 쿼리할 수 있다. 데이터셋의 값에 대한 검증이 완료되면 데이터 파이프라인을 통해 데이터를 정기적으로 또는 실시간으로 로드할 수 있다.

이 방법을 모든 경우에 사용할 수 없는 이유는 데이터베이스의 변화를 처리할 수 없기 때문이다. 만일 10일보다 오래된 데이터가 갱신되면 TSV로 내보낸 데이터가 동기화되지 않는다. 현실적으로, TSV 파일로 내보내는 방법은 분석 쿼리에 사용하기 전에 원본 데이터베이스 필드 자체를 변형하거나 수정할 필요가 없는 작은 크기(몇 기가바이트 정도)의 데이터셋에 적합하다.

17 JSONPath 문법은 https://restfulapi.net/json-jsonpath/를 참고하자.

만일 운영 중인 데이터베이스로부터 빅쿼리로의 동기화를 원한다면 구글과 파트너 관계에 있는 여러 서드파티 기업들이 제공하는 다양한 연결 및 변형 옵션을 활용하면 된다.[18] 이 도구는 변경된 데이터를 데이터베이스로부터 빅쿼리 테이블로 스트리밍하는 변경된 데이터 캡처CDC, Change Data Capture 작업을 수행할 수 있다.

## 클라우드 SQL 내의 외부 쿼리

빅쿼리는 통합 쿼리뿐만 아니라 외부 쿼리external query도 지원한다. 통합 쿼리는 빅쿼리를 이용해 외부 데이터 원본에 쿼리를 실행하지만, 외부 쿼리는 외부 데이터베이스의 쿼리를 실행하고 그 결과를 빅쿼리에 저장된 데이터의 결과와 유기적으로 결합한다. 현재 클라우드 SQL(구글 클라우드의 관리형 RDBMS) 내의 MySQL과 PostgresSQL 데이터베이스를 지원한다.

외부 쿼리를 이용하려면 최초 한 번은 빅쿼리 안에 연결 자원을 생성하고 사용자에게 이 연결 자원을 사용할 수 있는 권한을 할당해야 한다. 일단 연결 자원을 생성하면 다음과 같이 EXTERNAL_QUERY 함수와 함께 사용할 수 있다.

**예제 4-42** 외부 연결 자원으로부터 조회하는 쿼리

```
SELECT * FROM EXTERNAL_QUERY(connection_id, cloud_sql_query);
```

여기서 connection_id는 웹UI, REST API, 명령줄 도구 등을 이용해 빅쿼리에 생성한 데이터베이스 연결 자원의 이름이다.

외부 쿼리의 성능은 외부 데이터베이스의 성능에 의존하며 임시 테이블을 사용하므로 클라우드 SQL이나 빅쿼리에서 실행되는 쿼리보다 느린 편이다. 그럼에도 불구하고 데이터를 옮길 필요가 없어서 ETL, 예약scheduling, 오케스트레이션orchestration 등이 불필요하며 실시간으로 RDBMS에 저장된 데이터를 쿼리할 수 있는 어마어마한 장점이 있다.

예를 들어 최근 구매 이력이 없는 사용자가 소유한 선불 카드gift card에 관한 보고서를 생성한다고 가정해 보자. 고객의 마지막 주문 내역은 클라우드 SQL에 저장되어 있으며 실시간으로 갱신되지만, 상점에서 지금까지 발생했던 모든 선불 카드의 잔액balance은 빅쿼리에 저장되어 있다. 이럴 때에도 클라우드 SQL의 주문 데이터에 관한 외부 쿼리 결과를 빅쿼리에 저장된 선불 카드 잔액 데이터와 결합해서 데이터를 옮기지 않고도 최신의 보고서를 생성할 수 있다.

18 Alooma, Informatica, Talend 등이 파트너십을 맺고 있다. 빅쿼리 파트너의 전체 목록은 https://cloud.google.com/bigquery/partners/에서 확인할 수 있다.

예제 4-43 외부 데이터를 결합해 데이터를 조회하는 쿼리

```
SELECT
  c.customer_id
  , c.gift_card_balance
  , rq.latest_order_date
FROM ch04.gift_cards AS c
LEFT OUTER JOIN EXTERNAL_QUERY(
  'connection_id',
  '''SELECT customer_id, MAX(order_date) AS latest_order_date
  FROM orders
  GROUP BY customer_id''') AS rq ON rq.customer_id = c.customer_id
WHERE c.gift_card_balance > 100
ORDER BY rq.latest_order_date ASC;
```



## 대화형 탐색과 구글 시트 데이터의 쿼리

구글 시트Google Sheets는 구글 클라우드가 제공하는 생산성 및 협업 도구인 G 스위트Suite에 포함된 제품이다. 이 제품은 스프레드시트를 생성, 조회, 편집 및 발행하는 기능을 제공한다. 스프레드시트는 각 셀cell 안에 표 형식으로 값을 가지고 있다. 어떤 값은 데이터이며, 어떤 값은 다른 셀의 값을 이용해 연산을 수행한 결과를 가지고 있기도 하다. 구글 시트는 온라인 버전의 스프레드시트로, 여러 사람이 함께 스프레드시트를 편집할 수 있으며 다양한 장치에서 접근이 가능하다.

### 구글 시트 데이터를 빅쿼리로 로드하기

구글 시트는 외부 자원이므로 구글 시트 스프레드시트를 로드하고 쿼리하려면 통합 쿼리를 이용해야 한다. 이는 구글 클라우드 스토리지로부터 CSV 파일을 쿼리하는 것과 유사하게 작동한다. 먼저 빅쿼리 안에 구글 시트의 데이터를 가리키는 테이블 정의를 생성한 후, 마치 빅쿼리 테이블처럼 이 테이블을 쿼리하면 된다.

먼저 구글 시트 스프레드시트를 만들어 보자. 웹브라우저를 열고 주소창에 http://sheets.new를 입력하면 빈 스프레드시트가 열린다.

빈 스프레드시트에 다음 표의 데이터를 입력한다(또는 깃허브에서 CSV 파일을 내려받은 후 구글 시트의 **파일 ➤ 가져오기** 메뉴를 이용해 데이터를 로드해도 된다).

| Student | Home state | SAT score |
|---|---|---|
| Aarti | KS | 1111 |
| Billy | LA | 1222 |
| Cao | MT | 1333 |
| Dalia | NE | 1444 |

다음으로 GCP 클라우드 콘솔에서 빅쿼리 섹션으로 이동해 (필요하다면) 데이터셋을 생성한 후 테이블을 생성한다. 그런 다음 테이블의 원본을 구글 드라이브의 구글 시트로 지정하고 URL을 입력한다. 그리고 스키마는 자동으로 탐지하도록 한다. 이 과정은 그림 4-2에 나타내었다.

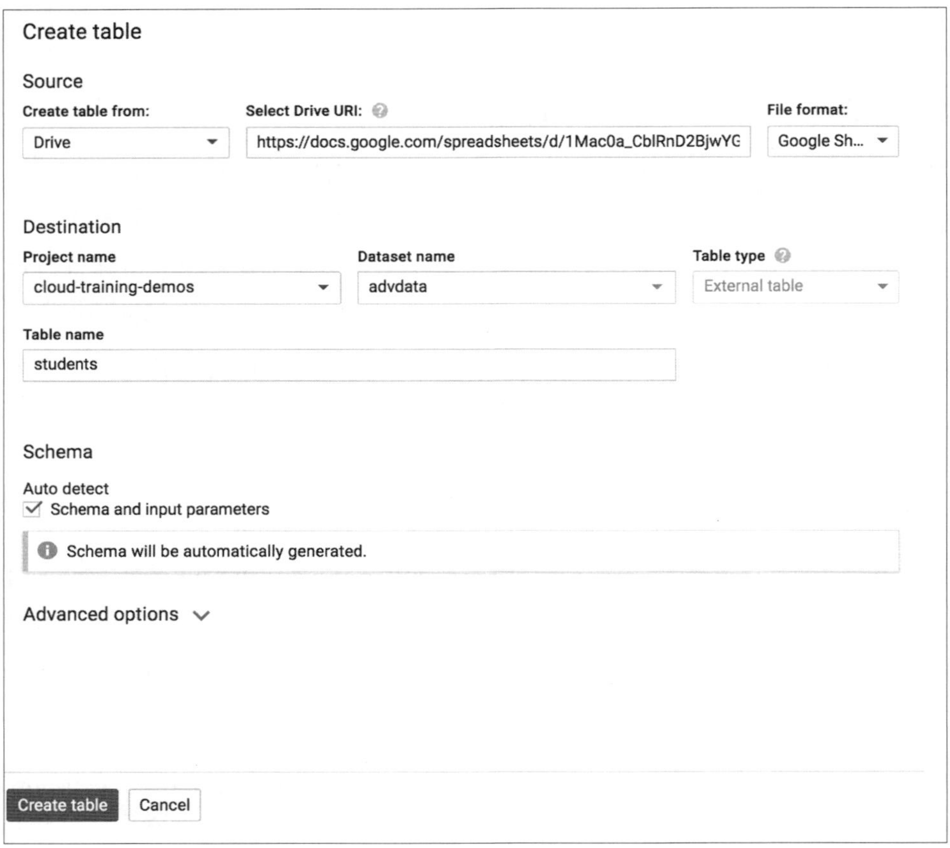


그림 4-2 'Create table' 대화 상자에서 외부 데이터 원본으로 구글 시트를 선택하는 모습

여기까지 완료했다면 이제 다른 빅쿼리 테이블처럼 스프레드시트를 쿼리할 수 있다.

**예제 4-44 스프레드시트의 데이터를 조회하는 쿼리**

```
SELECT * FROM advdata.students
```



스프레드시트의 데이터를 수정한 후 쿼리 결과가 테이블의 현재 상태를 반영하고 있는지 확인하자(외부 데이터셋에 대한 통합 쿼리의 결과는 캐시되지 않는다).

스프레드시트를 SQL처럼 쿼리할 수는 있지만, 구글 시트가 제공하는 필터링과 정렬 옵션이 훨씬 더 편리하기 때문에 실제로는 자주 사용되지는 않는다. 예를 들어 그림 4-3처럼 Explore 버튼을 클릭하고 average SAT score of students in KS처럼 자연어 쿼리를 입력하면 쿼리 결과가 나타난다.

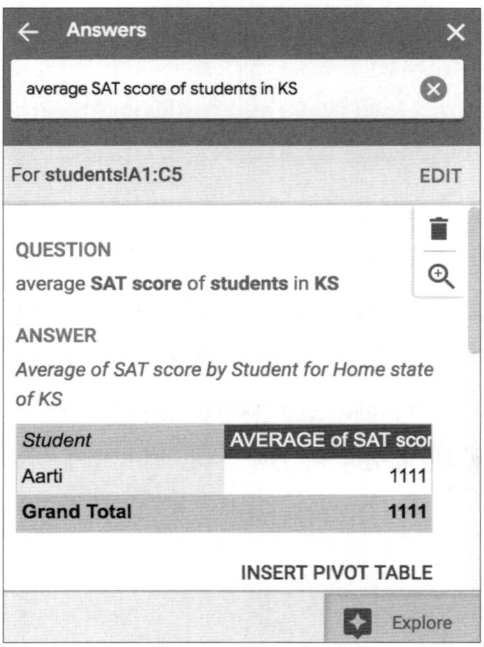


그림 4-3 구글 시트의 자연어 쿼리

구글 시트와 빅쿼리를 통합하는 경우는 다음과 같다.

- 빅쿼리의 데이터를 이용해 스프레드시트를 생성하는 경우
- 시트를 이용해 빅쿼리 테이블을 조회하는 경우
- 시트의 데이터를 SQL을 이용해 쿼리하는 경우

이 세 가지 경우를 하나씩 살펴보자.

## 빅쿼리의 데이터로 구글 시트 스프레드시트 생성하기

구글 시트의 빅쿼리 데이터 커넥터connector를 이용하면 빅쿼리 테이블[19]을 쿼리하고 그 결과로 스프레드시트를 생성할 수 있다. 이 기능은 기술직군에 속하지 않은 사용자와 데이터를 공유할 때 특히 유용하다. 대부분의 경우 거의 모든 사무직 종사자들은 스프레드시트를 읽고 해석하는 방법을 알고 있다. 이런 사용자는 빅쿼리나 SQL을 직접 다룰 필요 없이 구글 시트를 이용해 시트에 저장된 데이터를 자유롭게 활용할 수 있다.

구글 시트에서 Data ➤ Data Connectors ➤ BigQuery 메뉴를 클릭한 후, 프로젝트를 선택하고 대학 점수카드 데이터가 담긴 빅쿼리 테이블로부터 스프레드시트를 생성하기 위한 쿼리를 작성한다.

**예제 4-45** 스프레드시트로 내보낼 데이터를 조회하는 쿼리

```
SELECT
  *
FROM
  ch04.college_scorecard_etl
```

## 시트를 이용해 빅쿼리 테이블 탐색하기

빅쿼리 테이블로부터 구글 시트 스프레드시트를 생성해야 하는 이유 중 하나는 비즈니스 사용자 입장에서 차트를 생성하고 함수를 사용하며 테이블을 피벗pivot하는 등의 작업을 하기에는 시트가 훨씬 친숙한 인터페이스를 제공하기 때문일 것이다. 예를 들어 대학별 점수카드 데이터가 저장된 시트에서는 졸업 후 소득 증가에 따라 대학의 순위를 매기는 공식을 매우 쉽게 생성할 수 있다.

1. 새 컬럼에서 다음 공식을 입력한다.

   ```
   =ArrayFormula(IF(ISBLAKC(D2:D), 0, FS:F/DS:D))
   ```

   이렇게 하면 스프레드시트에 F 컬럼 값 대비 D 컬럼 값의 비율, 즉 소득 증가율이 나타난다.

2. Data 메뉴에서 새로 생성된 컬럼에 필터를 생성하고 공백과 0 값은 선택을 해제한다.
3. 이 컬럼에서 Z부터 A 순으로 스프레드시트를 정렬한다.

19 이 책의 번역서가 출간되는 현재, 빅쿼리 테이블에는 크기 제한이 존재한다.

이 시트에서 처음 몇 개의 행을 선택하면 그림 4-4처럼 학생들의 소득 증가를 기준으로 최고의 대학을 보여주는 차트를 생성할 수 있다.

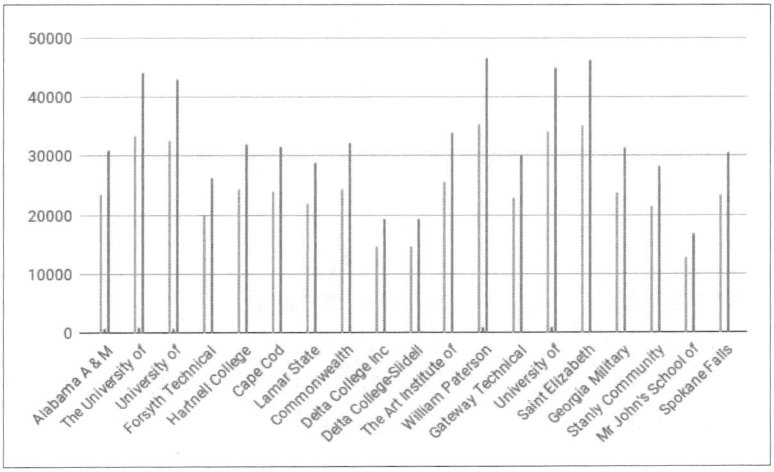


**그림 4-4** 졸업생의 소득 증가가 가장 큰 대학을 보여주는 차트

구글 시트를 이용하면 차트를 대화형으로 생성할 수 있을 뿐만 아니라 데이터를 더욱 자세히 살펴보기 위한 머신러닝 기능도 활용할 수 있다.

구글 시트에서 Explore 버튼을 클릭하면 머신러닝 기능에 의해 차트가 자동으로 생성된다.[20] 예를 들어 자동으로 생성된 그림 4-5의 차트는 소득 증가에 있어 큰 차이가 있음을 보여주고 있다.

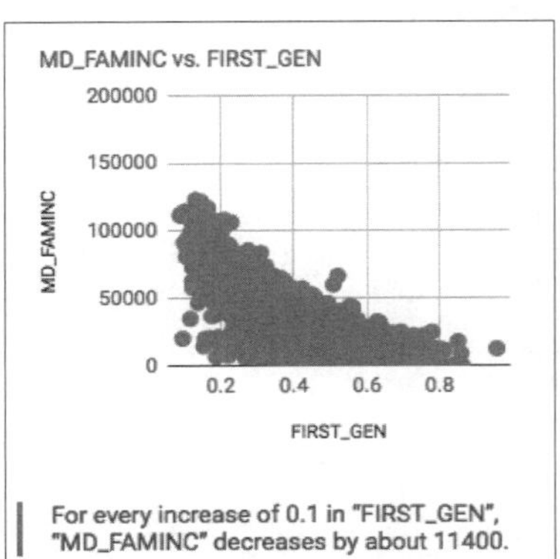


**그림 4-5** 가족 중에 처음으로 대학에 진학한 학생들을 입학시킨 대학들은 학생 수 또한 작다는 통찰을 구글 시트에서 얻을 수 있다. 즉 가족 중에 처음 대학생이 된 학생들이 10% 늘어나면 중위 가계 소득은 $11,400 감소한다.

20 이 제품은 계속해서 변화하면서 발전하고 있어서 실제 그래프가 책과 다를 수 있다.

그림 4-6은 SAT_AVG 컬럼을 추가했을 때 자동으로 생성된 차트를 보여준다.

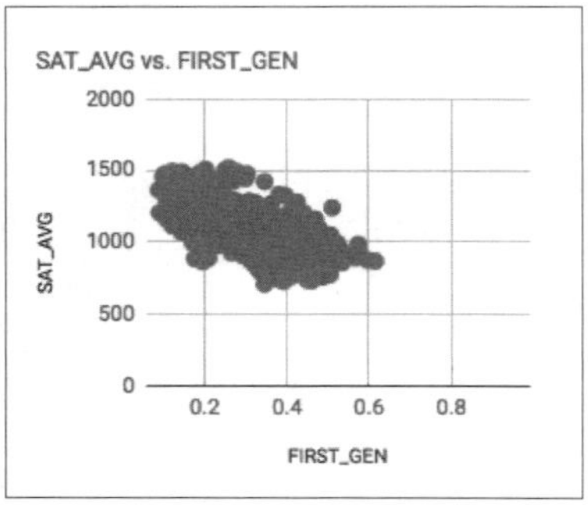


그림 4-6 가족 중 처음 대학에 진학한 학생이 많은 대학일수록 SAT 평균이 낮은 경향이 있다.

게다가 특정 차트에 자연어를 사용할 수도 있다. 그림 4-7은 Ask a question 입력 상자에 histogram of sav_avg where fist_gen more than 0.5라고 입력한 결과다.

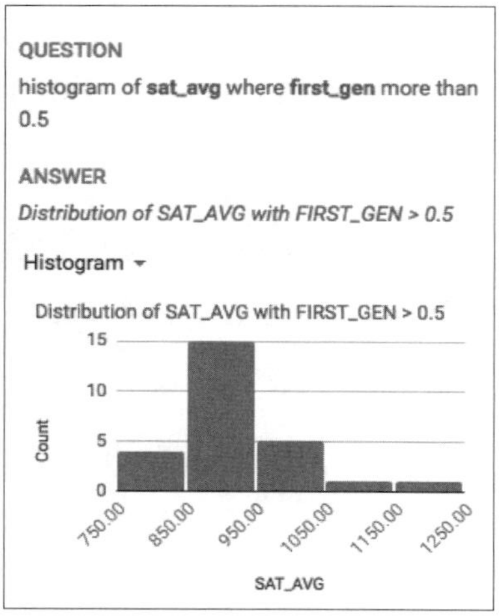


그림 4-7 구글 시트에 자연어를 이용해 생성한 차트

## 빅쿼리 테이블을 구글 시트의 데이터 시트로서 탐색하기

앞에서 빅쿼리 테이블 전체를 구글 시트로 로드했는데, 이는 사실 대학 점수카드 데이터셋의 크기가 충분히 작기 때문에 가능했다. 테이블의 크기가 크다면 테이블 전체를 구글 시트로 로드하는 것은 당연히 좋은 선택이 아니다.

게다가, 구글 시트 역시 크기가 큰 빅쿼리 데이터셋을 빅쿼리 데이터 시트로서 접근, 분석, 시각화 및 공유하는 것을 허용하지 않는다. 정말 그런지 확인하고 싶다면 새 구글 시트 문서를 생성한 후 Data ➤ Data Connectors ➤ BigQuery Data Sheet 메뉴를 선택한다.

그런 다음에 **클라우드 프로젝트**를 선택하고(이때 비용이 발생한다) bigquery-public-data ➤ usa_names ➤ usa_1910_current ➤ Connect 메뉴를 차례로 클릭해서 테이블을 데이터 시트로 로드한다. 이 테이블은 60만 개의 열을 가지고 있어서 전체를 로드하기에는 너무 크다. 따라서 빅쿼리는 시트에 보여지는 데이터에 대한 클라우드 백엔드처럼 작동한다.

그런 이유로 전체 테이블을 시트로 로드할 때와 달리, UI를 보면 처음 500개의 행만 데이터 시트에 로드되었음을 알 수 있다. 이 500개의 행은 전체 데이터셋에 대한 미리보기 정도로 생각하는 것이 좋다. 또 다른 차이는 편집 기능이다. 전체 테이블을 로드하면 구글 시트는 데이터의 복사본을 보관한다. 따라서 셀을 편집하고 변경된 스프레드시트를 저장할 수 있다. 반면, 빅쿼리가 클라우드 백엔드처럼 작동하게 되면 셀은 편집이 불가능하다. 사용자는 빅쿼리 데이터 시트를 필터링하거나 테이블을 피봇할 수 있지만, 데이터를 편집할 수는 없다. 사용자가 필터링이나 테이블을 피봇하면 시트에 보여지는 미리보기에만 적용되는 것이 아니라 전체 빅쿼리 테이블에 적용된다.

어떤 종류의 분석이 가능한지 예를 들기 위해 Pivot table 버튼을 클릭해서 피벗 테이블을 만들어보자. 피벗 테이블 에디터Pivot table editor에서 그림 4-8을 참고해 Rows는 state를 선택하고 Columns는 year를 선택한다. Values는 number를, Summaryze by는 COUNTUNIQUE로, Show as는 Default를 선택한다.

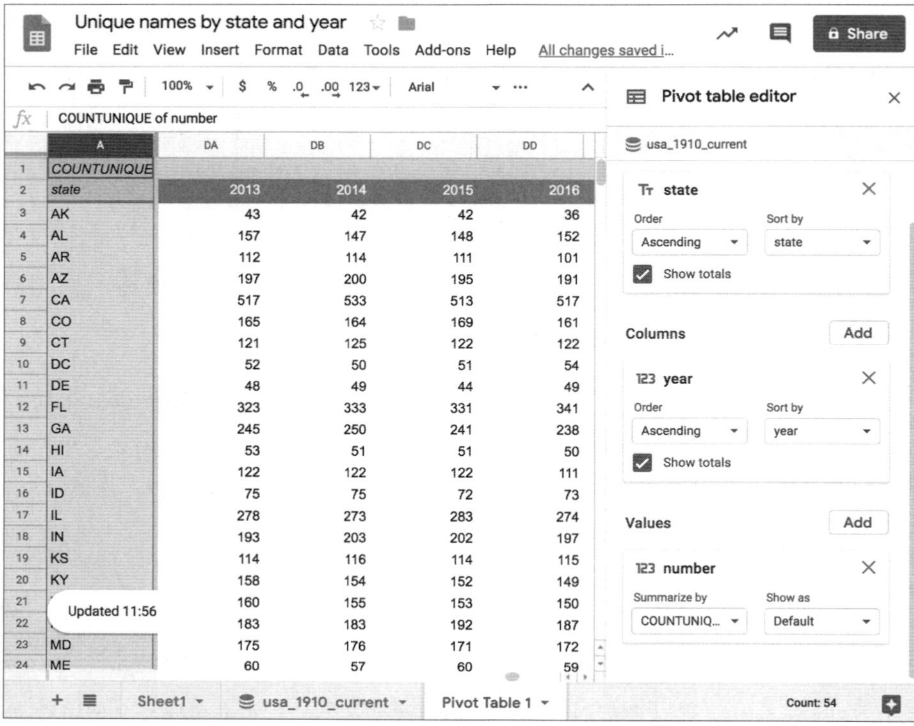


| | A | DA | DB | DC | DD |
|---|---|---|---|---|---|
| 1 | COUNTUNIQUE | | | | |
| 2 | state | 2013 | 2014 | 2015 | 2016 |
| 3 | AK | 43 | 42 | 42 | 36 |
| 4 | AL | 157 | 147 | 148 | 152 |
| 5 | AR | 112 | 114 | 111 | 101 |
| 6 | AZ | 197 | 200 | 195 | 191 |
| 7 | CA | 517 | 533 | 513 | 517 |
| 8 | CO | 165 | 164 | 169 | 161 |
| 9 | CT | 121 | 125 | 122 | 122 |
| 10 | DC | 52 | 50 | 51 | 54 |
| 11 | DE | 48 | 49 | 44 | 49 |
| 12 | FL | 323 | 333 | 331 | 341 |
| 13 | GA | 245 | 250 | 241 | 238 |
| 14 | HI | 53 | 51 | 51 | 50 |
| 15 | IA | 122 | 122 | 122 | 111 |
| 16 | ID | 75 | 75 | 72 | 73 |
| 17 | IL | 278 | 273 | 283 | 274 |
| 18 | IN | 193 | 203 | 202 | 197 |
| 19 | KS | 114 | 116 | 114 | 115 |
| 20 | KY | 158 | 154 | 152 | 149 |
| 21 | | 160 | 155 | 153 | 150 |
| 22 | | 183 | 183 | 192 | 187 |
| 23 | MD | 175 | 176 | 171 | 172 |
| 24 | ME | 60 | 57 | 60 | 59 |

그림 4-8 빅쿼리 데이터 시트에서 피벗 테이블을 생성하는 과정

그림 4-8에서 보듯이 해당 연도별로 각 주의 유일한 신생아 이름의 개수를 표시하는 테이블을 보게 될 것이다.

## 빅쿼리의 대형 데이터셋과 시트 데이터 조인하기

빅쿼리와 구글 시트는 모두 데이터의 정렬이 가능하며 표 형식의 데이터에 대한 접근을 제공한다. 빅쿼리는 분석용 데이터 웨어하우스로 주로 사용하지만, 구글 시트는 대화형 문서로 주로 사용한다. 앞에서 살펴봤듯이, 시트에 대한 친숙함과 더불어 탐색 및 차트 기능 덕분에 빅쿼리 데이터를 시트로 로드할 수 있다는 점은 굉장한 강점이다.

하지만 현실적으로 빅쿼리 데이터셋을 시트로 로드할 때는 크기에 제한이 있다. 예를 들어 빅쿼리에는 스택오버플로Stack Overflow의 모든 질문과 답변, 그리고 사용자 정보를 모두 저장할 수 있다. 심지어 빅시트BigSheets에서도 이런 페타바이트 규모의 데이터셋은 구글 시트로 직접 로드하기에는 너무 크다. 하지만 시트 안의 작은 데이터셋을 빅쿼리 안의 대용량 데이터셋과 조인하는 쿼리를 작성하는 것이 가능하다. 예제를 살펴보자.

앞에서 대학의 점수카드 데이터를 스프레드시트로 로드했다. 이 데이터가 아직 빅쿼리에는 존재하지 않는다고 가정해 보자. 이때 그림 4-9와 같이 스프레드시트를 원본으로 사용해 빅쿼리에 college_score_card_ge이라는 테이블을 생성할 수 있다.

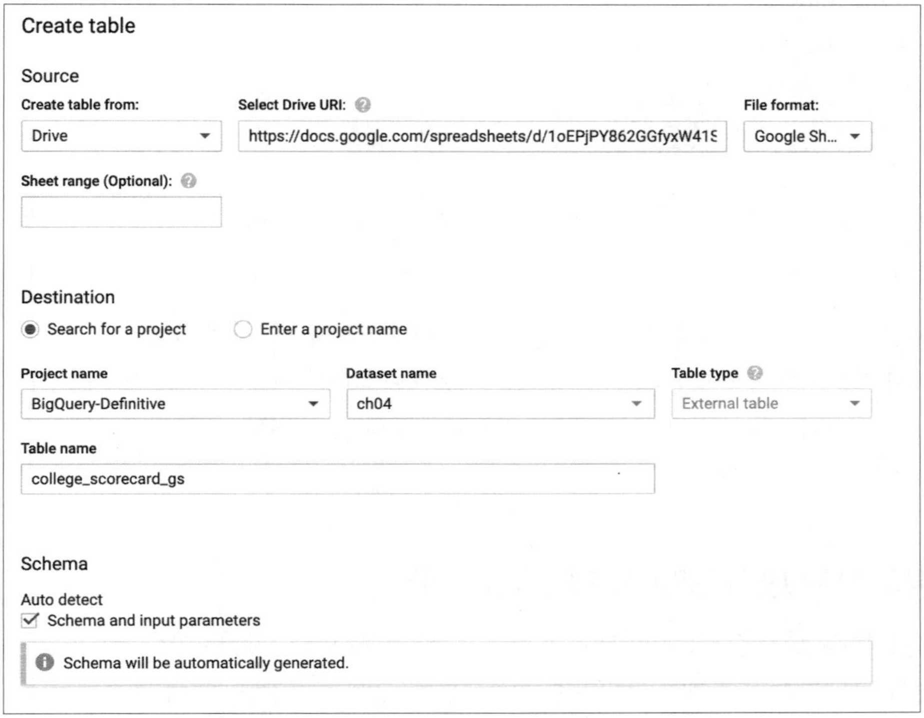


그림 4-9 구글 시트 스프레드시트를 원본으로 빅쿼리에 테이블을 생성하는 과정

이제 (7,700개의 행을 가진) 상대적으로 작은 테이블과 (1천만 개의 행을 가진) 거대한 스택오버플로 데이터를 조인해서 스택오버플로 사용자의 프로필에 많이 나오는 대학을 검색하는 쿼리를 빅쿼리에 작성할 수 있다.

**예제 4-46** 가장 많은 사용자가 다닌 대학을 조회하는 쿼리

```
SELECT INSTNM, COUNT(display_name) AS numusers
FROM 'bigquery-public-data'.stackoverflow.users, ch04.college_scorecard_gs
WHERE REGEXP_CONTAINS(about_me, INSTNM) GROUP BY INSTNM
ORDER BY numusers DESC
LIMIT 5
```

이 쿼리의 실행 결과는 다음과 같다.[21]

| 행번호 | INSTNM | numusers |
|---|---|---|
| 1 | Institute of Technology | 2364 |
| 2 | National University | 332 |
| 3 | Carnegie Mellon University | 169 |
| 4 | Stanford University | 139 |
| 5 | University of Maryland | 131 |

처음 두 행은 조금 의심이 가지만,[22] 카네기 멜론 대학과 스탠포드 대학이 사용자 프로필에 많이 나옴을 볼 수 있다.

쿼리의 결과는 구글 시트에 직접 로드해서 대화형 필터링과 차트에 활용할 수 있을 만큼 충분히 작다. 따라서 시트 데이터를 빅쿼리로부터 SQL을 이용해 쿼리하는 기능은 구글 시트에 저장된 작으면서 편집하기에 용이한 데이터셋을 빅쿼리에 저장된 대규모 기업 데이터와 조인할 때 특히 유용하다.

## 클라우드 빅테이블의 데이터에 대한 SQL 쿼리

클라우드 빅테이블은 완전한 관리형 NoSQL 데이터베이스 서비스로 페타바이트 규모까지 확장된다. 클라우드 빅테이블은 낮은 응답 지연(밀리초 단위), 높은 처리량(초당 백만 건의 작업), 고가용성을 위한 복제, 그리고 유기적인 확장성(기가바이트부터 페타바이트까지) 등이 요구되는 곳에 적합하다. 따라서 클라우드 빅테이블은 금융(거래 조정과 분석, 결제 사기 탐지 등), 사물인터넷(IoT) 애플리케이션(중앙식 저장소와 실시간 센서 데이터의 처리), 그리고 광고(실시간 입찰, 광고 배치, 행동 분석) 등에 주로 사용한다. 구글 빅테이블 자체는 GCP에서만 사용할 수 있지만 오픈소스 아파치 HBase API를 지원하므로 하이브리드 클라우드 환경에서도 워크로드를 손쉽게 마이그레이션할 수 있다.

21 이 쿼리는 정규 표현식 매칭을 770억 번 수행하므로 매우 느리다.

22 대부분 이런 행들은 National University of Singapore, National University of Ireland, Massachusetts Institute of Technology, Georgia Institute of Technology 등과 같은 여러 대학의 데이터가 합쳐진 것들이다.

## 행-키 접두어에 기반한 NoSQL 쿼리

클라우드 빅테이블은 특정한 행-키row-key, 행-키 접두어row-key prefix, 또는 접두어 범위prefix range와 일치하는 일련의 행을 검색하는 고성능 쿼리를 제공한다. 클라우드 빅데이터를 프로젝트에 프로비전해서 사용하려면 하나 또는 그 이상의 논리적 클러스터로 구성된 인스턴스를 실행해야 하며, 이 클러스터는 오로지 (저장소가 아닌) 연산용으로만 사용된다. 데이터 자체는 콜로서스Colossus에 저장되며, 노드는 그저 콜로서스의 행 범위의 위치만 알면 된다. 데이터는 클라우드 빅테이블 노드에 저장되지 않으므로 클라우드 고가의 데이터 마이그레이션 없이도 빅테이블 클러스터를 쉽게 확장하거나 축소할 수 있다.

금융 분석에서 일반적인 패턴은 시계열time-series 데이터를 실시간으로 클라우드 빅테이블에 저장하고 행-키를 기반으로 응답 지연이 낮은 쿼리의 실행을 지원하는 것이다(예를 들면 최근 10분 내의 GOOG 주식에 대한 모든 주문). 이를 활용해 최근의 활동 내역을 바탕으로 자동화된 경고 및 대응을 실행하기 위해 최신의 데이터를 필요로 하는 대시보드를 구성할 수 있다. 클라우드 빅테이블은 금융 분석 및 보고에 필요한 데이터의 범위를 빠르게 얻어오는 것도 지원한다(특정 날짜의 전체 GOOG 주식에 대한 주문). 예측 알고리즘은 클라우드 빅테이블로부터 데이터를 직접 읽고 쓸 수 있는 텐서플로TensorFlow 같은 머신러닝 프레임워크를 이용해서 누적 자료historical data(예를 들면 지난 5년간 GOOG 주식의 매도 가격에 대한 시계열 데이터)에 대한 학습이 필요하다. 이 세 가지 워크로드(실시간 경고, 보고서, 머신러닝 학습)는 동일한 데이터를 기반으로 실행될 수 있으며, 연산과 저장소의 분리로 인한 워크로드의 급증에 대비해 클러스터의 확장 또는 축소가 가능해야 한다.

앞서 언급한 세 가지 워크로드는 구글 주식의 매도 가격이 필요하다. 구글 빅테이블은 시계열 데이터의 행-키가 `GOOG#buy#20190119-090356.0322234` 같은 보안 이름과 타임스탬프 형식으로 저장되어 있다면 레코드를 효율적으로 조회할 수 있다. 그렇다면 매도 가격을 조회하는 쿼리는 지난 10분간의 데이터를 쿼리하든, 지난 5년간의 데이터를 쿼리하든, 지정된 접두어의 범위에 해당하는 모든 레코드를 요청하게 된다.

그런데 클라우드 빅테이블 데이터 전체를 분석할 때 애드혹 쿼리가 레코드의 일부만 조회하는 형태가 아니라면 어떻게 될까? 다시 말해, 쿼리가 행-키 접두어를 기반으로 데이터를 필터링하지 않는다면 어떻게 될까? 그러면 클라우드 빅테이블의 NoSQL 패러다임이 무너지므로 이럴 때는 응답 지연이 높아지기는 하지만 SQL 쿼리 기능을 제공하는 빅쿼리로 대신하는 편이 더 낫다.

## 클라우드 빅테이블 데이터에 대한 애드혹 SQL 쿼리

빅쿼리에서 구글 클라우드 스토리지에 저장된 특정 형식(CSV, 아브로 등)의 파일을 외부 데이터 원본으로 취급해 직접 쿼리할 수 있는 것처럼, 클라우드 빅테이블의 데이터도 직접 쿼리할 수 있다. 클라우드 스토리지의 데이터처럼, 클라우드 빅테이블의 데이터 역시 영구permanent 테이블 또는 임시 테이블을 이용해서 쿼리하면 된다. 영구 테이블은 테이블이 속한 데이터셋을 공유할 수 있지만, 임시 테이블은 쿼리가 실행되는 동안에만 존재하며 공유가 불가능하다.

클라우드 빅테이블 안의 테이블은 빅쿼리의 테이블로 매핑된다. 여기서는 POSpoint-of-sale 시계열 데이터를 활용한다. 이 예제를 따라하려면 이 책의 깃허브 저장소에서 setup_data.sh 파일을 내려받아 실행한다. 이 파일은 클라우드 빅테이블 인스턴스에 예제 데이터를 생성한다. 이 스크립트는 클라우드 빅데이터 인스턴스를 클러스터와 함께 생성하므로 예제를 마친 후에는 삭제한다.

예제 데이터를 생성했으면 빅쿼리 UI를 이용해 빅쿼리에 클라우드 빅테이블을 가리키는 외부 테이블을 생성한다. 이 과정은 그림 4-10과 같다. 위치는 `https://googleapis.com/bigtable/project/[PROJECT_ID]/instances/[INSTANCE_ID]/tables/[TABLE_NAME]` 형식이다. `PROJECT_ID`, `INSTANCE_ID`, `TABLE_NAME`에는 각각 클라우드 빅테이블의 프로젝트, 인스턴스, 테이블 이름을 지정하면 된다.[23]

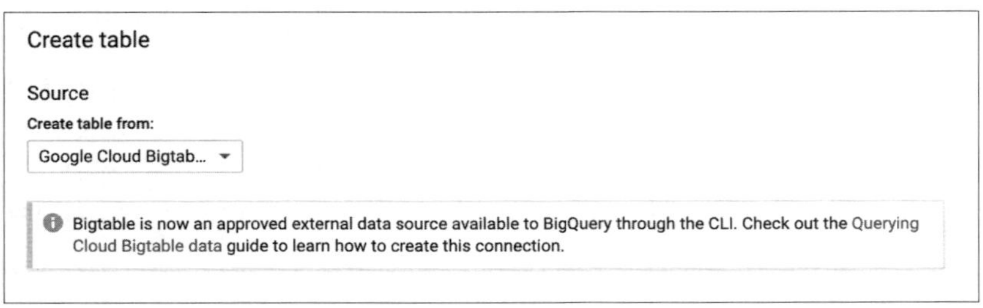


**그림 4-10** 클라우드 빅테이블의 데이터를 가리키는 외부 테이블을 빅쿼리에 생성하는 화면[24]

클라우드 빅테이블의 데이터는 레코드로 구성되며, 각 레코드는 행-키 및 해당 키에 연결된 컬럼 집합column family 형태의 데이터가 키/값 쌍의 형태로 구성된다. 여기서 키는 컬럼 집합의 이름이며, 값은 관련된 컬럼의 집합이다.

---

23 깃허브 저장소의 setup_data.sh 파일을 실행했다면 `project_id`는 유일한 프로젝트 ID로, `instance_id`는 `bqbook-instance`로, `table_name`은 `logs-table`로 지정된다.

24 이제 이 기능은 CLI로만 작업 가능하니 https://cloud.google.com/bigquery/external-data-bigtable 페이지를 참고하자. – 옮긴이

클라우드 빅테이블에서는 모든 레코드가 모든 컬럼 집합을 가질 필요가 없으며, 반드시 컬럼 집합에 정의된 컬럼이 아닌 다른 컬럼을 가져도 무방하다. 사실, 특정 컬럼의 존재 여부 역시 데이터로 간주된다. 따라서 빅쿼리는 특정 컬럼 이름을 지정하지 않고도 클라우드 빅테이블의 데이터에 연결된 테이블을 생성할 수 있다. 이렇게 하면 빅쿼리는 컬럼 집합의 값들을 컬럼의 배열로 표현하며, 각 컬럼은 각기 다른 타임스탬프를 가진 값의 배열로 표현한다.

대부분의 경우, 컬럼 이름은 사전에 알 수 있으며 이때 테이블 정의에 알려진 컬럼 이름을 제공하는 편이 낫다. 이 예제에서는 클라우드 빅테이블의 `logs-table` 테이블의 각 레코드의 스키마를 이미 알고 있다.

- 행-키는 각 트랜잭션의 타임스탬프를 함께 가진 상점 ID다.
- `sales`라는 이름의 컬럼 집합은 각 상점에서 발생한 판매 트랜잭션을 저장한다.
- `sales` 컬럼 집합에는 다음 데이터가 포함된다.
  - 아이템 ID(문자열)
  - 아이템의 판매 당시 가격(부동소수점 숫자)
  - 트랜잭션에 포함된 아이템의 개수(정수)

그림 4-10에서 알 수 있듯이, 이 정보는 테이블 정의의 Column Families 섹션에 모두 지정되어 있다.

클라우드 빅테이블은 모든 데이터를 바이트 문자열byte string로 취급하므로, 스키마(문자열, 부동소수점, 정수)는 빅쿼리에서 데이터를 쿼리할 때마다 각 값을 캐스팅할 필요가 없도록 주로 사용한다. 또한 행-키를 문자열로 취급하도록 구성한 것도 캐스팅을 하지 않기 위함이다. 빅쿼리 테이블이 생성되면 클라우드 빅테이블의 각 컬럼은 빅쿼리의 컬럼에 적절한 타입으로 매핑된다.

| sales.price | 레코드 | 널 허용 여부 | 필드 설명 |
|---|---|---|---|
| sales.price.**cell** | RECORD | NULLABLE | 필드 설명... |
| sales.price.cell.**timestamp** | TIMESTAMP | NULLABLE | 필드 설명... |
| sales.price.cell.**value** | FLOAT | NULLABLE | 필드 설명... |

빅쿼리 테이블이 생성되었으면, 이제 `itemid 12345`의 총 판매 개수를 집계하기 위한 SQL 쿼리를 다음과 같이 실행한다.

**예제 4-47** 총 판매 개수를 집계하는 쿼리

```
SELECT SUM(sales.qty.cell.value) AS num_sold
FROM ch04.logs
WHERE sales.itemid.cell.value = '12345'
```

## 성능의 향상

구글 클라우드 스토리지 데이터에 대한 쿼리는 빅쿼리 워커가 처리하지만, 클라우드 빅테이블 데이터에 대한 쿼리는 클라우드 빅테이블 클러스터가 처리한다. 따라서 두 번째 쿼리의 성능은 클라우드 빅테이블 클러스터의 용량과 쿼리가 실행되는 시점의 작업 부하에 따른 제한을 받게 된다.

다른 분석 쿼리처럼, 쿼리의 전체 속도는 읽어야 할 전체 행의 수와 읽을 데이터의 크기에 비례한다. 빅쿼리는 쿼리가 참조하는 컬럼 그룹만 읽는 방식으로 읽어야 할 전체 데이터의 크기를 최대한 줄이며, 클라우드 빅테이블은 전체 데이터셋에 행-키 접두어가 분산되어 있는 점을 활용해 데이터를 여러 노드로 분산한다.

> 클라우드 빅테이블은 행-키 접두어 범위를 이용해 데이터를 필터링하므로 데이터 갱신 주기가 높거나 응답 지연이 낮은 탐색이 필요할 때 최상의 성능을 제공한다. 자칫 행-키 제한이 없는 클라우드 빅테이블 데이터의 애드혹 탐색을 지원하면 빅쿼리도 클라우드 빅테이블의 성능을 발휘할 수 있다고 생각하기 쉽다. 하지만 이 패턴의 성능은 실망스러운 경우가 대부분이며, 실제 운영 환경에 적용하기 전에 미리 작업 부하에 대한 벤치마크를 수행하는 것이 좋다.
>
> 빅쿼리는 컬럼 순서로 데이터를 저장하므로 테이블 스캔에 최적화되어 있지만, 클라우드 빅테이블은 행 단위로 데이터를 저장하므로 작은 양의 읽기 및 쓰기에 최적화되어 있다. 클라우드 빅테이블에 저장된 외부 데이터는 빅쿼리에 내장된 컬럼 기반 스토리지 같은 장점을 제공하지 못하며, 전체 테이블 스캔보다는 행의 일부만 읽을 때보다 나은 성능을 발휘한다. 따라서 빅쿼리 통합 쿼리가 빅테이블 행-키를 필터링하게 해야 한다. 그렇게 하지 않으면 매번 클라우드 빅테이블의 테이블 전체를 읽어야 한다.

사용자가 직접 제어할 수 있는 부분은 클라우드 빅테이블 클러스터를 구성하는 노드의 개수다. 정기적으로 클라우드 빅테이블 데이터를 쿼리한다면 클라우드 빅테이블 CPU 사용량을 모니터링하면서 필요에 따라 클라우드 빅테이블 노드의 숫자를 증가시킨다.

구글 클라우드 스토리지의 통합 쿼리처럼 클라우드 빅테이블 데이터를 이용해 분석을 수행할 때는 ELT 파이프라인을 셋업하는 것도 고려하자. 즉 클라우드 빅테이블에서 통합 쿼리를 이용해 데이터를 추출한 후, 빅쿼리 테이블에 로드해서 분석과 변형을 수행하는 방법을 말한다. 이 방법은 그림 4-11과 같다. 그림에서 보듯이, 이 방법을 이용하면 클라우드 빅테이블에 운영 부하를 걸지 않고서 분석 작업 부하를 빅쿼리로 이동시켜 수행할 수 있다. 따라서 수천 개의 머신이 필요한 분석 작업을 훨씬 더 작은 규모의 클러스터에서 실행되는 빅쿼리 내부 테이블에서 수행할 수 있다. 따라서 분석 쿼리는 외부 테이블과 통합 쿼리를 사용할 때보다 훨씬 더 빨리 처리된다(행-키 접두어를 사용해야만 분석이 가능한 경우에 한한다). 물론 추출한 데이터가 클라우드 빅테이블과 빅쿼리 양쪽에 중복되어 저장된다는 단점도 있다. 하지만 스토리지가 상대적으로 저렴해서 확장과 속도라는 장점은 이를 충분히 상쇄하고도 남는다.

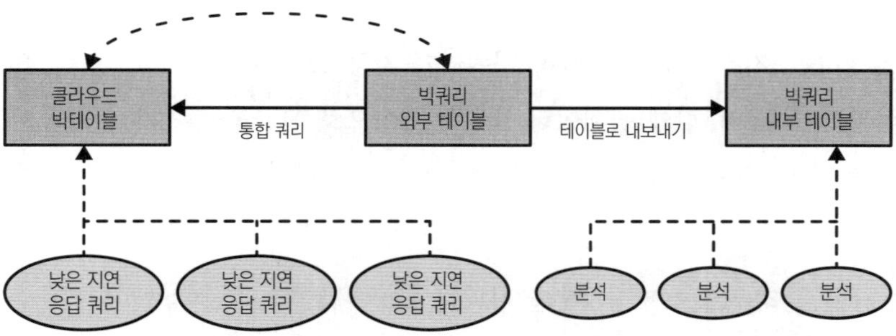


**그림 4-11** 통합 쿼리를 이용해 선택한 테이블을 빅쿼리 내부 테이블로 내보낸 후 이 테이블에서 분석 작업 부하를 처리하는 과정

이런 데이터 적재를 빅쿼리 내부 테이블에 정기적으로 실행하도록 스케줄링을 하는 것도 가능하다. 이 방법은 다음 절에서 살펴본다.

> 만일 연습 삼아 클라우드 빅테이블 인스턴스를 생성했다면 추가 비용이 발생하지 않도록 지금 당장 테이블을 삭제한다.

# 전송과 내보내기

지금까지는 데이터를 단 한 번만 로드하고 통합 쿼리를 이용해 데이터의 이동을 억제하는 방법만을 살펴봤다. 여기서는 여러 원본으로부터 정기적으로 데이터를 빅쿼리로 전송하는 턴키turn-key 서비스에 대해 알아본다.

## 데이터 전송 서비스

빅쿼리 데이터 전송 서비스는 여러 데이터 원본으로부터 반복적으로 데이터를 빅쿼리로 로드하는 작업을 예약scheduling할 수 있다. 대부분의 빅쿼리 기능과 마찬가지로, 빅쿼리 데이터 전송 서비스 역시 웹 UI, 명령줄 도구, REST API로 사용할 수 있다. 여기서는 작업을 반복적으로 수행하는 경우를 대비해 명령줄 도구를 사용하는 방법을 설명한다.

일단 데이터 전송을 설정하면, 지정된 일정에 따라 빅쿼리가 자동으로 데이터를 로드한다. 하지만 원본 데이터에 문제가 있을 때, 장애나 데이터 불일치 현상으로부터 복구를 하기 위해 데이터 채우기backfill를 실행할 수 있다. 이를 리프레싱refreshing이라고 하며 웹 UI에서 실행할 수 있다.

데이터 전송 서비스는 구글 클라우드 스토리지뿐만 아니라 구글 애드Ads, 구글 플레이, 아마존 레드시프트Redshift, 유튜브 등 다양한 종류의 서비스로서의 소프트웨어SaaS, Software as a Service 애플리케이션으로부터 데이터를 로드할 수 있다. 지금부터 유튜브 채널 보고서를 실제 예제로 사용해서 정기적으로 클라우드 스토리지의 파일을 읽어 적재하는 방법과 SaaS 데이터셋으로 데이터를 전송하는 방법 간의 차이점을 살펴보자.

### 데이터 지역성

이 장의 앞부분에서 살펴봤듯이, 빅쿼리 데이터셋은 도쿄의 `asia-northeast1` 같은 특정 리전 또는 멀티리전multiregion(예를 들면 EU 등)에 생성하며[25] 데이터셋에 데이터 전송 서비스DTS, Data Transfer Service를 설정하면 대상 빅쿼리 데이터셋과 같은 위치에서 데이터를 처리하고 적재한다.

25 빅쿼리 데이터셋 서비스 지역은 https://cloud.google.com/bigquery/docs/locations 문서를, 클라우드 스토리지 서비스 지역은 https://cloud.google.com/storage/docs/bucket-locations 문서를 참고한다.

클라우드 스토리지 버킷이 빅쿼리 데이터셋과 같은 리전에 있으면 데이터 전송에 비용이 발생하지 않는다. 하지만 데이터 전송이 리전 간(예를 들어 클라우드 스토리지 버킷과 빅쿼리 데이터셋이 다른 리전에 있는 경우)에 이루어지면 로드, 내보내기, 혹은 데이터 전송 등이 실행될 때 네트워크 비용이 발생한다.

데이터 전송을 생성하고 목적지 데이터셋에 데이터를 기록하려면 빅쿼리 웹 UI를 이용해서 빅쿼리 데이터 전송 서비스를 활성화하고 `bigquery.admin` 권한을 확보해야 한다.



## 목적지 테이블 셋업하기

데이터 전송 서비스는 새 테이블의 생성, 스키마 자동 탐지 등의 기능을 제공하지 않는다. 대신, 원하는 스키마를 가진 템플릿 테이블을 제공해야 한다. 모든 데이터를 컬럼으로 분할된column-partitioned 테이블에 기록하려면 대상 테이블 스키마를 생성할 때 `TIMESTAMP` 또는 `DATE` 타입의 컬럼을 분할에 사용할 컬럼으로 지정해야 한다. 파티션에 대한 자세한 내용은 7장에서 알아본다.

이번 예제에서는 대학 점수카드 데이터셋을 처리한다. 이 데이터셋은 US 멀티리전에 저장했으므로 다음 단계를 따라하려면 데이터셋도 US 멀티리전에 생성한다.

빅쿼리에서 다음 쿼리를 실행하자.

**예제 4-48** 데이터를 저장할 테이블을 생성하는 쿼리

```
CREATE OR REPLACE TABLE
ch04.college_scorecard_dts
AS
SELECT * FROM ch04.college_scorecard_gcs
LIMIT 0
```

이 쿼리는 DDL 구문의 예시이며, `SELECT` 쿼리(행을 읽지 않으므로 비용이 청구되지 않는다)의 결과를 토대로 `ch04` 데이터셋에 `college_scorecard-dts`라는 이름의 테이블을 생성한다.

### SQL에서 테이블 생성하기

DDL 구문을 이용하면 표준 SQL 쿼리 문법을 이용해 빅쿼리 테이블과 뷰를 생성하고 수정할 수 있다. 예를 들어 다음 쿼리는 ch04.college_scorecard_gcs 테이블에서 SAT_AVG 컬럼에 유효한 값을 가진 행들로 ch04.college_scorecard_valid_sat라는 이름의 테이블을 생성한다.

**예제 4-49** 쿼리 결과로 새 테이블을 생성하는 쿼리

```
CREATE TABLE
  ch04.collge_scorecard_valid_sat
  AS
  SELECT * FROM ch04.college_scorecard_gcs
  WHERE LENGTH(SAT_AVG) > 0
```

이때 테이블이 이미 존재하면 CREATE TABLE DDL 구문에서 에러가 발생한다. 테이블이 이미 존재할 때 선택할 수 있는 옵션으로는 CREATE OR REPLACE(기존 테이블을 대체한다)와 CREATE IF NOT EXISTS(기존 테이블을 보존한다)가 있다. SELECT 구문 대신 원하는 스키마로도 빈 테이블을 생성할 수 있다.

**예제 4-50** 스키마를 지정해 빈 테이블을 생성하는 쿼리

```
CREATE TABLE ch04.payment_transactions
(
  PAYEE STRING OPTIONS(description="수취인 ID"),
  AMOUTN NUMERIC OPTIONS(description="지불액")
)
```

DDL 쿼리를 빅쿼리 명령줄 UI에서 실행하거나 REST API를 호출하면 테이블 생성을 스크립트화하거나 프로그래밍 방식으로 처리할 수 있다.

## 전송 작업의 생성

명령줄에서 전송 작업을 생성하려면 다음 명령을 실행한다.

**예제 4-51** 데이터를 전송하는 명령

```
bq mk --transfer_config --data_source=google_cloud_storage \
  --target_dataset=ch04 --display_name ch04_college_scorecard \
  --params='{"data_path_template":"gs://bigquery-oreilly-book/college_*.csv",
  destination_table_name_template:"college_scorecard_dts", "file_format":"CSV",
  "max_bed_records":"10", "skip_leading_rows":"1", "allow_jagged_rows":"true"}'
```

이 명령에서 데이터 원본은 구글 클라우드 스토리지며(만일 유튜브 채널을 데이터 원본으로 사용한다면 데이터 원본을 youtube_channel로 지정하면 된다), 대상 데이터셋은 ch04라고 명시하고 있다. 표시 이름display name은 여러 사용자 인터페이스에서 전송 작업을 참조할 때 읽기 쉬운 이름으로 사용한다.

유튜브의 경우에서는 대상 테이블은 이름이 제대로 지정되어 있다면 가져오기가 실행되는 시점에 자동으로 분할이 이루어진다. 하지만 구글 스토리지의 경우에서는 대상 테이블 이름에 명시적으로 지정해야 한다. 예를 들어 대상 테이블 이름 템플릿을 mytable_{run_time|"%Y%m%d"}과 같이 지정하면, 테이블 이름은 mytable로 시작해야 하며 지정된 날짜 및 시간 형식 파라미터처럼 작업의 실행 시각을 덧붙여야 한다.[26] 이 형식은 mytable_{run_date}로 짧게 표현할 수 있으며 YYYYMMDD 형식의 날짜를 사용한다. 또한 시간에 오프셋offset을 지정하는 것도 가능하다. 예를 들어 다음 문자열은 런타임으로부터 45분 후의 시간으로 테이블 이름을 지정한다.

```
{run_time+45m|"%Y%m%d"}_mytable_{run_time|"%H%M%S"}
```

이렇게 하면 테이블 이름은 20180915_mytable_004500과 같은 형태로 생성된다.

파라미터는 데이터 원본마다 다르다. 구글 클라우드 스토리지로부터 파일을 전송할 때는 다음의 파라미터를 지정해야 한다.

- 입력 데이터의 경로(와일드 카드를 사용할 수 있다)
- 목적지 테이블 이름 템플릿
- 파일 형식(클라우드 스토리지의 전송 서비스는 통합 쿼리가 지원하는 모든 데이터 형식을 지원한다. 파일 형식이 CSV이면 몇 개의 헤더를 건너뛸 것인지 등 CSV 전용 옵션을 지정할 수 있다.)

유튜브 채널 데이터 전송을 위한 파라미터에는 유튜브의 page_id와 빅쿼리의 table_suffix를 지정해야 한다.

26 가능한 형식 파라미터의 옵션 목록은 빅쿼리의 날짜 및 시간 컬럼의 형식화 문서를 참고한다.

앞서 살펴봤던 bq mk 명령을 실행하면 OAuth2 절차에 따라 URL을 받게 된다. 브라우저로 이 URL에 접근해서 로그인을 하면 필요한 토큰이 전달되고 전송 작업이 생성된다.

데이터 전송 서비스는 웹 UI에서도 실행할 수 있다. 그림 4-12처럼 새 전송을 생성하면서 데이터 원본을 선택하면 된다.

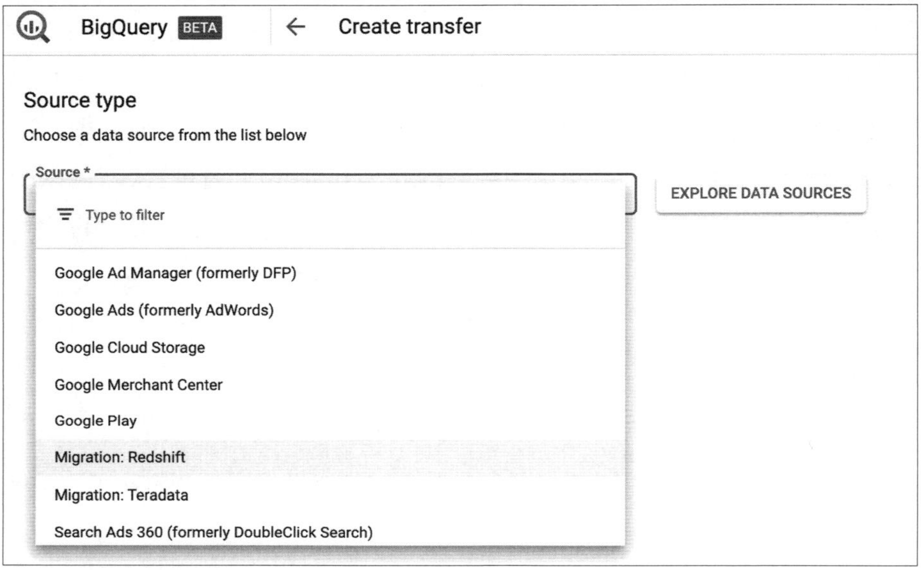


그림 4-12 웹 UI에서도 데이터 전송을 실행할 수 있다

한 가지 유의할 점은 아직 예약에 대해서는 명시하지 않았다는 점이다. 기본적으로 작업은 24시간마다 실행되며 '바로 지금'부터 실행된다. 전송 작업의 예약은 그림 4-13과 같이 빅쿼리 UI를 이용해 수정할 수 있다.

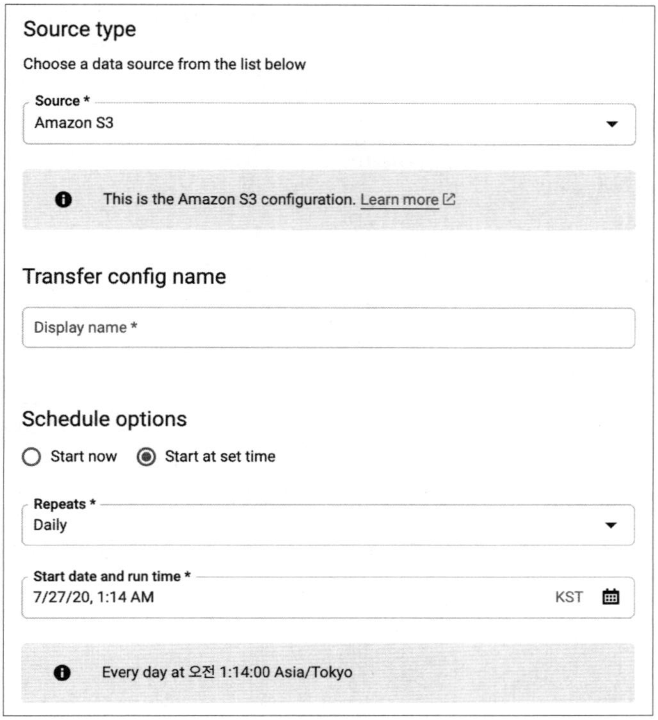


그림 4-13 웹 UI에서 전송 작업의 예약 설정을 편집하는 모습

데이터 전송 비용은 전송할 원본 데이터의 종류에 따라 달라진다. 이 책을 집필하는 현재, 유튜브 채널로부터의 데이터 전송 비용은 한달에 채널별 5달러인 반면 구글 클라우드 스토리지로부터의 데이터 전송 비용은 무료다. 하지만 데이터 전송 서비스는 클라우드 스토리지 데이터를 빅쿼리로 로드하기 위한 로드 작업을 사용하므로 빅쿼리가 로드 작업의 용량에 제한을 받게 된다(https://cloud.google.com/bigquery/quotas#load_jobs).

## 예약 쿼리

빅쿼리는 쿼리를 반복적으로 실행하고 그 결과를 빅쿼리 테이블에 저장할 수 있도록 쿼리의 예약을 지원한다. 특히 통합 쿼리를 이용해 외부 데이터 원본으로부터 데이터를 추출하고, 이를 변형한 뒤 빅쿼리에 로드할 수 있다. 예약 쿼리scheduled query는 DDL과 DML 구문을 포함하므로 SQL만으로도 완전한 워크플로우를 구현하는 것도 가능하다.

예약 쿼리를 설정하려면 그림 4-14와 같이 빅쿼리 UI에서 Schedule Query 버튼을 클릭해 대화 상자를 열면 된다.

그림 4-14 빅쿼리 사용자 인터페이스에 쿼리를 예약하는 모습

예약 쿼리는 데이터 전송 서비스를 기반으로 구현되어 있으므로 많은 기능이 유사하다. 따라서 앞에서 살펴봤던 데이터 전송 서비스와 같은 파라미터(예를 들면 run_date와 run_time 등)를 사용할 수 있다.

## 리전 간 데이터셋 복사

빅쿼리는 데이터 전송 서비스를 이용해 리전 간cross-region 데이터셋 복사에 대한 예약을 지원한다. 데이터 전송 서비스 UI에서 Source 항목에서 Dataset Copy를 선택한다. 또한 그림 4-15처럼 목적지 데이터셋에 데이터를 복사할 테이블이 저장되어 있는 데이터셋 이름을 Source dataset 항목에서 입력한다.

원본과 목적지 데이터셋이 모두 빅쿼리 데이터셋이므로, 이 작업을 시작하려면 데이터 전송을 시작할 권한, 원본 데이터셋의 테이블 목록을 볼 수 있는 권한, 원본 데이터셋을 볼 수 있는 권한, 그리고 목적지 데이터셋을 수정할 수 있는 권한 등이 필요하다.

리전 간 복사는 bq mk 명령에 데이터 원본을 cross_region_copy로 지정해서 실행할 수도 있다.

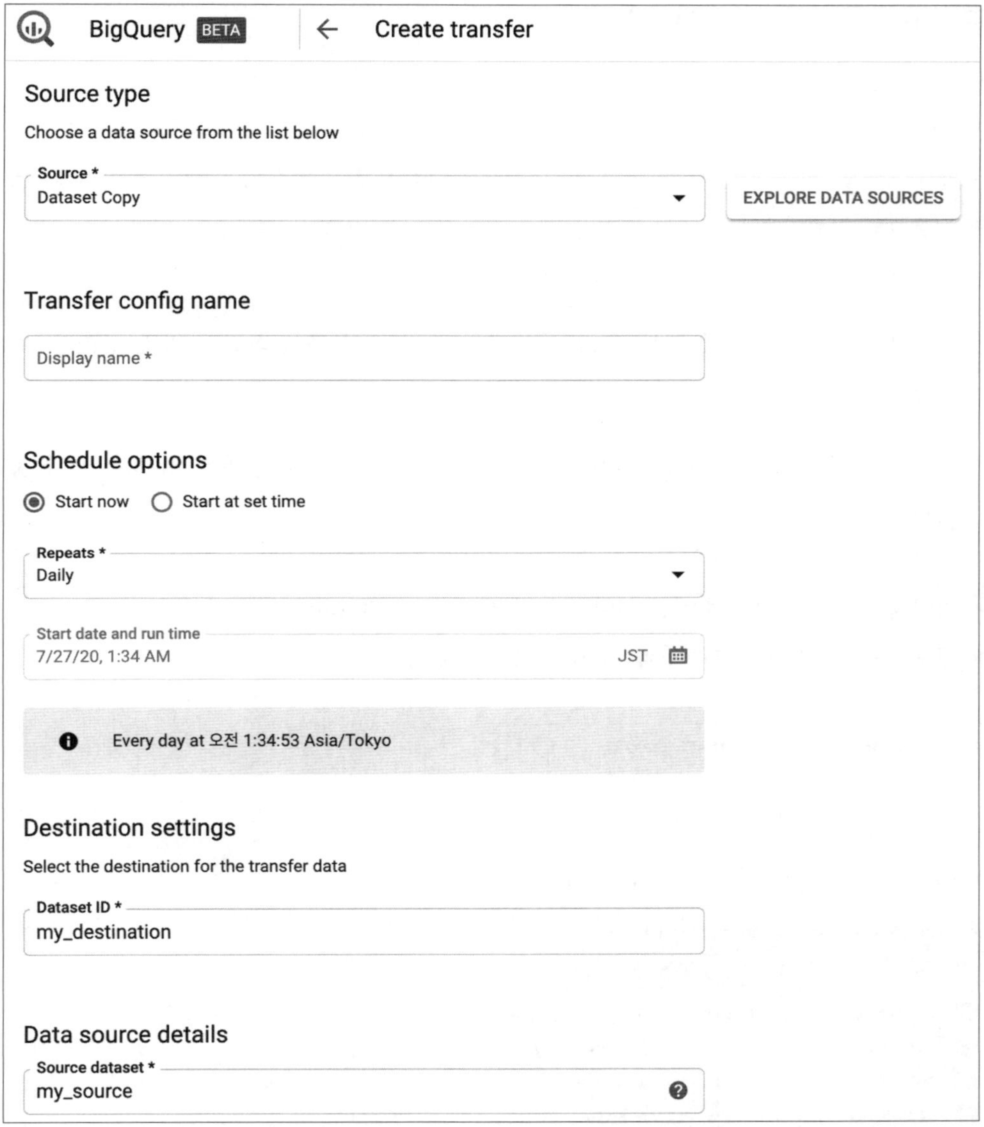


그림 4-15 데이터 전송 서비스 UI에서 원본을 'Dataset Copy'로 지정해서 리전 간 데이터셋 복사 쿼리를 예약하는 모습

## 클라우드 로깅 로그 내보내기

GCP 가상머신VM과 서비스[27]의 로그 데이터는 클라우드 로깅Cloud Logging(구 스택드라이버) 로그로 저장할 수 있고, 모니터 및 분석도 할 수 있다. 따라서 클라우드 로깅은 독자의 GCP 계정의 모든 활동 내역을 한곳에서 볼 수 있는 기능을 제공한다. 또한 클라우드 로깅과 파이어베이스Firebase 로그를 빅쿼리로 내보내는 기능은 매우 유용하다. 이 기능은 명령줄 인터페이스, REST API, 또는 그림 4-16과 같이 웹 UI에서 사용할 수 있다.

빅쿼리 서비스의 모든 로그를 내보내려면 클라우드 로깅 로그 뷰어 화면의 위에 있는 Create Export 버튼을 클릭한 후 다음의 정보를 입력해 넣으면 된다.

- 빅쿼리 전체 로그를 보려면 BigQuery와 All Logs를 선택한다. 최근 활동 내역을 볼 수 있는가?
- 싱크sink 이름을 지정한다. 아마 bg_logs일 것이다.
- 빅쿼리 로그를 내보내려 하는 것이므로 싱크 서비스를 BigQuery로 지정한다.
- 내보내고자 하는 데이터셋 ch04를 싱크 목적지로 지정한다.

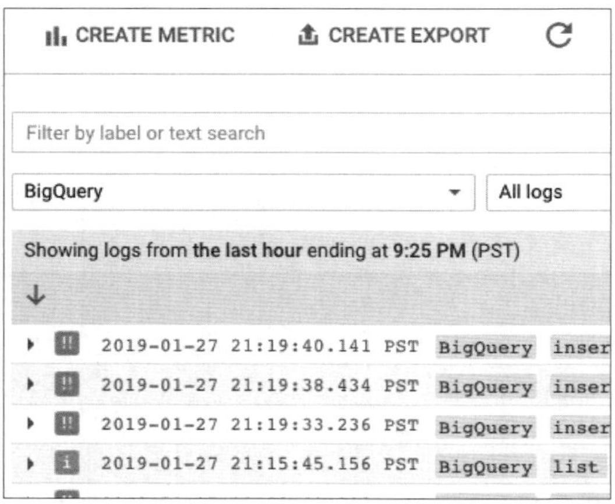


그림 4-16 예를 들어 이전 세션의 빅쿼리 적재 작업 로그를 보려면 GCP 클라우드 콘솔의 클라우드 로깅 섹션을 이용하면 된다

이제 쿼리를 실행하면 생성되는 로그를 살펴보자. 빅쿼리 UI로 가서 다음 쿼리를 실행한다.

27 아마존 웹 서비스에서 실행 중인 가상머신과 서비스도 마찬가지다.

**예제 4-52** 로그를 생성하기 위한 예제 쿼리

```
SELECT
  gender, AVG(tripduration / 60) AS avg_trip_duration
FROM
  `bigquery-public-data`.new_york_citibike.citibike_trips
GROUP BY
  gender
HAVING avg_trip_duration > 14
ORDER BY
  avg_trip_duration
```

빅쿼리 UI에서 다음 쿼리를 실행한다(필요하다면 적당한 날짜를 지정한다).

**예제 4-53** 쿼리 로그를 조회하는 쿼리

```
SELECT protopayload_auditlog.status.message FROM
ch04.cloudaudit_googleapis_com_data_access_20190128
```

이 쿼리를 실행하면 앞서 실행한 쿼리의 결과를 읽는 것과 관련된 메시지를 포함해 빅쿼리 로그 메시지의 목록을 보게 된다. 지정한 날짜에 따라 그 전에 실행한 작업의 로그도 볼 수 있다.

내보내기 기능과 관련해서 주목해야 할 점은 다음과 같다.

- 스키마와 테이블 이름은 클라우드 로깅이 결정한다. 그저 목적지 데이터셋만 지정하면 된다.
- 데이터는 거의 실시간으로 갱신된다. 일종의 스트리밍 버퍼라고 보면 된다(빅쿼리 쿼리의 지연 응답으로 데이터는 몇 초 이전의 것으로 보이기는 한다) 빅쿼리 테이블은 클라우드 로깅에 의해 실시간으로 갱신된다.

> 스트리밍 파이프라인 비용을 절감하려면 콘솔에서 클라우드 로깅 섹션으로 이동해 싱크를 삭제하면 된다.

## 클라우드 데이터플로우로 빅쿼리 데이터 읽고 쓰기

앞서 설명했듯이, 빅쿼리는 구글 시트 같은 원본에 대한 통합 쿼리를 지원한다. 게다가 데이터 전송 서비스는 구글 광고와 유튜브 같은 원본도 지원한다. 스택드라이버 로깅 같은 제품과 파이어스토어Firestore는 자신들의 데이터를 빅쿼리로 내보내는 기능을 제공한다.

그런데 내보내기도 지원하지 않고 데이터 전송 서비스도 지원하지 않는 MySQL 같은 제품을 사용 중이라면? 이때 선택할 수 있는 옵션 중 하나로 클라우드 데이터플로우가 있다. 클라우드 데이터플로우는 GCP의 완전한 관리형 서비스로, 오픈 소스 아파치 빔 API를 기반으로 구현된 데이터 파이프라인의 성능, 확장성, 가용성, 보안 및 운영 규정 준수 등 운영을 대신 처리하므로 사용자는 서버 클러스터의 관리 대신 프로그래밍에만 집중할 수 있어 데이터 파이프라인을 손쉽게 실행할 수 있다. 데이터플로우는 스트리밍(실시간) 모드는 물론 일괄(기록형historical) 모드에서도 데이터의 변형과 강화enriching가 가능하며 스트리밍과 일괄 파이프라인에서 같은 코드를 재사용할 수 있다.

### 데이터플로우 템플릿으로 MySQL에서 직접 데이터 로드하기

180쪽의 '데이터플로우 작업 작성하기' 절에서처럼 클라우드 데이터플로우 파이프라인을 직접 작성하는 것도 가능하지만, 데이터플로우 템플릿 파이프라인은 여러 가지 보편적인 수요를 충족하기 위해 깃허브에 공개되어 있다(https://github.com/GoogleCloudPlatform/DataflowTemplates). 가능한 템플릿 목록을 보면, 빅쿼리 템플릿용 JdbcJdbc to BigQuery template가 MySQL 데이터베이스에서 빅쿼리로 데이터를 전송하는 기능을 제공하고 있음을 알 수 있다.

GCP 클라우드 콘솔을 열어 클라우드 데이터플로우 섹션으로 이동해 Create job from template 항목에서 Jdbc to BigQuery를 선택한 후, 그림 4-17과 같이 양식에 MySQL의 원본 데이터베이스 테이블에 대한 정보를 입력하고 목적지 테이블로는 빅쿼리를 선택한다.

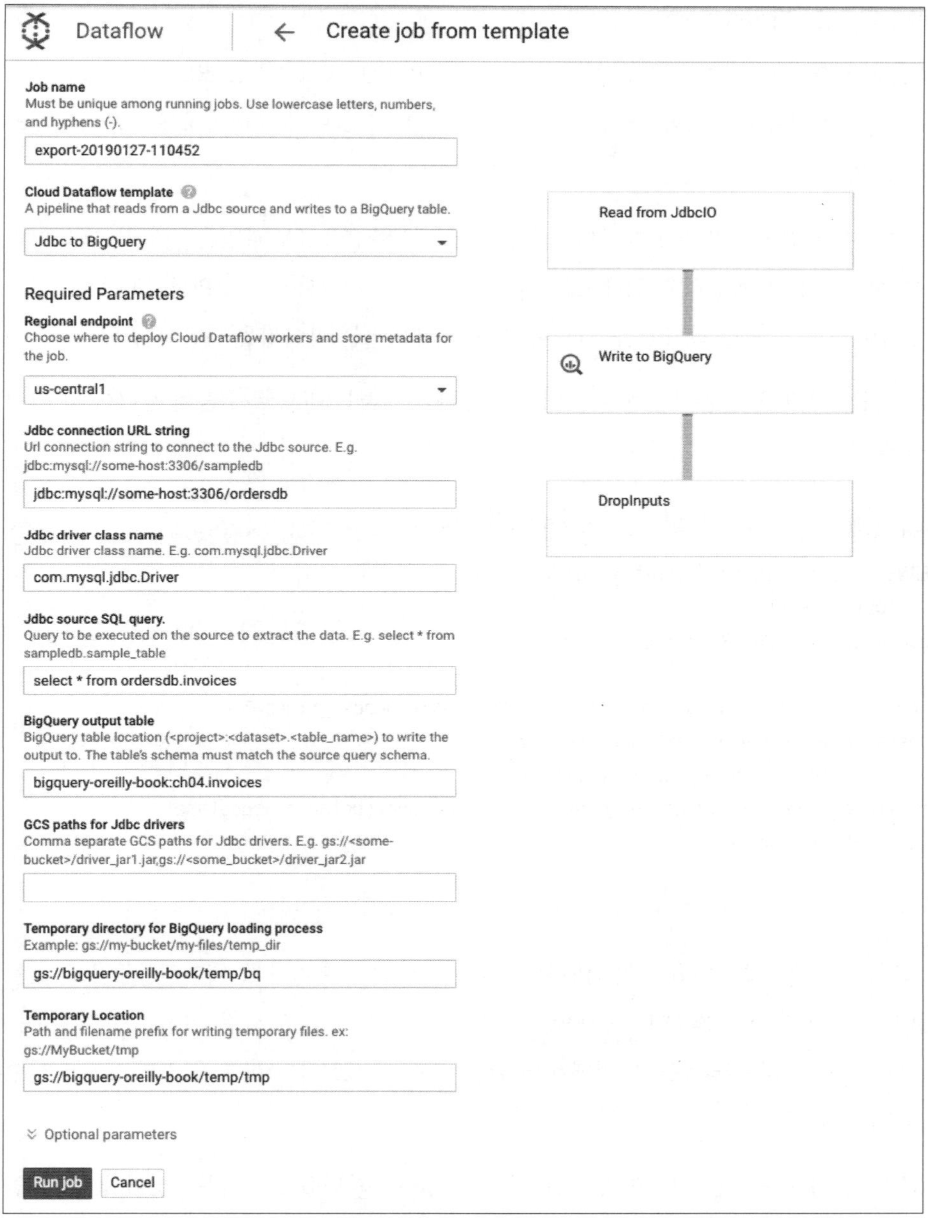


그림 4-17 MySQL에서 빅쿼리로 데이터를 전송하기 위해 템플릿에서 데이터플로우 작업을 생성하는 화면

Run Job 버튼을 클릭하면 데이터플로우 작업이 시작된다. 이 작업은 지정한 JDBC 쿼리를 실행하고 그 결과를 빅쿼리에 기록한다.

## 데이터플로우 작업 작성하기

통합 쿼리도 지원되지 않고, 데이터 전송 서비스도 없으며, 내보내기 기능도 없고, 데이터플로우 템플릿마저 없는 형식을 사용해야 할 때는 빅쿼리로 데이터를 로드하는 데이터플로우 파이프라인을 직접 작성할 수 있다.

통합 쿼리와 데이터 전송 서비스 모두 구글 클라우드 스토리지의 CSV 파일을 지원하는데, 이번 예제에서는 실제 작동을 확인하기 위해 CSV 파일을 사용한다. 아파치 빔 API를 사용하는 코드는 파이썬, 자바 또는 고[Go]로 작성할 수 있으며, 이번 예제에서는 파이썬을 사용한다.

이 코드에서 가장 중요한 부분은 입력 데이터를 추출하고 원하는 필드로 추출해 정리한 후 빅쿼리로 로드하는 부분이다.

**예제 4-54** 입력 데이터에서 빅쿼리로 데이터를 로드하는 파이썬 코드

```
INPATTERNS = 'gs://bigquery-oreilly-book/college_*.csv'
RUNNER = 'DataflowRunner'
with beam.Pipeline(RUNNER, options = opt) as p:
  (p
    | 'read' >> beam.io.ReadFromText(INPATTERNS, skip_header_lines=1)
    | 'parse_csv' >> beam.FlatMap(parse_csv)
    | 'pull_fields' >> beam.FlatMap(pull_fields)
    | 'write_bq' >> beam.io.gcp.bigquery.WriteToBigQuery(bqtable, bqdataset,
schema=get_output_schema())
    )
```

이 예제 코드는 빔 파이프라인을 생성하면서 이 파이프라인을 클라우드 데이터플로우로 실행할 것임을 명시하고 있다. RUNNER로 사용할 수 있는 또 다른 옵션은 로컬 머신에서 실행하는 DirectRunner와 GCP의 클라우드 데이터프록 같은 하둡 클러스터의 아파치 스파크에서 실행하는 SparkRunner 등이 있다.

파이프라인의 첫 번째 단계는 지정한 입력 패턴과 일치하는 파일을 모두 읽는 것이다. 이 파일은 로컬 디스크의 파일이거나 구글 클라우드 스토리지의 파일이다. 텍스트 파일의 데이터는 줄 단위로 파이프라인의 다음 단계에 전달된다. 이때 parse_csv 메서드가 각 줄마다 실행된다.

**예제 4-55** parse_csv 메서드

```
def parse_csv(line):
  try:
    values = line.split(',')
    rowdict = {}
    for column, value in zip(COLNAMES, values):
      rowdict[colname] = value
    yield rowdict
  except:
    logging.warn('Ignoring line ...')
```



parse_csv 메서드는 각 줄의 데이터를 콤마로 분리한 후 그 값을 딕셔너리dictionary로 변환한다. 이때 딕셔너리의 키는 컬럼의 이름이며, 값은 해당 셀의 값이다.

그런 다음 이 딕셔너리를 pull_fields 메서드로 전달한다. 이 메서드는 필요한 데이터(INSTNM 컬럼과 몇 가지 숫자 필드)를 추출한 후 변형한다.

**예제 4-56** pull_fields 메서드

```
def pull_fields(rowdict):
    result = {}
    # 필요한 문자열 필드
    for col in 'INSTNM'.split(','):
      if col in rowdict:
        result[col] = rowdict[col]
      else:
        logging.info('Ignoring line missing{}', col)
        return

    # 부동소수점 필드
    for col in \
    'ADM_RATE_ALL,FIRST_GEN,MD_FAMINC,SAT_AVG,MD_EARN_WNE_P10'.split(','):
      try:
        result[col] = (float) (rowdict[col])
      except:
        result[col] = None
    yield result
```

추출된 필드를 갖는 딕셔너리는 빅쿼리에 줄 단위로 전달된다. 빅쿼리 싱크(beam.io.gcp.bigquery.WriteToBigQuery)에는 테이블의 이름과 데이터셋의 이름, 그리고 다음과 같은 형식의 출력 스키마를 전달해야 한다.

```
INSTNM:string,ADM_RATE_ALL:FLOAT64,FIRST_GEN:FLOAT64,...
```

이제 필요하면 빅쿼리 테이블을 생성한 후 줄을 추가하게 된다. 이때 테이블을 비우거나truncate 대체하는 등의 다른 옵션도 활용할 수 있다.

이 파이썬 프로그램[28]을 실행하면 데이터플로우 작업이 시작되어 CSV 파일을 읽고 줄 단위로 해석한 후 필요한 필드를 추출해서 빅쿼리로 변형된 데이터를 기록한다.

이 예제는 (입력 데이터가 무한하지 않은) 일괄 파이프라인의 데이터플로우 프로그램을 작성한 것이지만, 로깅이 많은 IoT 애플리케이션에서도 같은 파이프라인을 스트리밍 모드(예를 들면 클라우드 펍/섭 등)에서 수신한 레코드를 파싱, 변형, 그리고 기록하기 위해 사용할 수 있다. 이처럼 데이터플로우는 바로바로 데이터를 변형해 빅쿼리로 로드하는 방법을 제공한다.

데이터플로우는 일괄 모드든 스트리밍 모드든 빅쿼리로 데이터를 로드할 때 스트리밍 인서트streaming insert를 사용한다. 스트리밍 인서트는 데이터를 시간 순서로 스트리밍 버퍼에 전달하며 데이터가 기록되고 있는 중에도 쿼리가 가능하다. 하지만 빅쿼리 로드 작업과 달리 스트리밍 인서트는 무료가 아니다. 빅쿼리로 데이터를 로드하는 것은 무료일 때도 있지만, 성능상의 이유로 실행할 수 있는 로드 작업의 수에는 제한이 있다. 스트리밍 인서트를 사용하면 쿼리의 성능 손실 없이도 이러한 제한과 할당량을 피해갈 수 있다.

### 스트리밍 API를 직접 사용하기

클라우드 데이터플로우에서 아파치 빔을 이용해 스트리밍 모드에서 데이터를 추출하고 변형해서 빅쿼리로 로드하는 방법을 살펴봤지만, 아파치 빔이 빅쿼리에 데이터를 기록할 수 있는 유일한 데이터 처리 프레임워크는 아니다. 팀이 아파치 스파크를 잘 다룬다면 스파크에 ETL 파이프라인을 작성하고 (GCP의 클라우드 데이터프록 같은) 하둡 클러스터에서 실행하는 것도 데이터플로우를 대체할 수 있는 좋은 방법이다. 다양한 언어를 지원하는 클라이언트 라이브러리가 존재하며 빅쿼리가 스트리밍 API를 지원하는 덕분에 가능한 일이다.

28 이 책의 깃허브 저장소에서 ch04/dataflow.ipynb 파일을 살펴보기 바란다.

클라이언트 라이브러리와 스트리밍에 대한 좀 더 자세한 내용은 5장에서 다루겠지만, 다음 코드는 파이썬에서 클라이언트와 스트리밍 API를 이용해 데이터를 로드하는 방법을 보여주고 있다.

**예제 4-57** 데이터를 로드하는 파이썬 코드

```
# 튜플의 배열을 생성하고 데이터가 사용 가능해지면 삽입한다
rows_to_insert = [
  (u'U. Puerto Rico', 0.18,0.46,23000,1134,32000),
  (u'Guam U.', 0.43,0.21,28000,1234,33000)
]
errors = client.insert_rows(table, rows_to_insert) # API를 호출한다
```

이 코드는 새 데이터가 사용 가능해지면 빅쿼리 클라이언트의 `insert_rows()` 메서드를 호출하며, 이 메서드는 REST API의 `tabledata.insertAll` 메서드를 호출한다. 데이터는 빅쿼리의 스트리밍 버퍼에 저장되며 최대 90분이 지나야 내보내기가 가능하지만, 쿼리는 그 즉시 가능하다.

## 온프레미스 데이터의 이동

1장에서 빅쿼리의 핵심 요소 중 하나로, 초당 페타비트 대역폭을 가진 네트워크에 컴퓨트와 스토리지가 분리되어 있다는 점을 꼽았다. 빅쿼리는 구글 클라우드 방화벽으로 보호되며 같은 데이터센터에 있는 데이터셋과 작동할 때 가장 잘 작동한다. 빅쿼리가 공용 인터넷 등 느린 네트워크 연결을 통해 데이터를 읽을 때는 원하는 성능을 발휘하지 못하기도 한다. 따라서 빅쿼리가 제대로 작동하려면 기본적으로 모든 데이터가 클라우드에 있어야 한다.

빅쿼리는 고가용의 분석 플랫폼이며 실시간 트랜잭션용으로 사용하는 경우가 아니라면 구조화된 데이터를 저장하도록 권장하는 플랫폼이다. 따라서 데이터 분석에 사용할 구조화된 데이터를 모두 빅쿼리에 저장한다면 온프레미스의 데이터를 어떻게 빅쿼리로 옮길 수 있을까?

### 데이터 마이그레이션 방법

구글 클라우드에 빠르게 연결할 수 있는 좋은 네트워크를 갖췄다면 `bq load` 명령을 이용해 빅쿼리로 데이터를 로드하면 된다. 이 장에서도 설명했지만 구글 클라우드 스토리지에서 데이터를 로드하는 것이 가장 좋다. 온프레미스에서 클라우드 스토리지로 데이터를 복사할 때는 `gsutil` 명령줄 도구를 사용하면 된다.

많은 파일, 특히 큰 크기의 파일을 구글 클라우드 스토리지로 복사할 때는 -m 옵션을 이용해 멀티스레딩을 활용한다. 멀티스레딩을 이용하면 gsutil 도구가 파일을 병렬로 복사한다.

**예제 4-58 여러 파일을 병렬로 복사하는 명령**

```
gsutil -m cp /some/dir/myfiles*.csv gs://bucket/some/dir
```

데이터는 계속해서 수집하는 경향이 있으므로, 데이터의 이동은 단순히 한 번만 수행하는 작업이 아니라 계속 반복되는 작업이다. 이런 시나리오를 처리하기 위한 방법 중 하나는 클라우드 스토리지에 새 파일을 올릴 때마다 bq load 명령을 자동으로 실행하는 클라우드 펑션을 작성하는 것이다.[29] 파일 업로드의 빈도가 잦아지면(그리고 파일의 크기가 작아지면) 클라우드 스토리지에 저장하는 것보다는 클라우드 펍/섭[30]을 이용하면 유입되는 데이터를 클라우드 데이터플로우 파이프라인이 처리할 메시지처럼 취급해서 빅쿼리에 직접 스트리밍할 수 있다.

이 세 가지(gsutil, 클라우드 펑션, 클라우드 데이터플로우) 방법은 표 4-2의 처음 세 줄에 표시되어 있으며 네트워크 연결 상태가 좋아야 한다.

표 4-2 상황에 따른 마이그레이션 방법

| 마이그레이션 데이터의 특성 | 권장하는 마이그레이션 방법 |
|---|---|
| 파일 크기가 상대적으로 작을 때 | gsutil cp -m<br>bq load |
| 파일을 간헐적(예: 하루 한 번)으로 빅쿼리에 로드할 때 | gsutil cp<br>클라우드 펑션으로 bq load를 실행함. |
| 스트리밍 메시지를 빅쿼리로 로드할 때 | 데이터를 클라우드 펍/섭으로 보내고 클라우드 데이터플로우를 이용해 빅쿼리로 스트리밍함.<br>대부분의 경우 파이썬, 자바, 고 등으로 파이프라인을 구현해야 한다. 아니면 클라이언트 라이브러리에서 스트리밍 API를 활용해도 된다. 자세한 내용은 5장을 참고함. |
| 하이브 파티션을 다룰 때 | 하이브 작업 부하를 클라우드 데이터프록으로 마이그레이션하고 하이브 파티션을 외부 테이블처럼 쿼리함. |
| 페타바이트 크기의 데이터를 다루거나 네트워크 상태가 좋지 않을 때 | 장비를 이전함.<br>bq load |
| 리전 간 또는 다른 클라우드에서 데이터를 마이그레이션할 때 | 클라우드 스토리지 전송 서비스 |
| MySQL 덤프로부터 로드할 때 | 오픈 소스 데이터플로우 템플릿을 설정하고 실행함. |

(이어짐)

29 프로그래밍적으로 실행하는 방법은 5장에서 알아본다.

30 메시지 버스(message bus) 서비스로, 자세한 내용은 https://cloud.google.com/pubsub/을 참고한다.

| 마이그레이션 데이터의 특성 | 권장하는 마이그레이션 방법 |
|---|---|
| 구글 클라우드 스토리지, 구글 광고, 구글 플레이, 아마존 레드쉬프트 등으로부터 빅쿼리로 이전할 때 | 빅쿼리 데이터 전송 서비스.<br>빅쿼리에 셋업하며, 모든 데이터 전송 서비스 기능은 유사하게 작동함. |
| 아마존 레드시프트(Redshift)나 테라데이터(Teradata) 등의 데이터 웨어하우스로부터의 마이그레이션 | 빅쿼리 데이터 전송 서비스(BigQuery Data Transfer Service)는 데이터와 스키마를 마이그레이션한다. 원본 데이터 웨어하우스의 종류에 따라 원본 데이터 웨어하우스의 마이그레이션 에이전트를 사용하기도 하며 일회성 및 증분(incremental) 전송을 모두 지원할 수도 있다. |
| 스택드라이버 로깅, 파이어스토어 등 | 이 도구는 빅쿼리로 내보내기 기능을 제공하며, 이 기능을 다른 도구(스택드라이버, 파이어스토어 등)에 설정함 |

작은 크기의 데이터셋 몇 개를 `gsutil`을 이용해서 데이터 마이그레이션을 할 때는 데이터를 클라우드 스토리지로 먼저 옮긴 후 `bq load`를 실행하는 것이 쉽지만, 데이터셋의 개수가 많거나 크기가 크면 이렇게 하기가 어려워진다. 데이터의 크기가 커질 수록 에러가 발생할 확률도 높아진다. 그러므로 대용량 데이터셋을 마이그레이션할 때는 상세한 부분에 특히 주의를 기울여야 한다. 예컨대 데이터를 캡처하고 적재할 때 데이터의 체크섬checksum을 검사하거나, 방화벽이 데이터 전송을 막거나 패킷을 제거하지 않도록 하거나, 민감한 데이터의 누수를 막고 데이터를 암호화해서 마이그레이션이 진행되는 동안이나 진행이 끝난 후 유실로부터 보호해야 한다.

`gsutil` 도구를 사용하는 방법의 또 다른 문제는 기업에서 데이터 전송을 위한 전용 대역폭을 제공할 수 없는 경우가 많다는 점이다. 전용 대역폭은 가격이 비싸서 기업 네트워크로 데이터를 옮겨오는 규칙적인 작업을 방해할 수 있기 때문이다.

데이터의 크기나 네트워크의 제한 때문에 구글 클라우드로 데이터를 복사할 수 없을 때는 트랜스퍼 어플라이언스Transfer Appliance의 사용을 고려해 보자. 랙에 장착이 가능한 고용량 스토리지 서버는 배송이 가능하므로 이 장비에 데이터를 채워서 다시 구글 클라우드나 인증된 파트너로 배송하면 된다. 트랜스퍼 어플라이언스는 네트워크가 데이터 전송을 수용할 수 없는 (수백 테라바이트에서 페타바이트 크기의) 대용량 데이터를 전송할 때 특히 유용하다.

만일 데이터를 온프레미스가 아닌 다른 공개 클라우드(아마존 웹 서비스의 단순 스토리지 서비스S3, Simple Storage Service 버킷 등)에 저장되어 있다면, 클라우드 스토리지 전송 서비스를 이용해 데이터를 마이그레이션할 수 있다. 예컨대, 애플리케이션을 아마존 웹 서비스에서 운영하고 있지만 그 로그 데이터를 빅쿼리를 이용해 분석하고자 하는 경우다. 클라우드 스토리지 전송 서비스는 구글 클라우드 상의 리전 간 대용량 데이터 전송에도 적합하다.

빅쿼리 데이터 전송 서비스를 이용하면 유튜브, 구글 애즈Ads 같은 구글의 자산으로부터 빅쿼리로 데이터를 로드하는 과정을 자동화할 수 있다. 스택드라이버 로깅과 파이어스토어 등의 도구도 빅쿼리로 데이터를 내보내는 기능을 제공한다.

빅쿼리 데이터 전송 서비스는 아마존 레드시프트와 테라데이터 등의 데이터 웨어하우스 제품으로부터 데이터와 스키마를 자동으로 마이그레이션하는 기능도 제공한다. 테라데이터의 경우 온프레미스의 마이그레이션 에이전트가 로컬 데이터 웨어하우스에 연결해 빅쿼리로 데이터를 복사하는 형태다. 또한 일회성 및 증분 전송을 모두 지원하며 파티션 단위 추출도 지원한다. 이 책을 집필하는 현재, 데이터와 스키마 마이그레이션만 지원한다. 자동 SQL 변환과 데이터 웨어하우스 시각화를 지원하는 파트너 도구가 있긴 하지만 ETL 파이프라인과 저장 프로시저stored procedure의 마이그레이션은 지원하지 않는다.

데이터 마이그레이션을 직접 실행할 수도 있겠지만, 이런 마이그레이션은 대부분 단 한 번 수행하는 작업인 경우가 많으므로 소속 기업의 IT 부서가 충분히 경험하지 못한 경우가 많다. 따라서 데이터 마이그레이션은 GCP 인증 파트너[31]를 사용하는 것이 좋다.

## 정리

bq 명령줄 도구는 GCP의 빅쿼리 서비스를 다루기 위한 단일 진입점single point of entry를 제공한다. 일단 데이터를 구글 클라우드 스토리지로 옮기면 `bq load` 유틸리티를 이용해 데이터를 로드한다. 이 도구는 스키마 자동 탐지를 지원하지만 직접 스키마를 지정하는 것도 가능하다. 로드 작업이 CPU 위주인지 I/O 위주인지에 따라 데이터를 압축하거나 또는 압축하지 않는 방식을 선택한다.

로드한 데이터를 그대로 두고 데이터의 구조를 명시해서 빅쿼리를 쿼리 엔진처럼 사용하는 것도 가능하다. 이를 외부 데이터셋이라고 하며, 외부 데이터셋에 대한 쿼리를 통합 쿼리라고 한다. 통합 쿼리는 실험 목적 또는 데이터를 주로 외부 형식(클라우드 빅테이블의 낮은 지연 응답 쿼리나 시트의 대화형 작업 등)으로 사용하는 경우에 적합하다. 외부 쿼리(EXTERNAL_QUERY)는 데이터를 이동하지 않고도 MySQL과 Postgres 데이터베이스에 실시간 조인을 수행하는 기능을 제공

31 자세한 내용은 https://cloud.google.com/bigquery/providers/ 문서를 참고한다. 이 책을 집필하는 시점에 GCP는 클라우드 마이그레이션 서비스를 제공하는 알루마(Alooma)를 인수할 것이라 발표했다. 자세한 내용은 https://cloud.google.com/blog/topics/inside-google-cloud/google-announces-intent-to-acquire-alooma-to-simplify-cloud-migration 문서를 참고한다.

한다. 용량이 크고, 상대적으로 안정적이며, 이해도가 높은 데이터셋은 정기적으로 갱신되며 빈번하게 쿼리가 실행되므로, 빅쿼리 네이티브 스토리지가 좀 더 나은 선택이다. 통합 쿼리는 아직 이해도가 낮은 데이터에 대한 ELT 워크플로우에 특히 유용하다.

또한 다양한 플랫폼으로부터 빅쿼리로 데이터 전송을 예약할 수도 있다. 다른 도구도 빅쿼리로 데이터를 내보내는 메커니즘을 지원한다. 데이터를 정기적으로 로드한다면 클라우드 펑션의 사용을 고려하자. 지속적인 스트리밍 로드는 클라우드 데이터플로우를 활용하면 된다. 또한 테이블에 데이터를 로드하는 쿼리(통합 쿼리 포함)를 정기적으로 실행하도록 예약하는 것도 가능하다.

# 5장

# 빅쿼리를 활용한 개발

지금까지 빅쿼리 웹 UI와 bq 명령줄 도구를 이용해 빅쿼리를 사용했다. 이 장에서는 프로그래밍 방식으로 서비스를 활용하는 방법을 알아본다. 이 장의 내용은 빅쿼리를 사용하는 부분을 스크립트로 구현하거나 자동화된 태스크task로 구현할 때 유용하다. 또한 빅쿼리가 여러 가지 선택지 중 하나일 뿐인 애플리케이션, 대시보드, 과학용 그래프, 그리고 머신러닝 모델 등을 구현하기 위해서는 기본적으로 프로그래밍 방식으로 빅쿼리에 접근할 수 있어야 한다.

먼저 프로그래밍 방식으로 쿼리를 실행하고 빅쿼리 테이블과 자원을 조작할 수 있는 빅쿼리 클라이언트 라이브러리를 살펴본다. 라이브러리의 저수준 API를 활용하면 빅쿼리를 프로그래밍 방식으로 활용할 수 있지만, 특정 환경(주피터 노트북과 셸 스크립트)을 위한 사용자 재정의 기능customization과 고수준의 추상화abstraction에 대해서도 알고 싶을 것이다. 이 장의 뒷부분에서 다룰 사용자 재정의 기능은 사용이 쉬우며 에러 상황을 적절히 처리해서 기본적으로 작성해야 하는boilerplate 코드의 상당 부분을 줄일 수 있다.

## 프로그래밍 방식을 활용한 개발

프로그래밍 방식으로 빅쿼리를 활용하기 위해서는 각자가 선호하는 프로그래밍 언어로 구글 클라우드 클라이언트 라이브러리를 사용하는 것이 좋다. REST API는 빅쿼리 서비스에 요청을 보낼 때 어떤 작업이 수행되는지를 이해하는 데 도움은 되지만, 빅쿼리 클라이언트 라이브러리가 더욱더 실용적이다. 그러므로 REST API 관련 내용은 가볍게 훑어보기로 한다.

## REST API 활용하기

빅쿼리는 다른 구글 클라우드 서비스처럼 전통적인 JSON/REST 인터페이스(https://cloud.google.com/bigquery/docs/reference/rest/v2/)를 제공하므로 직접 HTTP 요청을 보내서 빅쿼리 서비스에서 쿼리를 실행할 수 있다. JSON/REST는 분산 시스템을 디자인하기 위한 아키텍처 스타일로, 각 요청은 상태가 없어야stateless 한다(즉 서버가 세션 상태나 컨텍스트를 갖지 않아야 한다). 대신, 각 요청이 필요한 모든 정보를 갖추어야 하며, 요청과 응답 객체는 모두 JSON이라는 자기 기술적self-describing 텍스트 형식이어야 한다. HTTP는 상태가 없는 프로토콜이므로 REST 서비스는 웹을 통해 서비스하기에 특히 적합하다. JSON은 자바스크립트와 파이썬 같은 언어의 인메모리in-memory 객체에 직접 매핑된다.

REST API는 API가 참조하는 객체를 마치 컬렉션 내의 정적 파일처럼 보이게 하며 HTTP 동사verb를 이용해 생성, 읽기, 갱신, 삭제CRUD, Create, Read, Update, Delete 작업을 표현한다. 예를 들어 빅쿼리에 테이블을 생성하려면 `POST`를, 테이블을 조회하려면 `GET`을, 테이블 갱신에는 `PATCH`[1]를, 그리고 삭제에는 `DELETE` 동사를 사용하는 식이다. `Query` 등의 메서드는 CRUD 작업과 정확히 매핑되지 않으며 원격 프로시저 호출RPC, Remote Procedure Call 스타일 메서드라고 부르기도 한다.

모든 빅쿼리 URI는 https://www.googleapis.com/bigquery/v2로 시작한다. HTTP가 아닌 HTTPS를 사용하고 있으므로 모든 요청은 암호화된다. URI의 v2 부분은 버전을 의미한다. 일부 구글 API는 버전 번호가 자주 변경되기도 하지만, 빅쿼리는 최근 수년간 v2에 머물러 있으며 향후에도 계속 그럴 것으로 보인다.[2]

### 데이터셋 조작

REST 인터페이스는 특정 URL에 HTTP 요청을 보낸다. 실행할 작업은 HTTP 요청 메서드(`GET`, `POST`, `PUT`, `PATCH`, `DELETE` 등)와 URL의 조합으로 표현한다. 예를 들어 데이터셋을 삭제할 때 클라이언트는 다음과 같은 URL에 HTTP `DELETE` 요청을 보낸다(삭제할 데이터셋의 ID와 그 데이터셋이 생성된 프로젝트의 ID로 각각 대체해야 한다).

```
.../projects/<PROJECT>/datasets/<DATASET>
```

1 통상 이미 존재하는 데이터의 갱신에는 PUT을 많이 사용한다. PUT은 테이블 전체를 갱신하는 반면, PATCH는 부분적으로 갱신할 때 유용하다. – 옮긴이

2 다른 API, 특히 gRPC 같은 REST가 아닌 API는 별도의 API 접두어를 갖는다.

여기서 '...'는 https://www.googleapis.com/bigquery/v2를 의미한다. 모든 빅쿼리 REST URL은 이 경로로부터의 상대 경로다.

> 웹브라우저의 주소표시줄에 URL을 직접 입력하면 브라우저는 해당 URL에 대한 HTTP **GET** 요청을 보낸다. HTTP **DELETE** 요청을 보내려면 HTTP 메서드를 명시하는 기능을 제공하는 클라이언트가 필요하다. `curl`은 이런 옵션을 제공하는 클라이언트 중 하나이며, 잠시 후에 사용법을 살펴보기로 한다.



그림 5-1에서 보듯이, 빅쿼리 REST API 문서(https://cloud.google.com/bigquery/docs/reference/rest/v2/)는 HTTP 요청에 대한 상세 정보를 제공하며 **DELETE** 요청을 보내야 한다는 사실도 명시되어 있다.

## Datasets

For Datasets Resource details, see the resource representation page.

| Method | HTTP request | Description |
|---|---|---|
| URIs relative to https://www.googleapis.com/bigquery/v2, unless otherwise noted | | |
| delete | DELETE `/projects/projectId/datasets/datasetId` | Deletes the dataset specified by the datasetId value. Before you can delete a dataset, you must delete all its tables, either manually or by specifying deleteContents. Immediately after deletion, you can create another dataset with the same name. |
| get | GET `/projects/projectId/datasets/datasetId` | Returns the dataset specified by datasetID. |
| insert | POST `/projects/projectId/datasets` | Creates a new empty dataset. |
| list | GET `/projects/projectId/datasets` | Lists all datasets in the specified project to which you have been granted the READER dataset role. |

그림 5-1 빅쿼리 REST API는 /projects/〈projectId〉/datasets/〈datasetId〉 URL에 HTTP DELETE 요청을 보낼 때 해당 데이터셋이 비어 있으면 삭제됨을 명시하고 있다

### 테이블 조작

마찬가지로 테이블을 삭제하려면 다음 URL에 HTTP DELETE 요청을 보내면 된다.

```
.../projects/<PROJECT>/datasets/<DATASET>/tables/<TABLE>
```

지금까지 살펴본 두 요청 모두 HTTP DELETE 메서드를 사용하지만, URL이 작동을 구분하고 있음을 알 수 있다. 물론 누구나 해당 URL에 요청을 보내서 데이터셋이나 테이블을 삭제할 수 있는 것은 아니다. 이 요청은 접근 토큰access token이 포함된 경우에만 작동하며, 접근 토큰(잠시 후에 설명한다)은 빅쿼리 또는 클라우드 플랫폼에 적절한 권한을 가진 사용자를 표현한다.[3]

한편 다른 HTTP 메서드를 사용하는 예를 들자면, 다음과 같이 HTTP GET 요청을 보내서 데이터셋의 모든 테이블 목록을 볼 수 있다.

```
.../projects/<PROJECT>/datasets/<DATASET>/tables
```

데이터셋 안의 테이블 목록을 보려면 읽기 전용 범위에 대한 접근 권한이 필요하며 빅쿼리에 대한 전체 접근(테이블 삭제 같은) 권한은 필요하지 않다. 물론 더 큰 범위(가령 빅쿼리 전체 범위)가 더 낮은 수준의 권한을 제공하는 경우도 있다.

유닉스 셸에서 다음 명령을 실행해도 된다.[4]

**예제 5-1** 데이터셋의 테이블 목록을 확인하는 명령

```
#!/bin/bash
PROJECT=$(gcloud config get-value project)
access_token=$(gcloud auth application-default print-access-token)
curl -H "Authorization: Bearer $access_token" \
  -H "Content-Type: application/json" \
  -X GET "https://www.googleapis.com/bigquery/v2/projects/$PROJECT/datasets/ch04/
tables"
```

3 특히 https://www.googleapis.com/auth/bigquery 또는 https://www.googleapis.com/auth/cloud-platform에 접근이 허용되어야 한다.

4 이 코드는 깃허브 저장소의 ch05/rest_list.sh 파일에 저장되어 있다. 이 파일은 (클라우드 셸처럼) 클라우드 SDK와 curl이 설치되어 있는 곳이라면 어디서든 실행할 수 있다. 아직 5장을 위한 데이터셋을 생성하지 않은 시점이므로 이 코드는 4장에서 데이터를 로드했던 데이터셋(ch04)를 사용하고 있다.

접근 토큰은 애플리케이션의 기본 자격 증명credential을 가져오기 위한 방법이다. 이 자격 증명은 구글 클라우드 소프트웨어 개발 키트SDK, Software Development Kit에 로그인할 목적으로 제공되는 임시 자격 증명이다. 접근 토큰은 HTTP 요청의 헤더에 위치하며, 데이터셋 ch04의 테이블 목록을 보고 싶으므로 curl 명령을 이용해 해당 URL에 GET 요청을 보낸다.

```
.../projects/$PROJECT/datasets/ch04/tables
```



### REST API 대신 SQL 사용하기

이 장에서는 클라이언트 API를 이용해 빅쿼리에 프로그래밍 방식으로 접근하는 방법을 알아보고 있다. 하지만 필요한 정보를 조회하는 데 SQL 쿼리를 사용하는 것이 더 낫지 않은지는 생각해 보기 바란다. 예컨대 CREATE TABLE과 DROP TABLE 구문으로 테이블을 생성하거나 삭제할 수도 있다. SQL을 사용하면 프로그래밍이나 스크립트 도구를 도입하지 않고 데이터를 조회하거나 분석하는 데 사용하던 익숙한 도구를 그대로 사용할 수 있는 장점도 있다.

4장에서 사용했던 데이터셋 안의 테이블 목록을 보려면 다음과 같이 INFORMATION_SCHEMA 뷰를 쿼리하면 된다.

**예제 5-2** 데이터셋의 테이블 목록을 조회하는 쿼리

```
SELECT
  table_name, creation_time
FROM
  ch04.INFORMATION_SCHEMA.TABLES
```

INFORMATION_SCHEMA 뷰와 클라이언트 API 대신 SQL을 사용하는 방법은 8장에서 자세히 알아본다. 표 5-1은 클라이언트 API와 SQL과의 매핑을 보여주고 있다.

표 5-1 클라이언트 API 기능과 SQL의 관계

| 클라이언트 API 기능 | SQL 기능 |
|---|---|
| 테이블(또는 뷰: TABLE을 VIEW로 교체하기만 하면 된다) 생성 | CREATE TABLE<br>CREATE TABLE IF NOT EXISTS<br>CREATE OR REPLACE TABLE |
| 테이블(또는 뷰) 갱신 | ALTER TABLE SET OPTIONS<br>ALTER TABLE IF EXISTS SET OPTIONS |
| 테이블의 데이터 갱신 | INSERT INTO<br>DELETE FROM<br>UPDATE<br>MERGE |

(이어짐)

| 클라이언트 API 기능 | SQL 기능 |
|---|---|
| 테이블(또는 뷰) 삭제 | DROP TABLE |
| 데이터셋 메타데이터 | 다음 뷰를 쿼리함<br>INFORMATION_SCHEMA.SCHEMATA<br>INFORMATION_SCHEMA.SCHEMATA_OPTIONS |
| 테이블(또는 뷰) 메타데이터 | 다음 뷰를 쿼리함<br>INFORMATION_SCHEMA.TABLES<br>INFORMATION_SCHEMA.TABLE_OPTIONS<br>INFORMATION_SCHEMA.COLUMNS<br>INFORMATION_SCHEMA.COLUMN_OPTIONS |
| 작업 메타데이터 | 다음 뷰를 쿼리함<br>INFORMATION_SCHEMA.JOBS_BY_USER<br>INFORMATION_SCHEMA.JOBS_BY_PROJECT<br>INFORMATION_SCHEMA.JOBS_BY_ORGANIZATION |

도구 사용과 숙련도 차원에서 SQL을 사용하는 것이 더 나은 경우도 많다.

## 쿼리하기

빅쿼리 URL에 HTTP GET 요청을 보내는 것만으로는 충분하지 않은 경우도 있다. 클라이언트가 더 많은 정보를 요구하는 경우도 있기 때문이다. 이럴 때는 HTTP POST 요청에 JSON 형식의 데이터를 담아 API를 호출해야 한다.

예를 들어 빅쿼리 SQL 쿼리를 실행하고 그 결과를 얻고 싶다면 다음 URL에 HTTP POST 요청을 보내야 한다.

```
.../projects/<PROJECT>/queries
```

이때 다음과 같은 JSON 데이터를 함께 보내면 된다.

```
{
  "useLegacySql": false,
  "query": \"${QUERY_TEXT}\"
}
```

여기서 QUERY_TEXT는 다음과 같이 실행하고자 하는 쿼리를 저장한 변수다.

**예제 5-3** 실행할 쿼리를 변수에 저장하는 명령

```
read -d '' QUERY_TEXT << EOF SELECT
start_station_name
  , AVG(duration) AS duration
  , COUNT(duration) AS num_trips
FROM \`bigquery-public-data\`.london_bicycles.cycle_hire
GROUP BY start_station_name
ORDER BY num_trips DESC
LIMIT 5
EOF
```

이 예제는 쿼리의 시작과 끝을 명시하기 위해 EOF라는 문자열을 사용하는 배시Bash 셸의 heredoc 문법(http://tldp.org/LDP/abs/html/here-docs.html)을 사용하고 있다.

이렇게 하면 다음과 같이 curl을 이용해 POST 요청을 보낼 때 데이터를 첨부해 보낼 수 있다.[5]

**예제 5-4** POST 요청을 보내는 curl 명령

```
curl -H "Authorization: Bearer $access_token" \
  -H "Content-Type: application/json" \
  -X POST \
  -d "$request" \
  "https://www.googleapis.com/bigquery/v2/projects/$PROJECT/queries"
```

이때 $request는 (쿼리 텍스트를 포함한) JSON 페이로드를 저장한 변수다.

그러면 서버로부터 결과 집합의 스키마와 처음 5개 행의 데이터를 값의 배열로 표현한 JSON 메시지를 응답으로 받게 된다. 예제에서 응답에 포함된 스키마는 다음과 같다.

```
"schema": {
  "fields": [
  {
    "name": "start_station_name", "type": "STRING",
    "mode": "NULLABLE"
  },
  {
    "name": "duration",
    "type": "FLOAT",
    "mode": "NULLABLE"
```

5 깃허브 저장소의 ch05/rest_query.sh 파일을 참고한다.

```
    },
    {
      "name": "num_trips",
      "type": "INTEGER",
      "mode": "NULLABLE"
    }
  ]
  },
```

그리고 첫 번째 행의 데이터는 다음과 같다.

```
  {
    "f": [
    {
      "v": "Belgrove Street , King's Cross"
    },
    {
      "v": "1011.0766960393793"
    },
    {
      "v": "234458"
    }
    ]
  },
```

여기서 f는 필드field를 의미하며, v는 값value을 의미한다. 각 행은 필드의 배열이며, 각 필드는 값을 가지고 있다. 이 쿼리의 결과는 사용자 수가 가장 많은 대여소는 Belgrove Street 대여소이며, 평균 사용 시간은 1,011초이고, 총 사용 횟수는 234,456회라는 뜻이다.

## 제약 사항

앞서 살펴본 예제 쿼리는 기본 타임아웃 시간(타임아웃을 늘리는 것도 가능하다) 내에 실행이 완료되었지만, 쿼리 실행시간이 더 길어진다면 어떻게 될까? 이 상황을 재현하기 위해 타임아웃 시간을 줄이고 캐시를 비활성화해 보자.[6]

6 깃허브 저장소의 ch05/rest_query_async.sh 파일을 참고한다.

**예제 5-5** 짧은 타임아웃과 캐시 비활성화를 적용하기 위한 JSON

```
{
  "useLegacySql": false,
  "timeoutMs": 0,
  "useQueryCache": false,
  "query": \"${QUERY_TEXT}\"
}
```

이제 API를 다시 호출하면 결과셋이 아니라 jobId 형식의 응답을 받게 된다.

**예제 5-6** API의 응답 JSON

```
{
  "kind": "bigquery#queryResponse",
  "jobReference": {
    "projectId": "cloud-training-demos",
    "jobId": "job_gv0Kq8nWzXIkuBwoxsKMcTJIVbX4",
    "location": "EU"
  },
  "jobComplete": false
}
```

이제 이 jobId를 이용해 다음 REST API에 GET 요청을 보내면 해당 작업의 상태를 알 수 있다.

```
.../projects/<PROJECT>/jobs/<JOBID>
```

응답의 jobComplete 값이 true가 될 때까지 작업의 상태를 확인한 후, 작업이 완료되었으면 다음 URL에 GET 요청을 보내 쿼리의 결과를 얻을 수 있다.

```
.../projects/<PROJECT>/queries/<JOBID>
```

쿼리 결과가 하나의 HTTP 응답으로 보내기엔 너무 크면 API는 결과의 일부만 반환한다. 하지만 REST는 상태가 없는 프로토콜이며, 서버는 세션 컨텍스트를 관리하지 않는다. 이런 이유로 쿼리의 실행 결과는 임시 테이블에 24시간 동안 저장된다. 클라이언트는 쿼리 결과를 얻는 API 호출에 대한 북마크 역할을 하는 페이지 토큰을 이용해서 데이터를 이 임시 테이블에서 페이지 단위로 조회할 수 있다.

지금까지의 상황에 네트워크 장애를 추가해서 재시도retry가 필요한 상황을 만들어 보면, 이런 모든 복잡함을 다루도록 REST API를 프로그래밍하는 것은 분명히 어렵다. 그러므로 웹 서비스의 호출이 가능한 어떤 언어로도 REST API에 접근할 수 있음에도 불구하고 고수준의 API를 사용할 것을 권장한다.

## 구글 클라우드 클라이언트 라이브러리

구글 클라우드 빅쿼리 클라이언트 라이브러리는 프로그래밍 방식으로 빅쿼리를 사용할 때 권장하는 방법이다. 이 책을 집필하는 현재, 클라이언트 라이브러리는 고Go, 자바, Node.js, 파이썬, 루비, PHP, C++ 등 7가지 프로그래밍 언어를 지원한다. 각 클라이언트 라이브러리는 해당 프로그래밍 언어의 규칙과 보편적인 프로그래밍 스타일을 준수하므로 훌륭한 개발자 경험을 선사한다.

빅쿼리 클라이언트 라이브러리는 `pip`(또는 `easy_install`)를 이용해 설치할 수 있다.

**예제 5-7** 빅쿼리 클라이언트 라이브러리를 설치하는 명령

```
pip install google-cloud-bigquery
```

라이브러리를 사용하려면 먼저 클라이언트의 인스턴스를 생성해야 한다(이 인스턴스는 REST API를 직접 호출할 때 접근 토큰을 이용한 인증을 처리한다).

**예제 5-8** 클라이언트의 인스턴스를 생성하는 파이썬 코드

```
from google.cloud import bigquery
bq = bigquery.Client(project=PROJECT)
```

클라이언트에 전달하는 프로젝트는 전역적으로 유일한 프로젝트의 이름이며, `bq` 객체를 이용해 수행하는 모든 작업에 대한 비용이 청구된다.

> https://github.com/onlybooks/bigquery/blob/master/ch05/bigquery_cloud_client.ipynb에서 이 절의 모든 코드를 포함한 파이썬 노트북을 확인한다. 그리고 이 노트북을 선호하는 파이썬 환경에서 소스 코드처럼 사용하면 된다.
>
> 빅쿼리 클라이언트 라이브러리의 API 문서는 https://googleapis.github.io/google-cloud-python/latest/bigquery/reference.html에서 찾을 수 있다. 전체 API를 다루기가 불가능하므로 이 절의 나머지를 읽는 동안 브라우저에 이 문서를 열어 두기 바란다. 파이썬 예제 코드를 읽어보면 어떤 메서드를 호출해야 할지 알아낼 수 있을 것이다.

### 데이터셋 조작

get_dataset 메서드를 호출하면 빅쿼리 클라이언트 라이브러리를 이용해 데이터셋에 대한 정보를 확인할 수 있다.

**예제 5-9** 데이터셋 정보를 가져오는 파이썬 코드

```
dsinfo = bq.get_dataset('bigquery-public-data.london_bicycles')
```

프로젝트 이름을 명시하지 않으면 클라이언트의 인스턴스가 생성될 때 참조했던 프로젝트가 전달된다. 다음 코드를 살펴보자.

**예제 5-10** 프로젝트 이름 없이 데이터셋 정보를 가져오는 파이썬 코드

```
dsinfo = bq.get_dataset('ch04')
```

이 코드는 4장에서 생성했던 데이터셋에 대한 정보를 담은 객체를 반환한다.

**데이터셋 정보:** dsinfo 객체를 얻으면 데이터셋의 여러 가지 정보를 추출할 수 있다. 예를 들어 다음 코드를 살펴보자.

**예제 5-11** 데이터셋을 출력하는 파이썬 코드

```
print(dsinfo.dataset_id)
print(dsinfo.created)
```

dq 객체가 ch04 데이터셋에 대한 정보를 담고 있다면 이 메서드의 호출 결과는 다음과 같다.

```
ch04
2019-01-26 00:41:01.350000+00:00
```

반면, bigquery-public-data.london_bicycles 데이터셋의 정보를 다음과 같이 조회하면,

**예제 5-12** 특정 데이터셋의 정보를 출력하는 파이썬 코드

```
print('{} created on {} in {}'.format(
  dsinfo.dataset_id, dsinfo.created, dsinfo.location))
```

다음과 같은 결과를 보게 된다.

```
london_bicycles created on 2017-05-25 13:26:18.055000+00:00 in EU
```

dsinfo 객체를 이용하면 데이터셋의 접근 제어 설정도 확인할 수 있다. 예를 들어 london_bicycles 데이터셋에 READER 접근 권한을 가진 역할(role)을 확인하려면 다음의 코드를 실행하면 된다.

**예제 5-13** 데이터셋의 접근 권한을 확인하는 파이썬 코드

```
for access in dsinfo.access_entries:
  if access.role == 'READER':
    print(access)
```

이 코드의 실행 결과는 다음과 같다.

```
<AccessEntry: role=READER, specialGroup=allAuthenticatedUsers>
<AccessEntry: role=READER, domain=google.com>
<AccessEntry: role=READER, specialGroup=projectReaders>
```

4장에서 생성한 데이터셋에 쿼리를 실행할 수 있었던 이유는 인증을 받은 사용자는 모두 데이터셋에 대한 접근이 허용되어 있었기 때문이다(실행 결과의 첫 번째 줄에서 확인할 수 있다).

**데이터셋 생성**: ch05라는 이름의 데이터셋이 존재하지 않을 때, 이를 생성하려면 다음 코드를 실행한다.

**예제 5-14** 데이터셋을 생성하는 파이썬 코드

```
dataset_id = "{}.ch05".format(PROJECT)
ds = bq.create_dataset(dataset_id, exists_ok=True)
```

기본적으로 데이터셋은 US 지역에 생성된다. 데이터셋을 다른 위치(예를 들면 EU)에 생성하려면, 로컬 Dataset 객체를 생성하고 이를 dsinfo 변수에 저장한다, location 특성 값을 지정한 후, 앞선 예제의 dataset_id 대신 이 Dataset 객체를 전달해 create_dataset 메서드를 호출하면 된다.

**예제 5-15** 다른 지역에 데이터셋을 생성하는 파이썬 코드

```
dataset_id = "{}.ch05eu".format(PROJECT)
dsinfo = bigquery.Dataset(dataset_id)
dsinfo.location = 'EU'
ds = bq.create_dataset(dsinfo, exists_ok=True)
```



**데이터셋 삭제:** 클라이언트에 전달된 프로젝트에서 ch05라는 데이터셋을 삭제하려면 다음 코드를 실행한다.

**예제 5-16** 기본 프로젝트의 데이터셋을 삭제하는 파이썬 코드

```
bq.delete_dataset('ch05', not_found_ok=True)
```

다른 프로젝트의 데이터셋을 삭제하려면 데이터셋 이름에 프로젝트 이름을 결합하면 된다.

**예제 5-17** 특정 프로젝트의 데이터셋을 삭제하는 파이썬 코드

```
bq.delete_dataset('{}.ch05'.format(PROJECT), not_found_ok=True)
```

**데이터셋 정보의 수정:** 데이터셋의 정보를 수정하려면, dsinfo 객체의 description 특성 값을 변경한 후 클라이언트 객체의 update_dataset 메서드를 호출하면 빅쿼리 서비스의 정보가 갱신된다.

**예제 5-18** 데이터셋 정보를 수정하는 파이썬 코드

```
dsinfo = bq.get_dataset("ch05")
print(dsinfo.description)
dsinfo.description = "빅쿼리 완벽가이드 제5장"
dsinfo = bq.update_dataset(dsinfo, ['description'])
print(dsinfo.description)
```

데이터셋 ch05는 아무런 설명 없이 생성되었으므로 이 예제의 첫 번째 print 구문은 None을 출력한다. update_dataset 메서드를 호출한 후에는 빅쿼리에 새로운 설명이 추가된 것을 볼 수 있다.

```
None
빅쿼리 완벽가이드 제5장
```

데이터셋의 태그tag, 접근 제어 등도 크게 다르지 않다. 예를 들어 동료 중 한 명에게 ch05 데이터셋에 대한 접근을 허용하려면 다음 코드를 실행한다.

**예제 5-19** 데이터셋에 접근 권한을 부여하는 파이썬 코드

```
dsinfo = bq.get_dataset("ch05")
entry = bigquery.AccessEntry(
  role="READER",
  entity_type="userByEmail",
  entity_id="xyz@google.com",
)
if entry not in dsinfo.access_entries:
  entries = list(dsinfo.access_entries)
  entries.append(entry)
  dsinfo.access_entries = entries
  dsinfo = bq.update_dataset(dsinfo, ["access_entries"]) # API 요청
else:
  print('{} already has access'.format(entry.entity_id))
print(dsinfo.access_entries)
```

이 코드는 사용자를 위한 엔트리를 생성한 후 이 사용자에 데이터셋에 대한 접근 권한이 허용되지 않았으면 현재 접근 엔트리에 새로운 엔트리를 추가하고 데이터셋을 갱신한다.

### 테이블 관리

데이터셋의 테이블 목록을 보려면 클라이언트 객체의 list_tables 메서드를 호출하면 된다.

**예제 5-20** 테이블 목록을 출력하는 파이썬 코드

```
tables = bq.list_tables("bigquery-public-data.london_bicycles")
for table in tables
  print(table.table_id)
```

이 코드는 london_bicybles 데이터셋의 두 테이블을 출력한다.

```
cycle_hire
cycle_stations
```

**테이블 속성 알아내기:** 앞의 예제에서는 table 객체에서 table_id 속성값을 얻어왔다. 테이블은 table_id 외에도 저장된 행의 수, 설명, 태그, 스키마 등 다양한 정보를 가지고 있다.

테이블에 저장된 행의 수는 테이블 메타데이터에 속하며 table 객체에서 직접 얻어올 수 있다. COUNT(*)를 사용하는 쿼리와 달리, 이 방법으로 행의 수를 얻어오면 빅쿼리 요금이 발생하지 않는다.

**예제 5-21** 테이블의 행 수를 가져오는 파이썬 코드

```
table = bq.get_table(
  "bigquery-public-data.london_bicycles.cycle_stations")
print('{} rows in {}'.format(table.num_rows,
table.table_id))
```

이 코드는 다음 결과를 출력한다.

```
787 rows in cycle_stations
```



table 객체를 이용하면 컬럼 이름에 특정 이름(count)이 포함된 컬럼의 스키마를 검색할 수 있다.

**예제 5-22** 테이블에서 특정 이름을 가진 컬럼을 출력하는 파이썬 코드

```
table  = bq.get_table(
  "bigquery-public-data.london_bicycles.cycle_stations")
for field in table.schema:
  if 'count' in field.name:
    print(field)
```

이 결과는 다음과 같다.

```
SchemaField('bikes_count', 'INTEGER', 'NULLABLE', '', ())
SchemaField('docks_count', 'INTEGER', 'NULLABLE', '', ())
```

물론 이렇게 손으로 직접 탐색하는 것보다는 INFORMATION_SCHEMA(8장에서 알아본다) 뷰나 데이터 카탈로그Data Catalog를 사용하는 것이 낫다.

**테이블 삭제:** 테이블을 삭제하는 방법은 데이터셋을 삭제하는 방법과 유사하며, 원한다면 테이블이 존재하지 않아 발생하는 에러를 무시할 수도 있다.

**예제 5-23** 데이터셋에서 테이블을 삭제하는 파이썬 코드

```
bq.delete_table('ch05.temp_table', not_found_ok=True)
```

### 삭제한 테이블의 복구

빅쿼리의 '시간 여행(time travel)' 기능을 이용하면 삭제한 테이블을 복구할 수 있다. 실수로 삭제했다면 최대 2일 이내에 복구가 가능하다. 예를 들어 최근 7일 이내의 어떤 시점에 존재했던 버전의 테이블을 복구하려면 타임스탬프를 명시해 복사본을 만들면 된다.

**예제 5-24** 삭제한 테이블을 복구하는 명령

```
bq --location=US cp ch05.temp_table@1418864998000 ch05.temp_table2
```

여기서 1418864998000는 타임스탬프이다(epoch으로부터 해당 시간까지 경과한 초).

하지만 테이블을 삭제한 후 데이터셋에 같은 ID를 가진 테이블을 생성하거나, 스냅샷을 보관하는 데이터셋도 삭제했다면 스냅샷을 몽땅 잃게 된다! 이렇게 되면 워크플로우가 영향을 받게 된다. 즉 서로 다른 애플리케이션이 같은 이름의 테이블을 생성하는 경우를 최소화한다면 테이블의 관리가 훨씬 수월해질 것이다. 예를 들어 데이터셋의 이름을 지을 때 조직 단위(예를 들면 'accounting')나 애플리케이션과 작업 부하의 이름(예를 들면 'shipping') 단위로 구분하는 것이 좋다. 애플리케이션에서 테이블을 생성하지 않도록 하고 애플리케이션이 시작하기 전에 외부에서 테이블을 생성해도 좋다.

**빈 테이블 생성:** 빈 테이블을 생성하는 방법은 데이터셋을 생성하는 방법과 유사하며, 원한다면 테이블이 이미 존재해서 발생하는 에러를 무시할 수도 있다.

**예제 5-25** 빈 테이블을 생성하는 파이썬 코드

```
table_id = '{}.ch05.temp_table'.format(PROJECT)
table = bq.create_table(table_id, exists_ok=True)
```

**테이블 스키마의 갱신:** 물론 대부분의 경우 테이블을 빈 채로 내버려두지 않고 데이터를 채워 넣을 것이다. 스키마는 테이블의 특성에 포함되므로 데이터셋의 접근 제어를 갱신하는 것과 비슷한 방법으로 빈 테이블의 스키마를 갱신할 수 있다. 먼저 테이블을 얻어와 수정한 후 update_table 메서드를 호출할 때 수정된 객체와 함께 테이블의 어떤 정보를 갱신할 것인지를 명시하면 된다.

**예제 5-26** 테이블 스키마를 갱신하는 파이썬 코드

```
schema = [
  bigquery.SchemaField("chapter", "INTEGER", mode="REQUIRED"),
  bigquery.SchemaField("title", "STRING", mode="REQUIRED"),
]
```

```
table_id = '{}.ch05.temp_table'.format(PROJECT)
table = bq.get_table(table_id) print(table.etag)
table.schema = schema
table = bq.update_table(table, ["schema"])
print(table.schema)
print(table.etag)
```



빅쿼리는 경합 상태race conditions를 방지하기 위해 테이블에 갱신이 발생할 때마다 태그를 지정한다. 따라서 get_table 메서드를 호출해 테이블 정보를 가져오면 table 객체에 etag가 포함되어 있음을 알 수 있다. update_table 메서드를 호출해 변경할 스키마를 업로드하면 이 갱신은 서버와 업로드한 스키마의 etag가 일치할 때만 성공적으로 실행된다. 이후 반환된 table 객체는 새로운 etag를 갖게 된다. table.etag 속성값을 None으로 설정하면 이 작동을 비활성화하고 갱신을 강제로 실행할 수도 있다.

테이블이 비어 있으면 원하는 대로 스키마를 갱신할 수 있다. 하지만 테이블에 데이터가 저장되어 있다면 데이터와 호환되는 스키마 변경만 가능하다. (널값을 허용한다면) 새 필드를 추가할 수도 있고 컬럼 제약을 REQUIRED에서 NULLABLE로 완화할 수도 있다.

예제 코드를 실행해서 그림 5-2처럼 빅쿼리 웹 UI에서 새 테이블이 올바른 스키마로 생성되었는지 확인해 보자.

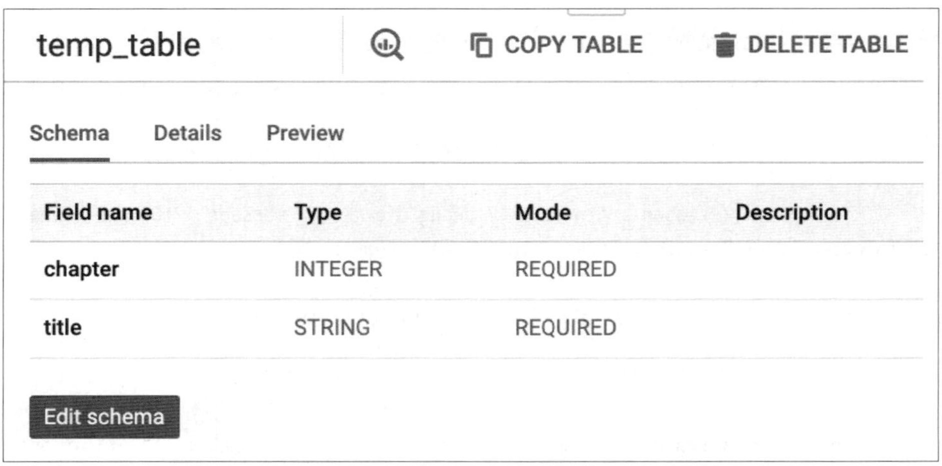


그림 5-2 새로 생성된 테이블의 스키마

**새 테이블에 데이터 삽입하기:** 일단 스키마를 가진 테이블이 생성되면 클라이언트를 이용해 테이블에 새 데이터를 삽입(INSERT)할 수 있다. 각 행은 스키마에 정의된 것과 같은 순서로 구성된 파이썬 튜플로 구성하면 된다.

**예제 5-27** 테이블에 새 행을 추가하는 파이썬 코드

```
rows = [
  (1, u'What is BigQuery?'),
  (2, u'Query essentials'),
]
errors = bq.insert_rows(table, rows)
```

모든 행이 성공적으로 삽입되면 리스트 타입인 errors 변수는 빈 값을 갖게 된다. 다음과 같이 chapter 필드에 정수가 아닌 값을 전달해 보자.

**예제 5-28** 잘못된 데이터를 테이블에 삽입하는 파이썬 코드

```
rows = [
('3', u'Operating on data types'),
('wont work', u'This will fail'),
('4', u'Loading data into BigQuery'),
]
errors = bq.insert_rows(table, rows) print(errors)
```

그러면 다음과 같은 에러를 보게 된다. 자세히 살펴보면, index는 1이므로 두 번째 행(행의 인덱스가 0부터 시작하므로)에서 에러가 발생했으며, 에러의 이유인 reason은 invalid이며, 에러가 발생한 위치인 location은 chapter를 가리키고 있음을 알 수 있다.

```
{'index': 1, 'errors': [{'reason': 'invalid', 'debugInfo': '', 'message': 'Cannot convert
value to integer (bad value):wont work', 'location': 'chapter'}]}
```

빅쿼리는 각 사용자 요청을 원자적으로 처리하므로, 에러가 발생하면 세 행 모두 삽입되지 않는다. 그래서 에러의 다른 행을 보면 reason의 값이 stopped로 표시되어 있다.

```
{'index': 0, 'errors': [{'reason': 'stopped', 'debugInfo': '', 'message': '', 'location':
''}]}
```

빅쿼리 웹 UI에서 테이블 상세 정보를 보면, 그림 5-3처럼 삽입된 행이 스트리밍 버퍼streaming buffer에 저장되었지만 앞서 삽입한 두 행이 테이블의 행 수에는 반영되지 않았음을 알 수 있다.

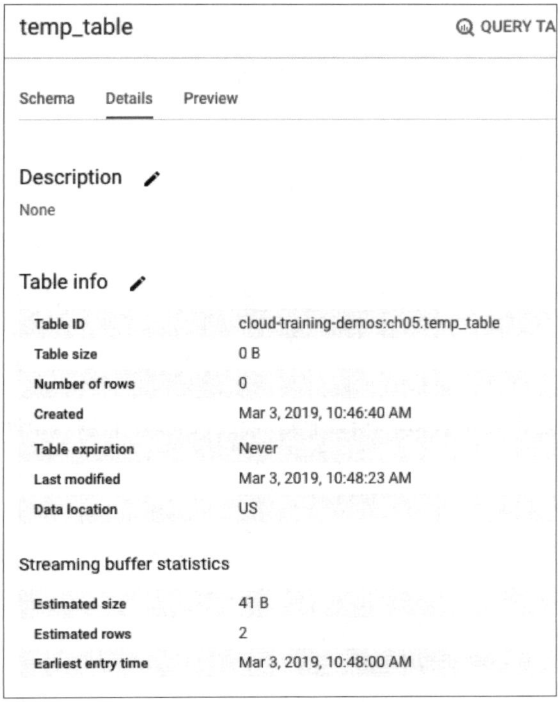


그림 5-3 새로 삽입한 행은 스트리밍 버퍼에 저장될 뿐 'Table Info'의 'Number of rows' 항목에는 반영되지 않는다



테이블에 행을 삽입하는 것은 스트리밍 작업이므로 테이블 메타데이터는 즉시 갱신되지 않는다. 예를 들어,

**예제 5-29** 테이블에 데이터를 삽입한 후 행 수를 계산하는 파이썬 코드

```
rows = [
  (1, u'What is BigQuery?'),
  (2, u'Query essentials'),
]
print(table.table_id, table.num_rows)
errors = bq.insert_rows(table, rows)
print(errors)
table = bq.get_table(table_id)
print(table.table_id, table.num_rows) # 지연됨
```

이 코드의 `table.num_rows` 특성은 갱신된 행의 개수를 보여주지 않는다. 게다가 스트리밍 삽입은 로드 작업과 달리 무료가 아니다.

하지만 테이블을 쿼리하면 스트리밍 버퍼의 두 행도 반영이 된다.

```
SELECT DISTINCT(chapter) FROM ch05.temp_table
```

이 쿼리를 실행하면 다음과 같이 두 개의 행을 반환한다.

| 행번호 | chapter |
|---|---|
| 1 | 2 |
| 2 | 1 |

**스키마를 가진 빈 테이블 생성하기:** 테이블을 생성한 후에 스키마를 갱신하는 방식보다 테이블을 생성하는 시점에 스키마를 제공하는 방식이 낫다.

**예제 5-30** 스키마를 지정해 테이블을 생성하는 파이썬 코드

```
schema = [
  bigquery.SchemaField("chapter", "INTEGER", mode="REQUIRED"),
  bigquery.SchemaField("title", "STRING", mode="REQUIRED"),
]
table_id = '{}.ch05.temp_table2'.format(PROJECT)
table = bigquery.Table(table_id, schema)
table = bq.create_table(table, exists_ok=True)
print('{} created on {}'.format(table.table_id, table.created))
print(table.schema)
```

이 코드를 실행하면 원하는 스키마를 가진 테이블을 생성되었음을 확인할 수 있다.

```
temp_table2 created on 2019-03-03 19:30:18.324000+00:00
[SchemaField('chapter', 'INTEGER', 'REQUIRED', None, ()), SchemaField('title', 'STRING',
'REQUIRED', None, ())]
```

생성된 테이블은 비어 있으므로 스트리밍 삽입 방식으로 테이블에 행을 삽입하려면 이 방법을 이용하면 된다. 그런데 파일에 이미 필요한 데이터를 가지고 있어서 테이블을 생성할 때 파일의 데이터를 함께 삽입하고 싶다면 어떻게 해야 할까? 이때는 로드 작업이 좀 더 편리하다. 또한 스트리밍 삽입과 달리 로드 작업은 빅쿼리 비용이 청구되지 않는다.

빅쿼리 파이썬 클라이언트는 데이터를 판다스pandas의 데이터프레임DataFrame으로부터 로드하는 방법, URI로부터 로드하는 방법, 로컬 파일로부터 로드하는 방법 등 세 가지를 지원한다. 지금부터 하나씩 살펴보자.

**판다스 데이터프레임 로드하기:** 판다스는 파이썬 언어를 위한 데이터 구조와 데이터 분석 도구를 제공하는 오픈 소스 라이브러리다. 빅쿼리 파이썬 라이브러리는 메모리의 판다스 데이터프레임으로부터 데이터를 직접 로드하는 기능을 지원한다. 판다스 데이터프레임은 메모리의 데이터 구조로부터 생성하며 다양한 형태로 변형이 가능하므로, 파이썬 애플리케이션으로서는 판다스를 이용하는 것이 가장 편리하게 데이터를 로드하는 방법이다. 예를 들어 다음과 같이 튜플의 배열로부터 데이터프레임을 생성할 수 있다.



**예제 5-31** 데이터를 판다스 데이터프레임으로 로드하는 파이썬 코드

```
import pandas as pd
data = [
  (1, u'What is BigQuery?'),
  (2, u'Query essentials'),
]
df = pd.DataFrame(data, columns=['chapter', 'title'])
```

일단 데이터프레임을 생성하면 다음과 같이 빅쿼리 테이블로 데이터를 로드할 수 있다.[7]

**예제 5-32** 판다스 데이터프레임을 빅쿼리 테이블로 로드하는 파이썬 코드

```
table_id = '{}.ch05.temp_table3'.format(PROJECT)
job = bq.load_table_from_dataframe(df, table_id)
job.result() # 중단 및 대기
print("Loaded {} rows into {}".format(job.output_rows, tblref.table_id))
```

로드 작업은 실행 시간이 오래 걸릴 수 있어서 `load_table_` 함수는 `job` 객체를 반환한다. 이 객체는 `job.done()` 메서드를 이용해 폴링polling하거나 `job.result()` 메서드를 이용해 중단block 및 대기wait를 할 수 있다.

7 이 작업은 pyarrow 라이브러리가 필요하다. 아직 설치하지 않았다면 `pip install pyarrow` 명령으로 설치한다.

테이블이 이미 만들어져 있고 데이터가 스키마와 일치한다면, 로드 작업은 기존 테이블에 데이터를 로드한다. 테이블이 존재하지 않으면 판다스 데이터프레임으로부터 스키마를 유추해 새 테이블을 생성한다.[8] 이 작동은 설정을 통해 변경할 수 있다.

**예제 5-33** 데이터 로드 옵션을 지정하는 파이썬 코드

```
from google.cloud.bigquery.job \
  import LoadJobConfig, WriteDisposition, CreateDisposition
load_config = LoadJobConfig(
  create_disposition=CreateDisposition.CREATE_IF_NEEDED,
  write_disposition=WriteDisposition.WRITE_TRUNCATE)
job = bq.load_table_from_dataframe(df, table_id,
                                   job_config=load_config)
```

CreateDisposition과 WriteDisposition 설정을 조합하면 표 5-2와 같이 로드 작업을 제어할 수 있다.

표 5-2 CreateDisposition과 WriteDisposition 설정을 조합해 로드 작업을 제어할 수 있다

| CreateDisposition | WriteDisposition | 작동 |
|---|---|---|
| CREATE_NEVER | WRITE_APPEND | 기존 테이블에 데이터를 추가함. |
| | WRITE_EMPTY | 테이블이 비어 있을 때만 데이터를 추가하며, 그렇지 않으면 중복 에러가 발생함. |
| | WRITE_TRUCATE | 테이블에 존재하는 기존 데이터를 삭제한 후 데이터를 추가함(즉 기존 데이터를 모두 덮어씀). |
| CREATE_IF_NEEDED | WRITE_APPEND | 필요한 경우 입력 데이터의 스키마를 기준으로 테이블을 생성함.<br>새로 만들어진 또는 기존 테이블에 데이터를 추가함.<br>job_config를 전달하지 않을 경우의 기본 작동임. |
| | WRITE_EMPTY | 필요한 경우 입력 데이터의 스키마를 기준으로 테이블을 생성함.<br>이미 테이블이 존재하면 비어 있어야 하며, 그렇지 않으면 중복 에러가 발생함. |
| | WRITE_TRUNCATE | 필요한 경우 입력 데이터의 스키마를 기준으로 테이블을 생성함.<br>테이블의 데이터를 모두 삭제한 후 데이터를 추가함(즉 기존 데이터를 모두 덮어씀). |

**URI에서 로드하기:** 구글 클라우드 URI를 이용해 파일로부터 직접 빅쿼리 테이블로 데이터를 로드하는 것도 가능하다. 구글 데이터스토어 백업과 클라우드 빅테이블을 가리키는 HTTP URL은

8 판다스는 기본적으로 컬럼 이름을 사전 순으로 정렬하므로 빅쿼리 테이블 스키마의 컬럼 이름은 튜플에 지정한 순서가 아니라 사전 순으로 생성된다.

물론, 구글 클라우드 스토리지 와일드 카드 패턴도 지원한다.[9] 따라서 다음과 같이 앞서 사용했던 대학 점수카드 CSV 파일도 로드할 수 있다.

**예제 5-34** URI로 데이터를 로드하는 파이썬 코드

```
job_config = bigquery.LoadJobConfig()
job_config.autodetect = True
job_config.source_format = bigquery.SourceFormat.CSV
job_config.null_marker = 'NULL'
uri = "gs://bigquery-oreilly-book/college_scorecard.csv"
table_id = '{}.ch05.college_scorecard_gcs'.format(PROJECT)
job = bq.load_table_from_uri(uri, table_id, job_config=job_config)
```



`JobConfig` 객체의 플래그를 이용하면 4장(데이터 로드)에서 살펴봤던 모든 옵션을 설정할 수 있다. 예제 코드는 지정한 URL에서 파일을 로드하기 전에 스키마 자동 탐지를 사용하고, 파일 형식은 CSV이며, 파일이 비표준 널 값 표기를 사용하고 있음을 명시한다.

작업이 완료될 때까지 실행을 중단할 수 있지만, 0.1초마다 작업의 결과를 폴링하고 로드 작업이 완료된 직후에 테이블 상세 정보를 얻어올 수도 있다.

**예제 5-35** 데이터 로드 결과를 0.1초마다 확인하는 파이썬 코드

```
while not job.done():
  print('.', end='', flush=True)
  time.sleep(0.1)
print('Done')
table = bq.get_table(tblref)
print("Loaded {} rows into {}.".format(table.num_rows, table.table_id))
```

이렇게 하면 대기 상태를 표현하는 점이 몇 개 출력된 후 로드된 행의 개수(7,175)가 표시된다.

**로컬 파일에서 로드하기:** 로컬 파일을 로드하려면 파일 객체를 생성한 후 `load_table_from_file` 메서드를 호출하면 된다.

**예제 5-36** 로컬 파일을 로드하는 파이썬 코드

```
with gzip.open('../ch04/college_scorecard.csv.gz') as fp:
  job = bq.load_table_from_file(fp, tblref, job_config=job_config)
```

9 지원하는 URL의 전체 목록은 https://cloud.google.com/bigquery/docs/reference/rest/v2/jobs#configuration.load.sourceUris 문서에서 확인할 수 있다.

나머지는 URL로부터 데이터를 로드하는 것과 비슷하다.

**테이블 복사**: copy_table 메서드로 한 데이터셋으로부터 다른 데이터셋으로 테이블을 복사할 수 있다.

**예제 5-37** 데이터셋의 테이블을 복사하는 파이썬 코드

```
source_tbl = 'bigquery-public-data.london_bicycles.cycle_stations'
dest_tbl = '{}.ch05eu.cycle_stations_copy'.format(PROJECT)
job = bq.copy_table(source_tbl, dest_tbl, location='EU')
job.result() # 중단 및 대기
dest_table = bq.get_table(dest_tbl)
print(dest_table.num_rows)
```

이 예제는 EU 리전에 생성했던 데이터셋(ch05eu)로부터 cycle_stations 테이블의 데이터를 복사한다. 또한 같은 지역으로 테이블을 복사하고 있다는 점도 유의한다.

**테이블에서 데이터 추출**: extract_table 메서드로 테이블의 데이터를 파일 형식으로 구글 클라우드 스토리지로 내보낼 수 있다.

**예제 5-38** 구글 클라우드 스토리지로 데이터를 내보내는 파이썬 코드

```
source_tbl = 'bigquery-public-data.london_bicycles.cycle_stations'
dest_uri = 'gs://{}/tmp/exported/cycle_stations'.format(BUCKET)
config = bigquery.job.ExtractJobConfig(
  destination_format =
    bigquery.job.DestinationFormat.NEWLINE_DELIMITED_JSON)
job = bq.extract_table(source_tbl, dest_uri,
                       location='EU', job_config=config)
job.result() # 중단 및 대기
```

테이블의 크기가 어느 정도 이상이면 실행 결과는 여러 개의 파일로 나누어진다. 이 책을 집필하는 현재, 추출 형식은 CSV, 아브로, 줄 바꿈으로 구분한 JSON 형식 등을 지원한다. 테이블 복사처럼 데이터셋과 같은 지역의 버킷으로만 내보낼 수 있다.[10] 물론 테이블을 내보낸 후에는 결과 파일을 저장하기 위한 구글 클라우드 스토리지 비용이 발생한다.

10 EU 지역에 버킷을 생성하려면 gsutil mb -l EU gs://<버킷이름> 명령을 사용하면 된다.

**테이블의 행 탐색하기:** 빅쿼리 웹 UI에서는 쿼리 비용을 치르지 않고도 테이블을 미리 보는 기능을 지원한다. tabledata.list REST API도 같은 기능을 제공하며, 이에 따라 파이썬 API도 이 기능을 제공한다.

cycle_stations 테이블[11]에서 임의로 5개의 행을 탐색하려면 다음과 같이 코드를 작성한다.



**예제 5-39** 임의의 5개 행을 조회하는 파이썬 코드

```
table_id = 'bigquery-public-data.london_bicycles.cycle_stations'
table = bq.get_table(table_id)
rows = bq.list_rows(table,
                    start_index=0,
                    max_results=5)
```

start_index와 max_results 파라미터를 생략하면 테이블의 모든 행을 가져온다.

**예제 5-40** 테이블의 모든 행을 가져오는 파이썬 코드

```
rows = bq.list_rows(table)
```

물론 테이블의 크기가 메모리에 모든 데이터를 담을 수 있을 정도로 작아야 한다. 그렇지 않다면 전체 테이블을 페이지로 분할paginate해서 일부chunk만 처리할 수 있다.

**예제 5-41** 테이블을 페이지 단위로 가져오는 파이썬 코드

```
page_size = 10000
row_iter = bq.list_rows(table,
                        page_size=page_size)
for page in row_iter.pages:
  rows = list(page)
  # 로드된 행에 대해 필요한 작업을 실행한다
  print(len(rows))
```

모든 필드를 가져오는 대신, 다음과 같이 id 필드 및 이름에 count가 들어간 필드만 선택할 수도 있다.

11 빅쿼리는 순서를 보장하지 않으므로 5개의 행을 가져오면 매번 임의의 행을 선택해 반환한다. start_index 파라미터를 사용하는 목적은 start_index=5처럼 5개 행의 '다음 페이지'를 로드하기 위함이다.

**예제 5-42** 필드를 선택해 데이터를 가져오는 파이썬 코드

```
fields = [field for field in table.schema
            if 'count' in field.name or field.name == 'id']
rows = bq.list_rows(table,
                    start_index=300,
                    max_results=5,
                    selected_fields=fields)
```

그런 다음에 다음과 같이 결과 행이 10글자만큼의 고정폭을 갖도록 설정할 수 있다.

**예제 5-43** 결과 행의 폭을 설정하는 파이썬 코드

```
fmt = '{!s:<10} ' * len(rows.schema)
print(fmt.format(*[field.name for field in rows.schema]))
for row in rows:
  print(fmt.format(*row))
```

이 코드의 실행 결과는 다음과 같다.

| id | bikes_count | docks_count |
|---|---|---|
| 658 | 20 | 30 |
| 797 | 20 | 30 |
| 238 | 21 | 32 |
| 578 | 22 | 32 |
| 477 | 26 | 36 |

## 쿼리

구글 클라우드 클라이언트 라이브러리의 가장 큰 장점은 쿼리의 실행에 있다. 페이지 분할 pagination, 재시도 등 여러 복잡한 내용이 투명하게 처리되기 때문이다.

가장 먼저 해야 할 일은 빅쿼리가 실행할 SQL을 가진 문자열을 생성하는 것이다.

**예제 5-44** 실행할 SQL을 문자열에 저장하는 파이썬 코드

```
query = """
  SELECT
    start_station_name
    , AVG(duration) AS duration
    , COUNT(duration) AS num_trips
```

```
FROM `bigquery-public-data`.london_bicycles.cycle_hire
GROUP BY start_station_name
ORDER BY num_trips DESC
LIMIT 10
"""
```



**연습 실행**: 실제로 쿼리를 실행하기에 앞서 쿼리가 실제로 얼마나 많은 데이터를 처리하는지를 예측하기 위해 연습 실행dry run을 하는 것도 가능하다.[12]

**예제 5-45** 쿼리를 연습 실행하는 파이썬 코드

```
config = bigquery.QueryJobConfig()
config.dry_run = True
job = bq.query(query, location='EU', job_config=config)
print("This query will process {} bytes."
      .format(job.total_bytes_processed))
```

이 코드를 실행하면 다음과 같은 결과가 출력된다.

```
This query will process 903989528 bytes.
Your result might be somewhat different given that this table is refreshed with new data
as it is made available.
```

> 연습 실행은 비용이 발생하지 않는다. 개발 및 테스트 과정에서 연습 실행을 통해 쿼리 문법이 정확한지 확인한다. 예를 들어 실제로 쿼리를 실행하지 않고도 선언되지 않은 변수나 쿼리 결과의 스키마를 확인할 수 있다. 빅쿼리로 쿼리를 전달하는 애플리케이션을 개발 중이라면 연습 실행 기능을 이용해 비용을 추정할 수도 있다. 성능과 비용 최적화는 7장에서 더 자세히 살펴본다.

간혹 실제로 쿼리를 실행하지 않고는 처리되는 바이트 수를 미리 계산하는 것이 불가능할 때가 있다. 이때는 연습 실행의 결과가 0 또는 최대 예측값이 출력된다. 이런 경우는 크게 통합 테이블federated table(빅쿼리 외부에 데이터를 저장한 경우이며 4장을 참고한다)을 이용하는 경우와 클러스터링된clustered 테이블(7장 참고)을 쿼리하는 경우 등 두 가지다. 통합 테이블의 경우, 연습 실행은 0바이트를 보고하며, 클러스터링된 테이블의 경우는 빅쿼리가 최악의 시나리오에 대한 계산을 실행해 그 결과를 보고한다. 어쨌든 두 경우 모두 쿼리를 실행하면 실제로 읽은 데이터의 크기만큼만 비용이 청구된다.

12 이 옵션은 빅쿼리 웹 UI가 예측값을 보여줄 때 사용하는 것과 같은 API다.

**쿼리 실행**: 쿼리를 실행하려면 단지 작업 객체의 값을 반복해서iterate 읽으면 된다. 그러면 작업이 실행되고 for 문을 이용해 작업을 반복할 때마다 결과의 각 페이지를 조회한다.

**예제 5-46** 지정한 쿼리를 실행하는 파이썬 코드

```
job = bq.query(query, location='EU')
fmt = '{!s:<40} {:>10d} {:>10d}'
for row in job:
    fields = (row['start_station_name'],
              (int)(0.5 + row['duration']),
              row['num_trips'])
    print(fmt.format(*fields))
```

일단 행을 로드하면 SELECT 구문에 지정했던 컬럼의 별칭aliased name을 이용해(결과셋에 num_trips 컬럼을 추가했던 것을 상기하자) 결과셋에서 컬럼의 값을 읽을 수 있다.

이 쿼리의 결과는 다음과 같다.

```
Belgrove Street, King's Cross          1011      234458
Hyde Park Corner, Hyde Park            2783      215629
Waterloo Station 3, Waterloo            866      201630
Black Lion Gate, Kensington Gardens    3588      161952
Albert Gate, Hyde Park                 2359      155647
Waterloo Station 1, Waterloo            992      145910
Wormwood Street, Liverpool Street       976      119447
Hop Exchange, The Borough              1218      115135
Wellington Arch, Hyde Park             2276      110260
Triangle Car Park, Hyde Park           2233      108347
```

**판다스 데이터프레임 생성**: 이 절의 앞부분에서 판다스 데이터프레임을 빅쿼리로 로드하는 방법을 알아봤다. 쿼리의 실행 결과를 판다스 데이터프레임으로 변환하면 데이터 과학 워크플로우 상에서 빅쿼리를 고도로 분산되고 확장 가능한 중간 매개체로도 사용할 수 있다.

**예제 5-47** 쿼리 결과를 판다스 데이터프레임으로 변환하는 파이썬 코드

```
query = """
SELECT
  start_station_name
  , AVG(duration) AS duration
  , COUNT(duration) AS num_trips
FROM `bigquery-public-data`.london_bicycles.cycle_hire
```

```
GROUP BY start_station_name
"""
df = bq.query(query, location='EU').to_dataframe()
print(df.describe())
```

이 코드는 판다스의 describe( ) 기능을 이용해 결과셋에서 숫자 컬럼의 분포를 출력한다.

| | duration | num_trips |
|---|---|---|
| count | 880.000000 | 880.000000 |
| mean | 1348.351153 | **27692**.273864 |
| std | 434.057829 | 23733.621289 |
| min | 0.000000 | **1**.000000 |
| 25% | 1078.684974 | 13033.500000 |
| 50% | 1255.889223 | 23658.500000 |
| 75% | 1520.504055 | 35450.500000 |
| max | 4836.380090 | **234458**.500000 |

즉 대여소의 총 수는 880개이고 사용자의 수가 234,458인 대여소는 1개뿐이지만, 각 대여소별로 평균 27,692명이 이용하고 있음을 알 수 있다. 중간 수준의 대여소에서는 23,658회의 사용이 이루어지며, 대부분의 대여소에서 13,033에서 35,450회의 사용이 이루어지고 있다.

**파라미터 쿼리:** 쿼리는 반드시 정적인 문자열일 필요는 없다. 쿼리를 파라미터화parameterize하고 쿼리 작업을 생성할 때 파라미터를 지정할 수도 있다. 다음 쿼리는 총 사용 시간이 지정한 값보다 큰 이용 횟수를 구한다. 이때 기준이 되는 사용 시간인 min_duration은 쿼리를 실행하는 시점에 지정한다.

**예제 5-48** 파라미터화된 쿼리를 변수에 저장하는 파이썬 코드

```
query2 = """
SELECT
  start_station_name
  , COUNT(duration) AS num_trips
FROM `bigquery-public-data`.london_bicycles.cycle_hire
WHERE duration >= @min_duration
GROUP BY start_station_name
ORDER BY num_trips DESC
LIMIT 10
"""
```

@ 기호는 min_duration이 쿼리의 파라미터임을 의미한다. 쿼리의 파라미터는 필요한 만큼 사용할 수 있다.

> 문자열 형식화(formatting)를 이용해 쿼리를 작성하는 것은 정말 좋지 않은 방법이다. 다음과 같이 문자열을 조작하면 데이터 웨어하우스가 SQL 주입 공격(SQL injection attack)의 위험에 노출된다.
>
> **예제 5-49** SQL 주입 공격의 위험이 있는 쿼리의 예
>
> ```
> query2 = """
> SELECT
>   start_station_name
>   , COUNT(duration) AS num_trips
> FROM `bigquery-public-data`.london_bicycles.cycle_hire
> WHERE duration >= {}
> GROUP BY start_station_name
> ORDER BY num_trips DESC
> LIMIT 10
> """.format(min_duration)
> ```
>
> 특히 사용자의 입력을 토대로 쿼리를 구성할 때는 파라미터 쿼리(parameterized query)를 사용할 것을 강력히 권장한다.

이름이 지정된 파라미터named parameters를 가진 쿼리를 실행할 때는 해당 파라미터 값을 job_config 파라미터를 통해 전달해야 한다.

**예제 5-50** 파라미터를 이용해 쿼리를 실행하는 파이썬 코드

```
config = bigquery.QueryJobConfig()
config.query_parameters = [
  bigquery.ScalaQueryParameter('min_duration', "INT64", 600)
]
job = bq.query(query2, location='EU', job_config=config)
```

이 예제에서는 사용 시간이 600초 이상인 사용 횟수를 조회하고 있다.

앞서 살펴봤듯이, 반환된 작업을 반복적으로 읽어 행을 조회할 수 있으며, 각 row 함수는 컬럼 이름과 값의 딕셔너리처럼 사용하면 된다.

**예제 5-51** 가져온 쿼리 결과를 출력하는 파이썬 코드

```
fmt = '{!s:<40} {:>10d}'
for row in job:
  fields = (row['start_station_name'],
            row['num_trips'])
  print(fmt.format(*fields))
```



이 코드를 실행하면 다음과 같은 결과를 얻게 된다.

```
Hyde Park Corner, Hyde Park                 203592
Belgrove Street, King's Cross               168110
Waterloo Station 3, Waterloo                148809
Albert Gate, Hyde Park                      145794
Black Lion Gate, Kensington Gardens         137930
Waterloo Station 1, Waterloo                106092
Wellington Arch, Hyde Park                  102770
Triangle Car Park, Hyde Park                99368
Wormwood Street, Liverpool Street           82483
Palace Gate, Kensington Gardens             80342
```

이 절에서는 테이블이나 데이터셋 조작, 데이터 쿼리, 또는 스트리밍 삽입 등 빅쿼리 작업을 프로그래밍 방식으로 실행하는 방법에 대해 살펴봤다. 프로그래밍 API, 특히 구글 클라우드 클라이언트 라이브러리는 빅쿼리에 접근해야 하는 애플리케이션을 개발할 때는 언제든지 활용할 수 있다.

하지만 어떤 경우에는 좀 더 고수준의 추상화를 활용하는 것이 좋다. 자세한 내용은 다음 절에서 알아본다.

## 데이터 과학 도구에서 빅쿼리 사용하기

노트북notebook은 데이터 과학을 수행하는 방법을 혁신했다. 노트북은 데이터 과학의 전설인 도널드 커누스Donald Knuth가 소개한 프로그래밍 패러다임인 '문학적 프로그래밍literate programming'의 일종으로, 컴퓨터 코드에 주제, 텍스트, 도면plot 등을 혼합하는 방법을 사용하며, 이런 이유로 노트북은 프로그램의 실행과 대화형 보고서를 동시에 제공한다.

가장 대중적인 노트북 프레임워크인 주피터Jupyter는 파이썬을 포함한 여러 언어를 지원한다. 주피터에서 노트북은 코드를 입력하고 실행할 수 있는 웹 기반의 대화형 문서다. 코드의 출력은 문서에 곧바로 내장된다embedded.

## 구글 클라우드 플랫폼의 노트북

구글 클라우드 플랫폼GCP에서 노트북을 생성하려면 딥러닝 가상 머신을 실행하고 주피터 URL을 얻어오면 된다. 이 작업은 GCP 클라우드 콘솔의 AI Platform 섹션이나 gcloud 명령줄 도구를 이용해 자동화할 수 있다.[13]

**예제 5-52** GCP에서 노트북을 생성하는 명령

```
#!/bin/bash

gcloud beta notebooks instances create bqbook \
        --location=us-west1-a \
        --vm-image-family=tf-latest-cpu \
        --vm-image-project=deeplearning-platform-release \
        --machine-type=n1-standard-2
```

URL을 로드하면 (또는 GCP 클라우드 콘솔의 AI Platform Notebooks 섹션에서 OPEN JUPYTERLAB 링크를 클릭하면) 주피터가 로드된다. 파이썬3 노트북을 생성하는 버튼을 클릭하면 코드를 입력할 수 있다.

클라우드 AI Platform 노트북에는 이미 구글 클라우드 빅쿼리 클라이언트 라이브러리가 설치되어 있지만, 다른 주피터 환경을 실행 중이라면 다음 코드를 이용해서 라이브러리를 설치하고 필요한 확장 기능을 로드해야 한다.

**예제 5-53** 노트북에서 빅쿼리 라이브러리를 설치하는 명령

```
!pip install google-cloud-bigquery
%load_ext google.cloud.bigquery
```

주피터 노트북에서는 느낌표(!)로 시작하는 모든 줄은 명령줄 셸을 이용해서 실행되며 퍼센트 기호(%)로 시작되는 줄은 매직magic이라고 부르는 확장 기능extension을 실행한다. 그러므로 앞서

13 이 스크립트는 깃허브 저장소의 ch05/launch_notebook.sh 파일에서 찾을 수 있다.

살펴본 코드에서 `pip install` 줄은 명령줄에서 실행되며, 그다음 줄은 `load_ext`라는 확장 기능을 이용해서 빅쿼리 매직을 로드한다.

깃 아이콘(그림 5-4에 표시되어 있다)을 클릭해서 이 책의 저장소를 클론clone하면 그림 5-4처럼 https://github.com/onlybooks/bigquery 저장소가 클론된다.

ch05/magics.ipynb 파일을 찾아서 이 절의 코드를 파일에 직접 입력해 보기 바란다. 노트북의 `PROJECT` 변수는 프로젝트 이름으로 바꿔 넣으면 된다. 그런 다음 맨 위의 메뉴에서 Run ➤ Run All Cells를 차례로 클릭한다.

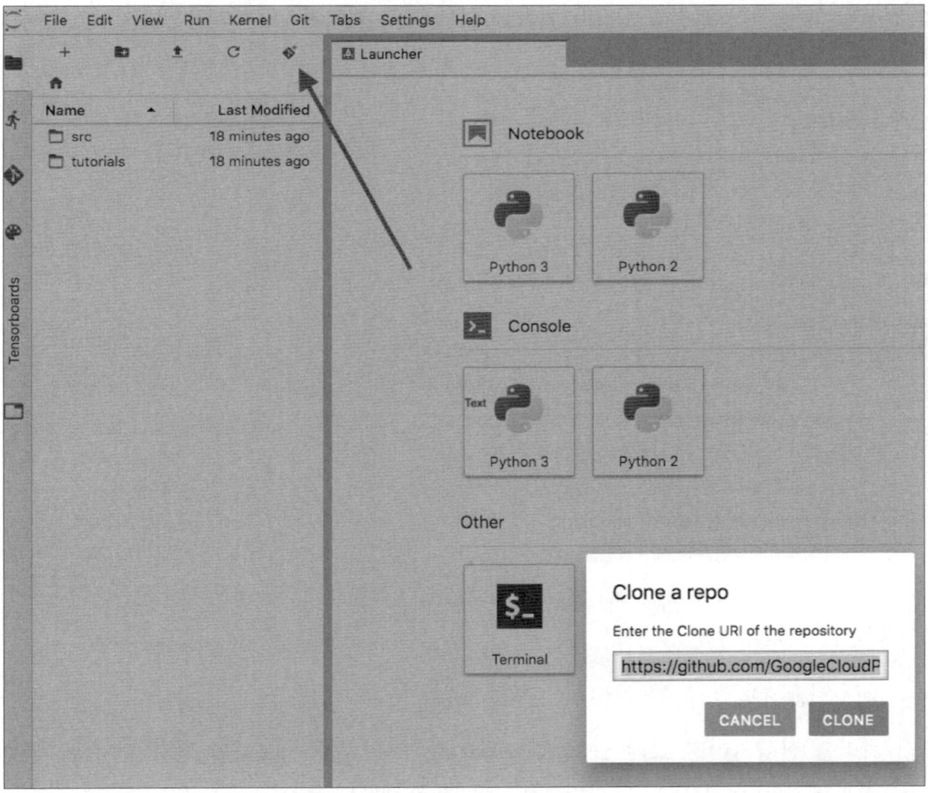


그림 5-4 (화살표가 가리키는) 깃 아이콘을 클릭해 저장소를 클론하는 모습

## 주피터 매직

주피터용 빅쿼리 확장 기능을 사용하면 노트북에서 손쉽게 쿼리를 실행할 수 있다. 예를 들어 쿼리를 실행하려면 셀의 맨 위에 `%%bigquery`를 명시하면 된다.

**예제 5-54** 노트북에서 쿼리를 실행하는 쿼리

```
%%bigquery --project $PROJECT
SELECT
  start_station_name
  , AVG(duration) AS duration
  , COUNT(duration) AS num_trips
FROM `bigquery-public-data`.london_bicycles.cycle_hire
GROUP BY start_station_name
ORDER BY num_trips DESC
LIMIT 5
```

이 셀을 실행하면 이 코드는 그림 5-5처럼 쿼리를 실행해 그 결과를 표로 보여준다.

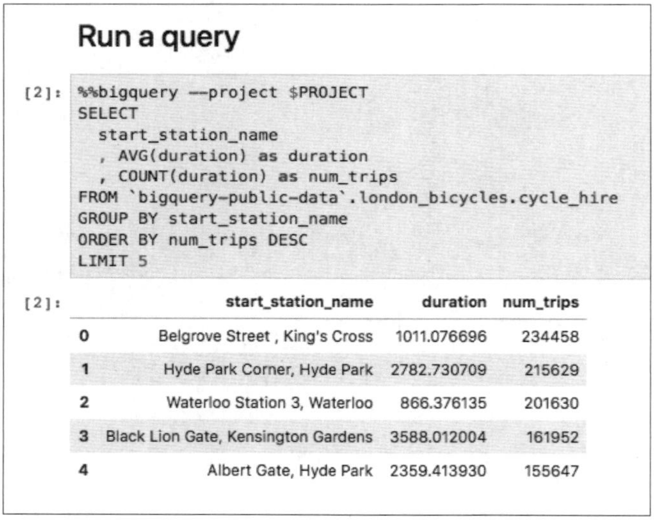


그림 5-5 쿼리의 실행 결과가 문서에 내장된 모습

■ 파라미터 쿼리 실행하기

파라미터 쿼리를 실행하려면 그림 5-6처럼 --params 스위치를 지정하면 된다. 대부분 파라미터는 파이썬 변수로 표현하며 노트북의 다른 곳에 정의하면 된다.

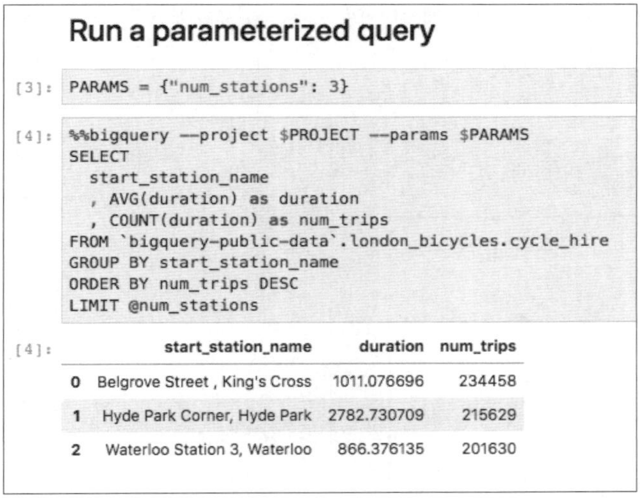


그림 5-6 노트북에서 파라미터 쿼리를 실행하는 방법

앞서 예제의 파라미터는 파이썬 변수로 표현한 대여소 개수로, 이 변수를 SQL 쿼리에 전달해 결과에 포함될 행의 수를 지정하고 있다.

- 쿼리 결과를 판다스로 저장하기

  쿼리의 결과를 판다스로 저장하려면 판다스 데이터프레임이 참조할 변수의 이름(예를 들면 df)을 지정해야 한다.

**예제 5-55** 쿼리 결과를 판다스로 저장하는 쿼리

```
%%bigquery df --project $PROJECT
SELECT
  start_station_name
  , AVG(duration) AS duration
  , COUNT(duration) AS num_trips
FROM `bigquery-public-data`.london_bicycles.cycle_hire
GROUP BY start_station_name
ORDER BY num_trips DESC
```

이제 변수 df를 다른 판다스 데이터프레임처럼 사용할 수 있다. 예를 들어 df 안의 숫자 컬럼의 통계를 다음과 같이 구할 수 있다.

```
df.describe()
```

이제 판다스의 플롯plot 명령으로 그림 5-7처럼 전체 대여소의 사용 횟수와 평균 사용 시간을 표현하는 산점도scatter plot 그래프를 그릴 수 있다.

```
[7]: df.plot.scatter('duration', 'num_trips');
```

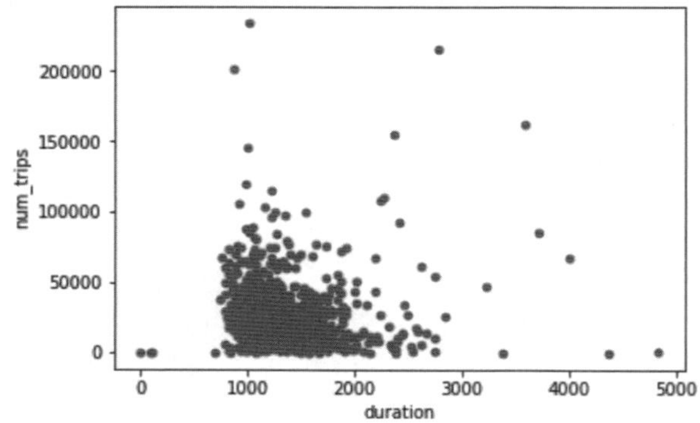


그림 5-7 빅쿼리의 실행 결과를 저장한 판다스 데이터프레임으로 그린 그래프

## 빅쿼리, 판다스, 주피터의 결합

앞에서 구글 클라우드 빅쿼리 클라이언트 라이브러리와 판다스 간의 관계를 설명했다. 판다스는 파이썬 데이터 분석 분야에서는 사실상의 표준이나 다름없으므로, 보편적인 데이터 과학 워크플로우를 설명하기 위해 이 세 가지 기능을 모두 활용하는 것이 도움이 될 것이다.

고객지원 팀으로부터 어떤 대여소의 고장 난 자전거에 대한 접수를 전달받았다고 가정해 보자. 이제 직원을 보내 문제가 있는 대여소의 자전거를 무작위로 검사하도록 하고 싶다. 이때 무작위로 검사할 대여소를 어떻게 선택할 수 있을까? 고객으로부터 불편이 접수된 대여소를 선택해도 무방하겠지만, 이용 고객이 많으면 많을수록 불편이 더 많이 접수되는 경향이 있을 것이다.

만일 누군가 어떤 대여소에서 자전거를 빌린 지 10분도 채 되지 않아 다시 원래 대여소로 되돌려 놓았다면 아마도 그 자전거에 문제가 있었기 때문이라고 추정할 수 있다. 이런 상황을 '망친 나들이bad trip'이라고 부르기로 하자(고객 관점에서는 오랜만의 자전거 나들이를 망쳤으므로). 그러면 망친 나들이가 빈번하게 발생하는 대여소에서 무작위 검사를 실행하도록 하면 된다.

망친 나들이의 비율을 확인하려면 주피터 매직으로 빅쿼리를 쿼리해서 그 결과를 `badtrips`라는 이름의 판다스 데이터프레임에 저장하면 된다.

**예제 5-56** 빅쿼리 쿼리 결과를 판다스 데이터프레임에 저장하는 쿼리

```
%%bigquery badtrips --project $PROJECT

WITH all_bad_trips AS (
  SELECT
    start_station_name
    , COUNTIF(duration < 600 AND start_station_name = end_station_name) AS bad_trips
    , COUNT(*) AS num_trips
  FROM `bigquery-public-data`.london_bicycles.cycle_hire
  WHERE EXTRACT(YEAR FROM start_date) = 2015
  GROUP BY start_station_name
  HAVING num_trips > 10
)
SELECT *, bad_trips / num_trips AS fraction_bad FROM all_bad_trips
ORDER BY fraction_bad DESC
```

WITH 절에서 총 사용 시간이 600초 미만이고 출발 대여소와 도착 대여소가 같은 사용자의 수를 확인한다. 이 결과를 start_station_name 컬럼으로 그룹을 지으면, 각 대여소의 총 사용 횟수와 그중 망친 나들이에 해당하는 사용 횟수를 얻을 수 있다. 다른 쿼리는 각 대여소에서 망친 나들이의 비율을 구한다. 이 결과는 다음과 같다(처음 몇 개의 행만 보여주고 있다).

| start_station_name | bad_trips | num_trips | fraction_bad |
|---|---|---|---|
| Contact Centre, Southbury House | 20 | 48 | 0.416667 |
| Monier Road, Newham | 1 | 25 | 0.040000 |
| Aberfeldy Street, Poplar | 35 | 955 | 0.036649 |
| Ormonde Gate, Chelsea | 315 | 8932 | 0.035266 |
| Thornfield House, Poplar | 28 | 947 | 0.029567 |

이 표에서 맨 위에 있는 대여소는 분명히 뭔가 이상해 보인다. Southbury House 대여소의 사용 횟수는 48회뿐인데 망친 나들이 횟수가 무려 20회에 달한다! 어쨌든 판다스 데이터프레임의 통계를 통해 확인해 보자.

**예제 5-57** 판다스 데이터프레임의 통계를 확인하는 파이썬 코드

```
badtrips.describe()
```

이 명령은 다음과 같은 결과를 반환한다.

| | bad_trips | num_trips | fraction_bad |
|---|---|---|---|
| count | 823.000000 | 823.000000 | 832.000000 |
| mean | 75.074119 | 11869.755772 | 0.007636 |
| std | 70.512207 | 9906.268656 | 0.014739 |
| min | 0.000000 | 11.000000 | 0.000000 |
| 25% | 41.000000 | 5903.000000 | 0.005002 |
| 50% | 62.000000 | 9998.000000 | 0.06369 |
| 75% | 91.500000 | 14852.500000 | 0.008383 |
| max | 967.000000 | 95740.000000 | 0.416667 |

이 결과를 보면 fraction_bad 컬럼 값의 범위가 0부터 0.417(최솟값과 최댓값을 확인해 보자)임은 알 수 있지만, 각 대여소의 차이가 심하므로 이 비율이 어떻게 서로 연관되어 있는지는 알기가 어렵다. 예를 들어 총 사용 횟수의 범위는 11부터 95,740으로 그 차이가 매우 크다.

명확한 트렌드를 살펴보기 위해 산포도를 살펴보자.

**예제 5-58** 판다스 데이터프레임의 산포도를 확인하는 파이썬 코드

```
badtrips.plot.scatter('num_trips', 'fraction_bad');
```

이 결과는 그림 5-8과 같다.

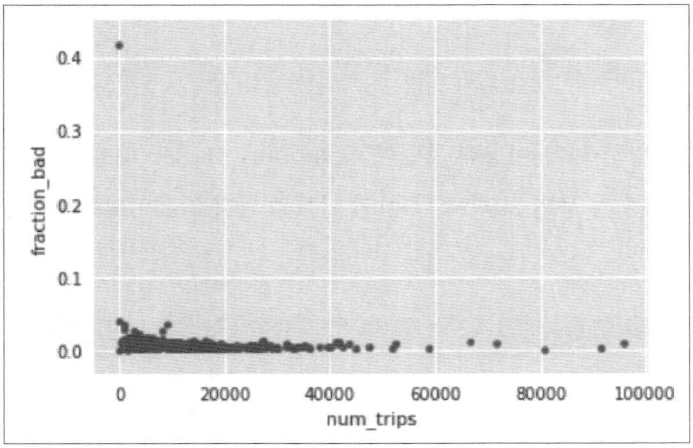


그림 5-8 이 그래프를 보면 fraction_bad 컬럼의 최댓값은 num_trips 컬럼의 값이 작은 대여소와 관련이 있다

이 그래프를 보면 fraction_bad 컬럼의 값이 높을수록 관련된 대여소의 num_trips 컬럼 값이 낮다는 점을 알 수 있지만 0.4라는 예외 때문에 그 트렌드가 명확하게 보이지 않는다. seaborn 패키지를 이용해서 데이터를 조금 더 자세히 들여다보자.

**예제 5-59** seaborn 패키지로 데이터를 확인하는 파이썬 코드

```
import seaborn as sns
ax = sns.regplot(badtrips['num_trips'],badtrips['fraction_bad']);
ax.set_ylim(0, 0.05);
```

그림 5-9의 그래프는 대여소의 사용 횟수와 망친 나들이 간의 트렌드를 훨씬 더 자세히 보여주고 있다.

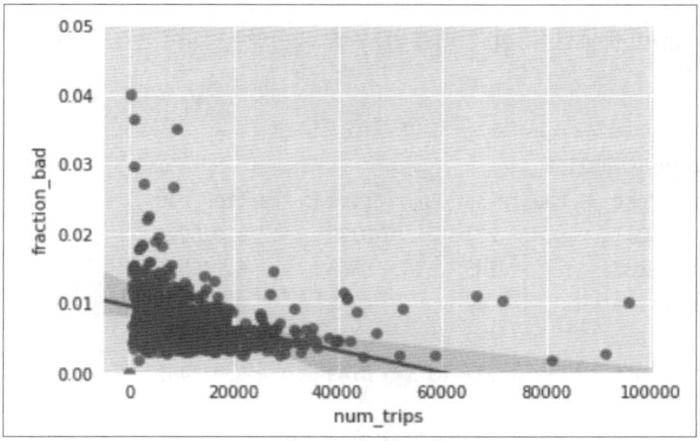


그림 5-9 이제 num_trips 컬럼 값이 낮은 대여소일수록 fraction_bad 컬럼 값이 높다는 점이 명확해졌다.

fraction_bad 컬럼 값이 높을수록 num_trips 컬럼 값이 낮으므로 단순히 fraction_bad 컬럼 값이 높은 대여소로 직원을 보내서는 안 된다. 그렇다면 임의 조사를 수행할 대여소를 어떻게 골라야 할까?

한 가지 방법은 사용 빈도가 높은 대여소 중에서 상황이 좋지 않은 5곳을 선택하고, 그다음으로 사용 빈도가 높은 대여소 중 5곳을 선택해 나가는 방법이다. 그러려면 num_trips 컬럼 값을 기준으로 대여소의 변위치quantile을 구해 4개의 묶음band를 만들고, 각 묶음 안에서 망친 나들이 비율이 가장 높은 5개의 대여소를 찾으면 된다. 다음 코드를 살펴보자.

**예제 5-60** 임의 조사를 수행할 대여소를 선택하는 파이썬 코드

```
stations_to_examine = []
for band in range(1,5):
  min_trips = badtrips['num_trips'].quantile(0.2*(band))
  max_trips = badtrips['num_trips'].quantile(0.2*(band+1))
  query = 'num_trips >= {} and num_trips < {}'.format(
                                    min_trips, max_trips)
  print(query) # 묶음을 찾는다
  stations = badtrips.query(query)
  stations = stations.sort_values(
                  by=['fraction_bad'], ascending=False)[:5]
  print(stations) # 망친 나들이 비율이 가장 높은 5개
  stations_to_examine.append(stations)
  print()
```

첫 번째 묶음은 사용 빈도순으로 20번째에서 40번째 백분위 수에 해당하는 대여소로 구성되어 있다.

```
num_trips >= 4826.4 and num_trips < 8511.8
                  start_station_name   bad_trips   num_trips   fraction_bad
6          River Street, Clerkenwell         221        8279       0.026694
9    Courland Grove, Wandsworth Road         105        5369       0.019557
10          Stanley Grove, Battersea          92        4882       0.018845
12               Southern Grove, Bow         112        6152       0.018205
18     Richmond Way, Shepherd's Bush         127        8149       0.015462
```

마지막 묶음은 사용 빈도순으로 80번째에서 100번째 백분위 수에 해당하는 대여소로 구성되어 있다.

```
num_trips >= 16509.2 and num_trips < 95740.0
                  start_station_name   bad_trips   num_trips   fraction_bad
25  Queen's Gate, Kensington Gardens         396       27457       0.014423
74      Speakers' Corner 2, Hyde Park         468       41107       0.011385
76        Cumberland Gate, Hyde Park         303       26981       0.011230
77            Albert Gate, Hyde Park         729       66547       0.010955
82      Triangle Car Park, Hyde Park         454       41675       0.010894
```

첫 번째 묶음에서는 `fraction_bad` 컬럼 값이 0.015인 대여소가 포함되어 있지만, 마지막 묶음에서는 `fraction_bad` 컬럼 값이 0.01에 불과한 대여소도 포함되어 있다. 그 차이가 크지 않다고 생각할 수도 있겠지만, 무려 50%나 차이가 난다.

이제 이 판다스 데이터프레임을 이용해 여러 묶음을 결합한 후, 빅쿼리 API를 이용해 이 대여소를 다시 빅쿼리에 기록한다.

**예제 5-61** 판다스 데이터프레임의 데이터를 빅쿼리에 기록하는 파이썬 코드

```
stations_to_examine = pd.concat(stations_to_examine)
bq = bigquery.Client(project=PROJECT)
tblref = TableReference.from_string(
                  '{}.ch05eu.bad_bikes'.format(PROJECT))
job = bq.load_table_from_dataframe(stations_to_examine, tblref)
job.result() # 중단 후 대기
```

조사할 대여소를 영구 저장소에 저장했으니 직원을 위해 이 데이터를 출력해야 한다. 가장 좋은 형태는 지도에 표시하는 것인데, 대여소의 위도와 경도를 안다면 파이썬으로 지도를 생성할 수 있다. 물론 cycle_stations 테이블[14]에는 각 대여소의 위치가 포함되어 있다.

**예제 5-62** 앞서 생성한 테이블을 조인하는 쿼리

```
%%bigquery stations_to_examine --project $PROJECT
SELECT
  start_station_name AS station_name , num_trips
  , fraction_bad
  , latitude
  , longitude
FROM ch05eu.bad_bikes AS bad
JOIN `bigquery-public-data`.london_bicycles.cycle_stations AS s
ON bad.start_station_name = s.name
```

이 쿼리의 결과는 다음 표와 같다(결과의 일부만 표시되어 있다).

| station_name | num_trips | fraction_bad | latitude | longitude |
|---|---|---|---|---|
| Ormonde Gate, Chelsea | 8932 | 0.035266 | 51.487964 | –0.161765 |
| Stanley Grove, Battersea | 4882 | 0.018845 | 51.470475 | –0.152130 |
| Courland Grove, Wandsworth Road | 5369 | 0.019557 | 51.472918 | –0.132103 |
| Southern Grove, Bow | 6152 | 0.018205 | 51.523538 | –0.030556 |

14 바로 이 점이 데이터 웨어하우스의 강점이다. 기업의 데이터를 중앙의 저장소로 가져오면 분석가는 필요한 기업 데이터를 그저 조인만 하면 된다.

이제 위치 정보를 확보했으니 folium 패키지를 이용해 지도에 위치를 표시하면 된다.

**예제 5-63** folium 패키지로 조회한 데이터를 지도에 표시하는 파이썬 코드

```
import folium
map_pts = folium.Map(location=[51.5, -0.15], zoom_start=12)
for idx, row in stations_to_examine.iterrows():
  folium.Marker( location=[row['latitude'], row['longitude']],
                 popup=row['station_name'] ).add_to(map_pts)
```

이 코드는 그림 5-10처럼 검사가 필요한 대여소를 직원들이 편리하게 방문할 수 있도록 대화형 지도를 만든다.

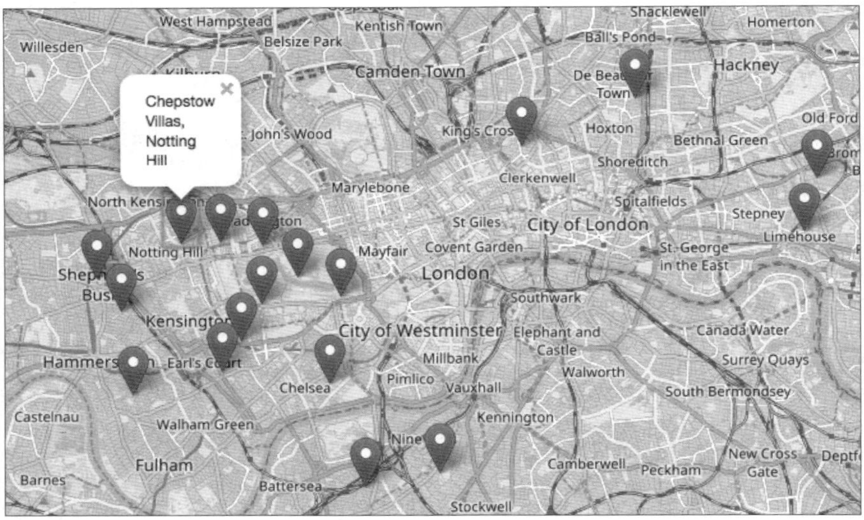


그림 5-10 검사가 필요한 대여소가 표시된 대화형 지도

지금까지의 내용처럼 데이터 분석 작업을 위해 빅쿼리, 판다스, 그리고 주피터를 유기적으로 통합할 수 있다. 빅쿼리는 수백만 건의 자전거 대여 기록의 집계를 계산하고, 판다스는 분석 작업을 실행하며, folium 같은 파이썬 패키지는 그 결과를 대화형으로 시각화한다.

## R에서 빅쿼리 다루기

파이썬은 데이터 과학 분야에서 대중적인 언어 중 하나이지만, 오래된 프로그래밍 언어이자 통계 및 그래프를 위한 소프트웨어 환경에서 사용하는 R도 상당히 많이 사용된다.

R에서 빅쿼리를 사용하려면 CRAN에서 bigrquery 라이브러리를 설치해야 한다.

**예제 5-64** 빅쿼리 라이브러리를 설치하는 R 코드

```
install.packages("bigrquery", dependencies=TRUE)
```



다음 코드로 자전거 데이터셋을 R에서 쿼리할 수 있다.

**예제 5-65** 데이터셋을 조회하는 R 코드

```
billing <- 'cloud-training-demos' # 본인의 프로젝트 이름을 사용한다
sql <- "
SELECT
  start_station_name
  , AVG(duration) AS duration
  , COUNT(duration) AS num_trips
  FROM `bigquery-public-data`.london_bicycles.cycle_hire
  GROUP BY start_station_name
  ORDER BY num_trips DESC
  LIMIT 5
"

tbl <- bq_project_query(billing, sql)
bq_table_download(tbl, max_results=100)
grid.tbl(tbl)
```

bq_project_query 함수로 빅쿼리에 쿼리를 생성한 다음에 bq_table_download 함수로 쿼리를 실행한다.

R도 주피터 노트북에서 사용할 수 있다. 주피터용 conda 환경[15]에서는 다음 명령으로 R 확장 기능을 로드해 사용할 수 있다.

**예제 5-66** 주피터 노트북에 R 확장 기능을 로드하는 코드

```
!conda install rpy2
%load_ext rpy2.ipython
```

15 이 책을 집필하는 현재, GCP의 노트북 인스턴스용 PyTorch 이미지는 conda로 구현되어 있다.

대여소의 위치를 기준으로 거치대의 개수를 예측할 선형 회귀 데이터를 확보하려면 먼저 빅쿼리로부터 R 데이터프레임을 만들어야 한다.

**예제 5-67** R 데이터프레임을 생성하는 쿼리

```
%%bigquery docks --project $PROJECT
SELECT
  docks_count, latitude, longitude
FROM `bigquery-public-data`.london_bicycles.cycle_stations
WHERE bikes_count > 0
```

그런 다음에 파이썬용 주피터 매직처럼 R용 주피터 매직을 실행하면 된다. 다음과 같이 docks 데이터프레임에 선형 모델링Linear Modeling(lm)을 실행하는 R 매직을 사용해 보자.

**예제 5-68 선형 모델링을 실행하는 R 매직 코드**

```
%%R -i docks
mod <- lm(docks ~ latitude + longitude)
summary(mod)
```

## 클라우드 데이터플로우

클라우드 데이터플로우는 4장에서 빅쿼리로 MySQL로부터 데이터를 로드하는 방법으로 살펴봤다. 클라우드 데이터플로우는 아파치 빔Apache Beam으로 작성된 파이프라인을 실행하는 관리형 서비스다. 데이터플로우가 데이터 과학에서 상당히 유용한 이유는 SQL에서는 실행하기 어려운 데이터 변형을 지원하기 때문이다. 현 시점에서 빔 파이프라인은 파이썬, 자바, 고Go로 작성할 수 있으며, 그중 자바가 가장 안정적이다.

데이터플로우를 유용하게 활용할 수 있는 예로, 그림 5-11과 같이 개별 자전거 대여소의 대여 시간 분포를 생각해 보자.

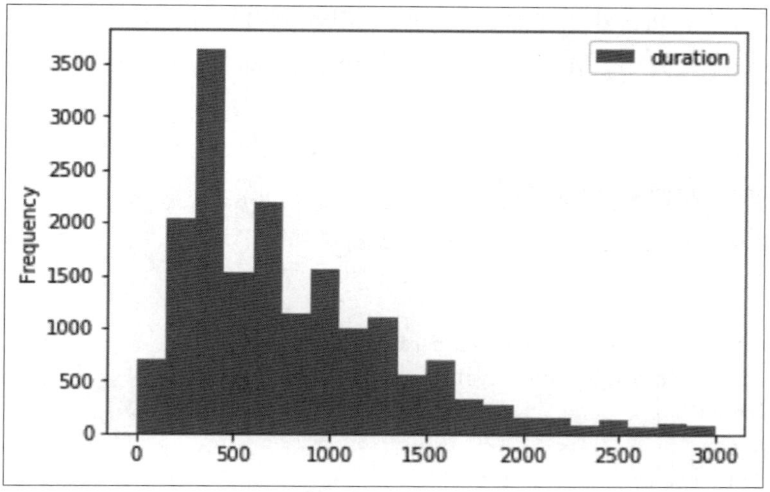


그림 5-11 한 대여소의 자전거 대여 시간의 분포

그림 5-11에서 x = 1000이고 y = 1500인 지점의 막대는 약 1,500건의 대여가 발생했으며 사용 시간은 대략 1,000초임을 알 수 있다.

빅쿼리 테이블에 특정 사용 시간이 저장되어 있기는 하지만, 이 값들의 이론적 분포theoretical distribution 적합도를 구해서 가격과 가용성 변화를 손쉽게 시뮬레이션하며 연구하는 것이 도움되기도 한다. 파이썬에서 사용 시간 값을 배열로 만들면 scipy 패키지를 이용해 감마 분포 적합도gamma distribution fit의 파라미터를 쉽게 계산할 수 있다.

**예제 5-69** 감마 분포 적합도를 계산하는 파이썬 코드

```
from scipy import stats
ag,bg,cg = stats.gamma.fit(df['duration'])
```

모든 대여소별로 대여 시간에 대한 감마 분포 적합도 파라미터를 계산하고 싶다고 가정해 보자. SQL에서는 쉽지 않지만, 파이썬에서는 쉽게 할 수 있는 작업이므로 감마 적합도를 분산해서 계산하는 데이터플로우 작업을 작성할 수 있다. 즉 머신의 클러스터에서 감마 적합도를 병렬로 계산할 수 있다는 의미다.

이 파이프라인은 우선 쿼리[16]를 이용해 각 대여소의 대여 기간을 가져온 후, 결과 데이터를 compute_fit 메서드에 전달해서 계산이 완료된 결과를 빅쿼리의 station_stats 테이블[17]에 기록한다.

**예제 5-70 쿼리 실행 및 계산 결과를 빅쿼리에 내보내는 파이썬 코드**

```
opts = beam.pipeline.PipelineOptions(flags = [], **options)
RUNNER = 'DataflowRunner'
query = """
  SELECT start_station_id, ARRAY_AGG(duration) AS duration_array
  FROM `bigquery-public-data.london_bicycles.cycle_hire`
  GROUP BY start_station_id
"""
with beam.Pipeline(RUNNER, options = opts) as p:
  (p
    | 'read_bq' >> beam.io.Read(beam.io.BigQuerySource(query=query))
    | 'compute_fit' >> beam.Map(compute_fit)
    | 'write_bq' >> beam.io.gcp.bigquery.WriteToBigQuery(
        'ch05eu.station_stats',
schema='station_id:string,ag:FLOAT64,bg:FLOAT64,cg:FLOAT64')
 )
```

compute_fit 메서드는 빅쿼리의 행을 표현하는 딕셔너리를 입력으로 받아 원하는 결과 행을 표현하는 딕셔너리를 반환하는 파이썬 함수다.

**예제 5-71** compute_fit 메서드

```
def compute_fit(row):
  from scipy import stats
  result = {}
  result['station_id'] = row['start_station_id']
  durations = row['duration_array']
  ag, bg, cg = stats.gamma.fit(durations)
  result['ag'] = ag
  result['bg'] = bg
  result['cg'] = cg
  return result
```

16 이 쿼리는 데이터플로우 작업의 일부로 비용이 발생하게 된다.

17 깃허브 저장소에서 ch05/statfit.ipynb 파일을 참고하기 바란다.

이렇게 하면 적합도 값이 목적지 테이블에 기록된다.

데이터플로우 작업을 시작하면, 그림 5-12처럼 GCP 클라우드 콘솔에서 모니터링이 가능하며 대여소를 병렬로 처리하는 과정에서 작업이 자동적으로 확장audoscaling되는 과정도 볼 수 있다.

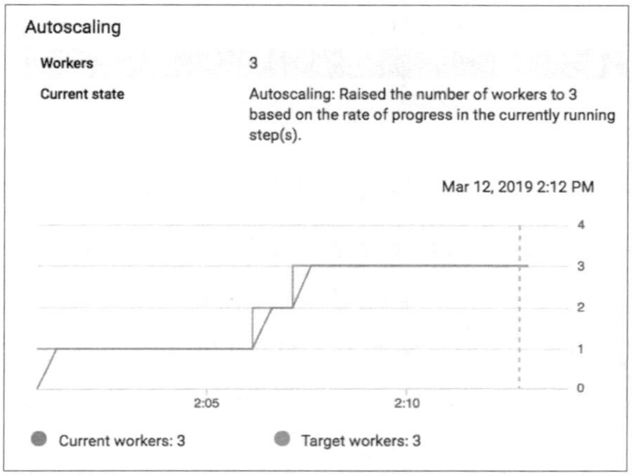


그림 5-12 데이터플로우 작업은 각 단계의 처리량에 따라 크기가 자동으로 확장되는 클러스터에서 병렬로 실행된다

데이터플로우 작업이 완료되면 테이블을 쿼리해서 대여소의 통계를 얻어 감마 분포의 파라미터로 사용할 수 있다(그래프는 깃허브의 노트북을 참고한다).

## JDBC/ODBC 드라이버

빅쿼리는 구조화된 데이터를 위한 웨어하우스이므로, 자바 혹은 .NET 애플리케이션에서 JDBCJava Database Connectivity와 OBDCOpen Database Connectivity같이 데이터베이스 관련 API를 활용해 빅쿼리 데이터베이스 드라이버와 통신할 수 있다면 편리할 것이다. 새로 작성하는 애플리케이션에는 이 방법보다 클라이언트 라이브러리를 사용하기를 권한다. 하지만 데이터베이스와 통신하는 레거시 애플리케이션을 아직 보유 중이고 최소한의 코드 변경으로 빅쿼리를 도입하고자 한다면 JDBC/ODBC 드라이버를 사용하면 최선의 결과를 도출할 수 있다.

> JDBC/ODBC 드라이버는 빅쿼리 기능의 일부만을 지원하므로 (어떤 언어를 선택하든) 클라이언트 라이브러리를 사용할 것을 강력히 권한다. 지원되지 않는 기능 중에는 대용량 데이터 적재(이전 장에서 설명했던 다양한 데이터 로드 기법들), 대용량 내보내기(데이터 이동이 느려진다는 의미), 그리고 필드의 중첩/반복(7장에서 소개할 여러 가지 성능 최적화를 사용할 수 없다는 의미) 등이 있다. JDBC/ODBC 드라이버를 이용해 새 시스템을 디자인한다면, 결국 엄청난 기술 부채(technical debt)에 시달리게 된다.

구글 파트너는 빅쿼리 표준 SQL 쿼리[18]를 실행할 수 있는 기능을 갖춘 ODBC와 JDBC 드라이버를 제공한다. 예를 들어 자바 드라이버를 설치하려면 ZIP 파일을 내려받아 압축을 해제한 후 모든 자바 아카이브JAR, Java Archive 파일을 자바 애플리케이션의 클래스패스classpath 폴더로 옮겨주면 된다. 자바 애플리케이션에서 드라이버를 사용하려면 연결 정보를 명시한 설정 파일을 수정해야 한다. 자바 애플리케이션이 사용할 인증을 구성하고 연결 문자열connection string을 생성하는 방법에는 여러 가지가 있다.

## 빅쿼리 데이터를 G 스위트의 구글 슬라이드에 포함하기

구글 앱스 스크립트를 이용하면 빅쿼리 프로젝트의 관리, 데이터 업로드, 그리고 쿼리의 실행 등을 수행할 수 있다. 이 기능은 구글 독스Google Docs, 구글 시트Google Sheets 또는 구글 슬라이드Google Slides에서 빅쿼리 데이터를 자동으로 조작하고자 할 때 유용하다.

예를 들어 런던 자전거 데이터의 분석 결과를 슬라이드로 만든다고 가정해 보자. 그러려면 먼저 https://script.google.com/create에서 새 스크립트를 생성한다. 그런 다음 **Resources** 메뉴에서 **Advanced Google Services**를 선택한 후 **BigQuery API**를 선택한다(필요하다면 프로젝트 이름을 지정한다).

완전한 앱스 스크립트의 코드는 깃허브 저장소에서 찾을 수 있으니 이 스크립트를 복사해 텍스트 편집기에 붙여 넣고, 스크립트의 맨 위에서 `PROJECT_ID`를 변경하고 `createBigQueryPresentation` 함수를 선택한 후 **실행** 버튼을 클릭한다. 이 과정은 그림 5-13에 나타내었다.

18 자세한 내용은 https://cloud.google.com/bigquery/partners/simba-drivers/와 https://www.simba.com/drivers/bigquery-odbc-jdbc/ 문서를 참고하기 바란다.

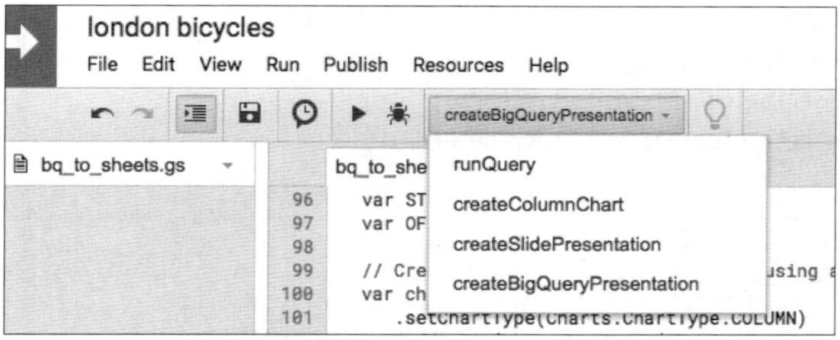


그림 5-13 구글 앱스 스크립트를 이용해 빅쿼리 데이터를 바탕으로 프레젠테이션을 생성하는 모습

이 스크립트가 생성하는 스프레드시트와 슬라이드는 구글 드라이브Google Drive에 저장된다(Views ➤ Logs 메뉴를 선택하면 각 문서에 대한 URL을 찾을 수 있다). 슬라이드는 그림 5-14의 화면과 유사하게 보일 것이다.

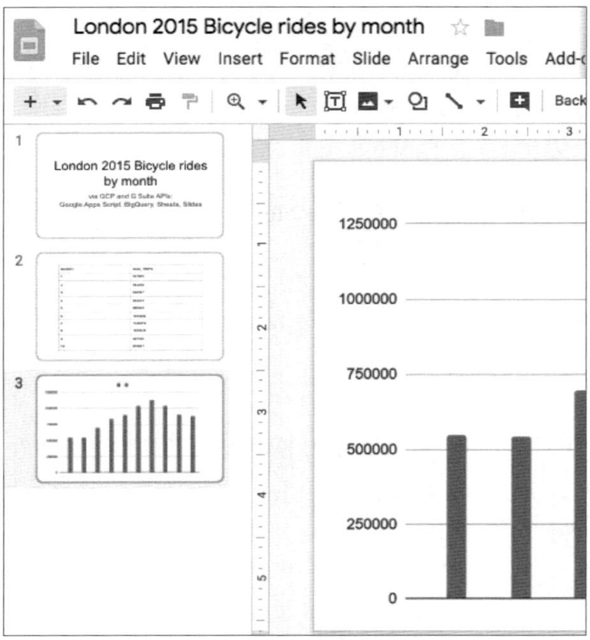


그림 5-14 구글 앱스 스크립트가 생성한 슬라이드

createBigQueryPresentation 함수는 다음과 같은 코드로 구성되어 있다.

**예제 5-72** createBigQueryPresentation 자바스크립트 함수

```
function createBigQueryPresentation() {
  var spreadsheet = runQuery();
```

```
    Logger.log('Results spreadsheet created: %s', spreadsheet.getUrl());
    var chart = createColumnChart(spreadsheet);
    var deck = createSlidePresentation(spreadsheet, chart);
    Logger.log('Results slide deck created: %s', deck.getUrl());
  }
```

기본적으로 이 메서드는 세 가지 기능(메서드)을 호출한다.

- 쿼리를 실행하고 결과를 구글 스프레드시트에 저장하는 runQuery 메서드
- 스프레드시트의 데이터로 차트를 생성하는 createColumnChart 메서드
- 구글 슬라이드에 슬라이드를 생성하는 createSlidePresentation 메서드

runQuery( ) 메서드는 앱스 스크립트Apps Scripts 클라이언트 라이브러리를 이용해 빅쿼리를 호출하고 실행 결과 페이지를 조회한다.

**예제 5-73** 스프레드시트에 데이터 행을 추가하는 자바스크립트 코드

```
var queryResults = BigQuery.Jobs.query(request, PROJECT_ID);
var rows = queryResults.rows;
  while (queryResults.pageToken) {
    queryResults = BigQuery.Jobs.getQueryResults(PROJECT_ID, jobId, {
      pageToken: queryResults.pageToken
    });
    rows = rows.concat(queryResults.rows);
  }
```

그런 다음에 스프레드시트를 생성하고 시트에 데이터 행을 추가한다. 앱스 스크립트의 다른 두 함수는 그래프를 그리고 슬라이드를 생성한 후 이 두 종류의 데이터를 슬라이드 덱slide deck에 추가한다.

## 빅쿼리와 배시 스크립팅

bq 명령줄 도구는 구글 클라우드 소프트웨어 개발 키트(https://cloud.google.com/sdk/)에서 제공하는 도구다. 이 도구를 이용하면 명령줄 인터페이스에서 빅쿼리 작업을 편리하게 호출할 수 있다. SDK는 구글 클라우드 가상 머신과 클러스터에 기본적으로 설치되어 있다. SDK를 온프레미스 환경에 별도로 내려받아 설치하는 것도 물론 가능하다.

배시 스크립트를 작성하거나 여러 프로그래밍 언어에서 클라이언트 라이브러리에 의존하지 않고 셸을 호출할 때, bq 도구를 사용해 빅쿼리 서비스를 활용할 수 있다. 보통 데이터셋 및 테이블을 생성하거나 존재하는지 확인할 때나, 쿼리의 실행, 테이블로의 데이터 로드, 테이블 및 뷰의 조작, 그리고 작업의 상태 점검 등의 작업에 bq 도구를 사용한다. 지금부터 각 시나리오를 살펴보자.



## 데이터셋과 테이블 생성

데이터셋을 생성하려면 bq mk 명령에 데이터셋의 위치(예를 들면 US 또는 EU)를 지정하면 된다. 또한 테이블 만료 시간 등에 기본값이 아닌 다른 값을 지정하는 것도 가능하다. 이때 데이터셋에 설명을 추가하는 것이 좋다.

**예제 5-74** 데이터셋을 생성하는 명령

```
bq mk --location=US \
  --default_table_expiration 3600 \
  --description "Chapter 5 of BigQuery Book." \
  ch05
```

### 데이터셋의 존재 여부 확인하기

앞서 예제의 bq mk 명령은 데이터셋이 이미 존재하면 실패하게 된다. 데이터셋이 존재하지 않는 경우에만 생성하려면 bq ls 명령으로 이미 생성된 데이터셋의 목록을 가져와 원하는 이름[19]의 데이터셋이 목록에 포함되어 있는지 확인하면 된다.

**예제 5-75** 데이터셋이 없는 경우에만 새로 생성하는 명령

```
#!/bin/bash
bq_safe_mk() {
  dataset=$1
  exists=$(bq ls --dataset | grep -w $dataset)
  if [ -n "$exists" ]; then
    echo "Not creating $dataset since it already exists"
  else
    echo "Creating $dataset"
    bq mk $dataset
```

19 물론 검사 과정과 실제 생성 과정 사이에 누군가 같은 이름의 데이터셋을 생성했다면 경합 상태에 빠지게 된다.

```
  fi
}
# 이 함수를 호출하는 방법
bq_safe_mk ch05
```

## 다른 프로젝트에 데이터셋 생성하기

데이터셋 ch05는 가상머신에 로그인하거나 구글 클라우드 SDK의 gcloud auth를 사용해서 실행할 때 지정한 기본 프로젝트에 생성된다. 데이터셋을 다른 프로젝트에 생성하려면 데이터셋 이름에 데이터셋을 생성할 프로젝트의 이름을 붙여주면 된다.

**예제 5-76** 프로젝트 이름을 지정해 데이터셋을 생성하는 명령

```
bq mk --location=US \
  --default_table_expiration 3600 \
  --description "Chapter 5 of BigQuery Book." \
  projectname:ch05
```

## 테이블 생성하기

테이블을 생성하는 방법은 데이터셋을 생성하는 방법과 비슷하지만 bq mk 명령에 --table을 반드시 지정해야 한다. 다음 코드는 3,600초 후에 만료되며 rental_id 컬럼(STRING 타입)과 duration 컬럼(FLOAT 타입)을 가진 ch05.rentals_last_hour 테이블을 생성한다.

**예제 5-77** 데이터셋에 테이블을 생성하는 명령

```
bq mk --table \
  --expiration 3600 \
  --description "One hour of data" \
  --label persistence:volatile \
  ch05.rentals_last_hour rental_id:STRING,duration:FLOAT
```

레이블label로 테이블의 특성을 태그tag할 수도 있다. 데이터 카탈로그는 특정 레이블을 가진 테이블을 검색하는 기능을 제공하며, 여기서는 persistence가 키고 volatile이 레이블이다.

## 복잡한 스키마

스키마가 콤마로 구분된 문자열로 쉽게 표현할 수 없을 정도로 복잡하다면 4장에서 설명한 것처럼 JSON 파일을 지정하면 된다.

**예제 5-78** 스키마 파일을 지정해 테이블을 생성하는 명령

```
bq mk --table \
  --expiration 3600 \
  --description "One hour of data" \
  --label persistence:volatile \
  ch05.rentals_last_hour schema.json
```



## 데이터셋의 복사

데이터셋을 복사하는 가장 효율적인 방법은 명령줄 도구를 이용하는 것이다. 예를 들어 다음 명령은 ch04 데이터셋의 테이블을 ch05 데이터셋으로 복사한다.

**예제 5-79** 데이터셋을 복사하는 명령

```
bq cp ch04.old_table ch05.new_table
```

테이블 복사는 시간이 걸릴 수도 있지만 스크립트는 작업이 완료될 때까지 진행이 불가능할 수도 있다. 작업이 완료될 때까지 기다리려면 bq wait 명령을 사용한다.

**예제 5-80** 테이블 복사가 완료될 때까지 기다리는 명령

```
bq wait --fail_on_error job_id
```

이 코드는 작업이 완료될 때까지 무한정 기다리는 반면, 다음 코드는 600초까지만 기다린다.

**예제 5-81** 타임아웃을 지정하고 작업의 완료를 기다리는 명령

```
bq wait --fail_on_error job_id 600
```

실행 중인 작업이 하나뿐이라면 job_id는 생략해도 된다.

리전 간 복사를 실행하려면 빅쿼리 전송 서비스를 사용하면 된다. 먼저 목적지 데이터셋을 다음과 같이 생성한다.

**예제 5-82** eu 지역에 목적지 데이터셋을 생성하는 명령어

```
bq mk --location eu ch10eu
```

그런 후 데이터 원본을 cross_region_copy로 지정하는 전송 설정을 생성한다.

**예제 5-83** 데이터 원본을 리전 간 복사하는 명령어

```
bq mk --transfer_config --data_source=cross_region_copy \
   --params={"source_dataset_id": "iowa_liquor_sales", \
             "source_project_id": "bigquery-public-data"}' \
   --target_dataset=ch10eu --display_name=liquor \
   --schedule_end_time=$(date -v +1H -u +%Y-%m-%dT%H:%M:%SZ)"
```

데이터 전송 서비스를 이용한다는 것은 루틴 복사routine copy를 의미하는 것이므로 이 명령은 24시간마다 한 번씩 실행된다. 이 예제의 경우 완료 시간을 현재 시간에서 1시간 후로 지정했으므로 이 전송은 한 번만 실행된다.

### 데이터셋의 백업과 복구

빅쿼리는 완전한 관리형 서비스이며 스토리지에 백업을 스스로 관리한다. 또한 '시간 여행' 기능도 지원해서 하루 전의 스냅샷으로부터 쿼리를 실행할 수도 있다. 따라서 ETL 작업이 잘못되어 어제의 데이터를 되돌리고자 한다면 다음과 같이 간단한 쿼리를 실행하면 된다.

**예제 5-84** 하루 전 데이터를 복구하는 시간 여행 쿼리

```
CREATE OR REPLACE TABLE dataset.table_restored
AS
SELECT *
FROM dataset.table
FOR SYSTEM TIME AS OF
  TIMESTAMP_ADD(CURRENT_TIMESTAMP(), INTERVAL -1 DAY)
```

하지만 시간 여행은 최대 7일로 제한된다. 그런데 (재생이나 규제 준수 등의 목적으로) 30일 이전이나 1년 전의 상태로 테이블을 복구해야 하는 경우도 있다.

테이블을 백업하려면 메타데이터(스키마)와 테이블 정의는 물론 테이블의 데이터도 반드시 저장해야 한다. 이 3가지를 모두 백업하려면 다음과 같이 간편하게 명령줄 도구를 사용하면 된다.

**예제 5-85** 테이블을 백업하기 위한 명령어

```
bq show --schema dataset.table. # schema.json
bq --format=json show dataset.table. # tabledef.json
bq extract --destination_format=AVRO \
          dataset.table gs://.../data_*.avro # AVRO 파일
```

복구를 수행할 때는 테이블 정의를 이용해 테이블이 시간 분할time-partitioned되었는지, 범위 분할range-partitioned되었는지 아니면 클러스터되었는지 등의 특징을 알아낸 후 다음 명령을 실행하면 된다.

**예제 5-86** 테이블을 복구할 경우 사용하는 명령어

```
bq load --source_format=AVRO \
    --time_partitioning_expiration … \
    --time_partitioning_field … \
    --time_partitioning_type … \
    --clustering_fields … \
    --schema … \
    todataset.table_name \
    gs://.../data_*.avro
```

독자의 편의를 위해 지금까지 설명한 작업을 모두 수행해 빅쿼리 테이블과 데이터셋의 백업과 복구를 실행하는 파이썬 프로그램을 만들어뒀다. 이 책의 깃허브 저장소 중 https://github.com/onlybooks/bigquery/tree/master/blogs/bigquery_backup에서 확인하기 바란다.

## 데이터의 로드 및 삽입

`bq load` 명령으로 목적지 테이블에 데이터를 로드하는 방법은 4장에서 이미 알아봤으니 4장을 참고한다.

테이블에 데이터를 삽입하려면 `bq insert` 명령에 삽입할 행을 줄 바꿈 문자로 구분한 JSON 형태로 제공하면 된다.

**예제 5-87** 테이블에 JSON 데이터를 삽입하는 명령

```
bq insert ch05_rentals_last_hour data.json
```

이 예제에서 data.json 파일은 다음과 같이 테이블의 스키마에 따라 삽입할 행의 데이터를 포함하고 있다.

```
{"rental_id":"345ce4", "duration":240}
```

### 데이터의 추출

bq extract 명령으로 빅쿼리 테이블로부터 하나 또는 그 이상의 파일을 추출해서 클라우드 스토리지에 저장할 수 있다.

**예제 5-88** 빅쿼리 테이블을 클라우드 스토리지로 추출하는 명령

```
bq extract --format=json ch05.bad_bikes gs://bad_bikes.json
```

## 쿼리의 실행

쿼리를 실행하려면 bq query 명령에 실행할 쿼리를 전달하면 된다.

**예제 5-89** 쿼리를 실행하는 명령

```
bq query \
  --use_legacy_sql=false \
  'SELECT MAX(duration) FROM \
  `bigquery-public-data`.london_bicycles.cycle_hire'
```

또한 쿼리 문자열을 표준 입력을 통해 전달해도 된다.

**예제 5-90** 표준 입력으로 실행할 쿼리를 전달하는 명령

```
echo "SELECT MAX(duration) FROM \
`bigquery-public-data`.london_bicycles.cycle_hire" \
| bq query --use_legacy_sql=false
```

쿼리를 하나의 문자열로 제공하면서 따옴표 등을 이스케이프escape 처리하는 것은 다소 번거로울 수 있다. 가독성을 위해 여러 줄의 문자열을 변수로 읽는 배시의 기능을 이용하는 것이 좋다.[20]

**예제 5-91** 여러 줄 쿼리를 전달하는 명령

```
#!/bin/bash
read -d '' QUERY_TEXT << EOF
SELECT
  start_station_name
  , AVG(duration) AS duration
  , COUNT(duration) AS num_trips
FROM \`bigquery-public-data\`.london_bicycles.cycle_hire GROUP BY start_station_name
ORDER BY num_trips DESC
LIMIT 5
EOF
bq query --project_id=some_project --use_legacy_sql=false $QUERY_TEXT
```

이 코드에서는 EOF 단어로 끝나는 여러 줄 문자열을 QUERY_TEXT 변수로 읽어 들인 후 이 변수를 bq query 명령에 전달한다.

또한 이 코드는 쿼리의 실행 비용을 청구할 프로젝트를 명시적으로 지정하고 있기도 하다.

--use_legacy_sql=false를 지정한 이유는 bq 명령이 기본적으로 사용하는 문법이 이 책에서 사용하는 표준 SQL이 아니기 때문이다.

### .bigqueryrc 파일에 플래그 설정하기

bq 명령줄 도구를 대화형으로 사용한다면 --location 같은 공통 플래그를 $BIGQUERYRC/.bigqueryrc에 추가하거나 $BIGQUERYRC 환경 변수를 설정하지 않은 경우에는 $HOME/.bigqueryrc 파일에 추가하면 좋다. 다음은 bigqueryrc 파일의 예다.

**예제 5-92** 예제 bigqueryrc 파일

```
--location=EU
--project_id=some_project
[mk]
--expiration=3600
```

20 깃허브 저장소의 ch05/bq_query.sh 파일을 참고하기 바란다.

```
[query]
--use_legacy_sql=false
```

이 리소스 파일에 따르면 모든 빅쿼리 명령은 --location=EU 스위치와 함께 실행되며 비용은 some_project 프로젝트에 포함된다. 반면, bg mk 명령은 --expiration=3600가 적용되며 모든 bg query 명령에는 --use_legacy_sql=false가 적용된다. 명령줄에서 --expiration을 명시적으로 지정하면 리소스 파일의 값을 덮어쓴다.

빅쿼리 리소스 파일을 준비했다면 스크립트라 명령이 리소스 파일이 설치된 머신(주로 개발 머신)과 리소스 파일을 갖지 않은 머신(주로 운영 머신)에서 서로 다르게 작동한다는 점을 인지해야 한다. 때로는 이로 인해 큰 혼란이 생길 수도 있다. 나의 경험으로는 리소스 파일을 준비함으로써 얻을 수 있는 생산성은 스크립트를 다른 머신에서 실행할 때 발생하는 디버깅으로 인해 상쇄되는 경우가 대부분이다. 물론 여러분은 다른 경험을 할 수도 있다.

## 데이터 미리보기

테이블을 미리 보려면 bq head 명령을 사용한다. LIMIT 구문을 포함한 SELECT * 구문과는 달리 이 명령은 결정적deterministic이며 빅쿼리 비용이 발생하지 않는다.

다음 명령을 실행하면 처음 10개의 행을 볼 수 있다.

**예제 5-93** 처음 10개의 행만 가져오는 명령

```
bq head -n 10 ch05.bad_bikes
```

그다음 10개 행을 보려면 다음 명령을 실행한다.

**예제 5-94** 다음 10개 행을 가져오는 명령

```
bq head -s 10 -n 10 ch05.bad_bikes
```

테이블은 실제로 정렬되어 있지 않으므로 이 명령은 테이블에서 임의의 행을 읽는다.

## 뷰의 생성

bq mk 명령을 이용하면 쿼리를 이용해 뷰와 구체화된 뷰materialized view를 생성할 수 있다. 예를 들어 다음 명령은 ch05 데이터셋에 rental_duration라는 이름의 뷰를 생성한다.

**예제 5-95** 쿼리를 이용해 뷰를 생성하는 명령

```
#!/bin/bash
read -d '' QUERY_TEXT << EOF
SELECT
  start_station_name
  , duration/60 AS duration_minutes
FROM \`bigquery-public-data\`.london_bicycles.cycle_hire
EOF
bq mk --view=$QUERY_TEXT ch05.rental_duration
```



빅쿼리의 뷰는 테이블처럼 쿼리할 수 있지만 실제로는 서브쿼리처럼 작동한다. 즉 뷰를 쿼리하면 실행되는 쿼리에 뷰를 생성하는 쿼리 전체가 포함된다. 구체화된 뷰는 뷰의 쿼리 결과를 테이블에 포함한 후 쿼리를 실행한다. 빅쿼리는 구체화된 뷰를 알아서 최신 데이터로 갱신한다. 뷰와 구체화된 뷰에 대한 좀 더 자세한 내용은 10장에서 알아본다. 구체화된 뷰를 생성하려면 예제의 --view를 --materialized_view로 바꾸면 된다.

## 빅쿼리 객체

bq ls --dataset 명령을 실행하면 프로젝트의 데이터셋 목록을 가져올 수 있다. 표 5-3은 이 명령을 이용해 볼 수 있는 목록이다.

**표 5-3** 명령별 목록

| 명령 | 목록에 표시되는 내용 |
|---|---|
| bq ls ch05 | ch05 데이터셋의 테이블 목록 |
| bq ls -p | 모든 프로젝트 |
| bq ls -j some_project | 지정된 프로젝트의 모든 작업 목록 |
| bq ls --dataset | 기본 프로젝트의 모든 데이터셋 목록 |
| bq ls --dataset some_project | 지정된 프로젝트의 모든 데이터셋 목록 |
| bq ls --models | 머신러닝 모델 목록 |
| bq ls --tranfer_run \ <br> --filter='states:PENDING' \ <br> --run_attempt='LATEST' \ <br> projects/p/locations/l \ <br> /transferConfigs/c | 대기 중인 전송 작업의 목록 |
| bq ls --reservation_grant \ <br> --project_id=some_proj \ <br> --location='us' | 지정된 프로젝트에서 예약이 완료된 슬롯의 목록 |

## 상세 정보의 확인

표 5-4는 bq show 명령으로 빅쿼리 객체의 상세 정보를 확인하는 방법이다.

표 5-4 빅쿼리 명령과 확인 가능한 상세 정보

| 명령 | 확인 가능한 상세 정보 |
|---|---|
| bq show ch05 | ch05 데이터셋 |
| bq show -j some_job_id | 지정한 작업 |
| bq show --schema ch05.bad_bikes | ch05.bad_bikes 테이블의 스키마 |
| bq show --view ch05.some_view<br>bq show --materialize_view ch05.some_view | 지정한 뷰 |
| bq show --model ch05.some_model | 지정한 모델 |
| bq show --transfer_run \\<br>projects/p/locations/l/transferConfigs/c/runs/r | 실행 중인 전송 |

특히, bq ls 명령으로 작업 목록을 가져와 bq show 명령으로 해당 작업의 상태를 확인할 수 있다는 점도 알아두자.

## 갱신

bq update 명령으로 이미 생성된 테이블, 데이터셋 등의 상세 정보를 갱신할 수 있다.

**예제 5-96** 데이터셋의 상세 정보를 갱신하는 명령

```
bq update --description "Bikes that need repair" ch05.bad_bikes
```

또한 뷰나 구체화된 뷰의 쿼리를 수정할 때도 bq update 명령으로 하면 된다.

**예제 5-97** 뷰를 갱신하는 명령

```
bq update \
  --view "SELECT ..." \
  ch05.rental_duration
```

심지어 예약의 크기도 변경할 수 있다(슬롯과 예약에 대한 자세한 내용은 6장에서 알아본다).

**예제 5-98** 예약 크기를 변경하는 명령

```
bq update --reservation --location=US \
  --project_id=some_project \
  --reservation_size=2000000000
```



## 정리

이 장에서는 빅쿼리 클라이언트 라이브러리의 세 가지 다른 형태를 알아봤다.

- REST API는 웹 서버와 통신할 수 있는 모든 언어로 작성된 프로그램에서 활용할 수 있다.
- 구글 API 클라이언트는 여러 프로그래밍 언어를 위해 자동으로 생성된 언어 바인딩 language binding을 사용한다.
- 빅쿼리 클라이언트 라이브러리는 몇몇 대중적인 프로그래밍 언어에서 빅쿼리를 이용할 수 있는 편리한 방법을 제공한다.

이 중에서 권장하는 방법은 선택한 언어에서 사용할 수 있는 빅쿼리 클라이언트 라이브러리를 사용하는 것이다. 빅쿼리 클라이언트 라이브러리가 제공되지 않는다면 구글 API 클라이언트를 사용하며, API 클라이언트조차 사용할 수 없는 경우에만 REST API를 직접 사용한다.

주피터 노트북과 셸 스크립트라는 두 가지 보편적인 환경에서 빅쿼리 프로그래밍을 더 쉽게 할 수 있는 고수준의 추상화 방법도 있다. 주피터와 판다스의 빅쿼리 지원을 자세히 살펴봤으며, 이 도구를 결합해 복잡한 데이터 과학 워크플로우를 위한 강력하면서도 확장 가능한 환경을 제공하는 방법도 확인했다. 또한 R 및 G 스위트와의 통합은 물론, bq 명령줄 도구의 여러 기능도 살펴봤다. 마지막으로 배시 스크립트로 빅쿼리를 다루는 방법을 알아봤다.

# 6장

# 빅쿼리 아키텍처

빅쿼리는 비즈니스 요구에 따라 데이터셋을 확장하고 최대한 빠르게 실행하도록 만들어졌다. 빅쿼리 사용 경험은 마치 마술 같다. 하지만 '마술'처럼 보이는 것들의 단점은 문제가 생겼을 때 어디부터 고쳐야 할지 알 수조차 없다는 점이다.

이 장에서는 빅쿼리의 내부 작동을 자세히 설명한다. 먼저 빅쿼리 아키텍처와 드레멜 쿼리 엔진을 간략적으로 설명한 후 스토리지 메타데이터를 자세히 소개한다. 빅쿼리가 보안과 가용성, 재해 복구를 처리하는 방법은 10장에서 자세하게 다룬다. 이 장에서는 궁금증을 해소하는 것으로 만족해야 할 수도 있다. 하지만 뭔가 예상했던 대로 작동하지 않는다면, 이 장의 내용이 실제로 어떻게 작동되는지, 그리고 문제를 어떻게 해결할 수 있는지 이해하는 데 도움이 될 것이다.

## 아키텍처 살펴보기

빅쿼리는 구글 클라우드의 모든 리전에 걸친 여러 가용성 존availability zone에서 실행 중인 서로 연관된 여러 마이크로서비스가 수십만 개의 태스크를 실행하는 대용량 분산 시스템이다. 여기서는 구글 빅쿼리가 어떻게 작동하는지 이해를 돕기 위해 최대한 단순화해서 살펴본다. 사실 빅쿼리의 모든 컴포넌트를 자세히 설명하려면 각 컴포넌트마다 책을 내야 할 지경이며, 스토리지 트랜스코더transcoder를 설명하는 시점에서는 수많은 독자들이 이 책을 손에서 놓을 것이며, 나머지 독자들은 스터비 프록시stubby proxy에 관한 이야기를 꺼내기도 전에 떨어져 나갈 것이다(당연한 사실이며, 그다지 이상한 일도 아니다).

## 쿼리 요청의 수명

빅쿼리가 수많은 컴포넌트를 어떻게 활용하는지 이해하기 위해 쿼리 요청을 보내면 어떤 일이 벌어지는지 단계적으로 살펴보자. 실제 쿼리의 실행은 설명하지 않고 나중으로 미뤄 두려 한다. 대신 지금은 고수준 컴포넌트들 위주로 살펴보자.

그림 6-1은 쿼리가 실행되는 과정을 간소하게 표현하고 있다. 다이어그램의 각 블록별 역할에 대한 자세한 내용은 이 장의 뒷부분에서 설명한다.

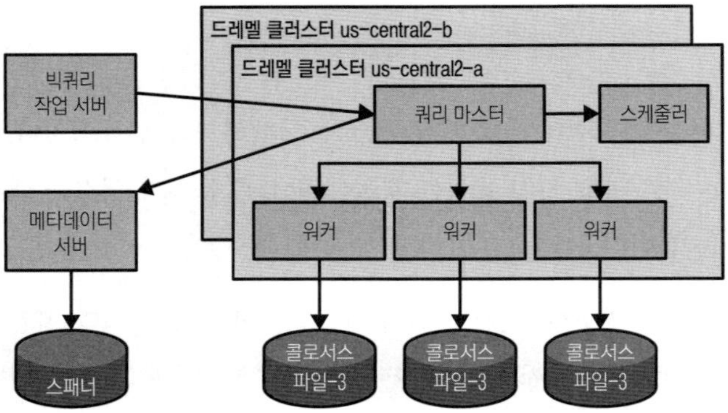


**그림 6-1** 쿼리 요청이 빅쿼리 시스템을 거쳐가는 경로를 간소화한 그림

먼저 `SELECT 17` 같은 초간단 SQL 쿼리를 실행할 때 어떤 일이 일어나는지부터 확인해 보자. 이 쿼리는 데이터를 읽을 필요도 없이 하나의 값만 반환한다.

### 1단계: HTTP POST

클라이언트는 빅쿼리 엔드포인트endpoint에 HTTP `POST` 요청을 보낸다. 보통 이 요청은 라이브러리 또는 자바 데이터베이스 커넥티비티JDBC, Java Database Connectivity 드라이버로 감싸져 있지만 기본적으로는 `curl`이나 HTTP 요청을 보낼 수 있는 다른 도구를 이용해서 쿼리를 실행할 수 있다(5장 참고).

이 쿼리 요청은 다음과 같다.

```
POST /bigquery/v2/projects/bigquery-e2e/jobs HTTP/1.1 User-Agent: curl/7.30.0
Host: www.googleapis.com
Accept: */*
Authorization: Bearer <redacted>
Content-Type: application/json
```

```
Content-Length: 126
{'configuration': {'query': {'query': 'SELECT 17'}}}
```

여기서 중요하게 살펴볼 부분이 몇 가지 있다. 먼저, 새로운 쿼리 작업을 생성해서 상태를 변경하고 있으므로 HTTP 동사로 POST를 사용하는 점이다. 두 번째는 인증 토큰이다. 인증 토큰은 여러분을 표현하는 OAuth2 토큰이다. 마지막으로 JSON 페이로드는 쿼리를 실행할 것이며, 실행할 쿼리 텍스트는 SELECT 17이라는 것을 표현하고 있다. 이미 예상하겠지만, 이 밖에도 여러 가지 작업이 가능하다. 자세한 내용은 빅쿼리 API 문서(https://cloud.google.com/bigquery/docs/reference/rest/)를 참고한다.

그림 6-2는 요청이 거쳐가는 시스템 상의 경로를 조금 더 자세히 설명한 것이다. 다음 절에선 요청의 각 단계에서 어떤 일이 일어나는지, 그리고 그 단계가 왜 필요한지를 설명한다.

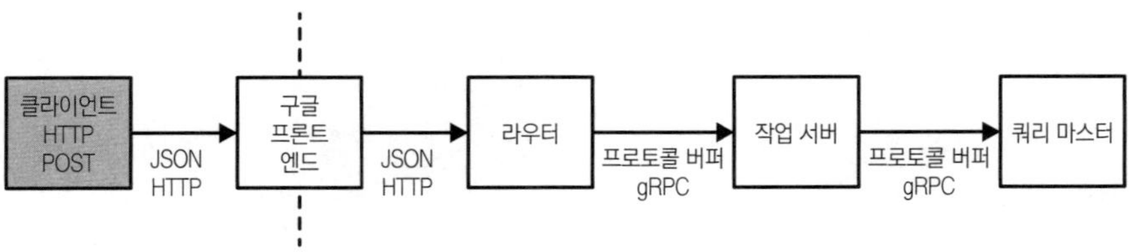


그림 6-2 쿼리를 시작하는 요청이 전달되는 경로

## 2단계: 라우팅

HTTP POST 요청은 인터넷[1]의 힘을 빌려 REST 엔드포인트 http://www.googleapis.com/bigquery/v2/projects/bigquery-e2e/jobs로 라우트된다. 이 주소는 구글 프론트엔드GFE, Google Front-end가 실행 중인 서버를 가리키며, 같은 종류의 서버가 구글 검색 및 다른 구글 제품도 서비스하고 있다. 이때 GFE는 빅쿼리 백엔드를 찾아 요청을 서비스해야 한다.

글로벌 서비스인 빅쿼리는 이 요청을 어느 리전으로 보내야 할지는 어떻게 판단할까? 이 요청에는 어디로 보내야 하는지 결정할 수 있는 여러 힌트가 숨어 있다. URL을 자세히 보면, 어떤 클라우드 프로젝트가 요청에 대한 비용을 지급할 것인지를 알 수 있다. 몇몇 클라우드 프로젝트는 쿼리의 실행을 허용하는 위치에 제한이 있다. 만일 여러분이 일하는 기업이 한국 내에서 프로젝트를 실행하도록 설정했다면 쿼리는 한국으로 라우트된다. 다른 프로젝트는 정액제 예약flat-rate

1 많은 기업 고객들은 직접 연결을 사용하므로 이 요청은 절대 공개 인터넷을 거치지 않는다.

reservation과 연결되어 있을 수 있다. 만일 특정 지역에 예약이 되어 있다면, 요청은 해당 지역으로 라우트된다.

만일 예약도 되어 있지 않고 작업 이름에 작업을 실행할 리전도 지정하지 않았다면, 라우터는 쿼리를 분석해서 어떤 데이터셋에 접근해야 하는지를 알아낸다. 데이터셋은 리전과 연결되어 있으므로 빅쿼리는 데이터셋의 지역을 찾아 해당 요청을 그 지역으로 라우트한다. 만일 성능에 극도로 민감하거나 혹은 실행 결과의 위치를 제어하고 싶다면 쿼리 요청의 작업 참조job reference 필드를 이용해서 쿼리를 어느 리전으로 라우트할 것인지를 명시하면 된다.

하지만 예제 쿼리에서는 라우터가 참고할 만한 정보를 하나도 제공하지 않으며 데이터셋을 사용하지도 않는다. 이때 라우터는 미국으로 요청을 보낸다.

라우터는 JSON HTTP 요청을 플랫폼 및 언어에 중립적이며 모든 구글 서비스 간의 커뮤니케이션에 사용되는 직렬화 형식인 프로토콜 버퍼Protobufs(https://developers.google.com/protocol-buffers/)로 변환한다.

## 3단계: 작업 서버

빅쿼리 작업 서버Job Server는 요청의 상태를 계속해서 추적하는 역할을 담당한다. 클라이언트와 빅쿼리 서버 간의 네트워크 연결은 언제든 끊어질 수 있으며, 일부 쿼리는 실행에 몇 분에서 길게는 몇 시간까지 걸릴 수 있으므로 작업 서버는 비동기식으로 작동하도록 만들어졌다.

작업의 실행으로 인해 관련 프로젝트에 비용이 발생할 수 있으므로, 작업 서버는 호출자가 쿼리를 실행할 수 있는 권한을 가지고 있는지 확인한다. 실제 테이블에 대한 권한은 쿼리가 시작되기 전에는 확인하지 않는다.

작업 서버는 요청을 올바른 쿼리 서버로 전달하는 역할도 담당한다. 대부분 쿼리 서버는 주primary 가용성 존과 보조secondary 가용성 존으로 구성된다. 만일 주 가용성 존이 사용 불가능해지면 쿼리는 보조 가용성 존으로 라우트된다.

> **프로젝트와 데이터 리밸런싱(rebalancing)**
>
> 빅쿼리에서 같은 리전에 있는 두 개의 테이블은 사용자가 두 테이블에 접근할 수만 있다면 조인이 가능하다. 만일 두 테이블이 물리적으로 같은 리전에 위치해 있지 않다면 쿼리의 네트워크를 통해 데이터를 옮겨야 하므로 쿼리의 실행이 느려지고 (사용자가 아닌 구글에) 비용이 발생할 수 있어 백엔드에는 부담이 된다.

> 빅쿼리는 백그라운드에서 지속적으로 복잡한 최적화 문제, 즉 모든 테이블 조인이 서로에게 최대한 가깝게 만들어야 하는 문제를 해결한다. 게다가 다양한 컴퓨트 엔진과 스토리지 클러스터, 네트워크 토폴로지, 가용성 존의 용량을 반드시 이해해야 하며 데이터가 현재 어디에 있는지도 알아야 한다.
>
> 백그라운드 리밸런서가 프로젝트를 옮겨야 한다고 결정하면, 다른 가용성 존이나 심지어 다른 리전(데이터가 멀티리전 위치에 저장된 경우. 만일 싱글리전 위치에 데이터를 저장했다면 데이터는 어느 곳으로도 이동하지 않는다)으로 데이터를 복제하기 시작한다. 따라서 데이터는 항상 조인이 가능하며, 제한된 용량을 가진 클러스터가 사용량이 크게 늘어난다고 해서 용량을 초과하는 현상도 발생하지 않는다.



백업이나 장애 복구failover 프로세스가 드물게 발생하면, 실제로 필요한 시점에 원하는 대로 작동하지 않는 경우가 종종 있다. 해결책은 장애 복구 프로세스를 정기적으로 실행해서 안정적으로 작동하는지 계속 확인하는 것이다. 빅쿼리는 일주일에 한 번 단위로 컴퓨트 클러스터의 드레인drain 또는 장애 복구 프로세스를 실행한다. 드레인은 네트워크 스위치 장애, 의존 서비스의 성능 저하 또는 비정상적으로 높은 큐 사용량 등 여러 가지 이유로 실행된다.

쿼리 연산 클러스터(예를 들면 존)이 드레인되면 이 클러스터를 사용하는 모든 프로젝트는 각자의 보조 클러스터로 이전된다. 복제 상태는 세심하게 추적되므로 새로 로드되거나 리밸런싱되어서 아직 보조 클러스터에 이전되지 않은 데이터는 다른 위치에서 읽게 된다. 드물기는 하지만 데이터의 복사본을 발견하지 못하면 빅쿼리는 쿼리의 실행을 중단하고 에러를 보고한다.

### 4단계: 쿼리 엔진

쿼리의 실행은 마지막 절에서 설명하므로 이 절에서는 가볍게 살펴보자. 쿼리는 전반적인 쿼리의 실행을 책임지는 쿼리 마스터Query Master로 라우트된다. 쿼리 마스터는 메타데이터 서버에 연결해 물리적으로 데이터가 어디에 위치하는지, 그리고 어떻게 파티션되어 있는지 알아낸다. 이 단계에서 파티션 프루닝pruning이 발생하므로 쿼리가 전체 파티션을 읽지 못하면 활성 파티션의 메타데이터만 반환된다.

쿼리 서버가 쿼리의 실행에 얼마나 많은 데이터를 사용해야 하는지 판단하고 이 데이터를 예비 쿼리 계획preliminary query plan에 대입할 기회가 생기면 쿼리 마스터가 스케줄러에게 슬롯slot을 요청한다. 슬롯은 쿼리 워커 샤드worker shard의 실행 스레드thread이며 보통 CPU 코어의 절반과 1GB의 RAM 정도를 의미한다. 슬롯은 필요한 리소스의 양이나 구글 데이터 센터의 컴퓨터가 업그레이드되면서 늘어나거나 줄어들기도 하므로 고정된 크기라고 보기에는 다소 애매하다.

스케줄러는 작업을 쿼리 샤드에 어떻게 위임할 것인지를 결정한다. 스케줄러는 쿼리 마스터가 슬롯을 요청하면 쿼리를 실행할 샤드의 주소를 반환한다. 그러면 쿼리 마스터는 그 쿼리를 각각의 드레멜 샤드에 병렬로 보낸다. 쿼리의 실행에 대한 자세한 내용은 265쪽의 '쿼리 실행' 절을 참고하자.

### 5단계: 쿼리 결과의 반환

쿼리 워커 샤드가 쿼리의 실행을 마치면 실행 결과는 크게 두 부분으로 나눠진다. 결과의 첫 번째 페이지는 분산 관계형 데이터베이스인 스패너(https://ai.google/research/pubs/pub39966)에 쿼리 메타데이터와 함께 저장된다. 스패너 데이터는 쿼리가 실행된 것과 같은 리전에 위치한다. 나머지 데이터는 구글의 분산 파일시스템인 콜로서스[2]에 기록된다. 결과 집합이 작은 쿼리의 경우는 디스크를 건드릴 필요가 없으므로 그 결과가 매우 빠르게 반환된다.

빅쿼리 API는 재연결을 고려해 디자인되었다. 즉 최선의 경우에는 동기식으로 실행되지만, 타임아웃이 발생하면 API를 호출한 클라이언트가 재연결할 수 있다. 이런 방식을 지원하기 위해 작업 서버는 타임아웃이 발생하기 전에 클라이언트에게 작업 ID를 반환하고 클라이언트는 이 작업 ID를 이용해 해당 작업의 결과를 얻게 된다. 빅쿼리 클라이언트인 `bq.py`(클라우드 클라이언트 라이브러리)와 ODBC/JDBC 드라이버는 이 프로토콜을 캡슐화하고 있어서 사용자가 안정적으로 쿼리 결과를 얻을 수 있다.

빅쿼리 결과는 24시간 동안 저장된다. 쿼리 결과는 테이블과 기능적으로 동일하며 테이블과 동일한 방법으로 쿼리할 수 있다. 쿼리 결과는 일반적인 `SELECT` 쿼리의 경우 10GB까지만 보관된다. 이보다 큰 데이터를 저장하고 싶다면 크기 제한이 없는 `CREATE TABLE AS SELECT` 또는 `INSERT` 구문을 사용하면 된다.

## 빅쿼리 업그레이드

빅쿼리는 다운타임 없이 업그레이드가 가능하다. 사실상 업그레이드는 매번 일어나고 있으며 일반적으로 한 주마다 최소 한 번의 업그레이드가 진행되고 있다. 업그레이드는 보통 며칠에 걸쳐 천천히 공개되며, 첫째 날에는 한 리전의 한 존에서 시작하며, 그다음 날부터 공개 범위를 늘려간다. 그 이유는 가능한 영향을 최소화하면서 문제를 잡아내기 위함이다.

2 자세한 내용은 https://cloud.google.com/files/storage_architecture_and_challenges.pdf를 참고한다. 콜로서스는 구글 클라우드 스토리지(https://cloud.google.com/storage) 서비스로 구글 클라우드 고객에게 제공되고 있다.

빅쿼리를 갱신하는 동안에도 쿼리는 실패하지 않는다. 업그레이드를 시작하면 먼저 샤드의 일부가 진행 중이던 작업을 모두 완료한다(예를 들면 네트워크 요청을 더 이상 받아들이지 않는다). 그런 다음 샤드가 그 자리에서 업그레이드된다. 샤드는 최고의 장애 내성을 지원하도록 디자인되었으며 실행 중인 쿼리는 아주 잠깐 정지되는 정도의 영향만을 받게 된다. 쿼리 마스터는 쿼리를 완료한 후에 업그레이드된다. 쿼리 마스터의 장애는 쿼리의 재시작을 유발할 수 있으므로 쿼리 마스터의 정리에는 꽤 긴 시간이 걸린다.



작업 서버는 스패너에 상태를 저장하므로 상대적으로 쉽게 갱신된다. 그리고 갱신 후 재시작하면 이전 상태로 복구된다. 마지막으로 라우터는 상태의 크기가 매우 작으므로 거의 순식간에 갱신된다. 스케줄러는 드레멜 클러스터당 하나의 마스터를 가지고 있으므로 스케줄러를 갱신할 때는 스탠바이 인스턴스들이 먼저 갱신된 후 장애 조치 모드로 들어가게 된다.

## 쿼리 엔진(드레멜)

드레멜Dremel은 2006년 맵리듀스 작업이 완료될 때까지 기다리다 지친 한 엔지니어가 개발했다. 이 엔지니어는 쿼리 엔진도 만들었던 사람이다. 드레멜은 구글에서 매우 보편적으로 활용되고 있으며, 한때는 구글 직원의 80%가 직간접적으로 활용하기도 했다.

애초에 드레멜은 트리 구조였다. 쿼리는 루트로 들어간 후 브랜치branch를 통해 쿼리의 일부를 실행하는 리프leaf로 보내진다. 쿼리의 결과와 집계값은 다시 루트로 보내진다. 드레멜은 더 이상 고정 트리 구조를 사용하지 않지만 드레멜 클러스터는 여전히 '트리'라고 부른다.

다음 쿼리는 실행 트리를 이용해 간단하게 계산할 수 있다.

**예제 6-1** 대여소 이름별 행의 개수를 가져오는 쿼리

```
SELECT
  COUNT(*)
  , start_station_name
FROM
  `bigquery-public-data`.london_bicycles.cycle_hire
GROUP BY 2
ORDER BY 1 DESC
LIMIT 10
```

이 쿼리는 간단한 스캔을 실행해 값을 집계한다. 이때 스캔 작업은 리프에서 완료되며, 집계는 그보다 높은 수준의 노드에서 완료되어 루트에서 최종 결과를 조합한다. 이해가 어렵더라도 걱정하지 말자. 이 과정은 잠시 후에 자세히 설명한다.

드레멜 아키텍처는 2010년 단일 정적 토폴로지 대신 동적 실행 계획을 생성할 수 있도록 변경되었다. 트리는 좀 전에 살펴봤던 스캔-필터-집계 형식의 쿼리 같은 특정 종류의 쿼리에는 적합했지만 그보다 복잡한 쿼리에는 적합하지 않았다. JOIN이나 중첩된 서브쿼리를 가진 쿼리에서는 트리를 여러 경로로 살펴봐야 하기 때문이다. 게다가 각 경로는 서로 다른 크기의 데이터에 대한 트리 작업을 수행해야 하므로 확장도 서로 다르게 해야 했다.

다음 쿼리는 단순한 정적 트리로는 처리가 불가능한 쿼리의 예다.

**예제 6-2** 정적 트리로 처리가 불가능한 쿼리

```
SELECT
  COUNT(*)
  , starts.start_station_id AS point_a
  , ends.start_station_id AS point_b
FROM
  `bigquery-public-data`.london_bicycles.cycle_hire starts,
  `bigquery-public-data`.london_bicycles.cycle_hire ends
WHERE
  starts.start_station_id = ends.end_station_id
  AND ends.start_station_id = starts.end_station_id
  AND starts.start_station_id <> ends.start_station_id
  AND starts.start_date = ends.start_date
GROUP BY 2, 3
ORDER BY 1 DESC
LIMIT 10
```

이 쿼리는 런던의 자전거 대여소 중 하루 동안에 가장 왕래가 빈번한 곳을 찾는 데 조인을 사용하므로 실행 트리 안에 추가 계층이 필요하다.

드레멜 X(10번째 버전이라서 붙은 이름이다)이라는 현재의 드레멜 아키텍처는 어떤 수의 계층 구조도 가질 수 있는 동적 쿼리 계획을 생성하며, 심지어 쿼리가 실행되는 동안에도 계획을 변경할 수 있다. 그림 6-3은 드레멜 X의 쿼리 제어 흐름을 간략하게 도식화한 것이다. 각 쿼리 단계의 셔플shuffle 단계 때문에 여전히 트리와 유사해 보이지만 필요한 만큼 계층을 추가할 수 있다.

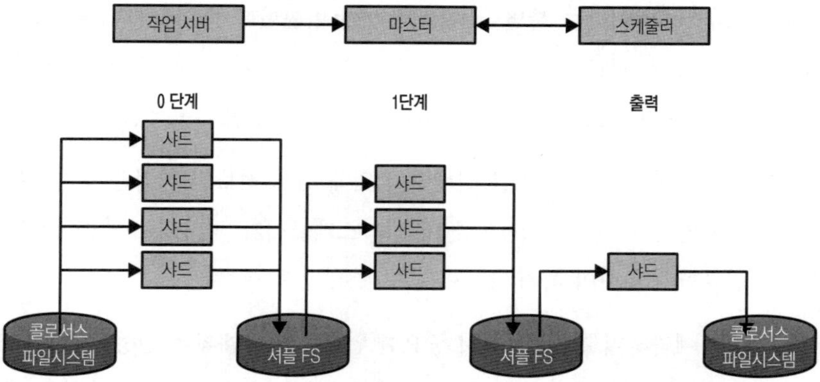


그림 6-3 2개의 실행 단계와 1개의 출력 단계로 구성된 쿼리를 실행하는 드레멜 X의 데이터 흐름

## 드레멜 아키텍처

쿼리 엔진은 쿼리 마스터, 스케줄러, 워커 샤드 등 세 부분으로 구성된다. 쿼리 마스터는 쿼리 계획을 담당(수행할 작업을 결정)하며, 스케줄러는 슬롯을 할당(해당 작업을 누가 수행할지 결정)하고, 워커 샤드는 쿼리의 실행을 담당(실제 작업을 수행)한다. 여기서는 이 세 컴포넌트에 대해 좀 더 자세히 살펴본다.

### 쿼리 마스터

쿼리 마스터는 쿼리의 실행을 담당한다. 맨 처음 수행하는 일은 쿼리를 파싱해서 쿼리에 필요한 테이블의 이름과 각 테이블에 적용할 필터 등 두 개의 정보를 추출하는 것이다. 그런 다음에는 테이블의 위치를 반환하는 테이블 메타데이터 서버로부터 메타데이터를 찾아낸다.

필터는 파티션 프루닝pruning[3]에 필요하다. 빅쿼리에서 테이블을 컬럼으로 파티셔닝하고 해당 컬럼으로 필터링을 실행하면 필터 외의 다른 데이터를 스캔하는 일은 없게 된다. 즉 다른 데이터가 '걸러진다'. 파티션을 걸러내려면 모든 필터를 메타데이터 서버에 보내야 한다. 이렇게 하면 파티션 필터는 기반 메타데이터 데이터베이스까지 전달되어 필터와 일치하는 파티션의 파일 위치만 반환한다.

3 사전적으로 가지치기를 의미하며, 여기서는 불필요한 데이터를 걸러내는 작업을 의미한다. – 옮긴이

메타데이터 서버는 메타파일meta-file이라는 특별한 파일을 함께 반환한다. 이 메타파일은 테이블 내의 파일의 위치는 물론 파일을 필드 값과 어떻게 매핑할 것인지에 관한 정보를 담고 있다. 쿼리 마스터는 메타파일에만 적용하는 또 다른 드레멜 쿼리를 실행해 이 정보를 추출한다.

쿼리 마스터는 파일 정보를 열람한 후에는 쿼리를 실행하기 위해 어느 정도의 작업을 수행해야 하는지를 알 수 있다. 작업의 양을 아는 것이 중요한 이유는 스케줄러가 쿼리를 스케줄링하기 위해 얼마나 많은 슬롯이 필요한지 알아야 하기 때문이다.

하지만 쿼리 마스터는 쿼리를 예약하기 전에 한 가지 중요한 일, 즉 쿼리 계획을 생성해야 한다. 빅쿼리의 쿼리 계획은 동적이지만 실질적으로 쿼리는 어떻게 실행할 것인지를 기술한 최초 계획에서 시작한다. 쿼리는 보통 단순하게 시작해서 필요에 따라 조금씩 복잡해진다. 쿼리 계획은 쿼리를 여러 단계로 나누며, 각 단계는 일련의 작업을 실행한다. 그림 6-4처럼 빅쿼리 웹 UI를 통해 실행 계획을 자세히 들여다보면 예제 쿼리의 실행 계획을 알 수 있다.

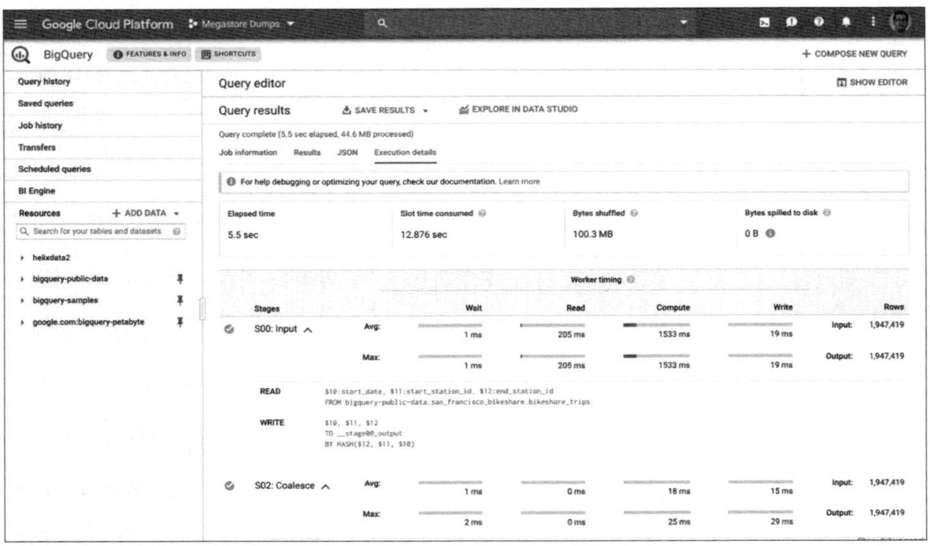


그림 6-4 빅쿼리 웹 UI의 쿼리 계획

쿼리 마스터는 최초 쿼리 계획을 생성한 후 스케줄러에게 쿼리의 실행에 필요한 슬롯을 확보할 것을 요청한다. 스케줄러는 워커 샤드를 할당하고 그 주소를 쿼리 마스터에게 반환한다. 그러면 쿼리 마스터는 샤드에 단위별(보통 한 번에 파일 하나씩)로 작업을 전달한다. 쿼리의 실행은 스케줄러가 반환한 슬롯의 개수에 따라 병렬로 실행된다. 사용 가능한 슬롯이 충분하지 않으면 쿼리 마스터는 워커 샤드가 현재 작업을 끝낼 때까지 기다린 후 스케줄러에게 더 많은 슬롯을 할당할 것을 요청한다. 스케줄러는 언제든 쿼리에 할당된 슬롯을 증가시키거나 감소시킬 수 있다.

워커 샤드가 작업을 완료하기 시작하면 쿼리 마스터는 스케줄러에게 쿼리의 두 번째 단계를 비롯한 나머지 단계를 실행할 슬롯을 다시 요청한다. 쿼리의 마지막 단계까지 실행되면 쿼리 마스터는 그 결과를 작업 서버에게 반환한다.



## 스케줄러

빅쿼리 스케줄러는 쿼리에 슬롯을 할당하는 역할을 담당한다. 슬롯은 보통 읽기 단계의 경우 하나의 파일 또는 나머지 단계의 셔플 싱크shuffle sink에 해당하는 작업 단위unit of work다. 셔플 싱크는 쿼리의 중간 결과를 임시로 저장하는 스토리지의 위치이며, 슬롯은 워커 샤드가 실행하는 스레드다. 하나의 워커 샤드 태스크는 여러 개의 슬롯을 실행할 수 있다.

단일 쿼리는 처리해야 할 데이터의 양과 데이터의 물리적인 레이아웃에 따라 적게는 하나부터 많게는 수십만 개의 슬롯을 사용할 수 있다. 페타바이트 규모의 데이터를 처리하는 쿼리는 총 천만 개의 슬롯을 사용하기도 한다. 물론 천만 개의 슬롯이 한 번에 실행되는 것은 아니므로 스케줄러는 가능한 한 많은 슬롯을 할당하고 나머지 슬롯은 대기pending 상태를 유지한다. 대규모 쿼리의 실행 그래프(그림 6-5)를 살펴보면 시간이 지날수록 대기 상태의 슬롯이 활성화되는 것을 볼 수 있다. 입력 단위의 수는 스케줄할 수 있는 슬롯의 수를 의미한다. 사용 중인 슬롯의 수는 그래프에서 '활성active'으로 표시된 부분에 나타나 있다.

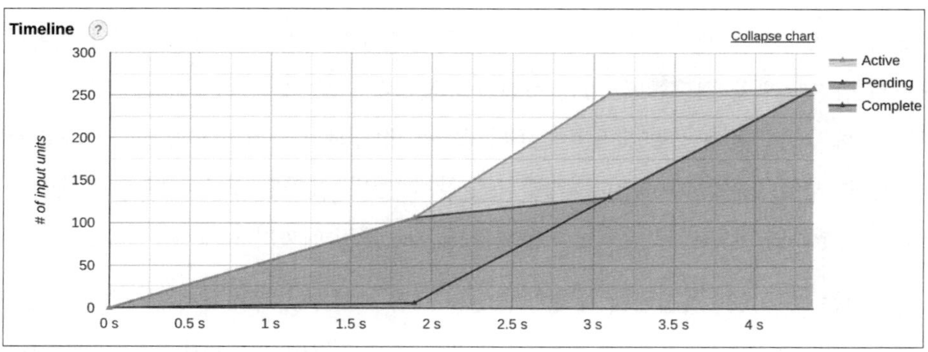


그림 6-5 빅쿼리 쿼리의 슬롯 예약 그래프

스케줄러는 자원 할당을 결정한다. 이 책을 집필하는 현재, 온디맨드on-demand 빅쿼리 사용자는 쿼리당 최대 2천 개의 슬롯을 사용할 수 있다. 하지만 이 자원이 늘 보장되는 것은 아니다. 스케줄러는 최대 2천 개의 슬롯이 필요한 모든 사용자에게 충분한 슬롯을 할당할 수 없으면 모든 온디맨드 사용자의 슬롯을 비례적으로 줄인다. 예컨대 온디맨드 풀pool에 10만 개의 슬롯이 있고 50명의 사용자가 모든 슬롯을 이미 사용 중이라고 가정해 보자. 이때 새로운 사용자가 2천 개의 슬롯이 필요한 쿼리를 실행하면 기존 사용자의 슬롯을 39개씩(2000/51) 줄여서 새로운 사용자도 다른 사용자처럼 1,961개의 슬롯을 사용할 수 있게 된다.

스케줄러는 모든 사용자 및 같은 프로젝트에서 실행되는 쿼리에 '공평하게' 같은 우선순위를 부여한다. 만일 2천 개의 슬롯을 사용하는 쿼리를 실행한 후 첫 번째 쿼리가 실행 중인 동안 두 번째 쿼리를 실행하면, 첫 번째 쿼리는 슬롯의 절반을 잃게 되어 실행한 각 쿼리가 똑같이 1천 개의 슬롯에서 실행된다. 만일 프로젝트의 슬롯이 시스템 전체의 부하로 인해 1,900개로 줄어들면, 각 쿼리에는 950개씩의 슬롯이 할당된다.

스케줄러는 더 높은 우선순위를 가진 사용자를 지원하거나 형평성을 유지하기 위해 언제든 슬롯의 실행을 취소할 수 있다. 빅쿼리의 각 작업 단위는 원자성atomic과 멱등성idempotent을 가진다. 따라서 실행을 시작하고 중간에 취소하고 다시 실행할 수 있다. 이런 습성은 워커 샤드에 크래시crash가 발생했을 때도 도움이 된다. 만일 워커 샤드가 충분히 빠른 시간 내에 응답하지 않으면, 완료된 작업은 다른 곳에 다시 스케줄되어 정상적으로 처리된다. 다만, 어쩌면 이 과정에서 쿼리의 실행까지 몇백 밀리초가 더 걸릴 수도 있다. 어떤 이유로 둘 이상의 워커 샤드가 같은 작업을 완료하면 두 번째로 완료한 샤드의 결과는 무시된다.

빅쿼리 사용자 중 일부는 '예약reserved' 슬롯을 구매하기도 한다. 즉 이 사용자는 해당 슬롯이 다른 사용자의 쿼리 실행을 거부할 수 있는 우선권을 갖는다. 따라서 언제든 필요한 만큼 슬롯을 보장받는다. 예약 슬롯을 구매한 사용자는 해당 슬롯에 접근하기 위해 일정액을 지급하고 필요에 따라 원하는 만큼 많은(혹은 적은) 쿼리를 실행할 수 있다. 예약된 것보다 더 많은 슬롯이 필요한 쿼리를 실행하면 이 쿼리의 일부는 자원이 사용 가능해질 때까지 큐에 보관된다.

일정액을 지급하는 사용자는 자신에게 예약된 슬롯을 하위 예약sub-reservation해서 여러 프로젝트를 원하는 슬롯에 할당할 수 있다. 예를 들어 5천 개의 슬롯을 구매한 사용자는 프로젝트 A를 'BI'라는 하위 예약 그룹에 할당하고 프로젝트 B는 'ETL' 하위 예약 그룹에 할당할 수 있다. BI와 ETL은 빅쿼리에서 아무런 의미를 갖지 않는다는 점에 유의하자. 이 이름들은 그저 슬롯을 어떻게 활용할 것인지를 사람들이 인지할 수 있도록 붙인 이름일 뿐이다. BI 프로세스가 더 많은 동시 쿼리를 실행하기를 원한다면 BI 그룹에 4천 개의 슬롯을 할당하고 ETL 그룹은 나머지 천 개의 슬롯만 사용하도록 할 수도 있다. 모든 슬롯이 사용 중이면 BI 그룹 사용자는 할당된 4천 개의 슬롯으로 제한되며 ETL 그룹 사용자는 1천 개의 슬롯으로 제한된다. 현재 BI 워크로드가 최대 2천 개의 슬롯만 사용한다면 ETL 사용자는 나머지 3천 개의 슬롯을 사용할 수 있다(물론 그 반대도 가능하다).



### 워커 샤드

워커 샤드Worker Shard는 응답성이 뛰어나며, 당연하지만 실질적으로 쿼리의 작업을 수행한다. 워커 샤드는 드레멜 엔진이 하드웨어나 인프라스트럭처의 관리 부담 없이도 컨테이너 안에서 수천 개의 병렬 태스크를 실행할 수 있도록 해주는 구글의 컨테이너 관리 시스템인 보그Borg[4]에서 실행 중인 태스크다. 워커 샤드 자체는 여러 태스크를 병렬로 실행할 수 있으며, 각 태스크는 스케줄된 유닛, 즉 앞서 설명한 슬롯을 의미한다.

워커 샤드는 쿼리의 한 단계의 작은 부분을 실행할 수 있는 원격 프로시저 호출RPC, Remote Procedure Call 인터페이스를 제공한다. 이 RPC 인터페이스는 워커 샤드가 정확히 쿼리의 어떤 부분을 어떤 데이터를 이용해 실행해야 하는지를 지시한다. 빅쿼리 UI의 실행 계획(그림 6-4)을 살펴보면 샤드에서 실행 중인 SQL 코드 조각을 볼 수 있다. 대부분의 코드 조각은 일반적인 SQL처럼 보이지만, 특히 쿼리의 중간 단계를 확인해 보면 원본source과 목적지destination 테이블이 생소하게 보일 수 있다.

쿼리의 원본은 쿼리가 실행되는 테이블을 표현하는 콜로서스의 파일이거나 이전 단계의 출력 결과다. 보통 하나의 입력 파일은 단일 실행 스레드(슬롯)에 할당되며, 워커 샤드는 요청된 쿼리의 일부를 실행한 후 그 결과를 목적지 위치destination location에 기록한다.

목적지 위치는 보통 인메모리 파일시스템이다. 목적지 위치가 다르면 요청한 쿼리가 많은 양의 데이터를 기록하며 이것이 마지막 단계인 경우다. 이런 경우에는 목적지가 콜로서스가 된다. 인메모리 파일시스템은 쿼리의 각 실행 단계 사이에 짧은 시간 동안 안정적으로 사용할 수 있는 스토리지이며, 그 덕분에 쿼리가 각 단계 사이에서 셔플을 수행할 수 있다.

4 자세한 내용은 https://ai.google/research/pubs/pub43438을 참고한다. 보그는 구글 클라우드가 쿠버네티스 엔진(https://cloud.google.com/kubernetes-engine/)이라는 이름으로 제공하는 쿠버네티스 서비스에 영감을 주었다.

## 셔플

셔플은 분산 프로세싱 시스템에서 매우 중요한 부분이다. 빅쿼리에서 셔플은 각 단계 사이에 데이터 의존적인 데이터 흐름을 지원하기 위해 데이터를 여러 개의 싱크sink로 전개fanning out하는 작업이다. 예를 들어 셔플은 'A'로 시작하는 모든 데이터는 싱크 1에 기록하고 'B'로 시작하는 데이터는 싱크 2에 기록한다. 그리고 다음 단계에서 한 워커 샤드가 싱크 1에서 데이터를 읽어 자신이 읽은 모든 데이터가 'A'로 시작한다는 점을 인지할 수 있고, 그러는 동안 다른 워커 샤드가 싱크 2에서 데이터를 읽어 모든 데이터가 'B'로 시작한다는 점을 인지할 수 있게 된다.

어떤 한 단계에 참여하는 샤드의 개수는 기록된 셔플 싱크의 개수와 밀접한 관련이 있다. 그러면 얼마나 많은 셔플 싱크를 사용해야 할까? 이 부분이 바로 일종의 흑마술 같은 단계다. 그림 6-6에서 보듯이 빅쿼리는 쿼리가 실행되는 동안에 출력의 크기와 모양에 따라 셔플 싱크의 개수를 동적으로 조절한다. 이 방식의 장점은 메모리 부족이 절대 발생하지 않도록 하면서 쿼리를 계속해서 실행할 수 있다는 점이다. 즉 빅쿼리가 결과셋의 싱크 개수를 정확하게 예측할수록 쿼리가 더 빨리 실행된다는 뜻이다.

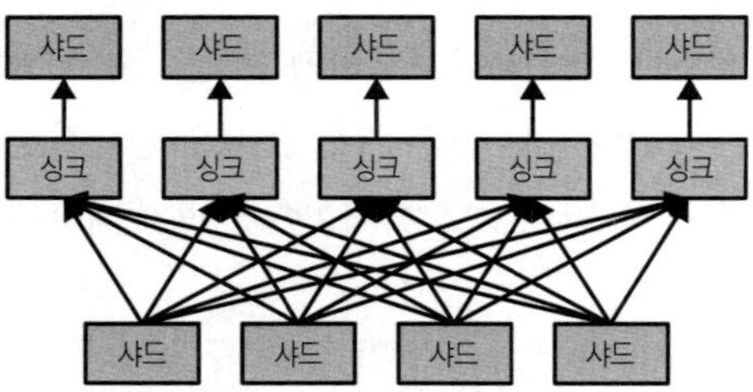


그림 6-6 4개의 샤드를 5개의 싱크로 셔플링하는 과정

인메모리 파일시스템은 크기에 제한이 있다. 만일 쿼리가 한 단계에서 너무 많은 데이터를 셔플링한다면 셔플 데이터가 디스크로 옮겨지기 시작한다. 메모리의 응답 지연은 디스크에 비해 훨씬 빠르다. 언제든 쿼리가 셔플 결과를 디스크에 기록하게 되면 성능이 심각하게 저하된다. 쿼리가 완료된 후 그림 6-7처럼 쿼리 계획을 통해 통계 수치를 확인해 보면 쿼리가 셔플 데이터를 디스크에 기록했는지를 확인할 수 있다. 다행인 점은 이 부분에 상당한 엔지니어링 노력을 기울이고 있어서 디스크로 데이터를 옮기면서 발생하는 성능 저하는 시간이 지나면 어느 정도 나아질 것이라는 점이다. 하지만 우선은 쿼리를 2개의(또는 그 이상의) 쿼리로 샤딩해서 각각 다른 범위의 데이터를 처리하도록 한 후 그 결과를 합치는 방식으로 우회해서 이 문제를 해결할 수 있다.

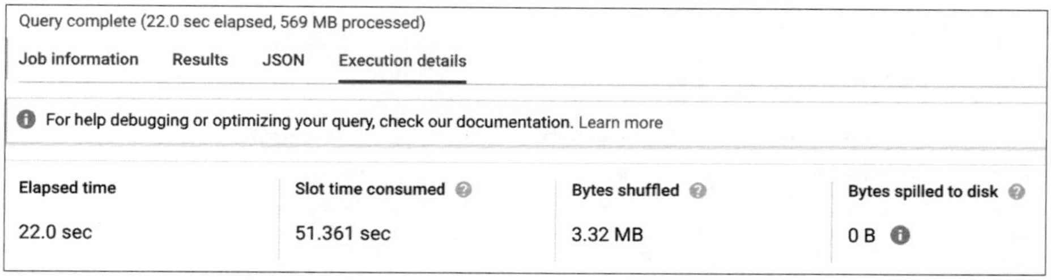


그림 6-7 셔플링된 데이터의 크기와 디스크로 옮겨진 데이터의 크기를 보여주는 'Execution details' 창

## 쿼리 실행

드레멜 쿼리 엔진의 컴포넌트에 대해 알아보았으니, 이제 이 컴포넌트들이 어떻게 쿼리의 실행을 조율하는지 알아보자. 먼저, 아주 간단한 쿼리부터 시작해 점점 복잡한 쿼리로 옮겨가자.

### 스캔-필터-카운트 쿼리

가장 간단하면서도 유용한 쿼리는 스캔-필터-카운트scan-filter-count 쿼리, 즉 테이블에서 데이터를 읽어 필터를 적용한 후 결과의 수를 반환하는 쿼리다. 다음 예제를 살펴보자.

**예제 6-3** 스캔-필터-카운트 쿼리

```
SELECT COUNT(*) AS c
FROM `bigquery-public-data`.new_york_taxi_trips.tlc_yellow_trips_2017
WHERE passenger_count > 5
```

이 쿼리는 2017년 뉴욕시의 옐로 캡Yellow Cab 택시 서비스 사용 기록에서 탑승객이 5명을 초과하는 사용 기록의 수를 계산한다. 이 쿼리가 완료되면 그림 6-8처럼 쿼리 계획을 보여주는 Execution details 탭을 클릭한다.

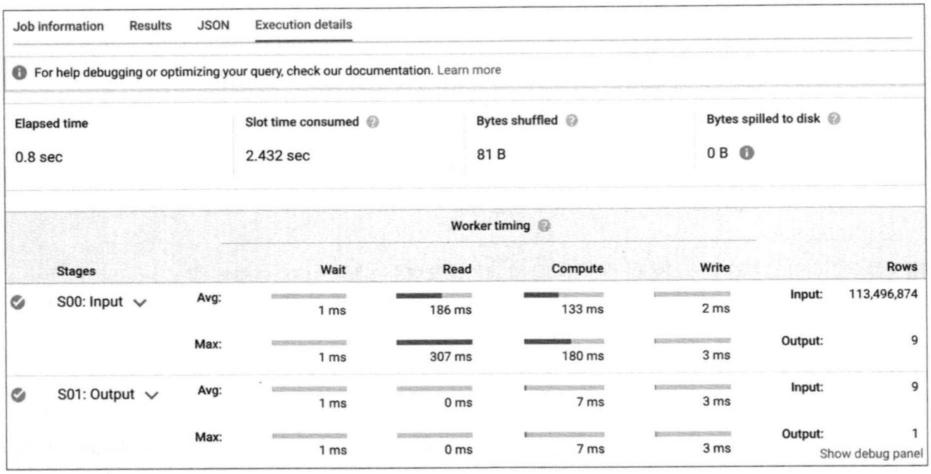


**그림 6-8 스캔-필터-카운트 쿼리의 쿼리 계획**

실행 계획을 통해 상당히 많은 점을 알 수 있지만, 자세한 내용은 실행 계획을 설명하는 7장으로 미뤄둔다.

그림 6-8에서 주목할 점은 이 쿼리가 S00과 S01 등 두 단계로 실행되었다는 점이다. 첫 번째 단계는 입력, 즉 콜로서스로부터 데이터를 읽는 단계다. 두 번째 단계는 출력, 즉 최종 결과를 합쳐서 사용자에게 반환하는 단계다.

쿼리 마스터는 쿼리의 실행에 어느 정도의 데이터가 필요한지 확인한 후 이를 적당한 크기로(보통 하나의 파일 단위로) 나눈다. 이 경우에는 9개의 파일로 나눠졌다. 그런 다음에 쿼리 마스터는 스케줄러에게 9개의 슬롯을 요청한다. 9개의 슬롯을 할당할 수 있으므로 스케줄러는 9개의 서로 다른 워커 샤드에 대한 정보를 반환한다. 이 정보를 획득한 쿼리 마스터는 9개의 워커 샤드에 병렬로 요청을 전달한다.

### 사용한 슬롯의 개수는 어떻게 알 수 있을까?

입력 단계에서 완전한 집계(즉 하나의 행만 반환하는 작업)가 이루어진다면 이 단계의 전체 출력 행 수는 이 단계의 입력의 수와 같아진다. 입력의 수가 많아지면 사용 가능한 슬롯의 수보다 커지게 된다. 따라서 각 입력이 각 입력이 전용 슬롯을 할당받을 것이라는 가정은 더 이상 옳은 가정이 아니게 된다(행의 수는 입력의 수에 직접적으로 대응하지 않는다). 하지만 예제처럼 간단한 쿼리에서는 적어도 9개의 슬롯은 사용 가능한 것이 거의 확실하므로 쿼리가 9개의 슬롯을 사용했음을 볼 수 있게 된 것이다. 이 부분을 확인하려면 bq 명령줄 도구를 이용해 쿼리 통계의 정보를 확인해 보면 된다.

**예제 6-4** 쿼리 통계를 확인하는 명령

```
bq --format=prettyjson show -j <작업_ID> \
  | grep completedParallelInputs
```

이 명령의 실행 결과는 다음과 같다.

```
"completedParallelInputs": "9",
"completedParallelInputs": "1",
```

이 결과에서 알 수 있는 것은 첫 번째 단계에서 9개의 병렬 입력이 있었으며, 두 번째 단계에서는 하나의 입력이 있었다는 점이다.

또한 긴 대기 시간으로 미루어 볼 때 슬롯이 더 많이 있었다면 성능이 향상되었을 것이라는 점도 알 수 있다. 만일 슬롯 할당을 대기하느라 시간을 소비했다면, 슬롯을 더 많은 사용한다면 이 대기 시간이 줄어들 것이므로 더 빨리 쿼리를 실행할 수 있다.

워커 샤드가 요청을 수신하면 0단계가 실행된다.

**0단계:** 0단계에서는 각 워커 샤드가 파일을 읽어 승객이 5명보다 많은 택시 이용 기록만을 얻어낸다. 그런 후에는 알아낸 이용 기록의 수를 세어야 한다. 이 단계에서 결과의 연산은 병렬로 이루어지므로 각 샤드는 전체 결과를 계산하기에 충분한 정보를 가지고 있지 않다. 따라서 전체 결과의 일부만을 다음 단계로 보내게 된다.

첫 번째 단계인 S00을 그림 6-9와 같이 확장해 보면 이 단계에서 완료된 작업을 볼 수 있다.

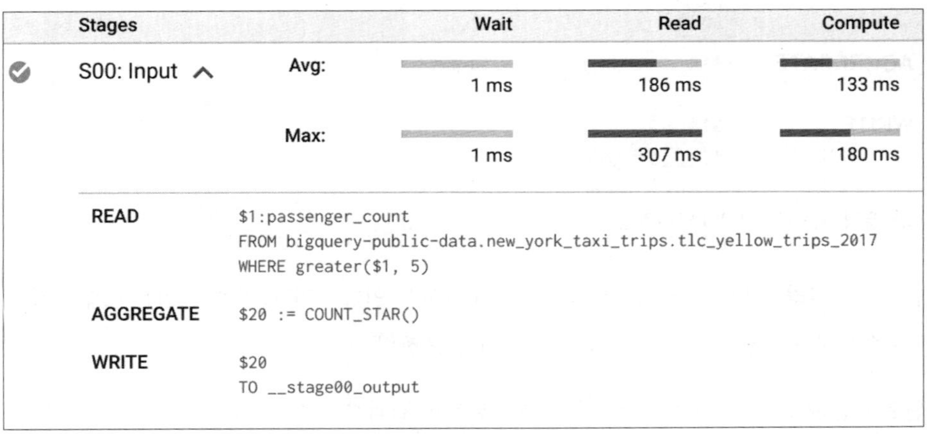


그림 6-9 스캔-필터-카운트 쿼리의 첫 번째 단계에서 실행된 작업

처음 두 부분은 어느 정도 이해가 된다. 승객 수를 테이블에서 읽어 필터를 적용한 후 그 결과의 수를 세었다. 그런데 마지막 부분에서는 WRITE $20 TO __stage00_output이라고 출력되었다. 여기서 언급된 출력output이 바로 다음 단계가 사용할 인메모리 위치다. COUNT_STAR( )는 행의 수를 세는 내부 연산자다.

결과의 일부분에 대한 연산이 완료되고 미리 지정한 출력 위치에 기록하면 각 샤드는 쿼리 마스터에게 그 결과를 반환한다.

**포스트 0단계:** 0단계에서 첫 번째 워커 샤드가 쿼리 마스터에게 결과를 반환하면 쿼리 마스터는 1단계를 스케줄링한다. 이때 스케줄러에게 더 많은 슬롯의 할당을 요구하기 위한 라운드 트립round trip이 발생한다. 예제에서는 9개의 값의 합을 구하기만 하면 되므로 단 하나의 슬롯만 필요하다. 다음 단계는 0단계가 완료되기 전에 시작할 수 있다. 왜냐하면 다음 단계는 stage00의 출력으로부터 파일이 닫힐 때까지 계속해서 데이터를 읽기 때문이다.

**1단계:** 1단계의 작업은 정말 단순하다. 그림 6-10과 같이 9개의 입력을 읽어 그 합을 구하면 된다.

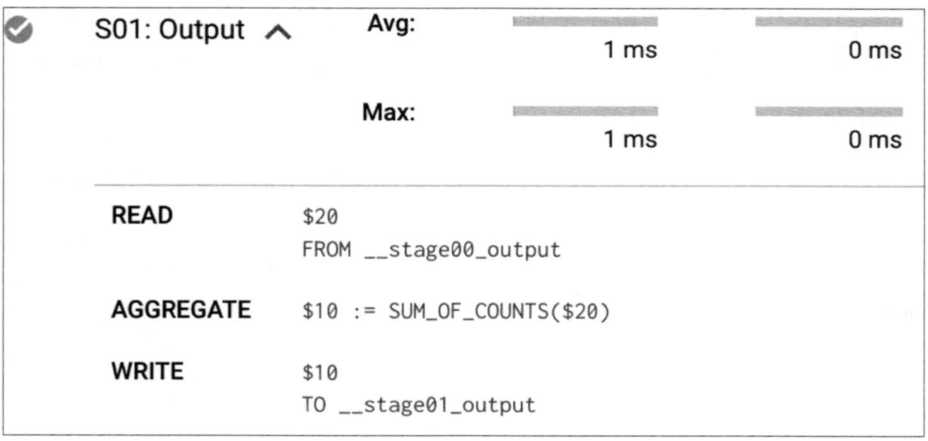


그림 6-10 스캔-필터-카운트 쿼리의 1 단계 작업

그래서 1단계가 1밀리초 만에 완료된 것이다. 1단계에서는 인메모리 파일에서 읽은 9개의 값에 대한 연산을 수행한 후 그 결과를 최종 출력 위치에 기록한다.

1단계가 완료되면 쿼리 마스터는 1단계의 출력으로부터 결과를 읽어 작업 서버로 반환한다. 쿼리의 실행은 완료되고, 사용자는 2017년 5명을 초과하는 승객이 탑승했던 300만 개 이상의 택시 사용 기록을 얻기까지 한 걸음 더 가까워졌다.

쿼리 마스터가 결과를 작업 서버에 반환하면, 작업 서버는 이 결과를 클라이언트에 반환한다. 결과 데이터의 크기가 작으므로 결과는 스패너에 기록되고 클라이언트는 이 결과를 조회한다.

### 스캔-필터-집계 쿼리

다음으로 간단한 쿼리는 스캔-필터-집계scan-filter-aggregate 쿼리다. 이런 쿼리는 데이터를 한 번에 훑어서 실행할 수 있다. 하지만 대용량 환경에서의 작동을 살펴보기 위해 위키피디아wikipedia의 페이지 뷰 로그 1억 건을 가진 새 테이블을 만들어 사용해 보자. 이 쿼리를 직접 실행하면 많은 비용이 발생할 것이므로 책에서 보여주는 내용만을 살펴보기를 권한다. 첫 번째로 실행할 쿼리는 다음과 같다.

**예제 6-5** 스캔-필터-집계 쿼리

```
SELECT title, COUNT(title) AS c
FROM `bigquery-samples.wikipedia_benchmark.Wiki1B`
WHERE title LIKE "G%o%o%g%l%e"
GROUP BY title
ORDER BY c DESC
```

이 쿼리는 G, o, o, g, l, e 문자가 순서대로 들어간 페이지들을 찾아서 각 페이지의 조회 수를 센 후 그 결과를 조회 수가 높은 순으로 반환한다.

| 행번호 | title | c |
|---|---|---|
| 1 | Google | 2904 |
| 2 | Google_Chrome | 1302 |
| 3 | Google_Wave | 623 |
| 4 | Google_Translate | 561 |
| 5 | Google_AdSense | 426 |

**0단계:** 이 쿼리를 실행하는 첫 번째 단계에서는 쿼리를 여러 개의 병렬 워커 샤드에 보낸다. 각 샤드는 title 컬럼을 읽어 조건에 맞지 않는 행을 필터링한 후 부분 집계를 수행한다. 그림 6-11은 이 단계의 실행 계획이다.

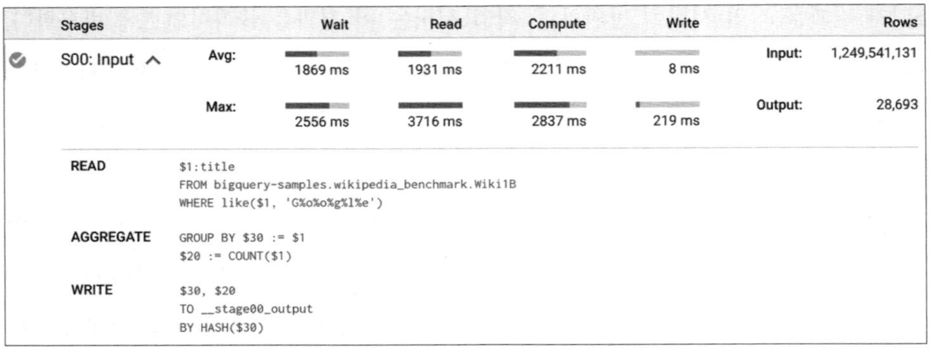


그림 6-11 스캔-필터-집계 쿼리의 첫 번째 단계에서 실행된 작업

READ 단계에서는 `title` 필드를(다른 필드는 필요하지 않다) 읽어 필터를 적용한다. AGGREGATE 단계에서는 필터와 일치하는 제목별 레코드의 수를 센다. 이때 레코드의 개수는 전체 개수가 아니라 현재 읽고 있는 파일에서 발견된 제목의 개수만을 세고 있다는 점에 유의하자.

WRITE 단계에서는 앞서 살펴본 쿼리와 마찬가지로 `__stage00_output` 위치에 결과를 기록하지만, 이전과는 조금 다른 작업을 한다. 즉 값에 의한 셔플을 수행하는 `BY HASH` 디렉티브directive가 추가된 것이다. 셔플은 결과를 서로 다른 버킷으로 보내기 위해 사용한다. 이 버킷은 워커 샤드가 공유하므로 모든 샤드가 같은 버킷으로 자신들이 처리한 값을 보내게 된다. 예제에서는 title 필드 값을 기준으로 셔플링을 수행했으므로 제목에서 'Google'이라는 단어가 검색되면 같은 버킷으로 보내고, 'Goodnight Seattle'이라는 제목이 검색되면 다른 버킷으로 보내게 된다. 이 라우팅이 대규모 환경에서 전체 결과를 연산하는 핵심이다.

### 해시란 무엇인가?

해시(hash)라는 단어는 빅쿼리의 작동을 설명할 때 자주 등장한다. 컴퓨터 과학자들은 보통 이 용어에 익숙하지만 다른 분야에서는 그다지 사용되지 않는다. 해싱은 알려지지 않은 데이터 분포를 정해진 수의 버킷으로 나누는 기법이다. 병렬 분산 시스템을 실행할 때 해싱을 사용하면 작업 부하를 병렬 워커 샤드로 분산하는 데 효과적이다. 해시 함수의 핵심 속성 중 하나는 같은 값은 같은 해시를 갖게 되어 늘 같은 버킷으로 보내진다는 점이다.

시애틀 지역의 모든 주택에 대한 부동산 매매 기록을 가지고 있고 지난 10년간 어떤 주택이 가장 많이 매매되었는지 알고 싶다고 가정해 보자. 또한 직접 이를 연산하려면 엄청난 노동을 거쳐야 하므로 9명의 친구들에게 도움을 부탁했다고 가정해 보자. 그러면 매매 기록을 연 단위로 나눠서 본인과 친구들에게 분배하고 각자가 해당 연도의 자산 데이터를 읽어 얼마나 자주 주택이 매매되었는지 추적할 수 있다.

> 하지만 어떻게 기록을 합칠 수 있을까? 단순히 지금 보고 있는 주택 목록 중 가장 많이 매매된 것만 공유할 수는 없다. 왜냐하면 어느 한 주택이 매년 매매가 되었다면 그 기록은 본인까지 포함해서 10명이 보기에는 단 한 번의 매매 기록일 뿐이지만 사실은 그 기록이 찾고자 하는 것일 수 있다. 어쩌면 어떤 주택은 어느 한 해에 3번 매매된 후 다시는 매매가 일어나지 않았을 수도 있다. 단언하건대, 결과의 병합은 단순하지 않다. 해시 함수는 바로 이런 상황에 도움이 된다.
>
> 이때에는 원본 데이터가 아닌 주택 자체를 친구들과 나눌 수 있는 방법이 필요하다. 그래서 601 N. 34번가에 있는 주택이 매매될 때마다 동일한 사람이 그 사실을 확인할 수 있어야 한다. 그러면 그 사람이 자신의 목록에서 가장 많이 매매된 주택을 보고하면 된다.
>
> 분산의 문제를 해결하기 위해서는 주소에 해시 함수를 적용하면 된다. 여기서 사용할 해시 함수는 매우 간단한 방법으로 주소에 나타난 숫자를 모두 더한 후 마지막 자리의 숫자를 취하는 방법이다. 그러므로 931 Crockett Avenue의 경우는 9, 3, 1을 더한 13에서 '3'을 취하고, 2444 Second Avenue의 경우는 2, 4, 4, 4를 더한 결과 14에서 '4'를 취하는 것이다. 그런 후에 10명의 친구들이 0부터 9까지의 숫자 중 하나를 선택해서 해당 숫자의 해시를 갖는 주택들을 분배하는 것이다. 만일 다른 사람이 도움을 자처하고 나섰다면 10개 대신 11개의 버킷이 필요하므로 숫자를 11로 나눈 후 그 나머지를 취하면 된다(버킷이 10개일 때 마지막 숫자를 취한 것도 같은 이치다). 이렇게 나눈 후 나머지를 취하는 작업을 모듈러스(modulus)라고 한다.

일부 쿼리는 수억 또는 수천억 개의 서로 다른 값을 가질 수 있으므로(다음 쿼리에서 살펴볼 것이다), 값 단위로 버킷을 생성하는 대신 수학적 해시 함수를 값에 적용해(BY HASH가 바로 이런 의미다) 그 결과를 버킷의 이름으로 사용한다. 즉 같은 입력값은 항상 같은 출력 값을 갖는 것이 중요하며, 따라서 같은 결괏값을 하나의 워커 샤드에서 처리할 수 있다는 뜻이다. 또한 여러 개의 서로 다른 입력값도 같은 버킷에 전달되어 유일한 버킷의 수를 줄일 수 있다.

그림 6-11의 쿼리 상세 정보에서 'rows' 컬럼은 몇 가지 흥미로운 정보를 제공하고 있다. 앞서 살펴본 쿼리와 달리 사용된 슬롯의 숫자를 볼 수 없는데, 그 이유는 워커 샤드가 한 행 이상의 출력을 생성했기 때문이다. 출력 행의 수는 각 워커 샤드에서 발견된 유일한 값의 수와 같다. 따라서 각 워커 샤드가 100개의 유일한 값을 발견했고 200개의 샤드가 있었다면, 이 숫자는 20,000(100×200)이 된다. 예제에서 사용한 슬롯과 값의 곱은 28,693이다.

**1단계:** 다음 단계에서는 0단계가 생성한 셔플링된 출력 결과를 읽어 최종 집계를 수행한다. 그림 6-12는 쿼리 상세 정보에서 해당 부분과 관련된 정보를 캡처한 것이다.

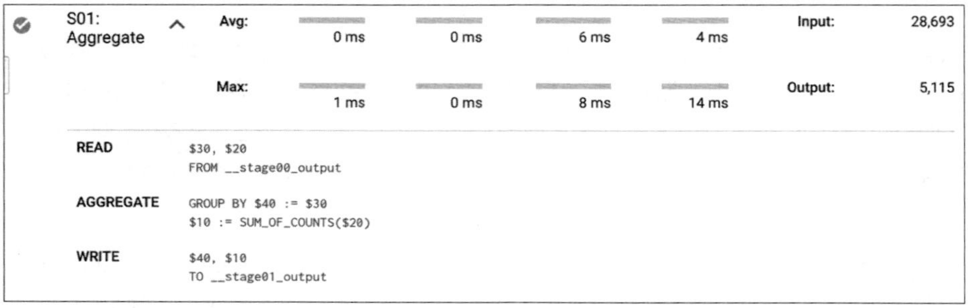


**그림 6-12** 스캔-필터-집계 쿼리의 1 단계 작업

이 단계에서는 입력 데이터가 세고자 하는 것을 기준으로 셔플링되었으므로 최종 집계를 병렬로 실행할 수 있다. 즉 'Google'이라는 단어를 포함한 제목을 부분적으로 세었던 결과가 같은 버킷에 보내졌으므로 'Google' 버킷의 값을 읽으면 'Google'이라는 단어를 포함한 제목의 총 개수를 계산할 수 있다는 뜻이다. 다른 워커 샤드는 'Google_Chrome' 버킷을 이용해 'Google_Chrome'이라는 단어를 포함한 제목의 개수를 계산할 수도 있다.

출력 행의 개수는 5,115개로, 이는 전체 행의 개수다. 반환할 행의 개수를 제한하지 않았으므로 이 행은 모두 사용자에게 반환되어야 한다.

**2단계:** 2단계는 정말 간단해서, 그림 6-13과 같이 5,115개의 값을 읽은 후 정렬하는 것이 전부다.

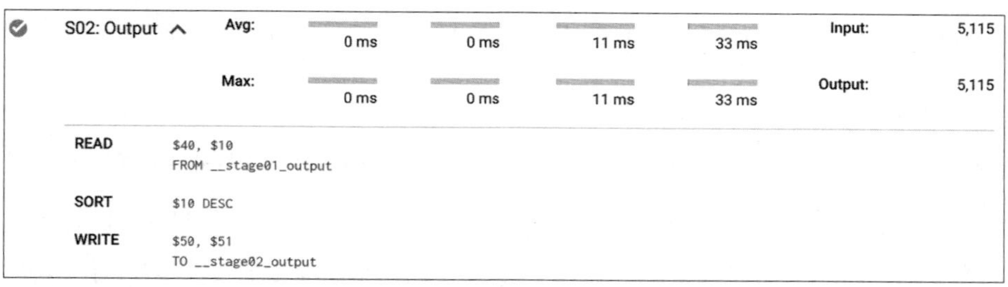


**그림 6-13** 스캔-필터-집계 쿼리의 2 단계 작업

정렬 작업은 값의 개수가 매우 크지 않다면 하나의 워커 샤드에서 실행되며, 값의 개수가 너무 많을 때는 분산 정렬 알고리즘이 적용된다.

## 높은 카디널리티를 갖는 스캔-필터-집계 쿼리

같은 쿼리지만 필터를 적용하지 않는 쿼리를 실행하면 어떻게 될까? 제목이 수백만 개가 있으므로, 즉 title 컬럼의 카디널리티cardinality가 높으므로 해시 값을 저장할 버킷의 수가 너무 적으면, 너무 적은 수의 워커 샤드가 너무 많은 작업을 수행해서 쿼리의 실행에 시간이 오래 걸릴 수 있다.



같은 쿼리이지만 제목을 필터링하지 않는 쿼리를 실행해 보자. 조회 수를 기준으로 내림차순 정렬한 위키피디아 페이지들을 모두 반환할 것이다.

**예제 6-6** 높은 카디널리티의 스캔-필터-집계 쿼리

```
SELECT title, COUNT(title) AS C
FROM `bigquery-samples.wikipedia_benchmark.Wiki1B`
GROUP BY title
ORDER BY c DESC
```

이 쿼리는 엄청난 수에 대한 연산을 수행하고, 데이터를 미리 필터링할 수 없으며 2억 8천만 개의 행을 반환해야 하므로 처리 시간이 훨씬 오래 걸린다.

이 쿼리의 상세 정보를 보면 15단계로 구성되어 있음을 볼 수 있다.

**0단계:** 0단계는 앞서 쿼리와 완전히 동일하지만 필터가 없다는 점이 다르다. 따라서 이 단계의 실행 결과로 1,205,625,714개의 값이 출력된다. 1단계에서 8단계까지는 기존과는 완전히 다르다. 먼저 1단계는 그림 6-14와 같다.

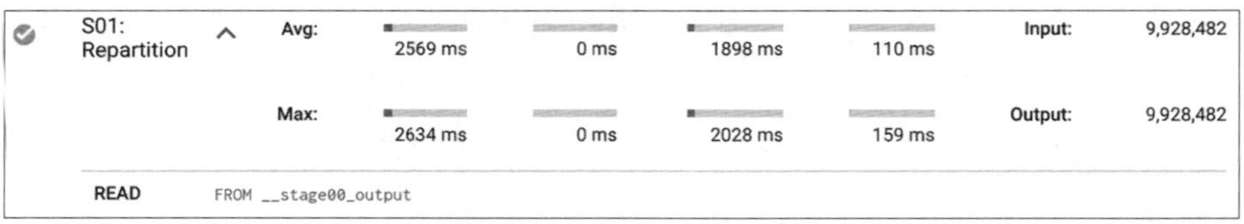


그림 6-14 높은 카디널리티를 갖는 스캔-필터-집계 쿼리의 1단계에서는 재파티션(repartition)이 적용된다

1단계에서 워커는 입력값을 읽은 후 아무 결과도 기록하지 않는다. 해시 버킷이 너무 커져서 분리되고 있는 중이기 때문이다. 이는 본질적으로 빅쿼리가 해시 버킷의 수가 너무 작다는 것을 인지하고 데이터를 더 많은 수의 버킷으로 다시 셔플링했다는 것을 의미한다. 이 과정을 통해 나머지 단계들이 너무 많은 데이터에 허덕이지 않게 되는 것이다.

**분산 정렬**distributed sort: B단계와 C단계(이 단계는 0단계에서 리셔플링reshuffling이 일어난 이후 원래 쿼리 계획에 추가되면서 이름에 숫자가 아닌 문자를 사용하게 되었다)에서도 그림 6-15와 같이 뭔가 새로운 것을 볼 수 있다.

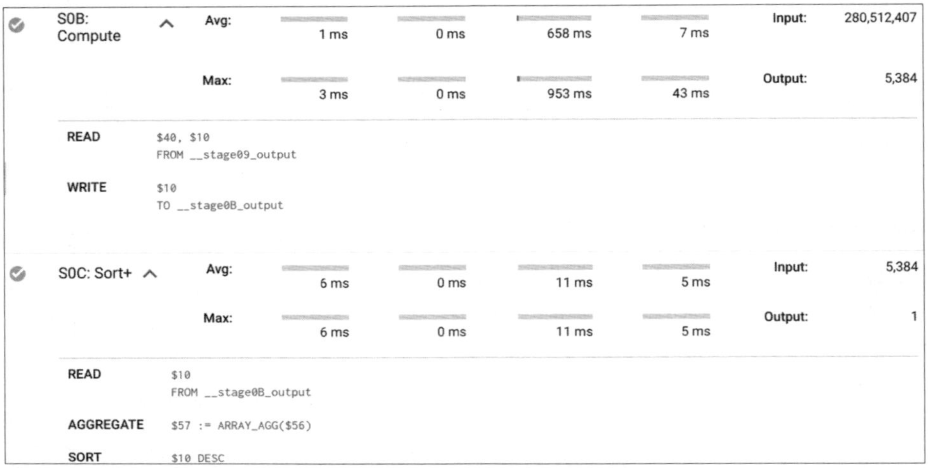


그림 6-15 높은 카디널리티를 갖는 스캔-필터-집계 쿼리의 B 단계와 C 단계의 작업

이 쿼리는 2억 8천만 개의 행을 정렬해서 반환한다는 점을 기억하자. 2억 8천만 개의 값은 하나의 노드에서 정렬하기에는 너무 많다.

누군가 사전의 모든 페이지를 뜯어내서 여러분과 여러분의 친구들이 각 페이지를 정렬해서 재조립한다고 생각해 보자. 이 문제를 해결하는 방법 중 하나는 각 사람이 일정 범위의 글자를 담당하는 것이다. 예컨대, 여러분은 A부터 C까지, 다음 사람은 D부터 G까지 담당하는 식이다. 그런 다음 각자 페이지를 잘 살펴보고 자기가 담당한 범위 내의 문자로 시작하는 페이지만 골라내야 한다. 그다음에 모든 사람들이 자신의 페이지를 모았으면 맡은 페이지들을 정렬해서 마지막까지 합치면 된다. 이 방법이 바로 분산 정렬을 수행하는 방법 중 하나다.

하지만 문제는 페이지가 어떻게 분산되었는지 사전에 알지 못할 수도 있다는 점이다. 누군가 'X'부터 시작했다면 그 문자로 시작하는 단어는 많지 않으므로 누군가는 일을 적게 할 수 있다.

B 단계는 분산에 대한 연산, 즉 분산 정렬을 수행하기 위해 나눌 지점split point을 찾아내는 과정이다. 여기서는 페이지 뷰 수(계산된 카운트 값)에 따라 정렬하고자 한다. 배분은 데이터의 양에 따라 이루어진다(예를 들면 도움을 줄 '친구'의 수). 이 예에서는 5,384개의 워커 샤드(그림 6-15의 두 번째 줄, 마지막 컬럼을 확인하자)가 가용한 상태다. 빅쿼리는 데이터를 스캔한 후 1/5,384

번째 데이터의 대략적인 위치를 계산하고 그 값들을 출력으로 내보낸다. C 단계에서는 이 값들을 전달받아 나중에 사용할 수 있도록 배열에 일렬로 집어넣는다.

D 단계는 실질적으로 데이터가 분리되는 단계다. 즉 친구들이 각자 담당할 범위의 페이지를 찾는 것과 같은 단계다. 여기서는 C 단계에서 결정된 나눌 지점을 읽은 후 9단계의 최종 총계를 읽는다(9단계는 앞서 살펴본 단계들과 유사하므로 자세한 설명은 생략한다). 이 최종 총계는 그림 6-16에서 보듯이 카운트의 범위를 표현하는 5,384개의 버킷에 기록된다(버킷은 이 단계에서 확인할 수 없다).

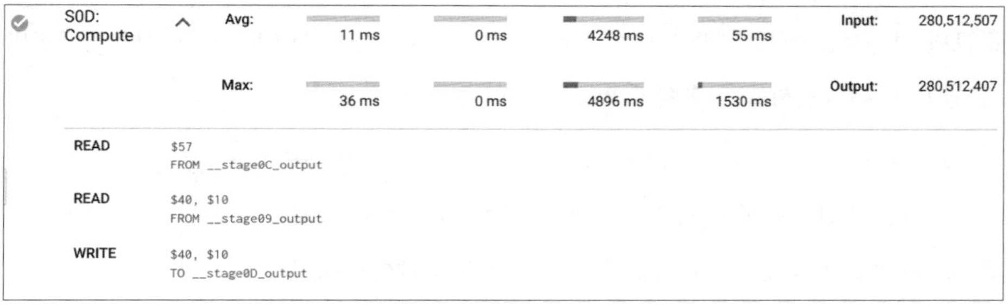


그림 6-16 높은 카디널리티를 가진 스캔-필터-집계 쿼리의 D 단계 작업

E 단계는 마지막으로 출력을 기록하는 단계다. 이 단계에서는 분산 정렬을 수행하고 최종 결과를 기록한다. 각 워커는 서로 간에 겹치지 않는 범위에 매핑된 값들을 이미 수집했으므로 로컬에서 값을 정렬해서 내보내기만 하면 된다. 최종 결과는 각기 다른 파일이 되며, 그림 6-17에서 보듯이 전체 결과의 정렬 순서에 매핑된 순서대로 파일을 읽게 된다.

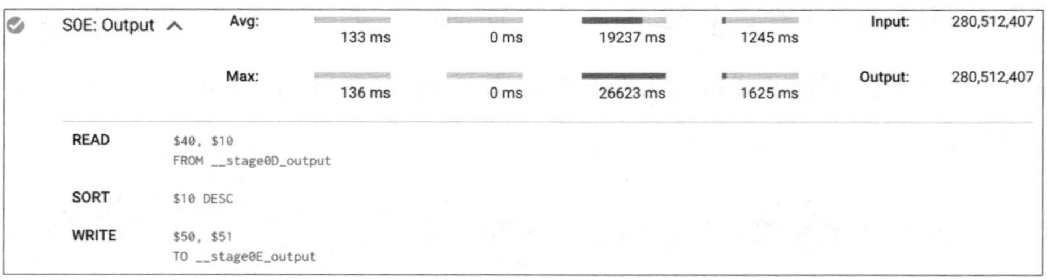


그림 6-17 높은 카디널리티를 가진 스캔-필터-집계 쿼리의 E 단계 작업

### JOIN 쿼리의 브로드캐스트

지금까지 살펴봤던 쿼리는 하나의 테이블에 대한 쿼리다. 그렇다면 조인은 어떻게 작동할까? 빅쿼리는 브로드캐스트broadcast와 해시 등 두 가지 종류의 조인을 지원한다. 해시는 이미 집계와 관련해서 살펴봤으니, 비교적 간단한 브로드캐스트 조인부터 살펴보자. 브로드캐스트 조인은 조인하는 테이블 중 하나의 크기가 작을 때, 예를 들면 이 책을 쓰는 현재, 150MB 또는 그보다 작을 때 사용한다.

브로드캐스트 조인은 작은 테이블의 전체 데이터를 모든 워커에게 전달한다. 100개의 워커가 더 큰 테이블을 처리 중이라면 작은 크기의 테이블 전체가 이 100개의 워커에 전달된다는 뜻이다. 어떻게 보면 브루트포스brute-force[5] 형식으로 조인을 수행하는 것이지만, 큰 테이블을 1번만 스캔해서 실행이 가능하며 셔플을 수행할 필요가 없다는 장점이 있다.

이 방식의 작동을 이해하기 위해 조인이 어떻게 작동하는지부터 생각해 보자. 조인은 키를 이용해 2개 또는 그 이상의 테이블에 저장된 행을 매칭하며 매칭된 값 전체를 양쪽 테이블에서 모두 확인해야 한다. 즉 '123'이라는 키가 조인의 왼쪽에 선언된 테이블에서 발견되면 조인의 오른쪽에 선언된 테이블에서 '123'이라는 값을 모두 찾아 매칭해야 한다(또는 매칭되는 행이 없는 경우도 파악해야 한다). 이 매칭을 위해서는 왼쪽 테이블의 특정 키를 가진 행과 오른쪽 테이블에서 키에 매핑되는 모든 행을 한곳으로 모아야 한다. 브로드캐스트 조인은 이 중 한 테이블을 모두에게 전달해서 모든 데이터가 한 워커 내에 공존하는 상태에서 수행한다.

이번에는 예시를 위해 어떤 서비스의 커밋 히스토리commit history에 대한 모든 정보를 담고 있는 깃허브 예제 데이터셋을 사용한다. 조인은 모든 커밋에 관한 정보를 담고 있는 commits 테이블과 사용한 프로그래밍 언어에 관한 정보를 담고 있는 languages 테이블을 대상으로 수행한다.

다음의 쿼리는 이 책의 저자들이 깃허브 저장소에 작성한 코드의 총 바이트 수를 언어별로 구분해 순위를 매긴다.

**예제 6-7** 깃허브 저장소의 언어별 순위를 계산하는 쿼리

```
WITH
repo_commits AS (
  SELECT repos AS repo_name, author.name AS author
  FROM `bigquery-public-data.github-repos.commits` c, c.repo_name repos
  WHERE author.name IN ("Valliappa Lakshmanan", "Jordan Tigani")
```

5 단순하게 모든 데이터를 훑는 방식을 말한다. – 옮긴이

```
  GROUP BY repos, author),
repo_languages AS (
  SELECT lang.name AS lang, lang.bytes AS lang_bytes, repos.repo_name AS repo_name
  FROM `bigquery-public-data.github_repos.languages` repos, repos.LANGUAGE AS lang
)

SELECT lang, author, SUM(lang_bytes) AS total_bytes
FROM repo_languages
JOIN repo_commits USING[6](repo_name)
GROUP BY lang, author
ORDER BY total_bytes DESC
```



이 쿼리의 결과는 다음과 같다.[7]

| 행번호 | lang | author | total_bytes |
|---|---|---|---|
| 1 | Jupyter Notebook | Valliappa Lakshmanan | 78900202 |
| 2 | Python | ValliappaLakshmanan | 33742613 |
| | ... | | |
| 8 | Jupyter Notebook | Jordan Tigani | 153243 |
| 9 | Python | Jordan Tigani | 134409 |
| | ... | | |

이 쿼리는 CROSS JOIN을 이용한 배열의 평면화와 쿼리를 더 읽기 쉽게 작성할 수 있는 WITH 절(자세한 내용은 8장을 참고하자) 등 몇몇 고급 쿼리 기법을 사용하고 있다. 이 쿼리의 핵심은 바로 이 부분이다.

**예제 6-8** 크로스 조인을 사용한 쿼리

```
SELECT lang, author, SUM(lang_bytes) AS total_bytes
FROM repo_languages
JOIN repo_commits USING (repo_name)
GROUP BY lang, author
ORDER BY total_bytes DESC
```

6 JOIN 밑에 있는 USING은 여러 테이블에 공통된 컬럼이 있는 경우 ON 대신 사용할 수 있다. 해당 예제에선 repo_languages 테이블과 repo_commits 테이블에 모두 repo_name이란 컬럼이 존재하고, repo_name으로 JOIN을 시도한다. USING에 관련된 자세한 내용은 다음 링크를 참고하자. https://cloud.google.com/bigquery/docs/reference/standard-sql/query-syntax#using_clause – 옮긴이

7 조던: 쿼리는 실행하고 싶지 않지만 점수는 기록해 두고픈 독자들을 위해 덧붙이자면 락시마난이 나보다 훨씬 많은 양의 코드를 깃허브에 작성했다. 락쉬마난: 그 이유는 주피터 노트북 형식에 허수가 많아서다.

이 부분에서 `language` 테이블과 `commits` 테이블을 리포지토리 이름 필드로 조인하고 있다.

이 쿼리의 쿼리 계획을 살펴보면 대부분은 앞서 살펴본 쿼리의 계획과 비슷하게 보이지만, 새로운 단계인 coalesce와 join+ 단계가 추가된 것을 볼 수 있다. 그림 6-18을 살펴보자.

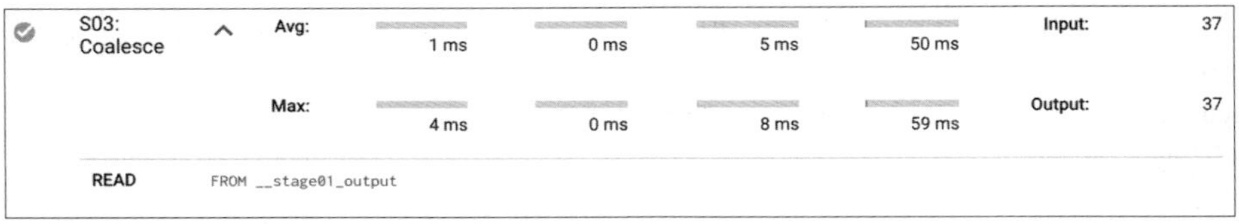


그림 6-18 브로드캐스트 조인 쿼리의 합병(coalesce) 단계

합병Coalesce 단계는 빅쿼리가 조인하는 테이블 중 하나의 크기가 작다는 것을 인지할 때 추가되는 동적인 단계다. 이 단계가 필요한 이유는 테이블의 모든 데이터를 하나의 노드로 가져와서 그 데이터를 브로드캐스트하기 위함이다. 하지만 이전 단계가 이미 큰 테이블을 가져와 데이터를 필터링해서 더 작은 테이블로 만들 수도 있다(이 예제에서는 커밋을 저자로 필터링한 시점을 말한다). 합병 단계에서는 행의 수는 변경하지 않고 같은 위치로 셔플링한다.

또 다른 새로운 단계는 그림 6-19에 묘사된 `join+` 단계다.

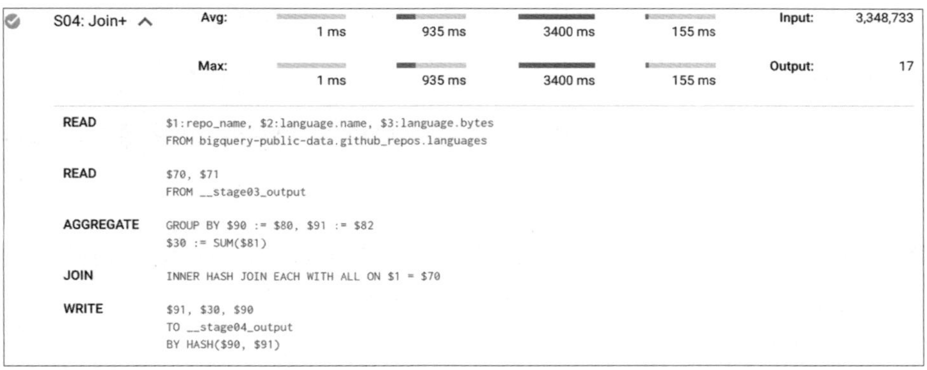


그림 6-19 브로드캐스트 조인 쿼리의 Join+ 단계

이 단계를 `join`이 아닌 `join+`라고 부르는 이유는 한 단계에서 조인과 집계가 동시에 이루어지기 때문이다. 그림에서 보듯이 두 개의 **READ** 구문이 실행되었는데, 하나는 조인의 왼쪽 테이블을 읽는 구문이고, 다른 하나는 오른쪽 테이블을 읽는 구문이다. 예제에서 왼쪽 테이블은 `languages` 테이블이며, 오른쪽 테이블은 이전 단계에서 브로드캐스트된 테이블을 합병한 결과이다. 이 책을

집필하는 현재, 브로드캐스트 조인을 식별할 수 있는 유일한 방법은 EACH WITH ALL이라는 문구가 있는지 여부다. 이는 왼쪽 테이블의 각 행을 오른쪽 테이블의 '모든' 행과 매칭했다는 뜻이다.

## 해시 조인 쿼리

두 번째로 살펴볼 조인은 해시 조인hash join이다. 일반적으로 이 방법은 더 많은 연산을 필요로 한다. 해시 조인은 조인을 수행하는 양쪽 모두에 해싱을 적용해서 같은 키를 가진 행을 동일한 버킷에 담는다. 여기서 적용되는 해시는 집계 쿼리에서 살펴봤던 해시와 동일하지만 양쪽 테이블에 모두 적용한다는 점이 다르다. 해시를 통해 같은 값을 모두 동일한 버킷에 저장하므로 하나의 워커가 버킷 내의 키를 조인하기 위해 필요한 모든 정보를 해당 버킷에서 확보할 수 있다.

해시 조인의 작동 원리를 살펴보기 위해 앞서 사용했던 쿼리를 다시 사용해 보자. 다만 필터 표현식을 주석으로 처리해서 전체 테이블이 조인하도록 한다. 두 테이블은 메모리에 저장하기에는 너무 크므로 브로드캐스트 조인 대신 해시 조인을 사용해야 한다. 수정한 쿼리는 다음과 같다.

**예제 6-9** 해시 조인을 사용하도록 수정한 쿼리

```
WITH
repo_commits AS (
  SELECT repos AS repo_name, author.name AS author
  FROM `bigquery-public-data.github-repos.commits` c, c.repo_name repos
  -- WHERE author.name IN ("Valliappa Lakshmanan", "Jordan Tigani")
  GROUP BY repos, author),
repo_languages AS (
  SELECT lang.name AS lang, lang.bytes AS lang_bytes, repos.repo_name AS repo_name
  FROM `bigquery-public-data.github_repos.languages` repos, repos.LANGUAGE AS lang
)

SELECT lang, author, SUM(lang_bytes) AS total_bytes
FROM repo_languages
JOIN repo_commits USING (repo_name)
GROUP BY lang, author
ORDER BY total_bytes DESC
LIMIT 100
```

이 쿼리의 결과는 다음과 같다.

| 행번호 | lang | author | total_bytes |
|---|---|---|---|
| 1 | C | Eric Dumazet | 2917514359851 |
| 2 | C | Russel King | 2878666474184 |
| 3 | C | Thomas Gleixner | 2876903624978 |

이 쿼리의 쿼리 계획은 브로드캐스트 조인을 사용한 쿼리의 계획과 거의 같다. 합병 단계는 없지만, 쿼리 엔진이 필요한 수의 버킷을 구성하는 동안에 몇 개의 리파티셔닝 단계가 처리된다. 또한 그림 6-20에서 보듯이, `join+` 단계에 살짝 다른 부분이 보인다.

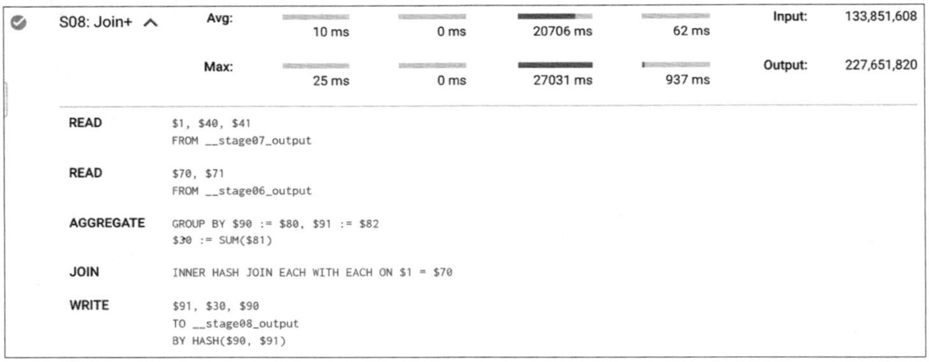


**그림 6-20** 해시 조인 쿼리의 Join+ 단계

그림에서 보듯이, 이 쿼리는 `EACH WITH ALL`이 아닌 `EACH WITH EACH`을 수행하고 있음을 알 수 있다. 즉 왼쪽 테이블의 각 행이 오른쪽 테이블의 행 중 매칭되는 것과 조인된다는 뜻이다. 그러려면 두 행이 같은 공간에 위치해야 한다. 이전 단계를 보면 이전 절에서 살펴봤던 스캔-필터-집계 쿼리의 경우와 마찬가지로 입력값이 `HASH`로 셔플링되었음을 알 수 있다.

## 스토리지

데이터베이스 관리 시스템이 성공적일 수 있었던 이유 중 하나는 효율적인 스토리지에 있다. 빅쿼리가 빠르게 작동할 수 있도록 하는 여러 핵심 기능 대부분은 거의 데이터를 저장하는 방식에서 비롯된다. 기반 스토리지 하드웨어(거대한 분산 파일 시스템)부터 파일 시스템(직접 개발한 컬럼 스토어)에 이르기까지 빅쿼리의 모든 스토리지 스택은 분석 성능에 최적화되어 있으며, 메타데이터와 스토리지 데이터로 구성되어 있다.

## 스토리지 데이터

빅쿼리는 수십 개의 리전에 분산된 수백 개의 물리적 디스크에 엑사바이트exabytes 규모의 데이터를 저장한다. 저수준 계층에 위치한 스토리지 시스템의 주요 목표는 이렇게 분산된 데이터에 빠르게 접근해서 두 테이블의 조인이 가능하도록 하는 것이다. 즉 두 테이블이 같은 위치에 공존해야 한다는 뜻이다.



대용량 분석에서 중요한 요인 중 하나는 스토리지 시스템이 향상되어야 더 높은 성능을 발휘할 수 있다는 점이다. 여기서는 빅쿼리 스토리지 시스템의 작동 원리와 성능을 알아본다.

빅쿼리로 로드한 데이터는 커패시터Capacitor 파일에 기록되어 콜로서스에 저장된다. 콜로서스는 이레이저 코딩erasure coding을 이용해 데이터를 인코딩한다. 즉 많은 수의 디스크에서 장애가 발생하더라도 안전하게 데이터가 저장된다는 뜻이다. 단 하나의 콜로서스 클러스터에만 데이터를 기록해도 충분한 데이터의 안정성을 확보할 수 있다.[8]

하지만 데이터는 안전성과 가용성을 위해 같은 리전의 다른 가용성 존에 복제된다. 즉 다른 전력 시스템과 네트워킹 하드웨어를 갖춘 다른 건물에 데이터가 복제된다는 뜻이다. 여러 가용성 존이 같은 시점에 다운되는 일은 극히 드물다. 하지만 시 지역 전체에 장애가 발생하면 어떻게 될까? 고질라가 나타났다거나, 지진 혹은 자연 재해로 시 전체가 파괴된다면 어떨까? 만일 빅쿼리를 여러 리전(예를 들면 US과 EU)에 분산했다면, 빅쿼리는 데이터를 다른 지역의 복제서버로 복제한다. 이렇게 하면 재해 상황에서도 데이터를 복구할 수 있다. 가용성과 재해 복구에 대해서는 10장에서 자세히 알아본다.

### 물리 스토리지: 콜로서스

빅쿼리는 구글이 사용하는 분산 스토리지 시스템인 콜로서스에 데이터를 저장한다. 콜로서스는 구글 파일 시스템GFS, Google File System의 발전된 형태로, 구글이 개발한 대용량 분산 스토리지 시스템이다. 콜로서스는 더 유연한 메타데이터 시스템을 구축하며 단일 장애 지점SPF, Single Point of Failure을 제거해서 GFS의 확장성, 유연성, 그리고 신뢰성 문제를 해결했다.

콜로서스는 많은 수의 서버에 장착된 많은 수의 디스크를 파일시스템 형태로 조합해서 운영되고 있다. 수만 혹은 수십만 개스크를 운영하면 매일 수십 개의 디스크에서 장애가 발생한다. 하지만 이런 시스템의 목표는 데이터를 절대(혹은 최소한 수백만 년 안에) 잃지 않는 것이다. 디스

8 99.99%의 안정성을 보장한다. – 옮긴이

크에서 장애가 발생하더라도 데이터를 잃지 않으려면 데이터를 여러 번 기록할 수밖에 없다. 콜로서스에서는 이 작업을 인코딩encoding이라고 한다.

가장 간단한 인코딩은 복제 인코딩replicated encoding 방식이다. 복제 인코딩(그림 6-21 참고)을 사용하면 데이터의 복사본을 하나 이상 기록하게 된다. 그런데 얼마나 많은 복사본을 기록해야 할까? 그 답은 사용자가 데이터를 얼마나 안전하게 보관하고 싶은가에 달려 있다. 2개의 복사본을 기록하면 2개의 디스크에서 장애가 발생했을 때 데이터가 유실될 수 있다. 일반적으로 적정 수준의 교체 정책을 확보했다면 3개의 복사본을 기록하는 것이 안전하다고 본다. 3개의 디스크에서 같은 날 장애가 동시에 발생할 확률은 거의 1억 년에 한 번 발생할 확률이다. 분산 스토리지의 안정성은 어떤 장치에 장애가 발생할 비율과 장애가 발생한 장치를 교체하는 비율에 의해 결정된다. 장치에서 장애가 발생하는 빈도를 제어하기란 매우 어렵지만, 장치를 빠르게 교체하기 위한 절차를 확립하는 것은 훨씬 쉽다. 만일 디스크를 빠르게 교체할 수 있다면, 특정 데이터가 유실되는 상황은 100억 년에 한 번쯤 발생할 것이다. 물론 인생은 훨씬 복잡하고 수많은 디스크가 사용되고 있으며, 사용자는 데이터의 유실이 절대 발생하지 않기를 원한다.

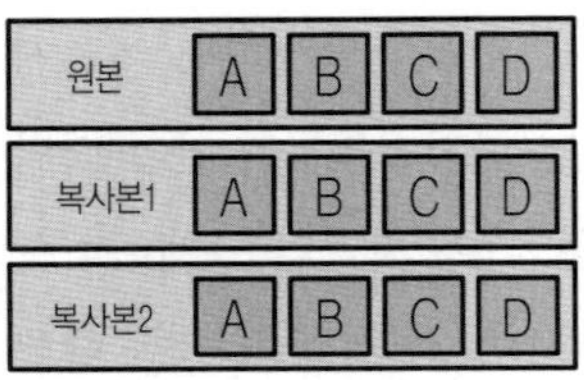


**그림 6-21** 파일을 3번 저장하는 복제 인코딩

하지만 파일을 복제하는 것은 데이터의 완전한 복사본을 갖는 것이므로 비용이 상당하다. 그래서 많은 분산 파일시스템이 더 적은 데이터를 기록하기 위해 이레이저 인코딩erasure encoding 또는 리드 솔로몬 인코딩Reed-Solomon encoding 기법을 사용한다. 이레이저 인코딩은 그림 6-22에서 보듯이 공간 복잡도를 줄이기 위해 데이터의 수학적 함수를 다른 디스크에 저장하는 방법이다. 데이터의 인코딩 기법에 따라 복제 인코딩보다 훨씬 안전하게 데이터를 보관할 수 있지만 완전한 복사본을 저장하지는 않는다. 따라서 주 데이터를 사용할 수 없게 되면 데이터를 복구하기 위해 여러 디스크를 읽어야 한다는 단점이 있다.

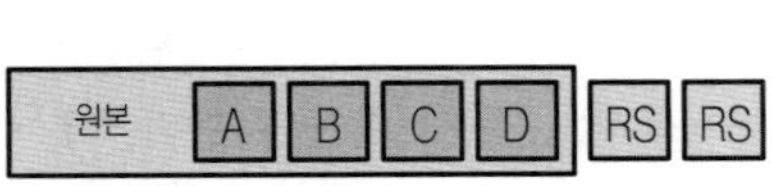


**그림 6-22** 원본 데이터에 장애가 발생한 경우 데이터를 복구하기 위해 '인코딩된' 데이터를 저장하는 이레이저 인코딩

빅쿼리는 대부분의 데이터를 이레이저 인코딩을 이용해 저장하며 3회 복제 인코딩보다 견고한 데이터 복구를 위해 충분한 복구 블록을 사용한다. 일반적인 복제 인코딩은 이레이저 인코딩보다 읽기 속도가 빠르다. 복제 인코딩에서는 첫 번째 복제 서버로부터 비교적 짧은 시간 안에 응답을 받지 못하면 읽기 요청을 다른 복제 서버로 보낸다. 이레이저 인코딩에서는 주 데이터 원본에서 읽기 작업이 실패하면 복구 읽기recovery read를 시작할 수 있지만 이때는 수 차례의 추가적인 읽기가 발생할 수 있다. 이 추가 읽기 작업 중 하나가 느려지면 해당 데이터를 다른 곳에서 복구할 수 있지만 더 많은 읽기 작업이 필요하다.

스토리지 인코딩은 빅쿼리 성능에 중요한 영향을 미친다. 뒤따르는 요청의 응답 지연latency이 중요하기 때문이다. 디스크는 언제든 장애가 발생할 수 있다. 어느 한 시점에 빅쿼리의 여러 디스크에서 장애가 발생하면 그 디스크의 테이블은 복구 읽기를 이용해 읽게 된다. 콜로서스는 복구된 데이터를 캐싱하는 등 복구 읽기에 의한 성능 저하를 최소화하기 위한 다양한 메커니즘을 갖추고 있다. 빅쿼리 상에서 실행되는 쿼리의 상당수는 수십만 개의 파일 또는 그 이상으로부터 데이터를 읽는다. 즉 모든 쿼리에 대한 콜로서스로부터의 대기 시간이 길어진다는 뜻이다. 하지만 콜로서스는 충분히 빠르게 작동한다.



### 스토리지 형식: 커패시터

저장하는 데이터의 형식format은 실질적으로 저장되는 물리적 바이트의 수만큼이나 중요하다. 빅쿼리는 자체 컬럼 스토리지 형식인 커패시터를 구현하고 있다.

#### 컬럼 스토어란?

데이터베이스는 원래 데이터를 행 단위 형식으로 저장한다. 즉 파일에 레코드 단위로 저장한다는 뜻이다. 이 형식은 여러 레코드를 파일로 저장하기 위한 가장 적합한 방법이다. 행 단위 파일 형식에는 몇 가지 장점이 있다. 만일 모든 행이 고정된 길이를 갖는다면 오프셋을 추가해서 원하는 만큼 행을 건너뛸 수 있다. 한 번에 전체 행을 읽는다면 레코드 단위 파일 역시 편리하다.

그림 6-23은 한 번에 하나의 레코드를 파일에 기록하는 레코드 단위 스토어의 모습을 도식화한 것이다.

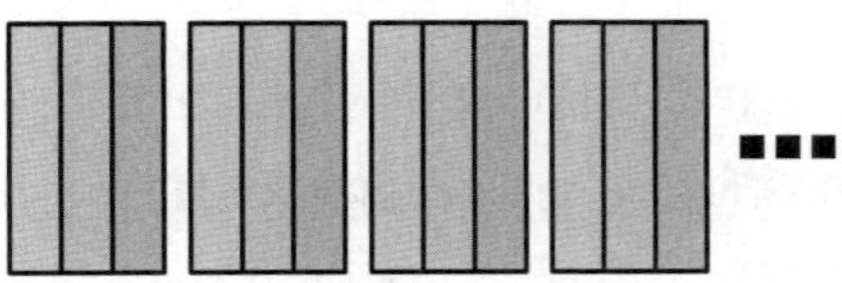

그림 6-23 3개의 컬럼을 가진 레코드 단위 스토어

하지만 대부분의 쿼리는 테이블에서 한 번에 전체 행을 읽는 것보다는 몇 개의 컬럼만을 읽는 경우가 많다. 이때 행 단위 파일을 사용한다면 하나의 컬럼만 읽어야 하는 상황에서도 전체 행을 읽어야 한다. 게다가 행 단위 파일은 보통 압축이 어렵다. 디스크에서 읽어야 하는 데이터의 양을 줄이고자 할 때 가장 좋은 방법은 데이터를 압축하는 것이다. 압축은 반복된 데이터를 작게 압축하는 형태로 작동한다. 하지만 여러 행에 걸쳐 데이터가 반복되는 경우는 극히 드물다. 'Customer Name', 'Country', 'Phone Number', 'Customer ID' 등의 컬럼을 가진 테이블을 생각해 보자. 이 테이블의 행에서 중복되는 정보는 거의 드물다. 전화번호는 국가에 관련된 정보는 거의 제공하지 못하며, 고객의 ID는 국가와는 아무런 관련이 없다.

하지만 이 문제를 90도로 돌려보면 어떨까? 한 번에 하나의 행이 아니라 한 번에 하나의 컬럼을 저장하면 어떻게 될까? 국가 이름을 의미하는 컬럼에서 유일한 값은 몇 개 되지 않으며 거의 대부분 같은 값을 가지고 있을 것이다. 고객 ID도 모두 '0000'으로 시작할 수 있고 전화번호 또한 공통의 접두어를 가질 수 있다.

그림 6-24는 컬럼 단위 스토어의 모습을 보여주고 있다. 각 컬럼은 파일의 각기 다른 스트림으로 기록된다.

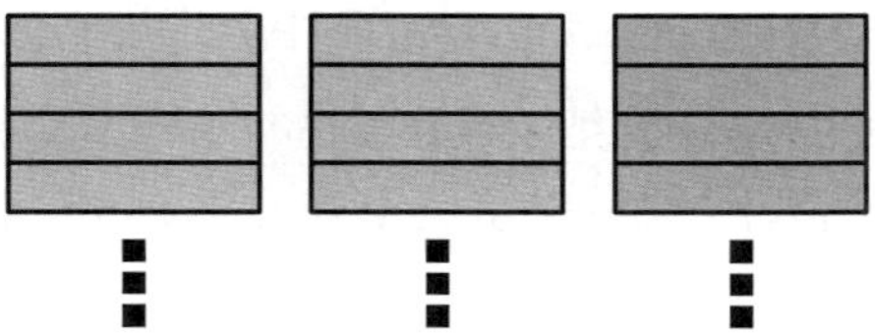

**그림 6-24** 3개의 컬럼을 가진 컬럼 스토어

컬럼을 별도로 저장하면 쿼리에서 몇 개의 컬럼만을 읽을 때 도움이 된다. 100개의 컬럼을 가진 테이블에서 3개의 컬럼을 읽으면 데이터의 3%만을 읽는 셈이다. 대부분의 쿼리는 테이블에서 몇 개의 컬럼만 읽으므로 컬럼을 읽는 작업의 성능이 훨씬 더 향상된다.

분산 시스템이 등장하기 이전에 컬럼 스토어가 주목받지 못했던 이유는 디스크의 물리적인 레이아웃 때문이다. 쿼리를 이용해 2개의 컬럼을 읽으려면 그 컬럼을 순서대로 읽어야 한다. 데이터를 정확한 순서로 읽으면 디스크가 컬럼 A의 처음 몇 개 행을 읽은 후, 컬럼 B가 저장된 곳을 찾아 다시 몇 개의 행을 읽고, 그런 후 컬럼 A로 돌아가 그다음 행을 읽어야 한다. 하지만 탐색(seek)은 비용이 높은 작업이며 디스크 하드웨어와 운영체제가 사용하는 공통적인 미리 읽기(read-ahead) 알고리즘에 적합하지 않다.

바로 이 부분에서 분산 파일시스템의 장점을 찾을 수 있다. 분산 파일시스템은 한 번에 여러 행을 읽으며, 데이터가 각기 다른 디스크에 저장되어 있으므로 여러 행을 병렬로 읽을 수 있다. 예를 들어 컬럼 A와 컬럼 G를 읽고자 한다면 한 디스크에서 컬럼 A를 읽는 작업과 다른 디스크에서 컬럼 G를 읽는 작업을 병렬로 실행할 수 있다.

커패시터는 빅쿼리가 사용하는 2세대 저장 형식이다. 1세대는 기본적인 컬럼 스토어였다. 커패시터는 엑사바이트 규모의 데이터를 다루는 분산 쿼리 엔진을 8년간 운영하면서 획득한 노하우를 활용해 만들어졌다. 커패시터 형식은 쿼리 엔진과 함께 발전하면서 성능이 더욱더 향상되었다. 쿼리 엔진에 파일의 형식에 대한 자세한 정보가 내장되어 있으며, 파일 형식도 쿼리 엔진의 특성을 충분히 고려해 만들어졌기 때문이다. 그 결과 커패시터는 구글이 거의 10년에 걸쳐 대용량 분석 시스템을 운영하면서 축적한 기능과 최적화가 적용되어 있다.

파케이Parquet와 ORCOptimized Row Columnar 파일은 오픈 소스 컬럼형 스토리지 형식의 대표 주자다. 하지만 빅쿼리는 내부적으로 이 두 형식을 사용하지 않는다. '우리가 만들지 않아서'라는 이유이라기보다는 커패시터를 구현하던 당시, 파케이는 충분히 성숙하지 않았으며 ORC 형식은 그다지 대중적이지 못했다. 게다가 커패시터 스토리지 형식과 빅쿼리 드레멜 쿼리 엔진을 더 잘 연동하기 위한 몇 가지 최적화가 적용되어서 스토리지 형식을 더 빠르게 순회할 수 있었고 기능도 신속하게 추가할 수 있다는 장점이 있었기 때문이다.



커패시터의 핵심 기능 중 하나는 딕셔너리 인코딩dictionary encoding이다. 이 기법은 상대적으로 카디널리티가 작은 필드(즉 유일한 값이 적은 필드)에서는 파일 헤더에 딕셔너리를 저장한다. 예를 들어 주크박스에서 재생된 노래의 목록이 담긴 테이블을 생각해 보자. 재생 가능한 곡의 수는 상대적으로 적을 것이다. 이때 파일에 기록되는 딕셔너리는 그림 6-25와 같다.

딕셔너리

| | |
|---|---|
| 0 | Hey Jude |
| 1 | Michelle |
| 2 | Here Comes the Sun |

**그림 6-25** 커패시터의 딕셔너리 인코딩

커패시터 형식은 곡 제목 전체를 저장하지 않고 오프셋만을 딕셔너리에 저장하므로 크기가 훨씬 작다. 그림 6-26에서 보듯이, 첫 번째 컬럼은 곡 제목을 인코딩한 값이며 두 번째 컬럼은 또 다른 데이터를 저장하는 필드다(아마도 곡 재생을 요청한 고객 정보일 것이다).

데이터

| | |
|---|---|
| 0 | xc* |
| 1 | c8! |
| 1 | 8ec |
| 0 | 7h! |
| 2 | a7c |
| 1 | c-% |

**그림 6-26** 커패시터 파일의 두 컬럼. 첫 번째 컬럼은 인코딩된 딕셔너리다

딕셔너리 인코딩의 또 다른 장점은 필터링에 있다. 제목에 'Sun'이라는 단어가 들어간 곡을 검색한다고 가정해 보자. 이 필터는 전체 문자열 중 어딘가에 해당 단어가 들어간 곡 제목을 찾아야 하므로 비용이 상당히 큰 필터링 작업이다.

보통은 테이블의 각 행에서 지정된 조건에 일치하는 값을 찾는다. 하지만 커패시터는 딕셔너리를 보고 지정된 조건의 일치 여부를 판단해 그 결과를 별도의 테이블로 생성한다. 이 과정은 그림 6-27에서 설명하고 있다.

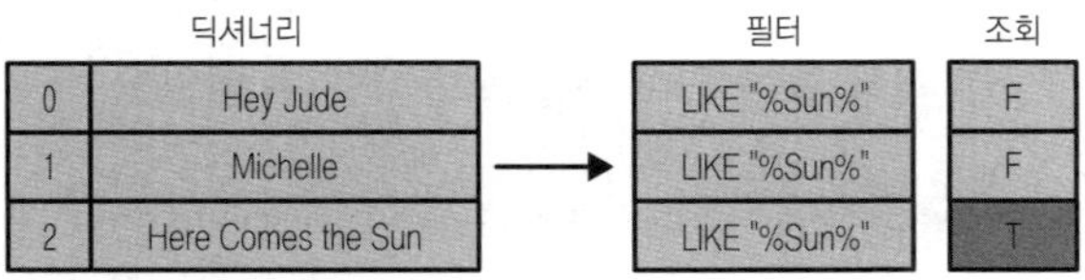


**그림 6-27** 필터링에 효과적인 딕셔너리 인코딩

이 조회 테이블은 지정된 조건에 부합하는지를 가리키는 값을 가진 일종의 배열이다. 모든 행을 스캔할 때는 조회 테이블의 인덱스만 참조하면 된다. 예를 들어 인코딩 된 값이 '1'이면 조회 테이블에서 오프셋 1의 값을 찾으면 조건식이 거짓으로 판정됐다는 것을 알 수 있다. 반면, '2'는 참으로 판정되었으므로 이 행이 찾고자 하는 행이 된다.

파일의 크기를 더욱더 줄이기 위해 커패시터는 런렝스 인코딩run-length encoding도 활용한다. 즉 한 행에 값 '2'가 5번 반복되면 '2,2,2,2,2'를 저장하지 않고 '2:5'처럼 저장하는 것이다. 따라서 같은 값이 더 많이 반복될수록 압축률도 높아진다.

하지만 같은 값이 여러 번 반복되지 않는 순서로 행이 정렬되어 있다면 어떻게 될까? 커패시터는 상당히 똑똑한 방법으로 이 문제를 해결한다. 그 방법이란 효과적인 압축을 위해 행을 재정렬하는 것이다. 빅쿼리의 행은 순서가 없으며, 이로 인해 행이 반환되는 순서가 보장되지 않으며 심지어 행의 순서에 대한 예측도 하지 않는다. 그림 6-28을 살펴보자.

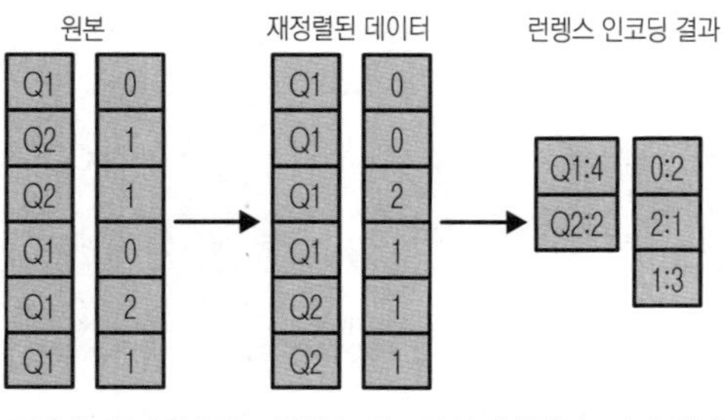


**그림 6-28** 빅쿼리는 런렝스 인코딩의 효율을 높이기 위해 행을 재정렬한다

최적의 정렬 순서를 계산하는 것은 NP 난해 문제NP-hard problem[9]이므로 빅쿼리는 압축률이 좋으면서도 상대적으로 짧은 시간이 걸리는 여러 가지 규칙을 적용하고 있다.

지금까지 설명한 두 가지 예는 빅쿼리 성능을 향상시키기 위해 커패시터에 적용된 여러 가지 방법 중 하나일 뿐이다.



## 메타데이터

메타데이터는 저장된 데이터에 대한 데이터다. 그래서 '메타'라고 부른다. 메타데이터는 스키마와 필드 크기, 통계, 물리 데이터의 위치 등과 같은 엔티티를 포함하고 있다. 메타데이터를 효율적으로 관리하는 것은 물리 데이터 자체를 관리하는 것만큼이나 중요하다. 사실, 쿼리가 참조할 수 있는 테이블의 수나 테이블이 가질 수 있는 컬럼의 수 등 빅쿼리가 가진 제한은 메타데이터 시스템의 제한 때문이다.

빅쿼리 테이블의 메타데이터는 3개의 계층으로 구성되며 이 중 두 개의 계층만 사용자가 직접 확인할 수 있다. 가장 외곽의 계층은 테이블과 모델, 루틴, 그리고 접근 제어 권한의 한 집합으로 구성된 데이터셋이다(자세한 내용은 10장 참고). 그 아래 계층은 스키마와 주요 통계로 구성된 테이블이다. 가장 안쪽의 계층은 데이터가 물리적으로 어떻게 저장되어 있는지에 대한 데이터를 포함하는 스토리지 셋storage set이다. 스토리지 셋은 사용자가 볼 수 없는 개념으로 그 정보가 숨겨져 있다.

### 스토리지 셋

스토리지 셋은 데이터의 원자적 단위이며 로드 작업, 스트리밍 추출 또는 데이터 조작 언어 쿼리의 결과에 의해 만들어진다. 스토리지 셋은 빅쿼리 테이블을 ACID 원칙에 따라 갱신할 수 있다. 즉 모든 작업은 원자성Atomic(작업 전체가 완료되거나 완전히 취소되어야 한다), 일관성Consistent(커밋된 변경사항은 어디서든 사용 가능해야 한다), 멱등성Idempotent(에러나 네트워크 파티션으로 인해 커밋이 여러 번 발생해도 결과는 동일하다), 그리고 내구성Durable(일단 커밋된 데이터는 유실되지 않는다)을 지원한다는 뜻이다.

---

9 컴퓨터 과학에서 NP 난해 문제는 해법이 올바르다는 것은 효율적으로 확인할 수 있지만 해법을 찾는 것이 효율적일 수 없는 문제를 말한다. 최상의 순서를 계산하는 것은 목록이 정렬되어 있는지를 효율적으로 판단할 수 있으므로(목록의 아이템을 한 번씩만 살펴보면 알 수 있다) NP 문제이지만, 목록을 최적의 상태로 정렬하는 것은 NP 난해라고 불리는 문제다. NP 난해 문제는 어떻게 보면 거의 유사하므로 이 중 어떤 것이라도 빠르게 해결할 수 있는 알고리즘을 찾는다면 모든 NP 난해 문제를 해결했다는 뜻이다. 실질적으로 NP 난해 문제는 알고리즘이 아닌 어떤 방법이나 규칙에 의해 처리되므로 하나의 올바른 해법을 찾는 것은 너무 비효율적이다.

빅쿼리의 기반 물리 스토리지는 불변immutable이다. 일단 파일이 닫히면 다시는 변경되지 않는다. 스토리지 셋도 마찬가지로 불변이어서 일단 커밋되면 절대 변경되지 않는다. 그림 6-29는 3개의 스토리지 셋을 가진 테이블의 모습을 보여주고 있다.

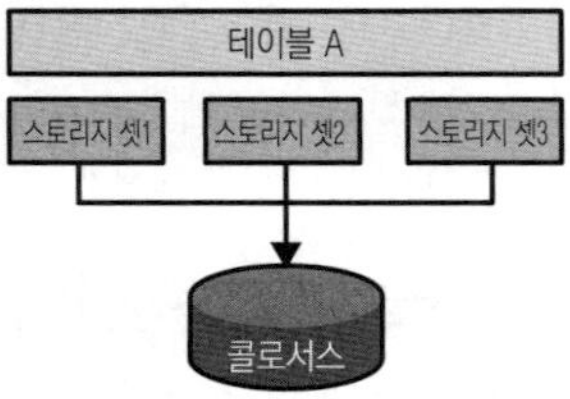


**그림 6-29** 3개의 스토리지 셋을 가진 테이블

스토리지 셋은 일반적으로 처음에는 PENDING 상태로 만들어진 후 COMMITTED 상태로 변경되었다가 마지막으로 GARBAGE 상태로 바뀌는 수명 주기를 갖는다. 스토리지 셋이 PENDING 상태라는 것은 데이터를 기록 중이라는 뜻이며, 기록 중인 데이터는 어떤 메커니즘을 사용해도 사용자가 절대 볼 수 없다. 데이터가 완전히 기록되면 COMMITTED 상태로 전환되어 테이블을 쿼리하면 데이터를 확인할 수 있는 상태다. 스토리지 셋이 더 이상 필요하지 않으면 GARBAGE 상태로 전환되며 일정 시간이 지난 후에는 가비지 컬렉터에 의해 수집된다.

## 시간 여행

이 책을 집필하는 현재, 빅쿼리는 과거 7일간의 시간 여행을 지원한다. 즉 7일 중 어느 특정 시점의 테이블 상태를 확인할 수 있다는 뜻이다. 이 기능은 실수로 DML 명령을 이용해 테이블을 삭제했거나 계속해서 데이터가 변경되는 테이블에 반복적인 쿼리를 실행하고자 할 때 유용하다.

빅쿼리는 시간 여행을 지원하기 위해 스토리지 셋에 변경이 발생할 때마다 타임스탬프를 기록한다. 스토리지 셋이 커밋되기 전의 상태로 되돌리면 스토리지 셋은 삭제된다. 스토리지 셋이 GARBAGE 상태로 변경된 후 COMMITTED 상태일 때로 되돌리면 쿼리가 실행되는 문맥 내에서 다시 되살아난다.

그림 6-30은 각각 T1, T2, T3 시점에 커밋된 세 개의 스토리지 셋을 가진 테이블을 보여주고 있다. T2와 T3 시점의 중간 상태의 테이블을 읽으면 처음 두 개의 스토리지 셋에서만 데이터를 읽게 된다.

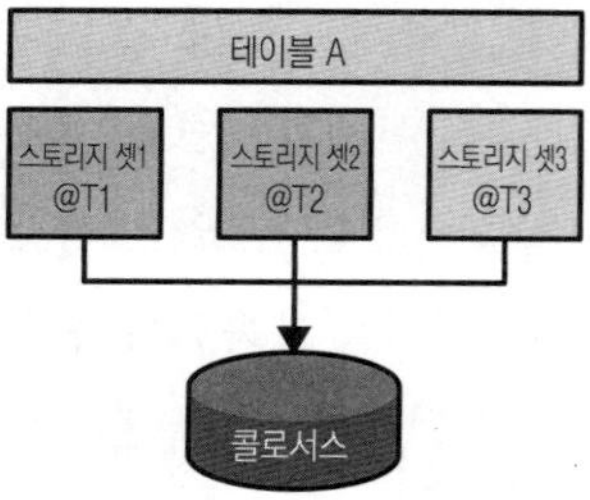


그림 6-30 T1, T2, T3 시점에 커밋된 3개의 스토리지 셋을 가진 테이블



## 스토리지 최적화

시간에 따라 데이터를 기록하거나 수정하다 보면 종종 스토리지가 파편화fragmented될 수 있다. 예를 들어 2분마다 100kb의 데이터를 로딩한다고 가정해 보자. 그러면 그 각각의 100kb의 데이터는 각자의 스토리지 셋과 파일에 저장되며, 한 달 후면 2TB의 데이터가 쌓이게 된다. 2TB이면 아주 대용량은 아니지만 21,000개의 파일과 스토리지 셋이 생성되어 빅쿼리가 파일을 열고 스토리지 셋 메타데이터를 읽는 데 엄청난 시간을 소비하게 되므로 쿼리의 효율성이 떨어지게 된다.

스토리지 옵티마이저optimizer는 정기적으로 파일을 다시 써서 쿼리의 실행에 최적화된 형태로 데이터를 재배열한다. 파일은 우선 가장 빠르게 기록할 수 있는 쓰기 최적화 스토리지write-optimized storage 형식으로 기록된 후 나중에 쿼리를 빠르게 실행할 수 있는 읽기 최적화 스토리지readoptimized storage 형식으로 다시 기록된다. 스토리지 시스템은 세대별generational로 데이터를 관리한다. 즉 데이터가 여러 세대에 기록되며 오래된 데이터일수록 더 많은 최적화가 적용된다.

그림 6-31은 첫 세대의 데이터가 테이블에 최적화되어 기록된 후 1세대로 재작성되는 상황을 설명하고 있다.

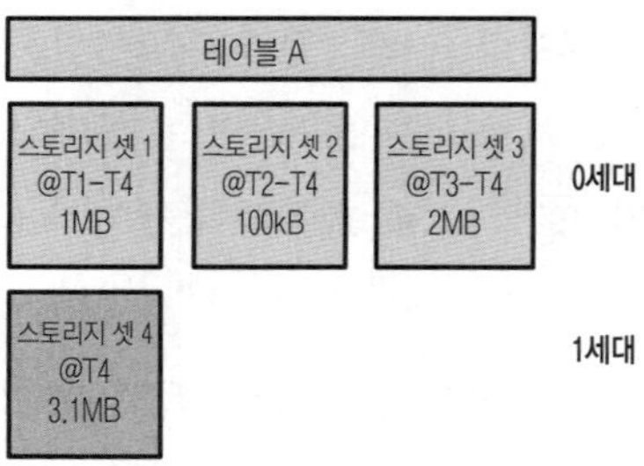


그림 6-31 0세대 데이터의 최적화와 1세대의 재작성

최적화된 스토리지 셋(4번째)는 스토리지 셋 1, 2, 3과 동일한 데이터를 보유하고 있다. 스토리지 셋 4가 커밋되면 처음 세 개의 스토리지 셋은 가비지로 표시되지만 즉시 삭제되지는 않는다. 이 방법은 사용자들이 이전 스토리지 셋만 존재할 때의 시점에서 테이블을 읽을 수 있는 시간 여행 기능을 지원하기 위한 중요한 기능이다. 그러므로 빅쿼리는 메타데이터를 계속해서 추적해야 한다.

## 파티셔닝

빅쿼리의 파티셔닝은 대용량의 논리적 테이블을 작은 파티션으로 분리해서 필요한 부분에서만 데이터를 쿼리하는 기능이다. 예컨대, 2019년 5월 3일부터의 데이터만 쿼리하고자 하는데 테이블이 날짜 단위로 파티션되어 있다면 파티션된 테이블을 이용해서 데이터를 더 효율적으로 읽을 수 있다는 뜻이다.

실제로 파티션은 아주 가벼운 테이블이다. 한 파티션의 데이터는 다른 파티션과는 물리적으로 다른 위치에 저장되며, 파티션은 완전한 메타데이터를 가지고 있다. 따라서 대부분의 경우 파티션을 마치 테이블처럼 다루는 것이 가능하다. 예를 들어 `tables.delete()` REST API를 호출해서 파티션을 삭제할 수 있다. 파티션에 만료일을 지정하면 날짜 기반의 파티션이 마치 테이블처럼 일정 시간이 지나면 만료되게 할 수도 있다.

파티션은 여러 테이블을 쿼리하는 것보다 효율성면에서 우위에 있다. 예를 들어 날짜의 범위로 쿼리하면 날짜 필드에 보통의 필터를 적용해 필요한 데이터만 스캔할 수 있다. 따라서 수많은 논리 테이블을 관리하는 것보다 훨씬 쉬우며 효율적으로 쿼리를 실행할 수 있다. 파티션 필터는 보통 메타데이터 데이터베이스 계층(스패너)까지 전달되므로 불필요한 데이터뿐만이 아니라 불필요한 메타데이터를 읽는 일도 없다.

파티션은 낮은 카디널리티(예를 들면 유일한 값의 수가 적은) 필드에 적합하다. 일반적으로 유일한 값의 수가 수천 개 이하면 카디널리티가 낮다고 할 수 있다. 테이블을 너무 잘게 파티셔닝하면 너무 많은 메타데이터가 생성된다. 작은 수의 파티션에 필터를 적용하는 경우라면 큰 문제가 없겠지만 전체 테이블을 읽어야 한다면 모든 메타데이터를 읽어야 하므로 효율성이 떨어지게 된다. 카디널리티가 높다면 클러스터링을 사용해야 한다. 파티션의 수를 줄이는 방법 중 하나는 파티션의 범위를 조금 더 넓게 생성하는 것이다. 즉 이벤트 날짜의 월을 저장하는 필드를 만들고 이 필드를 기준으로 파티션을 생성하면 된다.

빅쿼리는 메타데이터 내에 파티션을 표현하기 위해 스토리지 셋에 파티션 ID를 표시한다. 이렇게 하면 파티션을 기준으로 필터를 적용하기가 쉬워진다. 예를 들어 특정 날짜와 일치하는 파티션만을 읽을 때, 빅쿼리는 물리적 데이터를 열어볼 필요없이 메타데이터 수준에서 필터를 적용할 수 있다. 스토리지 셋은 필드 크기 정보도 가지고 있으므로 실제로 쿼리를 실행하지 않고도 얼마나 많은 데이터를 스캔해야 하는지를 사전에 결정할 수 있다.

그림 6-32는 세 개의 스토리지 셋을 가진 테이블을 보여주고 있다. 각 스토리지 셋은 각기 다른 파티션을 표현하고 있음을 알아 두자.

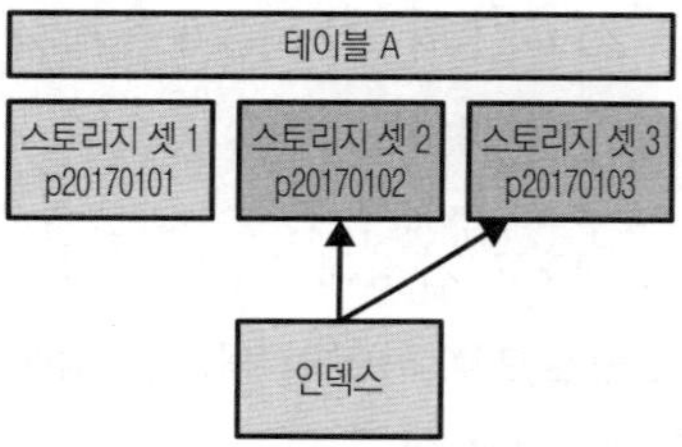


그림 6-32 3개의 서로 다른 파티션을 표현하는 3개의 스토리지 셋

eventDate 필드를 파티셔닝에 사용했으며 WHERE eventDate >= '20170102' 필터를 포함한 쿼리를 실행한다고 가정해 보자. 이 필터는 스토리지 셋 20170102와 20170103에 일치해야 한다. 이때 스패너 데이터베이스 인덱스(그림 6-32의 인덱스)가 지정된 범위의 스토리지 셋을 찾는 데 도움을 준다. 즉 이 두 스토리지 셋을 포함하는 테이블만 쿼리한다는 뜻이며, 따라서 더 적은 데이터를 스캔하므로 더 빨리 실행된다는 뜻이다.

## 클러스터링

클러스터링은 데이터의 컬럼을 이용해 만들어진 키를 기반으로 부분적으로 정렬한semi-sorted 데이터를 저장하는 기능이다. 이렇게 하면 쿼리 엔진이 키를 가진 파일만 열어보면 되므로 조회와 범위 스캔의 효율성이 높아지며, 바이너리 탐색binary search을 이용해 범위의 시작과 끝에 해당하는 파일을 탐색할 수 있다.

그림 6-33은 클러스터링의 활용 방법을 보여주고 있다.

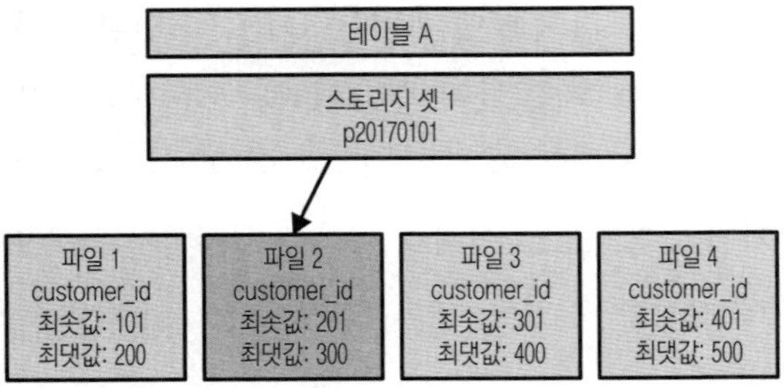


**그림 6-33** customer_id 필드를 기반으로 클러스터링한 스토리지 셋

이 테이블은 customer_id 필드로 클러스터링되어 있으며 각 파일에는 customer_id 필드의 값이 겹치지 않도록non-overlapping 저장되어 있다. 파일 1에는 101부터 200까지의 고객 ID가 저장되어 있으며, 파일 2에는 201부터 300 까지의 고객 ID가 저장되어 있는 식이다.

이제 SELECT ... WHERE customer_id = 275라는 쿼리를 실행한다고 가정해 보자. 파일에 customer_id 필드 값이 오름차순으로 정렬되어 있다는 점을 알고 있으므로 파일의 헤더를 읽어보면 customer_id 275는 파일 2에 저장되어 있음을 알 수 있다. 바이너리 탐색을 통해 시작 파일을 찾을 수 있으며, 이 파일에 원하는 범위의 값이 모두 저장되어 있으므로 다른 파일은 더 이상 찾아볼 필요가 없다. 테이블이 파티션되어 있으므로 전체 파일을 다 읽을 필요 없이 파일 하나만 읽으면 된다.

데이터 파일은 모든 필드의 최솟값과 최댓값이 기록된 헤더를 가지고 있다. 오픈 소스 파케이나 ORC를 포함한 거의 모든 컬럼 스토어가 이 기능을 제공한다. 이 기능의 장점은 헤더만 찾아봐도 테이블에 값이 존재하는지를 확인할 수 있다는 점이다. 게다가 파일 헤더는 캐시되므로 디스크 입출력을 전혀 사용하지 않고도 정확한 파일을 찾아낼 수 있다.

데이터가 여러 파일에 걸쳐 저장되어 있다면 각 파일은 좁은 범위의 키를 갖게 된다. 즉 파일 1에는 aa-ac 범위, 파일 2에는 ad-ag 범위, 그리고 파일 3에는 ah-ap 범위의 값이 저장되는 셈이다. 따라서 ae라는 값을 찾는다면, 먼저 파일 1의 헤더를 열어 찾는 값이 이 파일에 없음을 확인한 후 다시 파일 2를 열어 찾고자 하는 값이 이 파일의 범위 안에 완전히 포함되어 있다는 것을 알게 된다. 따라서 다른 파일은 열어볼 필요도 없이 이 파일만 사용하면 된다. 즉 쿼리 엔진이 하나의 파일만 스캔하면 된다는 뜻이며 당연히 모든 파일을 스캔하는 것보다 빠르고 효율적이다.

다만 데이터는 여러 파일에 흩어져 있을 뿐 정렬은 되어 있지 않다! 잠시 후 자세히 설명하겠지만 커패시터 파일의 데이터는 압축률을 높이기 위해 재정렬되며, 데이터를 정렬하면 읽기 성능이 떨어진다. 하지만 파일 내에서 데이터를 정렬한다고 해도 디스크로부터 읽어야 하는 블록의 수는 마찬가지이므로 큰 도움은 되지 않는다.

**재클러스터링:** 클러스터링에서 어려운 점은 데이터가 변경될 때 클러스터를 유지하는 것이다. 앞서 살펴본 예제에서, 누군가 ab와 ao 키를 가진 두 행을 추가하면 어떻게 될까? 이 두 행은 각각 파일 1과 파일 3에 저장된다. 하지만 파일은 불변이며, 그렇다고 해서 하나의 행을 갖는 또 다른 파일을 생성하고 싶지는 않을 것이다. 그래서 빅쿼리는 이 두 행을 새 스토리지 셋의 한 파일에 기록한다. 이제 테이블을 쿼리하면 두 스토리지 셋을 모두 살펴봐야 하므로 불필요한 작업을 수행하게 된다. 시간이 지나면서 계속해서 데이터가 바뀌면, 결국은 너무 많은 스토리지 셋이 생겨나며 이 스토리지 셋 간에 저장된 값의 범위가 겹쳐지기도 한다. 결국 어느 시점에서는 유일한 값을 찾기 위해 모든 파일을 스캔해야 한다.

이런 파편화의 해결책은 재클러스터링reclustering이다. 빅쿼리는 백그라운드에서 주기적으로 테이블을 재클러스터링한다. 빅쿼리는 완전히 클러스터된 데이터의 비율fraction인 클러스터링 비율clustering ratio를 유지한다. 이 비율이 너무 낮아지면 데이터를 정렬된 형태로 다시 기록한다. 이 작업은 이전 테이블 상태로의 시간 여행을 지원하기 위해 새로운 스토리지 셋에서 실행된다. 재클러스터링은 사용자의 개입없이 자동적으로 일어나며 사용자가 비용을 지급해야 할 자원이 아닌 '시스템 자원'을 이용해 실행된다.

그림 6-34는 재클러스터링이 작동하는 과정을 설명하고 있다.

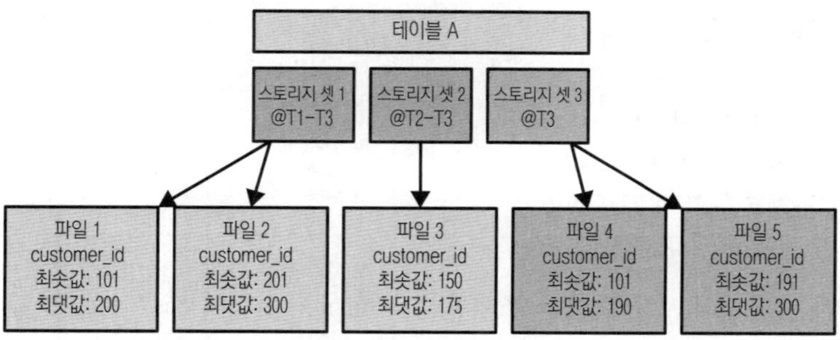


**그림 6-34** 재클러스터링은 새로운 스토리지 셋을 생성한다

그림을 보면 두 개의 스토리지 셋에 클러스터 범위가 겹쳐진 것을 볼 수 있다. 첫 번째 스토리지 셋에는 키 값 101부터 300까지 저장한 두 개의 파일이 저장되어 있다. 가장 최근(T2)에 커밋된 두 번째 스토리지 셋에는 그보다 작은 범위인 150부터 175까지의 키 값을 저장하고 있지만 스토리지 셋 1의 파일과 그 값이 겹치고 있다.

재클러스터링은 T3 시점에 일어나며 파일 1과 2, 3의 모든 데이터를 복사해 다시 클러스터링한다. 그러면서 T3 시점에 앞서 만들어졌던 스토리지 셋은 모두 가비지로 표시되고 T3 시점에 새로운 복사본이 커밋된다. 이 작업이 완료되면 그다음부터 실행되는 쿼리는 스토리지 셋 3에 새로 클러스터 된 데이터를 기준으로 실행된다.

### 파티셔닝과 클러스터링 비교

파티셔닝은 테이블을 컬럼의 데이터를 기준으로 수많은 서브테이블로 나누는 것이다. 반면 클러스터링은 특정 컬럼으로 테이블을 정렬하는 것과 비슷하다. 차이점은 미묘하지만 유일한 값이 많은 때는 클러스터링이 훨씬 더 잘 작동한다. 예를 들어 수백만 명의 사용자 중에서 한 명의 사용자를 조회하는 쿼리를 실행할 때 고객 ID별로 클러스터링하면 조회가 훨씬 빠르다. customer_id별로 파티셔닝하면 조회는 빠르지만 모든 파티션을 추적하기 위해 필요한 메타데이터의 양으로 인해 모든 사용자를 대상으로 하는 쿼리는 느려진다.

파티셔닝은 보통 클러스터링과 함께 사용한다. 즉 카디널리티가 낮은 필드(예를 들면 eventDate 필드)로 파티셔닝한 후 카디널리티가 높은(예를 들면 고객 ID) 필드로 클러스터링하는 것이다. 이렇게 하면 테이블에서 날짜 범위로 분리된 테이블을 대상으로 작업을 수행하면서도 파티션의 모든 데이터를 스캔하지 않고도 특정 사용자 레코드를 찾는 것이 가능하다.

**클러스터링된 테이블의 성능 최적화:** 클러스터링을 이용하면 여러 가지 쿼리 최적화도 가능하다. 그 중 한 가지는 조인하는 테이블의 한쪽에서 다른 쪽으로 제약을 강제하는 것이다. 다음과 같은 쿼리를 실행한다고 가정해 보자.

**예제 6-10** 제약을 이용해 조인을 실행하는 쿼리

```
SELECT orders.order_id
FROM retail.orders AS orders JOIN retail.customers
ON orders.customer_id = customers.customer_id
WHERE customers.customer_name = 'Jordan Tigani'
```

이 쿼리는 'Jordan Tigani'라는 고객의 모든 주문을 조회한다. orders 테이블이 customer_id 필드로 클러스터링되어 있다고 가정하자. 이때 이 쿼리를 실행하는 방법 중 하나는 customer 테이블에 필터를 적용한 결과를 모든 샤드에 브로드캐스팅한 후, 전체 orders 테이블을 스캔해서 고객 ID와 일치하는 주문을 찾는 것이다. 하지만 orders 테이블이 customer_id 컬럼으로 클러스터링되어 있으므로 전체 테이블을 스캔할 필요 없이 일치하는 customer_id 컬럼 값을 가진 파일만 살펴보면 된다. 이렇게 하면 비용이 절감되며 상당한 성능 향상을 이룰 수 있다.

클러스터링에 대해 알아둘 점은 클러스터링은 클러스터된 필드를 이용해 필터링을 수행할 때에만 작동하는 것이 아니라는 것이다. 즉 클러스터링된 필드와 관련된 필드로 필터링할 때도 잘 작동한다. orders 테이블을 order_id 컬럼으로 클러스터링했으며 주문 대부분이 주문 순서대로 저장되어 있다고 가정해 보자. 좁은 범위의 트랜잭션 날짜로 필터링을 실행하면 지정한 트랜잭션 날짜는 적은 수의 파일에 저장되어 있을 것이다. 따라서 order_id 필드로 필터링하지 않더라도 빅쿼리는 지정한 트랜잭션 날짜를 저장한 몇 개의 파일만 스캔하면 된다. 이 최적화는 성능에만 영향을 미치는 것이 아니라 온디맨드 모드로 운영 중이라면 쿼리의 비용도 줄여준다. 보통 빅쿼리가 스캔해야 할 데이터의 양을 줄이기 위해 수행하는 작업은 클러스터링된 테이블을 운영하는 비용도 함께 절감하는 효과를 가져온다.



## DML

DML은 테이블을 수정하는(8장 참고) 특별한 SQL 구문으로, INSERT, DELETE, UPDATE, MERGE 등의 구문이 이에 해당한다.

테이블에 행을 추가하는 INSERT 구문은 테이블에서 더 많은 데이터를 로드하는 것과 기본적으로 비슷하므로 간단한 편이다. INSERT 작업을 실행하면 새 데이터를 표현하는 파일이 콜로서스에 기록되며 새 스토리지 셋이 메타데이터에 추가된다. 이 새 스토리지 셋은 데이터가 처리된 시점의 커밋 타임스탬프를 갖게 된다.

하지만 테이블에서 행을 삭제하는 DELETE 작업은 조금 더 복잡하다. 빅쿼리는 불변 파일과 메타데이터(스토리지 셋)을 사용한다. 예시를 위해 하나의 행을 지우는 쿼리(DELETE ... WHERE customer_id = 1234)를 실행하는데, 이 행이 스토리지 셋 3의 파일 C에 존재하고 있다고 가정해 보자.

빅쿼리의 파일은 불변이므로 하나의 행을 지운다는 것은 파일 C의 중간에서 행을 하나 삭제하는 작동을 의미하지 않는다. 그 대신 빅쿼리는 해당 행을 갖지 않는 파일의 복사본 C2를 만든다. 그러면 예전 스토리지 셋은 더 이상 사용하지 않게 되므로 GARBAGE로 표시한다. 새로 작성된 파일은 새로운 스토리지 셋을 필요로 하므로 스토리지 셋 4가 만들어진다. 하지만 이것으로 충분하지 않다. 새로운 스토리지 셋은 스토리지 셋 3이 가지고 있는 나머지 데이터를 모두 저장해야 하기 때문이다. 그래서 새로운 스토리지 셋은 스토리지 셋 3이 가리키던 파일 중에서 행이 삭제된 파일 C를 제외한 나머지 파일들을 가리키게 된다. 이 과정을 그림 6-35에 나타내었다.

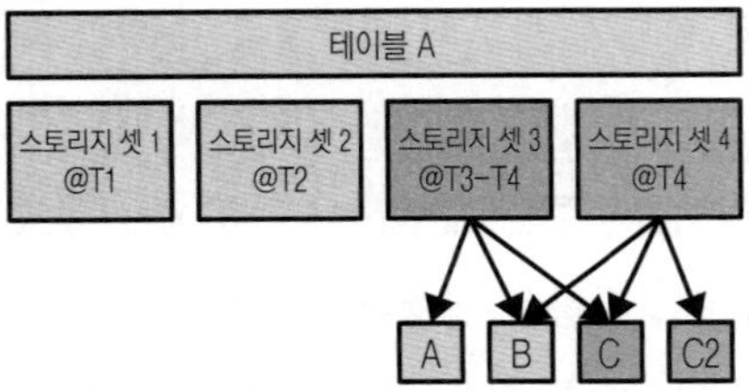


**그림 6-35** 삭제 작업은 이전 스토리지 셋이 가리키던 예전 파일과 삭제된 레코드를 갖지 않는 새로운 파일을 함께 가리키는 완전히 새로운 스토리지 셋을 만들어낸다

단 하나의 행을 삭제하는 작업치고는 너무 복잡하다고 생각했다면 그 말이 맞다. 한 번에 가능한 한 많은 변경을 적용하는 것을 권장하는 것도 바로 이런 이유 때문이다.

UPDATE는 보통 INSERT와 DELETE를 원자적으로 실행하는 방식으로 구현한다. 즉 실제로 데이터를 수정하는 것이 아니라 기존 레코드를 삭제한 후 새 레코드를 삽입하는 형식이다. 이렇게 하면 기반 파일은 불변으로 유지하면서도 행이나 파일만 변경할 수 있다. MERGE는 읽기, 수정, 쓰기 작업을 동시에 수행할 수 있는 UPDATE 구문이라고 생각하면 된다. 따라서 UPDATE와 MERGE 구문은 아키텍처 관점에서는 DELETE 작업과 매우 유사하다. UPDATE는 수정된 새로운 행을 가진 새로운 데이터를 기록한다. 마찬가지로 MERGE는 병합된 데이터를 기록한다.

## 메타파일

빅쿼리가 괜찮은 성능을 발휘할 수 있는 방법 중 하나는 파티션을 프루닝pruning할 때 메타파일meta-file을 이용하는 것이다. 이 장 앞부분에서 설명했듯이, 이 파일은 테이블을 구성하는 모든 데이터 파일에 대한 메타데이터를 보관하고 있다. 즉 각 데이터 파일의 위치는 물론 모든 필드의 최소 및 최대 제약도 함께 저장하고 있다. 이 파일은 빅쿼리 데이터 파일과 같은 형식으로 저장되어 있으므로 다른 빅쿼리 파일과 마찬가지로 쿼리가 가능하다. 이 점이 중요한 이유는 읽어야 할 파일을 결정할 때 쿼리 엔진이 모든 파일의 헤더를 읽을 필요 없이 1개의 파일만 읽은 후 실제로 쿼리해야 할 필요가 있는 파일들만 추려낼 수 있기 때문이다.

그림 6-36은 메타파일의 예다.

| 필드 | 최솟값 | 최댓값 | 파일 |
|---|---|---|---|
| field1 | 0 | 25 | file0001 |
| field2 | aaa | ccc | file0001 |
| field1 | 26 | 50 | file0002 |
| field2 | bbb | fff | file0002 |
| field1 | 50 | 99 | file0003 |
| field2 | eee | zzz | file0003 |

**그림 6-36** 메타파일은 테이블을 구성하는 모든 데이터 파일에 대한 메타데이터를 가지고 있다



어떤 테이블에 대해 `WHERE field1 = 30`이라는 조건식을 가진 쿼리를 실행한다면, 우선 쿼리를 이 파일에 보내면 읽어야 할 파일은 `file0002`라는 사실을 반환받게 된다. 이 정보를 잘 활용한다면 다른 파일은 열어볼 필요 없이 쿼리를 실행할 수 있다.

## 정리

6장에서는 빅쿼리 서비스의 내부 작동을 알아보면서 서비스를 더 잘 이해하고 쿼리를 실행할 때 어떤 작업이 이루어지는지 관해 기본적인 이해를 갖출 수 있었다.

고수준 아키텍처부터 시작해서 GFE 서버가 쿼리를 수신한 시점부터 적절한 빅쿼리 작업 서버로 전달되어 드레멜 쿼리 서버가 이를 처리하기까지 쿼리의 수명을 따라 그 과정을 살펴봤다. 가장 간단한 스캔-필터-카운트 쿼리부터 더 복잡한 스캔-필터-집계 쿼리까지 다양한 종류의 쿼리의 실행 단계들과 높은 카디널리티로 인해 재파티셔닝이 발생하는 과정도 살펴봤다. 또한 조인을 구현하는 두 가지 방법, 작은 테이블을 위한 브로드캐스트 조인과 큰 테이블을 위한 해시 조인을 알아보고 쿼리 계획을 통해 어떤 조인 메커니즘이 사용되었는지도 확인했다.

또한 데이터가 저장되는 방법과 빅쿼리의 컬럼형 형식의 장점, 딕셔너리 인코딩, 스토리지 셋을 이용해 시간 여행을 가능하게 하는 과정 등도 살펴봤다. 마지막으로 파티셔닝과 클러스터링의 구현 방법, 그리고 이를 통해 쿼리 성능이 어떻게 향상될 수 있는지도 살펴봤다.

# 7장

# 성능 및 비용 최적화

빅쿼리의 성능 최적화는 쿼리의 실행 시간이나 비용 또는 이 둘 모두를 줄이기 위해 진행한다. 이 장에서는 다양한 사례에서 활용할 수 있는 여러 성능 최적화를 알아본다.

## 성능 최적화의 기본 원칙

전설적인 컴퓨터 과학자인 도널드 커누스Donald Knuth는 '성급한 최적화는 모든 악의 근원'이라는 유명한 명언을 남겼다. 그런데 커누스의 인용문 전체를 살펴보면 그렇게 극단적인 발언은 아님을 알 수 있다.[1]

> 효율성을 향상시키려는 노력의 약 97%는 그 효과가 미비하므로 너무 집착해서는 안 된다. 성급한 최적화는 모든 문제의 근원만 될 뿐이다. 하지만 정말 중요한 3%의 최적화까지 포기해서는 안 된다. 좋은 프로그래머라면 자신의 추측에 따라 최적화를 수행하지 않고 핵심 코드를 매우 주의 깊게 살펴볼 것이다. 물론 어떤 코드가 핵심 코드인지 찾아내는 것이 먼저다.

커누스의 생각을 이어받아, 성능 최적화는 개발의 마지막 단계에서만 그리고 일반적인 쿼리가 너무 오래 걸릴 때만 수행하라고 경고하고 싶다. 성능을 조금 개선하기 위해 테이블 레이아웃과 쿼리를 난독화하는 것보다는 유연한 테이블 스키마와 우아하고 읽기 쉽고 유지 가능한 쿼리를 작성하는 것이 훨씬 낫다. 그러나 쿼리가 너무 자주 수행되어 작은 개선도 의미가 있다면 성능 향상을 해도 된다. 또한 성능의 트레이드오프를 고려해서 여러 대안 중 하나를 선택할 수 있다.

1 이 인용문은 1974년에 나온 "Structured Programming with go to Statements" 기사에서 발췌한 것이다. http://citeseerx.ist.psu.edu/viewdoc/summary?doi=10.1.1.103.6084에서 기사의 PDF를 내려받을 수 있다.

## 성능의 핵심 요소

이 장에서는 두 가지 내용을 다룬다. 먼저, 프로그램에서 중요하고 최적화 가능한 부분을 식별하기 위해 쿼리 성능을 측정하는 방법을 알아보고, 그런 다음 빅쿼리 사용자의 경험과 빅쿼리의 구조에 대한 지식을 활용해 커누스가 말한 중요한 3%에 속하는 것들을 파악해 본다. 이렇게 하면 성능 병목 현상이 발생할 가능성이 있는 곳을 알고 있는 상태에서 테이블 스키마와 쿼리를 설계할 수 있어 설계 단계에서 최적의 선택을 할 수 있다.

두 번째로 쿼리 성능을 최적화하기 위해 쿼리 성능에 영향을 미치는 요소를 알아본다. 쿼리를 완료하는 데 걸리는 시간은 스토리지에서 얼마나 많은 데이터를 읽는지, 데이터가 어떻게 구성되었는지, 쿼리가 얼마나 많은 단계를 필요로 하는지, 이런 단계가 얼마나 병렬화 가능한지, 각 단계에서 얼마나 많은 데이터가 처리되는지 그리고 각 단계가 얼마나 연산 집약적인지에 따라 결정된다.

보통 3개의 컬럼을 읽는 간단한 쿼리도 2개의 컬럼만 읽는 쿼리보다 50%나 더 많은 시간이 소요된다.[2] 3개의 컬럼을 읽는 쿼리는 50%나 더 많은 데이터를 읽어야 하기 때문이다. 그룹화를 수행하는 쿼리는 쿼리의 실행 단계가 추가되므로 그룹화를 수행하지 않는 쿼리보다 더 느리다.

## 비용 통제하기

쿼리 비용은 가격 정책에 따라 달라진다. 빅쿼리의 가격 정책은 두 가지가 있다. 첫 번째 유형은 주문형on-demand 가격 정책으로, 고용주가 직원의 쿼리로 처리된 데이터의 양에 따라 구글에게 비용을 지급한다. 정액제flat-rate 가격 정책은 비즈니스에 일정 수의 슬롯[3](예를 들면 500개의 슬롯)을 제공하며, 추가 비용을 들이지 않고도 원하는 수의 쿼리를 실행할 수 있다.

주문형(쿼리당) 가격 정책에서 쿼리 비용은 쿼리에서 처리되는 데이터 양에 비례한다. 주문형 가격 정책 모델에서 비용을 절감하려면 쿼리에서 데이터를 더 적게 처리해야 한다. 일반적으로 쿼리가 스캔하는 데이터의 양을 줄이면 쿼리 속도도 향상된다. 315쪽의 '쿼리 속도 높이기' 절이 데이터 저장 및 액세스 방법을 최적화하는 데 도움이 될 것이다.

2 빅쿼리는 서비스이므로, 서비스에 도달하기 위한 네트워크 오버헤드와 서비스 로드는 다양해서 그 차이를 정확하게 측정하기 어려울 수 있다. 속도를 제대로 측정하려면 쿼리를 여러 번 실행해야 한다.

3 슬롯은 SQL 쿼리를 실행하는 데 필요한 계산 용량 단위다. 빅쿼리는 각 쿼리에 필요한 슬롯 수를 자동으로 계산한다. 자세한 내용은 6장을 참고한다.

정액제 가격 정책을 사용하면 쿼리의 순 비용은 쿼리를 완료하는 데 걸린 시간과 거의 일치한다. 또한 쿼리의 속도를 높여서 쿼리가 슬롯을 독점하는 시간을 줄이면 간접적으로 비용을 절약할 수 있다.

### 쿼리당 비용 추정하기

주문형 가격 정책을 사용하면 빅쿼리에서 쿼리를 실행하기 전에 비용 견적을 받을 수 있다. 빅쿼리 UI는 쿼리를 검증하고 처리될 데이터의 양에 대한 견적을 제공한다. 쿼리 유효성 검사기를 이용하면 쿼리를 실행하기 전에 처리할 바이트 수를 볼 수 있다. `bq` 명령줄 클라이언트를 사용하는 경우라면 `--dry_run`을 지정해 쿼리를 실제로 호출하기 전에 쿼리 계획 및 처리될 데이터 양을 확인할 수 있다. 연습 실행dry-run은 비용이 부과되지 않는다. 쿼리에서 처리할 데이터 양을 알면 GCP 가격 계산기(https://cloud.google.com/products/calculator/)를 사용해 쿼리 비용을 달러로 추정할 수 있다. 빅쿼리 메이트(https://oreil.ly/dGMCK)와 슈퍼쿼리(https://web.superquery.io) 같은 도구는 가격 견적을 제공하지만 할인이 적용된 경우에 대한 정보는 얻을 수 없다. 이 책을 쓰는 현재, 무료 사용량인 1테라바이트가 초과하면 비용은 1테라바이트당 5달러(US와 EU의 멀티리전 경우)가 부과된다. 빅쿼리는 쿼리에서 참조되는 컬럼만 읽으면 된다는 점과 파티셔닝과 클러스터링을 사용하면 스캔해야 하는 데이터의 양(및 그에 따른 비용)을 추가로 줄일 수 있다는 점도 알아두자.

> 빅쿼리를 실험하기 위해, 빅쿼리 샌드박스를 사용할 수 있다. 샌드박스에는 무료 정책(1개월간 10GB의 스토리지와 총 1TB의 쿼리 데이터)과 동일한 제한이 적용되지만, 신용카드 없이도 사용할 수 있다.[4]

쿼리를 실행할 때, 쿼리가 처리할 수 있는 데이터 양에 제한을 두도록 `--maximum_bytes_billed` 파라미터를 지정할 수 있다. 이때 쿼리에서 스캔한 데이터의 총 바이트 수가 지정된 최대 바이트를 초과하면 요금이 부과되지 않고 쿼리가 실패한다. 또한 GCP 클라우드 콘솔(https://console.cloud.google.com/iam-admin/quotas)에서 매일 처리할 수 있는 쿼리 데이터의 크기에 대해 사용자별로 할당량을 요청하여 비용을 관리할 수 있다. 이 제한은 프로젝트별 또는 사용자별 수준에서 설정할 수 있다.

4 자세한 정보는 https://cloud.google.com/bigquery/docs/sandbox 문서를 확인하자.

### 가장 비용이 많이 드는 쿼리 찾기

비용을 통제하려고 할 때, 집중적으로 확인할 쿼리 목록을 만들면 도움이 된다. 그러려면 프로젝트와 관련된 INFORMATION_SCHEMA를 쿼리해 비용이 가장 많이 드는 쿼리를 찾으면 된다.

**예제 7-1** INFORMATION_SCHEMA를 사용해 비용이 가장 많이 드는 쿼리를 찾는 쿼리

```
SELECT
  job_id
  , query
  , user_email
  , total_bytes_processed
  , total_slot_ms
FROM `some-project`.INFORMATION_SCHEMA.JOBS_BY_PROJECT
WHERE EXTRACT(YEAR FROM creation_time) = 2019
ORDER BY total_bytes_processed DESC
LIMIT 5
```

이 쿼리는 total_bytes_processed 컬럼으로부터 프로젝트에서 실행한 쿼리 중 2019년에 가장 비용이 많이 들었던 5개의 쿼리를 출력한다. 정액제 가격 정책에선 total_bytes_processed 컬럼 대신 total_slot_ms 컬럼으로 쿼리를 정렬할 수 있다.

## 측정과 문제 해결

쿼리의 성능을 최적화하려면, 다음 사항을 모두 확인해 초점을 맞출 사항을 파악하는 것이 중요하다.

- 스토리지에서 읽은 데이터 양과 데이터의 구성 방법
- 쿼리에 필요한 실행 단계의 수와 각 단계의 병렬 실행 가능 여부
- 각 단계에서 처리되는 데이터 양과 각 단계의 연산 집약도

보다시피, 언급한 항목을 제대로 파악하려면 각각 측정해야 할 것(예를 들면 얼마나 많은 데이터를 읽었는지)과 측정치를 바탕으로 이해해야 할 것(예를 들면 데이터의 구성이 성능에 미치는 영향)이 있다.

여기서는 쿼리 성능을 측정하고, 빅쿼리 로그를 파악하는 방법, 쿼리 설명을 검토하는 방법을 살펴본다. 이를 수행한 후 빅쿼리 아키텍처 및 성능 특성을 사용해 잠재적으로 성능을 높일 수

있다. 이 장의 마지막 부분에서는 측정 단계는 살펴보지 않고 성능 향상에 대한 힌트를 얻을 수 있는 여러 종류의 쿼리와 해당 쿼리의 성능 특성을 알아본다.

## REST API로 쿼리 속도 측정하기

빅쿼리는 REST API를 지원하므로 쿼리를 실행하는 데 걸리는 시간을 측정하기 위해 다양한 웹 서비스 측정 도구를 사용할 수 있다. 조직에서 이미 이런 도구를 사용한다면 쿼리 성능 측정을 간단하게 할 수 있다.

때로는 이런 리치 클라이언트가 설치되지 않은 서버에서 쿼리 성능을 측정해야 할 수도 있다. 그런 베어본bare-bone 머신[5]에서 쿼리 시간을 측정하는 가장 간단한 방법은 유닉스 툴의 time과 curl을 사용하는 것이다. 5장에서 설명한 바와 같이, 쿼리 텍스트를 읽고 JSON을 배시 변수로 요청할 수 있다.[6]

**예제 7-2** 쿼리 시간을 측정하는 셸 스크립트

```
read -d '' QUERY_TEXT << EOF
SELECT
  start_station_name
  , AVG(duration) AS duration
  , COUNT(duration) AS num_trips
FROM \`bigquery-public-data\`.london_bicycles.cycle_hire
GROUP BY start_station_name
ORDER BY num_trips DESC
LIMIT 5
EOF

read -d '' request << EOF
{
  "useLegacySql": false,
  "useQueryCache": false,
  "query": \"${QUERY_TEXT}\"
}
EOF
request=$(echo "$request" | tr '\n' ' ')
```

5 운영체제 외에 다른 소프트웨어가 설치되지 않은 머신을 말한다. – 옮긴이

6 이 책의 깃허브 저장소(https://github.com/onlybooks/bigquery/)의 ch07/time_query.sh을 확인하자.

이 코드에서 주목해야 할 핵심은 쿼리를 호출할 때마다 서버 측에서 필요한 모든 처리가 수행되도록 쿼리 캐시를 해제하는 것이다.

gcloud 명령줄 도구를 이용해 REST API를 호출하는 데 필요한 액세스 토큰과 프로젝트 ID를 얻는 방법은 5장에서 이미 설명했다.

**예제 7-3** 액세스 토큰과 프로젝트 ID 설정

```
access_token=$(gcloud auth application-default print-access-token)
PROJECT=$(gcloud config get-value project)
```

마지막으로, 간혹 발생하는 네트워크 응답 지연의 영향을 최대한 배제하며 쿼리의 평균 성능을 계산하기 위해 쿼리를 반복해서 호출한다.

**예제 7-4** 쿼리의 평균 성능을 계산하기 위한 셸 스크립트

```
NUM_TIMES=10
time for i in $(seq 1 $NUM_TIMES); do
echo -en "\r ... $i / $NUM_NUMTIMES ..."
curl --silent \
    -H "Authorization: Bearer $access_token" \
    -H "Content-Type: application/json" \
    -X POST \
    -d "$request" \
    "https://www.googleapis.com/bigquery/v2/projects/$PROJECT/queries" > /dev/null
done
```

이 스크립트를 실행하면 다음과 같은 결과가 나타난다.

```
Real   0m16.875s
User   0m0.265s
Sys    0m0.109s
```

쿼리를 10번 실행한 총 시간은 16.875초로 쿼리에 평균 1.7초가 걸렸음을 알 수 있다. 여기에는 서버에 대한 왕복 시간과 결과를 가져오는 데 소요된 시간이 포함되어 있으며, 이는 단순히 쿼리 처리 시간이 아니다.

쿼리 캐시를 켜면 이 왕복 시간을 추정할 수 있다.

**예제 7-5** 쿼리 캐시를 사용하는 셸 스크립트

```
read -d '' request << EOF
{
  "useLegacySql": false,
  "useQueryCache": true,
  "query": \"${QUERY_TEXT}\"
}
EOF
```



캐시를 설정하고 쿼리를 다시 실행하면 다음과 같은 결과가 나타난다.

```
Real   0m6.760s
user   0m0.264s
sys    0m0.114s
```

쿼리가 캐시되기 때문에 새로운 숫자는 거의 모두 네트워크 지연 시간이다. 이는 실제 쿼리 처리 시간이 (16.875 - 6.760)/10 또는 약 1초임을 나타낸다.

## 빅쿼리 워크로드 테스터로 쿼리 속도 측정하기

웹 서비스 측정 도구나 유닉스 저수준 도구를 사용하는 것이 가능하며, 베어본 시스템에서는 이런 도구를 사용하는 것이 바람직하지만, 개발 환경에서 빅쿼리 쿼리 속도를 측정할 때는 빅쿼리 워크로드 테스터BigQuery Workload Tester(https://github.com/GoogleCloudPlatform/pontem/tree/dev/BigQueryWorkloadTester)를 사용하는 것이 좋다. 다른 기본적인 웹 서비스 측정 도구와 달리 워크로드 테스터는 여러분이 제어하기 어려운 네트워크 왕복에 걸린 시간은 걸러내며, 쿼리를 반복해서 실행하지 않고도 최적화하려는 쿼리의 실제 처리 시간을 측정한다. 개별 쿼리 및 워크로드(연속 실행이 필요한 쿼리)에 소요되는 시간을 측정할 수 있으며, 동시성 테스트를 원할 경우 병렬로 쿼리를 실행할 수 있다. 워크로드 테스터는 그레이들Gradle(https://gradle.org/)을 오픈 소스 빌드 도구로 사용해야 한다.

따라서 워크로드 테스터를 설치하려면 먼저 그레이들을 설치해야 한다. 클라우드 셸Cloud Shell을 사용하면 워크로드 테스터를 신속하게 사용해 볼 수 있다. 이 시스템 및 기타 데비안 기반 리눅스 시스템에서는 다음 명령으로 그레이들을 설치한다.

```
sudo apt-get -y install gradle
```

맥 OS에서는 다음 명령으로 설치한다.

```
brew install gradle
```

그 외 운영 체제에서의 설치는 그레이들 설치 문서(https://gradle.org/install/)를 참조한다.

그런 다음 워크로드 테스터가 포함된 깃허브 저장소를 클론하고 빌드한다.[7]

**예제 7-6** 워크로드 테스터 설치하는 셸 스크립트

```
git clone https://github.com/GoogleCloudPlatform/pontem.git
cd pontem/BigQueryWorkloadTester
gradle clean :BigQueryWorkloadTester:build
```

런던에서 평균 자전거 대여 기간을 알아내는 쿼리의 속도를 측정해 보자. 이전 절의 스크립트와 마찬가지로, 단순히 쿼리를 배시 변수에 포함시킬 수도 있었지만, 측정한 쿼리의 기록을 보관하는 것이 도움이 되므로 쿼리 텍스트를 파일에 기록한다.[8]

**예제 7-7** 쿼리 텍스트를 파일에 기록하는 셸 스크립트

```
cat <<EOF| tr '\n' ' ' > queries/busystations.sql
SELECT
  start_station_name
  , AVG(duration) AS duration
  , COUNT(duration) AS num_trips
FROM \`bigquery-public-data\`.london_bicycles.cycle_hire
GROUP BY start_station_name
ORDER BY num_trips DESC
LIMIT 5
EOF
```

그런 다음 워크로드가 쿼리 또는 쿼리 파일 집합으로 구성된 각 워크로드에 대한 설정 파일을 생성한다.

**예제 7-8** 워크로드에 대한 설정 파일을 생성하는 셸 스크립트

```
cat <<EOF>./config.yaml
concurrencyLevel: 1
isRatioBasedBenchmark: true
```

7 이 책의 깃허브 저장소의 ch07/install_workload_tester.sh을 참고하자.

8 이 책의 깃허브 저장소의 ch07/time_bqwt.sh을 참고하자.

```
benchmarkRatios: [1.0, 2.0]
outputFileFolder: $OUTDIR
workloads:
- name: "Busy stations"
  projectId: $PROJECT
  queryFiles:
     - queries/busystations.sql
  outputFileName: busystations.json
EOF
```



현재 설정에는 동시성 수준concurrency level을 1로 지정하고 있는데, 이는 한 번에 하나씩 쿼리를 실행하는 것을 의미한다. 그러나 기본 동시성 수준의 `1.0`배에서 `2.0`배 사이의 동시 실행 쿼리 시간을 측정하기 위한 벤치마크 비율 집합을 명시할 수도 있다(그러면 각각 1개와 2개의 쿼리가 동시에 실행된다). 동시성 수준 1, 2, 5, 10, 15, 20을 각각 테스트하려면 다음과 같이 설정을 변경하면 된다.

```
concurrencyLevel: 10
isRatioBasedBenchmark: true
benchmarkRatios: [0.1, 0.25, 0.5, 1.0, 1.5, 2.0]
```

그다음에 다음 명령으로 측정 도구를 실행한다.

```
gradle clean :BigQueryWorkloadTester:run
```

그러면 실행된 각 쿼리의 총 경과 시간(순회 포함)과 실제 처리 시간을 기록한 파일이 만들어진다. 첫 번째 쿼리(동시성 수준 1)는 쿼리 처리 시간이 1,111밀리초(1.111초)인 반면, 동시성 수준이 2로 설정되어 동시에 실행된 두 번째 쿼리와 세 번째 쿼리는 처리 시간이 1.108초, 1.026초였다. 즉 빅쿼리는 1개의 쿼리를 처리하든 2개의 쿼리를 처리하든 거의 같은 성능을 보여준다.

## 클라우드 로깅을 사용해 워크로드 문제 해결하기

개별 쿼리 속도를 측정하는 것 외에 빅쿼리 로그를 사용해 전체 워크플로우의 성능을 측정하는 것도 도움이 될 수 있다. GCP 웹 콘솔의 **Cloud Logging** 섹션에서 이 작업을 수행할 수 있다. 예를 들어 그림 7-1과 같이 드롭다운 메뉴에서 **ch05 데이터셋** 및 **Warning**을 선택해 5장의 데이터셋과 관련된 쿼리 및 작업에 대해 빅쿼리에서 제공한 경고 및 더 심각한 오류를 볼 수 있다.

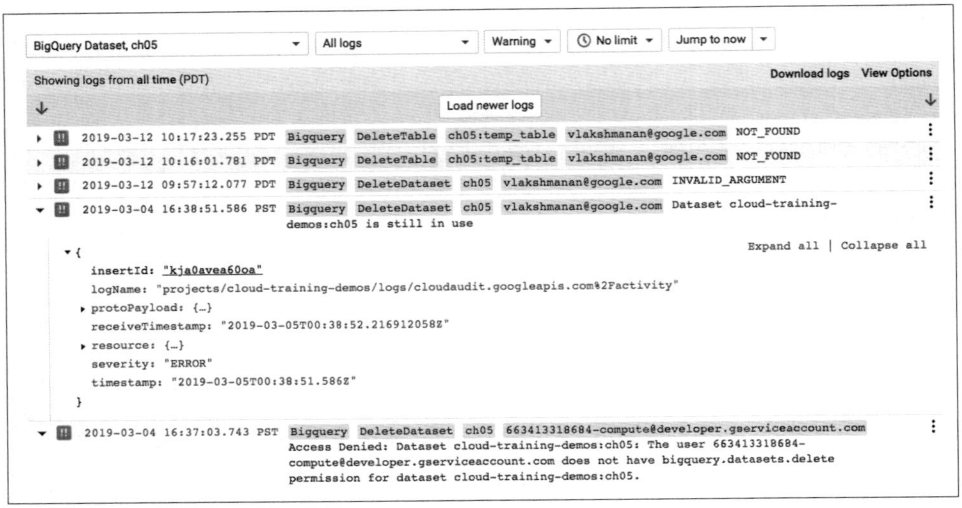

그림 7-1 클라우드 로깅을 사용해 빅쿼리에서 생성된 로그 메세지 보기

프로젝트에서 발생한 모든 빅쿼리 오류 메시지를 볼 수 있는 기능은 매우 유용하며, 특히 빅쿼리 오류 메시지가 표시되지 않는 스크립트와 대시보드에서 쿼리를 실행한 때는 더욱 그렇다. 실제로 클라우드 로깅(구 스택드라이버)을 볼 수 있는 권한이 있으면 불필요한 작업이 수행되고 있는지 판단하기 위해 워크로드로 실행되고 있는 작업 세트만 모아서 보는 것이 가능하다. 예를 들어 그림 7-2에 표시된 데이터셋 ch05eu의 작업의 하위 집합을 아래에서 위로 읽어보자.

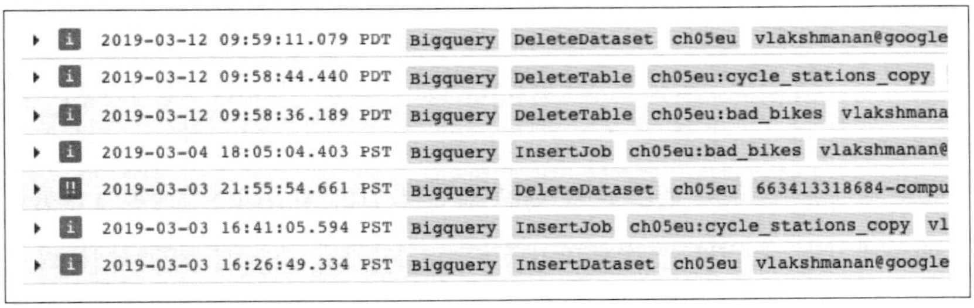

그림 7-2 클라우드 로깅을 사용해 워크로드에 의해 수행되는 작업 세트를 통합할 수 있다

그림을 보면 먼저 ch05eu라는 이름의 데이터셋이 생성되고 여기에 cycle_stations_copy라는 테이블이 추가된 것으로 보인다. 그 후 ch05eu 데이터셋을 삭제하려고 시도했으나 데이터셋이 비어 있지 않아 실패했다. 그런 다음 bad_bikes라는 이름의 새 테이블이 추가되었다. 이후 bad_bikes 테이블이 삭제되었고, cycle_stations_copy 테이블도 삭제되었다. 마지막으로 데이터셋 자체도 삭제되었다.

각 작업의 세부 사항을 검토할 수 있다. 예를 들어 cycle_stations_copy를 만든 첫 번째 삽입 작업을 보자. 상세 내역은 그림 7-3에 나타낸 것과 같이 생성된 표의 스키마를 포함한다.

그림 7-3 삽입 작업의 세부 정보를 검토해 생성 중인 테이블의 스키마를 확인한다

이렇게 알게 된 상세한 정보를 바탕으로 생각해 보면 cycle_stations_copy 테이블은 bad_bikes 테이블의 필드를 전혀 사용하지 않았던 것 같다. 아마도 bad_bikes 테이블에 대해 수행했던 작업들은 불필요한 것이었으며, 결국 워크플로우에서 제거되었을 것이다.

## 쿼리 실행 계획 정보 읽기

쿼리 속도를 측정하고 로그를 검사하는 것 외에도 쿼리 실행 계획을 통해 쿼리 성능을 진단할 수 있다. 쿼리 실행 계획 정보는 쿼리가 분해되는 단계를 나열하고 각 단계를 구성하는 각 실행 단계에서 처리된 데이터에 대한 정보를 제공한다. 쿼리 계획 정보는 작업 정보에서 JSON 형식으로 제공되며 빅쿼리 웹 UI에서 시각적으로 볼 수 있다.

빅쿼리는 SQL 구문의 실행 그래프를 쿼리 단계로 나누며, 각 쿼리 단계는 많은 워커가 병렬로 실행되는 작업 단위로 구성된다. 각 단계는 분산형 셔플 아키텍처를 통해 통신하므로(6장 참고), 대부분의 단계는 이전 단계의 출력을 읽는 것으로 시작하여 자신의 결과를 후속 단계에 입력으로 기록하는 과정을 실행한다. 후속 단계가 시작되기 전에 이전 단계가 완료될 필요는 없다는 점에 주목하자. 따라서 쿼리 단계는 순차적으로 실행되지 않는다.

> 어떤 단계가 실행되기 전에 중간 단계의 정확한 데이터 크기와 계산 비용을 알 수 없으므로 쿼리 계획은 동적이라는 점을 유념하자. 실제 크기가 예상 크기와 매우 다르면, 데이터를 재분배하고 워커 간의 데이터 분배를 개선하기 위해 새로운 단계가 도입하기도 한다. 쿼리 계획의 동적 특성을 감안한다면, 쿼리가 완료된 후 쿼리 계획 정보를 확인해야 쿼리 성능을 확인할 수 있다.

## 작업 세부 정보에서 쿼리 계획 정보 가져오기

작업 정보에서 완료된 조회의 각 단계에 대해 나열된 정보에는 단계를 시작하고 완료한 타임스탬프, 읽고 쓴 총 레코드 수, 이 조회를 처리하기 위해 모든 워커에 전달된 데이터의 바이트 수가 포함된다. 한 예로, 다음 쿼리를 실행해 보자.

**예제 7-9** 쿼리 계획 정보를 보기위해 사용하는 쿼리

```
SELECT
  start_station_name,
  AVG(duration) AS duration,
  COUNT(duration) AS num_trips
FROM
  'bigquery-public-data'.london_bicycles.cycle_hire
GROUP BY
  start_station_name
ORDER BY
  num_trips DESC
LIMIT
  5
```

이제 REST API를 호출하여 작업 세부 정보를 나열할 수 있다.[9]

**예제 7-10** 작업 세부 정보를 요청하는 셸 스크립트

```
JOBID=8adbf3fd-e310-44bb-9c6e-88254958ccac # 변경해야 한다
access_token=$(gcloud auth application-default print-access-token)
PROJECT=$(gcloud config get-value project)
curl --silent \
    -H "Authorization: Bearer $access_token" \
    -X GET \
    "https://www.googleapis.com/bigquery/v2/projects/$PROJECT/jobs/$JOBID"
```



예를 들어 첫 번째 단계에 대한 데이터는 데이터를 기다리는 데 소요된 시간, 쿼리에서 계산할 I/O 비율, 그리고 데이터 읽기, 셔플링, 쓰기 작동 등과 관련된 정보를 제공한다.

```
"waitRatioAvg": 0.05855855855855857,
"readRatioAvg": 0.07027027027027027 4,
"computeRatioAvg": 0.8603603603603603 4
...
"shuffleOutputBytes": "356596",
"shuffleOutputBytesSpilled": "0",
"recordsRead": "24369201",
"recordsWritten": "6138",
"parallelInputs": "7",
```

이 단계는 주로 입력 단계이므로 읽기 및 셔플 성능을 중점적으로 살펴보자. 이 단계는 프로세서를 지속적으로 86%가량 사용했으며 디스크에 데이터를 기록할 필요가 없었으므로, 만일 쿼리에서 병목 현상이 발생했더라도 I/O와는 관련이 없는 것으로 보인다. 이 쿼리가 느리게 실행된다면 상대적으로 적은 수의 병렬화(7개) 등 다른 이유가 있는지 확인해야 한다. 예제에서 입력 데이터는 2,400만 개 레코드로 적은 편이므로 7개의 청크로도 충분히 처리할 수 있는 규모다.

9 이 책의 깃허브 저장소의 ch07/get_job_details.sh을 확인하자. 빅쿼리 웹 UI의 'Query history'에서 필수 job ID를 가져올 수 있다. 쿼리가 미국 및 EU 외부에서 실행된다면 작업 리소스 개체에도 작업 위치를 지정해야 한다(유감이다). `bq ls -j`를 사용해 작업 세부 정보도 얻을 수 있다.

## 쿼리 계획 정보 시각화

작업 세부사항의 쿼리 계획에 대한 많은 정보는 빅쿼리 웹 UI에 시각적으로 표시된다. 쿼리를 열고 Execution details 탭을 클릭해 쿼리 계획을 확인하자. 여기엔 쿼리 각 단계를 구성하는 단계 수준과 소요 시간 및 분석이 보인다.

> 그림 7-4에서 볼 수 있듯이, 'Execution details' 탭은 쿼리 성능에 대한 주요 정보를 제공한다.

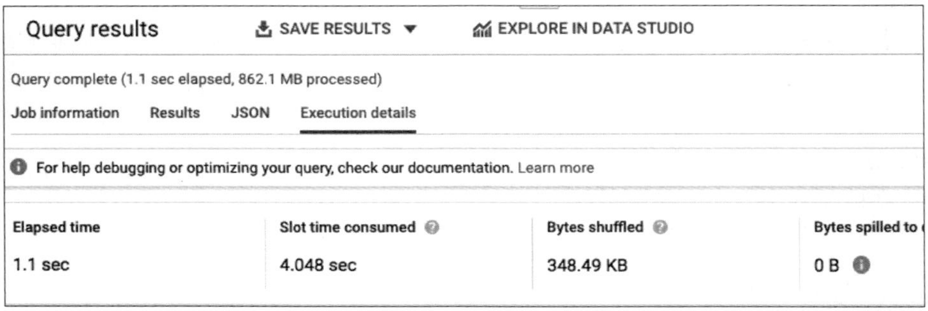


그림 7-4 쿼리 실행 세부 정보 탭의 주요 측정값. 성능 최적화는 일반적으로 슬롯 시간 또는 바이트를 줄이는 데 초점을 맞춘다

그림 7-5의 시간 기록은 7개의 병렬 입력이 처음 0.6초 동안 활성화된 다음 추가로 2개의 장치가 활성화되었음을 보여주고 있다.

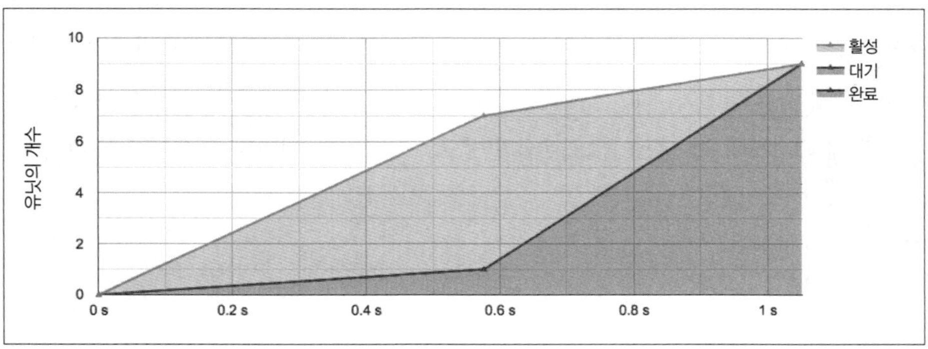


그림 7-5 쿼리 계획 정보의 시간 기록 데이터

각 단계 및 그 실행 과정step에 대한 자세한 내용은 그림 7-6과 같이 시각적으로 제공된다.

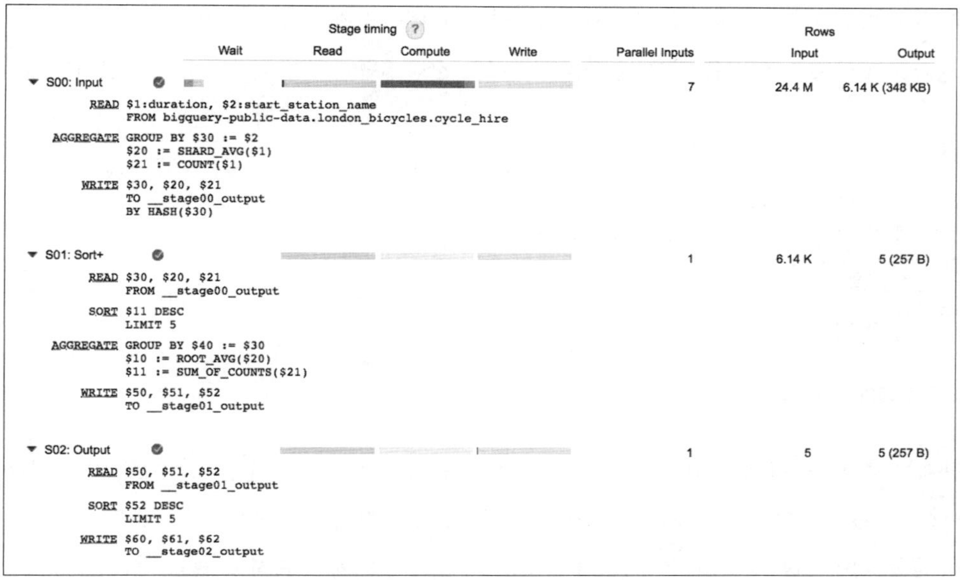


**그림 7-6** 쿼리 계획 정보에서 확인할 수 있는 각 단계와 실행 과정

그림 7-6에서 쿼리가 세 단계로 실행됨을 알 수 있다. 첫 번째 단계(`S00`)는 입력 단계, 두 번째 단계(`S01`)는 정렬, 세 번째 단계(`S02`)는 출력 단계다. 각 단계의 시간 기록 그림 7-6에도 시각적으로 표시된다. 작업 세부 사항 요청에 대한 JSON 응답에 수치적으로 사용 가능한 비율은 그림 7-7에 표시된 색상 표시줄에 표시된다.[10]

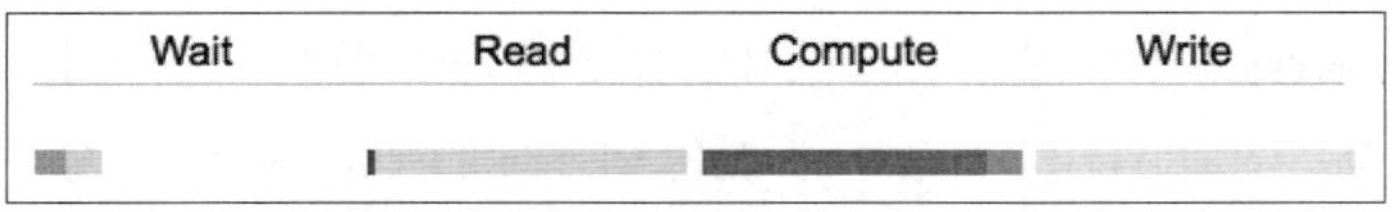


**그림 7-7** 쿼리 계획 정보에서 확인할 수 있는 각 단계별 실행 시간

어두운 색은 기다리고, 데이터 읽고, 쓰기에 소요된 평균 시간을 나타낸다. 대부분의 시간은 계산하면서 보내고, 약간의 시간은 기다리면서 보낸다. 대기 단계는 다소 가변적이다(중간 색상은 최대 대기 시간을 나타내며, 평균과 최대치의 차이는 변동성을 나타낸다). 여기서 최대 대기 시간은 평균 대기 시간의 거의 두 배에 이른다. 그리고 읽기는 꽤 일관적인 반면에 쓰기 오버헤드는 무시할 수 있다.

10 흑백 인쇄된 종이책에서 이 그림을 보고 있다면, 꼭 빅쿼리 웹 UI에서 쿼리를 실행하고 그 세부 정보를 확인해 보기 바란다.

그림 7-8에 표시된 입력 단계를 확대해 보면 빅쿼리 테이블에서 두 컬럼(duration 및 start_station_name, $1 및 $2로 지칭)을 읽고, 출력을 집계하고, 쓰는 3단계로 구성되어 있음을 알 수 있다.

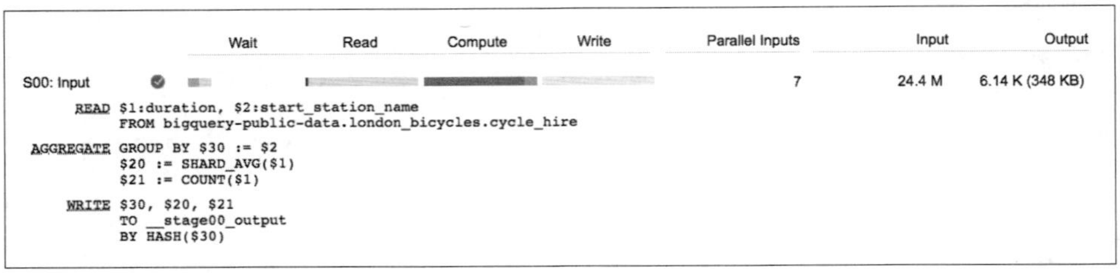


그림 7-8 첫 단계의 실행 과정

집계 단계는 start_station_name 컬럼으로 그룹화($2는 입력 컬럼을 의미함), 각 샤드 내의 평균 대여 시간($1) 찾기, 널이 아닌 대여 시간의 유지 등 세 가지 작업으로 구성된다. 쓰기 단계는 그룹($30), 평균 대여 시간($20), 대여 시간의 수($21)를 중간 출력에 기록하고 출력 결과를 대여소 이름의 해시 값을 기준으로 분배한다. 다음 단계에서 둘 이상의 워커가 필요하면 대여소 이름의 해시 값으로 어떤 워커가 stage_00 출력의 어떤 부분을 처리하는지 제어하게 된다.

그림 7-6을 다시 살펴보면, 1단계는 7개의 워커에 대해 병렬적으로 실행됐으나, 나머지 두 단계는 워커 1개에서 수행된 것을 알 수 있다. 입력 단계는 2,440만 개의 행을 읽어 총 348KB 크기의 6,140행을 기록했다. 2단계에서는 기록된 행을 정렬하고, 3단계에는 5행을 기록했다. 워커가 하나인 스테이지가 있다면, 해당 워커의 메모리 부하가 단일 워커가 처리할 수 있는 범위 내에 있는지 확인해야 한다(이 장 뒷부분에서 다루는 방법을 알아본다). 348KB는 한 워커가 처리하기에 충분한 크기이므로 이 쿼리는 단일 워커가 사용할 수 있는 리소스의 제한으로 인한 성능 문제가 발생하지 않아야 한다.

빅쿼리 쿼리 계획을 시각화하는 또 다른 옵션은 그림 7-9에 표시된 대로 https://bqvisualiser.appspot.com/에서 빅쿼리 비주얼라이저BigQuery Visualizer(https://oreil.ly/Unw_c)를 사용하는 것이다.

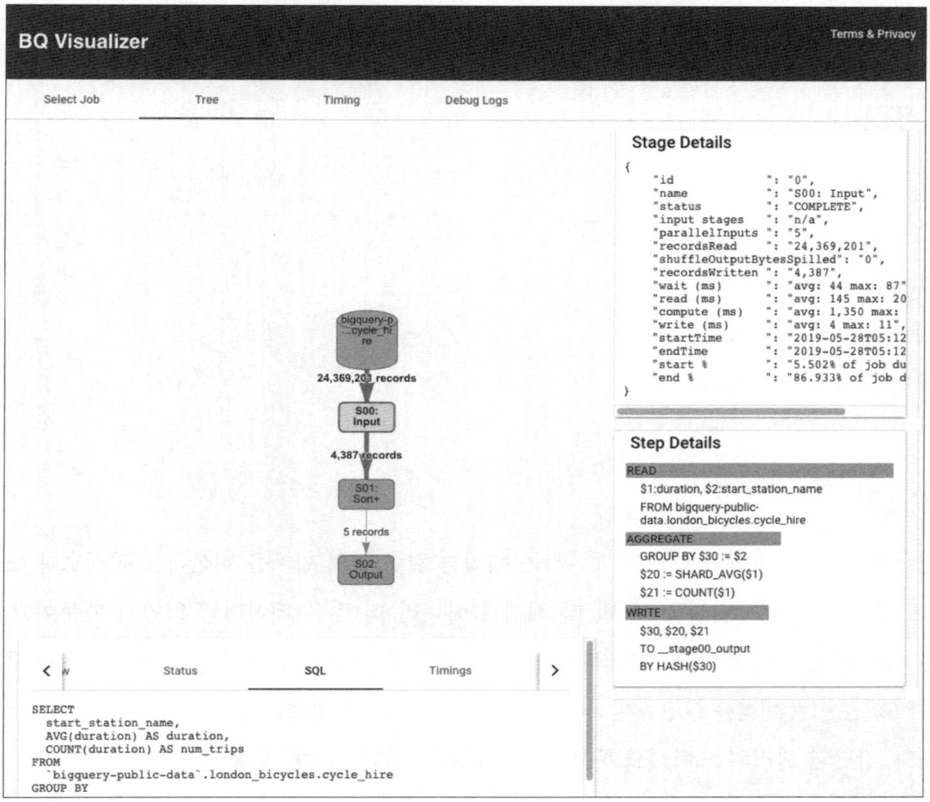


그림 7-9 빅쿼리 비주얼라이저를 사용한 빅쿼리 작업 시각화

비주얼라이저는 빅쿼리 웹 UI에서 제공하는 기본적인 개념만으로는 이해하기 어려운 수십 개의 단계를 가진 복잡한 쿼리에 특히 유용하게 사용된다.

## 쿼리 속도 높이기

앞에서 설명한 대로, 쿼리 속도를 측정하고 잠재적인 문제를 식별하려면 다음 절차를 따라야 한다.

1. 빅쿼리 워크로드 테스터로 전체 작업 부하 시간을 측정한다.
2. 워크로드가 예상하지 못한 조작을 수행하지 않는지 확인하기 위해 로그를 검사한다.
3. 워크로드를 구성하는 쿼리의 쿼리 계획 정보를 검토해 병목 현상이나 불필요한 단계를 식별한다.

문제가 있음을 확인하고 워크플로우에 명백한 오류가 없다고 판단했다면 이제는 워크로드에서 중요한 부분의 속도를 높이는 방법을 고민할 차례다. 여기서는 쿼리 성능을 높일 수 있는 다음 방법을 알아본다.

- I/O 최소화
- 이전 쿼리 결과 캐싱
- 효율적으로 조인하기
- 워커의 과도한 작업 피하기
- 대략적인 집계 기능 사용

## I/O 최소화

앞에서 언급했듯이, 세 컬럼의 합계를 계산하는 쿼리는 컬럼 열의 합계를 계산하는 쿼리보다 느리지만, 그 성능의 차이는 덧셈을 한 번 더 해서가 아니라 더 많은 데이터를 읽었기 때문이다. 따라서 한 컬럼의 평균을 계산하는 쿼리는 데이터의 변화를 계산하기 위해 집계 함수를 사용하는 쿼리(빅쿼리는 이런 쿼리를 실행하기 위해 제곱의 합계와 컬럼의 합계를 모두 추적해야 한다)만큼이나 빠르다. 간단한 쿼리의 오버헤드 대부분은 연산이 아니라 I/O에 의해 발생하기 때문이다.

### SELECT의 대상을 명확히 하기

빅쿼리는 컬럼 기반 파일 형식을 사용하므로 SELECT 절로 읽는 컬럼의 수가 적을수록 읽어야 할 데이터의 양이 줄어든다. 특히 SELECT *는 테이블의 모든 행의 모든 컬럼을 읽으므로 상당히 느리고 요금이 비싸다. 서브쿼리에서 SELECT *를 사용해서 외부 쿼리의 필드 몇 개만 참조하는 경우는 예외다. 빅쿼리 옵티마이저optimizer는 충분히 똑똑해서 정확히 필요한 컬럼만 읽는다.

최종 결과에서 보고자 하는 컬럼만 명시적으로 나열해 보자. 예를 들어 데이터셋에서 대여 시간이 가장 긴 자전거를 찾는 방법은 다음과 같이 자전거의 bike_id를 찾는 방법이다.

**예제 7-11** SELECT 대상을 명확히 한 쿼리

```
SELECT
  bike_id
  , duration
FROM
  `bigquery-public-data`.london_bicycles.cycle_hire
```

```
ORDER BY duration DESC
LIMIT 1
```

하지만 다음 쿼리는 이전 쿼리보다 효율성이 떨어진다.

**예제 7-12** SELECT 대상을 명확히 하지 않은 쿼리

```
SELECT
  *
FROM
  `bigquery-public-data`.london_bicycles.cycle_hire
ORDER BY duration DESC
LIMIT 1
```



첫 번째 쿼리는 1.8초가 걸리며 372MB의 데이터를 사용한 반면, 두 번째 쿼리는 5.5초(3배 느림)가 걸리며 무려 2.59GB(7배 더 비쌈)의 데이터를 사용했다.

> 클러스터링된 테이블에서 읽지 않는 한, LIMIT 절을 적용한다고 해서 데이터를 읽을 때 발생하는 비용이 절약되는 것은 아니다. 클러스터링된 테이블을 읽으면 읽어야 하는 바이트 수가 줄어들어 예측성은 떨어지지만 비용은 절감된다. 테이블을 미리 보려면 LIMIT로 SELECT *를 수행하는 대신 웹 UI의 미리보기 버튼을 사용하자. 미리보기에는 요금이 부과되지 않는 반면, SELECT *는 테이블 스캔과 동일한 요금이 부과된다.
>
> 테이블의 거의 모든 컬럼이 필요하다면 SELECT * EXCEPT를 사용해서 필요하지 않은 컬럼은 읽지 않도록 한다(2장 참고).

## 데이터 읽는 양 줄이기

쿼리를 최적화할 때는 읽고 있는 데이터를 줄일 수 있는지가 중요하다. 가장 빈번한 편도 대여 기록 중에서 가장 보편적인 대여 시간을 알고 싶다면 다음 쿼리를 실행하면 된다.

**예제 7-13** 보편적인 대여 시간을 구하는 쿼리

```
SELECT
  MIN(start_station_name) AS start_station_name
  , MIN(end_station_name) AS end_station_name
  , APPROX_QUANTILES(duration, 10)[OFFSET(5)] AS typical_duration
  , COUNT(duration) AS num_trips
FROM
```

```
  `bigquery-public-data`.london_bicycles.cycle_hire
WHERE
  start_station_id != end_station_id
GROUP BY
  start_station_id, end_station_id
ORDER BY num_trips DESC
LIMIT 10
```

이 쿼리의 실행 시간은 14.7초 정도이며, 결과는 다음과 같다.

| 행번호 | start_station_name | end_station_name | typical_duration | num_trips |
|---|---|---|---|---|
| 1 | Black Lion Gate, Kensington Gardens | Hyde Park Corner, Hyde Park | 1,500 | 12,000 |
| 2 | Black Lion Gate, Kensington Gardens | Palace Gate, Kensington Gardens | 780 | 11,833 |
| 3 | Hyde Park Corner, Hyde Park | Albert Gate, Hyde Park | 1,920 | 11,745 |
| 4 | Hyde Park Corner, Hyde Park | Triangle Car Park, Hyde Park | 1,380 | 10,923 |
| 5 | Hyde Park Corner, Hyde Park | Black Lion Gate, Kensington Gardens | 1,680 | 10,652 |

쿼리의 실행 계획을 보면(모든 대여소 쌍에 대한 대략적인 변위치를 계산하기 위한) 정렬을 위해 입력 단계의 출력을 다시 분할했음에도 불구하고 그림 7-10과 같이 대부분의 시간이 연산에 쓰였음을 알 수 있다.

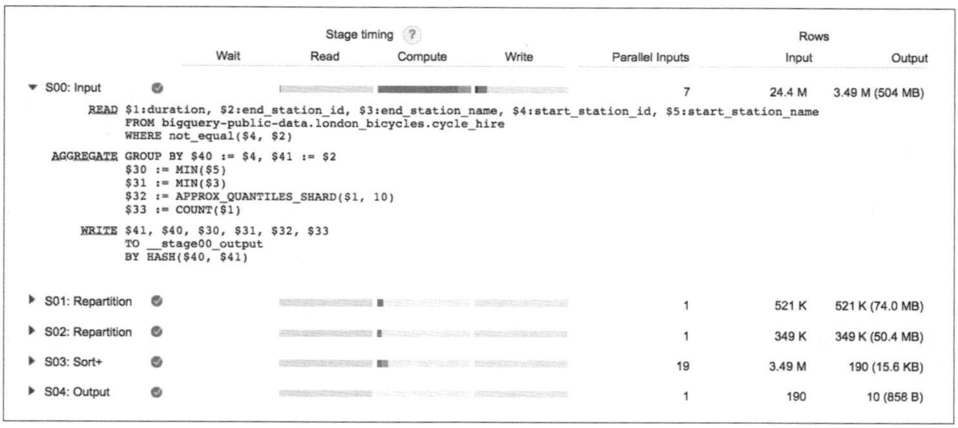


그림 7-10 이 쿼리는 두 개의 재분할 단계가 필요하지만 대부분의 시간은 연산에 사용된다

하지만 대여소의 ID가 아닌 이름을 사용해 필터링 및 그룹화를 수행하면 쿼리의 I/O 오버헤드를 줄일 수 있다.

**예제 7-14** 이름을 사용해 쿼리의 I/O 오버헤드를 줄인 쿼리

```
SELECT
  start_station_name
  , end_station_name
  , APPROX_QUANTILES(duration, 10)[OFFSET(5)] AS typical_duration
  , COUNT(duration) AS num_trips
FROM
  `bigquery-public-data`.london_bicycles.cycle_hire
WHERE
  start_station_name != end_station_name
GROUP BY
  start_station_name, end_station_name
ORDER BY num_trips DESC
LIMIT 10
```

이 쿼리는 2개의 ID 컬럼을 읽을 필요가 없어 9.6초만에 완료되므로 30% 정도 속도가 향상됐다. 속도가 향상된 이유는 데이터를 더 적게 읽었기 때문이다. 덕분에 재분배도 더 적어졌고 따라서 그림 7-11과 같이 더 적은 수의 워커를 사용했다(이전 쿼리는 19개의 워커를 사용한 반면, 새 쿼리는 10개의 워커만 사용했다).

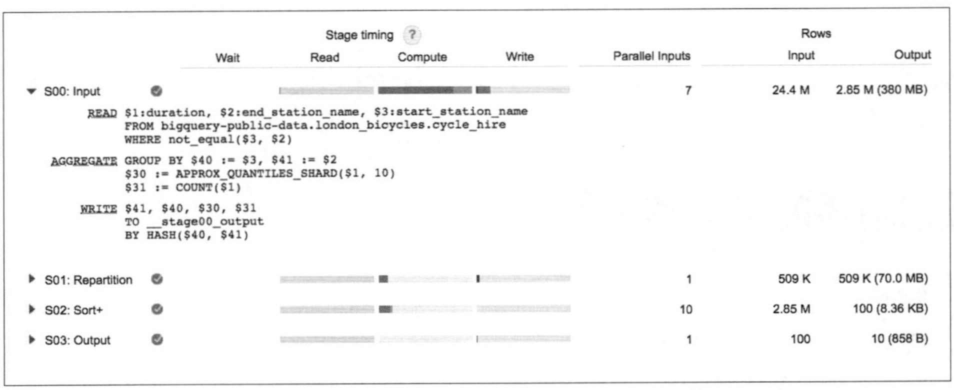


**그림 7-11** station_id 컬럼과 station_name 컬럼 사이의 일대일 관계를 활용해서 더 적은 컬럼을 읽어 쿼리 단계 중 하나를 제거함으로써 더 적은 수의 워커로 정렬을 수행할 수 있다

대여소 이름과 대여소 ID 간의 일대일 관계 덕분에 두 쿼리의 실행 결과는 완전히 같다.

### 비용이 높은 연산 줄이기

데이터셋에서 각 자전거가 이동한 총 거리를 찾고 싶다고 가정하자. 얼핏 생각해 보면 대여된 각 자전거의 이동 거리를 찾아 합하면 될 듯하다.

**예제 7-15** 자전거의 이동한 총 거리를 구하는 쿼리

```
WITH trip_distance AS (
  SELECT
    bike_id
    , ST_Distance(ST_GeogPoint(s.longitude, s.latitude),
                  ST_GeogPoint(e.longitude, e.latitude)) AS distance
  FROM
    `bigquery-public-data`.london_bicycles.cycle_hire,
    `bigquery-public-data`.london_bicycles.cycle_stations s,
    `bigquery-public-data`.london_bicycles.cycle_stations e
  WHERE
    start_station_id = s.id
    AND end_station_id = e.id
)
SELECT
  bike_id
  , SUM(distance)/1000 AS total_distance
FROM trip_distance
GROUP BY bike_id
ORDER BY total_distance DESC
LIMIT 5
```

이 쿼리는 7.1초(44초의 슬롯 시간)가 걸리고 1.69MB의 데이터를 셔플링한다. 쿼리의 실행 결과를 보면 거의 6,000km를 주행한 자전거도 있음을 알 수 있다.

| 행번호 | bike_id | total_distance |
|---|---|---|
| 1 | 12925 | 5990.988493972133 |
| 2 | 12757 | 5919.736998793672 |
| 3 | 12496 | 5883.1268196056335 |
| 4 | 12841 | 5870.757769474104 |
| 5 | 13071 | 5853.763514457338 |

거리의 계산은 비용이 많이 드는 작업이므로 모든 대여소 간의 거리를 미리 계산해 두면 cycle_stations 테이블과 cycle_hire 테이블을 조인할 필요가 없다.

**예제 7-16** 비용이 많이 드는 작업을 미리 계산하고 자전거의 이동한 총 거리를 구하는 쿼리

```
WITH stations AS (
  SELECT
    s.id AS start_id
    , e.id AS end_id
    , ST_Distance(ST_GeogPoint(s.longitude, s.latitude),
                  ST_GeogPoint(e.longitude, e.latitude)) AS distance
  FROM
    `bigquery-public-data`.london_bicycles.cycle_stations s,
    `bigquery-public-data`.london_bicycles.cycle_stations e
),
```

이후의 쿼리는 거리를 미리 계산한 테이블을 조인한다는 점을 제외하면 앞서 살펴본 쿼리와 거의 같다.

```
trip_distance AS (
  SELECT
      bike_id
      , distance
  FROM
    `bigquery-public-data`.london_bicycles.cycle_hire,
    stations
  WHERE
    start_station_id = start_id
    AND end_station_id = end_id
)

SELECT
  bike_id
  , SUM(distance)/1000 AS total_distance
FROM trip_distance
GROUP BY bike_id
ORDER BY total_distance DESC
LIMIT 5
```

이제 노드 간에 더 많은 데이터(33.44MB) 셔플링했음에도 쿼리의 실행 시간은 슬롯 시간 31.5초로 줄어들었다(속도는 30%가 향상됐다).

### 구체화된 뷰를 이용한 캐싱 연산

빅쿼리의 구체화된 뷰materialized view는 정기적으로 (그리고 자동적으로) 빅쿼리 테이블에 대한 쿼리의 결과를 캐시해서 성능과 효율성을 향상시키는 미리 연산된precomputed 뷰다. 구체화된 뷰는 테이블이나 조인 결과의 행과 열의 일부일 수도 있고 집계 함수를 사용한 요약 정보일 수도 있다. 따라서 쿼리를 재실행할 때 구체화된 뷰가 존재하면 쿼리는 모든 테이블을 다시 스캔할 필요 없이 구체화된 뷰로부터 빠르게 응답할 수 있다. 구체화된 뷰는 성능을 크게 향상시키며 스캔해야 할 데이터의 크기도 훨씬 작으므로 비용도 절감할 수 있다.

구체화된 뷰 테이블을 저장하고 유지해야 하는 추가 비용만 감수한다면 전체 기반 테이블을 다시 스캔할 필요가 없다는 뜻이다.

사용자가 주 단위로 편도 대여의 평균 기간을 확인할 수 있는 대시보드를 제공한다고 가정해보자. 이 대시보드가 실행하는 쿼리는 다음과 같을 것이다.

**예제 7-17** 주 단위 편도 대여의 평균 기간을 확인하는 쿼리

```
WITH oneway AS (
  SELECT EXTRACT(date FROM start_date) AS rental_date,
  duration, start_station_name, end_station_name
  FROM
  ch07eu.cycle_hire
  WHERE start_station_name != end_station_name
)

SELECT
  rental_date, AVG(duration) AS avg_duration,
  start_station_name, end_station_name
FROM oneway
WHERE rental_date BETWEEN '2015-01-01' AND '2015-01-07'
GROUP BY rental_date, start_station_name, end_station_name
```

#### 베타 버전의 임시적 제약

이 책을 집필하는 현재(2020년 5월), 구체화된 뷰는 베타 상태이며 기반 테이블과 같은 데이터셋에 생성해야 한다는 한 가지 제약이 있다. 그래서 앞서 예제는 쿼리를 실행하는 대상을 ch07eu으로 지정하고 있다. 이 테이블은 런던 자전거의 cycle_hire 테이블의 복사본이다. 독자가 이 책을 읽을 때쯤에는 이 제약이 사라졌을 수도 있다. 만일 그렇다면 이 쿼리의 FROM 절을 빅쿼리 공개 데이터셋으로 교체해서 실행해보기 바란다.

이 쿼리는 사용자가 다른 날짜를 선택할 때마다 다른 rendtal_date 기간을 선택하기 위해 1.7GB의 데이터를 처리한다. 이 경우 전체 테이블을 다시 스캔해서 집계값을 다시 계산해야 하기 때문이다. 하지만 다음과 같이 모든 날짜에 대한 구체화된 뷰를 만들어둘 수도 있다.

**예제 7-18** 구체화된 뷰를 생성하는 쿼리

```
CREATE OR REPLACE MATERIALIZED VIEW ch07eu.oneway_rentals
AS

WITH oneway AS (
  SELECT EXTRACT(date FROM start_date) AS rental_date,
  duration, start_station_name, end_station_name
  FROM
  ch07eu.cycle_hire
  WHERE start_station_name != end_station_name
)

SELECT
  rental_date, AVG(duration) AS avg_duration,
  start_station_name, end_station_name
FROM oneway
GROUP BY rental_date, start_station_name, end_station_name
```

그러면 다음과 같이 날짜 간격을 지정하는 쿼리는 1.3GB의 데이터만 스캔하면 된다.

```
SELECT
  rental_date, avg_duration,
  start_station_name, end_station_name
FROM ch07eu.oneway_rentals
WHERE rental_date BETWEEN '2015-01-01' AND '2015-01-07'
```

빅쿼리의 구체화된 뷰는 유지비용이 들지 않고 항상 최신의 상태이며 자체적으로 튜닝한다. 기반 테이블에서 발생하는 데이터의 증분 변경incremental change은 자동으로 구체화된 뷰에 추가된다. 구체화된 뷰는 (빅쿼리 스트리밍 테이블을 포함한) 기반 테이블과 항상 일관된 상태를 유지한다. 또한 데이터를 기반 테이블의 델타delta 변경[11]과 합쳐서 새로운 데이터를 실시간으로 리턴한다. 만일 쿼리나 쿼리의 일부를 원본 테이블 대신 구체화된 뷰를 이용해 실행할 수 있다면 빅쿼리는 성능과 효율성을 위해 구체화된 뷰를 사용하도록 쿼리를 재작성(재라우팅)한다.

11 매 증분 변경 간에 변경된 데이터 – 옮긴이

## 이전 쿼리 결과 캐싱하기

빅쿼리는 쿼리 결과를 임시 테이블에 자동으로 캐싱한다. 그리고 약 24시간 내에 같은 쿼리를 제출하면 연산을 재수행하지 않고 임시 테이블에서 결과를 제공한다. 캐시된 결과는 매우 빠르고 비용이 발생하지 않는다.

그러나 몇 가지 주의해야 할 사항이 있다. 쿼리 캐싱은 정확한 문자열 비교를 기반으로 한다. 따라서 쿼리에 공백 하나만 추가해도 캐시를 활용하지 않는다. 비결정적 작동(예를 들면 CURRENT_TIMESTAMP 또는 RAND 사용)이 있는 경우, 쿼리가 수행 중인 테이블 또는 뷰가 변경된 경우(쿼리가 처리하는 컬럼/행이 변경되지 않은 경우에도), 쿼리가 스트리밍 버퍼와 연관된 경우(심지어 버퍼에 새로운 행이 없어도), 쿼리가 DML 문을 사용하는 경우, 쿼리가 외부 데이터 원본에서 실행되는 경우 모두 그 결과를 캐시하지 않는다.

> 캐시 테이블은 만료될 수 있으므로 캐시된 임시 테이블에서 데이터를 직접 읽는 것은 권장하지 않는다. 쿼리 결과를 다른 쿼리에 대한 입력으로 사용하겠다면 테이블이나 구체화된 뷰를 사용하는 것이 좋다. 자세한 내용은 다음 절에서 설명한다.

### 중간 결과 캐싱

I/O가 증가해서 비용이 증가할 때에는 임시 테이블과 구체화된 뷰를 활용해서 전체적인 성능을 높일 수 있다. 예를 들어 여러 개의 쿼리를 실행해야 하며 첫 번째로 두 대여소 간의 보편적인 대여 기간을 찾는 쿼리를 실행한다고 가정해 보자.

**예제 7-19** 두 대여소 간의 보편적인 대여 기간을 찾는 쿼리

```
WITH typical_trip AS (
SELECT
  start_station_name
  , end_station_name
  , APPROX_QUANTILES(duration, 10)[OFFSET(5)] AS typical_duration
  , COUNT(duration) AS num_trips
FROM
  `bigquery-public-data`.london_bicycles.cycle_hire
GROUP BY
  start_station_name, end_station_name
)
```

WITH 절(공통 테이블 표현식CTE, Common Table Expression이라고도 한다)은 가독성을 향상시키지만 결과가 캐시되지 않으므로 쿼리 속도나 비용면에서 개선되는 부분은 없다. 뷰와 서브쿼리에도 마찬가지다. WITH 절, 뷰 또는 하위 쿼리를 자주 사용한다면 잠재적으로 성능을 높이는 방법 중 하나는 쿼리 결과를 테이블(또는 구체화된 뷰)에 저장하는 것이다.[12]

**예제 7-20** 보편적인 대여 기간을 구해서 테이블로 저장하는 쿼리

```
CREATE OR REPLACE TABLE ch07eu.typical_trip AS
SELECT
  start_station_name
  , end_station_name
  , APPROX_QUANTILES(duration, 10)[OFFSET(5)] AS typical_duration
  , COUNT(duration) AS num_trips
FROM
  `bigquery-public-data`.london_bicycles.cycle_hire
GROUP BY
    start_station_name, end_station_name
```

WITH 절을 사용해 자전거 대여 기간이 평소보다 훨씬 긴 날을 찾아보자.

**예제 7-21** 대여 기간이 평소보다 긴 날을 찾는 쿼리

```
SELECT
  EXTRACT (DATE FROM start_date) AS trip_date
  , APPROX_QUANTILES(duration / typical_duration, 10)[OFFSET(5)] AS ratio
  , COUNT(*) AS num_trips_on_day
FROM
  `bigquery-public-data`.london_bicycles.cycle_hire AS hire
JOIN typical_trip AS trip
ON
  hire.start_station_name = trip.start_station_name
  AND hire.end_station_name = trip.end_station_name
  AND num_trips > 10
GROUP BY trip_date
HAVING num_trips_on_day > 10
ORDER BY ratio DESC
LIMIT 10
```

12 물론 이것을 측정할 필요가 있다. 어떤 경우엔 중간 결과의 테이블을 읽는 데 필요한 추가 오버헤드가 단순히 WITH 절의 결과를 다시 계산하는 것보다 비용이 더 든다.

이 쿼리는 19.1초가 걸리고 1.68GB를 처리한다. 자, 이제 이 테이블을 사용하자.

**예제 7-22** 저장된 테이블을 사용해 대여 기간이 평소보다 긴 날을 찾는 쿼리

```
SELECT
  EXTRACT (DATE FROM start_date) AS trip_date
  , APPROX_QUANTILES(duration / typical_duration, 10)[OFFSET(5)] AS ratio
  , COUNT(*) AS num_trips_on_day
FROM
  `bigquery-public-data`.london_bicycles.cycle_hire AS hire
JOIN ch07eu.typical_trip AS trip
ON
  hire.start_station_name = trip.start_station_name
  AND hire.end_station_name = trip.end_station_name
  AND num_trips > 10
GROUP BY trip_date
HAVING num_trips_on_day > 10
ORDER BY ratio DESC
LIMIT 10
```

이 작업은 10.3초가 걸리고(불필요한 연산이 줄어서 속도가 50% 향상됐다) 1.72GB를 처리한다(새 테이블을 읽어야 하므로 약간의 비용이 증가됐다). 두 쿼리 모두 크리스마스 날에는 평소보다 대여 시간이 길다는 같은 결과를 반환한다.

| 행번호 | trip_date | ratio | num_trips_on_day |
|---|---|---|---|
| 1 | 2016-12-25 | 1.6 | 34477 |
| 2 | 2015-12-25 | 1.5263157894736843 | 20871 |
| 3 | 2015-08-01 | 1.25 | 41200 |
| 4 | 2016-07-30 | 1.2272727272727273 | 43524 |
| 5 | 2015-08-02 | 1.2222222222222223 | 41243 |

ch07eu.cycle_hire 테이블에 새 데이터를 추가해도 ch07eu.typical_trip 테이블은 갱신되지 않는다. 오래된 데이터 문제를 해결하는 한 가지 방법은 구체화된 뷰를 사용하거나 정기적으로 테이블을 갱신하기 위한 쿼리를 예약하는 것이다. 이때 쿼리의 성능 향상으로 인해 절감한 비용이 중간 테이블을 최신 상태로 유지하는 갱신 비용 대비 효과가 있는지를 반드시 확인한다.

**구체화된 뷰/테이블이 항상 더 효율적일까?**

본문에서 WITH 구문의 결과를 여러 쿼리가 사용하므로 이 결과를 구체화하는 것이 빠르다는 예시를 몇 번 보여준 적이 있다. 하지만 구체화된 테이블들이 계산 비용을 항상 줄이는 것은 아니다. 예를 들어 WITH 절을 이용해 비용이 많이 드는 정규식(regex) 기능을 주 쿼리에서 걷어냈지만 막상 주 쿼리는 항상 필터링 제약이 있는 경우를 생각해 보자(예제에서는 대여 시간이 84,000초 이상인 데이터만을 필터링한다).

```
WITH trip AS (
SELECT
  REGEXP_REPLACE(start_station_name,
                 r"^# ([a-zA-Z0-9\s]+$)", "FROM: \\1") AS start_station_name
  , REGEXP_REPLACE(end_station_name,
                 r"^# ([a-zA-Z0-9\s]+$)", "TO: \\1") ASend_station_name
  , duration
FROM
  `bigquery-public-data`.london_bicycles.cycle_hire
)
SELECT * FROM trip
WHERE duration > 84000
```

빅쿼리 옵티마이저가 전체 쿼리를 살펴본다면 정규 표현식을 호출되는 횟수를 제한할 수 있다. 그러나 WITH 절의 결과인 trip 데이터를 테이블 또는 뷰로 구체화하면 모든 행에 대해 정규 표현식이 실행된다.

## BI 엔진으로 쿼리 가속화

집계 및 필터가 있는 대시보드와 같이 비즈니스 인텔리전스BI, Business Intelligence 설정에서 자주 사용하는 테이블이 있을 때 쿼리 속도를 높이는 한 가지 방법은 BI 엔진을 사용하는 것이다. BI 엔진은 관련 데이터(테이블의 실제 컬럼 또는 쿼리 결과)를 메모리에 자동으로 저장하며 대부분 메모리 상에 저장한 데이터로 작업하도록 튜닝된 특수 쿼리 프로세서를 사용한다. 그림 7-12와 같이 빅쿼리 관리 콘솔을 사용해 캐시로 사용해야 하는 메모리 양(현재 최대 10GB)을 예약할 수 있다.

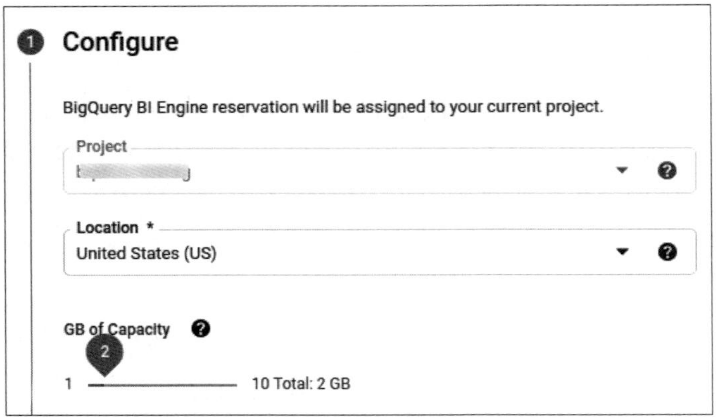


**그림 7-12** BI 엔진 예약을 설정해 테이블 데이터 캐싱을 위한 메모리를 예약한다

이때 반드시 쿼리하는 데이터셋와 같은 지역의 메모리를 예약한다. 그러면 빅쿼리는 테이블, 테이블 일부 및 집계를 메모리에 캐시하고 결과를 더 빠르게 제공하기 시작한다.

BI 엔진은 구글 데이터 스튜디오Google Data Studio와 같은 대시보드 도구에서 사용하는 테이블을 위해 주로 사용한다. BI 엔진에 메모리를 할당하면 빅쿼리 백엔드에 의존하는 대시보드의 반응 속도를 훨씬 더 높일 수 있다.

## 효율적으로 조인하기

두 테이블을 조인하려면 데이터 조정이 필요하며 슬롯 간의 통신 대역폭에 의해 부과되는 제한이 따른다. 따라서 가능하다면 조인을 피하거나 조인되는 데이터의 양을 줄여야 한다.

### 비정규화

읽기 성능을 향상시키고 조인을 피하는 한 가지 방법은 저장의 효율성을 포기하고 불필요한 데이터를 저장하는 것이다. 이것을 비정규화denormalization라고 한다. 따라서 자전거 대여소의 위도와 경도를 자전거 대여 정보와 별도로 저장하는 대신, 다음과 같이 비정규화된 테이블을 만들면 된다.

**예제 7-23** 비정규화된 테이블 생성하는 쿼리

```
CREATE OR REPLACE TABLE ch07eu.london_bicycles_denorm AS
SELECT
  start_station_id
  , s.latitude AS start_latitude
```

```
  , s.longitude AS start_longitude
  , end_station_id
  , e.latitude AS end_latitude
  , e.longitude AS end_longitude
FROM
  'bigquery-public-data'.london_bicycles.cycle_hire AS h
JOIN
  'bigquery-public-data'.london_bicycles.cycle_stations AS s
ON
  h.start_station_id = s.id
JOIN
  'bigquery-public-data'.london_bicycles.cycle_stations AS e
ON
  h.end_station_id = e.id
```

그러면 이 테이블에 각 대여 기록에 대한 모든 위치 정보가 포함되어 있으므로 이후에 실행하는 쿼리는 조인을 수행할 필요가 없다.

| 행번호 | start_station_id | start_latitude | start_longitude | end_station_id | end_latitude | end_longitude |
|---|---|---|---|---|---|---|
| 1 | 439 | 51.5338 | −0.118677 | 680 | 51.47768469 | −0.170329317 |
| 2 | 597 | 51.473471 | −0.20782 | 622 | 51.50748124 | −0.205535908 |
| 3 | 187 | 51.49247977 | −0.178433004 | 187 | 51.49247977 | −0.178433004 |
| 4 | 15 | 51.51772703 | −0.127854211 | 358 | 51.516226 | −0.124826 |
| 5 | 638 | 51.46663393 | −0.169821175 | 151 | 51.51213691 | −0.201554966 |

이 경우는 연산 비용이 높은 조인 대신 더 많은 스토리지를 사용하며 더 많은 데이터를 읽는 트레이드오프를 감수한 것이다. 물론 디스크에서 더 많은 데이터를 읽는 비용이 조인 비용보다 클 수도 있으므로 비정규화가 성능 이점을 줄 수 있는지 반드시 측정해야 한다.

### 큰 테이블의 셀프 조인 피하기

셀프 조인은 같은 테이블을 조인하는 것이다. 빅쿼리는 셀프 조인을 지원하지만, 셀프 조인하는 테이블이 매우 크면 성능 저하를 초래할 수 있다. 집계, 윈도우 함수 등의 SQL 기능을 활용하면 셀프 조인을 피할 수 있는 경우가 많다.

예를 하나 보자. 빅쿼리 공공 데이터셋 중 하나는 미국 사회보장국이 발표한 아기 이름의 데이터셋이다. 매사추세츠주에서 2015년도에 태어난 남자아이의 이름으로 가장 많이 사용된 이름은 다음과 같이 쿼리할 수 있다.

**예제 7-24** 2015년에 태어난 남자아이의 이름으로 많이 사용된 이름을 구하는 쿼리

```
SELECT
  name
  , number AS num_babies
FROM 'bigquery-public-data'.usa_names.usa_1910_current
WHERE gender = 'M' AND year = 2015 AND state = 'MA'
ORDER BY num_babies DESC
LIMIT 5
```

이 쿼리의 결과는 다음과 같다.

| 행번호 | name | num_babies |
|---|---|---|
| 1 | Benjamin | 456 |
| 2 | William | 445 |
| 3 | Noah | 403 |
| 4 | Mason | 365 |
| 5 | James | 354 |

마찬가지로 2015 년 매사추세츠주에서 태어난 여자아이(`gender = 'F'`) 중 가장 많이 사용한 이름은 다음과 같다.

| 행번호 | name | num_babies |
|---|---|---|
| 1 | Olivia | 430 |
| 2 | Emma | 402 |
| 3 | Sophia | 373 |
| 4 | Isabella | 350 |
| 5 | Charlotte | 344 |

데이터셋에 기록된 전체 데이터 중 미국 전체의 남녀 아기 모두에게 가장 많이 지어진 이름은 무엇일까? 이 문제를 해결하는 단순한 방법은 테이블을 2번 읽어 셀프 조인을 하는 것이다.

**예제 7-25** 셀프 조인을 사용해 미국 전체의 남녀 아기 모두에게 많이 지어진 이름을 구하는 쿼리

```
WITH male_babies AS (
SELECT
  name
  , number AS num_babies
FROM 'bigquery-public-data'.usa_names.usa_1910_current
WHERE gender = 'M'
),
female_babies AS (
SELECT
  name
  , number AS num_babies
FROM 'bigquery-public-data'.usa_names.usa_1910_current
WHERE gender = 'F'
),
both_genders AS (
SELECT
  name
  , SUM(m.num_babies) + SUM(f.num_babies) AS num_babies
  , SUM(m.num_babies) / (SUM(m.num_babies) + SUM(f.num_babies)) AS frac_male
FROM male_babies AS m
JOIN female_babies AS f
USING (name)
GROUP BY name
)

SELECT * FROM both_genders
WHERE frac_male BETWEEN 0.3 AND 0.7
ORDER BY num_babies DESC
LIMIT 5
```

이 쿼리는 74초가 걸리며 다음 결과를 반환한다.

| 행번호 | name | num_babies | frac_male |
|---|---|---|---|
| 1 | Jordan | 982149616 | 0.6705115608373867 |
| 2 | Willie | 940460442 | 0.5722103705452823 |
| 3 | Lee | 820214744 | 0.689061146650151 |
| 4 | Jessie | 759150003 | 0.5139710590240227 |
| 5 | Marion | 592706454 | 0.32969114589732473 |

엎친 데 덮친 격으로 결과도 틀렸다. 조던Jordan이라는 이름을 좋아하더라도 미국 전체 인구는 약 3억 3,000만 명에 불과하므로 그 이름을 가진 아기가 9억 8,200만 명일 리가 없다. 불행히도 셀프 조인은 주와 연도의 범위를 고려하지 않는다.[13]

더 빠르고 더 우아한(그리고 정확하다!) 해결책은 테이블을 한 번만 읽고 셀프 조인을 수행하지 않도록 쿼리를 다시 작성하는 것이다. 새로운 쿼리는 2.4초밖에 걸리지 않았다. 이전 쿼리보다 무려 30배 더 빠른 셈이다.

**예제 7-26** 테이블을 한 번만 읽으며 미국 전체의 남녀 아기 모두에게 많이 지어진 이름을 구하는 쿼리

```
WITH all_babies AS (
SELECT
  name
  , SUM(IF(gender = 'M', number, 0)) AS male_babies
  , SUM(IF(gender = 'F', number, 0)) AS female_babies
FROM `bigquery-public-data.usa_names.usa_1910_current`
GROUP BY name
),

both_genders AS (
SELECT
  name
  , (male_babies + female_babies) AS num_babies
  , SAFE_DIVIDE(male_babies, male_babies + female_babies) AS frac_male
FROM all_babies
WHERE male_babies > 0 AND female_babies > 0
)

SELECT * FROM both_genders
WHERE frac_male BETWEEN 0.3 AND 0.7
ORDER BY num_babies desc
limit 5
```

이 쿼리의 결과는 다음과 같다.

13 USING 절에 state 및 year를 추가하면(처음 2개의 선택 항목에 두 필드를 추가하면) num_babies의 값이 올바르지 않은 주요 이유를 확인할 수 있다. 그러면 아기 수를 대략적으로 확인할 수 있다(예로 들면 Jessie의 경우 2,018,1620이지만 정답은 229,2630이다). 이런 필드에 대해 NULL이 있는 행은 조인에서 무시되므로(NULL은 어떤 것과도 동등하지 않다) 답은 여전히 정확하지 않다.

| 행번호 | name | num_babies | frac_male |
|---|---|---|---|
| 1 | Jessie | 229263 | 0.4327213723976394 |
| 2 | Riley | 187762 | 0.46760792918694943 |
| 3 | Casey | 181176 | 0.5916456925862145 |
| 4 | Jackie | 161428 | 0.4624042916966078 |
| 5 | Johnnie | 136208 | 0.6842549629977681 |



### 조인할 데이터 줄이기

이름과 성별을 기준으로 데이터를 먼저 그룹화해서 조인할 데이터의 양을 줄이면 앞서 살펴본 쿼리를 효율적인 조인을 수행하도록 수정할 수 있다.

**예제 7-27** 이름과 성별 기준으로 그룹화해서 조인 데이터 양을 줄인 쿼리

```
WITH all_names AS (
  SELECT name, gender, SUM(number) AS num_babies
  FROM 'bigquery-public-data'.usa_names.usa_1910_current
  GROUP BY name, gender
),

male_names AS (
  SELECT name, num_babies
  FROM all_names
  WHERE gender = 'M'
),

female_names AS (
  SELECT name, num_babies
  FROM all_names
  WHERE gender = 'F'
),

ratio AS (
  SELECT
    name
    , (f.num_babies + m.num_babies) AS num_babies
    , m.num_babies / (f.num_babies + m.num_babies) AS frac_male
  FROM male_names AS m
  JOIN female_names AS f
  USING (name)
)
```

```
SELECT * FROM ratio
WHERE frac_male BETWEEN 0.3 AND 0.7
ORDER BY num_babies DESC
LIMIT 5
```

이처럼 데이터를 미리 그룹화하면 쿼리가 조인을 수행하기 전에 데이터를 잘라내는 역할을 한다. 따라서 셔플링 및 기타 복잡한 작업이 훨씬 작은 데이터에서만 실행되어 효율적이다. 이 쿼리는 불과 2초만에 실행되며 그 결과도 정확하다.

## 셀프 조인 대신 윈도우 함수 사용하기

반납한 자전거가 다시 대여되기까지의 시간(즉 자전거가 대여소에 머무는 시간)을 찾고 싶다고 가정하자. 이 예제는 행간의 종속 관계에 대한 예제다. 같은 테이블을 조인해서 어떤 대여 기록의 end_date 컬럼과 그다음 대여 기록의 start_date 컬럼 값의 차이를 계산하는 것이 이 문제를 해결하는 유일한 방법으로 생각할 수 있다.

그러나 다음과 같이 윈도우 함수를 사용하면 셀프 조인을 수행할 필요가 없다(8장에서 윈도우 함수를 설명한다).

**예제 7-28** 윈도우 함수를 사용한 쿼리

```
SELECT
  bike_id
  , start_date
  , end_date
  , TIMESTAMP_DIFF(
      start_date,
      LAG(end_date) OVER (PARTITION BY bike_id ORDER BY start_date),
      SECOND) AS time_at_station
FROM `bigquery-public-data`.london_bicycles.cycle_hire
LIMIT 5
```

이 쿼리의 결과는 다음과 같다.

| 행번호 | bike_id | start_date | end_date | time_at_station |
|---|---|---|---|---|
| 1 | 2 | 2015-01-05 15:59:00 UTC | 2015-01-05 16:17:00 UTC | null |
| 2 | 2 | 2015-01-07 01:31:00 UTC | 2015-01-07 01:50:00 UTC | 119640 |
| 3 | 2 | 2015-01-21 07:56:00 UTC | 2015-01-21 08:12:00 UTC | 1231560 |
| 4 | 2 | 2015-01-21 16:15:00 UTC | 2015-01-21 16:31:00 UTC | 28980 |
| 5 | 2 | 2015-01-21 16:57:00 UTC | 2015-01-21 17:23:00 UTC | 1560 |

첫 번째 행에는 이전에 반납한 기록이 없으므로 time_at_station 컬럼 값이 널이다. 그다음부터는 time_at_station 컬럼에 앞서 반납한 시간과 다시 대여한 시간의 간격이 계산되어 있다.

이 방법으로 각 대여소에서 자전거를 사용하지 않은 평균 시간을 계산하고 그 순위를 매길 수 있다.

**예제 7-29** 대여소에서 자전거를 사용하지 않은 평균 시간을 계산하는 쿼리

```
WITH unused AS (
SELECT
  bike_id
  , start_station_name
  , start_date
  , end_date
  , TIMESTAMP_DIFF(start_date, LAG(end_date) OVER (PARTITION BY bike_id ORDER BY
start_date), SECOND) AS time_at_station
FROM `bigquery-public-data`.london_bicycles.cycle_hire
)

SELECT
  start_station_name
  , AVG(time_at_station) AS unused_seconds
FROM unused
GROUP BY start_station_name
ORDER BY unused_seconds ASC
LIMIT 5
```

이 쿼리의 결과를 보면, 다음 역에서 자전거의 회전율이 가장 높음을 알 수 있다.

| 행번호 | start_station_name | unused_seconds |
|---|---|---|
| 1 | LSP1 | 1500.0 |
| 2 | Wormwood Street, Liverpool Street | 4605.427372968633 |
| 3 | Hyde Park Corner, Hyde Park | 5369.884926322234 |
| 4 | Speakers' Corner 1, Hyde Park | 6203.571977906734 |
| 5 | Albert Gate, Hyde Park | 6258.72019430326 |

### 미리 계산된 값과 조인하기

종종 작은 테이블에서 함수를 미리 계산한 다음 매번 비싼 연산을 반복하는 대신에 미리 계산된 값과 조인하는 것이 도움될 수 있다.

예를 들어 대여소 간의 이동 시간이 가장 짧은 두 대여소를 찾고 싶다고 가정하자. 주행 속도[14] (km당 몇 분)를 계산하려면 자전거 대여 시간을 역간 거리로 나누면 된다.

이때 대여소 간 거리를 가진 비정규화된 테이블을 만들어 평균 속도를 계산한다.

**예제 7-30** 비정규화된 테이블을 사용해 평균 속도를 계산하는 쿼리

```
WITH denormalized_table AS (
  SELECT
    start_station_name
    , end_station_name
    , ST_DISTANCE(ST_GeogPoint(s1.longitude, s1.latitude),
                  ST_GeogPoint(s2.longitude, s2.latitude)) AS distance
    , duration
  FROM
    'bigquery-public-data'.london_bicycles.cycle_hire AS h
  JOIN
    'bigquery-public-data'.london_bicycles.cycle_stations AS s1
  ON h.start_station_id = s1.id
  JOIN
    'bigquery-public-data'.london_bicycles.cycle_stations AS s2
  ON h.end_station_id = s2.id
),

durations AS (
  SELECT
```

14 자전거 타기와 달리기에서 페이스는 속도의 역수다.

```
    start_station_name
    , end_station_name
    , MIN(distance) AS distance
    , AVG(duration) AS duration
    , COUNT(*) AS num_rides
  FROM
    denormalized_table
  WHERE
    duration > 0 AND distance > 0
  GROUP BY start_station_name, end_station_name
  HAVING num_rides > 100
)

SELECT
  start_station_name
  , end_station_name
  , distance
  , duration
  , duration/distance AS pace
FROM durations
ORDER BY pace ASC
LIMIT 5
```

이 쿼리는 cycle_hire 테이블의 각 행에 대해 한 번씩(2,400만 번) 지리 공간 함수 ST_DISTANCE를 호출하고, 16.1초가 걸리며, 1.86 GB를 처리한다.

또는 cycle_station 테이블을 사용해 각 대여소 간 거리를 미리 계산한 다음(이때 셀프 조인을 사용한다) 대여소 간 평균 대여 시간 데이터를 가진 테이블과 조인할 수 있다.

**예제 7-31** 셀프 조인으로 대여소 간 거리를 미리 계산한 다음 평균 속도를 계산하는 쿼리

```
WITH distances AS (
  SELECT
    a.id AS start_station_id
    , a.name AS start_station_name
    , b.id AS end_station_id
    , b.name AS end_station_name
    , ST_DISTANCE(ST_GeogPoint(a.longitude, a.latitude),
                  ST_GeogPoint(b.longitude, b.latitude)) AS distance
  FROM
    'bigquery-public-data'.london_bicycles.cycle_stations a
  CROSS JOIN
```

```
    'bigquery-public-data'.london_bicycles.cycle_stations b
  WHERE a.id != b.id
),

durations AS (
  SELECT
    start_station_id
    , end_station_id
    , AVG(duration) AS duration
    , COUNT(*) AS num_rides
  FROM
    `bigquery-public-data`.london_bicycles.cycle_hire
  WHERE
    duration > 0
  GROUP BY start_station_id, end_station_id
  HAVING num_rides > 100
)

SELECT
  start_station_name
  , end_station_name
  , distance
  , duration
  , duration/distance AS pace
FROM distances
JOIN durations
USING (start_station_id, end_station_id)
ORDER BY pace ASC
LIMIT 5
```

효율적인 조인으로 다시 작성한 쿼리는 속도가 3배 빨라진 5.4초밖에 걸리지 않으며 기존보다 4배 줄어든 554MB를 처리한다.

### 조인과 비정규화 비교

각 대여 기록에서 이동 거리를 비정규화된 테이블에 저장하면 어떻게 될까?

**예제 7-32** 이동 거리를 비정규화된 테이블에 저장하는 쿼리

```
CREATE OR REPLACE TABLE ch07eu.cycle_hire AS
SELECT
  start_station_name
```

```
  , end_station_name
  , ST_DISTANCE(ST_GeogPoint(s1.longitude, s1.latitude),
              ST_GeogPoint(s2.longitude, s2.latitude)) AS distance
  , duration
FROM
  'bigquery-public-data'.london_bicycles.cycle_hire AS h
JOIN
  'bigquery-public-data'.london_bicycles.cycle_stations AS s1
ON h.start_station_id = s1.id
JOIN
  'bigquery-public-data'.london_bicycles.cycle_stations AS s2
ON h.end_station_id = s2.id
```



이 쿼리는 8.7초 만에 결과를 반환하고 1.6GB를 처리하는데, 이는 이전 쿼리보다 약 60% 더 느리고 약 3배 더 비싼 셈이다. 따라서 이 경우는 작은 테이블과 조인하는 것이 큰 비정규화된 테이블에 쿼리하는 것보다 더 효율적이다. 하지만 여러분의 사례에 적합한 방법인지 확인해야 한다. 잠시 후에 중첩된 필드 및 반복되는 필드를 가진 비정규화된 테이블에 데이터를 서로 다르게 세분화해서 효율적으로 저장하는 방법도 알아볼 것이다.

## 워커의 과도한 작업 피하기

일부 작업(예를 들면 정렬)은 단일 워커에서 수행되어야 한다. 그런데 너무 많은 데이터를 정렬하면 워커의 메모리를 초과해서 '자원 초과' 오류를 초래할 수 있다. 따라서 워커에 과도한 데이터를 몰아주지 말자. 여기서 '너무 많다'는 표현은 구글 데이터센터의 하드웨어가 계속 업그레이드되고 있으므로 시간이 지남에 따라 더 큰 데이터 크기를 의미하게 될 것이다. 현재는 데이터의 크기가 1기가바이트 정도면 너무 많다고 생각하면 된다.

### 큰 정렬 제한하기

자전거 대여소를 통해 대여가 종료된 순서대로 1, 2, 3 번호를 매기고 싶다고 가정하자. 다음과 같이 ROW_NUMBER( ) 함수를 사용해 이를 수행할 수 있다(8장의 윈도우 함수에서 설명한다).

**예제 7-33** ROW_NUMBER 함수를 사용해 번호를 매기는 쿼리

```
SELECT
  rental_id
  , ROW_NUMBER() OVER(ORDER BY end_date) AS rental_number
```

```
FROM `bigquery-public-data`.london_bicycles.cycle_hire
ORDER BY rental_number ASC
LIMIT 5
```

결과는 다음과 같다.

| 행번호 | rental_id | rental_number |
|---|---|---|
| 1 | 40346512 | 1 |
| 2 | 40346508 | 2 |
| 3 | 40346519 | 3 |
| 4 | 40346510 | 4 |
| 5 | 40346520 | 5 |

그러나 이 쿼리는 하나의 워커에서 `london_bicycles`데이터 집합 전체를 정렬해야 하므로 372MB 정도의 데이터만을 처리하는 데 29.9초나 걸린다. 이보다 더 큰 데이터셋을 처리해야 한다면 워커의 부담이 엄청 커질 것이다.

이때는 큰 정렬을 제한하고 분산하는 것이 가능한지를 알아보아야 한다. 사실, 앞서 살펴본 쿼리의 결과는 대여 기록에서 날짜를 추출한 후 일자별로 정렬해도 얻을 수 있다.

**예제 7-34** 일자별로 정렬해 큰 정렬을 제한하고 분산한 쿼리

```
WITH rentals_on_day AS (
SELECT
  rental_id
  , end_date
  , EXTRACT(DATE FROM end_date) AS rental_date
FROM 'bigquery-public-data.london_bicycles.cycle_hire'
)

SELECT
  rental_id
  , rental_date
  , ROW_NUMBER() OVER(PARTITION BY rental_date ORDER BY end_date) AS rental_number_on_
day
FROM rentals_on_day
ORDER BY rental_date ASC, rental_number_on_day ASC
LIMIT 5
```

이렇게 하면 한 번에 하루의 데이터를 정렬해 처리할 수 있으므로 8.9초만에 완료된다(속도는 3배 향상됐다). 이 쿼리의 실행 결과는 일별 대여 번호를 반환한다.

| 행번호 | rental_id | rental_date | rental_number_on_day |
|---|---|---|---|
| 1 | 40346512 | 2015-01-04 | 1 |
| 2 | 40346508 | 2015-01-04 | 2 |
| 3 | 40346519 | 2015-01-04 | 3 |
| 4 | 40346510 | 2015-01-04 | 4 |
| 5 | 40346520 | 2015-01-04 | 5 |



## 데이터 왜도(skew)

ARRAY_AGG 함수나 GROUP BY 절에서 사용하는 키 중 특정 키가 다른 키보다 월등히 많이 나오면 앞서 살펴봤던 워커의 과부하 문제(이때는 메모리 과부하)가 발생할 수 있다.[15]

다음 쿼리는 문제없이 실행되는데, 깃허브 저장소가 300만 개 이상이고 커밋이 여러 저장소에 잘 분산되어 있기 때문이다.

**예제 7-35** 잘 분산된 경우 정상적으로 작동하는 쿼리

```
SELECT
  repo_name
  , ARRAY_AGG(STRUCT(author, committer, subject, message, trailer, difference,
encoding) ORDER BY author.date.seconds)
FROM 'bigquery-public-data.github_repos.commits', UNNEST(repo_name) AS repo_name
GROUP BY repo_name
```

그러나 깃허브를 사용하는 대부분의 사람이 살고 있는 시간대time zone는 몇 군데 되지 않으므로 시간대별로 그룹화하는 쿼리는 제대로 작동하지 않는다. 왜냐하면 하나의 워커가 750GB의 상당 부분을 정렬해야 하기 때문이다.

**예제 7-36** 잘 분산되지 않은 경우 정상적으로 작동하지 않는 쿼리

```
SELECT
  author.tz_offset, ARRAY_AGG(STRUCT(author, committer, subject, message,
  trailer, difference, encoding) ORDER BY author.date.seconds)
```

15 빅쿼리 동적 실행 런타임의 제한 사항이다. 나중엔 사용하기가 더 쉬워질 것이다.

```
FROM 'bigquery-public-data.github_repos.commits'
GROUP BY author.tz_offset
```

한 가지 해결책은 다음 쿼리처럼 ORDER BY 절에 LIMIT을 추가하는 것이다.

**예제 7-37** 쿼리가 실행되도록 LIMIT을 사용한 쿼리

```
SELECT
  author.tz_offset, ARRAY_AGG(STRUCT(author, committer, subject, message,
trailer, difference, encoding) ORDER BY author.date.seconds LIMIT 1000)
FROM 'bigquery-public-data.github_repos.commits'
GROUP BY author.tz_offset
```

모든 데이터를 정렬해야 한다면 더 세분화된 키를 사용해서(즉 더 많은 워커에게 그룹의 데이터를 분산한다) 원하는 키에 해당하는 결과를 집계한다. 예를 들어 시간대별로 그룹화하는 대신에 시간대와 repo_name을 기준으로 그룹화한 후 저장소를 집계하면 각 시간대에 대한 실제 결과를 얻을 수 있다.

**예제 7-38** 시간대별 repo_name별 그룹화해서 데이터를 분산한 쿼리

```
SELECT
  repo_name, author.tz_offset
  , ARRAY_AGG(STRUCT(author, committer, subject, message, trailer, difference,
encoding) ORDER BY author.date.seconds)
FROM 'bigquery-public-data.github_repos.commits', UNNEST(repo_name) AS repo_name
GROUP BY repo_name, author.tz_offset
```

## 사용자 정의 함수 최적화하기

자바스크립트 사용자 정의 함수UDF, User-Defined Function를 호출하려면 V8 하위 프로세스를 실행해야 하는데,이는 성능을 저하시킨다. 자바스크립트 UDF는 연산적으로도 비싸고 메모리 접근도 제한되므로 UDF가 처리하는 데이터의 양을 줄이는 것이 성능 향상에 도움이 된다.

빅쿼리는 자바스크립트 UDF를 지원하지만, 가능하면 SQL UDF을 사용하자. 빅쿼리는 기본적으로 SQL을 분산하고 최적화한다. SQL에서 UDF를 작성해도 쿼리에 직접 SQL 함수를 내장하는 것과 임시 및 영구 함수를 사용하는 것 사이에는 성능 차이가 없다. 하지만 SQL UDF를 사용하면 재사용성, 합성성 및 가독성 면에서 이점이 있다.

## 근사 집계 함수 사용하기

빅쿼리는 빠르고 메모리를 적게 사용하는 근사 집계 함수approximate aggregation function를 제공한다. 결과에 작은 통계적 불확실성을 허용할 수 있다면 큰 데이터 스트림에 COUNT(DISTINCT ...)를 사용하는 대신 APPROX_COUNT_DISTINCT를 사용해도 된다.

### 근사 카운트

예를 들어 다음과 같은 방법으로 고유한 깃허브 저장소 수를 찾을 수 있다.

**예제 7-39** 고유한 깃허브 저장소 수를 구하는 쿼리

```
SELECT
  COUNT(DISTINCT repo_name) AS num_repos
FROM 'bigquery-public-data'.github_repos.commits, UNNEST(repo_name) AS repo_name
```

이 쿼리는 3,348,576이라는 정확한 결과를 계산하는 데 7.1초가 걸린다. 한편, 다음 쿼리는 3.2초(속도 2배 향상)가 걸리며 정확한 결과 대비 1.5%가 늘어난 3,400,927의 근사치 결과를 반환한다.

**예제 7-40** 고유한 깃허브 저장소 수의 근사치를 구하는 쿼리

```
SELECT
  APPROX_COUNT_DISTINCT(repo_name) AS num_repos
FROM 'bigquery-public-data'.github_repos.commits, UNNEST(repo_name) AS repo_name
```

그러나 소규모 데이터셋에서는 아무런 이점이 없을 수 있다. london_bicycles 데이터셋에서 고유한 자전거의 총 수를 찾는 다음 쿼리를 보자.

**예제 7-41** london_bicycles 데이터셋에서 고유한 자전거 수를 구하는 쿼리

```
SELECT
  COUNT(DISTINCT bike_id) AS num_bikes
FROM 'bigquery-public-data'.london_bicycles.cycle_hire
```

이 쿼리는 0.9초 만에 13,705개의 정확한 결과를 반환한다. 하지만 근사치를 반환하는 APPROX_COUNT를 사용하면 1.6초(정확한 쿼리보다 느리다)나 걸리며 결과도 근사치인 13,699를 반환한다.

**예제 7-42** London_bicycles 데이터셋에서 고유한 자전거 수의 근사치를 구하는 쿼리

```
SELECT
  APPROX_COUNT_DISTINCT(bike_id) AS num_bikes
FROM 'bigquery-public-data'.london_bicycles.cycle_hire
```

> 근사치 알고리즘은 대형 데이터셋에서만 정확한 알고리즘보다 훨씬 효율적이며 약 1%의 오류는 허용 가능한 사용 사례에서 권장한다. 근사 함수를 사용하기 전에 항상 여러분의 사용 사례에 맞는지 확인한다!

## 근사 최상위 함수

기타 이용 가능한 근사 함수는 백분위 수를 계산하는 APPROX_QUANTILES, 최상위 요소를 찾는 APPROX_TOP_COUNT, 요소의 합계를 기반으로 상위 요소를 계산하는 APPROX_TOP_SUM 등이 있다.

APPROX_TOP_COUNT를 사용해 가장 자주 대여되는 자전거 5대를 찾아보자.

**예제 7-43** 자주 대여되는 자전거 5대를 구하는 쿼리

```
SELECT
  APPROX_TOP_COUNT(bike_id, 5) AS num_bikes
FROM 'bigquery-public-data'.london_bicycles.cycle_hire
```

이 쿼리의 결과는 다음과 같다.

| 행번호 | num_bikes.value | num_bikes.count |
|---|---|---|
| 1 | 12925 | 2922 |
| | 12841 | 2489 |
| | 13071 | 2474 |
| | 12926 | 2467 |
| | 12991 | 2444 |

결과는 단일 행이며 순서가 보존될 수 있도록 값의 배열로 구성되어 있다.

> 쿼리가 너무 오래 걸릴 때, APPROX_TOP_COUNT를 사용해 데이터 왜도(skew)가 원인인지 확인할 수 있다. 만약 그렇다면, 좀 더 세분화된 수준에서 작업을 수행하거나 처리 중인 데이터를 줄이기 위해 LIMIT을 사용해 데이터 왜도를 처리하는 방법에 대해 이 장 앞부분에서 설명한 팁을 참고한다.

APPROX_TOP_SUM을 사용해서 자전거 대여 기간을 기준으로 상위 5개 대여소를 찾아보자.



**예제 7-44** 대여 기간 기준 상위 5개 대여소를 구하는 쿼리

```
SELECT
  APPROX_TOP_SUM(start_station_name, duration, 5) AS num_bikes
FROM 'bigquery-public-data'.london_bicycles.cycle_hire
WHERE duration > 0
```

이 쿼리의 결과는 다음과 같다.

| 행번호 | num_bikes.value | num_bikes.sum |
|---|---|---|
| 1 | Hyde Park Corner, Hyde Park | 600037440 |
| | Black Lion Gate, Kensington Garde | 581085720 |
| | Albert Gate, Hyde Park | 367235700 |
| | Speakers' Corner 1, Hyde Park | 318485820 |
| | Speakers' Corner 2, Hyde Park | 268442640 |

## HLL 함수

빅쿼리는 방금 설명한 APPROX_* 함수 (전체 근사 집계 알고리즘을 수행함) 외에도 HyperLogLog++ (HLL++) 알고리즘(https://research.google.com/pubs/pub40671.html)을 지원하므로 고윳값을 카운트하는 문제를 세 단계의 별도 작업으로 세분화할 수 있다.

1. HLL_COUNT.INIT를 사용해 새로운 요소를 추가하여 HLL 스케치라고 하는 셋을 초기화한다.
2. HLL_COUNT를 사용해 HLL 스케치의 카디널리티(카운트)를 찾는다.
3. HLL_COUNT.MERGE_PARTIAL을 사용해 2개의 HLL 스케치를 단일 스케치로 병합한다.

또한 HLL_COUNT.MERGE는 단계 2와 단계 3을 결합해 일련의 HLL 스케치에서 카운트를 계산한다.

예를 들어 다음은 시작 대여소나 반납 대여소 구분 없이 런던 자전거 테이블에서 고유한 대여소의 수를 찾는 쿼리다.

**예제 7-45** HLL_COUNT를 사용해 고유한 대여소 수를 찾는 쿼리

```
WITH sketch AS (
SELECT
  HLL_COUNT.INIT(start_station_name) AS hll_start
  , HLL_COUNT.INIT(end_station_name) AS hll_end
FROM 'bigquery-public-data'.london_bicycles.cycle_hire
)

SELECT
  HLL_COUNT.MERGE(hll_start) AS distinct_start
  , HLL_COUNT.MERGE(hll_end) AS distinct_end
  , HLL_COUNT.MERGE(hll_both) AS distinct_station
FROM sketch, UNNEST([hll_start, hll_end]) AS hll_both
```

이 쿼리의 결과는 다음과 같다.

| 행번호 | distinct_start | distinct_end | distinct_station |
|---|---|---|---|
| 1 | 880 | 882 | 882 |

물론 APPROX_COUNT_DISTINCT를 직접 사용할 수 있다.

**예제 7-46** APPROX_COUNT_DISTINCT를 사용해 고유한 대여소 수를 찾는 쿼리

```
SELECT
  APPROX_COUNT_DISTINCT(start_station_name) AS distinct_start
  , APPROX_COUNT_DISTINCT(end_station_name) AS distinct_end
  , APPROX_COUNT_DISTINCT(both_stations) AS distinct_station
FROM
  'bigquery-public-data'.london_bicycles.cycle_hire
  , UNNEST([start_station_name, end_station_name]) AS both_stations
```

이 쿼리는 같은 결과를 반환하지만 읽고 이해하기는 더 쉽다. 그러므로 APPROX_ 류의 함수를 사용하는 것이 좋다.

HLL 함수를 사용하는 한 가지 이유는 수동 집계를 사용하거나 특정 컬럼이 스토리지를 사용하는 것을 방지해야 하기 때문일 수 있다. 데이터 스키마에 user_id, date, product, country 컬

럼 등이 있으며 여기서 고유한 사용자 수를 계산해야 한다고 가정하자. 그런데 user_id 컬럼은 이미 개개인을 식별할 수 있으므로 무한정 저장하고 싶지 않을 것이다. 이때, 다음과 같이 HLL_COUNT.INIT을 사용해 수동으로 집계를 계산할 수 있다.

**예제 7-47** HLL_COUNT를 사용해 집계 후 INSERT하는 쿼리

```
INSERT INTO approx_distinct_users_agg AS
SELECT date, product, country, HLL_COUNT.INIT(user_id) AS sketch
GROUP BY date, product, country, sketch
```

이제 user_id를 저장할 필요가 없으며 스케치만 저장하게 된다. 더 높은 수준의 집계를 계산해야 한다면 다음과 같이 쿼리를 작성한다.

**예제 7-48** HLL_COUNT.MERGE를 사용한 집계 쿼리

```
SELECT date, HLL_COUNT.MERGE(sketch)
FROM approx_distinct_users_agg
GROUP BY date
```

# 데이터 저장 및 접근 방법 최적화

앞에서 쿼리 성능을 높이는 방법을 논의했지만, 테이블의 레이아웃이나 저장 위치, 접근 방법 등은 변경하지 않는 방법만 다뤘다. 여기서는 이런 요인을 다루는 것이 쿼리 성능에 어떤 극적인 영향을 미칠 수 있는지 살펴본다. 테이블의 스키마를 변경하면 기존의 쿼리에 문제가 발생할 수 있으므로 당연히 테이블을 설계하는 시점에 이러한 팁을 염두에 두는 것이 좋다.

## 네트워크 오버헤드 최소화하기

빅쿼리는 전 세계적으로 접근이 가능한 서비스다. 예를 들어 EU 리전에 있는 데이터셋을 쿼리할 때 쿼리는 EU 데이터센터에 있는 연산 리소스에서 실행된다. 쿼리 결과를 대상 테이블에 저장하면 해당 테이블도 EU에 있는 데이터셋이어야 한다. 그러나 GCP 외부의 머신을 비롯해 세계 어디에서나 빅쿼리 REST API를 호출(즉 쿼리를 호출)할 수 있다.

구글 클라우드 스토리지 또는 클라우드 펍/섭 등의 GCP 리소스와 함께 작업할 때 데이터셋을 동일 리전에 배치하면 최적의 성능을 얻을 수 있다. 예를 들어 컴퓨트 엔진 인스턴스 또는 클라우드 데이터프록 클러스터에서 쿼리를 호출할 때 인스턴스 또는 클러스터를 쿼리하는 데이터셋과 같은 지역에 배치하면 네트워크 오버헤드가 최소화된다.

GCP 외부에서 빅쿼리를 호출한다면 네트워크 토폴로지를 고려하고, 클라이언트 머신과 데이터셋을 생성한 GCP 데이터센터 사이에 네트워크 경로를 최대한 단축한다.

### 압축한 부분 응답

REST API를 직접 호출할 때 압축한 부분 응답을 승인해 네트워크 오버헤드를 최소화할 수 있다. 압축한 응답을 수락하려면 HTTP 헤더에서 gzip을 수락하도록 지정하고 사용자 에이전트 이름에 'gzip' 문자열이 나타나는지 확인한다. 예를 들면, 다음과 같다.

```
Accept-Encoding: gzip
User-Agent: programName (gzip)
```

그런 다음 gzip을 사용해서 응답을 압축한다.

기본적으로 빅쿼리의 응답은 문서에서 약속한 모든 필드를 포함하고 있다. 그러나 응답의 어느 부분이 필요한지 알고 있다면 빅쿼리에게 해당 부분의 응답만 되돌려 보내 달라고 요청해 네트워크 오버헤드를 낮출 수 있다. 예를 들어 이 장의 앞부분에서는 작업 API를 사용하여 전체 작업 세부 정보를 가져오는 방법에 대해 살펴봤다. 전체 응답의 하위 집합에만 알아야 한다면(예를 들면 쿼리 계획의 단계만 해당함) 필요한 필드를 지정하여 응답 크기를 제한할 수 있다.[16]

**예제 7-49** 쿼리 계획의 응답 정보를 가져오는 셸 스크립트

```
JOBSURL="https://www.googleapis.com/bigquery/v2/projects/$PROJECT/jobs"
FIELDS="statistics(query(queryPlan(steps)))"
curl --silent \
    -H "Authorization: Bearer $access_token" \
    -H "Accept-Encoding: gzip" \
    -H "User-Agent: get_job_details (gzip)" \
    -X GET \
    "${JOBSURL}/${JOBID}?fields=${FIELDS}" \
| zcat
```

16 이 책의 깃허브 저장소에 있는 ch07/get_job_details_compressed.sh 파일이다.

이 요청은 gzip 인코딩도 허용하도록 지정하고 있다.

### 여러 요청 일괄 처리하기

REST API를 사용할 때는 `multipart/mixed` 콘텐츠 타입을 사용해 파트별로 HTTP 요청을 중첩해서 여러 빅쿼리 API 호출을 일괄 처리할 수 있다. 각 파트의 본문은 HTTP 작업(GET, PUT 등), URL의 경로 부분, 헤더 그리고 본문을 지정한다. 서버의 응답은 다중 `multipart/mixed` 콘텐츠 타입을 가진 단일 HTTP 응답이며, 각 파트에는 일괄 요청을 구성한 개별 요청에 대한 응답이 순서대로 포함되어 있다. 응답의 순서가 정해져 있더라도 서버는 어떤 순서로든 호출을 실행할 수 있다. 따라서 일괄 요청은 병렬 실행처럼 취급해야 한다.

다음은 프로젝트에서 마지막 5개의 쿼리에 대한 쿼리 계획 세부 정보를 얻기 위해 일괄 요청을 보내는 명령이다. 먼저 빅쿼리 명령줄 도구를 사용해 가장 최근에 성공한 5개의 작업을 얻는다.[17]

**예제 7-50** 마지막 5개 쿼리의 쿼리 계획 세부 정보를 얻기 위해 일괄 요청을 보내는 셸 스크립트

```
# 가장 최근에 성공한 5개의 작업
JOBS=$(bq ls -j -n 50 | grep SUCCESS | head -5 | awk '{print $1}')
```

이 요청은 빅쿼리의 배치 엔드포인트에 전달된다.

```
BATCHURL="https://www.googleapis.com/batch/bigquery/v2"
JOBSPATH="/projects/$PROJECT/jobs"
FIELDS="statistics(query(queryPlan(steps)))"
```

URL 경로를 사용하면 개별적으로 요청할 수 있다.

```
request=""
for JOBID in $JOBS; do
read -d '' part << EOF

--batch_part_starts_here
GET ${JOBSPATH}/${JOBID}?fields=${FIELDS}

EOF
request=$(echo "$request"; echo "$part")
done
```

17 이 책의 깃허브 저장소에 있는 ch07/get_recent_jobs.sh 파일이다.

그런 다음 배치 엔드포인트에 다중 요청을 보낸다.

```
curl --silent \
    -H "Authorization: Bearer $access_token" \
    -H "Content-Type: multipart/mixed; boundary=batch_part_starts_here" \
    -X POST \
    -d "$request" \
    "${BATCHURL}"
```

## 빅쿼리 스토리지 API를 사용한 대량 읽기

5장에서는 테이블 데이터를 나열하고 쿼리 결과를 얻기 위해 빅쿼리 REST API와 관련 클라이언트 라이브러리를 사용하는 방법을 알아봤다. REST API는 상대적으로 작은 결과 집합에 더 도움이 되는 기록 지향적이며 페이지로 나뉜paginated 뷰로 데이터를 제공한다. 그러나 머신러닝과 분산된 ETL 도구 덕분에 이제 외부 도구는 빅쿼리의 관리형 스토리지에 대한 빠르고 효율적인 대량 접근을 요구한다. 이러한 대량 읽기 접근은 RPC 기반 프로토콜을 사용하는 빅쿼리 스토리지 API가 제공한다. 빅쿼리 스토리지 API를 사용하면 데이터가 저장된 컬럼 형식과 더욱 유사하게 매핑되는 이진 직렬화 형식으로 구조화된 데이터를 전달한다. 따라서 결과 집합에 대해 여러 소비자 간에 추가적인 병렬화가 가능하다.

최종 사용자가 빅쿼리 스토리지 API를 직접 사용하는 경우는 드물다.[18] 대신 클라우드 데이터플로우, 클라우드 데이터프록, 텐서플로, AutoML 및 스토리지 API를 사용해 빅쿼리 API를 거치지 않고 빅쿼리의 관리형 스토리지에서 직접 읽을 수 있는 도구를 이용할 수 있다.

스토리지 API는 저장된 데이터에 직접 접근하므로 빅쿼리 스토리지 API에 대한 접근 권한은 기존 빅쿼리 API와 다르다. 빅쿼리 스토리지 API는 빅쿼리를 사용하도록 설정하는 것과는 별개로 활성화해야 한다.

빅쿼리 스토리지 API는 빅쿼리의 관리형 스토리지에서 직접 읽는 도구에 몇 가지 이점을 제공한다. 예를 들어 소비자는 테이블에서 여러 스트림을 사용해 행 집합을 읽을 수 있고(예를 들면 클라우드 데이터프록에서 다른 워커의 분산된 읽기 사용), 이런 스트림을 동적으로 샤딩할 수 있으며(맵리듀스 작업에서는 상당한 문제가 될 수 있는 지연 시간이 감소된다), 읽을 컬럼의 하위 집합을

18 하지만 원한다면 할 수 있다. https://cloud.google.com/bigquery/docs/reference/storage/samples 문서를 참고한다. 빅쿼리 스토리지 API의 엔드포인트는 빅쿼리 REST API와 다르다. 엔드포인트는 `bigquerystorage.googleapis.com`이다.

선택할 수 있고(머신러닝 프레임워크에서 모델이 사용할 피처만 읽기), **컬럼 값을 필터링하며**(네트워크를 통해 전송되는 데이터 감소), **스냅샷**(즉 특정 시점의 데이터 읽기) 일관성을 보장한다.

5장에서는 판다스 데이터프레임에 쿼리 결과를 로드하기 위해 주피터 매직 커맨드 `%%bigquery`를 사용하는 방법을 알아봤다. 그러나 이때 데이터셋은 12개에서 수백 개의 행으로 비교적 작았다. 전체 `london_bicycles` 데이터셋(2,400만 행)을 판다스 데이터 프레임에 로드하려면 어떻게 해야 할까? 이때는 빅쿼리 API가 아닌 스토리지 API를 사용해서 데이터를 판다스 데이터프레임에 로드하는 옵션을 매직 커맨드에 지정할 수 있다. 먼저, 스토리지 API 파이썬 클라이언트 라이브러리를 아브로 및 판다스 지원 버전을 설치해야 한다. 주피터에서는 다음 방법으로 설치할 수 있다.

```
%pip install google-cloud-bigquery-storage[fastavro,pandas]
```

그런 다음, 이전과 같이 `%%bigquery` 매직 커맨드를 사용하면 된다. 단, 다음과 같이 스토리지 API 옵션을 추가한다.

**예제 7-51** 빅쿼리 스토리지 API를 사용해 대량 데이터를 읽는 쿼리

```
%%bigquery df --use_bqstorage_api --project $PROJECT
SELECT
  start_station_name
  , end_station_name
  , start_date
  , duration
FROM `bigquery-public-data`.london_bicycles.cycle_hire
```

개별 컬럼에 직접 접근할 수 있는 스토리지 API의 기능을 활용하고 있음에 주목하자. 즉 빅쿼리 테이블 전체를 판다스 데이터프레임으로 읽을 필요가 없다. 쿼리에 의해 반환되는 데이터의 양이 작으면 매직 커맨드는 자동으로 빅쿼리 API를 대신 사용한다. 따라서 노트북 셀cell에서는 항상 이 플래그를 사용해도 문제가 되지 않는다. 노트북 세션 내의 모든 매직 셀cell에서 `--use_bqstorage_api`를 기본적으로 활성화하려면 컨텍스트 플래그를 설정한다.

```
import google.cloud.bigquery.magics
google.cloud.bigquery.magics.context.use_bqstorage_api = True
```

## ✤ 효율적인 저장 포맷 선택하기

쿼리 성능은 테이블 데이터가 저장되는 위치와 형식에 따라 달라진다. 일반적으로 쿼리가 검색이나 타입 변환을 거의 수행할 필요가 없는 방식으로 데이터를 저장하면 가장 빠른 성능을 얻을 수 있다.

### 내부 데이터 소스와 외부 데이터 소스의 비교

빅쿼리는 구글 클라우드 스토리지, 클라우드 빅테이블, 구글 시트 같은 외부 소스에 대한 직접 쿼리를 지원하지만, 네이티브 테이블을 사용하면 가장 빠른 쿼리 성능을 얻을 수 있다.

빅쿼리를 모든 정형 및 반정형 데이터를 위한 분석 데이터 웨어하우스로 사용할 것을 권장한다. 외부 데이터 소스는 스테이징(구글 클라우드 스토리지), 실시간 수집(클라우드 펍/섭, 클라우드 빅테이블) 또는 트랜잭션 업데이트(클라우드 SQL, 클라우드 스패너)등에 사용한다. 그런 다음 4장에서 설명한 대로 주기적인 데이터 파이프라인을 설정해서 이런 외부 소스의 데이터를 빅쿼리로 로드한다.

구글 클라우드 스토리지에서 데이터를 쿼리해야 할 때는 가능하면 압축된 컬럼 형식(예를 들면 파케이)으로 저장한다. JSON 또는 CSV 같은 행 기반 형식은 마지막 수단으로 사용한다.

### 스테이징 버킷에서 수명 주기 관리 설정하기

구글 클라우드 스토리지에 데이터를 먼저 준비한 후 이를 빅쿼리로 로드하는 경우라면 데이터를 로드한 후 구글 클라우드 스토리지 데이터를 삭제한다. 데이터에서 ETL을 수행해 빅쿼리에 로드할 때(빅쿼리의 데이터가 크게 변환되거나 하위 집합에 불과함) 구글 클라우드 스토리지에서 원시raw 데이터를 유지하고 싶을 것이다. 이때는 버킷의 수명 주기 규칙을 생성해서 비용을 절감하고 구글 클라우드 스토리지 클래스를 다운그레이드한다.

30일 이상 된 멀티리전 또는 표준 클래스의 데이터를 니어라인 저장소Nearline Storage[19]로 이동하고 90일 이상 된 니어라인 데이터를 콜드라인 저장소Coldline Storage[20]로 이동하도록 버킷에서 수명 주기 관리를 활성화하려면 다음 코드를 입력한다.

```
gsutil lifecycle set lifecycle.yaml gs://some_bucket/
```

19 온라인과 오프라인 중간의 접근성을 제공하는 저장소로, 보통은 나중에 삭제할 데이터를 저장한다. – 옮긴이

20 구글 클라우드 내 조직이 1년에 한 번만 접근하도록 만들어진 저장소로, 주로 데이터 보관용이나 재해 복구용으로 사용한다.

이 예에서 lifecycle.yaml 파일은 다음 내용을 포함하고 있다.

```
{
"lifecycle": {
  "rule": [
  {
    "action": {
      "type": "SetStorageClass",
      "storageClass": "NEARLINE"
    },
    "condition": {
      "age": 30,
      "matchesStorageClass": ["MULTI_REGIONAL", "STANDARD"]
    }
  },
  {
    "action": {
      "type": "SetStorageClass",
      "storageClass": "COLDLINE"
    },
    "condition": {
      "age": 90,
      "matchesStorageClass": ["NEARLINE"]
    }
  }
]}}
```

수명 주기 관리를 사용해서 개체의 클래스를 변경할 뿐만 아니라 특정 임계값보다 오래된 개체를 삭제할 수도 있다.[21]

## 데이터를 구조체의 배열로 저장하기

빅쿼리 공공 데이터셋 중 하나는 전 세계의 다양한 기상 기관이 관측하고 측정한 태풍(허리케인, 타이푼, 사이클론 등)의 데이터셋이다. 태풍은 몇 주까지 지속될 수 있으며, 관찰은 3시간 정도마다 한 번씩 이루어진다. 이 데이터셋을 쿼리해서 2018년에 발생했던 모든 태풍의 최대 풍속과 최대 풍속에 도달한 각 태풍의 시간 및 위치를 찾는다고 가정하자. 이 쿼리는 공공 데이터셋에서 필요한 정보를 가져온다.

21 자세한 내용은 https://cloud.google.com/storage/docs/managing-lifecycles#change_an_objects_storage_class 문서를 참고하자.

**예제 7-52** 태풍의 정보를 가져오는 쿼리

```
SELECT
  sid, number, basin, name,
  ARRAY_AGG(STRUCT(iso_time, usa_latitude, usa_longitude, usa_wind) ORDER BY usa_wind
DESC LIMIT 1)[OFFSET(0)].*
FROM
  `bigquery-public-data`.noaa_hurricanes.hurricanes
WHERE
  season = '2018'
GROUP BY
  sid, number, basin, name
ORDER BY number ASC
```

태풍 ID(sid), 해당 계절season의 태풍 번호, 발생 지역, 태풍 이름(이름이 있다면)을 추출한 후 각 태풍의 관측치 배열을 찾아서 관측치를 풍속의 내림차순으로 순위를 매기고 각 태풍의 관측 최고 풍속을 얻는다. 태풍은 ID에 따라 정렬된다. 결과는 88개의 컬럼으로 구성되어 있으며 다음과 같다.

| 행번호 | sid | number | basin | name | iso_time | usa_latitude | usa_longitude | usa_wind |
|---|---|---|---|---|---|---|---|---|
| 1 | 2018002N09123 | 1 | WP | BOLAVEN | 2018-01-02 18:00:00 UTC | 9.7 | 117.2 | 29 |
| 2 | 2018003S15053 | 2 | SI | AVA | 2018-01-05 06:00:00 UTC | -17.9 | 50.0 | 93 |
| 3 | 2018006S13092 | 3 | SI | IRVING | 2018-01-07 18:00:00 UTC | -15.8 | 83.0 | 89 |
| 4 | 2018010S18123 | 4 | SI | JOYCE | 2018-01-11 18:00:00 UTC | -18.7 | 121.6 | 54 |

쿼리는 1.4초 동안 41.7MB를 처리했다. 첫 번째 줄은 '볼라벤'이라는 이름의 태풍으로 2018년 1월 2일 18:00 UTC에서 최대 풍속 29kph에 달했다.

관측은 복수의 기상청에서 실시하므로 중첩된 필드를 이용해 데이터를 표준화한 후 다음과 같이 빅쿼리의 구조체에 저장할 수 있다.[22]

22 이 장의 모든 쿼리는 책의 깃허브 저장소 ch07/hurricanes.sql에서 찾을 수 있다.

```
CREATE OR REPLACE TABLE ch07.hurricanes_nested AS
SELECT sid, season, number, basin, name, iso_time, nature, usa_sshs,
       STRUCT(usa_latitude AS latitude, usa_longitude AS longitude, usa_wind AS wind,
usa_pressure AS pressure) AS usa,
       STRUCT(tokyo_latitude AS latitude, tokyo_longitude AS longitude,
              tokyo_wind AS wind, tokyo_pressure AS pressure) AS tokyo,
       ... AS cma,
       ... AS hko,
       ... AS newdelhi,
       ... AS reunion,
       ... bom,
       ... AS wellington,
       ... nadi
FROM 'bigquery-public-data'.noaa_hurricanes.hurricanes
```

이 테이블을 쿼리하는 것은 필드 이름이 약간 바뀐 점을 제외하면 원래 테이블을 쿼리하는 것과 유사하다(usa_latitude 대신 usa.latitude).

```
SELECT
  sid, number, basin, name,
  ARRAY_AGG(STRUCT(iso_time, usa.latitude, usa.longitude, usa.wind) ORDER BY usa.wind
DESC LIMIT 1)[OFFSET(0)].*
FROM
  ch07.hurricanes_nested
WHERE
  season = '2018'
GROUP BY
  sid, number, basin, name
ORDER BY number ASC
```

쿼리는 동일한 양의 데이터를 처리하며 공개 데이터셋의 원래 쿼리와 동일한 시간이 소요된다. 중첩된 필드(즉 구조체)를 사용하면 쿼리를 더 쉽게 읽을 수 있지만 쿼리 속도나 비용은 변하지 않는다.

태풍의 수명 주기 동안 동일한 태풍에 대한 관측치가 여러 개 있기 때문에 태풍당 하나의 행을 가지도록 저장소를 변경하고 각 태풍에 대한 관측치 배열을 저장할 수 있다.

```
CREATE OR REPLACE TABLE ch07.hurricanes_nested_track AS

SELECT sid, season, number, basin, name,
  ARRAY_AGG(
```

```
    STRUCT(
        iso_time,
        nature,
        usa_sshs,
        STRUCT(usa_latitude AS latitude, usa_longitude AS longitude, usa_wind AS wind,
usa_pressure AS pressure) AS usa,
        STRUCT(tokyo_latitude AS latitude, tokyo_longitude AS longitude,  tokyo_wind AS
wind, tokyo_pressure AS pressure) AS tokyo,
        ... AS cma,
        ... AS hko,
        ... AS newdelhi,
        ... AS reunion,
        ... bom,
        ... AS wellington,
        ... nadi
    ) ORDER BY iso_time ASC ) AS obs
FROM 'bigquery-public-data'.noaa_hurricanes.hurricanes
GROUP BY sid, season, number, basin, name
```

지금 sid, seriod 등을 스칼라 컬럼으로 저장하고 있음에 주목하자. 왜냐하면 이 값은 태풍의 수명 주기 동안 변하지 않기 때문이다. 각 관측치에 대해 변경되는 나머지 데이터는 구조체의 배열로 저장된다. 이 테이블을 쿼리하는 방법은 다음과 같다.[23]

**예제 7-53** 예제 데이터가 구조체의 배열로 저장된 경우를 추출하는 쿼리

```
SELECT
  number, name, basin,
  (SELECT AS STRUCT iso_time, usa.latitude, usa.longitude, usa.wind
         FROM UNNEST(obs) ORDER BY usa.wind DESC LIMIT 1).*
FROM ch07.hurricanes_nested_track
WHERE season = '2018'
ORDER BY number ASC
```

결과는 같지만 이번에는 14.7MB(비용은 3배 절감됨)만 처리하고 1초(속도는 30% 향상됨) 만에 실행되었다. 이러한 성능 향상은 어떻게 이뤄졌을까? 데이터를 배열로 저장하면 테이블의 행 수가 급격히 감소하는데(682,000개에서 14,000개로 감소),[24] 이는 이제 관측 시간당 행이 아니라 태풍당 행이 한 개에 불과하기 때문이다. 그런 다음에 계절을 확인해 행을 필터링하면 빅쿼리는 그림 7-13과 같이 많은 관련 관측을 동시에 폐기할 수 있다.

23 2장에서 배열을 다루는 SQL 문법을 알아봤다.

24 허리케인 데이터 세트는 지속적으로 갱신되므로 지금은 행 번호가 더 클 수 있다.

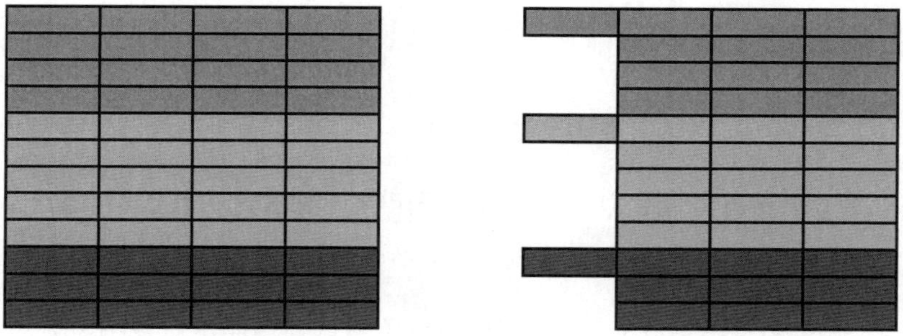


**그림 7-13** 중첩된 필드와 반복된 필드는 빅쿼리가 많은 관련 관측을 동시에 삭제할 수 있게 함으로써 쿼리 성능을 높일 수 있다

또 다른 이점은 같은 테이블의 세분화 수준이 일정하지 않더라도 더 이상 데이터 행을 복제할 필요가 없다는 것이다. 개별 허리케인의 세분화된 위도와 경도 데이터뿐만 아니라 고수준의 허리케인 ID, 이름 및 계절 데이터를 같은 테이블에 저장할 수 있다. 그리고 빅쿼리는 테이블 데이터를 고도로 압축된 개별 컬럼으로 저장하므로 일련의 세분화된 데이터에서 운영 비용 없이 높은 수준의 데이터를 쿼리하고 처리할 수 있다. 예를 들어 연도별 태풍 수를 쿼리할 때도 세부 정보에서 원하는 컬럼만 쿼리할 수 있다.

**예제 7-54** 원하는 컬럼만 쿼리해 데이터 처리 용량을 감소한 쿼리

```
WITH hurricane_detail AS (
SELECT sid, season, number, basin, name,
  ARRAY_AGG(
    STRUCT(
        iso_time,
        nature,
        usa_sshs,
        STRUCT(usa_latitude AS latitude, usa_longitude AS longitude, usa_wind AS wind,
usa_pressure AS pressure) AS usa,
        STRUCT(tokyo_latitude AS latitude, tokyo_longitude AS longitude, tokyo_wind AS
wind, tokyo_pressure AS pressure) AS tokyo
     ) ORDER BY iso_time ASC ) AS obs
FROM 'bigquery-public-data'.noaa_hurricanes.hurricanes
GROUP BY sid, season, number, basin, name
)

SELECT
  COUNT(sid) AS count_of_storms,
  season
```

```
FROM hurricane_detail
GROUP BY season
ORDER BY season DESC
```

이 쿼리는 중첩된 반복 필드를 사용하지 않았다면 56MB를 처리해야 했지만 이제는 27MB만을 처리한다.

중첩된 필드 자체는 성능을 높이지는 못하지만 기본적으로 다른 관련 테이블을 단일 위치로 사전 조인해서 가독성을 높일 수 있다. 반면에, 중첩된 반복 필드는 성능의 관점에서 극히 유리하다. 중첩되지 않거나 반복되지 않는 컬럼에 필터링된 쿼리가 있을 때마다 속도가 크게 향상되고 쿼리 비용이 낮아질 수 있으므로 스키마에서 중첩된 반복 필드를 사용하는 것을 고려하자(이 쿼리에서는 계절).

중첩된 반복 필드의 주요 단점은 스트리밍 업데이트가 기존 배열에 요소를 추가하는 것과 관련되면 이 테이블로 쉽게 스트리밍할 수 없다는 점이다. 물론 허리케인 데이터가 새로운 관측으로 업데이트되기 때문에 이런 단점은 상당히 커지며 허리케인의 공공 데이터셋이 중첩된 반복 필드를 사용하지 않는 이유다.

반면, 깃허브의 공개 데이터셋(bigquery-public-data.github_repos.commits)은 중첩된 반복 필드(repo_name)를 사용해서 커밋의 영향을 받는 저장소 목록을 저장한다. 이 목록은 시간이 지나도 변하지 않는다. repo_name에 중첩된 반복 필드를 사용하면 다른 필드에서 필터링된 쿼리의 속도를 높일 수 있다.

**배열 연습하기**

경험상 중첩된 반복 필드는 약간의 연습과 숙련이 필요하다. 빅쿼리의 구글 애널리틱스(Google Analytics) 샘플 데이터셋[25]은 이런 목적에 잘 맞는다. 스키마에서 내포된 데이터를 식별하는 가장 쉬운 방법은 여기서 볼 수 있듯, STRUCT 데이터 유형을 나타내는 Type 컬럼에서 RECORD를, Mode 컬럼에서 REPEATED를 찾는 방법이다.

25 이 데이터셋은 bigquery-public-data.google_analytics_sample.ga_sessions_20170801이다.

| Field name | Type | Mode |
|---|---|---|
| visitodId | INTEGER | NULLABLE |
| visitStartTime | INTEGER | NULLABLE |
| date | STRING | NULLABLE |
| totals | **RECORD** | NULLABLE |
| totals.visits | INTEGER | NULLABLE |
| totals.hits | INTEGER | NULLABLE |
| hits | **RECORD** | **REPEATED** |
| hits.hitNumber | INTEGER | NULLABLE |
| hits.time | INTEGER | NULLABLE |

이 샘플 스키마에서 TOTALS는 STRUCT(단, 반복되지 않음)이며, HITS는 재입력된 STRUCT다. 이는 구글 애널리틱스가 방문자 세션 데이터를 집계 레벨(totals.hits에 대한 세션 값 1개)과 세부 레벨(사이트에서 액세스하는 모든 페이지 및 이미지에 대한 개별 hits.time 값)에서 추적하기 때문에 의미가 있다. 여러 행에 걸친 방문자Id(visitorId)를 중복하지 않고 이처럼 세분화된 수준에서 데이터를 저장하는 것은 배열(ARRAY)을 통해서만 가능하다.

데이터가 배열과 함께 반복적인 형식으로 저장되면 다음 쿼리처럼 데이터를 UNNEST해야 한다.[26]

```
SELECT DISTINCT
  visitId
  , totals.pageviews
  , totals.timeOnsite
  , trafficSource.source
  , device.browser
  , device.isMobile
  , h.page.pageTitle
FROM
  'bigquery-publicdata'.
google_analytics_sample.ga_sessions_20170801,
  UNNEST(hits) AS h
WHERE
  totals.timeOnSite IS NOT NULL AND h.page.pageTitle =
'Shopping Cart'
ORDER BY pageviews DESC
LIMIT 10
```

배열을 해제하면 [1,2,3,4,5]에서 분리되어 다음과 같이 개별 행으로 나뉜다.

26 이 책의 깃허브 저장소에서 ch07/google_analytics.sql 파일을 확인하자.

```
[1,
2
3
4
5]
```

이제 WHERE 절과 같은 일반적인 SQL 작업을 실행해서 제목이 'Shopping Cart'인 모든 페이지 히트를 필터링할 수 있다. 한번 해보자!

## 지리 타입으로 데이터 저장하기

빅쿼리 공용 데이터셋의 유틸리티 데이터는 미국의 우편번호별 폴리곤 경계 테이블(bigquery-public-data.utility_us.zipcode_area)과 미국의 도시별 폴리곤 경계 테이블(bigquery-publicdata.utility_us.us_cities_area)이 있다. 미국 우편번호 지오메트리 컬럼(zipcode_geom)은 문자열[27]인 반면, 도시 지오메트리 컬럼(city_geom)은 지리(geography) 타입이다.

이 두 테이블에서 뉴멕시코주 산타페의 모든 우편번호 목록을 얻을 수 있다.[28]

**예제 7-55** 산타페의 모든 우편번호 목록을 추출하는 쿼리

```
SELECT name, zipcode
FROM `bigquery-public-data`.utility_us.zipcode_area
JOIN `bigquery-public-data`.utility_us.us_cities_area
ON ST_INTERSECTS(ST_GeogFromText(zipcode_geom), city_geom)
WHERE name LIKE '%Santa Fe%'
```

이 쿼리는 51.9초 동안 305.5MB를 처리한 후 다음 결과를 반환한다.

| 행번호 | name | zipcode |
|---|---|---|
| 1 | Santa Fe, NM | 87505 |
| 2 | Santa Fe, NM | 87501 |
| 3 | Santa Fe, NM | 87507 |
| 4 | Eldorado at Santa Fe, NM | 87508 |
| 5 | Santa Fe, NM | 87508 |
| 6 | Santa Fe, NM | 87506 |

이 쿼리는 왜 그리 오래 걸렸을까? ST_INTERSECTS가 비싸기 때문이 아니다. 이는 ST_GeogFromText 함수가 S2 셀[29]을 계산하고 각 우편번호에 해당하는 GEOGRAPHY 타입을 빌드해야 하기 때문이다.

이런 경우 성능 향상을 위해 미리 이 계산을 수행하도록 우편번호 테이블을 변경해서 지오메트리를 GEOGRAPHY 타입으로 저장할 수 있다.



**예제 7-56** 지오메트리를 GEOGRAPHY 타입으로 저장하는 쿼리

```
CREATE OR REPLACE TABLE ch07.zipcode_area AS
SELECT
  * REPLACE(ST_GeogFromText(zipcode_geom) AS zipcode_geom)
FROM
  `bigquery-public-data`.utility_us.zipcode_area
```

> 이 쿼리에서 사용하는 SELECT * REPLACE 구문은 SELECT * 문에서 원하는 컬럼의 값만 교체하는 편리한 방법이다.

새 데이터셋은 131.8MB로 원래 테이블의 116.5MB보다 조금 더 크다. 그러나 테이블에 대한 쿼리는 S2 커버를 이용할 수 있고 훨씬 더 빨라질 수 있다. 따라서 다음 쿼리는 5.3초(속도 10배 향상)만에 완료되고 320.8MB(주문형 가격 정책에서는 약간 비용이 증가한다)를 처리한다.

**예제 7-57** 속도가 개선된 쿼리

```
SELECT name, zipcode
FROM ch07.zipcode_area
JOIN `bigquery-public-data`.utility_us.us_cities_area
ON ST_INTERSECTS(zipcode_geom, city_geom)
WHERE name LIKE '%Santa Fe%'
```

27 이 데이터셋은 이 절에서 나올 사용하면 안되는 명백한 이유 때문에 더 이상 사용되지 않는 데이터셋이다. 최신 데이터는 bigquery-public-data.geo_us_boundaries.us_zip_codes다. 이 데이터셋은 지리 데이터 유형을 사용한다.

28 4장에서 지리 데이터 유형과 GIS 함수를 다뤘다.

29 https://oreil.ly/Pklsx을 확인하자.

지리 데이터를 문자열이나 기본 데이터 타입이 아닌 GEOGRAPHY 타입으로 저장할 때의 성능 이점은 매우 설득력이 있다. utility_us 데이터셋을 더 이상 사용하지 않는 이유도 같은 이유다(다만 이미 작성된 쿼리가 실패하지 않도록 여전히 공개적으로 액세스할 수 있다). GEOGRAPHY 타입을 사용하고 최신 상태로 유지되는 bigquery-public-data.geo_us_boundaries.us_zip_code 테이블을 사용하는 것이 좋다.

## 스캔 크기를 줄이기 위해 테이블 파티셔닝하기

london_bicycles 데이터셋을 연도별로 자주 쿼리한다고 가정하자.

**예제 7-58** 연도별로 데이터를 추출하는 쿼리

```
SELECT
  start_station_name
  , AVG(duration) AS avg_duration
FROM 'bigquery-public-data'.london_bicycles.cycle_hire
WHERE EXTRACT(YEAR FROM start_date) = 2015
GROUP BY start_station_name
ORDER BY avg_duration DESC
LIMIT 5
```

이 쿼리는 2015년에 가장 긴 대여 시간을 반환하는 데 2.8초 동안 1GB의 데이터를 처리했다.

| 행번호 | start_station_name | avg_duration |
|---|---|---|
| 1 | Mechanical Workshop Penton | 105420.0 |
| 2 | Contact Centre, Southbury House | 5303.75 |
| 3 | Stewart's Road, Nine Elms | 4836.380090497735 |
| 4 | Black Lion Gate, Kensington Gardens | 4788.747908066496 |
| 5 | Speakers' Corner 2, Hyde Park | 4610.192911183014 |

그러나 이 쿼리는 2015년에 해당하는 행을 찾기 위해 전체 테이블을 읽어야 한다. 이 절에서는 처리 중인 데이터의 크기를 줄일 수 있는 다양한 방법을 살펴본다.

### 안티 패턴: 테이블 접미사 및 와일드 카드

연도별 필터링이 매우 일반적일 때, 읽고 있는 데이터를 줄이는 한 가지 방법은 연도별로 접미사를 각 테이블의 이름에 붙여 여러 테이블에 데이터를 저장하는 것이다. 이 방법으로 2015년의 데이터를 쿼리할 때 모든 행을 읽을 필요 없이 `cycle_hire_2015` 테이블만 읽으면 된다.

다음과 같이 테이블을 생성하자.



**예제 7-59** 테이블 이름에 연도 접미사를 붙여 데이터를 저장하는 쿼리

```
CREATE OR REPLACE TABLE ch07eu.cycle_hire_2015 AS (
  SELECT * FROM `bigquery-public-data`.london_bicycles.cycle_hire
  WHERE EXTRACT(YEAR FROM start_date) = 2015
)
```

이제 1년치 데이터만 가진 테이블로 쿼리를 만들자. 이 쿼리는 1초 이내에 완료되며(속도 3배 향상됨), 345MB(비용 3배 절감됨)의 데이터만 처리하면 된다.

**예제 7-60** 더 개선된 쿼리

```
SELECT
  start_station_name
  , AVG(duration) AS avg_duration
FROM ch07eu.cycle_hire_2015
GROUP BY start_station_name
ORDER BY avg_duration DESC
LIMIT 5
```

> 데이터를 여러 테이블에 수동으로 분할하는 대신 파티션을 나눈 테이블과 템플릿 테이블(다음에 설명한다)을 사용한다.

와일드 카드 및 테이블 접미사를 사용해 여러 해를 검색하는 것도 가능하다.

**예제 7-61** 와일드 카드 및 테이블 접미사를 사용한 쿼리

```
SELECT
  start_station_name
  , AVG(duration) AS avg_duration
FROM 'ch07eu.cycle_hire_*'
```

```
WHERE _TABLE_SUFFIX BETWEEN '2015' AND '2016'
GROUP BY start_station_name
ORDER BY avg_duration DESC
LIMIT 5
```

## 파티션을 나눈 테이블

파티션을 나눈partitioned 테이블을 사용하면 모든 관련 데이터를 단일 논리 테이블에 저장하면서도 해당 데이터의 하위 집합을 효율적으로 쿼리할 수 있다. 예를 들어 지난 해 데이터의 전체를 저장하고 있지만, 대부분 지난주의 데이터만 쿼리하는 경우, 데이터를 시간별로 분할하면 지난 7일 분량의 파티션만 스캔해야 하는 쿼리를 실행할 수 있다. 이렇게 하면 쿼리 비용, 슬롯 활용도 및 시간 면에서 비용을 절감할 수 있다.

앞에서 논의된 연도별 테이블은 비효율적이다. 빅쿼리는 각 샤드 테이블에 대한 스키마 및 메타데이터의 사본을 유지하고 쿼리된 테이블 각각에 대한 사용 권한을 검증해야 한다. 또한 단일 쿼리는 1,000개 이상의 테이블을 쿼리할 수 없으며, 따라서 테이블이 연도가 아니라 날짜별로 샤딩된 경우(테이블이 날짜로 표시된 경우 테이블 1,000개에는 3년치 데이터도 채 저장할 수 없다) 전체 데이터셋을 쿼리하는 것이 어려울 수 있다. 또한 날짜 표시 테이블을 스트리밍하면 여러 클라이언트 간에 클럭 및 시간대 동기화가 필요할 수 있다. 따라서 권장되는 모범 사례는 파티션을 나눈 테이블을 사용하는 것이다.

> 파티셔닝 및 클러스터링은 쿼리 비용을 절감하고 성능을 높이는 가장 효과적인 방법이다. 의심스럽다면 테이블을 파티셔닝 및 클러스터링해야 한다. 이렇게 하면 분할되지 않거나 클러스터링되지 않은 테이블에 사용할 수 없는 여러 성능 최적화가 가능해진다.

파티션을 나눈 테이블은 빅쿼리가 관리하는 파티션으로 분할된 특별 테이블이다. 다음을 사용해 런던 cycle_hire 데이터셋의 파티션 버전을 생성할 수 있다.

**예제 7-62** 파티션을 나눈 테이블을 생성하는 쿼리

```
CREATE OR REPLACE TABLE ch07eu.cycle_hire_partitioned
  PARTITION BY DATE(start_date) AS
SELECT * FROM 'bigquery-public-data'.london_bicycles.cycle_hire
```

파티션의 만료 시간을 지정하고 빅쿼리에 사용자가 항상 파티션 필터를 사용하고 실수로 전체 테이블을 쿼리하지 않도록 요청해 스토리지 비용을 유지할 수 있다.

```
CREATE OR REPLACE TABLE ch07eu.cycle_hire_partitioned
  PARTITION BY DATE(start_date)
  OPTIONS(partition_expiration_days=1000,
          require_partition_filter=true) AS
SELECT * FROM `bigquery-publicdata`.london_bicycles.cycle_hire
```

테이블을 생성할 때 이 옵션을 설정하지 않았다면 다음 쿼리로 추가하면 된다.

```
ALTER TABLE ch07eu.cycle_hire_partitioned
SET OPTIONS(require_partition_filter=true)
```



그런 다음 2015년에 평균 대여 시간이 가장 긴 대여소를 찾으려면 파티션을 나눈 테이블을 쿼리해 필터 절에서 파티션 컬럼(start_date)을 사용해야 한다.

**예제 7-63** 파티션 컬럼을 사용해 데이터를 필터링하는 쿼리

```
SELECT
  start_station_name
  , AVG(duration) AS avg_duration
FROM ch07eu.cycle_hire_partitioned
WHERE start_date BETWEEN '2015-01-01' AND '2015-12-31'
GROUP BY start_station_name
ORDER BY avg_duration DESC
LIMIT 5
```

쿼리는 start_date 컬럼을 읽어야 하므로 연도별로 샤딩한 테이블보다 조금 더 많은 419.4MB의 데이터를 1초 만에 처리한다. 그러나 다음과 같은 쿼리를 구성하면 단점이 생긴다.

**예제 7-64** 처리량이 증가하는 쿼리

```
SELECT
  start_station_name
  , AVG(duration) AS avg_duration
FROM ch07eu.cycle_hire_partitioned
WHERE EXTRACT(YEAR FROM start_date) = 2015
GROUP BY start_station_name
ORDER BY avg_duration DESC
LIMIT 5
```

이렇게 하면 처리해야 할 데이터가 1GB로 늘어나 절감 효과가 없다. 파티셔닝의 이점을 얻으려면 빅쿼리 런타임이 파티션 필터를 정적으로 판별할 수 있어야 한다.

> 빅쿼리에 날짜/시간 컬럼이 아닌 처리 시간을 기준으로 테이블을 자동으로 분할하도록 요청할 수 있다. 이렇게 하려면 `_PARTITIONTIME` 또는 `_PARTITIONDATE`를 파티션 컬럼으로 사용한다. 이것들은 수집 시간을 나타내며 실제로 데이터셋에 존재하지 않는 의사(pseudo) 컬럼이다. 그러나 쿼리에서 이런 의사 컬럼을 사용해서 스캔되는 행을 제한할 수 있다.
>
> 수집 시 분할된(ingestion-time-partitioned) 테이블로 스트리밍하면 스트리밍 버퍼의 데이터는 `__UNPARTITIONED__` 파티션에 저장된다. `__UNPARTITIONED__` 파티션의 데이터를 쿼리하려면 `_PARTITIONTIME` 의사 컬럼에서 `NULL` 값을 찾으면 된다.

날짜 단위로 분할한 것과 더불어 시간 단위 분할과 정수값 컬럼으로 분할하는 것도 가능하다. 예를 들어 `bike_id` 컬럼을 기준으로 0부터 1000 사이의 값을 증분값 5로 분할하려면 다음 명령을 실행하면 된다.

**예제 7-65** bike_id 컬럼을 기준으로 정수값 파티션을 분할하는 명령어

```
bq mk --range_partitioning=bike_id,0,1000,5 \
  ch07eu.partition_cycle_hire schema.json
```

이제 정수 범위로 분할한 테이블에 기록되는 새로운 데이터는 자동으로 분할된다. 여기서 기록되는 데이터란 데이터 로드 작업, 쿼리, 스트리밍 등의 방법으로 테이블에 기록되는 데이터를 의미한다. 시간이 흐르면서 데이터셋의 내용이 바뀌어도 빅쿼리가 테이블을 자동으로 재분할한다.

### 파티션의 개수 줄이기

이 책을 집필하는 현재 단일 테이블에 생성할 수 있는 파티션은 최대 4,000개다. 날짜 단위로 분할하면 10년 후에는 더 이상 파티션을 생성할 수 없다는 뜻이다.

시간 단위로 분할하면 하루 중 모든 시간에 데이터가 존재할 경우 몇 달이면 파티션이 고갈된다. 반면 오전 9시부터 오후 5시 사이에만 데이터가 존재한다면 8개의 파티션만 사용하게 되어 1년 이상 사용할 수 있는 충분한 수의 파티션을 확보할 수 있다.

하지만 현실적으로 파티션의 수는 마이그레이션 메커니즘이 제공하는 사용량에 따라 결정된다. 그래서 나는 오래된 데이터는 주기적으로 여러 파티션을 하나의 파티션으로 합칠 것을 권한다. 그러려면 파티셔닝 컬

럼으로 사용하는 타임스탬프를 줄이면 된다. 예를 들어 2015년 이전의 데이터를 날짜별 파티션이 아닌 월별 파티션으로 바꾸려면 다음의 명령을 실행하면 된다.

```
IF(ts < '2015-01-01 00:00:00',
   TIMESTAMP_TRUNC(ts, MONTH), TIMESTAMP_TRUNC(ts, DAY))
   AS partition_ts
```

테이블 데코레이터(decorators)를 이용해서 테이블의 특정 세그먼트(segment)에 빠르게 접근하는 것도 가능하다. 예를 들어 첫 번째 파티션(ID 범위가 0–5 사이)의 자전거 대여 기록을 보려면 테이블 이름에 `$0` 접미사를 붙이면 된다.

```
bq every 'SELECT * FROM ch07eu.partition_cycle_hire$0'
```

하지만 나는 이 방법은 그다지 권장하지 않는다. `WHERE` 절에 `bike_id` 컬럼을 이용해 자연스러운 쿼리를 작성하면 빅쿼리가 쿼리를 최적화해 단일 파티션에서 데이터를 읽으므로 훨씬 나은 방법이다.

## 높은 카디널리티 키에 기반한 클러스터링 테이블

파티셔닝과 마찬가지로 클러스터링은 쿼리 시 적은 양의 데이터를 읽을 수 있는 방식으로 빅쿼리에 데이터를 저장하는 방법이다. 분할된 테이블은 여러 개의 독립 테이블(파티션당 하나)과 유사하게 작동하지만, 클러스터링된 테이블은 정렬된 형식을 단일 테이블로 저장한다. 이렇게 데이터가 정렬되어 있으면 성능 저하 없이 무제한의 고유한 값을 저장할 수 있으며 필터를 적용할 때 빅쿼리가 요청된 값의 범위를 포함하지 않는 파일을 열지 않고 건너뛸 수 있다.

클러스터링은 반복되지 않으며 기본 데이터 타입(`INT64`, `BOOL`, `NUMERIC`, `STRING`, `DATE`, `GEOGRAPHY` 및 `TIMESTAMP`)을 가진 컬럼에서 수행할 수 있다. 일반적으로 수백만 명의 고객이 있는 경우 `customerId` 컬럼처럼 고윳값이 매우 많은 컬럼을 클러스터링한다. 카디널리티가 높지 않지만 자주 사용되는 컬럼이 있다면 한 번에 2개 이상의 컬럼으로 클러스터링할 수도 있다. 여러 컬럼으로 클러스터링하면 클러스터링 컬럼의 접두사로 필터링해서 클러스터링의 이점을 실현할 수 있다.

자전거 데이터셋에 대한 대부분의 쿼리가 `start_station_name` 및 `end_station_name` 컬럼을 사용한다면, 다음과 같이 테이블을 생성해서 쿼리에서 공통적인 부분을 활용하도록 스토리지를 최적화할 수 있다.

**예제 7-66 클러스터링된 테이블을 생성하는 쿼리**

```
CREATE OR REPLACE TABLE ch07eu.cycle_hire_clustered
  PARTITION BY DATE(start_date)
  CLUSTER BY start_station_name, end_station_name
AS (
  SELECT * FROM `bigquery-public-data`.london_bicycles.cycle_hire
)
```

그러면 다음과 같이 클러스터링 컬럼을 순서대로 사용하는 쿼리는 큰 이점을 누릴 수 있다.

**예제 7-67 클러스터링된 테이블을 사용한 쿼리**

```
SELECT
  start_station_name
  , end_station_name
  , AVG(duration) AS duration
FROM ch07eu.cycle_hire_clustered
WHERE
  start_station_name LIKE '%Kennington%'
  AND end_station_name LIKE '%Hyde%'
GROUP BY start_station_name, end_station_name
```

하지만 이 예제에서는 전체 테이블의 크기가 1.5GB에 불과해서 단일 블록만으로 충분하므로 큰 성능 향상을 경험하기는 힘들다.

클러스터링의 이점을 누리려면 더 큰 테이블을 사용해야 한다. 마침 필리페 호파Felipe Hoffa가 편의를 위해 2.20TB의 위키피디아 조회 건수를 다음과 같이 클러스터링한 테이블을 만들어 두었다.

```
CLUSTER BY wiki, title
```

이로써 wiki(및 선택적으로 title) 컬럼을 사용하는 쿼리는 클러스터링의 이점을 누릴 수 있다. 예를 들어 영문판 위키피디아에서 제목에 'Liberia'라는 단어가 포함된 문서의 2017년 6월 총 페이지 뷰 수는 다음과 같이 구할 수 있다.

**예제 7-68 클러스터링의 이점을 확인할 수 있는 쿼리**

```
SELECT title, SUM(views) AS views
FROM 'fh-bigquery.wikipedia_v3.pageviews_2017'
WHERE DATE(datehour) BETWEEN '2017-06-01' AND '2017-06-30'
```

```
AND wiki = 'en'
AND title LIKE '%Liberia%'
GROUP BY title
```

이 쿼리는 4.8초가 걸렸으며 38.6GB를 처리했다. 테이블이 (분할만 되고) 클러스터되지 않았다면[30] 쿼리는 25.9초(5배 느림) 동안 180.2GB(5배 더 비쌈)의 데이터를 처리해야 한다. 반면, 위키를 기준으로 먼저 필터링하지 않는 쿼리 역시 클러스터링의 이점을 누리지 못한다.



### 파티션 컬럼으로 클러스터링하기

파티션을 나눈 테이블은 날짜 컬럼이나 수집 시간을 기준으로 날짜별로 파티션된다. 시hour를 기준으로 분할해야 한다면, 사용할 수 있는 방법은 날짜를 기준으로 파티셔닝한 다음 적절한 다른 속성과 함께 시별로 클러스터링하는 것이다.

따라서 일반적인 패턴은 파티션 기준과 동일한 컬럼을 기준으로 클러스터링하는 것이다. 예를 들어 로그 이벤트가 발생하는 타임스탬프인 `event_time` 컬럼으로 파티션을 나누면 파티셔닝에 사용된 날짜 경계보다 작은 임의의 기간에 대해 매우 빠르고 효율적인 쿼리를 수행할 수 있다. 예컨대, 지난 10분 동안의 데이터만 쿼리하며 그보다 오래된 데이터는 스캔할 필요가 없다.

파티션을 나눈 테이블에서 각 파티션은 하루의 데이터로 구성되며, 빅쿼리는 쿼리와 로드 작업 그리고 DDL/DML 문 모두 파티션 무결성의 이점을 얻는 데 필요한 메타데이터를 유지한다.

### 재클러스터링

빅쿼리는 클러스터된 테이블에서 클러스터링 컬럼의 값을 기준으로 데이터를 정렬하며, 불필요한 데이터를 효율적으로 스캔하고 삭제하기 위해 최적의 크기로 구성된 스토리지 블록으로 구성한다. 그러나 파티셔닝과 달리 빅쿼리는 데이터가 스트리밍될 때 클러스터 내에서 데이터 정렬을 유지하지 않는다. 빅쿼리는 효율적인 데이터 정리 및 스캔 속도를 유지하기 위해 주기적으로 데이터를 재클러스터링reclustering한다. 테이블의 `clustering_ratio`를 보고 테이블이 얼마나 효율적으로 클러스터링되었는지 확인할 수 있다(1.0이 완전히 최적이다).

DML을 사용해 테이블을 업데이트하면 파티션의 재클러스터가 강제로 업데이트된다. 예를 들어 주기적으로 테이블에 대한 수정 사항(이전 업데이트에서 어떤 이유로 누락된 `cycle_hire` 레코

30 `fh-bigquery.wikipedia_v2.pageviews_2017`을 사용해 보자.

드)을 수신한다고 가정하자. 다음과 같은 MERGE 문을 사용하면 업데이트된 파티션에 대한 재클러스터링이 발생한다.

**예제 7-69** MERGE 문을 사용해 재클러스터링하는 쿼리

```
MERGE ch07eu.cycle_hire_clustered all_hires
USING ch07eu.cycle_hire_corrections some_month
ON all_hires.start_station_name = some_month.start_station_name
WHEN MATCHED
  AND all_hires._PARTITIONTIME = DATE(some_month.start_date) THEN
  INSERT (rental_id, duration, ...)
  VALUES (rental_id, duration, ...)
```

빅쿼리가 업데이트를 스트리밍한 테이블을 재클러스터링할 때까지 기다리지 않으려면 DML 문을 사용해 재클러스터링을 강제 실행할 수 있다. 예를 들어 원하는 파티션(지난 24시간 동안 작성된 파티션)에 다음과 같이 실제로는 데이터를 변경하지 않는 UPDATE 구문을 실행하면 된다.

```
UPDATE ch07eu.cycle_hire_clustered
SET start_station_id = 300
WHERE start_station_id = 300
AND start_date > TIMESTAMP_SUB(CURRENT_TIMESTAMP(),
INTERVAL 1 DAY)
```

표 7-1은 파티셔닝과 클러스터링의 차이점을 요약한 것으로, 컬럼을 기반으로 테이블을 파티셔닝하는 것과 해당 컬럼을 기준으로 테이블을 클러스터링하는 것 중 하나를 선택할 때 도움이 될 수 있다.

**표 7-1** 파티셔닝과 클러스터링의 비교

| | 파티셔닝 | 클러스터링 |
|---|---|---|
| 고윳값 | 10,000 개 이하 | 무제한 |
| 데이터 관리 | 테이블과 유사함(만료 가능, 삭제 가능 등) | DML만 지원 |
| 연습 실행 비용 | 정확하게 계산함 | 상한 비용 |
| 최종 비용 | 정확하게 계산함 | 블록 수준에서 계산함(예측이 어려움) |
| 유지 보수 | 없음(파티셔닝이 즉시 일어남) | 백그라운드 작업(백그라운드 클러스터링이 발생하기까지 지연이 발생할 수 있음) |

### 클러스터링의 부가적인 장점

빅쿼리에서 SELECT * ... LIMIT 10을 실행하는 것은 테이블의 전체 스캔에 대한 비용이 청구되기 때문에 안티 패턴인 점을 기억할 것이다. 하지만 클러스터링된 테이블은 다르다. 빅쿼리는 클러스터링된 테이블을 읽을 때 데이터 읽기를 방지하는 모든 최적화를 수행한다. 따라서 클러스터 테이블에서 SELECT * ... LIMIT 10을 수행하면 10행이 반환되는 즉시 실행 엔진이 데이터 읽기를 중지할 수 있다. 다만 쿼리 엔진이 여러 병렬 워커를 사용하는 방식으로 인해 어떤 최적화가 먼저 완료될지 모르므로 검색되는 데이터의 양은 결정적이지는 않다. 좋은 점은 큰 테이블에서 훨씬 적은 비용으로 쿼리를 실행할 수 있다는 점이다.

'조기 중지' 비용 절감의 놀라운 부수 효과는 클러스터링 컬럼을 필터링하지 않아도 성능 이점을 누릴 수 있다는 것이다. 클러스터링 컬럼과 관련된 컬럼을 필터링하면 빅쿼리에서 더 적은 데이터를 읽을 수 있다!

zip_code와 state라는 두 개의 컬럼이 있는 테이블을 zip_code 컬럼을 기준으로 클러스터링했다고 가정하자. 즉 데이터가 디스크에 저장될 때 데이터가 zip_code 컬럼을 기준으로 정렬된다. 미국의 경우, 우편번호 범위가 지리적으로 북동쪽에서는 000, 북서쪽에서는 99999에 할당되므로 state 컬럼과 zip_code 컬럼 간에 상관관계가 있다. 클러스터링 컬럼을 기준으로 필터링하지 않더라도 state별로 필터링하는 쿼리를 실행하면 빅쿼리는 해당 state가 아닌 데이터 블록을 건너뛰므로 쿼리 비용이 줄어든다.

빅쿼리는 클러스터되지 않은 테이블에는 적용할 수 없는 여러 가지 성능 최적화를 클러스터링된 테이블에 적용한다. 이런 최적화 중 하나는 차원 테이블의 제약 조건을 기준으로 필터링하는 스타 스키마star-schema를 위한 최적화다. 예를 들어 customer_id 컬럼으로 클러스터링된 orders 사실fact 테이블과 customers 차원 테이블을 대상으로 다음 쿼리를 실행한다고 가정하자.

**예제 7-70** orders 테이블과 customers 테이블을 조인하는 쿼리

```
SELECT o.*
FROM orders o
JOIN customers c USING (customer_id)
WHERE c.name = "Changying Bao"
```

통상 이 쿼리는 조인을 실행하기 위해 orders 테이블 전체를 스캔해야 한다. 그러나 orders 테이블은 조인에 사용되는 컬럼으로 클러스터링되므로 고객을 쿼리해 일치하는 고객 ID를 찾는

조인의 오른쪽이 먼저 수행된다. 그러면 쿼리의 두 번째 부분은 customer_id 컬럼과 일치하는 클러스터 컬럼만 찾으면 된다. 바이트 스캔 관점에서 보면 빅쿼리가 다음 쿼리를 병렬로 실행한 것과 같다.

```
// 먼저 customer id를 찾자
// 작은 차원 테이블만 스캔한다
SET id = SELECT customer_id FROM customers
WHERE c.name = "Changying Bao"
// 다음으로 주문 테이블에서 고객을 찾자
// 클러스터 컬럼을 기준으로 필터링하므로
// 적은 양의 데이터만 읽으면 된다
SELECT * FROM orders WHERE customer_id=$id ;
```

간단히 말해, 쿼리 비용을 줄이고 성능을 높이고 싶다면 클러스터링을 적극 이용하자.

## 비용 최적화

빅쿼리는 데이터에서 통찰력을 얻는 데 걸리는 시간을 최소화하도록 설계되었다. 결과적으로 대규모 데이터셋에 대한 애드혹 분석을 수행하고 거의 실시간으로 해당 데이터셋의 업데이트로 스트리밍할 수 있다. 그러나 때로는 시간에 덜 민감할 수 있다. 아마도 야간 보고서만 필요한 경우도 있을 것이다. 이때는 일단 쿼리를 대기열에 넣어두고 가능한 상황에 실행되게 해도 한 시간 전의 데이터를 보고서에 반영하기에 충분할 수 있다.

이번 절에서 소개하는 사례는 비용 관리 면에서 도움은 되지만 이 책을 집필하는 시점의 표준 가격 모델에 기준해 권하는 내용이다. 그러므로 여러분의 비즈니스가 어떤 형태로든 가격 할인을 받는지 확인하기를 권한다. 예를 들어 구글은 비영리 단체가 생성한 공개 데이터셋과 관련된 스토리지 비용은 할인해 주기도 한다. 이번 절에서 설명한 내용을 적용하기 전에는 반드시 가격을 확인해 보기 바란다.

### 배치 쿼리

사용자는 배치batch 쿼리라고 하는 일련의 쿼리를 서비스에 제출할 수 있다. 이 쿼리는 사용자를 대신해 대기하고 있다가 유휴 리소스를 사용할 수 있을 때 시작된다. 2012년 배치 쿼리가 처음 도입됐을 때는(https://developers.googleblog.com/2012/08/now-in-bigquery-batch-queries-and.html) 가격 혜택이 있었다. 그러나 이 책을 집필하는 현재, 대화형 쿼리와 배치 쿼리의 비용은 동일하다. 정액제 가격 정책에서는 배치 쿼리와 대화형 쿼리 모두 할당된 슬롯을 공유한다.

배치 쿼리는 저렴하지 않고 대화형 리소스와 같은 예약 자원 및 슬롯을 사용하므로 배치 쿼리를 사용하는 주된 이유는 배치 쿼리가 동시 실행 제한에 포함되지 않으며 수백 개의 쿼리를 비교적 쉽게 예약할 수 있다는 점뿐이다.

대화형(예를 들면 비배치nonbatch 등) 쿼리는 여러 가지 실행 제한에 영향을 받는다. 예를 들어 동시 바이트 제한과 '대규모 쿼리' 제한을 때문에 동시에 실행할 수 있는 쿼리는 최대 100개일 수 있다.[31] 이런 제한에 도달하면 쿼리는 즉시 실패한다. 그 이유는 대화형 쿼리는 사용자가 즉시 실행해야 하는 것으로 간주하기 때문이다. 반면에, 배치 쿼리를 사용할 때 실행 한계에 도달하면 쿼리가 큐에 대기되고 나중에 다시 시도된다. 여전히 유사한 실행 제한이 있지만 대화형 쿼리의 제한과는 별개로 적용되므로 일괄 쿼리는 대화형 쿼리에 영향을 미치지 않는다.

일례로 대시보드를 위해 매일 또는 매시간 주기적으로 실행하는 쿼리를 생각해 보자. 어쩌면 실행하려는 쿼리가 500개일 수 있다. 이 500개의 쿼리를 대화형으로 한 번에 모두 실행하려고 하면 동시 실행 제한으로 인해 일부가 실패하게 된다. 게다가 이런 쿼리가 빅쿼리 웹 UI에서 수동으로 실행 중인 다른 쿼리를 방해하는 것도 원하지 않을 것이다. 그러므로 대시보드 쿼리는 일괄 처리 우선 순위로 실행하고, 다른 쿼리는 대화형으로 실행해야 한다.

배치 쿼리를 사용하려면 `bq` 명령줄 도구에 `--batch`를 사용하거나 콘솔 또는 REST API에서 작업 우선 순위를 `INTERACTIVE`가 아닌 `BATCH`로 지정하면 된다. 빅쿼리는 제출 후 24시간 내에 시작하지 않은 쿼리의 우선순위를 대화형으로 변경한다. 그러나 동시 요청 할당량보다 많은 쿼리를 제출하지 않으면 쿼리가 시작되기 전의 대기 시간은 보통 분 단위다. 따라서 이전 쿼리가 완료된 후 다음 쿼리가 실행된다.

## 스토리지 비용 최적화

데이터를 편집하는 횟수를 줄이고 통합 쿼리의 장점을 활용해서 데이터가 저장되는 시간을 줄이면 데이터의 저장 비용을 절감할 수 있다.

31 기본 설정이지만, 이 할당량을 늘리도록 요청할 수 있다. 소프트 할당량도 계속해서 바뀌고 있다. 이 책을 처음 집필할 때는 50이었지만 2020년 5월부터는 100으로 바뀌었다. https://cloud.google.com/bigquery/quotas 문서를 참고하자.

빅쿼리는 테이블에 저장한 데이터의 양을 초 단위로 측정해 과금한다. 데이터의 스토리지 비용을 최적화하려면 어느 시점 이후에 데이터가 더 이상 필요하지 않은지를 확인해야 한다. 만일 그렇다면 데이터에 만료 시간을 지정하면 된다. 또한 데이터셋에 새로 생성하는 테이블에도 기본 만료 시간을 지정하고 이미 존재하는 테이블이라면 `ALTER TABLE` 구문을 이용해 `expiration_time_stamp`를 변경하면 된다. 만료 시간은 파티션별로 지정할 수도 있다. 이 방법은 테이블이 데이터 적재 시간의 시간대나 일별로 파티션되어 있다면 특히 유용하다.

테이블이나 파티션에 저장된 데이터 중 최근 90일 내에 수정되지 않은 데이터의 스토리지 비용은 조금 더 저렴하다. 장기 스토리지의 낮은 비용은 자동으로 적용되며 성능, 내구성, 가용성 또는 기타 다른 기능의 저하도 없다. 오래된 데이터를 최신 상태로 유지하기 위해 DML로 갱신할 필요가 없도록 스키마를 디자인하자. 한 가지 방법은 각 행에 타임스탬프를 추가하고 가장 최신의 타임스탬프를 이용해 데이터의 버전을 가져오는 쿼리를 만들면 된다. 또한 스트리밍, 복사 또는 데이터를 활성 스토리지로 가져와 90일 타이머를 무효화하는 DDL 같은 작업은 피하자. 그 대신 새로운 데이터를 새 테이블 파티션으로 로드하면 된다.

스토리지 비용은 압축되지 않은 데이터의 크기에 좌우되지만 데이터를 빅쿼리로 로드하는 것은 무료다. 하지만 구글 클라우드 스토리지는 압축된 데이터에 과금한다. 그래서 쿼리 빈도가 낮거나 높은 비율로 압축할 수 있는 데이터의 경우 통합 쿼리를 사용하는 편이 비용 면에서 훨씬 효율적이다. 하지만 외부 원본을 대상으로 실행하는 쿼리는 빅쿼리에 저장된 동일한 데이터를 대상으로 실행하는 쿼리보다 느리다는 점을 명심하자. 왜냐하면 빅쿼리에 저장된 데이터는 쿼리 성능을 위해 최적화되기 때문이다. 게다가 클러스터링과 파티셔닝 덕분에 빅쿼리 네이티브 스토리지의 쿼리가 더 저렴할 수 있다. 그래서 비용 절감이 가능한 지점은 데이터셋마다 다르다. 그러므로 빅쿼리 네이티브와 통합 쿼리 사이의 쿼리 비용의 차이와 압축하지 않은 스토리지와 압축한 스토리지 간의 스토리지 비용을 측정해야 한다.

데이터를 중복해서 저장하지 않도록 하자. 데이터를 구글 클라우드 스토리지나 빅쿼리에 저장하되, 두 군데에 모두 저장하지는 말자. 예를 들어 법적인 문제로 보관용 데이터를 저장하거나 빅쿼리 데이터를 클라우드 스토리지의 콜드라인[Coldline] 클래스로 내보내는 것이 비용 면에서 매우 효율적일 수 있다. 이런 경우에는 빅쿼리에서 관련 데이터를 제거하자.

## 쿼리 비용 관리

사람의 실수를 방지하려면 비용 관리(빅쿼리가 바이트 단위로 처리하는 강력한 제한이다)를 설정하자. 온디맨드on-demand 요금제를 사용한다면 특히 중요하지만 정액제를 사용하는 경우에도 정당한 사용자의 쿼리가 잘못된 쿼리에 의해 느려지는 경우를 피할 수 있다.

관리자(프로젝트 소유자, 편집자, serviceusage.quotas.update 권한을 가진 모든 사용자)는 사용자 및 프로젝트 수준에서 비용 관리를 설정할 수 있다. 이런 사용자는 일별로 쿼리가 처리할 수 있는 데이터의 양을 제한하는 사용자 정의 할당량을 요청해서 비용을 관리할 수 있다. 구글 클라우드 콘솔의 IAM 할당량 섹션(http://console.cloud.google.com/iam-admin/quotas)에서 설정할 수 있다.

커맨드라인 도구를 이용해 쿼리를 전달한다면 개별 쿼리마다 비용이 청구될 최대 바이트를 지정할 수 있다. 또한 쿼리의 연습 실행dry-run을 실행하고 쿼리가 일정 수준 이상의 비용을 유발하는 경우 사용자의 확인을 받게 할 수도 있다.

나는 대부분의 사용자가 강력한 가격 관리 정책을 적용한 온디맨드 가격제로 시작하기를 권한다. 빅쿼리의 월 비용이 정액제의 최솟값(https://cloud.google.com/bigquery/pricing)에(현재 500슬롯에 1만 달러) 도달하면 클라우드 모니터링을 이용해 월별 슬롯 활용 상태를 확인하자. 온디맨드 가격제는 쿼리가 처리하는 데이터의 바이트 수에 의존하므로 비용이 들쑥날쑥 하지만 정액제는 매달 일정한 가격으로 무제한 데이터를 처리할 수 있다. 물론 정액제의 제한을 벗어나는 쿼리를 실행하면 느려진다. 그래서 슬롯 사용성을 확인해 슬롯 사용량이 치솟거나 더 넓게 퍼지는 경우가 있는지 확인하는 것이 중요하다.

대부분의 사용자는 정액제나 온디맨드 가격제를 사용하겠지만 빅쿼리는 세 번째 가격제인 슬롯 유연제도 제공한다. 일별 대화형 작업에 관련된 사용자별 또는 프로젝트별 할당량을 수정하지 말고 일상적이지 않은 행위를 위한 별도의 프로젝트를 생성해 슬롯 유연제를 적용하자. 대기업은 (정기적이며 보고서처럼 예측 가능한 워크로드를 위한) 정액제와 (데이터 과학 팀과 새 프로젝트처럼 실험성이 강한 워크로드를 위한) 온디맨드 가격제 그리고 (일회성 작업과 예상 가능한 극단적인 워크로드를 위한) 슬롯 유연제를 혼합해 사용하기도 한다.

## 파일 로드하기

'통찰을 얻기 위한 시간'을 최소화하거나 가장 간단한 데이터 파이프라인을 원할 경우 클라우드 펍/섭과 클라우드 데이터플로우를 이용해 빅쿼리에 스트리밍 삽입을 사용하는 것이 좋다. 이 아키텍처는 소규모 클라우드 데이터플로우 클러스터에서도 초당 10만 행 정도의 수집 속도를 제공한다. 더 많은 머신을 추가해 데이터플로우 클러스터를 수평적으로 확장하면 별다른 조치 없이도 초당 수백만 행의 수집 성능을 달성할 수 있다.[32]

로드 작업은 무료인 반면, 스트리밍 데이터 수집은 요금이 부과된다. 경우에 따라서는 데이터 수집 비용을 줄이기 위해 응답 지연을 희생하는 경우도 있을 것이다. 이때 스트리밍 삽입 대신 파일 로드를 사용하자. 다음과 같이 아파치 빔의 BigQueryIO 객체를 이용하면 된다.

**예제 7-71** 파일 로드를 사용해 빅쿼리에 데이터를 저장하는 파이썬 코드

```
BigQueryIO.writeTableRows()
              .to("project-id:dataset-id.table-id")
              .withCreateDisposition(
                 BigQueryIO.Write.CreateDisposition.CREATE_IF_NEEDED)
              .withMethod(Method.FILE_LOADS)
              .withTriggeringFrequency(Duration.standardSeconds(600))
              .withNumFileShards(10)
              .withSchema(new TableSchema()...)
              .withoutValidation())
```

이 코드는 파일 로드를 사용해 10분마다 빅쿼리에 데이터를 기록하므로 스트리밍 삽입 비용이 발생하지 않는다. 중간 크기의 데이터플로우 클러스터는 최대 초당 30만 행까지 파일 로드를 확장할 수 있다. 그러나 윈도우를 계산하고 마무리하는 데 시간이 걸리므로 몇 분 정도의 응답 지연이 있을 수 있다. 테이블 및 프로젝트별로 지정된 할당량이 있으며, 실패 및 재시도 또한 할당량으로 계산되므로 파일 로드를 5분 이하의 주기로 실행하는 것은 권장하지 않는다.

32 스트리밍 수집에는 요금이 부과되므로 할당량 증가를 요청해야 할 수 있다. https://cloud.google.com/bigquery/quotas#streaming_inserts 문서에서 기본 할당량을 확인하고 GCP 콘솔에서 추가 스트리밍 할당량을 요청한다.

## 정리

이 장에서는 dry_run 기능 및 비용에 포함될 수 있는 바이트 수에 제한을 설정해서 비용을 제어하는 방법을 알아봤다. 그리고 REST API 또는 사용자 정의 측정 도구를 사용해 쿼리 속도를 측정하는 방법도 알아봤다.

더불어 쿼리 속도를 높이기 위한 여러 가지 방법을 다뤘다. I/O 오버헤드를 최소화하기 위해 읽어야 할 데이터를 줄이는 방법을 권장했다. 또한 이전 쿼리의 결과나 중간 결과 그리고 테이블 전체 등 메모리에 캐싱할 수 있는 여러 요소를 살펴봤다. 또한 셀프 조인을 피하고 조인할 데이터를 줄이며, 사전 계산된 값을 활용해 효율적으로 조인을 수행하는 방법을 모색했다. 대량 정렬을 제한하고 데이터 왜곡을 방지하며 사용자 정의 함수를 최적화해서 슬롯에 가해지는 부담을 최소화하는 방법도 살펴봤다. 그 과정에서 count 및 top 함수를 포함한 근사 집계 함수를 사용하는 것을 권장했다.

마지막으로 데이터 스토리지를 최적화하고 데이터 접근 속도를 높이는 방법을 살펴봤다. 애플리케이션이 압축된 부분 응답을 수용하고 요청을 일괄 전송하며 스토리지 API를 사용해 대량 읽기를 수행하도록 리팩토링할 것을 제안했다. 게다가 데이터를 구조체의 배열로 저장하는 방법과 지리 타입을 사용하는 방법이 성능 이점을 제공한다는 것을 발견했다. 또한 파티셔닝 및 클러스터링을 통해 스캔되는 데이터의 크기를 줄이는 여러 가지 방법을 살펴봤다.

### 체크리스트

이 장에서 설명했던 방법을 활용하면 성능을 크게 높일 수 있지만 결국은 여러분의 워크플로우에 적합한지 확인할 것을 다시 한번 권장하며 이 장을 마무리하고자 한다. 쿼리의 실행 속도가 느리다면 다음 페이지의 항목들을 체크하길 바란다.

| 발견된 현상 | 가능한 해결책 |
|---|---|
| 셀프 조인을 사용하는 경우 | 큰 테이블의 셀프 조인을 피하기 위해 집계 함수를 사용하기<br>자체 종속 관계를 사용해 계산할 경우 윈도우(분석) 함수를 사용하기 |
| DML을 사용하는 경우 | DML 문(INSERT, UPDATE, DELETE)을 일괄 처리하기 |
| 조인이 느린 경우 | 조인하는 데이터를 줄이기<br>데이터 비정규화하기<br>중첩된 반복 필드 사용하기 |
| 쿼리를 반복해서 호출하는 경우 | 쿼리 캐시 활용하기<br>이전 결과를 테이블로 구체화하기 |
| 워커에 부하가 걸리는 경우 | 윈도우 함수상의 대량 정렬 제한하기<br>데이터 왜곡 확인하기<br>사용자 정의 함수 최적화하기 |
| COUNT, TOP, DISTINCT 구문을 사용하는 경우 | 근사 함수 사용 고려하기 |
| I/O 단계가 너무 느린 경우 | 네트워크 오버헤드 최소화하기<br>조인으로 테이블 크기를 줄이기<br>효율적인 저장 포맷 선택하기<br>테이블 파티셔닝하기<br>테이블 클러스터링하기 |

# 8장 고급 쿼리

2장과 3장에서는 빅쿼리가 지원하는 표준 SQL 및 데이터 타입을 알아봤다. 빅쿼리가 지원하는 표준 SQL 파서와 분석기는 ZetaSQL라는 이름으로 오픈 소스화되었다(https://github.com/google/zetasql). ZetaSQL 파서와 분석기는 SQL을 지원하는 모든 GCP 제품(예를 들면 클라우드 스패너 및 클라우드 데이터플로우)에서 사용 중이며 일관된 동작, 타입 체크, 묵시적 캐스팅, 이름 확인name resolution 등의 기능을 제공한다. 그러나 이런 쿼리 엔진은 ZetaSQL의 모든 기능을 지원하지는 않는다. 예를 들어 빅쿼리는 이 책을 집필하는 현재, 다중문multi-statement 트랜잭션을 지원하지 않는다. 또한 클라우드 데이터플로우는 위치 기반 쿼리를 지원하지 않지만, 설령 지원한다 하더라도 클라우드 데이터플로우의 GIS SQL 쿼리와 지리 데이터 타입은 빅쿼리와 유사할 것이다.

이 장에서는 빅쿼리가 지원하는 ZetaSQL의 기능과 데이터 타입 그리고 함수 등을 살펴본다. ZetaSQL은 표준 SQL 이상의 기능을 제공하며, 일부 문법은 많은 데이터 분석가들에게 아직 낯선 것이기도 하다. 우선은 재사용성을 지원하는 파라미터화된 쿼리parameterized query와 사용자 정의 함수 기능 등의 문법부터 살펴본다. 그리고 배열, 윈도우, 테이블 메타데이터 그리고 데이터 정의 및 조작과 관련된 SQL 구문을 살펴본다. 그런 다음 빅쿼리가 스크립팅 및 저장 프로시저를 지원하는 방법을 알아보고, 마지막으로 지리 정보 시스템, 통계 및 암호화 기능을 살펴보면서 마무리한다.

# 재사용 가능한 쿼리

빅쿼리는 쿼리 및 쿼리의 일부를 재사용할 수 있는 많은 기능을 지원한다. 쿼리를 파라미터화하거나 공통적으로 사용되는 코드를 함수, 서브쿼리 또는 WITH 절로 추출할 수 있다. 지금부터 이런 방법들을 차례로 살펴보자.

## 파라미터화된 쿼리

파라미터화된 쿼리는 실행하는 시점에 값이 정해지는 파라미터를 사용하는 쿼리다. 이렇게 하면 런타임에 문자열로 쿼리를 생성할 필요 없이 여러 컨텍스트에서 동일한 쿼리를 재사용할 수 있다.[1]

이 책을 집필하는 현재, 빅쿼리 웹 UI는 파라미터화된 쿼리의 호출을 지원하지 않는다. 대신 4장에서 REST API와 주피터 매직 커맨드를 사용해 파라미터화된 쿼리를 실행하는 방법을 살펴봤다. 이 장에서는 이 방법을 활용해 파이썬 클라우드 클라이언트 API로 파라미터화된 쿼리를 실행하는 방법을 설명한다.

### 이름이 지정된 파라미터

런던 자전거 대여 쿼리로 돌아가서, 대여소별로 특정 시간 범위 안의 대여 수를 찾아야 하는 경우가 빈번한데 대여소마다 최대 대여 시간이 각자 다른 상황을 가정해 보자. 이런 경우 다음과 같이 대여소 이름과 최대 대여 시간을 파라미터로 사용하는 쿼리를 정의할 수 있다.[2]

**예제 8-1** 이름이 지정된 파라미터를 사용하는 쿼리

```
query = """
  SELECT
    start_station_name
    , AVG(duration) AS avg_duration
  FROM
    'bigquery-public-data'.london_bicycles.cycle_hire
  WHERE
    start_station_name LIKE CONCAT('%', @STATION, '%')
    AND duration BETWEEN @MIN_DURATION AND @MAX_DURATION
  GROUP BY start_station_name
"""
```

쿼리에서 사용하는 파라미터의 이름은 @ 기호로 정의한다. 우선 LIKE 내에서 파라미터가 사용되는 방식을 주목하자. 이 부분을 단순히 (RDBMS처럼) '%@STATION%'로 작성하면 빅쿼리는 작은따옴표를 보고 @ 기호를 하나의 문자로 처리한다. 따라서 @ 기호로 정의한 파라미터를 와일드카드 % 기호를 포함하는 문자열과 결합해야 한다.

이름이 지정된 파라미터는 실행 시점에 이름, SQL 데이터 타입 그리고 런타임 값으로 정의하는 쿼리 파라미터로 대체된다(이 장에서는 파이썬 클라우드 클라이언트 API를 사용하므로 다음 예제는 파이썬 코드다).



**예제 8-2** 파라미터 지정 및 쿼리를 실행하는 파이썬 스크립트

```
query_params = [
            bigquery.ScalarQueryParameter(
                    "STATION", "STRING", station_name),
            bigquery.ScalarQueryParameter(
                    "MIN_DURATION", "FLOAT64", min_duration),
            bigquery.ScalarQueryParameter(
                    "MAX_DURATION", "FLOAT64", max_duration),
]
```

쿼리를 실행하기 위해 쿼리 작업을 생성하고 쿼리 파라미터를 전달한 후 쿼리를 실행하고 결과를 출력한다.

```
job_config = bigquery.QueryJobConfig()
job_config.query_parameters = query_params
query_job = client.query(
    query,
    location="EU",
    job_config=job_config,
)
for row in query_job:
    print("{}: \t{}".format(
        row.start_station_name, row.avg_duration))
```

이 코드는 파라미터를 입력으로 받는 파이썬 함수로 만들 수 있다.

1 5장에서 설명한 것처럼, 문자열 형식으로 쿼리를 만들면 데이터 웨어하우스가 SQL 주입 공격을 받을 수 있다.

2 이 책의 깃허브 저장소의 ch08/param_named.py 파일을 확인하자.

**예제 8-3** 파라미터를 입력으로 받는 파이썬 함수

```
def print_query_results(client,
                        station_name,
                        min_duration=0,
                        max_duration=84000):
```

그러면 다른 파라미터를 사용해 함수를 여러 번 호출할 수 있다.

**예제 8-4** 파라미터를 사용해 함수를 여러 번 호출하는 파이썬 코드

```
client = bigquery.Client()
print_query_results(client, 'Kennington', 300)
print_query_results(client, 'Hyde Park', 600, 6000)
```

이 코드의 실행 결과는 다음과 같다.

```
Kennington between 300 and 84000
Kennington Oval, Oval: 1269.0798128928543
Doddington Grove, Kennington: 1243.7377963737788
Kennington Road Post Office, Oval: 1360.2854550952536
Kennington Lane Rail Bridge, Vauxhall: 991.4344845855808
Cleaver Street, Kennington: 1075.6050140700947
Kennington Cross, Kennington: 996.2538654101008
Kennington Road, Vauxhall: 1228.6673653660118
Cotton Garden Estate, Kennington: 996.7003600110778
Kennington Lane Tesco, Vauxhall: 929.6523615439942
Kennington Station, Kennington: 1238.4088412072647
______________________
Hyde Park between 600 and 6000
Bayswater Road, Hyde Park: 1614.2670577732417
Wellington Arch, Hyde Park: 1828.9651324965134
Hyde Park Corner, Hyde Park: 2120.4145144213744
Cumberland Gate, Hyde Park: 1899.3282223532708
Speakers' Corner 1, Hyde Park: 2070.2458069837776
Triangle Car Park, Hyde Park: 1815.661582196573
Albert Gate, Hyde Pafrk: 1897.9349474341027
Knightsbridge, Hyde Park: 1963.0815096317635
Serpentine Car Park, Hyde Park: 1688.0595490490423
Park Lane, Hyde Park: 2055.451932776309
Speakers' Corner 2, Hyde Park: 2093.6202531645563
______________________
```

많은 SQL 엔진이 파라미터화된 쿼리(또는 프리페어드 스테이트먼트prepared statements)를 미리 컴파일해서 성능을 높인다. 그러나 빅쿼리는 그렇지 않다. 앞의 예제에서 알 수 있듯이, 쿼리 텍스트와 쿼리 파라미터를 포함하는 작업 설정 객체는 `client.query` 호출을 통해 빅쿼리에 동시에 전달된다. 따라서 파라미터화된 쿼리의 성능은 파라미터 값이 하드 코딩된 정적 쿼리의 성능과 유사하다.

그럼에도 빅쿼리에서 파라미터를 사용하면 몇 가지 장점이 있다. 그중 하나는 SQL 주입 공격에 대한 보안 및 예방이다. 사용자가 지정한 값으로 필터링을 실행하는 쿼리를 생성할 때는 사용자가 지정한 값에 특수 문자가 없는지 확인해야 한다. 동적으로 생성한 쿼리에 사용자 지정한 식별자가 포함되어 있으면 그 쿼리는 '안전'하다고 보기 어렵다. 쿼리를 보호하는 쉬운 방법은 파라미터를 사용하는 것이다. 그러면 파라미터에 제공한 값과 관계없이 SQL 주입 공격이 발생하지 않는다.

### 이름이 지정된 타임스탬프 파라미터

앞서 살펴본 쿼리의 경우, 쿼리 파라미터는 문자열과 부동소수점이었다. 타임스탬프는 적절한 파이썬(또는 고Go 또는 현재 사용 중인 클라이언트 언어의) 데이터 형식으로 전달한다면 같은 방식으로 작동한다. 파이썬의 경우는 `datetime.datetime` 타입을 사용한다. 따라서 특정 시간을 기준으로 30분 전후의 평균 대여 시간을 찾으려면 먼저 필요한 파이썬 라이브러리를 가져와야 한다.

```
from google.cloud import bigquery
from datetime import datetime
from datetime import timedelta
import pytz
```

그런 다음 파라미터 값을 계산하자.

**예제 8-5** 파라미터를 계산하는 파이썬 함수

```
def print_query_results(client, mid_time):
    start_time = mid_time - timedelta(minutes=30)
    end_time = mid_time + timedelta(minutes=30)
```

이제 파라미터를 사용하는 쿼리를 준비하자.

**예제 8-6** 이름이 지정된 타임스탬프 파라미터를 사용하는 파이썬 코드

```
query = """
    SELECT
        AVG(duration) AS avg_duration
    FROM
        'bigquery-public-data'.london_bicycles.cycle_hire
    WHERE
        start_date BETWEEN @START_TIME AND @END_TIME
"""
query_params = [
    bigquery.ScalarQueryParameter(
            "START_TIME", "TIMESTAMP", start_time),
    bigquery.ScalarQueryParameter(
            "END_TIME", "TIMESTAMP", end_time),
]
job_config = bigquery.QueryJobConfig()
job_config.query_parameters = query_p8arams
query_job = client.query(
    query,
    location="EU",
    job_config=job_config,
)
for row in query_job:
    print(row.avg_duration)
print("______________________")
```

이제 2015년 크리스마스 날을 표현하는 datetime 객체를 전달해 함수를 호출해 보자.

**예제 8-7** 이름이 지정된 타임스탬프 파라미터를 사용하는 파이썬 코드

```
client = bigquery.Client()
print_query_results(client, datetime(2015, 12, 25, 15, 0, tzinfo=pytz.UTC))
```

이 쿼리를 실행하면 2015년 크리스마스 당일 오후 2시 30분부터 3시 30분 사이에 대여한 자전거는 평균 3658.50000000005초간 사용했음을 알 수 있다.

> 예약된 쿼리에는 호출 시점에 TIMESTAMP 타입의 @run_time 파라미터와 DATE 타입의 @run_date 파라미터 등 두 개의 파라미터가 자동으로 전달된다. 따라서 예약된 쿼리는 이 두 파라미터를 사용하도록 파라미터화할 수 있다.

## 위치가 지정된 파라미터

빅쿼리는 위치 기반 파라미터를 지원하지만, 쿼리와 호출 코드의 가독성 향상을 위해서라도 쿼리에 이름이 지정된 파라미터를 사용할 것을 강력히 추천한다.[3] 위치 기반 파라미터를 사용하려면, ?를 사용해 파라미터를 지정하고 순서대로 파라미터 값을 전달하면 된다.[4]

**예제 8-8** 위치가 지정된 파라미터를 사용하는 파이썬 함수

```
def print_query_results(client, params):
    query = """
        SELECT
            start_station_name
            , AVG(duration) AS avg_duration
        FROM
            'bigquery-public-data'.london_bicycles.cycle_hire
        WHERE
            start_station_name LIKE CONCAT('%', ?, '%')
            AND duration BETWEEN ? AND ?
        GROUP BY start_station_name
"""
query_params = [
    bigquery.ScalarQueryParameter(
        None, "STRING", params[0]),
    bigquery.ScalarQueryParameter(
        None, "FLOAT64", params[1]),
    bigquery.ScalarQueryParameter(
        None, "FLOAT64", params[2]),
]
```



## 배열과 구조체 파라미터

지금까지의 예제는 스칼라 쿼리 파라미터를 사용했지만, 빅쿼리는 배열 파라미터도 지원한다. 사용자가 대화식으로 대여소를 선택하면 해당 대여소의 총 대여 횟수를 보여주는 UI가 있다고 가정하자. 이 기능을 구현하려면 사용자가 선택한 대여소 ID의 목록을 쿼리에 배열로 제공해야 한다.

3 위치가 지정된 파라미터를 지원하는 이유는 ODBC와 JDBC 드라이버의 쿼리 엔진이 물음표(?)로 파라미터를 표현할 것이라고 가정하기 때문이다.

4 이 책의 깃허브 저장소의 ch08/param_positional.py 파일을 확인하자.

다음과 같이 배열 함수 IN과 UNNEST를 사용해 배열 파라미터 @STATIONS에 저장된 각 대여소별 대여 횟수를 찾을 수 있다.[5]

**예제 8-9** 배열과 구조체 파라미터를 사용하는 파이썬 코드

```
query = """
    SELECT
        start_station_id
        , COUNT(*) AS num_trips
    FROM
        'bigquery-public-data'.london_bicycles.cycle_hire
    WHERE
        start_station_id IN UNNEST(@STATIONS)
        AND duration BETWEEN @MIN_DURATION AND @MAX_DURATION
    GROUP BY start_station_id
"""
query_params = [
    bigquery.ArrayQueryParameter(
        'STATIONS', "INT64", ids),
    bigquery.ScalarQueryParameter(
        'MIN_DURATION', "FLOAT64", min_duration),
    bigquery.ScalarQueryParameter(
        'MAX_DURATION', "FLOAT64", max_duration),
]
```

이제 station 파라미터에 ID가 저장된 파이썬 배열을 전달한다.

**예제 8-10** 파라미터에 파이썬 배열을 사용한 파이썬 코드

```
print_query_results(client, [270, 235, 62, 149], 300, 600)
```

그러면 전달된 각 ID에 대한 대여 횟수가 나타난다.

```
270: 26400
149: 4143
235: 8337
62: 5954
```

다음과 같이 구조체 파라미터를 구성해 구조체를 쿼리에 전달하는 것도 가능하다.

5 이 책의 깃허브 저장소의 ch08/param_array.py 파일을 확인하자.

**예제 8-11** 파라미터에 구조체 파라미터를 구성한 파이썬 코드

```
bigquery.StructQueryParameter(
        "bicycle_trip",
        bigquery.ScalarQueryParameter("start_station_id", "INT64", 62),
        bigquery.ScalarQueryParameter("end_station_id", "INT64", 421),
)
```

하지만 테이블이나 컬럼의 이름을 파라미터화하거나 쿼리의 일부분을 변수처럼 취급할 수는 없다는 점에 유의하자. 만일 --dry_run을 사용해 파라미터화된 쿼리를 실행하면서 필수 파라미터를 전달하지 않으면 빅쿼리가 유추한 파라미터의 타입이 응답에 포함된다.



## SQL 사용자 정의 함수

쿼리 전체를 파라미터화해서 재사용하는 방법보다 조금 더 세분화해서 쿼리를 재사용하는 방법도 있다. 예를 들어 SQL 쿼리가 수행하는 연산을 사용자 정의 함수(UDF)로 리팩토링해서 재사용할 수 있다.

요일별 야간 대여 횟수를 찾고 싶다고 가정하자(여기서 야간 대여란 대여 시간과 반납 시간이 서로 다른 요일에 있는 대여를 말한다). 이런 쿼리는 날짜를 빈번하게 조작해야 하므로 이를 임시 SQL UDF로 정의하는 것이 편리하다.

**예제 8-12** 사용자 정의 함수

```
CREATE TEMPORARY FUNCTION dayOfWeek(x TIMESTAMP) AS
(
  ['Sun','Mon', 'Tue', 'Wed', 'Thu', 'Fri', 'Sat']
    [ORDINAL(EXTRACT(DAYOFWEEK FROM x))]
);
CREATE TEMPORARY FUNCTION getDate(x TIMESTAMP) AS
(
  EXTRACT(DATE FROM x)
);
```

이렇게 함수를 정의했으면, 다음과 같이 WITH 절을 사용해 야간 대여 횟수를 찾을 수 있다.

**예제 8-13** 사용자 정의 함수를 사용한 WITH 절

```
WITH overnight_trips AS (
  SELECT
    duration
    , dayOfWeek(start_date) AS start_day
  FROM
    'bigquery-public-data'.london_bicycles.cycle_hire
  WHERE
    getDate(start_date) != getDate(end_date)
)
```

요일별로 야간 대여 횟수를 찾으려면 WITH 절로 정의한 공통 테이블의 결과를 요일별로 그룹화하면 된다.

**예제 8-14** 위에서 정의한 WITH 절을 사용해 야간 대여 횟수를 구하는 쿼리

```
SELECT
  start_day
  , COUNT(*) AS num_overnight_rentals
  , AVG(duration)/3600 AS avg_duration_hours
FROM
  overnight_trips
GROUP BY
  start_day
ORDER BY num_overnight_rentals DESC
```

이 결과는 야간 대여가 토요일과 금요일에 가장 많이 일어나며 주초에는 야간 대여가 가장 적음을 보여준다.

| 행번호 | start_day | num_overnight_rentasl | avg_durations_hours |
|---|---|---|---|
| 1 | Sat | 28095 | 9.13462063237824 |
| 2 | Fri | 23746 | 8.772040203262295 |
| 3 | Thu | 18153 | 9.792348372169885 |
| 4 | Sun | 16648 | 13.834484622777499 |
| 5 | Wed | 15571 | 10.848297047930972 |
| 6 | Mon | 12507 | 10.729399536259686 |
| 7 | Tue | 12461 | 9.430337319102266 |

## 영구 UDF

이전 절의 함수는 임시 함수로 정의되었으므로 함수를 선언한 쿼리 내에서만 사용할 수 있다. 다른 쿼리에서 다시 사용하려면 함수를 복사해서 붙여넣어야 한다. 복사 후 붙여넣기는 본질적으로 오류가 발생하기 쉬운 작업이다.

함수를 여러 쿼리에서 재사용하고 싶다면 그 함수를 데이터셋에 저장하고 쿼리에서 참조하는 것이 바람직하다(다음 쿼리를 실행하려면 EU 리전에 ch08eu라는 데이터셋을 먼저 생성해야 한다).



**예제 8-15** 영구 UDF

```
CREATE OR REPLACE FUNCTION ch08eu.dayOfWeek(x TIMESTAMP) AS
(
  ['Sun','Mon', 'Tue', 'Wed', 'Thu', 'Fri', 'Sat']
    [ORDINAL(EXTRACT(DAYOFWEEK FROM x))]
);
```

테이블과 마찬가지로, 생성하려는 함수가 이미 존재할 때는 저장 작업을 어떻게 처리하고 싶은지에 따라 CREATE FUNCTION, CREATE OR REPLACE FUNCTION 또는 CREATE FUNCTION IF NOT EXISTS 중 하나를 선택한다. 각각의 구문은 함수가 이미 존재하면 실패하거나 기존 함수를 대체하거나 또는 아무것도 하지 않는다(no-op).[6] 테이블과 마찬가지로 DROP FUNCTION을 사용해 데이터셋에서 함수를 제거할 수 있으며, SQL뿐만 아니라 REST API, bq 명령 줄 도구 또는 다양한 클라이언트 라이브러리에서도 사용할 수 있다.

데이터셋에 함수를 저장했으면, 해당 함수를 저장한 프로젝트와 데이터셋을 참조해 쿼리에서 호출할 수 있다(쿼리의 테이블 이름과 마찬가지로 기본값은 현재 활성 프로젝트를 사용한다).

```
WITH overnight_trips AS (
  SELECT
    duration
    , ch08eu.dayOfWeek(start_date) AS start_day
FROM
  `bigquery-public-data`.london_bicycles.cycle_hire
...
```

그림 8-1과 같이 빅쿼리 웹 UI에서 함수 정의를 볼 수 있다.

6 no-op은 no operation의 약자로, 아무것도 하지 않는 상태다. https://en.wikipedia.org/wiki/NOP_(code) 문서를 참고하자.

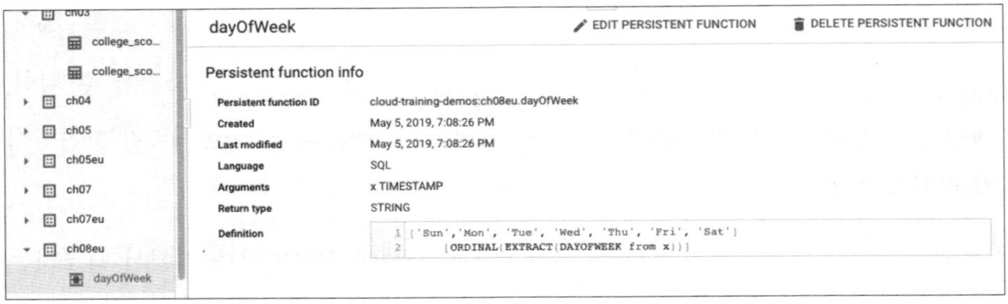


**그림 8-1** 빅쿼리 웹 UI에서 persistent function을 클릭해 정의를 보거나 수정할 수 있다

UDF에 접근하기 위한 권한은 데이터셋 레벨에 저장되며 테이블과 유사하게 작동한다. 예를 들어 `bigquery.routines.list` 권한은 보유자가 데이터셋의 함수를 나열할 수 있고 `bigquery.routines.[create/get/update/delete]` 권한을 통해 함수를 작성, 호출, 업데이트 또는 삭제할 수 있다.

## 공개 UDF

특별히 빅쿼리의 능력을 근본적으로 확장하기 위해 `AllAuthenticatedUsers` 권한으로 공유한 데이터셋에 유용한 UDF를 정의할 수 있다. 예를 들어 빅쿼리에 `AVG` 함수가 있지만 `MEDIAN` 함수는 내장되어 있지 않다. 엘리엇 브로사드Elliott Brossard와 펠리페 호파Felipe Hoffa는 홀수 길이와 짝수 길이 배열의 중위수median 계산[7]을 올바르게 처리하기 위한 SQL UDF를 다음과 같이 정의했다.

**예제 8-16** 공개 UDF

```
CREATE OR REPLACE FUNCTION fhoffa.x.median (arr ANY TYPE) AS ((
  SELECT IF (MOD(ARRAY_LENGTH(arr), 2) = 0,
    (arr[OFFSET(DIV(ARRAY_LENGTH(arr), 2) - 1)] +
      arr[OFFSET(DIV(ARRAY_LENGTH(arr), 2))] ) / 2,
      arr[OFFSET(DIV(ARRAY_LENGTH(arr), 2))]
    )
  FROM (SELECT ARRAY_AGG(x ORDER BY x) AS arr FROM UNNEST(arr) AS x)
));
```

`fhoffa` 프로젝트의 데이터셋 x는 공개 데이터셋이므로 대여 시간의 중위수가 가장 큰 대여소를 찾는 쿼리를 다음과 같이 작성할 수 있다.

7 원소 수가 홀수인 배열은 가운데 하나의 원소가 있고 양쪽에 동일한 수의 원소가 있다. 그러나 배열의 원소가 짝수이면 가운데 원소가 2개 있고, 중위수는 이 2개의 중간 원소의 평균으로 정의된다.

**예제 8-17** 공개 UDF를 사용한 쿼리

```
SELECT
  start_station_name
  , COUNT(*) AS num_trips
  , fhoffa.x.median(ARRAY_AGG(tripduration)) AS typical_duration
FROM 'bigquery-public-data'.new_york_citibike.citibike_trips
GROUP BY start_station_name
HAVING num_trips > 1000
ORDER BY typical_duration DESC
LIMIT 5
```



결과를 살펴보자.

| 행번호 | start_station_name | num_trips | typical_duration |
|---|---|---|---|
| 1 | Mobile 01 | 1039 | 1697.0 |
| 2 | Soissons Landing | 18484 | 1525.0 |
| 3 | Yankee Ferry Terminal | 18013 | 1496.0 |
| 4 | Central Park North & Adam Clayton Powell Blvd | 54465 | 1419.0 |
| 5 | Broadway & Moylan Pl | 6121 | 1413.0 |

그런데 왜 런던이 아닌 뉴욕 데이터셋을 사용해 중위수 함수를 설명했을까? 쿼리의 모든 데이터셋은 동일한 위치에 있어야 한다. `fhofa.x` 데이터셋은 미국에 있으므로 미국의 자전거 대여 데이터셋을 선택해야 한다. 런던 데이터베이스는 작동하지 않는다.

이렇게 커뮤니티가 개발한 오픈 소스 UDF는 https://github.com/GoogleCloudPlatform/bigquery-utils에서 제공되며 공개 데이터셋 `bqutil.fn`에 동기화된다. 엘리엇와 펠리페의 중위수 함수는 이 저장소와 데이터셋의 일부이므로 쿼리를 다음과 같이 작성해도 정상적으로 작동한다(시도해 보자).

**예제 8-18** 공개 UDF를 사용한 쿼리

```
SELECT
  start_station_name
  , COUNT(*) AS num_trips
  , bqutil.fn.median(ARRAY_AGG(tripduration)) AS typical_duration
FROM 'bigquery-public-data'.new_york_citibike.citibike_trips
GROUP BY start_station_name
```

```
HAVING num_trips > 1000
ORDER BY typical_duration DESC
LIMIT 5
```

공개 UDF를 사용할 일이 없더라도 회사 내에서 공유되는 데이터셋에서 유용한 UDF를 저장해 재사용성을 높일 수 있다.

## 쿼리 일부 재사용하기

비정상적으로 긴 왕복 대여가 가장 많은 날을 찾으려고 한다고 가정하자. '비정상적으로 길다'는 평균 시간이 2배 이상인 대여로 정의한다. 그러려면 쿼리에 세 단계가 필요하다.

1. 왕복 대여를 찾는다.
2. 런던의 자전거 대여소별 평균 왕복 대여 시간을 계산한다.
3. 평균 대여 시간이 2배 이상인 대여 건을 찾는다.

### 상관 서브 쿼리

먼저 다음과 같이 '안에서 밖으로' 값을 전달하도록 필요한 쿼리를 작성한다.

**예제 8-19** 상관 서브 쿼리

```
SELECT
  start_date,
  COUNT(*) AS num_long_trips
FROM -- "첫 번째 FROM 절"
  (SELECT
     start_station_name
     , duration
     , EXTRACT(DATE FROM start_date) AS start_date
   FROM
     'bigquery-public-data'.london_bicycles.cycle_hire
   WHERE
     start_station_name = end_station_name) AS roundtrips
WHERE -- "바깥쪽의 WHERE"
  duration > 2*(
    SELECT
      AVG(duration) AS avg_duration
    FROM
```

```
      'bigquery-public-data'.london_bicycles.cycle_hire
    WHERE
      start_station_name = end_station_name
      AND roundtrips.start_station_name = start_station_name
  )
GROUP BY start_date
ORDER BY num_long_trips DESC
LIMIT 5
```

첫 번째 FROM 절은 런던 자전거 데이터셋에서 필요한 컬럼을 가져와 타임스탬프 필드에서 날짜를 추출하는 서브 쿼리로 구성된다. 바깥의 WHERE 절은 평균 대여 시간이 서브 쿼리를 사용해 계산한 평균 대여 시간의 2배 이상인지 확인한다.

두 번째 서브 쿼리는 외부 쿼리의 값(이때 start_station_name, duration, end_station_name 컬럼)을 사용하는 상관 서브 쿼리의 예다. 여기서 두 번째 서브 쿼리는 특정 대여소에서 대여하고 반납한 평균 대여 기간을 계산해야 한다.

## WITH 절

WITH 절을 사용하면 테이블 표현식을 재사용하고 쿼리를 더 읽기 쉽게 만들 수 있다. 앞서 작성한 쿼리를 2개의 WITH 절을 사용해 다시 작성해 보자.

**예제 8-20** WITH 절을 사용해 재사용성과 가독성을 높인 쿼리

```
WITH roundtrips AS (
SELECT
  start_station_name
  , duration
  , EXTRACT(DATE FROM start_date) AS start_date
FROM
  'bigquery-public-data'.london_bicycles.cycle_hire
WHERE
  start_station_name = end_station_name
),
station_avg AS (
SELECT
  start_station_name
  , AVG(duration) AS avg_duration
FROM
```

```
    roundtrips
  GROUP BY start_station_name
  )
```

이 두 WITH 절 덕분에 세 번째 쿼리의 연산이 더 간단해진다.

**예제 8-21** WITH 절을 사용해 재사용성과 가독성을 높인 쿼리

```
SELECT
  start_date,
  COUNT(*) AS num_long_trips
FROM
  roundtrips
JOIN station_avg USING(start_station_name)
WHERE duration > 2*avg_duration
GROUP BY start_date
ORDER BY num_long_trips DESC
LIMIT 5
```

roundtrips 쿼리는 주 쿼리뿐만 아니라 station_avg WITH 절에서도 재사용하고 있다. 그러나 WITH 절을 재사용하는 것은 가독성이 확보될 때만 주의해서 사용하길 바란다. 실제 데이터를 반드시 캐싱하거나 재사용할 필요는 없다. 실제로 쿼리 실행 계획을 검토하면 단계 0과 단계 4 모두 bigquery-public-data 데이터셋의 READ로 시작하며, 단계 0에서는 3개의 컬럼만 읽으면 되지만, 단계 4에서는 그림 8-2와 같이 4개의 컬럼을 읽어야 한다.

이 쿼리의 결과에는 크리스마스(12월 25일)가 2번 나타난다.

| 행번호 | start_date | num_long_trips |
|---|---|---|
| 1 | **2016-12-25** | 740 |
| 2 | 2016-05-08 | 714 |
| 3 | 2017-04-09 | 667 |
| 4 | 2015-08-01 | 663 |
| 5 | **2015-12-25** | 660 |

WITH 절은 쿼리 내에서만 재사용 할 수 있다. 여러 쿼리에서 결과 집합을 재사용하려면 중간 테이블을 사용하거나 구체화된 뷰를 만들 수 있다. 이 방법은 저장소 비용이 더 늘어나는 대신 연산이 더 빠르고 단순하게 되지만 실제로 추가 비용을 지급할 가치가 있는 성능 향상이 이루어지

는지는 여러 번 확인해야 한다. 특히 중간 테이블이 원본보다 큰 경우라면 WITH 절이 더 빠르다. 이에 관한 자세한 내용은 7장을 참조한다.

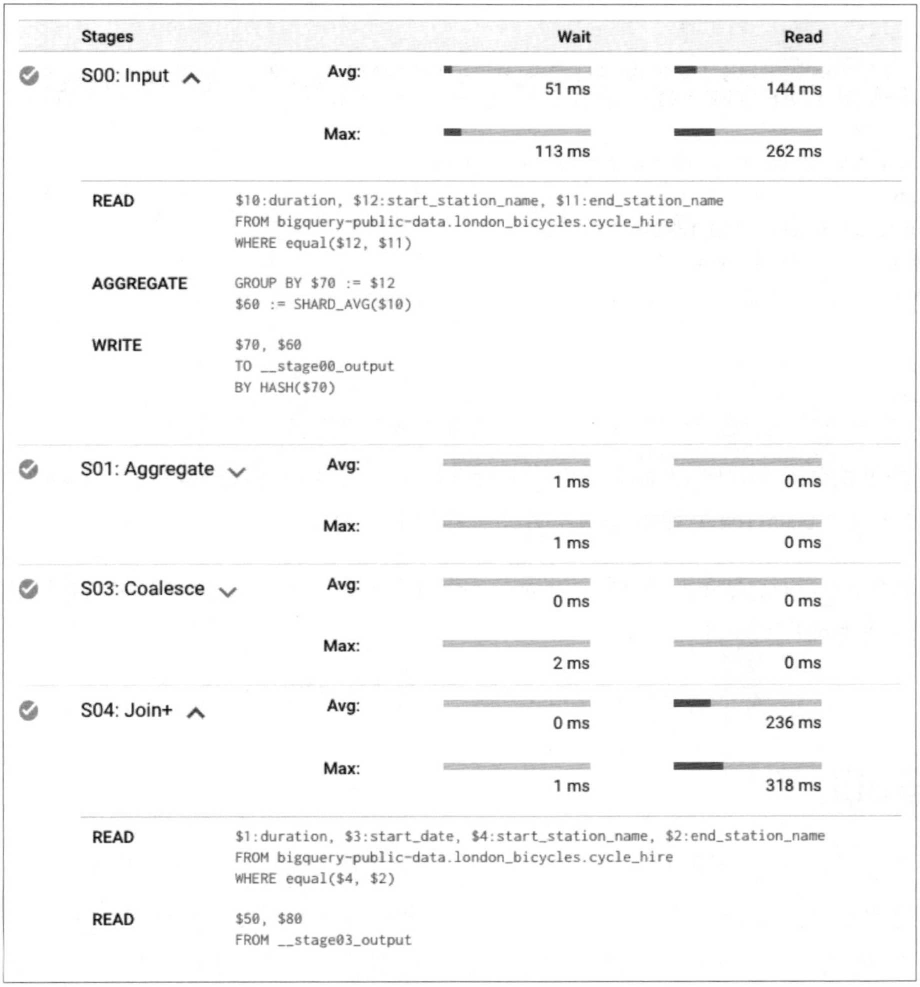


그림 8-2 쿼리 실행 계획을 보면 데이터를 2번 읽는 것을 알 수 있다

## 상수 정의하기

WITH 절을 사용하면 상수를 정의하고 그 값을 한곳에서만 변경하도록 할 수 있다. 예를 들어 다음 쿼리를 사용해 대여 시간이 지정된 값보다 긴 횟수 중 가장 큰 값을 찾을 수 있다.

**예제 8-22** 상수를 정의한 쿼리

```
WITH params AS (
  SELECT 600 AS DURATION_THRESH
)
SELECT
  start_station_name
  , COUNT(duration) AS num_trips
FROM
  'bigquery-public-data'.london_bicycles.cycle_hire
  , params
WHERE duration >= DURATION_THRESH
GROUP BY start_station_name
ORDER BY num_trips DESC
LIMIT 5
```

WITH 절에 최대 대여 시간을 정의하면 쿼리에서 의미가 불분명한 숫자를 사용하는 대신, 읽기 쉬운 이름을 사용할 수 있으며 그 값도 편리하게 관리할 수 있다. 이 쿼리는 FROM 절에서 params 구문을 조인하므로 DURATION_THRESH 상수를 쿼리에 사용할 수 있다.

상수를 표현하는 또 다른 방법은 스크립팅 구문을 사용해 변수로 선언하는 것이다. 자세한 내용은 이 장의 뒷부분에서 다룬다.

## 고급 SQL

여기서는 SQL 엔진마다 상당히 다르지만(다음 페이지의 '표준 SQL의 모호성' 참조) 빅쿼리에 포함할 가치가 있는 SQL 문법을 살펴본다. 배열 및 윈도우 함수는 쿼리 성능을 크게 높일 수 있다. 테이블 메타데이터는 리플렉션reflection[8]을 가능하게 하며, 일반적인 문제에 대한 몇 가지 깔끔한 해결책을 제공한다. DDL/DML을 이용하면 SQL만으로 다양한 데이터베이스 유지 관리 작업을 수행할 수 있으므로 SQL 쿼리에서 사용하던 개발, 검토, 테스트 또는 지속적 통합/지속적 배포(CI/CD) 프레임워크를 유지 보수 업무에도 그대로 사용할 수 있다.

8 이 맥락에서 리플렉션은 테이블의 스키마를 기반으로 런타임에 SQL 쿼리의 자체 구조 및 작동을 수정할 수 있는 기능을 나타낸다.

**표준 SQL의 모호성**

이 장에서 다루는 주제는 표준 SQL에서 다루지 않거나 모호한 경향이 있는 부분이다. 예를 들어 배열을 생각해 보자. PostgreSQL은 다음 형식의 배열 구문을 지원한다.

```
SELECT pay_by_quarter[3] FROM sal_emp;
```

반면, 빅쿼리는 다음과 같이 UNNEST를 작성해서 의도를 명확히 해야 한다.

```
SELECT pay_by_quarter[ORDINAL(3)] FROM sal_emp, UNNEST(pay_by_quarter)
```

PostgreSQL 접근 방식은 깔끔해 보이지만 쿼리가 복잡해지면 그 의미가 모호해진다. 예를 들어 빅쿼리에서 `SELECT author, book.title FROM ds.all_books` 쿼리를 실행하면 중첩된 반복 필드에 대한 상관 크로스 조인을 실행해 `author: STRING, book.title: STRING` 타입의 값이 각 행에 하나씩 반환된다. 이런 작동은 매우 편리한 것처럼 보이지만 중첩된 반복 필드가 많을 때는 문제가 된다. 예를 들어 책의 각 장 제목을 읽기 위해 다음의 쿼리를 실행했다고 생각해 보자.

```
SELECT author, book.title, book.chapter.title
FROM ds.all_books
```

이 쿼리에서는 사용자의 의도가 `book.chapter.title` 필드를 배열로 가져오기를 원하는 것인지, 하나의 문자열로 합쳐서 가져오고 싶은 것인지 명확히 드러나지 않는다. 하지만 결과 데이터의 행 수를 바꾸는 `JOIN` 문 외에 다른 표현식이 없다는 제약과 배열에 접근하려면 UNNEST 구문을 이용해 콤마로 문자열을 결합해야 한다는 제약 덕분에 이런 모호함을 제거할 수 있다.

## 배열 다루기

빅쿼리의 배열은 같은 데이터 타입으로 구성된 순서가 있는 리스트다. 정렬해야 하거나 단일 행에 반복되는 값들을 저장해야 할 때 배열을 사용한다.

> 데이터를 배열로 저장하면 스토리지의 오버헤드를 줄일 수 있으며, 카디널리티에 따라 필드를 반복할 필요가 없는 쿼리의 속도가 눈에 띄게 향상된다. 그러므로 배열의 특징을 잘 이해하고 익히는 것이 중요하다.

### 순서를 유지하며 배열 사용하기

순서을 유지해야 할 경우의 예로, 가장 많이 대여되는 100대의 자전거에 대해 분석한다고 가정하자.

**예제 8-23** 가장 많이 대여되는 100대의 자전거를 추출하는 쿼리

```
SELECT
  bike_id,
  COUNT(*) AS num_trips
FROM
  'bigquery-public-data'.london_bicycles.cycle_hire
GROUP BY
  bike_id
ORDER BY
  num_trips DESC
LIMIT
  100
```

이 쿼리는 100개의 행을 반환하며 그중 처음 3개의 행은 다음과 같다.

| 행번호 | bike_id | num_trips |
|---|---|---|
| 1 | 12925 | 2922 |
| 2 | 12841 | 2871 |
| 3 | 13071 | 2860 |

다른 쿼리 또는 빅쿼리 외부에서 나중에 분석할 수 있도록 100개의 행을 테이블에 저장할 수 있지만, 테이블에서 읽은 행이 같은 순서로 정렬될 것이라는 보장이 없다.[9] 만일 이후의 분석 작업에 데이터의 순서가 중요하다면 어떻게 해야 할까? 한 가지 방법은 구체화된 뷰materialized view를 사용하는 것이다. 또 다른 방법은 결과를 하나의 배열로 모아 한 행으로 만든 후 ARRAY_AGG 함수 안에서 ORDER BY 및 LIMIT 절을 사용하는 것이다.

**예제 8-24** 순서를 유지하며 배열을 사용한 쿼리

```
WITH numtrips AS (
  SELECT
    bike_id AS id,
    COUNT(*) AS num_trips
  FROM
    'bigquery-public-data'.london_bicycles.cycle_hire
  GROUP BY
```

9 실제로 2열 테이블의 100개 행의 결과는 하나의 샤드에 들어갈 정도로 작고 순서대로 반환될 가능성이 많지만, 행의 순서에 의존할 수 없다는 일반적인 원칙은 유효하다.

```
    bike_id
)

SELECT
  ARRAY_AGG(STRUCT(id,num_trips) ORDER BY num_trips DESC LIMIT 100) AS bike
FROM
  numtrips
```

이 쿼리는 다음과 같이 하나의 행을 반환한다.

| 행번호 | bike.id | bike.num_trips |
|---|---|---|
| 1 | 12925 | 2922 |
| | 12841 | 2871 |
| | 13071 | 2860 |

이 결과를 테이블에 저장하면 가장 많이 대여된 자전거 목록이 순서대로 저장되고 다운스트림 애플리케이션에서 읽을 때 순서대로 반환된다. 물론 다운스트림 분석가가 배열과 평면화 unnesting에 익숙해져야 한다는 점은 부담스러울 수 있다.

이 예제에서 알 수 있듯, 구조체 배열을 만들어 컬럼 간에 일대일 관계를 유지할 수 있다. 그러면 구조체 배열을 단일 행에 저장된 미니 테이블처럼 다룰 수 있다. 빅쿼리는 배열의 배열을 지원하지 않지만, 배열을 가진 구조체의 배열을 사용하는 것은 가능하다.

### 반복되는 필드를 저장하기 위해 배열 사용하기

배열을 사용하는 또 다른 경우는 굳이 순서를 신경 쓰지 않더라도 반복되는 필드를 저장해야 하는 경우다. 예를 들어 빅쿼리에는 미국 자선 단체의 세금 신고 내역 데이터셋이 있다. 대부분 자선 단체는 매년 한 번 세금을 신고하지만, 같은 해에 여러 번 수익을 신고하는 단체도 있다. 이런 경우에는 단체별 신고 내역을 한 행으로 저장하는 것이 도움이 될 수 있다.

**예제 8-25** 단체별 신고 내역을 추출하는 쿼리

```
SELECT
  ein
  , ARRAY_AGG(STRUCT(elf, tax_pd, subseccd)) AS filing
FROM `bigquery-public-data`.irs_990.irs_990_2015
WHERE ein BETWEEN '390' AND '399'
```

```
GROUP BY ein
LIMIT 3
```

이 쿼리는 다음 결과를 반환한다.

| 행번호 | ein | filing.elf | filing.tax_pd | filing.subseccd |
|---|---|---|---|---|
| 1 | 390123480 | E | 201412 | 8 |
| | | E | 201312 | 8 |
| 2 | 390233059 | E | 201412 | 12 |
| 3 | 390201015 | E | 201412 | 8 |

첫 번째 단체는 2015년에 2건을 신고(각각 2014년 세금과 2013년 세금)한 반면, 나머지 조직은 1번만 신고한 것을 알 수 있다.

### 배열은 데이터의 무결성을 강화한다

배열을 사용하도록 테이블 스키마를 변경하면 모범 사례를 적용하고 쿼리에서 잘못된 논리를 피할 수 있다. 세금 신고를 별도의 행으로 저장했던 기존 스키마에서는 분석가가 같은 해에 여러 번 세금을 신고하는 단체도 있다는 사실을 잊어버리면 논리적인 오류를 초래할 수 있다. 예를 들어 자선 단체 중 세금을 온라인(electronically)으로 신고(elf 컬럼의 값이 'E'인 경우)하지 않은 단체만 찾고 싶다고 가정하자. 간단하게는 다음과 같이 쿼리를 작성하고 싶을 것이다.[10]

```
SELECT
  ein
FROM `bigquery-public-data`.irs_990.irs_990_2015
WHERE elf != 'E'
```

그러나 일부 자선 단체는 세금을 여러 번 신고하기도 하므로 그중 어떤 때는 온라인으로 신고하고 어떤 때는 오프라인으로 신고할 가능성도 있다. 사실 이런 경우는 다음과 같은 방법으로 확인할 수 있다.

```
SELECT
  ein
  , COUNTIF(elf = 'E', 1, 0) AS num_elf
  , COUNTIF(elf = 'E', 0, 1) AS num_not_elf
FROM 'bigquery-public-data'.irs_990.irs_990_2015
GROUP BY ein
```

10 앞으로 살펴볼 쿼리에서 사용하는 컬럼 이름 ein은 고용주 식별 번호(Employer Identity Number)의 약자이며, 컬럼 이름 elf는 전자식 세금 신고(Electronic Filing)의 약자임을 기억하면 코드 읽기가 조금 더 수월할 것이다. – 옮긴이

```
HAVING num_elf > 0 AND num_not_elf > 0
ORDER BY num_elf DESC
LIMIT 3
```

이 쿼리의 결과를 보면 여러 자선 단체가 온라인 및 오프라인 방식을 모두 활용해 세금을 신고하고 있음을 알 수 있다.

| 행번호 | ein | num_elf | num_not_elf |
|---|---|---|---|
| 1 | 271157077 | 3 | 1 |
| 2 | 030555726 | 3 | 1 |
| 3 | 363977636 | 3 | 3 |



테이블의 스키마를 배열로 저장하면 분석가들이 이런 실수를 저지를 확률이 낮아진다. 온라인으로 신고하지 않은 자선 단체를 찾는 분석가는 신고 내역이 배열이라는 점을 알고 있으므로 다음과 같이 쿼리를 작성할 것이다.

```
SELECT
  ein
FROM
  [TABLENAME]
WHERE
  'E' NOT IN (SELECT elf FROM UNNEST(filing))
LIMIT 5
```

테이블은 세금 신고 내역을 배열로 저장하지 않으므로, 먼저 WITH 절을 사용해서 원하는 스키마로 변환한 후 기본 쿼리에서 WITH 절의 이름 filings를 테이블 이름처럼 사용해야 한다.

```
WITH filings AS (
SELECT
  ein
  , ARRAY_AGG(STRUCT(elf, tax_pd, subseccd)) AS filing
FROM 'bigquery-public-data'.irs_990.irs_990_2015
GROUP BY ein
)
```

배열을 평면화하는 UNNEST 함수는 반드시 FROM 절에서 사용해야 한다. 상관 서브 쿼리를 사용해 구조체의 filing 배열에서 elf 필드를 꺼내고 IN을 사용해 값이 배열에 있는지 확인한다.

구조체 배열에 'E'가 있는지 확인하는 또 다른 방법은 EXISTS를 사용하는 것이다.

```
SELECT
    ein
FROM
    [TABLENAME]
WHERE
    EXISTS (SELECT elf FROM UNNEST(filing) WHERE elf != 'E')
LIMIT 5
```

이렇게 얻은 결과('520910763', '237048405', '410519270', '592515700' 및 '420655796')의 유효성 여부는 다음과 같이 확인할 수 있다.

```
SELECT
  ein
  , SUM(IF(elf = 'E', 1, 0)) AS num_elf
  , SUM(IF(elf = 'E', 0, 1)) AS num_not_elf
FROM 'bigquery-public-data'.irs_990.irs_990_2015
WHERE ein in UNNEST(
  ['520910763', '237048405', '410519270', '592515700',
  '420655796'])
GROUP BY ein
ORDER BY num_elf DESC
```

예상대로 모든 고용주 식별 번호(ein 컬럼)에 대한 온라인 세금 신고 횟수(num_elf 컬럼 값)가 0임을 알 수 있다.

### 데이터를 생성하기 위해 배열 사용하기

데이터를 생성해야 하는 경우에도 배열은 유용하다. 여름에 10일마다 잔디를 깎아야 하고 이 일을 대신해 줄 미니언이 3명 있다고 가정하자. 그리고 이 3명의 미니언이 돌아가며 잔디를 깎게 하고 싶다.

먼저, 다음과 같이 여름에 해당하는 날짜의 목록을 생성하자.

**예제 8-26** GENERATE_DATE_ARRAY 함수를 사용해 날짜 데이터를 생성하는 쿼리

```
SELECT
  GENERATE_DATE_ARRAY('2019-06-23', '2019-08-22', INTERVAL 10 DAY) AS summer
```

이 쿼리의 결과는 다음과 같다.

| 행번호 | summer |
|---|---|
| 1 | 2019-06-23 |
| | 2019-07-03 |
| | 2019-07-13 |
| | 2019-07-23 |
| | 2019-08-02 |
| | 2019-08-12 |
| | 2019-08-22 |



그런데 생성된 날짜가 모두 하나의 행에 속해 있다. 각 날짜를 개별 행에 저장하는 다중 행 테이블을 생성하려면 UNNEST를 사용하면 된다(FROM 절에서 테이블 days 및 summer 배열을 사용하는 방법에 주목하자. 빅쿼리의 UNNEST는 FROM 절에서만 사용할 수 있다).

**예제 8-27** UNNEST를 사용해 배열 데이터를 추출한 쿼리

```
WITH days AS (
  SELECT
  GENERATE_DATE_ARRAY('2019-06-23', '2019-08-22', INTERVAL 10 DAY) AS summer
)
SELECT summer_day
FROM days, UNNEST(summer) AS summer_day
```

그러면 여름에 해당하는 날짜들이 각 행에 하나씩 나타난다.

| 행번호 | summer_day |
|---|---|
| 1 | 2019-06-23 |
| 2 | 2019-07-03 |
| 3 | 2019-07-13 |
| 4 | 2019-07-23 |
| 5 | 2019-08-02 |
| 6 | 2019-08-12 |
| 7 | 2019-08-22 |

이전 쿼리의 쉼표는 상관 크로스 조인(CROSS JOIN)[11]을 수행하므로 비어 있거나 NULL 배열이 있는 행을 제외한다. 이 값을 포함하려면 쉼표를 LEFT JOIN으로 바꾸면 된다.

```
FROM days LEFT JOIN UNNEST(summer) AS summer_day
```

다음과 같이 미니언 목록을 하드 코딩할 수 있다.

**예제 8-28** 배열에 하드 코딩한 미니언

```
SELECT ['Lak', 'Jordan', 'Graham'] AS minions
```

하지만 문제는 각 미니언을 앞서 생성한 날짜에 차례로 할당해야 한다는 점이다. 그러려면 dayno 배열을 생성하고 모듈로modulo(또는 나머지) 값을 minions 배열의 오프셋으로 사용할 수 있다.

**예제 8-29** 미니언과 요일을 차례로 할당하는 쿼리

```
WITH days AS (
  SELECT
  GENERATE_DATE_ARRAY('2019-06-23', '2019-08-22', INTERVAL 10 DAY) AS summer,
  ['Lak', 'Jordan', 'Graham'] AS minions
)

SELECT
  summer[ORDINAL(dayno)] AS summer_day
  , minions[OFFSET(MOD(dayno, ARRAY_LENGTH(minions)))] AS minion
FROM
  days, UNNEST(GENERATE_ARRAY(1,ARRAY_LENGTH(summer),1)) dayno
ORDER BY summer_day ASC
```

이 쿼리의 결과는 각 날짜와 그 날짜에 잔디를 깎도록 지정된 미니언의 목록을 반환한다.

11 이 쿼리는 상관 크로스 조인을 실행한다. UNNEST 연산자는 FROM 절에 지정한 원본 테이블의 각 행에 있는 배열 컬럼을 참조한다. UNNEST는 원본 테이블의 각 행에 저장된 배열을 배열 요소를 포함하는 행 집합으로 평면화한다. 이렇게 평면화된 행의 집합은 크로스 조인으로 인해 원본 테이블의 한 행과 결합하게 된다. UNNEST의 크로스 조인은 배열의 요소와만 상관되므로 성능에 미치는 영향은 적다.

| 행번호 | summer_day | minion |
|---|---|---|
| 1 | 2019-06-23 | Jordan |
| 2 | 2019-07-03 | Graham |
| 3 | 2019-07-13 | Lak |
| 4 | 2019-07-23 | Jordan |
| 5 | 2019-08-02 | Graham |
| 6 | 2019-08-12 | Lak |
| 7 | 2019-08-22 | Jordan |

여기서 주목할 만한 것은 ORDINAL을 사용한 인덱싱은 1부터 시작하는 인덱스를 사용하는 반면, OFFSET을 사용한 인덱싱은 0부터 시작하는 인덱스를 사용한다는 점이다. 또한 summer 배열의 길이를 얻기 위해 ARRAY_LENGTH를 사용했다.

### 배열 함수

배열이 2개일 때는 ARRAY_CONCAT 함수로 배열을 연결할 수 있다.

**예제 8-30** ARRAY_CONCAT을 사용해 배열을 연결하는 쿼리

```
SELECT
  ARRAY_CONCAT(
    GENERATE_DATE_ARRAY('2019-03-23', '2019-06-22', INTERVAL 20 DAY)
    , GENERATE_DATE_ARRAY('2019-08-23', '2019-11-22', INTERVAL 20 DAY)
  ) AS shoulder_season
```

디버깅을 하다 보면 문자열 배열을 하나의 STRING 값으로 출력해야 할 때가 있다. 이때는 다음과 같이 ARRAY_TO_STRING 함수를 사용해 보자.

**예제 8-31** 문자열 배열을 하나의 STRING 값으로 추출하는 쿼리

```
SELECT
  ARRAY_TO_STRING(['A', 'B', NULL, 'D'], '*', 'na') AS arr
```

이 쿼리의 결과는 다음과 같다.

| 행번호 | arr |
|---|---|
| 1 | A*B*na*D |

ARRAY_TO_STRING 함수의 두 번째 파라미터는 문자열을 연결할 구분자이며, 세 번째 문자열은 NULL 요소가 기록되는 방식이다(기본값은 NULL 요소를 생략한다).

디버깅 목적으로 배열을 하나의 문자열로 출력하는 것은 도움이 될 수 있다. ARRAY_TO_STRING 함수는 STRING 타입의 배열만 처리하지만, TO_JSON_STRING 함수는 모든 타입의 배열을 처리할 수 있다. 예를 들어 날짜 배열을 문자열로 변환하려면 다음과 같이 쿼리를 작성하면 된다.

```
SELECT
  TO_JSON_STRING(
  GENERATE_DATE_ARRAY('2019-06-23', '2019-08-22', INTERVAL 10 DAY)) AS json
```

이 쿼리는 JSON 형식으로 변환된 날짜의 배열을 반환한다.

| 행번호 | json |
|---|---|
| 1 | ["2019-06-23", "2019-07-03", "2019-07-13", "2019-07-23", "2019-08-02", "2019-08-12", "2019-08-22"] |

구조체 배열에서는 그 결과 형식이 JSON이라는 점이 더 명확하게 드러난다.

```
SELECT
TO_JSON_STRING([
   STRUCT(1 AS a, 'bbb' AS b),
   STRUCT(2 AS a, 'ccc' AS b)
]) AS json
```

이 쿼리의 결과는 다음과 같다.

| 행번호 | json |
|---|---|
| 1 | [{"a":1, "b":"bbb"}, {"a":2, "b":"ccc"}] |

표 8-1은 minions가 문자열 배열이라는 가정하에 각 배열 함수의 용법을 요약한 것이다.

표 8-1 배열 함수 요약

| 함수 | 기능 | 사용 예제 |
|---|---|---|
| GENERATE_ARRAY<br>GENERATE_DATE_ARRAY | 배열을 생성함 | SELECT<br>**GENERATE_ARRAY**(10, 20, 3) |
| OFFSET<br>ORDINAL | 배열의 요소에 접근함 | SELECT minions[**OFFSET**(0)] FROM ...<br>SELECT minions[**ORDINAL**(1)] FROM ... |
| ARRAY_LENGTH | 배열의 길이를 반환함 | SELECT **ARRAY_LENGTH**(minions) |

(이어짐)

| 함수 | 기능 | 사용 예제 |
|---|---|---|
| UNNEST | 배열을 평면화함(FROM 절에서만 사용할 수 있음) | WITH workers AS (<br>  SELECT ['Lak', 'Jordan', 'Graham']<br>     AS minions<br>)<br>SELECT m<br>FROM workers, **UNNEST**(minions) AS m |
| IN | 배열 안에 특정 값이 있는지 확인함 | WITH workers AS (<br>  SELECT ['Lak', 'Jordan', 'Graham']<br>     AS minions<br>)<br>SELECT 'Lak' **IN** UNNEST(minions)<br>FROM workers |
| EXISTS | 배열이 비어 있지 않은지 확인함 | WITH workers AS (<br>  SELECT ['Lak', 'Jordan', 'Graham']<br>     AS minions<br>  UNION ALL SELECT [] AS minions<br>)<br>SELECT<br>  **EXISTS** (SELECT * FROM<br>          UNNEST(minions))<br>FROM workers |
| ARRAY_AGG | 그룹화된 항목을 배열로 집계함 | SELECT<br>  ein<br>  , ARRAY_AGG(elf) AS elf<br>FROM 'bigquery-publicdata'.<br>irs_990.irs_990_2015<br>GROUP BY ein<br>LIMIT 3 |
| ARRAY_CONCAT | 같은 타입의 배열을 연결함 | SELECT<br>  ARRAY_CONCAT( ['A', 'B', 'C'],<br>                ['D', 'E', 'F']) |
| ARRAY_TO_STRING<br>TO_JSON_STRING | 배열을 문자열 형태로 변환함 | SELECT TO_JSON_STRING([<br>  STRUCT(1 AS a, 'bbb' AS b),<br>  STRUCT(2 AS a, 'ccc' AS b)<br>]) |

## 윈도우 함수

분석 윈도우 함수(분석 함수 또는 윈도우 함수라고 한다)는 윈도우라고 부르는 행의 그룹에 대한 집계 분석(예를 들면 SUM, COUNT 등)을 계산한다. 분석 함수에는 집계 분석 함수, 탐색 함수, 번호 매기기 함수 등 세가지 종류가 있다.

### 집계 분석 함수

집계 함수는 전체 테이블에서 작동하며 단일 집계 값을 반환한다. 예를 들어 다음 쿼리는 전체 london_bicycles 데이터셋 중에서 가장 긴 대여 기간과 두 가지 집계 통계를 반환한다.

**예제 8-32** 집계 함수

```
SELECT
  MAX(duration) AS longest_duration
  , COUNT(*) AS num_trips
  , AVG(duration) AS average_duration
FROM
  `bigquery-public-data`.london_bicycles.cycle_hire
```

이 쿼리의 결과는 하나의 행으로 나타난다.

| 행번호 | longest_duration | num_trips | average_duration |
|---|---|---|---|
| 1 | 2674020 | 24369201 | 1332.2942381245884 |

반면에, 집계 분석 함수는 각 행에 대한 집계 통계를 반환한다. 여기서 집계는 결과가 계산되는 행의 '주변' 행에서 계산된다. 예를 들어 다음 쿼리는 특정 행으로부터 이전 100개 행까지의 대여 기록으로부터 대여 시간의 평균값을 계산한다.

**예제 8-33** 집계 분석 함수

```
SELECT
  AVG(duration)
    OVER(ORDER BY start_date ASC
    ROWS BETWEEN 100 PRECEDING AND 1 PRECEDING) AS average_duration
FROM
  'bigquery-public-data'.london_bicycles.cycle_hire
LIMIT 5
```

집계 함수 AVG(duration)와 달리 OVER 절을 사용해 윈도우를 정의했으므로 전체 테이블에 대해 평균이 계산되지 않는다. 윈도우 자체는 특정 행 이전의 100개의 행으로 구성되며, 순서는 start_date 컬럼에 의해 지정된다. 이 쿼리는 각각의 행에 average_duration 컬럼을 생성하며, 가장 첫 번째 행은 이전 행이 없으므로 널 값을 가진다.

| 행번호 | average_duration |
|---|---|
| 1 | null |
| 2 | 360.0 |
| 3 | 510.0 |
| 4 | 380.0 |
| 5 | 390.0 |



어느 특정 행의 이전 50개 행과 이후 50개 행의 평균 대여 시간을 계산하고 싶다면 다음 사항을 명시하면 된다.

```
ROWS BETWEEN 50 PRECEDING AND 50 FOLLOWING
```

데이터셋의 첫 행부터 현재 행(포함)까지의 평균을 계산하려면 다음과 같이 지정하면 된다.

```
ROWS BETWEEN UNBOUNDED PRECEDING AND CURRENT ROW
```

FOLLOWING을 생략하면, 윈도우 경계의 기본값이 현재 행으로 설정되므로 ROWS 50 PRECEDING은 ROWS BETWEEN 50 PRECEDING AND CURRENT ROW와 같은 표현이다.

이전 100회의 평균 대여 시간을 원하면서 같은 대여소에서 시작하는 대여로 윈도우를 제한하려면 어떻게 해야 할까? 이때는 PARTITION BY를 OVER( ) 절에 추가하면 된다.

**예제 8-34** 윈도우를 start_station_id로 제한한 집계 분석 함수

```
SELECT
  AVG(duration)
    OVER(PARTITION BY start_station_id
    ORDER BY start_date ASC
    ROWS BETWEEN 100 PRECEDING AND 1 PRECEDING) AS average_duration
FROM
  'bigquery-public-data'.london_bicycles.cycle_hire
LIMIT 5
```

지난 1시간 동안 이동 평균을 계산하려면 RANGE를 사용하고 정렬 값을 정수 오프셋으로 지정하자.

**예제 8-35** 이동 평균을 구하기 위해 RANGE를 사용한 집계 분석 함수

```
SELECT
  AVG(duration)
    OVER(PARTITION BY start_station_id
    ORDER BY UNIX_SECONDS(start_date) ASC
    RANGE BETWEEN 3600 PRECEDING AND CURRENT ROW) AS average_duration
FROM
  'bigquery-public-data'.london_bicycles.cycle_hire
LIMIT 5
```

이제 start_date가 아닌 UNIX_SECONDS(start_date)로 정렬하므로 UNIX_SECONDS(start_date)가 3,600초 전과 현재 사이에 있는 행을 찾을 수 있다.

## 탐색 함수

집계 분석 함수는 윈도우에 포함된 모든 행에 대한 집계 통계를 계산한다. 따라서 AVG(duration)는 윈도우의 평균 대여 시간을 계산하고 MAX(duration)은 윈도우의 최대 대여 시간을 계산한다. 그러나 행의 위치를 나타내는 단일 값을 원한다면 어떻게 해야 할까? 탐색 함수는 이런 맥락에 유용하다.

예를 들어 어떤 자전거의 '다음' 대여를 찾고 싶다고 가정하자. OVER( ) 절에서 bike_id 컬럼을 기준으로 파티션을 나누고, start_date 컬럼을 기준으로 정렬한 후 현재 행과 그다음 행을 윈도우로 분할한다. LAST_VALUE 함수를 사용해 윈도우에서 마지막 행의 "start_date" 컬럼을 찾을 것이다. 바로 이 컬럼의 값이 다음 번에 자전거를 대여한 시간이기 때문이다.

**예제 8-36** 탐색 함수(LAST_VALUE)

```
SELECT
  start_date
  , end_date
  , LAST_VALUE(start_date)
      OVER(PARTITION BY bike_id
        ORDER BY start_date ASC
        ROWS BETWEEN CURRENT ROW AND 1 FOLLOWING) AS next_rental_start
FROM
```

```
    'bigquery-public-data'.london_bicycles.cycle_hire
  LIMIT 5
```

이 쿼리는 다음 결과를 반환한다.

| 행번호 | start_date | end_date | next_rental_start |
|---|---|---|---|
| 1 | 2015-01-06 20:01:00 UTC | 2015-01-06 20:13:00 UTC | 2015-01-07 08:03:00 UTC |
| 2 | 2015-01-07 08:03:00 UTC | 2015-01-07 08:22:00 UTC | 2015-01-07 10:06:00 UTC |
| 3 | 2015-01-07 10:06:00 UTC | 2015-01-07 10:14:00 UTC | 2015-01-07 13:03:00 UTC |
| 4 | 2015-01-07 13:03:00 UTC | 2015-01-07 13:09:00 UTC | 2015-01-07 14:46:00 UTC |
| 5 | 2015-01-07 14:46:00 UTC | 2015-01-07 15:00:00 UTC | 2015-01-07 17:35:00 UTC |

다음과 같이 LEAD 함수를 사용하면 윈도우 프레임을 명시적으로 지정하지 않아도 된다.

**예제 8-37** 탐색 함수(LEAD)

```
SELECT
  start_date
  , end_date
  , LEAD(start_date, 1)
      OVER(PARTITION BY bike_id
        ORDER BY start_date ASC) AS next_rental_start
FROM
  'bigquery-public-data'.london_bicycles.cycle_hire
LIMIT 5
```

LEAD 함수의 두 번째 파라미터는 건너뛸 행의 수다. 기본값은 1이므로 이 쿼리에선 생략할 수 있다. LAST_VALUE 및 LEAD 함수에 대응하는 함수는 FIRST_VALUE와 LAG 함수다. NTH_VALUE 함수를 사용하면 윈도우 내의 특정 위치의 값을 얻을 수 있다.

## 번호 매기기 함수

번호 매기기 함수는 윈도우의 행 정렬 방식에 따라 현재 행의 위치를 제공한다. 예를 들어 london_bicycles 데이터셋에서 각 대여소별로 대여 시간이 가장 긴 기록 5개를 찾는다고 가정하자. start_station_id 컬럼으로 파티션을 나눌 윈도우를 생성하고 윈도우 내부를 duration으로 정렬하면 각 대여의 순위를 계산해서 찾을 수 있다.

**예제 8-38** 번호 매기기 함수(RANK)

```
SELECT
  start_station_id
  , duration
  , RANK()
      OVER(PARTITION BY start_station_id ORDER BY duration DESC) AS nth_longest
FROM
  'bigquery-public-data'.london_bicycles.cycle_hire
LIMIT 5
```

RANK는 분석 윈도우 함수다. 이전 쿼리처럼 이 함수를 사용하면 같은 대여소의 모든 대여 기록에 등급을 매길 수 있다.

| 행번호 | start_station_id | duration | nth_longest |
|---|---|---|---|
| 1 | 13 | 1448640 | 1 |
| 2 | 13 | 346080 | 2 |
| 3 | 13 | 225420 | 3 |
| 4 | 13 | 165000 | 4 |
| 5 | 13 | 92700 | 5 |

앞서 예제의 SELECT 절을 WITH 절에 배치하고 start_station_id 컬럼으로 그룹화한 후 ARRAY_AGG 함수를 사용하면 각 대여소에서 가장 대여 시간이 긴 3개의 행을 얻을 수 있다.

**예제 8-39** 각 대여소에서 대여 시간이 가장 긴 3개의 행을 구하는 쿼리

```
WITH longest_trips AS (
SELECT
  start_station_id
  , duration
  , RANK()
      OVER(PARTITION BY start_station_id ORDER BY duration DESC) AS nth_longest
FROM
  'bigquery-public-data'.london_bicycles.cycle_hire
)

SELECT
  start_station_id
  , ARRAY_AGG(duration ORDER BY nth_longest LIMIT 3) AS durations
FROM
```

```
  longest_trips
GROUP BY start_station_id
LIMIT 5
```

결과는 다음과 같다.

| 행번호 | start_station_id | durations |
|---|---|---|
| 1 | 10 | 243300 |
| | | 101700 |
| | | 93840 |
| 2 | 17 | 737280 |
| | | 247920 |
| | | 197460 |
| 3 | 34 | 1017180 |
| | | 588900 |
| | | 560700 |
| 4 | 43 | 244740 |
| | | 193980 |
| | | 176580 |
| 5 | 60 | 1303260 |
| | | 596520 |
| | | 319140 |

RANK 함수 외에도 빅쿼리는 DENSE_RANK 및 ROW_NUMBER 함수도 지원한다. 이 세 가지의 차이점은 중복을 다루는 방식이다. 다음의 간단한 쿼리를 통해 어떤 차이가 있는지 확인하자.

**예제 8-40** RANK, DENSE_RANK, ROW_NUMBER 차이를 파악하기 위한 쿼리

```
WITH example AS (
  SELECT 'A' AS name, 32 AS age
  UNION ALL SELECT 'B', 32
  UNION ALL SELECT 'C', 33
  UNION ALL SELECT 'D', 33
  UNION ALL SELECT 'E', 34
)

SELECT
```

8 고급 쿼리

```
  name
  , age
  , RANK( ) OVER(ORDER BY age) AS rank
  , DENSE_RANK( ) OVER(ORDER BY age) AS dense_rank
  , ROW_NUMBER( ) OVER(ORDER BY age) AS row_number
FROM example
```

결과에서 보듯이, RANK 함수는 순위가 중복되면 숫자를 건너뛰는 반면, DENSE_RANK 함수는 순위가 중복되어도 숫자를 연결해 할당하며, ROW_NUMBER 함수는 각 행마다 고유한 숫자를 할당한다.

| 행번호 | name | age | rank | dense_rank | row_number |
|---|---|---|---|---|---|
| 1 | A | 32 | 1 | 1 | 1 |
| 2 | B | 32 | 1 | 1 | 2 |
| 3 | C | 33 | 3 | 2 | 3 |
| 4 | D | 33 | 3 | 2 | 4 |
| 5 | E | 34 | 5 | 3 | 5 |

## 테이블 메타데이터

지금까지 테이블에서 데이터를 쿼리하는 방법을 살펴봤다. 하지만 데이터에 대한 정보도 있는데 이를 메타데이터metadata라고 한다. 메타데이터에는 현재 테이블에 존재하는 컬럼, 테이블 생성 시기, 테이블 소유자, 접근할 수 있는 사람 등의 정보가 포함되어 있다. 여기서는 이런 테이블 메타데이터를 사용하는 방법을 살펴본다.

### 쿼리를 동적으로 작성하기

이 장의 앞부분에서, IRS 세금 신고 데이터를 구성할 때 논리 오류를 줄이는 방법 중 더 좋은 방법은 1년 동안의 세금 신고 내역을 배열로 저장하는 것이라고 제안했다.

**예제 8-41** 세금 신고 내역을 배열로 저장한 쿼리

```
SELECT
  ein
  , ARRAY_AGG(STRUCT(elf, tax_pd, subseccd)) AS filing
FROM 'bigquery-public-data'.irs_990.irs_990_2015
GROUP BY ein
```

이 예에서는 모든 컬럼의 이름을 나열하기 어려우므로 elf, tax_pd, subseccd 등 3개의 컬럼만 표시했다. 그러나 테이블의 모든 컬럼을 반드시 포함해야 하는 쿼리를 만들어야 한다면 INFORMATION_SCHEMA(https://cloud.google.com/bigquery/docs/information-schema-tables)를 사용하면 된다. 이 스키마는 모든 데이터셋에 존재하며 해당 데이터셋의 모든 테이블 메타데이터를 포함하고 있다. irs_990 데이터셋의 irs_990_2015 테이블에서 모든 컬럼 이름을 검색하려면 다음 쿼리를 실행한다.



**예제 8-42** 데이터셋의 모든 컬럼 이름을 검색하는 쿼리

```
SELECT column_name
FROM 'bigquery-public-data'.irs_990.INFORMATION_SCHEMA.COLUMNS
WHERE table_name = 'irs_990_2015'
```

이 쿼리는 246개의 컬럼이 포함된 결과 집합을 반환한다. 다음 표는 처음 몇 개의 컬럼 이름만 출력한 것이다.

| 행번호 | column_name |
|---|---|
| 1 | ein |
| 2 | elf |
| 3 | tax_pd |
| 4 | subseccd |
| 5 | s501c3or4947a1cd |

모든 컬럼 이름을 알아냈다면 CONCAT 함수를 사용해 필요한 쿼리 텍스트를 생성할 수 있다.

**예제 8-43** CONCAT 함수를 사용해 필요한 쿼리 텍스트를 생성하는 쿼리

```
WITH columns AS (
  SELECT column_name
  FROM 'bigquery-public-data'.irs_990.INFORMATION_SCHEMA.COLUMNS
  WHERE table_name = 'irs_990_2015' AND column_name != 'ein'
)

SELECT CONCAT(
  'SELECT ein, ARRAY_AGG(STRUCT(',
  ARRAY_TO_STRING(ARRAY(SELECT column_name FROM columns), ',\n '),
  '\n) FROM `bigquery-public-data`.irs_990.irs_990_2015\n',
  'GROUP BY ein')
```

이 쿼리는 다음과 같은 쿼리를 반환한다.

```
SELECT ein, ARRAY_AGG(STRUCT(ein,
    elf,
    tax_pd,
    subseccd,
    ...
    othrinc509,
    totsupp509
) FROM 'bigquery-public-data'.irs_990.irs_990_2015
GROUP BY ein
```

이 절의 뒷부분에서 스크립팅을 살펴본다. 이 책을 집필하는 현재, 동적 SQL은 로드맵에 있지만 아직 구현되지 않았다. 여러분이 책을 보는 시점에 빅쿼리가 동적 SQL 기능을 제공한다면 단순히 쿼리 텍스트를 출력하는 것 이상의 일을 할 수 있다. 심지어 쿼리를 실행할 수도 있다![12]

## 레이블과 태그

앞에서 다룬 정보 스키마는 컬럼 이름 및 데이터 타입, 테이블 생성 시간 등 테이블에 대한 정보를 제공한다. 또한 레이블label을 이용하면 자원을 생성한 애플리케이션(예: component:salesportal), 자원을 소유한 팀(예: team:emeasales), 자원을 사용하는 환경(예: environment:production), 자원의 현재 수명 주기 단계(예: state:validated) 같은 사용자 지정 메타데이터를 자원(데이터셋, 테이블, 뷰 등)에 추가할 수도 있다. 각 레이블은 키와 값의 쌍(예를 들면 environment라는 키에 development, staging, test, production 중 하나를 값으로 사용한다)이다. 특히 값이 지정되지 않은 레이블을 태그tag라고 하며 레이블과 유사하게 사용할 수 있다.

빅쿼리의 입장에서 키와 값은 완전한 임의의 값이다. 조직의 테이블에 표시될 키와 값을 정의하는 것은 데이터 거버넌스 팀의 책임이다. 리소스에 레이블을 할당하는 목적은 같은 레이블을 가진 모든 리소스에 정책을 일관되게 적용하기 위해 레이블별로 리소스를 검색할 수 있도록 하는 것이다.

12 이제 동적 SQL을 사용할 수 있다. – 옮긴이

예를 들어 bq 명령줄 도구를 사용해 ch08eu 데이터셋에 레이블을 추가해 보자(GCP 콘솔이나 ALTER TABLE SET OPTIONS 및 다양한 클라이언트 라이브러리를 사용해서 레이블을 추가할 수 있다).

**예제 8-44** 데이터셋에 레이블을 추가하는 bq 명령

```
bq update --set_label costcenter:abc342 ch08eu
```

필요하다면 --set_label을 다시 호출해서 다른 값으로 변경할 수 있다.

**예제 8-45** 데이터셋에 레이블을 변경하는 bq 명령

```
bq update --set_label costcenter:def456 ch08eu
```

또한 쿼리 자체에 레이블을 할당할 수도 있다.

```
bq query --label costcenter:def456 --nouse_legacy_sql 'SELECT ...'
```

> 레이블에 중요하거나 민감한 데이터를 포함하지 말자. 해당 리소스에 접근할 수 없는 역할(role)이라도 레이블을 볼 수 있기 때문이다.

데이터셋 또는 테이블에 레이블을 지정했다면 레이블별로 검색할 수 있다. 예를 들어 다음 쿼리를 실행할 수 있다(REST API 또는 다양한 클라이언트 라이브러리를 사용해 검색할 수 있다).

**예제 8-46** 레이블을 지정해 데이터셋 찾는 bq 명령

```
bq ls --filter 'labels.costcenter:def456'
This returns the following:
  datasetId
  -----------
  ch08eu
```

## 시간 여행

최대 7일 동안 테이블의 과거 상태를 조회할 수 있다. 예를 들어 6시간 전에 존재했던 테이블을 쿼리하려면 SYSTEM_TIME을 사용한다.

**예제 8-47** 테이블의 과거 상태를 조회하는 쿼리

```
SELECT
  *
FROM 'bigquery-public-data'.london_bicycles.cycle_stations
FOR SYSTEM_TIME AS OF
  TIMESTAMP_SUB(CURRENT_TIMESTAMP(), INTERVAL 6 HOUR)
```

같은 테이블에 대해 여러 시점의 버전을 동시에 참조할 수는 없다. 한 테이블의 서로 다른 시점의 상태 사이의 차이점을 찾아야 할 때는 DDL를 사용해 특정 시점의 버전 중 하나를 새 테이블에 복사한 후(다음 절 참조) 조인하면 된다.

> 스트림을 통해 데이터가 공급되는 테이블에서 반복해야 하는 쿼리를 실행해야 할 때는 시간 여행 함수를 사용한다.

## 데이터 정의 언어와 데이터 조작 언어

데이터 정의 언어(DDL)는 테이블과 뷰를 생성, 변경, 삭제하기 위한 SQL 문이다. 데이터 조작 언어(DML)을 사용하면 테이블의 데이터를 갱신, 삽입, 삭제할 수 있다.

### 데이터 정의 언어

앞서 쿼리문을 사용해 테이블이나 뷰를 만드는 것을 살펴봤다. 예를 들어 이름에 'Hyde'가 들어 있는 대여소로만 구성된 테이블을 만들려면 다음 쿼리를 실행하면 된다.

**예제 8-48** 'Hyde'가 들어 있는 대여소로 구성된 테이블을 만드는 쿼리

```
CREATE OR REPLACE TABLE ch08eu.hydepark_stations AS
SELECT
  * EXCEPT(longitude, latitude)
  , ST_GeogPoint(longitude, latitude) AS location
FROM 'bigquery-public-data'.london_bicycles.cycle_stations
WHERE name LIKE '%Hyde%'
```

**옵션 목록**: 7장에서 테이블을 생성할 때 파티셔닝 및 클러스터링 명세를 추가하는 방법을 살펴 봤다. 테이블의 생성 시점에 옵션 목록을 사용해서 만료될 시간(타임스탬프), 레이블 등을 설정할 수 있다.

**예제 8-49** 테이블 생성시 옵션을 사용해 만료 시간, 레이블을 설정한 쿼리

```
CREATE OR REPLACE TABLE ch08eu.hydepark_stations
OPTIONS(
  expiration_timestamp=TIMESTAMP "2020-01-01 00:00:00 UTC",
  description="Stations with Hyde Park in the name",
  labels=[("cost_center", "abc123")]
) AS
SELECT
  * EXCEPT(longitude, latitude)
  , ST_GeogPoint(longitude, latitude) AS location
FROM 'bigquery-public-data.london_bicycles.cycle_stations'
WHERE name LIKE '%Hyde%'
```

**빈 테이블**: 빈 테이블을 만들려면 컬럼 이름과 데이터 타입을 지정하면 된다.

**예제 8-50** 빈 테이블을 생성하는 쿼리

```
CREATE OR REPLACE TABLE ch08eu.hydepark_rides
(
  start_time TIMESTAMP,
  duration INT64,
  start_station_id INT64,
  start_station_name STRING,
  end_station_id INT64,
  end_station_name STRING
)
PARTITION BY DATE(start_time)
CLUSTER BY start_station_id
```

**옵션 변경하기**: 다음과 같이 테이블을 만든 후 옵션 중 일부를 변경할 수 있다.

**예제 8-51** 테이블의 옵션을 변경하는 쿼리

```
ALTER TABLE ch08eu.hydepark_rides
SET OPTIONS(
  expiration_timestamp=TIMESTAMP "2021-01-01 00:00:00 UTC",
```

```
    require_partition_filter=True,
    labels=[("cost_center", "def456")]
)
```

### 데이터 조작 언어

빅쿼리는 주로 데이터의 수정보다는 데이터를 로드하거나 스트리밍하는 데이터 웨어하우스다. 그러나 데이터를 수정하는 기능도 제공한다. 데이터 조작 언어(DML)을 사용하면 테이블에 데이터를 삽입, 갱신, 삭제 및 병합할 수 있다.

> 빅쿼리는 온라인 트랜잭션 처리(OLTP, Online Transaction Processing) 데이터베이스가 아닌 분석용 데이터베이스다. 그래서 데이터 조작 언어를 이용해 빈번하게 UPDATE를 수행하는 용도로 설계되지는 않았다. 그러므로 갱신할 데이터가 많으면 갱신을 한 번에 일괄적으로 수행하는 것이 좋다. 일괄 갱신을 수행하는 방법 중 하나는 갱신할 데이터를 가진 테이블을 만들고 UPDATE 또는 MERGE 문을 이용해 이 테이블의 데이터를 한 번에 반영하는 것이다.

**SELECT해서 삽입하기:** 이 쿼리는 cycle_hires 테이블에서 데이터를 추출해 hydepark_rides 테이블(이전 절에서 파티션을 나눈 테이블로 생성했다)에 데이터를 삽입한다.

**예제 8-52** SELECT의 결과를 테이블에 삽입하는 쿼리

```
INSERT ch08eu.hydepark_rides
SELECT
  start_date AS start_time
  , duration
  , start_station_id
  , start_station_name
  , end_station_id
  , end_station_name
FROM
  'bigquery-public-data'.london_bicycles.cycle_hire
WHERE
  start_station_name LIKE '%Hyde%'
```

이 쿼리문은 다음과 같이 쿼리할 수 있는 테이블에 101만 개의 행을 추가한다.

**예제 8-53** 101만 개의 행 중 일부를 확인하기 위한 쿼리

```
WITH rides_in_year AS (
SELECT
  EXTRACT(MONTH FROM start_time) AS month
  , duration
FROM ch08eu.hydepark_rides
WHERE
  DATE(start_time) BETWEEN '2016-01-01' AND '2016-12-31'
  AND start_station_id = 300
  AND end_station_id = 303
)

SELECT
  month
  , AVG(duration)/60 AS avg_duration_minutes
FROM rides_in_year
GROUP BY month
ORDER BY avg_duration_minutes DESC
LIMIT 5
```

이 쿼리에서 WHERE 절에서 파티션 컬럼인 start_time 컬럼 및 클러스터링 컬럼 start_station_id 컬럼을 참조하고 있다는 점에 주목하자. 파티션 컬럼이 필요한 이유는 테이블에 require_partition_filter=True 설정을 적용했기 때문이며, start_station_id 컬럼이 클러스터 컬럼이므로 쿼리 효율성이 향상된다. 이 쿼리는 12MB의 데이터를 처리했다(반대로 클러스터되지 않은 테이블을 쿼리한 경우 740MB를 처리한다). 따라서 파티션을 나눈 테이블을 사용하면 정액형 가격 정책이나 주문형 가격 정책에 관계없이 쿼리 비용이 줄어든다.

**값 삽입하기:** 테이블이 로드한 후에도 필요하다면 데이터를 삽입할 수 있다.

**예제 8-54** INSERT를 사용한 데이터 삽입

```
INSERT ch08eu.hydepark_rides (
  start_time
  , duration
  , start_station_id
  , start_station_name
  , end_station_id
  , end_station_name
)
```

```
VALUES
('2016-02-18 17:21:00 UTC', 720, 300,
'Serpentine Car Park, Hyde Park', 303, 'Albert Gate, Hyde Park'),
('2016-02-18 16:30:00 UTC', 1320, 300,
'Serpentine Car Park, Hyde Park', 303, 'Albert Gate, Hyde Park')
```

INSERT 문의 컬럼 이름은 생략해도 좋지만 앞서 예제처럼 가능하면 컬럼 이름을 지정하는 것이 좋다.

가독성에 크게 신경 쓰지 않는다면 INSERT 문은 다음과 같이 작성할 수도 있다.

```
INSERT ch08eu.hydepark_rides
VALUES
('2016-02-18 17:21:00 UTC', 720, 300,
'Serpentine Car Park, Hyde Park', 303, 'Albert Gate, Hyde Park'),
('2016-02-18 16:30:00 UTC', 1320, 300,
'Serpentine Car Park, Hyde Park', 303, 'Albert Gate, Hyde Park')
```

**서브 쿼리의 SELECT로 값 삽입하기:** 앞서 예제처럼 INSERT를 실행하면 대여소 이름을 잘못 입력할 가능성이 있어 위험하다('Albert Gate, Hyde Park'와 'Hyde Park : Albert Gate' 중 어떤 것이 맞을까?). 따라서 문자열을 하드 코딩하는 대신 station 테이블에서 서브 쿼리를 사용하는 것이 훨씬 안전하다.

```
...
VALUES
('2016-02-18 17:21:00 UTC', 720,
  300, (SELECT name FROM 'bigquery-public-data'.london_bicycles.cycle_stations
WHERE id = 300),
  303, (SELECT name FROM 'bigquery-public-data'.london_bicycles.cycle_stations
WHERE id = 303)),
...
```

SQL 함수에 테이블 이름은 사용할 수 없으므로 중첩된 SELECT 구문을 함수로 옮긴다고 해서 코드 중복을 피할 수는 없다.

**예제 8-55** 하드 코딩 대신 서브 쿼리를 사용한 사용자 정의 함수

```
CREATE TEMPORARY FUNCTION stationName(stationId INT64) AS(
  (SELECT name FROM
    `bigquery-public-data`.london_bicycles.cycle_stations
    WHERE id = stationId)
);
```

이 책을 집필하는 현재, 빅쿼리는 저장 프로시저를 지원하지 않지만 로드맵에는 지원 계획이 있다. 이 내용을 읽을 때쯤에는 저장 프로시저를 정의하고 INSERT에서 호출할 수 있을 것이다.[13]

**행 삭제하기:** 만약 2016년 12월에 도입된 ETL 파이프라인에서 버그를 발견했는데 그 원인이 파이프라인에서 대여 기간이 0인 대여를 테이블에 실수로 로드했기 때문이라면 DML을 사용해 해당 행을 삭제할 수 있다.

**예제 8-56** DELETE 문을 사용해 데이터 삭제하는 쿼리

```
DELETE ch08eu.hydepark_rides
WHERE
  start_time > '2016-12-01' AND
  (duration IS NULL OR duration = 0)
```

행을 잘못 삽입한 오류 외에도 데이터 웨어하우스에서 행을 삭제해야 하는 경우가 여럿 있다. 예를 들어 '잊힐 권리' 규칙에 따라 회사는 특정 상황에 모든 사용자 정보를 삭제해야 한다. 이때 DELETE 문을 사용하면 된다.[14]

**예제 8-57** 특정 사용자 정보를 삭제하는 쿼리

```
DELETE ch08eu.hydepark_rides
WHERE
  userId = 3452123
```

이런 쿼리는 사용자별로 한 번씩 실행하는 것보다는 잠시 후에 살펴볼 MERGE 구문을 이용해 일괄적으로 실행하는 것이 좋다.

13 지금 현재 저장 프로시저를 사용할 수 있다. – 옮긴이

14 테이블에 userId 컬럼이 없으므로 이 쿼리는 작동하지 않는다.

**행 값 갱신하기:** 테이블에 저장된 대여 기록 중 대여 시간이 분 단위로 전달된 건이 있는데 그 값을 초 단위로 변환하는 것을 깜빡하고 테이블에 저장했다고 가정해 보자. 이 문제는 다음과 같이 테이블을 갱신해서 해결할 수 있다.

**예제 8-58** 데이터 갱신하는 쿼리

```
UPDATE ch08eu.hydepark_rides
SET duration = duration * 60
WHERE
  start_time > '2016-12-01' AND
  start_station_id = 303
```

UPDATE 구문은 배열 컬럼에 새로운 요소를 추가해야 할 때도 사용할 수 있다. 테이블의 maintenance 컬럼이 배열 컬럼이라고 가정하면 이 컬럼에서 유지 보수 일정을 얻어 다음과 같이 새로운 일정을 추가할 수 있다.[15]

**예제 8-59** 배열 컬럼에 새로운 요소를 추가하는 쿼리

```
UPDATE ch08eu.stations_table
SET maintenance = ARRAY_CONCAT(maintenance,
  ARRAY_STRUCT<time TIMESTAMP, employeeID STRING>[
    (CURRENT_TIME( ), emp303)
  ])
)
WHERE id = 303
```

DML 구문을 사용할 때는 필요한 작업을 수행하는 더 나은 방법이 있는지 생각해 보자. 예를 들어 대여소가 유지보수를 받을 때마다 유지보수 이벤트를 갱신한다면 이벤트를 별도의 테이블에 기록하고 쿼리에서 필요할 때 대여소 테이블과 결합하는 것이 바람직하다.

**MERGE 문:** MERGE 문은 INSERT, UPDATE, DELETE 작업의 원자적 조합으로, 하나의 쿼리문으로 실행(그리고 성공 또는 실패)한다. 원본 테이블의 레코드(서브 쿼리일 수도 있음)를 대상 테이블에 삽입하며 각 행에 대해 필요한 작업을 수행한다. 즉 행이 일치하거나, 대상이 일치하지 않거나, 원본이 일치하지 않는 등 세 가지 시나리오에서 다른 작업을 하도록 정의할 수 있다.

15 현재 station_table 테이블에 이 컬럼이 없으므로 쿼리는 작동하지 않는다.

예를 들어 다음 쿼리는 london_bicycle 테이블이 저장된 공개 데이터셋에서 ch08eu 데이터셋의 테이블에 레코드를 병합하고 시나리오별로 다른 작업을 수행한다.

**예제 8-60** MERGE문을 사용한 쿼리

```
MERGE ch08eu.hydepark_stations T
USING
  (SELECT *
  FROM 'bigquery-public-data'.london_bicycles.cycle_stations
  WHERE name LIKE '%Hyde%') S
ON T.id = S.id
WHEN MATCHED THEN
  UPDATE
  SET bikes_count = S.bikes_count
WHEN NOT MATCHED BY TARGET THEN
  INSERT(id, installed, locked, name, bikes_count)
  VALUES(id, installed, locked,name, bikes_count)
WHEN NOT MATCHED BY SOURCE THEN
  DELETE
```

이 쿼리는 공개 데이터셋 테이블(원본 테이블)의 서브 쿼리 행을 id 컬럼 값으로 조인한 레코드와 함께 'ch08eu.hydepark_stations'(대상 테이블)로 병합한다. 행이 일치하면 대상 테이블의 bikes_count 컬럼의 값이 원본 테이블의 bikes_count 컬럼 값으로 설정된다(다른 컬럼은 그대로 유지된다). ID가 원본 테이블에는 있지만 대상 테이블에는 없다면 새로운 행이 대상 테이블에 삽입된다. 대상 테이블에 ID가 있지만 원본 테이블에는 없다면 대상 테이블의 행이 삭제된다. 이 구문은 원자적으로 실행된다.[16]

## SQL 이상의 기능

지금까지 이 책에서는 SQL 쿼리에 대해 다뤘다. SQL은 상당히 강력하지만, 적절한 절차 지향 언어로 수행하는 것이 더 간단한 작업도 있다. 이런 경우에는 자바스크립트 사용자 정의 함수를 사용할 수 있다.

16 작업이 실패하면 모든 행의 작업이 실패하고 반대로 성공하면 모든 행의 작업이 성공한다. – 옮긴이

많은 데이터베이스 시스템이 절차적 언어를 SQL 문을 함께 사용하는 방법을 지원한다. 빅쿼리 클라이언트 라이브러리를 사용하면 필요에 따라 SQL 문의 실행을 조율할 수 있지만, 종종 서버에서 전체 작업 집합을 수행해서 장애 처리, 롤백 및 데이터 전송을 단순화하는 것이 더 편리할 수 있다. 이런 기능은 스크립팅 및 저장 프로시저가 제공한다.

## 자바스크립트 사용자 정의 함수

사용자 정의 함수는 가능하면 SQL로 작성하는 것이 바람직하다. 빅쿼리는 SQL을 최적화하고 분산 처리해 효율적으로 실행하지만 자바스크립트 사용자 정의 함수는 이런 혜택을 받지 못한다. 자바스크립트 사용자 정의 함수에는 코드 크기, 출력의 크기, 한 쿼리에서 사용할 수 있는 자바스크립트 함수 수 등에 제한이 있기 때문이다. 자바스크립트 사용자 정의 함수는 SQL 사용자 정의 함수보다 범용적으로 활용할 수 있지만 샌드박스 프로세스상의 V8 엔진을 사용해 실행되므로 추가 오버헤드가 발생한다.

즉 자바스크립트 사용자 정의 함수는 SQL로 작성하기 어려운 복잡한 계산[17]을 수행해야 하는 상황에 유용하며, 앞서 언급한 제한 사항에도 불구하고 편리한 대안으로 사용할 수 있다. 예를 들어 복잡한 가격 정책을 웹 사이트에서 지원하기 위해 자바스크립트의 `computePrice()` 함수를 이미 구현했다고 가정해 보자. 이 함수를 다음과 같이 정의하고 데이터셋에 저장할 수 있다(임시 자바스크립트 함수도 지원된다).

**예제 8-61** 자바스크립트 사용자 정의 함수

```
CREATE OR REPLACE FUNCTION ch08eu.computePrice(dur INT64)
RETURNS INT64
LANGUAGE js AS """
  function factorial(n) {
    return (n > 1) ? n * factorial(n - 1) : 1;
  }
  var nhours = 1 + Math.floor(dur/3600.0);
  var f = factorial(nhours);
  var discount = 0.8/(1+Math.pow(Math.E, -f));
  return 3 + Math.floor(dur * (1-discount) * 0.0023)
""";

SELECT
```

17 어렵다고 했지, 불가능하다고 말하지 않았다. 그렇다고 이 기능을 SQL로 구현해 우리에게 보내는 일은 없길 바란다.

```
  duration, ch08eu.computePrice(duration) AS price
FROM
  'bigquery-public-data'.london_bicycles.cycle_hire
LIMIT 5
```

자바스크립트 함수와 SQL 함수의 중요한 차이점을 살펴보자. 먼저 언어가 js임을 지정하고 전체 함수를 삼중 따옴표로 묶는다. 함수 본문에는 다른 자바스크립트 함수가 포함될 수 있다(예제에는 팩토리얼 함수를 구현한 함수도 포함되어 있다). 이 쿼리의 결과는 다음과 같다.



| 행번호 | duration | price |
|---|---|---|
| 1 | 3180 | 6 |
| 2 | 7380 | 6 |
| 3 | 2040 | 4 |
| 4 | 2280 | 5 |
| 5 | 2340 | 5 |

자바스크립트에서 외부 라이브러리의 함수를 재사용하고 싶은 경우도 있을 것이다. 이때 외부 자바스크립트 패키지의 함수를 내려받아 구글 클라우드 스토리지에 저장하면 해당 함수를 호출할 수 있다. 예를 들어 앞서 예제의 팩토리얼 함수가 mathfn.js라는 파일에 정의되어 있으면 구글 클라우드 스토리지에 해당 파일을 저장해 함수의 OPTIONS 절에서 참조하면 된다.

**예제 8-62** 외부 라이브러리 함수를 재사용하는 자바스크립트 사용자 정의 함수

```
CREATE TEMPORARY FUNCTION computePrice(dur INT64)
RETURNS INT64
LANGUAGE js AS """
  var nhours = 1 + Math.floor(dur/3600.0);
  var f = factorial(nhours);
  var discount = 0.8/(1+Math.pow(Math.E, -f));
  return 3 + Math.floor(dur * (1-discount) * 0.0023)
"""
OPTIONS (
  library=["gs://somebucket/path/to/mathfn.js",
           "gs://somebucket/path/to/someother.js"]
);
```

자바스크립트 사용자 정의 함수는 단일 워커에서 실행되며 해당 단일 워커[18]에서 수행할 수 있는 작업만 수행할 수 있다. 이 책을 집필하는 현재, 비동기 자바스크립트 함수는 지원하지 않는다.

## 스크립팅

여러 문장으로 구성된 빅쿼리 스크립트를 작성해 하나의 요청으로 빅쿼리에게 보낼 수 있다. 이 스크립트는 결과를 변수에 저장하고 루프를 사용해 동일한 쿼리를 여러 번 실행할 수 있다.

### 연속된 SQL 문

스크립트를 작성하는 이유 중 하나는 연속된 쿼리를 차례로 실행하기 위함이다. 예를 들어 중간 테이블을 생성하고 조인한 다음 테이블을 삭제한다고 가정하자. 스크립트를 사용하면 이런 작동을 실행하는 쿼리를 간단히 작성할 수 있다.[19]

**예제 8-63 스크립팅을 사용한 쿼리**

```
CREATE OR REPLACE TABLE ch08eu.typical_trip AS
  SELECT
    start_station_name
    , end_station_name
    , APPROX_QUANTILES(duration, 10)[OFFSET(5)] AS typical_duration
    , COUNT(*) AS num_trips
FROM
  'bigquery-public-data'.london_bicycles.cycle_hire
GROUP BY
  start_station_name, end_station_name
;

CREATE OR REPLACE TABLE ch08eu.unusual_days AS
  SELECT
    EXTRACT (DATE FROM start_date) AS trip_date
    , APPROX_QUANTILES(duration / typical_duration, 10)[OFFSET(5)] AS ratio
    , COUNT(*) AS num_trips_on_day
  FROM
    'bigquery-public-data'.london_bicycles.cycle_hire AS hire
    , ch08eu.typical_trip AS trip
  WHERE
```

18 자바스크립트 사용자 정의 함수 사용에 대한 자세한 내용은 https://cloud.google.com/bigquery/docs/reference/standard-sql/user-defined-functions#best-practices-for-javascript-udfs 문서를 참고하자.

19 전체 스크립트는 https://github.com/onlybooks/bigquery/blob/master/ch08/script_seq.sql 파일을 확인하자.

```
    hire.start_station_name = trip.start_station_name
    AND hire.end_station_name = trip.end_station_name
    AND num_trips > 10
  GROUP BY trip_date
  HAVING num_trips_on_day > 10
  ORDER BY ratio DESC
;

DROP TABLE ch08eu.typical_trip;
```



스크립트에서 유일하게 특이한 점은 아마도 모든 문장이 세미콜론으로 끝난다는 점일 것이다. 이 스크립트를 단일 요청으로 제출할 수 있다.

> 사실 스크립트가 필요한 상황의 상당 부분은 **WITH** 절, 조인, 상관된 서브 쿼리 또는 **GROUP BY** 절을 사용해도 해결할 수 있다. 스크립트를 작성하기 전에 단일 쿼리를 사용해 문제점을 해결할 수 있는지 신중하게 고려하자. 대부분의 경우 단일 쿼리가 훨씬 효율적이다.
>
> 예를 들어 앞서 살펴본 스크립트는 **WITH** 절로도 쉽게 구현할 수 있다. 게다가 **WITH** 절도 충분히 빠르다. 단일 쿼리로 더 복잡한 작업도 수행할 수 있다. 예를 들어 **london_bicycles** 데이터셋에서 각 **bike_id**로 30분 이상 대여한 건을 찾는 쿼리가 있다고 가정하자. 이때 조건으로 사용할 대여 시간을 **60, 120 … 300**분 등으로 늘리면서 분석을 반복해 수행하려면 루프를 이용해 이 명령문을 여러 번 실행해야 할 것이다. 그러나 대여 시간을 배열에 조인하고 **bike_id**와 대여 시간 값으로 결과를 그룹화하면 단일 쿼리로도 결과를 얻을 수 있다.
>
> 스크립트에 너무 집착하지 말자!

## 임시 테이블

앞서 살펴본 스크립트는 테이블을 생성하고 삭제하는 대신, 임시 테이블을 사용하면 더 간단하게 작성할 수 있다.[20]

**예제 8-64** 임시 테이블을 생성하는 쿼리

```
CREATE TEMPORARY TABLE typical_trip AS
  SELECT
    start_station_name
    , end_station_name
    , APPROX_QUANTILES(duration, 10)[OFFSET(5)] AS typical_duration
```

20 전체 스크립트는 https://github.com/onlybooks/bigquery/blob/master/ch08/script_seq.sql 파일을 확인하자.

```
    , COUNT(*) AS num_trips
  FROM
    'bigquery-public-data'.london_bicycles.cycle_hire
  GROUP BY
    start_station_name, end_station_name
;

CREATE OR REPLACE TABLE ch08eu.unusual_days AS
  SELECT
    EXTRACT (DATE FROM start_date) AS trip_date
    , APPROX_QUANTILES(duration / typical_duration, 10)[OFFSET(5)] AS ratio
    , COUNT(*) AS num_trips_on_day
  FROM
    'bigquery-public-data'.london_bicycles.cycle_hire AS hire
    , typical_trip AS trip
  WHERE
    hire.start_station_name = trip.start_station_name
    AND hire.end_station_name = trip.end_station_name
    AND num_trips > 10
  GROUP BY trip_date
  HAVING num_trips_on_day > 10
  ORDER BY ratio DESC
;
```

임시 테이블은 스크립트가 실행 중인 동안에만 존재하며 스크립트가 완료되면 자동으로 정리된다. 영구 테이블과 달리 임시 테이블은 데이터셋과는 무관하다.

## 간단한 스크립트 구조

본격적인 스크립트 예제를 살펴보기 위해, 하이드 파크Hyde Park의 대여소에서 대여한 자전거를 다른 대여소에 반납한 기록 중 대여 시간이 가장 긴 기록을 찾는 스크립트를 작성해 보자. 대부분의 스크립트는 스크립트에서 사용할 변수를 정의하는 선언 부분으로 시작한다.[21]

**예제 8-65** DECLARE를 사용한 변수 정의

```
-- 변수
DECLARE PATTERN STRING DEFAULT '%Hyde%';
DECLARE stations ARRAY<STRING>;
DECLARE MIN_TRIPS_THRESH INT64 DEFAULT 100;
```

21 전체 스크립트는 https://github.com/onlybooks/bigquery/blob/master/ch08/script_temptbl.sql 파일을 확인하자.

여기서는 대여 기록을 검색할 패턴과 이 패턴이 일치하는 대여소를 보관해 둘 배열을 선언했다. 세 번째 변수는 나중에 스크립트에서 사용할 최소 대여 시간 값이다. 변수의 데이터 타입에 주목하자. 패턴은 문자열이고 대여 시간은 정숫값이다. 이 두 변수에는 기본값을 제공했으므로 스크립트에서 상수처럼 사용할 수 있다.

변수는 빅쿼리가 지원하는 타입이라면 어떤 타입도 될 수 있다. 예를 들어 stations 변수는 쿼리 결과를 저장하기 위해 문자열의 배열로 선언했다(변수 임시 테이블을 사용할 수도 있다).



**예제 8-66** 쿼리 결과를 변수에 저장하는 쿼리

```
SET stations = (
  SELECT
    ARRAY_AGG(name)
  FROM
    'bigquery-public-data'.london_bicycles.cycle_stations
  WHERE
    name LIKE PATTERN
);
```

이 코드는 SET 구문을 이용해 stations 변수를 배열로 설정하고 PATTERN 변수를 사용해 데이터를 필터링한다. stations 변수는 배열이므로 SELECT 구문에서 ARRAY_AGG 함수를 호출해 모든 행의 name 컬럼 값을 집계한다. 스크립트의 나머지 부분에서 stations 배열을 사용하는 방법은 다른 배열을 사용하는 방법(예를 들면 UNNEST 함수의 사용 등)과 같다.

이제 다음과 같이 대여 시간을 가장 긴 대여 건의 반납 대여소를 찾을 수 있다.

**예제 8-67** 대여 시간이 가장 긴 대여 건의 반납 대여소를 찾는 쿼리

```
SELECT
  start_station_name
  , end_station_name
  , AVG(duration) AS avg_duration
  , COUNT(duration) AS num_trips
FROM
  'bigquery-public-data'.london_bicycles.cycle_hire
  , UNNEST(stations) AS station
WHERE
  start_station_name = station
GROUP BY start_station_name, end_station_name
HAVING num_trips > MIN_TRIPS_THRESH
```

```
ORDER BY avg_duration DESC
LIMIT 5
```

대여 기록의 수가 적을 때 평균값을 구하면 그 값은 이상치outlier[22]에 크게 영향을 받는다. 따라서 데이터셋에서 평균치로 사용할 수 있을 만큼 충분한 시간 동안 대여한 기록을 찾아야 한다. 이 쿼리의 HAVING 절은 최소 100회의 대여가 있는 대여소 쌍을 필터링한다.

| 행번호 | start_station_name | end_station_name | avg_duration | num_trips |
|---|---|---|---|---|
| 1 | Hyde Park Corner, Hyde Park | Abbey Orchard Street, Westminster | 10718.507462686563 | 268 |
| 2 | Wellington Arch, Hyde Park | Imperial College, Knightsbridge | 10062.04724409449 | 127 |
| 3 | Hyde Park Corner, Hyde Park | Westminster University, Marylebone | 9726.05042016807 | 119 |
| 4 | Park Lane, Hyde Park | Westbourne Grove, Bayswater | 9712.5 | 104 |
| 5 | Albert Gate, Hyde Park | Paddington Green Police Station, Paddington | 9182.72727272727 | 132 |

## 반복문

스크립팅은 IF 조건 및 다양한 반복문을 통한 제어 흐름도 지원한다. 앞서 예제에서 100개의 대여소 쌍을 찾기로 한 것은 상당히 임의적인 선택이었다. 이 값을 변경하면 어떻게 될까? 이렇게 여러 값으로 쿼리를 실행해보고 결과를 검토할 수 있다면 편리할 것이므로, MIN_TRIPS_THRESH 변수를 루프에 넣고 해당 루프 내에서 SELECT 문을 다음과 같이 실행하면 된다.[23]

**예제 8-68** WHILE을 사용한 반복문

```
WHILE MIN_TRIPS_THRESH < 1000 DO
  SELECT … ;
  SET MIN_TRIPS_THRESH = MIN_TRIPS_THRESH * 2;
END WHILE
```

이제 스크립트를 실행하면 세 가지 결과 집합이 표시되며, 마지막 결과 집합은 다음과 같다.

22 등장하는 횟수는 적지만 평균치를 크게 웃도는 값을 말한다. 예를 들어 10개의 데이터 중 9개는 3에서 5 사이인데 나머지 하나가 30이면 평균값이 크게 높아진다. – 옮긴이

23 전체 스크립트는 https://github.com/onlybooks/bigquery/blob/master/ch08/script_loop.sql 파일을 확인하자.

| 행번호 | start_station_name | end_station_name | avg_duration | num_trips |
|---|---|---|---|---|
| 1 | Bayswater Road, Hyde Park | Bayswater Road, Hyde Park | 4289.155172413791 | 3480 |
| 2 | Hyde Park Corner, Hyde Park | Wellington Arch, Hyde Park | 3817.0747740345105 | 2434 |
| 3 | Knightsbridge, Hyde Park | Hyde Park Corner, Hyde Park | 3582.595834591005 | 3313 |
| 4 | Park Lane, Hyde Park | Park Lane, Hyde Park | 3524.174474450833 | 12701 |
| 5 | Hyde Park Corner, Hyde Park | Knightsbridge, Hyde Park | 3479.189736664417 | 1481 |

조건이 필요 없는 조금 더 간단한 형태의 반복문도 지원한다. 예를 들어 앞서 예제의 WHILE 반복문은 다음과 같이 구현할 수 있다.



**예제 8-69** LOOP를 사용한 반복문

```
LOOP
  IF MIN_TRIPS_THRESH >= 1000 THEN
    BREAK;
  END IF;

  SELECT MIN_TRIPS_THRESH;
  SET MIN_TRIPS_THRESH = MIN_TRIPS_THRESH * 2;
END LOOP;
```

이 예제에서는 항상 true 조건을 갖는 WHILE 반복과와 유사하게 작동하는 LOOP 구문을 사용했다. 앞서 예제와 같이 BREAK 문을 사용하면 반복문을 중단할 수 있고, CONTINUE을 사용하면 반복문의 나머지 실행을 건너뛸 수 있다.[24]

## 예외

예외를 처리하려면 원하는 구문을 BEGIN … EXCEPTION 블록 안에서 실행하면 된다. 다음 쿼리를 이용하면 간편하게 스택 트레이스stack trace를 얻을 수 있다.

**예제 8-70** BEGIN .. EXCEPTION을 사용해 예외 처리한 쿼리

```
BEGIN
  DECLARE stations ARRAY<INT64>;
```

24 BREAK 및 CONTINUE 키워드는 C 기반 언어(예: 파이썬, C# 또는 자바)에서 작동하는 방식과 유사하게 작동한다. 매트랩(Matlab 문서에 BREAK(https://www.mathworks.com/help/matlab/ref/break.html) 및 CONTINUE(https://www.mathworks.com/help/matlab/ref/continue.html)에 대한 설명이 나와 있다.

```
  SET stations = (
    SELECT
      ARRAY_AGG(CAST(name AS INT64)) names
    FROM
      `bigquery-public-data`.london_bicycles.cycle_stations
    WHERE
      name LIKE '%Kings%'
  );
EXCEPTION WHEN ERROR THEN
  SELECT
    @@error.message,
    @@error.stack-trace;
END;
```

이 쿼리는 대여소 이름을 정수로 타입 변환을 하고 있다. 예외 처리가 없다면 이 스크립트를 실패할 것이다. 하지만 예외를 처리하고 있으므로 스크립트는 성공적으로 실행되며 다음과 같은 결과를 출력한다.

| 행번호 | f0_ | f1_.line | f1_.column | f1_.filename | f1_.location |
|---|---|---|---|---|---|
| 1 | Query error: Bad int64 value: Kings Gate House, Westminster at [3:17] | 3 | 2 | null | null |

RAISE 키워드를 이용해 예외를 발생하는 것도 가능하다.

**예제 8-71** RAISE 키워드를 사용해 예외를 발생시키는 쿼리

```
BEGIN
  DECLARE stations ARRAY<STRING>;
  SET stations = (
    SELECT
      ARRAY_AGG(name) names
    FROM
      `bigquery-public-data`.london_bicycles.cycle_stations
    WHERE
      name LIKE '%Kings%'
  );
  IF ARRAY_LENGTH(stations) = 0 THEN
    RAISE USING MESSAGE = "No stations matched";
  END IF;
EXCEPTION WHEN ERROR THEN
  SELECT
```

```
    @@error.message,
    @@error.stack_trace;
END;
```

Kings라는 패턴을 지정하면 스크립트는 길이가 4인 stations 배열을 생성한다. 하지만 Manhattan이라는 패턴을 지정하면 예외가 발생하며 @@error.message는 예외를 발생할 때 지정한 MESSAGE에 지정한 메시지가 출력된다.



## 시스템 변수

빅쿼리는 스크립트에서 참조할 수 있는 몇 가지 시스템 변수를 제공한다(https://cloud.google.com/bigquery/docs/reference/standard-sql/scripting#system_variables). @@project_id, @@script.slot_ms, @@current_job_id 등의 변수가 여기에 속한다.

특히 유용한 기능은 스크립트가 명령을 실행하는 시간의 기본 시간대를 UTC에서 사람이 읽을 수 있는 유의미한 시간대로 바꾸는 기능이다.

**예제 8-72** 기본 시간대를 설정한 스크립트

```
SET @@time_zone = "America/New_York";
SELECT FORMAT_TIMESTAMP("%c", TIMESTAMP "2008-12-25 15:00:00 UTC");
```

이 명령은 시간(15:30)을 UTC보다 5시간 느린 시간대의 시간으로 출력한다.

| 행번호 | f0_ |
|---|---|
| 1 | Tue Dec 25 10:30:00 2008 |

## 동적 SQL

스크립트에서 동적으로 문자열을 생성한 후 EXECUTE IMMEDIATE 구문으로 실행하는 것도 가능하다. 이 기능은 2020년 5월 구글 I/O에서 빅쿼리 출시 10주년을 기념하는 자리에서 소개되었다. 이 시기는 우리 모두가 SARS-COV-2 바이러스(코로나19 바이러스) 때문에 자가 격리 중인 시기였다. 존스 홉킨스 대학은 세계 곳곳의 확진자 수를 추적할 수 있는 공개 데이터셋을 제공했다.

존스 홉킨스의 데이터셋에서 다음의 쿼리를 실행해보자.

**예제 8-73** 캐나다에서 발생한 코로나 확진자 수 데이터를 추출하는 쿼리

```
SELECT
  *
FROM `bigquery-public-data`.covid19_jhu_csse.confirmed_cases
WHERE country_region LIKE 'Canada'
```

이 쿼리를 실행하면 모든 날짜로 이뤄진, 매우 이상하지만 문자열을 동적으로 생성해 SQL 구문으로 실행하는 예제에 적절한 데이터 구조를 볼 수 있다.

다음 쿼리를 이용하면 `INFORMATION_SCHEMA`를 이용해 컬럼의 목록과 가장 최근 3일을 찾을 수 있다.

**예제 8-74** 컬럼의 목록과 가장 최근 3일의 데이터를 추출하는 쿼리

```
SELECT
  column_name,
  parse_date('_%m_%d_%y', column_name) AS date
FROM
  `bugquery-public-data`.covid19_jhu_csse.INFORMATION_SCHEMA.COLUMNS
WHERE
  table_name = 'confirmed_cases' AND
  STARTS_WITH(column_name, '_')
ORDER BY date DESC LIMIT 3
```

이 책을 집필하는 현재 이 쿼리의 출력 결과는 다음과 같다.

| 행번호 | column_name | date |
|---|---|---|
| 1 | _5_18_20 | 2020-05-18 |
| 2 | _5_17_20 | 2020-05-17 |
| 3 | _5_16_20 | 2020-05-16 |

동적 SQL 구문을 실행하려면 `FORMAT` 문자열 함수를 이용해 구문을 완성한 후 `EXECUTE IMMEDIATE` 구문에 전달하면 된다.

**예제 8-75** EXECUTE IMMEDIATE를 사용해 만든 동적 SQL 구문

```
DECLARE col_0 STRING;
SET col_0 = '_5_18_20';
EXECUTE IMMEDIATE format("""
```

```
  SELECT
    country_region, province_state,
    %s AS cases_day0
  FROM `bigquery-public-data`.covid19_jhu_csse.confirmed_cases
  WHERE country_region LIKE 'Canada'
  ORDER BY cases_day0 DESC
"""", col_0);
```

여기서 중요한 점은 문자열 중에 %s를 지정해서 col_0 컬럼 값을 문자열에 추가했다는 점이다. 이렇게 하면 최근 3일간 캐나다 전체 주에서 데이터를 가져오는 스크립트를 완성할 수 있다.



**예제 8-76** 스크립트를 사용해 최근 3일간 캐나다 전체 주 데이터를 추출하는 쿼리

```
DECLARE columns ARRAY<STRUCT<column_name STRING, date DATE>>;
SET columns = (
  WITH all_date_columns AS (
    SELECT column_name,
           parse_date('_%m_%d_%y', column_name) AS date
    FROM `bigquery-public-data`.covid19_jhu_csse.INFORMATION_SCHEMA.COLUMNS
    WHERE table_name = 'confirmed_cases'
           AND STARTS_WITH(column_name, '_')
  )
  SELECT ARRAY_AGG(STRUCT(column_name, date)
                  ORDER BY date DESC LIMIT 3) AS columns
  FROM all_date_columns
);
EXECUTE IMMEDIATE format("""
  SELECT
    country_region, province_state,
    %s AS cases_day0, '%t' AS date_day0,
    %s AS cases_day1, '%t' AS date_day1,
    %s AS cases_day2, '%t' AS date_day2
  FROM `bigquery-public-data`.covid19_jhu_csse.confirmed_cases
  WHERE country_region LIKE 'Canada'
  ORDER BY cases_day0 DESC
""",
columns[OFFSET(0)].column_name, columns[OFFSET(0)].date,
columns[OFFSET(1)].column_name, columns[OFFSET(1)].date,
columns[OFFSET(2)].column_name, columns[OFFSET(2)].date,
);
```

이 결과의 처음 몇 개 행은 다음과 같다.

| 행번호 | country_region | province_state | cases_day0 | date_day0 | cases_day1 | date_day1 | cases_day2 | date_day2 |
|---|---|---|---|---|---|---|---|---|
| 1 | Canada | Quebec | 43636 | 2020-05-18 | 42928 | 2020-05-17 | 42192 | 2020-05-16 |
| 2 | Canada | Ontario | 24286 | 2020-05-18 | 23974 | 2020-05-17 | 23645 | 2020-05-16 |

다음과 같이 문자열 대신 이름이 있는 변수를 사용해도 된다.

**예제 8-77** 이름이 있는 변수를 사용한 EXECUTE IMMEDIATE 쿼리

```
EXECUTE IMMEDIATE """
  SELECT country_region, province_state, _5_18_20 AS cases
  FROM `bigquery-public-data`.covid19_jhu_csse.confirmed_cases
  WHERE country_region LIKE @country
  ORDER BY cases DESC LIMIT 3
"""
USING 'Canada' AS country;
```

물음표를 이용하면 위치 변수로도 같은 작업을 수행할 수 있다.

**예제 8-78** 이름이 있는 변수를 사용한 EXECUTE IMMEDIATE

```
EXECUTE IMMEDIATE """
  SELECT country_region, province_state, _5_18_20 AS cases
  FROM `bigquery-public-data`.covid19_jhu_csse.confirmed_cases
  WHERE country_region LIKE ?
  ORDER BY cases DESC LIMIT ?
"""
USING 'Canada', 3;
```

USING 절은 상황에 따라 약간 혼란스러울 수 있다. 예를 들어 다음 쿼리는 동작하지 않는다.

```
EXECUTE IMMEDIATE """
  SELECT country_region, province_state, ? AS cases -- 여기서는 물음표를 사용할 수 없다!
  FROM `bigquery-public-data`.covid19_jhu_csse.confirmed_cases
  WHERE country_region LIKE ?
  ORDER BY cases DESC LIMIT ?
"""
USING '_5_18_20', 'Canada', 3; -- 이 쿼리는 동작하지 않는다!
```

그 이유는 첫 번째 파라미터가 하나의 문자열 리터럴('_5_18_20' AS cases)로 해석되기 때문이다. 그래서 USING 절을 이용해 컬럼 이름을 전달할 수는 없다. 그러므로 컬럼 이름을 동적으로 지정할 때는 문자열 함수인 FORMAT()이나 CONCAT()을 이용할 것을 권한다.

## 저장 프로시저

스크립트를 작성한 후에는 사용자 정의 함수를 저장하는 방법과 유사하게 스크립트를 데이터셋에 저장할 수 있다. 이렇게 저장한 스크립트를 저장 프로시저stored procedure라고 한다. 다음은 프로시저를 정의하는 예다.[25]

**예제 8-79** 저장 프로시저

```
CREATE OR REPLACE PROCEDURE ch08eu.sp_unusual_trips()
BEGIN

-- 스크립트는 여기부터 시작한다.
CREATE TEMPORARY TABLE typical_trip AS
  SELECT
    start_station_name
    , end_station_name
    , APPROX_QUANTILES(duration, 10)[OFFSET(5)] AS typical_duration
    , COUNT(*) AS num_trips
  FROM
    'bigquery-public-data'.london_bicycles.cycle_hire
  GROUP BY
    start_station_name, end_station_name
;

CREATE OR REPLACE TABLE ch08eu.unusual_days AS
  SELECT
    EXTRACT (DATE FROM start_date) AS trip_date
    , APPROX_QUANTILES(duration / typical_duration, 10)[OFFSET(5)] AS ratio
    , COUNT(*) AS num_trips_on_day
  FROM
    'bigquery-public-data'.london_bicycles.cycle_hire AS hire
    , typical_trip AS trip
  WHERE
    hire.start_station_name = trip.start_station_name
    AND hire.end_station_name = trip.end_station_name
```

25 이 책의 깃허브 저장소의 ch08/stored_procedure_def.sql 파일을 확인하자.

```
    AND num_trips > 10
  GROUP BY trip_date
  HAVING num_trips_on_day > 10
  ORDER BY ratio DESC
;
-- 스크립트의 종료

END;
```

저장 프로시저를 정의한 후에는 다음과 같이 호출할 수 있다(괄호에 주목하자).

**예제 8-80** 저장 프로시저 호출

```
CALL ch08eu.sp_unusual_trips( );
```

## 저장 프로시저에 파라미터 전달하기

저장 프로시저는 입력 파라미터를 사용하고 출력 파라미터[26]를 반환할 수 있다는 점에서 사용자 정의 함수와 유사하다. 예를 들어 MIN_TRIPS_THRESH 변수를 사용해 스크립트를 파라미터화하고 실행 결과를 테이블에 저장하는 대신 반환하도록 수정할 수 있다.[27]

**예제 8-81** 저장 프로시저에 파라미터 전달하는 쿼리

```
CREATE OR REPLACE PROCEDURE ch08eu.sp_most_unusual(
  IN MIN_TRIPS_THRESH INT64,
  OUT result ARRAY<STRUCT<trip_date DATE, ratio FLOAT64, num_trips_on_day INT64>>)

BEGIN
  CREATE TEMPORARY TABLE typical_trip AS
    SELECT
      start_station_name
      , end_station_name
      , APPROX_QUANTILES(duration, 10)[OFFSET(5)] AS typical_duration
      , COUNT(*) AS num_trips
    FROM
      'bigquery-public-data'.london_bicycles.cycle_hire
    GROUP BY
```

26 파라미터는 입력과 출력 모두 작동할 수 있으며, 이런 파라미터는 INOUT으로 표시된다.

27 이 책의 깃허브 저장소에서 ch08/stored_procedure_inout.sql 파일을 확인하자.

```
      start_station_name, end_station_name
;

SET result = (
  WITH unusual_trips AS (
    SELECT
      EXTRACT (DATE FROM start_date) AS trip_date
      , APPROX_QUANTILES(duration / typical_duration, 10)[OFFSET(5)] AS ratio
      , COUNT(*) AS num_trips_on_day
    FROM
      'bigquery-public-data'.london_bicycles.cycle_hire AS hire
      , typical_trip AS trip
    WHERE
      hire.start_station_name = trip.start_station_name
      AND hire.end_station_name = trip.end_station_name
      AND num_trips > MIN_TRIPS_THRESH
    GROUP BY trip_date
    HAVING num_trips_on_day > MIN_TRIPS_THRESH
    )
  SELECT
    ARRAY_AGG(STRUCT(trip_date, ratio, num_trips_on_day) ORDER BY ratio DESC LIMIT 3)
  FROM unusual_trips
);

END;
```



이제 이 프로시저를 호출할 때는 필요에 따라 변수를 선언하고 그 값을 전달할 수 있다.

**예제 8-82** 저장 프로시저 호출할 때 변수를 선언하는 쿼리

```
DECLARE y ARRAY<STRUCT<trip_date DATE, ratio FLOAT64, num_trips_on_day INT64>>;
CALL ch08eu.sp_most_unusual(10, y);
SELECT y;
```

이 쿼리의 결과는 다음과 같다.

| 행번호 | y.trip_date | y.ratio | y.num_trips_on_day |
|---|---|---|---|
| 1 | 2016-12-25 | 1.6111111111111112 | 34477 |
| | 2015-12-25 | 1.5161290322580645 | 20871 |
| | 2015-08-01 | 1.25 | 41200 |

# 고급 함수

여기서는 빅쿼리 툴킷의 일부인 고급 함수를 다룬다. 고급 함수는 지리 데이터 분석, 통계, 해싱 및 고유 번호 생성 함수 등이 있다. 다음 장에서 머신러닝을 살펴본다.

## 빅쿼리 지리 정보 시스템

데이터 웨어하우스의 테이블 중 얼마나 많은 테이블에 위치 정보가 저장되어 있는가? 어쩌면 차량이나 소포의 이동 경로에 해당하는 위도와 경도를 저장하거나 고객 및 공급 업체의 주소가 저장되어 있을 수도 있다. 혹여 고객의 거래 기록이 저장되어 있다면 이 기록을 상점 위치 정보가 있는 다른 테이블과 조인할 수도 있다.

위치 정보는 이제 보편적일 뿐만 아니라 많은 비즈니스 의사결정이 위치를 중심으로 이루어진다. 마케팅 부서에서 프로모션에 관심을 가질 법한 지역과 도시를 분석하는 것은 이제 보편적인 작업이 되었다. 물류 회사나 적시 납품형just-in-time[28] 제조 회사는 공급망에서 수백만 개의 소형 패키지의 위치를 추적해야 한다. 따라서 지리 공간 분석은 데이터 분석에서 매우 일반적이다. 최근 채드 제닝스Chad Jennings가 깃허브에서 검색해 본 결과[29]에 따르면 깃허브에 저장된 .sql 파일의 9%가 공간 쿼리를 수행한다는 것을 알 수 있다. 그런데 어떤 쿼리가 공간 쿼리임을 추정하기 위해 매우 보수적인 방법을 사용했다. 즉 빅쿼리를 사용하면 지리 공간 데이터를 분석하고 시각화하는 것이 매우 쉽고 성능도 뛰어나므로 빅쿼리와 관련된 쿼리를 공간 쿼리라고 판단했던 것이다.

전통적으로 지리 데이터를 분석할 수 있는 시스템은 다소 독특했으며 지리 정보 시스템GIS, Geographic Information System이라고 불렀다. 이제는 빅쿼리와 같은 범용 분석 도구도 예전에는 커스텀 도구로만 가능했던 분석을 지원한다. 따라서 지리 공간 함수는 종종 GIS 함수라고 불린다.

28 주문 즉시 상품을 제작하는 방식을 말한다. – 옮긴이

29 깃허브에 있는 모든 파일의 공개 데이터셋이 빅쿼리에 있다.

## 지리 데이터 타입

GIS 함수는 지리 데이터 타입과 함께 작동한다. 빅쿼리는 WGS84 참조 타원체[30]의 지구 표면상의 점, 선 및 폴리곤을 지원한다. 예를 들어 ST_GeogPoint를 사용해 일부 런던 자전거 대여소의 경도와 위도를 표현하는 지리 데이터 타입을 만들 수 있다(인자로 경도를 먼저 쓴다).

**예제 8-83** 지리 데이터 타입을 생성하는 쿼리

```
SELECT
  name
  , ST_GeogPoint(longitude, latitude) AS location
FROM
  'bigquery-public-data'.london_bicycles.cycle_stations
WHERE
  id BETWEEN 300 AND 305
```

결과 집합에서 위치 컬럼은 Point 타입이며 이 타입의 문자열 표현은 지역을 문자열로 나타내는 표준 형식인 WKTWell Known Text(https://www.opengeospatial.org/standards/wkt-crs)로 표시된다.

| 행번호 | name | location |
|---|---|---|
| 1 | Marylebone Lane, Marylebone | POINT(−0.148105415 51.51475963) |
| 2 | Serpentine Car Park, Hyde Park | POINT(−0.17306032 51.505014) |
| 3 | Albert Gate, Hyde Park | POINT(−0.158456089 51.50295379) |
| 4 | Kennington Lane Tesco, Vauxhall | POINT(−0.115853961 51.48677988) |
| 5 | Putney Pier, Wandsworth | POINT(−0.216573 51.466907) |

30 지구는 완전한 구가 아니라 울퉁불퉁한 형태이므로 지구 모양에 대한 많은 근사치가 있고, 다른 타원상 근사치가 다른 지역에서 더 정확해지는 경향이 있다. GPS는 WGS84를 사용하므로 발생할 수 있는 거의 모든 위치 좌표는 WGS84와 관련된 것이다.

다른 시스템으로부터 지리 공간 데이터를 로드하다 보면, 지리 데이터가 WKT 형식이나 또 다른 표준 문자열 형식인 GeoJSON 형식으로 표현되어 있는 경우를 보게 된다. GeoJSON 형식은 현재 처리 중인 폴리곤의 한 점이 폴리곤 '내부'의 점인지 '외부'의 점인지(이때 두 점의 좌표가 동일하다),[31] 또는 가장자리를 테셀레이션tessellation[32]해야 하는지 등을 명확히 처리하므로, 가능하다면 WKT 포맷보다는 GeoJSON 포맷으로 내보낸다. 지리 공간 데이터가 Shapefiles 등의 형식이면 빅쿼리에 로드하기 전에 오픈 소스 도구 ogr2ogr를 사용해 데이터를 GeoJSON 포맷으로 변환한다.[33]

7장에서 설명한 것처럼, 빅쿼리의 GIS 쿼리는 지리 데이터를 기본 타입(예: 경도 및 위도)이나 문자열보다는 지리 데이터 타입으로 저장했을 때 훨씬 더 효율적이다.

데이터를 기본 타입이나 문자열로 보관하는 데이터셋이 있다면 ELT 또는 ETL 파이프라인에서 해당 데이터를 지리 데이터 타입으로 변환하면 된다.

```
CREATE OR REPLACE TABLE ch08eu.cycle_stations AS
SELECT
  *,
  ST_GeoPoint(longitude, latitude) AS location
FROM
  'bigquery-publicdata'.london_bicycles.cycle_stations
```

WKT 또는 GeoJSON 형식의 문자열을 지리 데이터 타입으로 변환하려면 각각 ST_GeogFromText 또는 ST_GeogFromGeoJSON 함수를 사용한다.

**지리위치 프로젝션 다루기**

빅쿼리 GIS는 WGS84 좌표 시스템을 사용하며 줄단위로 구분한 GeoJSON을 직접 로드할 수 있다. 하지만 그 외에도 수백가지 종류의 파일 종류와 프로젝션이 존재한다. 이들을 빅쿼리로 로드하려면 데이터 타입과 프로젝션을 WGS84 형식으로 변환해야 한다. 이 경우에는 다양한 지리위치 형식을 가져오고 지리위치를 검증하며 빅쿼리 테이블로 구체화하도록 만들어진 데이터 통합 플랫폼인 FME(https://console.cloud.google.com/marketplace/details/safe-software-public/fme-platform-2020)을 활용할 것을 권한다.

---

31 WKT를 파싱할 때 지금 파싱 중인 폴리곤이 어떤 것인지 애매할 때가 있다. 빅쿼리는 기본적으로 더 작은 폴리곤을 파싱 중이라고 간주한다. ST_GeoFromText 함수는 oriented라는 파라미터를 지원하며, 이 파라미터를 TRUE로 설정하면 현재 파싱 중인 폴리곤을 반시계 방향으로 읽는다.

32 테셀레이션(tessellation)이란 폴리곤이 겹치거나 틈 없이 평면을 완전히 채우는 것을 의미한다. 예를 들어 한 주(state)에 속한 모든 지역은 반드시 해당 주 전체를 채워야 한다. GeoJSON에서는 지역의 가장자리가 이미 평면에 있으므로 문제가 되지 않지만, WKT의 경우 빅쿼리는 반드시 주어진 좌표를 테셀레이션해야 하므로 최대 10미터까지 차이가 있을 수 있다.

33 자세한 내용은 https://oreil.ly/jZVpC를 참고하자.

반대로, 지리 데이터 타입을 WKT 또는 GeoJSON 형식의 문자열로 변환하려면 각각 ST_AsText 또는 ST_AsGeoJSON 함수를 사용한다.

**예제 8-84** 지리 데이터 타입을 GeoJSON으로 변환하는 쿼리

```
SELECT
  name
  , ST_AsGeoJSON(location) AS location_string
FROM
  ch08eu.cycle_stations
WHERE
  id BETWEEN 300 AND 305
```

이 쿼리의 결과는 다음과 같다.

| 행번호 | name | location_string |
|---|---|---|
| 1 | Marylebone Lane, Marylebone | { "type": "Point", "coordinates": [-0.148105415, 51.51475963] } |
| 2 | Serpentine Car Park, Hyde Park | { "type": "Point", "coordinates": [-0.17306032, 51.505014] } |
| 3 | Albert Gate, Hyde Park | { "type": "Point", "coordinates": [-0.158456089, 51.50295379] } |
| 4 | Kennington Lane Tesco, Vauxhall | { "type": "Point", "coordinates": [-0.115853961, 51.48677988] } |
| 5 | Putney Pier, Wandsworth | { "type": "Point", "coordinates": [-0.216573, 51.466907] } |

### 폴리곤 생성하기

대여소 300에서 대여해서 대여소 305로 이동했다가 대여소 302로 이동한 후 마지막에 대여소 300으로 다시 돌아와 반납한 대여 기록이 있다고 가정해 보자. ST_MakeLine 및 ST_MakePolygon 함수를 사용하면 각 사용 구간 또는 전체 왕복 구간을 나타낼 수 있다.

**예제 8-85** 폴리곤을 생성하는 쿼리

```
WITH stations AS (
SELECT
  (SELECT location FROM ch08eu.cycle_stations WHERE id = 300) AS loc300,
  (SELECT location FROM ch08eu.cycle_stations WHERE id = 302) AS loc302,
  (SELECT location FROM ch08eu.cycle_stations WHERE id = 305) AS loc305
)

SELECT
  ST_MakeLine(loc300, loc305) AS seg1
```

```
  , ST_MakePolygon(ST_MakeLine([loc300, loc305, loc302])) AS poly
FROM
  stations
```

이 쿼리의 결과는 다음과 같다.

| 행번호 | seg | poly |
|---|---|---|
| 1 | LINESTRING(-0.17306032 51.505014, -0.115853961 51.48677988) | POLYGON((-0.216573 51.466907, -0.115853961 51.48677988, -0.17306032 51.505014, -0.216573 51.466907)) |

폴리곤을 구성하는 방법을 고려하면 하나의 직선은 여러 세그먼트를 가질 수 있으며 직선은 열려 있을 수 있는 반면, 폴리곤은 닫혀 있음에 유의한다.[34]

### 머신러닝의 지리 데이터

정형 데이터에서 작동하는 대부분의 머신러닝 프레임워크는 숫자 또는 범주형 변수만 다룰 수 있다. 주 또는 국가 이름을 사용하면 위치를 적절하게 세분화하지 못하므로 정확한 위치를 사용하는 것이 좋다. 지리적 위치를 범주형 변수로 제공하기 위해 WKT 또는 GeoJSON 형식으로 변환하지 말자. 해시 형태의 문자식 표현은 지리적 근접성을 제공하므로 지오해시(geohash)를 사용하는 것이 바람직하다.

예를 들어 동일한 우편번호를 사용하는 지역의 중심점에 해당하는 지오해시의 처음 몇 글자는 알래스카주 전체의 우편번호 지오해시와 일치한다.

```
SELECT
  state_code
  , zip_code
  , ST_GeoHash(internal_point, 2) AS ziphash_2
  , ST_GeoHash(internal_point, 5) AS ziphash_5
  , ST_GeoHash(internal_point, 10) AS ziphash_10
FROM
  'bigquery-publicdata'.
  geo_us_boundaries.us_zip_codes
WHERE
  state_code = 'AK'
ORDER BY ziphash_10 ASC
LIMIT 5
```

34 이 표의 poly 컬럼을 보면 시작 지점의 좌표와 끝 지점의 좌표가 일치하는 반면, seg 컬럼의 좌표는 그렇지 않다는 점을 설명하고 있다. – 옮긴이

이 코드는 다음을 반환한다.

| 행번호 | state_code | zip_code | ziphash_2 | ziphash_5 | ziphash_10 |
|---|---|---|---|---|---|
| 1 | AK | 99548 | b1 | b14qu | b14queqr8k |
| 2 | AK | 99547 | b1 | b1k15 | b1k158vcqn |
| 3 | AK | 99638 | b1 | b1rug | b1rugtepv7 |
| 4 | AK | 99685 | b3 | b39d7 | b39d7x4cgz |
| 5 | AK | 99692 | b3 | b39dd | b39dd3d7xf |

우편번호 99546(아닥)과 99638(니콜스키) 모두 알류샨 열도에 있으며, 지오해시의 처음 두 글자(b1)가 같다는 사실로 공간적 근접성을 확인할 수 있다. 그중에서 더 근접한 우편번호는 네 번째와 다섯 번째 우편번호다. 99692(더치 하버)는 99685(https://www.unitedstateszipcodes.org/99685, 우날라스카)로 둘러싸여 있으며 두 우편번호 지오해시의 처음 네 글자(b39d)가 같다는 사실로 이 같은 공간적 근접성을 알 수 있다. 평범한 우편번호만으로는 두 곳의 공간적 근접성을 확인할 수 없다.

따라서 지리적인 위치를 빅쿼리의 머신러닝 모델에 통합하는 좋은 방법은 지점의 지오해시의 처음 몇 글자를 제공하는 것이다. 몇 개의 문자를 제공하는지에 따라 위치의 공간 분해 수준이 달라진다. 따라서 여러 수준의 공간 분해를 사용하는 것이 좋다. 즉 첫 번째 문자, 처음 2개의 문자 및 처음 3개 문자를 모델에 대한 3개의 범주형 입력 변수로 사용하자.

## GIS의 조건 함수

빅쿼리는 여러 공간 조건predicate 함수를 지원하며 WHERE 절과 JOIN에서 사용할 수 있다. 예를 들어, 각 우편번호의 1km(1,000m) 반경 내에 있는 자전거 대여소의 수를 확인해서 뉴욕시에서 자전거 서비스가 가장 잘 갖춰진 우편번호의 목록을 찾을 수 있다.

**예제 8-86** 우편번호의 1km 반경 내에 있는 자전거 대여소 수를 구하는 쿼리

```
SELECT
  z.zip_code
  , COUNT(*) AS num_stations
FROM
  'bigquery-public-data'.new_york.citibike_stations AS s,
  'bigquery-public-data'.geo_us_boundaries.us_zip_codes AS z
WHERE
  ST_DWithin(
    z.zcta_geom,
    ST_GeogPoint(s.longitude, s.latitude),
```

```
    1000) -- 1km
GROUP BY z.zip_code
ORDER BY num_stations DESC
LIMIT 5
```

이 쿼리의 핵심은 ST_DWithin(Distance Within의 약자) 함수이며, 실행 결과는 다음과 같다.

| 행번호 | zip_code | num_stations |
|---|---|---|
| 1 | 11201 | 116 |
| 2 | 11217 | 112 |
| 3 | 10003 | 112 |
| 4 | 11238 | 103 |
| 5 | 10011 | 95 |

마찬가지로, ST_Intersects, ST_Contains 또는 ST_CoveredBy 함수를 사용해서 특정 지역이 다른 지역과 겹치는지, 다른 지역을 포함하는지 또는 다른 지역에 포함되는지를 확인할 수 있다. 이 외에도 다양한 공간 조건 함수(https://cloud.google.com/bigquery/docs/reference/standard-sql/geography_functions)를 지원한다.

## GIS 측정 함수

유용한 GIS 함수 중 하나는 ST_Distance로, 두 지역 간의 거리를 계산할 수 있다. 예를 들어 시애틀과 마이애미 간의 거리를 계산하려면 다음 쿼리를 실행한다.

**예제 8-87** 두 지역 간의 거리를 구하는 쿼리

```
WITH seattle AS (
  SELECT ANY_VALUE(internal_point) AS loc
  FROM 'bigquery-public-data'.geo_us_boundaries.us_zip_codes
  WHERE city = 'Seattle' AND state_code = 'WA'
),
miami AS (
  SELECT ANY_VALUE(internal_point) AS loc
  FROM 'bigquery-public-data'.geo_us_boundaries.us_zip_codes
  WHERE city = 'Miami city' AND state_code = 'FL'
)

SELECT
```

```
  ST_Distance(seattle.loc, miami.loc)/1000 AS dist
FROM seattle, miami
```

쿼리를 실행한 결과 4,364km였다. 다만, 여러분이 이 쿼리를 실행하면 ANY_VALUE 함수를 이용해 두 도시의 우편번호를 선택했으므로 쿼리의 실행 결과에 다소 차이가 있을 수 있다.

> 조직에서 시행 중인 개인정보 보호 정책을 준수하려면 위치 데이터의 공간 분해 수준을 높이거나 낮출 필요가 있을 수 있다. ST_SnapToGrid를 사용하면 위치 값을 반올림할 수 있다. 예를 들어 ST_SnapToGrid(pt, 0.01)는 pt의 위도와 경도를 소수점 두 번째 자리까지 반올림한다. 이 함수는 폴리곤과 선에도 작용하며 올바른 작업을 수행한다(예를 들면 꼭짓점을 반올림하면 꼭짓점을 지나는 의미 없는 직선은 잘라낸다).



### 기하학적 변환과 집계

빅쿼리는 통합, 교차 및 기타 지리 유형을 계산할 수 있는 다양한 함수도 제공한다.

이전 절의 쿼리는 한 도시의 우편번호 중 하나를 선택했으며 해당 도시를 표현하는 폴리곤의 중심을 기준으로 거리를 측정했다. 하지만 ST_UNION 함수를 사용해 각 도시의 모든 우편번호에 기반을 둔 폴리곤을 단일 지역으로 결합해서 두 지역 사이의 거리를 계산하는 것이 훨씬 더 좋은 방법이다.

**예제 8-88** 폴리곤을 단일 지역으로 결합한 후 두 지역 간의 거리를 구하는 쿼리

```
WITH seattle AS (
  SELECT ST_UNION(ARRAY_AGG(zcta_geom)) AS loc
  FROM 'bigquery-public-data'.geo_us_boundaries.us_zip_codes
  WHERE city = 'Seattle' AND state_code = 'WA'
),
miami AS (
  SELECT ST_UNION(ARRAY_AGG(zcta_geom)) AS loc
  FROM 'bigquery-public-data'.geo_us_boundaries.us_zip_codes
  WHERE city = 'Miami city' AND state_code = 'FL'
)

SELECT
  ST_Distance(seattle.loc, miami.loc)/1000 AS dist
FROM seattle, miami
```

결과는 4,356km이며 이번에는 결정적이다. 즉 이 결과는 시애틀의 남동쪽 모서리에서 마이애미의 북서쪽 모서리까지의 거리다.

집계된 값을 집합으로 표현하는 것은 매우 빈번한 작업이므로 빅쿼리는 이 연산을 더 간편하게 수행할 수 있는 ST_UNION_AGG 함수를 제공한다.

**예제 8-89** 집계된 값을 집합으로 표현하는 쿼리

```
WITH seattle AS (
  SELECT ST_UNION_AGG(zcta_geom) AS loc
  FROM 'bigquery-public-data'.geo_us_boundaries.us_zip_codes
  WHERE city = 'Seattle' AND state_code = 'WA'
)
```

지역 집합의 중심을 계산하려면 ST_CENTROID_AGG 함수를 사용한다. 이 결과는 시애틀과 마이애미 두 도시의 기하학적 중심 간의 거리가 될 것이다.

**예제 8-90** 지역 집합의 중심을 구하는 쿼리

```
WITH seattle AS (
  SELECT ST_CENTROID_AGG(zcta_geom) AS loc
  FROM 'bigquery-public-data'.geo_us_boundaries.us_zip_codes
  WHERE city = 'Seattle' AND state_code = 'WA'
),
miami AS (
  SELECT ST_CENTROID_AGG(zcta_geom) AS loc
  FROM 'bigquery-public-data'.geo_us_boundaries.us_zip_codes
  WHERE city = 'Miami city' AND state_code = 'FL'
)

SELECT
  ST_Distance(seattle.loc, miami.loc)/1000 AS dist
FROM seattle, miami
```

이 쿼리는 4,363km를 반환한다.

지리 공간 데이터를 시각화하려면 빅쿼리 지오 비즈Geo Viz 또는 주피터 노트북(5장에서 설명)을 사용한다.

## 유용한 통계 함수들

빅쿼리는 페타바이트 규모의 데이터셋에 대한 통계 계산을 지원한다. 컬럼에서 평균, 표준 편차 및 백분위 수뿐만 아니라 컬럼 간의 피어슨 상관 계수를 계산할 수 있다.

### 통계치

예를 들어 다음은 `london_bicycles` 데이터셋의 대여 시간 컬럼에서 대량 통계를 찾는 쿼리다.

**예제 8-91** 통계치를 구하는 쿼리

```
SELECT
  MIN(duration) AS min_dur
  , MAX(duration) AS max_dur
  , COUNT(duration) AS num_dur
  , AVG(duration) AS avg_dur
  , SUM(duration) AS total_dur
  , STDDEV(duration) AS stddev_dur
  , VARIANCE(duration) AS variance_dur
FROM
    'bigquery-public-data'.london_bicycles.cycle_hire
```

쿼리의 결과는 다음과 같다.

| 행번호 | min_dur | max_dur | num_dur | avg_dur | total_dur | stddev_dur | variance_dur |
|---|---|---|---|---|---|---|---|
| 1 | −3540 | 2674020 | 24369201 | 1332.29 | 32466946080 | 9827.99 | 9.66E7 |

물론 최소(-3,540?) 및 최대(2,674,020초 = 31일!) 시간은 거의 유효하지 않은 관측 값이다. 따라서 평균 기간은 이런 이상치를 포함하므로 신뢰할 수 없다.

### 분위수

이상치가 큰 컬럼에서는 중앙값을 사용하는 것이 더 안전하게 중심 추세를 구하는 방법이다. 빅쿼리에서는 `APPROX_QUANTILES` 함수를 사용해 분위수를 구할 수 있다. 분위수를 지정할 수 있으므로 예제에서는 3을 사용한다.

**예제 8-92** 분위수를 구하는 쿼리

```
SELECT
  APPROX_QUANTILES(duration, 3)
FROM
  'bigquery-public-data'.london_bicycles.cycle_hire
```

이 쿼리는 다음 결과를 반환한다.

| 행번호 | f0_ |
|---|---|
| 1 | -3540 |
| | 600 |
| | 1080 |
| | 2674020 |

왜 숫자가 4개일까? 3개의 구간을 요구했기 때문이다. (-3,540, 600), (600, 1,080), (1,080, 2,674,020) 3개의 구간을 얻으려면 4개의 경계가 필요하다. -3,540은 최소 시간이고 2,674,020은 최대 시간이다. 데이터의 3분의 1이 600초 이하의 값이다. 대여 시간 상위 3분의 1은 1,080초 이상이다. 중간에 해당하는 나머지 3분의 1은 600초에서 1,080초 사이다.

분포의 중앙값 또는 중간점을 찾으려면 정확히 2개의 구간을 요청하면 된다.

**예제 8-93** 분포의 중앙값을 구하는 쿼리

```
SELECT
  APPROX_QUANTILES(duration, 2)
FROM
  'bigquery-public-data'.london_bicycles.cycle_hire
```

이 쿼리의 결과는 다음과 같다.

| 행번호 | f0_ |
|---|---|
| 1 | -3540 |
| | 840 |
| | 2674020 |

이 표에서 중앙값은 약 840초다.[35] 물론, 더 세분화된 정량화를 수행해 95번째 백분위 수[36]를 구할 수 있다.

**예제 8-94** 95번째 백분위 수를 구하는 쿼리

```
SELECT
    APPROX_QUANTILES(duration, 100)[OFFSET(95)]
FROM
    'bigquery-public-data'.london_bicycles.cycle_hire
```



이 쿼리의 결과는 다음과 같다.

| 행번호 | f0_ |
|---|---|
| 1 | 3000 |

이 쿼리의 결과에서 알 수 있듯이 전체 자전거의 95%는 대여 시간이 3,000초 미만임을 알 수 있다.

## 상관관계

런던 시내 중심과 가까운 대여소와 해당 대여소의 대여 시간 사이에 상관관계가 있을까? 이 질문에 답하기 위해 도심에서 대여소까지의 거리를 계산하는 컬럼과 대여 시간의 중앙값을 계산하는 컬럼을 만들어 상관관계를 계산해 보자.

**예제 8-95** 상관관계를 계산하는 쿼리

```
WITH distances AS (
  SELECT
    id
    , ST_Distance(location, ST_GeogPoint(-0.12574, 51.50853)) AS distance
  FROM
    ch08eu.cycle_stations
),
durations AS (
  SELECT
    start_station_id AS id
    , APPROX_QUANTILES(duration, 2)[OFFSET(1)] AS median_duration
```

35 우리가 얻은 중앙값은 대략적인 변위치이다. 예상되는 오차는 ±1%다.

36 95번째나 99번째 백분위 수는 종종 최악의 시나리오를 모델링할 때 사용된다.

```
    FROM
      'bigquery-public-data'.london_bicycles.cycle_hire
    GROUP BY start_station_id
  )

  SELECT CORR(distance, median_duration) AS pearson
  FROM distances
  JOIN durations
  USING(id)
```

0.14라는 결과는 도심과의 거리와 임대 기간 사이에는 상관관계가 거의 없음을 보여준다. 상관 계수 1.0은 강한 정비례성을 의미하며 -1.0은 역관계임을 나타낸다. 서로 선형적으로 독립된 두 변수는 상관 계수가 0이 된다.

## 해시 알고리즘

많은 분석 작업에 공통적으로 필요한 요구사항은 행을 고유하게 나타내는 짧은 문자열을 만드는 것이다. 예를 들어 각 컬럼을 비교하는 비용을 들이지 않고도 중복되는 행을 빠르게 식별해야 하는 경우다. 이 문제를 해결하기 위한 방법은 크게 두 가지다. 첫 번째는 행을 구성하는 값을 기준으로 지문fingerprint을 계산하는 방법이고, 두 번째는 행을 생성할 때 UUIDUniversally Unique Identifier를 할당하는 것이다. 완전히 분리된 2개의 값 집합에서 동일한 지문 값이 발생하지 않는다는 보장은 없지만 그 확률은 매우 낮다. 마찬가지로, 서로 다른 시스템에서 같은 UUID 생성될 가능성도 있다. 그럼에도 이런 일이 일어날 가능성은 매우 낮다.

따라서 암호화나 자금 관리에 지문 값이나 UUID를 사용하지는 않겠지만 같은 자전거 대여를 2번 세는 것을 방지하기 위해서 사용하는 것은 무리가 없다. 이론적으로는 낮지만 고객이 무임승차할 가능성은 있어도, 이중으로 요금이 부과되는 경우는 없을 것이다.[37] 물론 암호학적인 해시가 필요한 경우, 빅쿼리는 널리 사용되는 암호화 알고리즘(MD5 및 SHA)을 지원한다.

### 지문 함수

빅쿼리는 빅쿼리는 여러 프로그래밍 언어로 구현된 오픈 소스 해시 계산 알고리즘인 FARM 지문 알고리즘(https://github.com/google/farmhash)을 사용해 지문 값을 계산한다(필요하다면 다

37 모든 필드를 비교하거나 독특하고 전 세계적으로 일관된 인프라(클라우드 스패너처럼)를 구축하지 않아도 되므로 절약할 수 있는 계산 비용이 가끔 발생하는 자전거 무료 이용 비용보다 더 비싸다.

른 시스템에서 같은 데이터를 이용해서 같은 지문 값을 얻을 수 있다). 이 함수는 STRING 타입의 값을 입력으로 사용하며 INT64 타입의 값을 반환한다.

자전거 대여는 bike_id, 대여 시작 시간 및 대여소를 이용해 고유하게 식별할 수 있다. 하지만 두 행이 같은 대여인지 확인할 때마다 세 값을 모두 비교하는 대신 (물론 이미 계산한 경우) 두 행의 지문 값을 비교할 수 있다. 따라서 다음과 같이 cycle_hire 테이블의 지문을 계산할 수 있다.

**예제 8-96** 지문 함수를 사용한 해시

```
WITH identifier AS (
  SELECT
    CONCAT(
        CAST(bike_id AS STRING), '***',
        CAST(start_date AS STRING), '***',
        CAST(start_station_id AS STRING)
    ) AS rowid
  FROM 'bigquery-public-data.london_bicycles.cycle_hire'
  LIMIT 10
)

SELECT
  rowid, FARM_FINGERPRINT(rowid) AS fingerprint
FROM identifier
```

이 쿼리는 다음을 반환한다.

| 행번호 | rowid | fingerprint |
|---|---|---|
| 1 | 8168***2016-09-15 10:09:00+00***176 | 6524654244988303787 |
| 2 | 7218***2016-06-08 18:49:00+00***114 | -4994312061947208007 |
| 3 | 3648***2015-07-23 13:21:00+00***304 | 3924490378672877823 |
| 4 | 9403***2017-03-14 18:43:00+00***574 | -1509385442790305242 |
| 5 | 10704***2016-08-16 20:58:00+00***223 | -8271736518219415928 |
| 6 | 6048***2017-03-31 08:25:00+00***632 | 6083880842645302266 |
| 7 | 14039***2017-03-06 19:29:00+00***529 | -5809138520111495006 |
| 8 | 7956***2015-07-27 09:55:00+00***14 | -4999466933100478693 |
| 9 | 5744***2015-01-27 09:40:00+00***341 | -8567341349676429749 |
| 10 | 13088***2016-08-06 22:50:00+00***29 | 6415473001431984902 |

### 머신러닝을 위한 반복 가능한 샘플링

지문 알고리즘의 일반적인 용도는 머신러닝을 위해 데이터셋에 행의 반복 가능한 해시를 생성하는 것이다. 이는 데이터셋을 학습 또는 테스트용으로 분할할 때 사용할 수 있다. 예를 들어 대여소와 일별로 데이터를 분할하려면 두 필드의 해시를 계산하여 데이터셋을 분할할 수 있다.

```
WITH datasets AS (
  SELECT
    CONCAT(
        CAST(start_station_id AS STRING),
        CAST(EXTRACT(DATE FROM start_date) AS STRING)) AS key,
        *
  FROM 'bigquery-publicdata.london_bicycles.cycle_hire'
  LIMIT 100
)

SELECT
  IF(MOD(ABS(FARM_FINGERPRINT(key)), 10) < 8, 'train', 'test') AS ds,
  * EXCEPT(key)
FROM datasets
LIMIT 10
```

이 쿼리가 반환하는 내용은 다음과 같다(실제 컬럼은 더 많지만 다음 표에는 몇 개만 표시했다. 그러나 첫 번째 컬럼에서 행을 학습용 또는 테스트용으로 구별하고 있다는 점에 주목하자).

| 행번호 | ds | rental_id | duration | bike_id | end_station_id | end_station_name |
|---|---|---|---|---|---|---|
| 1 | train | 63022577 | 600 | 8930 | 55 | Finsbury Circus, Liverpool Street |
| 2 | test | 41340757 | 540 | 9260 | 58 | New Inn Yard, Shoreditch |
| 3 | train | 47466877 | 2040 | 11137 | 210 | Hinde Street, Marylebone |
| 4 | test | 53171329 | 5760 | 7033 | 733 | Park Lane, Mayfair |
| 5 | train | 42268703 | 900 | 7005 | 248 | Triangle Car Park, Hyde Park |

## MD5와 SHA

빅쿼리는 보편적인 해싱 알고리즘을 지원한다. 빅쿼리의 해시는 단방향 해시이며 개인 식별 정보PII, Personally Identifiable Information를 토큰화할 때 유용할 수 있다. 다만 일부 해시 알고리즘은 다른 알고리즘보다 더 안전하며, 데이터에 사용할 알고리즘에 대한 정보에 기반해 해시 알고리즘을 선택해야 한다는 점은 알아 두자(10장에서 암호화를 다룬다).

**예제 8-97** MD5, SHA 알고리즘

```
SELECT
  name
  , MD5(name) AS md5_
  , SHA256(name) AS sha256_
  , SHA512(name) AS sha512_
FROM UNNEST(['Joe Customer', 'Jane Employee']) AS name
```

이 쿼리는 다음 결과를 반환한다.

| 행번호 | name | md5_ | sha256_ | sha512_ |
|---|---|---|---|---|
| 1 | Joe Customer | 9JFfot7XXNa9 lFXrZYpklQ== | lTPGdZjjJNgvrYfvHRP2HX ofhTntHalPMAn5tdA4AY8= | ysAXoRHTb+ENWL9jB2pCD1 arBasmuush7KJVa3sKWMbz1v zyUKHUS5CDl9jBNR3yxBDwRFL SQbHwPLklBuLptQ== |
| 2 | Jane Employee | g6HbGfBF02V JLdJoXs8tXQ== | wXJxfwK/hP4dgjQuz lcPOLVZEryACurXmL7qM cnC3tE= | N9tGlXX6AibvHpDNaZciAMHSYK/9/ nA9886fVkcPwykL0NRlpilM 7zE25yUZy6RSEPvKM+sdM +lcsgG82qtj2Q== |

## UUID

다른 시스템과 중복될 일이 거의 없는, 전역적으로 유일한 문자열을 생성하고자 한다면 UUID를 사용하면 된다. UUID는 32개의 16진수로 구성된다.

**예제 8-98** UUID 생성하는 함수

```
SELECT GENERATE_UUID() AS uuid;
```

이 쿼리를 실행하면 다음과 같은 결과가 나온다(물론 여러분이 이 쿼리를 실행하면 책과는 다른 문자열을 얻게 될 것이다).

| 행번호 | uuid |
|---|---|
| 1 | 5ae248e9-5872-410f-862f-8a27bb527b53 |

### 난수 생성기

빅쿼리는 난수 생성기를 제공하며, 분석 시 변수를 섞거나 의도치 않은 값을 추가해야 할 때 유용하다. 다음 쿼리를 사용하면 0에서 1사이의 범위에서 균일하게 분포된 난수를 생성할 수 있다.

**예제 8-99** 난수 생성하는 함수

```
SELECT RAND( )
```

## 정리

8장에서는 SQL 쿼리를 재사용하는 방법을 살펴봤다. 이름을 가진 파라미터 또는 위치 기반 파라미터를 사용해 쿼리 일부분을 파라미터화할 수 있으며, 파라미터의 값은 실행하는 시점에 쿼리에 전달된다. SQL 코드에서 자주 사용되는 부분을 추출해 임시(현재 쿼리에서만 사용 가능) 또는 영구적으로 데이터셋에 함수로 저장함으로써 데이터셋에 읽기 접근 권한을 가진 모든 사용자와 공유할 수 있다. 재사용과 가독성을 개선하는 다른 방법은 `WITH` 절과 상관 서브 쿼리를 사용하는 것이다. 또한 순서를 보존하거나, 반복되는 필드를 저장하거나, 데이터를 생성하는 등의 상황을 논의하면서 배열에 대해 좀 더 자세히 알아봤다. 또한 이동 평균 계산, 탐색('다음 3개 행') 및 번호 매기기(첫 번째, 마지막 등을 찾기 위해)를 위해 테이블의 하위 집합으로 계산되는 윈도우 함수도 논의했다.

테이블 메타데이터를 사용해 쿼리를 동적으로 작성하고 DDL/DML을 광범위하게 다루는 예를 살펴봤다. 게다가 간단한 명령문 시퀀스 실행 또는 반복문 같은 복잡한 요구사항을 수렴하기 위해 빅쿼리가 지원하는 스크립팅도 논의했다.

마지막으로 빅쿼리 GIS, 지리 데이터 타입 작성 방법 및 `ST_Union` 함수를 사용해서 GIS 조건을 계산하고 기존 지역을 변환하는 방법 등도 논의했다. 그리고 통계 함수와 해시 알고리즘을 설명하며 이 장을 마무리했다.

9장

# 빅쿼리 머신러닝

인공지능AI, Artificial Intelligence은 자율적으로 활동할 수 있는 컴퓨터 시스템 구축에 집중하는 컴퓨터 과학의 영역이다. 세월이 흐르면서 AI에서 여러 하위 분야가 생겨났지만, 최근 몇 년 동안 성공적으로 입증된 접근 방식은 대규모 데이터셋으로 복잡한 문제를 아주 정확하게 해결할 수 있는 범용 모델(의사결정 트리, 신경망 등)을 학습시키는 방법이다.

예제 데이터를 기반으로 컴퓨터를 학습하는 것을 지도 학습이라고 하며, 빅쿼리에 데이터가 있다면 수행할 수 있다. 이 장에서는 빅쿼리 MLBigQuery ML을 사용해 다양한 머신러닝 문제를 해결하는 방법을 살펴본다. 빅쿼리에서 머신러닝을 할 수 있지만, 업계 표준으로 사용하는 텐서플로TensorFlow 같은 머신러닝 프레임워크를 빅쿼리 데이터에 사용하면 훨씬 더 다양한 머신러닝 모델 및 구성 요소에 접근할 수 있다. 따라서 이 장에서는 빅쿼리와 완전히 발달한 머신러닝 프레임워크 사이에 존재하는 접점에 관해서도 살펴본다.

## 머신러닝이란

과거 데이터는 바로 데이터 웨어하우스의 존재 이유로, 과거 데이터에 정확한 답(레이블)이 있다면 과거 데이터를 머신러닝 모델에 학습시켜 아직 레이블을 모르는 경우의 결과를 예측할 수 있다. 예를 들어 실제 판매된 과거 데이터셋이 있다면 향후 판매를 추정하기 위한 머신러닝 모델을 학습시킬 수 있다. 데이터 분석과 마찬가지로, 빅쿼리의 머신러닝도 SQL에서 수행된다.

## 머신러닝 문제 공식화하기

예를 들어 전국에서 수백 개의 영화관을 운영하고 있으며, 특정 극장의 특정 상영 시간에 얼마나 많은 영화표가 팔릴지 예측하기를 원한다고 가정하자. 과거에 상영된 영화에 대한 데이터를 가지고 있다면, 머신러닝 문제는 다음과 같이 공식화formulate될 수 있다. 영화에 대한 과거 데이터를 사용해 각 극장에서 상영 시간별로 판매되는 티켓의 수를 알아보자. 그런 다음 해당 머신러닝 모델을 후보 영화에 적용해 특정 상영 시간에 이 영화에 대한 수요량을 결정하자.

머신러닝 모델에 대한 입력으로 사용할 영화의 속성을 모델의 피처feature라고 한다. 레이블은 우리가 예측하고자 하는 결과로, 이때 레이블은 판매된 티켓 수다. 다음은 모델에 포함할 수 있는 피처의 예다.

- 영화 콘텐츠 등급[1](예를 들면 PG-13은 13세 미만의 어린이의 시청은 부모의 지도가 권장된다)
- 상영 시간이 주중인지 주말인지 아니면 휴일인지?
- 하루 중 몇시에(오후, 저녁 또는 밤) 상영하는지?
- 영화 장르(코미디, 스릴러 등)
- 영화가 개봉한 지 얼마나 되었는지(일 단위)?
- 영화의 평균 비평가의 등급(1~10 점)
- 해당 감독의 이전 영화에 대한 총 흥행 수입(해당되는 경우)
- 주연 배우의 이전 영화에 대한 총 흥행 수입(해당되는 경우)
- 극장 위치
- 극장 유형(예를 들면 멀티 플렉스, 자동차 극장, 쇼핑몰 등)

영화 제목은 머신러닝 모델[2]에 대한 좋은 입력이 아니다. 2011년 영화인 〈팅커 테일러 솔저 스파이〉가 학습 데이터셋의 일부일 수도 있지만, 알아보고자 하는 그 영화(예제에서는 영화 한 편에 대한 예측을 수행하며 현재 상영 중이라고 가정한다)의 실적을 예측하는 데 큰 영향은 없을 것이다. 영화 제목보다는 비슷한 평가를 받은 2016년에 발표된 스릴러 영화인 〈딥워터 호라이즌〉의 실적이 더 의미 있을 것이다.

1 https://en.wikipedia.org/wiki/Motion_picture_content_rating_system 문서를 참고한다.

2 토큰화, 형태소 분석 및 단어 임베딩 같은 일반적인 자연어 처리 기술을 적용할 때는 영화 제목의 개별 단어를 사용하는 것이 더 적절할 수 있다. 영화 제목에 대해 계산된 피처도 유용할 수 있다. 예를 들어 제목 길이가 어느 정도 예측력을 가지거나 제목에 '스파이'라는 단어가 있는지 등이 있다.

따라서 머신러닝 모델은 영화를 고유하게 식별하는 것이 아니라 영화를 설명하는 영화의 피처를 기반으로 해야 한다. 이런 식으로 우리 모델은 〈딥워터 호라이즌〉이 〈팅커 테일러 솔저 스파이〉와 비슷한 시기에 상영된다면 장르가 같고 비평가의 평가가 비슷하므로 두 영화의 실적이 비슷할 것이라고 추측할 수 있다.

처음 네 가지 피처(평점, 상영 시간 유형, 상영 시간, 장르)는 범주형 피처로, 한정된 수의 가능한 값 중 하나를 사용한다. 빅쿼리에서 문자열인 피처는 범주형 피처로 간주된다. 데이터베이스에서 범주형 피처를 다른 타입으로 표현하고 있다면(예를 들면 상영 시간은 1430 또는 타임스탬프와 같은 숫자일 수 있다) 쿼리에서 문자열로 캐스팅해야 한다. 그다음 네 가지 피처(개봉 후의 시간, 비평가의 평가, 감독 및 주연의 박스 오피스 흥행 실적)는 숫자 피처이며, 이는 의미 있는 크기의 숫자여야 한다. 마지막 두 피처(극장 유형 및 위치)는 특별한 방식으로 표현되어야 한다. 더 자세한 내용은 이 장의 뒷부분에서 논의한다.

예측 문제에 대한 답, 즉 레이블은 과거에 판매된 티켓 수를 토대로 구할 수 있다. 머신러닝 모델이 학습하는 동안 빅쿼리는 입력 피처 및 그에 해당하는 레이블을 표시하고 이 정보를 캡처하는 모델을 생성한다(그림 9-1 참조). 그다음 예측 과정에서는 새로운 입력 피처에 학습된 머신러닝 모델을 적용해 특정 시간과 위치에 영화를 개봉했을 때의 판매할 수 있는 티켓 수를 예측한다.

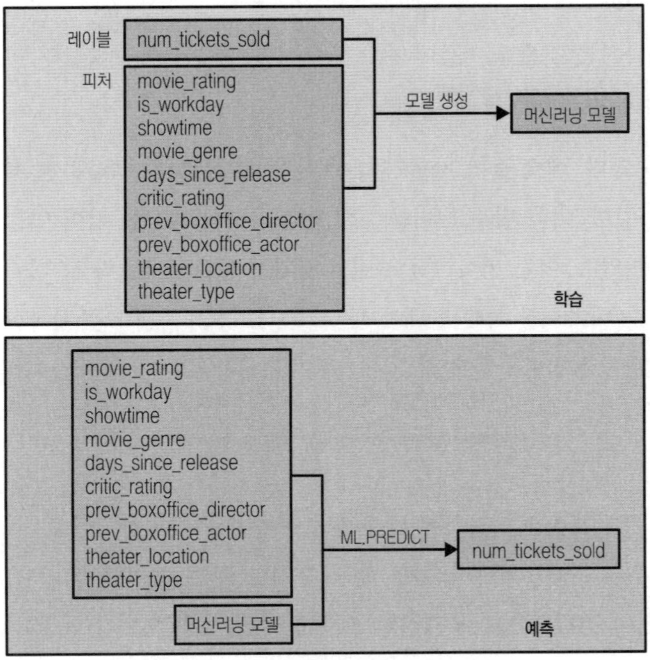


그림 9-1 학습 과정은 모델에 피처와 해당 레이블을 표시한다. 그런 다음 학습한 모델을 사용해 예측을 실행한다. 피처 집합이 완성되면 모델은 레이블 값을 예측한다

## 머신러닝 문제의 유형

입력 피처와 레이블의 성격에 따라 다른 머신러닝 모델을 사용한다. 여기서는 다양한 문제 유형에 대해 간단히 설명한다. 이 문제의 해결 방법에 대한 자세한 내용은 이 장의 나머지 부분에서 설명한다.

### 회귀

이전 절의 예에서는 특정 상영 시간의 예상 티켓 판매 수를 예측하려고 했다. 이처럼 숫자 타입의 레이블을 다루는 머신러닝 문제 유형을 회귀regression라고 한다.

### 분류

레이블이 범주형 변수인 머신러닝 문제 유형을 분류classification라고 한다. 분류 모델의 출력은 행이 레이블 값에 속할 확률이다. 예를 들어 영화 티켓이 판매될지 여부를 예측하기 위해 머신러닝 모델을 학습시킬 때 분류 모델을 사용하며 모델의 출력은 영화 티켓의 판매 가능성이다.

대부분의 분류 문제에는 두 가지 클래스가 존재한다. 예컨대, 영화 티켓이 판매되거나 그렇지 않거나, 고객이 상품을 구매하거나 구매하지 않거나, 항공편이 늦거나 그렇지 않거나다. 이를 이진 분류 문제binary classification problem라고 한다. 이때 레이블 컬럼은 참True 또는 거짓False이거나 1 또는 0이어야 한다. 모델이 예측하는 것은 레이블이 참일 확률이다. 일반적으로 확률의 임계값을 0.5로 지정해 가장 가능성이 높은 클래스를 결정한다.

분류 문제는 여러 클래스를 가질 수 있다. 예를 들어 자전거 대여 시나리오를 다시 생각하면 자전거를 반납할 대여소를 예측할 수 있다. 이때 범주 레이블에는 수백 가지의 가능한 값이 있으므로 다중 클래스 분류 문제로 볼 수 있다. 이런 머신러닝 모델의 결과는 네트워크상의 각 대여소별로 생성된 일련의 확률이며 모든 대여소의 확률 합계는 1.0이 된다. 다중 클래스 문제에서는 보통 실제 확률보다는 상위 3개 내지 5개의 확률에 집중하는 편이다.

### 추천

등급 또는 과거 구매를 기반으로 '다음' 제품을 권장하는 다중 클래스 분류의 특별한 경우를 추천recommender 시스템이라고 한다. 추천 문제는 다중 클래스 분류 문제로 풀 수 있지만, 이런 문제를 위한 전용 머신러닝 모델 유형이 생겼으므로 구체적인 모델 유형을 사용하는 것이 좋다.

또한 추천 시스템은 제품 또는 프로모션을 원하는 고객을 찾기 위한 고객 타깃팅 문제의 해결책으로 선호하는 방법이다.

### 시계열 예측

입력이 숫자의 시계열이고 같은 계열 안의 값을 기준으로 미래의 값을 예측하는 작업을 위한 특별한 회귀를 시계열 예측time series prediction 문제라고 한다. 계절, 트렌드, 자연적인 변화를 고려해 시계열 값을 예측할 수 있는 강력한 방법들이 존재한다.



### 클러스터링

만약 레이블이 없다면 지도 학습을 할 수 없다. 대신, 데이터에서 자연적인 집단을 찾을 수 있다. 이런 유형의 머신러닝 문제는 클러스터링clustering이라고 한다. 예를 들어 고객 세분화를 수행하기 위해 고객 피처 클러스터링을 사용할 수 있다. 반면에 클라우드 데이터 레이블링 서비스Cloud Data Labeling Service를 사용해 사람이 직접 지도 학습을 위한 학습용 데이터셋을 만들 수도 있다.

### 비정형 데이터

지금까지 논의에서 데이터가 정형structured 데이터 또는 반정형semi-structured 데이터로 구성되어 있다고 가정했다. 입력 피처 중 일부가 비정형unstructured(예로 들면 이미지 또는 자연 언어 텍스트)이면 클라우드 비전 APICloud Vision API 또는 클라우드 자연어 APICloud Natural Language API 같은 기존 모델을 사용해 비정형 데이터를 처리하고, API의 출력을 머신러닝 모델에 대한 숫자 또는 범주형 입력으로 사용하는 것을 고려한다. 예를 들어 자연어 API를 사용해 고객의 이메일 주소에서 중요한 부분을 찾아 범주형 변수로 사용하거나, 고객 리뷰로부터 사용 소감을 식별해 숫자형 피처로 사용할 수 있다.

또한 문자열 함수나 머신러닝 API를 통해 비정형 데이터를 정형 데이터로 바꿀 수 있다. 보통은 텍스트 필드를 개별 단어로 분할하고 개별 단어의 존재 여부를 피처로 취급하는 기법을 사용하며, 이런 기법을 단어 뭉치bag of words 기법이라 한다. 영화 제목의 예에서 〈The Spy Who Loved Me〉라는 제목은 'have_spy'와 'have_love'라는 2가지 피처만 True 값을 가지며 나머지 피처는 거짓일 것이다('the', 'who', 'me'는 너무 흔해서 예측에 도움이 되지 않을 것이다). 또는 제목에 있는 단어의 수를 사용할 수도 있다(제목이 너무 길다면 인디 영화일 가능성이 높고 이런 영화를 선호하는 관객은 일반 관객과는 성향이 많이 다를 것이다).

**레이블이 정형화되지 않은 경우**(예를 들면 모델이 과거 응답 데이터셋을 기반으로 고객 질문에 대한 이상적인 응답을 생성하기 원하는 경우)는 자연어 생성 문제다. 이런 문제는 빅쿼리가 처리할 수 있는 문제의 범위를 벗어난다.

## 모델 유형별 요약

표 9-1에는 머신러닝 문제 유형이 요약되어 있다. 빅쿼리의 모델 유형은 다음 절에서 설명한다.

**표 9-1** 빅쿼리에서 머신러닝 모델 유형 및 구현 방법

| 문제의 특성 | 머신러닝 문제 유형 | BigQuery model_type |
|---|---|---|
| 사용 가능한 레이블이 없거나 데이터에 레이블을 할당할 수 없는 경우 | 클러스터링 | kmeans |
| 레이블이 숫자일 경우 | 회귀 | linear_reg<br>dnn_regressor<br>boosted_tree_regressor |
| 숫자의 시계열에서 미래의 값을 예측한다 | 시계열 예측 | ARIMA |
| 사용자에게 제품을 추천하는 경우 | 추천 | matrix_factorization |
| 제품을 선호할 것 같은 사용자를 추천하는 경우 | 고객 타깃팅 | matrix_factorization |
| 레이블이 1 또는 0이거나 참 또는 거짓인 경우(또는 카테고리가 2개인 경우) | 이진 분류 | logistic_reg<br>dnn_classifier<br>boosted_tree_classifier |
| 레이블이 정해진 개수의 문자열 집합 안에 있는 경우 | 다중 클래스 분류 | logistic_reg<br>dnn_classifier<br>boosted_tree_classifier |
| 입력 변수가 비정형 데이터인 경우 | 이미지 분류<br>텍스트 분류<br>의미 분석<br>엔티티 추출 | 클라우드 비전 API나 클라우드 자연어 API를 상기 표준 빅쿼리 모델의 입력으로 사용함 |
| 레이블이 비정형인 경우 | 질문 답변하기<br>텍스트 요약<br>이미지 캡셔닝 | 클라우드 AutoML 제품을 사용함 |

## 회귀 모델 생성하기

london_bicycles 데이터셋을 사용해 회귀 모델을 생성하는 예제를 살펴보자. 먼저 두 가지 유형의 자전거가 있다고 가정하자. 하나는 튼튼한 출퇴근용 자전거이고, 다른 하나는 빠르지만 고장 나기 쉬운 도로용 자전거다. 자전거 대여가 장시간 지속될 가능성이 있다면 도로용 자전거 재고를 확보해야 하지만, 대여 시간이 짧다면 출퇴근용 자전거 재고를 보유해야 한다. 따라서 자전거를 제대로 보관할 수 있는 시스템을 구축하려면 자전거 대여 기간을 예측해야 한다.



### 레이블 선택하기

머신러닝 문제를 해결하는 첫 번째 단계는 모델의 피처와 레이블을 식별하기 위해 문제를 공식화하는 것이다. 첫 번째 모델의 목표는 과거 자전거 대여 데이터셋을 사용해 대여 기간을 예측하는 것이므로 레이블은 대여 기간이다.

그러나 이것이 문제의 올바른 목표일까? 대여 건별로 대여 시간을 예측해야 할까, 최근 한 시간의 대여 기록으로 모든 대여 시간을 예측할 수 있을까? 후자가 더 나은 방식이라면, 레이블은 어느 특정 시[hour]의 모든 대여 시간의 합이어야 한다. 그러나 사업 부서와 이야기해 본 결과, 20분간의 대여 기록이 1,000건인 대여소에는 출퇴근용 자전거가 있어야 하고, 200분의 대여 기록이 100건인 대여소에는 도로용 자전거가 있어야 함을 알게 되었다. 따라서 전체 대여 시간을 예측하는 것은 비즈니스의 올바른 결정에 도움이 되지 않고, 각각의 대여 시간을 예측하는 것이 도움이 된다.

또 다른 옵션은 대여 기간이 30분 미만이 될 가능성을 예측하는 것이다. 이 경우에는 대여 시간이 30분을 넘는지 여부에 따라 레이블을 참/거짓으로 표현할 수 있다. 이 레이블의 참/거짓 비율은 각 대여소에서 보유해야 할 출퇴근용 자전거와 도로용 자전거의 상대적 비율을 나타낼 수 있으므로 비즈니스에 훨씬 더 도움이 될 수 있다.

목표가 여러 가지라면 그중 하나를 선택하는 것이 일반적이다. 하지만 어떤 경우에는 이런 목표를 가중치로 조합해 레이블로 만들고 단일 모델을 학습시킬 수도 있다. 다른 경우에는 각 목표마다 하나씩 여러 모델을 학습하고 다른 시나리오에서 다른 모델을 사용하는 것이 도움이 될 수 있다. 또 다른 상황에서 가장 좋은 방법은 최종 사용자에게 모든 모델의 결과를 제시하고 선택하도록 하는 것이다. 어떤 방법을 선택할 것인지는 결국 비즈니스가 좌우한다.

이 책의 예시에서는 대여 시간을 예측하는 모델과 대여 시간이 30분을 초과할 확률을 예측하는 두 가지 모델을 만들어야 한다고 결정하자. 그런 다음 최종 사용자로 하여금 이 두 가지 예측을 기반으로 의사결정을 하도록 하자.

## 피처를 찾기 위한 데이터셋 탐색

대여소, 요일 및 시간에 따라 대여 시간이 다를 것으로 판단되면 해당 요소를 입력 피처로 사용할 수 있다. 이 세 가지 피처를 갖춘 모델을 만들기 전에 이런 요소가 레이블에 영향을 미치는지 확인하는 것이 좋다.

머신러닝 모델의 피처를 생각해내는 것을 피처 엔지니어링feature engineering이라고 한다. 피처 엔지니어링은 정확한 머신러닝 모델을 구축하는 데 가장 중요한 부분이며 하이퍼파라미터hyperparameter를 사용하거나 튜닝할 알고리즘을 결정하는 것보다 훨씬 더 모델에 영향을 준다. 피처 엔지니어링을 제대로 하려면 데이터와 도메인을 깊이 이해해야 한다. 대부분 데이터와 도메인에 대한 이해는 가설의 검증 과정에서 비롯된다. 즉 어떤 것을 피처로 삼을지 생각했다면 그 피처가 제대로 작동하는지(레이블과 상호 정보가 있는지) 확인한 후에 모델에 추가하는 식이다. 이 과정이 어렵다면 지금부터 설명할 시나리오를 잘 생각해 보자.

### 대여소의 영향

start_station_name 컬럼을 차원으로 사용하고 duration을 지표로 사용해[3] 데이터 스튜디오에서 다음 쿼리 결과를 시각화하면 대여 시간이 대여소별로 다른지를 확인할 수 있다.

**예제 9-1** 대여소별 평균 대여 시간을 구하는 쿼리

```
SELECT
  start_station_name
  , AVG(duration) AS duration
FROM 'bigquery-public-data'.london_bicycles.cycle_hire
GROUP BY start_station_name
```

이 쿼리의 결과는 그림 9-2와 같다.

3 빅쿼리 웹 콘솔에서, Explore in Data Studio를 클릭한다.

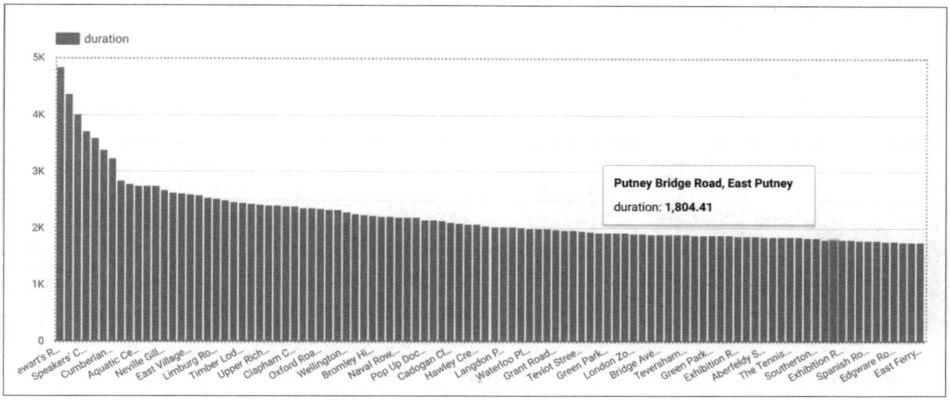


그림 9-2 몇 군데의 대여소에서 장기 대여가 발생한 것으로 보인다

그림 9-2에서 보면 대여 시간이 긴(3,000초 이상) 대여 건수가 기록된 대여소의 수는 몇 개에 불과하며, 대부분 대여소의 대여 시간은 상대적으로 짧은 것을 알 수 있다. 이처럼 대여 시간이 짧은 런던의 대여소들이 모두 포함되어 버린다면 어느 대여소에서 대여했느냐는 적절한 피처가 되지 못한다. 하지만 이 경우는 그림 9-2의 그래프에서 보듯이 데이터가 start_station_name 컬럼 값을 기준으로 보여지고 있다는 것이 문제다.

자전거를 대여할 때는 반납할 대여소를 알 수 없으므로 end_station_name 컬럼을 피처로 사용할 수 없다. 현재 우리는 미래에 있을 대여에 대한 머신러닝 모델을 만들고 있으므로 예측 시점에 알 수 없는 컬럼을 피처로 사용하면 안 된다는 사실을 염두에 둬야 한다. 사용할 수 있는 피처는 시간과 인과성에 제약을 받는다.

## 요일

다음 후보 피처도 절차는 비슷하다. 다음 쿼리를 이용해 요일(또는 이와 유사한 시간)이 중요한지 확인할 수 있다.

**예제 9-2** 요일별 평균 대여 시간을 구하는 쿼리

```
SELECT
  EXTRACT(dayofweek FROM start_date) AS dayofweek
  , AVG(duration) AS duration
FROM 'bigquery-public-data'.london_bicycles.cycle_hire
GROUP BY dayofweek
```

그림 9-3은 이 쿼리의 결과를 시각화한 것이다.

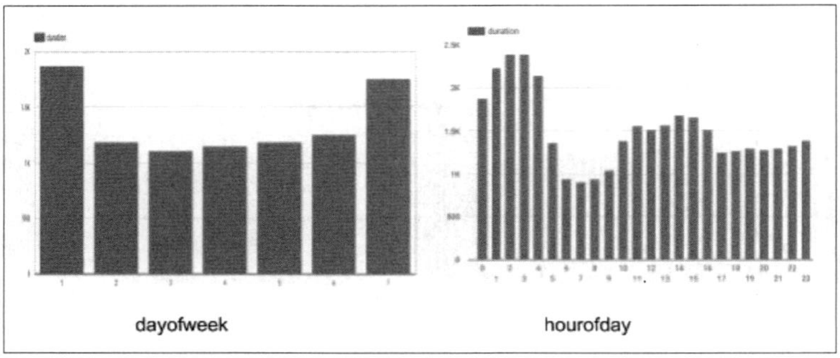


**그림 9-3** 주말과 오전 및 이른 오후에 대여 시간이 더 긴 것을 알 수 있다

그림 9-3을 보면 대여 시간은 요일과 시간대에 따라 다르다. 주중보다 주말(1일과 7일)의 대여 시간이 더 긴 것으로 보인다. 마찬가지로, 아침과 이른 오후에 대여 시간이 더 길다. 따라서 요일과 시간대는 적절한 피처라고 할 수 있다.

### 자전거 수

또 다른 잠재적 변수는 대여소의 자전거 수다. 어쩌면 대여소에 자전거가 적으면 더 오래 빌린다고 가정할 수 있다. 이 가설을 검증하기 위해 다음의 쿼리를 작성하자.

**예제 9-3** 자전거 수에 따른 평균 대여 시간을 구하는 쿼리

```
SELECT
  bikes_count
  , AVG(duration) AS duration
FROM 'bigquery-public-data'.london_bicycles.cycle_hire
JOIN 'bigquery-public-data'.london_bicycles.cycle_stations
ON cycle_hire.start_station_name = cycle_stations.name
GROUP BY bikes_count
```

그림 9-4는 데이터 스튜디오에서 쿼리의 결과를 시각화한 것이다.

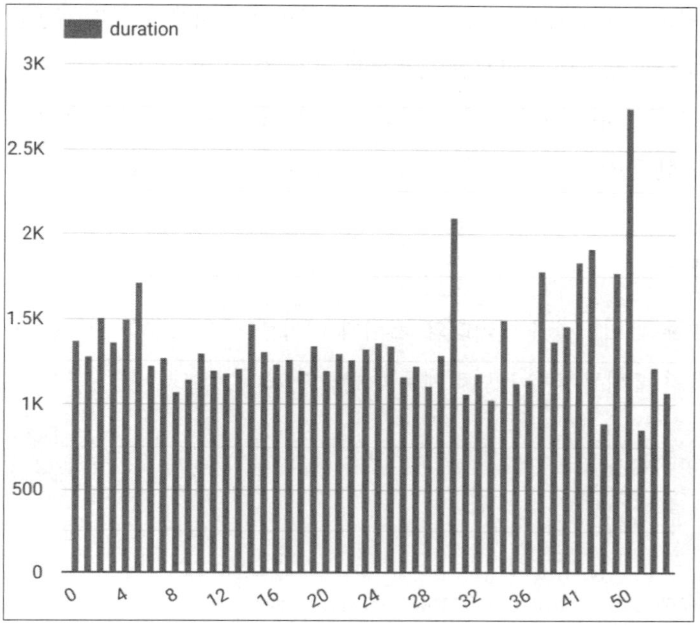


그림 9-4 대여소의 자전거 수와 평균 대여 시간의 관계

그림 9-4를 보면 다른 그래프(예를 들면 시간대별 대여 시간)와 달리 특별히 눈에 띄는 문제가 없음에도 데이터가 들쭉날쭉한 것을 볼 수 있다. 이는 자전거의 수가 좋은 피처가 아님을 의미한다. 피어슨Pearson 상관 계수[4]를 계산하면 자전거 수가 좋은 피처가 아님을 정량적으로 증명할 수 있다.

**예제 9-4** 자전거 수와 평균 대여 시간의 상관 계수를 확인하는 쿼리

```
SELECT
  CORR(bikes_count, duration) AS corr
FROM 'bigquery-public-data'.london_bicycles.cycle_hire
JOIN 'bigquery-public-data'.london_bicycles.cycle_stations
ON cycle_hire.start_station_name = cycle_stations.name
```

이 쿼리의 실행 결과는 -0.0039이다. 피어슨 상관 계수는 선형 의존성이 있으면 1.0의 절대값을 가지며, 선형적으로 독립적이면 0.0을 가진다. 따라서 -0.0039이라는 결과는 bikes_count와 duration 컬럼 사이의 관계가 서로 독립적임을 뜻한다.

4 피어슨 상관 계수는 두 변수 간의 상관 관계를 확인하기 위한 방법이다. −1~1 범위를 가지며 1에 가까우면 강한 양의 선형 관계, −1에 가까우면 강한 음의 상관 관계, 0에 가까우면 상관 관계 없음을 의미한다. – 옮긴이

피어슨 상관 계수는 선형 의존성만 보기 때문에 변수가 유용한지 확인하기 위한 테스트로는 완벽하다고 할 수 없다. 때로는 피처가 레이블과 비선형 의존성을 가질 수도 있다. 그럼에도 피어슨 상관 계수를 따져보는 것부터 시작하는 것이 좋다. 머신러닝 과학자들은 레이블에 대한 피처의 무작위성을 계산하는 더 정교한 통계 테스트를 자주 사용하곤 한다.

## 학습 데이터셋 생성하기

지금까지 살펴본 london_bicycles 데이터셋의 데이터와, 컬럼과 레이블 간의 다양한 관계를 바탕으로 선택한 피처와 레이블을 추출해서 학습 데이터셋을 준비하자.

**예제 9-5** 학습 데이터셋 준비를 위한 쿼리

```
SELECT
  duration
  , start_station_name
  , CAST(EXTRACT(dayofweek FROM start_date) AS STRING) AS dayofweek
  , CAST(EXTRACT(hour FROM start_date) AS STRING) AS hourofday
FROM 'bigquery-public-data'.london_bicycles.cycle_hire
```

피처 컬럼은 숫자(INT64, FLOAT64 등) 또는 범주형(STRING)이어야 한다. 피처가 숫자이지만 범주형으로 처리되어야 할 때는 그 값을 STRING 타입으로 캐스팅해야 한다. 그래서 이 쿼리는 1에서 7까지의 정수를 가진 dayofweek 컬럼과 0에서 23까지의 정수를 가진 hourofday 컬럼을 문자열로 변환하고 있다.[5]

> 데이터 준비하는 과정에서 계산 비용이 많이 드는 변환 또는 조인을 수행해야 한다면 실험 중에 해당 작업을 반복하지 않도록 준비된 학습 데이터를 테이블로 저장하는 것이 좋다. 타입 변환은 많이 발생하지 않지만 쿼리 자체가 오래 걸리는 경우에는 데이터를 뷰로 저장해 반복을 피하는 것이 편리할 수 있다.

5 이 값들을 연속된 의미의 값으로 취급할 수도 있지만, 그렇게 하면 dayofweek=7이 dayofweek=5보다 dayofweek=1에 가깝다는 사실(대부분의 경우 dayofweek=1은 일요일을, dayofweek=7은 토요일을 의미한다. 이는 그레고리력에서 한 주가 일요일로 시작하기 때문이다. – 옮긴이)을 어떻게 다룰 것인지를 제대로 설명하지 못하는 선택을 하게 될 수도 있다. 구체적으로 이런 선택에 해당하는 경우는 (a) 요일을 현재의 형태로 한 번, MOD(dayofweek+3,7)의 형태로 한 번, 총 2번 저장하는 방법과 (b) dayofweek을 sin(2n * dayofweek / 7.0)로 바꾸는 방법 등이 해당한다. 어떤 방법이든 이해 관계자에게 설명하기 어려워서 설득력이 떨어진다. 이와 유사한 문제를 해결하려 하는 데 해결 방법의 설득력이 크게 문제가 되지 않는다면 3가지 표현을 모두 실험해서 어떤 것이 가장 효과가 좋은지 확인한다.

이 경우 쿼리는 간단하고 짧으므로 명확성을 위해 이후 절에서는 같은 쿼리를 반복해서 사용한다.

## 모델 학습 및 평가

머신러닝 모델을 학습시키고 데이터셋 ch09eu[6]에 저장하려면 CREATE TABLE과 유사하게 CREATE MODEL 구문을 사용하면 된다.

**예제 9-6** 머신러닝 모델을 생성하는 쿼리

```
CREATE OR REPLACE MODEL ch09eu.bicycle_model
OPTIONS(input_label_cols=['duration'], model_type='linear_reg')
AS

SELECT
  duration
  , start_station_name
  , CAST(EXTRACT(dayofweek FROM start_date) AS STRING) AS dayofweek
  , CAST(EXTRACT(hour FROM start_date) AS STRING) AS hourofday
FROM 'bigquery-public-data'.london_bicycles.cycle_hire
```

레이블 컬럼과 모델 유형은 OPTIONS에 작성한다. 이 예제에서 레이블은 숫자이므로 이 모델이 해결하려고 하는 문제는 회귀 문제다. 따라서 모델 유형을 linear_reg으로 지정한다(지원하는 다른 모델 유형에 대해서는 이 장의 뒷부분에서 설명한다). 이전 절에서 설명한 것처럼 앞의 SELECT 문은 학습 데이터셋을 준비하고 레이블 및 피처 컬럼에 값을 채운다.

### 모델 평가하기

이 쿼리는 2.5분이 걸리고 단 한 번의 이터레이션iteration[7]으로 학습이 완료된다. GCP 클라우드 콘솔의 빅쿼리 절에 있는 Training 탭을 보면 평균 절대 오차(평가 탭에서 사용 가능)는 1,026 초로 약 17분[8]임을 알 수 있다. 이는 자전거 대여 시간을 예측하는 데 있어 평균 17분의 오차가 발생할 수 있음을 의미한다.

6 필요하면 만들자. 학습하는 데이터가 EU에 있기 때문에 EU 리전에 있어야 한다.

7 빅쿼리는 이 선형 회귀 문제에 대해 closed-form 해답을 계산할 수 있기 때문이다. 더 자세한 내용은 https://oreil.ly/0svPQ을 참고하자.

8 다른 오차 측정(평균 제곱 오차, 평균 제곱 로그 오차, 중앙 절대 오차 등)도 나타난다. 회귀 문제의 대부분에서 평균 절대 오차는 이상치에 대한 둔감도(insensitivity)와 반복적 개선에 대한 민감도(sensitivity) 사이에서 균형을 잘 잡는다. 특별한 이유가 없다면 평균 절대 오차를 참고한다.

평가 탭을 보는 방법외에도 다음 SQL 쿼리를 실행해서 평가 결과를 볼 수 있다.

**예제 9-7** 모델을 평가하는 쿼리

```
SELECT * FROM ML.EVALUATE(MODEL ch09eu.bicycle_model)
```

앞서 모델을 생성하던 쿼리의 OPTIONS 절에서 모델 유형을 지정했다는 점에 주목하자. 이 예제에서는 빅쿼리가 지원하는 가장 간단한 모델인 회귀 모델을 선택했다. 더 나은 모델을 선택하는 것보다는 새로운 또는 개선된 피처를 입력 피처를 적용하는 것이 나으므로 처음에는 단순한 모델을 선택하고 피처를 생성하는 데 더 많은 시간을 할애할 것을 강력히 권한다. 데이터에 대한 실험이 한계에 도달한 경우에만 더 복잡한 모형을 시도하자.

## 요일 결합하기

이미 확보한 피처는 다른 방법으로 표현할 수도 있다. 예를 들어 요일과 대여 시간 사이의 관계를 조사했을 때 주말이 평일보다 더 길다는 것을 발견했다. 그러므로 이 사실을 모델에 적용하기 위해 앞서 정의했던 요일의 기본값을 피처로 취급하는 대신에 여러 개의 dayofweek 값을 weekday 범위에 결합할 수 있다.

**예제 9-8** 평일과 주말 피처를 추가한 모델 생성 쿼리

```
CREATE OR REPLACE MODEL ch09eu.bicycle_model_weekday
OPTIONS(input_label_cols=['duration'], model_type='linear_reg')
AS

SELECT
  duration
  , start_station_name
  , IF(EXTRACT(dayofweek FROM start_date) BETWEEN 2 AND 6,
      'weekday', 'weekend') AS dayofweek
  , CAST(EXTRACT(hour FROM start_date) AS STRING) AS hourofday
FROM 'bigquery-public-data'.london_bicycles.cycle_hire
```

기존 모델의 평균 절대 오차는 1,026초였던 반면, 이 모델의 평균 절대 오차는 967초로 줄어든다. 그러므로 지금부터는 주말-주중 모델을 사용한다.

### 시간을 버킷팅하기

다시 한 번, hourofday 피처와 대여 시간 간의 관계에 따라 (-inf, 5), [5,10)[9], [10,17), [17, inf) 등 네 개의 구간bin에 피처를 버킷팅하는 실험을 할 수 있다.

**예제 9-9** 시간을 버킷팅한 피처를 추가한 모델 생성 쿼리

```
CREATE OR REPLACE MODEL ch09eu.bicycle_model_bucketized
OPTIONS(input_label_cols=['duration'], model_type='linear_reg')
AS

SELECT
  duration
  , start_station_name
  , IF(EXTRACT(dayofweek FROM start_date) BETWEEN 2 AND 6, 'weekday', 'weekend') AS
dayofweek
  , ML.BUCKETIZE(EXTRACT(hour FROM start_date), [5, 10, 17]) AS hourofday
FROM 'bigquery-public-data'.london_bicycles.cycle_hire
```

ML.BUCKETIZE 함수는 빅쿼리에서 지원하는 전처리 함수 중 하나다. 함수를 호출할 때 버킷으로 나눌 데이터의 수를 전달했으며, 그 외의 파라미터를 지정하지 않았다는 것은 극단적인 경우를 대비해 구간의 경계를 -무한대와 +무한대로 지정한 것과 같다. 주중-주말 모델의 평균 절대 오차가 967초였던 것에 비해, 이 모델의 평균 절대 오차는 901초로 훨씬 짧다. 그러므로 이제부터는 버킷팅된 모델을 사용한다.

## 모델로 예측하기

이제 예측하고자 하는 요소에 대한 행의 집합을 전달해 예측을 실행할 수 있다. 예를 들어 다음 쿼리로 화요일 오후 5시경 하이드파크 대여소의 대여 시간을 예측할 수 있다.

**예제 9-10** 잘못된 예측 쿼리

```
-- 올바른 구문이 아니다! (다음 절 참고)
SELECT * FROM ML.PREDICT(MODEL ch09eu.bicycle_model_bucketized,
  (SELECT 'Park Lane, Hyde Park' AS start_station_name
    , 'weekday' AS dayofweek, '17' AS hourofday)
)
```

9 간격 [a,b)는 a가 포함되고 b가 포함되지 않는다. 다시 말해, a ≤ x < b로 표현할 수 있다.

예상 대여 시간을 2,225초를 반환했는데, 이는 잘못된 값이다. 어떤 문제가 있는지 알아챘는가?

### TRANSFORM 절의 필요성

최종적으로 결정했던 모델은 dayofweek의 값이 weekday 또는 weekend 중 하나일 것으로 학습되었으므로 앞서 작성한 쿼리에서는 dayofweek 피처의 값으로 dayofweek 피처를 의미하는 '3' 같은 값이 아니라 'weekday'를 전달해야 했다. 마찬가지로, hourofday에 대해 기본 데이터 값인 '17'을 전달하는 것은 올바르지 않다. 그 대신, 오후 5시를 나타내는 구간의 이름을 전달해야 한다. 예측 코드는 이런 값을 올바르게 얻기 위해 학습 코드와 같은 방법으로 기본 데이터를 변형transform해야 한다.

그런데 빅쿼리가 학습 시점에 수행했던 변형 작업을 기억하고 예측 시점에 이를 자동으로 적용할 수 있다면 더 좋지 않을까? TRANSFORM 절이 바로 이런 작업을 수행한다.

심지어 하루 중 시간과 요일을 추출하는 코드를 TRANSFORM 절로 옮기면 클라이언트 코드는 자전거를 대여한 시점을 표현하는 타임스탬프 값만 전달해도 된다.

**예제 9-11** TRANSFORM 절을 사용한 전처리 쿼리

```
CREATE OR REPLACE MODEL ch09eu.bicycle_model_bucketized
TRANSFORM(* EXCEPT(start_date)
        , IF(EXTRACT(dayofweek FROM start_date) BETWEEN 2 AND 6, 'weekday',
'weekend') AS dayofweek
        , ML.BUCKETIZE(EXTRACT(HOUR FROM start_date), [5, 10, 17]) AS hourofday
)
OPTIONS(input_label_cols=['duration'], model_type='linear_reg')
AS

SELECT
  duration
  , start_station_name
  , start_date
FROM 'bigquery-public-data'.london_bicycles.cycle_hire
```

TRANSFORM 절을 사용하고 예측이 필요한 사용자는 기본 데이터만 제공하는 방식으로 머신러닝 문제를 공식화하자.[10]

TRANSFORM 절을 추가하면 모델은 TRANSFORM 절의 출력을 학습하게 된다. 앞서 예제의 TRANSFORM 절은 start_date 컬럼을 제외한 원래 SELECT 쿼리의 모든 피처와 레이블을 가져온 후 start_date 컬럼에서 추출된 몇 가지 피처(dayofweek 및 hourofday)를 추가한다.

이렇게 생성된 모델은 이제 start_station_name 및 start_date만 알면 duration을 예측할 수 있다. 이 변형 작업은 모델에 저장되며, 제공된 기본 데이터로부터 모델에 필요한 입력 피처를 만들어낸다.



> 모든 전처리 기능을 TRANSFORM 절에 배치하면 모델의 클라이언트는 어떤 전처리가 처리되는지 알 필요조차 없으며, 예측 작업 중에 빅쿼리가 기본 데이터를 자동으로 변형한다는 장점이 있다. 따라서 가장 좋은 방법은 학습 쿼리의 SELECT 문은 기본 데이터만 반환하고 TRANSFORM 절에서 모든 변형을 수행하는 것이다.

TRANSFORM 절을 사용하면 예측 쿼리를 다음과 같이 개선할 수 있다.

**예제 9-12** TRANSFORM 절을 사용한 예측 쿼리

```
SELECT * FROM ML.PREDICT(MODEL ch09eu.bicycle_model_bucketized,
  (SELECT 'Park Lane, Hyde Park' AS start_station_name
         , CURRENT_TIMESTAMP( ) AS start_date)
  )
```

이 쿼리의 결과는 다음 표와 유사하다(여러분이 쿼리를 실행하는 시점에는 timeofday와 dayofweek 피처 값이 다를 것이므로 실제 결과는 표의 결과와 일치하지 않을 수 있다).

| 행번호 | predicted_duration | start_station_name | start_date |
|---|---|---|---|
| 1 | 3498.804224263982 | Park Lane, Hyde Park | 2019-05-19 04:24:03.376064 UTC |

10 사실 빅쿼리는 입력 피처가 TIMESTAMP 타입이면 기본적으로 이와 같이 작동한다. 문자열 값에 대한 기본 작동이 원핫 인코딩(One-Hot Encoding, 자연어 처리에서 문자열을 숫자로 바꾸는 여러 가지 방법 중 하나로, 단어 집합의 크기를 벡터의 차원으로 하고, 표현하고 싶은 단어의 인덱스에는 1을, 다른 단어의 인덱스에는 0을 부여하는 벡터 표현 방식이다. - 옮긴이)이고, TIMESTAMP가 제공될 때 빅쿼리의 기본 작동은 요일과 같은 부분을 추출한다. 변환을 직접 지정하면 더 세밀한 제어가 가능하다.

### 배치 예측 생성하기

배열 생성 함수를 이용하면 모든 대여소에서 다음 날 오전 3시 이후의 모든 시간대별 예측 테이블을 생성할 수 있다. 다음 쿼리를 살펴보자.

**예제 9-13** 배치 예측을 생성하는 쿼리

```
DECLARE tomorrow_3am TIMESTAMP;
SET tomorrow_3am = TIMESTAMP_ADD(
  TIMESTAMP(DATE_ADD(CURRENT_DATE(), INTERVAL 1 DAY)),
  INTERVAL 3 HOUR);

WITH generated AS (
  SELECT
    name AS start_station_name
    , GENERATE_TIMESTAMP_ARRAY(
        tomorrow_3am,
        TIMESTAMP_ADD(tomorrow_3am, INTERVAL 24 HOUR),
        INTERVAL 1 HOUR) AS dates
  FROM
    'bigquery-public-data'.london_bicycles.cycle_stations
),

features AS (
  SELECT
    start_station_name
    , start_date
  FROM
    generated
    , UNNEST(dates) AS start_date
)

SELECT * FROM ML.PREDICT(MODEL ch09eu.bicycle_model_bucketized,
  (SELECT * FROM features)
)
```

이 결과는 거의 20,000개의 예측 결과를 반환하며 그중 일부는 다음과 같다.

| | | | |
|---|---|---|---|
| 6 | 2707.621807505363 | Palace Gate, Kensington Gardens | 2019-05-19 15:00:00 UTC |
| 7 | 2707.621807505363 | Palace Gate, Kensington Gardens | 2019-05-19 16:00:00 UTC |
| 8 | 2571.887817969073 | Palace Gate, Kensington Gardens | 2019-05-19 17:00:00 UTC |
| 9 | 2571.887817969073 | Palace Gate, Kensington Gardens | 2019-05-19 18:00:00 UTC |

지금까지의 과정으로 빅쿼리에서 데이터를 옮길 필요 없이 학습 데이터셋 생성에서 학습 및 예측에 이르는 전체 머신러닝 프로세스를 수행할 수 있게 되었다.

## 모델 가중치 검사하기

선형 회귀 모델은 입력에 대한 가중치의 합으로 예측을 수행한 결과를 출력한다. 다음 쿼리를 사용해 이 가중치를 확인할 수 있다(또는 내보낼 수 있다).

**예제 9-14** 모델 가중치를 확인하는 쿼리

```
SELECT * FROM ML.WEIGHTS(MODEL ch09eu.bicycle_model_bucketized)
```



숫자 피처에는 하나의 가중치가 적용되는 반면, 범주형 변수는 가능한 값마다 가중치가 적용된다. 예를 들어 dayofweek 피처의 가중치는 다음과 같다.

| 행번호 | processed_input | weight | category_weights.category | category_weights.weight |
|---|---|---|---|---|
| 2 | dayofweek | null | weekday | 1709.4363890323655 |
| | | | weekend | 2084.400311228229 |

이는 평일일 때 해당 피처가 전체 예상 대여 시간에 기여하는 것은 1,709초라는 것을 의미한다(최적의 성능을 제공하는 가중치는 고유하지 않으므로 다른 값을 얻을 수 있다). 서로 다른 입력 피처의 가중치는 그다지 의미가 없다. 이런 방식으로 가중치를 확인하는 경우는 거의 대부분 빅쿼리 외부에서 예측을 수행하려는 경우다.

모델이 수행하는 일을 조금 더 편하게 설명하겠다는 의도로 가중치의 크기나 기호를 사용하지 말자. 입력 피처가 선형적으로 독립적이지 않다면(실제 사례에서 사용하는 데이터셋이라면 피처가 선형적으로 독립적일 가능성은 별로 없다), 가중치의 크기와 기호는 의미가 없다. 모델의 설명력(explainability)에 대해서는 What-If Tool(https://ai.googleblog.com/2018/09/the-what-if-tool-code-free-probing-of.html) 또는 LIME(https://www.oreilly.com/content/introduction-to-local-interpretable-model-agnostic-explanations-lime)과 같은 모델 설명 패키지를 사용한다.

선형 모델은 매우 간단하므로(그저 입력의 가중 평균이므로) 모델의 가중치를 추출하고 수식을 작성해 파이썬 애플리케이션에서 예측을 계산할 수 있다(https://towardsdatascience.com/how-to-do-onlineprediction-with-bigquery-ml-db2248c0ae5).

**예제 9-15** 회귀 예측을 계산하는 파이썬 함수

```
def compute_regression(rowdict, numeric_weights, scaling_df, categorical_weights):
    input_values = rowdict
    # numeric inputs
    pred = 0
    for column_name in numeric_weights['input'].unique():
        wt = numeric_weights[ numeric_weights['input'] == column_name]['input_
weight'].values[0]
        if column_name != '__INTERCEPT__':
            meanv = (scaling_df[ scaling_df['input'] == column_name ]['mean'].
values[0])
            stddev = (scaling_df[ scaling_df['input'] == column_name ]['stddev'].
values[0])
            scaled_value = (input_values[column_name] - meanv)/stddev
        else:
            scaled_value = 1.0
            contrib = wt * scaled_value
            pred = pred + contrib
    # 범주형 변수
    for column_name in categorical_weights['input'].unique():
        category_weights = categorical_weights[ categorical_weights['input'] ==
column_name ]
        wt = category_weights[ category_weights['category_name'] ==
        input_values[column_name] ]['category_weight'].values[0]
        pred = pred + wt
    return pred
```

이 코드에서 정의한 numeric_weights 파라미터에는 다음 쿼리에서 가져온 데이터를 전달한다.

**예제 9-16** numeric_weights를 추출하는 쿼리

```
SELECT
  processed_input AS input,
  model.weight AS input_weight
FROM
  ML.WEIGHTS(MODEL dataset.model) AS model
```

그리고 스케일링 데이터프레임을 의미하는 scaling_df 변수의 값은 다음 쿼리에서 얻는다.

**예제 9-17** scaling_df를 추출하는 쿼리

```
SELECT
  input, min, max, mean, stddev
FROM
  ML.FEATURE_INFO(MODEL dataset.model) AS model
```

마지막으로 categorical_weights 파라미터의 값은 다음 쿼리에서 추출한다.

**예제 9-18** categorical_weights를 추출하는 쿼리

```
SELECT
  processed_input AS input,
  model.weight AS input_weight,
  category.category AS category_name,
  category.weight AS category_weight
FROM
  ML.WEIGHTS(MODEL dataset.model) AS model,
  UNNEST(category_weights) AS category
```

만약 모델 유형을 logistic_reg로 지정하면 출력 예측은 가중 평균에 시그모이드sigmoid 함수를 적용한 결과가 된다. 따라서 출력 예측은 다음과 같이 얻게 된다.

**예제 9-19** 분류 모델을 학습한 경우 사용할 수 있는 파이썬 코드

```
def compute_classifier(rowdict, numeric_weights, scaling_df, categorical_weights):
    pred=compute_regression(rowdict, numeric_weights, scaling_df,
                            categorical_weights)
    return (1.0/(1 + np.exp(-pred)) if (-500 < pred) else 0)
```

## 더 복잡한 회귀 모델

선형 회귀 모델은 가장 간단한 형태의 회귀 모델이다. 각 입력 변수에는 가중치가 할당되며, 출력은 가중 입력의 합과 절편intercept이라고 하는 상수의 합이다. 빅쿼리는 dnn_regressor 및 xgboost 모델도 지원한다.

## 심층 신경망

심층 신경망DNN, Deep Neural Network은 첫 번째 계층의 각 노드가 입력 피처의 가중치 합을 일반적으로 비선형인 함수를 이용해 변형한 값으로 구성된 선형 모델의 확장으로 생각할 수 있다. 두 번째 계층을 구성하는 노드는 그림 9-5에서 보듯이 첫 번째 레이어의 출력의 가중치 합을 비선형 함수 등을 통해 변형한 값으로 구성한다.

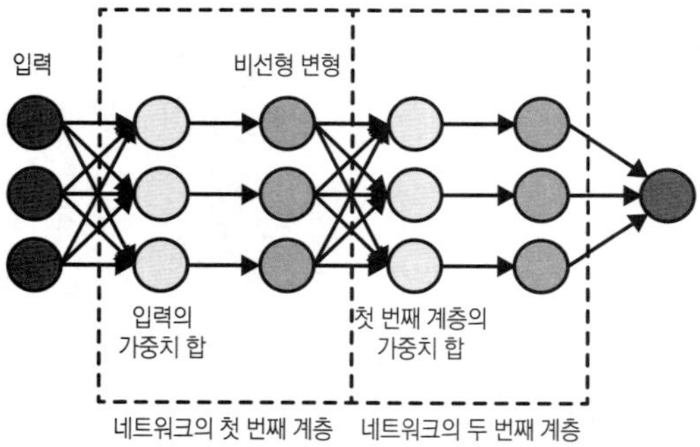


**그림 9-5** 심층 신경망은 계층형 '노드'로 구성된다. 이 예제는 입력과 출력 사이에 2개의 레이어와 3개의 노드가 있는 계층 구조를 보여주고 있지만, 계층과 노드는 필요한 만큼 구성할 수 있다

첫 번째 레이어의 64개 노드와 두 번째 레이어의 32개 노드로 DNN 모델을 학습시키려면 다음 쿼리를 실행한다.

**예제 9-20** DNN 모델을 학습시키는 쿼리

```
CREATE OR REPLACE MODEL ch09eu.bicycle_model_dnn
TRANSFORM(* EXCEPT(start_date)
  , IF(EXTRACT(dayofweek FROM start_date) BETWEEN 2 AND 6, 'weekday', 'weekend') AS
dayofweek
  , ML.BUCKETIZE(EXTRACT(HOUR FROM start_date), [5, 10, 17]) AS hourofday
)
OPTIONS(input_label_cols=['duration'],
        model_type='dnn_regressor',
        hidden_units=[64, 32])
AS

SELECT
  duration
  , start_station_name
  , start_date
FROM `bigquery-public-data`.london_bicycles.cycle_hire
```

이 모델은 학습하는 데 약 20분이 걸리며 평균 절대 오차는 1,016초라는 결과를 출력한다. 안타깝게도 선형 모델로 달성했던 901초에 비하면 좋은 성적은 아니지만, 나쁘지 않은 결과라 할 수 있다. DNN은 학습이 까다로운 것으로 악명이 높다.

> 앞서 선형 모델부터 시작해서 피처와 및 변형을 완성한 후에 좀 더 복잡한 모델로 실험을 진행할 것을 강력히 권장했었다. 그 이유는 dnn_regressor를 사용하면서 좋은 성능을 얻으려면 서로 다른 수의 레이어와 노드(즉 hidden_units) 그리고 정규화 설정(즉 l2_reg)을 적용해 가면서 실험을 반복해야 하기 때문이다. 심층 신경망 학습이 얼마나 까다로운지 생각하면 다양한 피처를 동시에 표현하는 것은 확실히 혼란스러운 방법이다.



이런 복잡함을 처리하는 한 가지 방법은 하이퍼파라미터 튜닝을 수행해 최적의 네트워크 파라미터를 찾는 것이다. 클라우드 AI 플랫폼CAIP, Cloud AI Platform[11]과 같은 본격적인 머신러닝 프레임워크는 이런 기능을 지원한다. 학습을 수행하거나 AutoML(이 장의 뒷부분에서 이 두 가지 옵션을 모두 살펴본다)을 사용하는 것이 더 나을 수도 있지만, 우선은 소규모 네트워크를 사용하기로 한다.

**예제 9-21** hidden_units을 줄인 DNN 모델을 학습시키는 쿼리

```
CREATE OR REPLACE MODEL ch09eu.bicycle_model_dnn
TRANSFORM(* EXCEPT(start_date)
  , IF(EXTRACT(dayofweek FROM start_date) BETWEEN 2 AND 6, 'weekday', 'weekend') AS
dayofweek
  , ML.BUCKETIZE(EXTRACT(HOUR FROM start_date), [5, 10, 17]) AS hourofday
)
OPTIONS(input_label_cols=['duration'],
        model_type='dnn_regressor',
        hidden_units=[10, 5])
AS

SELECT
  duration
  , start_station_name
  , start_date
FROM `bigquery-public-data`.london_bicycles.cycle_hire
```

11 https://cloud.google.com/ml-engine/docs/tensorflow/hyperparameter-tuning-overview 문서를 참고하자. Cloud AI Platform Predictions을 사용하면 검색할 값 범위를 지정하는 머신러닝 모델 학습 작업을 제출할 수 있다.

이 쿼리는 조금 더 나은 성능(981초)을 보여주지만 선형 모델만큼 좋지는 않다. 처음 시작한 선형 모델보다 더 나은 DNN 모델을 얻으려면 더 많은 하이퍼파라미터 튜닝이 필요하다. 또한 일반적으로 DNN은 연속형 피처가 많은 경우에만 우수한 성능을 제공한다.

### 그라디언트 부스팅 트리

의사결정 트리decision tree는 해석이 가능한 장점 때문에 머신러닝에서 널리 사용되는 기술이다(기본적으로 if-then 규칙의 조합이다). 그러나 의사결정 트리는 근사치를 낼 수 있는 함수의 수가 제한적이어서 과적합overfitting하기 쉬워 정확도가 떨어지는 경향이 있다. 의사결정 트리의 성능을 높이는 한 가지 방법(설명력을 희생하면서[12])은 의사결정 트리 전체를 학습하는 것이다. 각 결정 트리는 예측을 위한 피처로는 적합하지 않지만 일반적으로 함께 모이면 좋은 성능을 낸다. 부스팅boosting은 트리 집합에서 트리를 선택하는 데 사용되는 기술이며, XGBoost[13]는 매우 크고 희박한 데이터셋에 강화된boosted 의사결정 트리를 만들 수 있는 확장 가능하고 분산된 방법이다. XGBoost는 심층 학습망이 등장하기 전까지 첨단 머신러닝 기법으로 자리 잡았으며 구조화된 데이터 문제에 있어서는 계속 인기를 얻고 있다. `boosted_tree_regressor` 모델 유형을 선택하면 빅쿼리에서 XGBoost 머신러닝 모델을 학습할 수 있다.

**예제 9-22** XGBoost 모델을 학습시키는 쿼리

```
CREATE OR REPLACE MODEL ch09eu.bicycle_model_xgboost
TRANSFORM(* EXCEPT(start_date)
  , IF(EXTRACT(dayofweek FROM start_date) BETWEEN 2 AND 6, 'weekday', 'weekend') AS
dayofweek
  , ML.BUCKETIZE(EXTRACT(HOUR FROM start_date), [5, 10, 17]) AS hourofday
)
OPTIONS(input_label_cols=['duration'],
        model_type='boosted_tree_regressor',
        max_tree_depth=4)
AS

SELECT
  duration
```

12 많은 의사결정 트리 패키지는 피처 중요도(feature importance)를 제공하는데, 이는 트리의 앙상블에서 피처가 얼마나 자주 사용되는지를 의미한다. 그러나 상관관계가 있는 두 피처가 있는 경우에는 그 중요성이 서로 분리되므로 실제 데이터셋에서는 설명력이 떨어진다.

13 XGBoost는 eXtreme Gradient Boost의 약자로, 제롬 프리드먼(Jerome H. Friedman)의 "Greedy Function Approximation: A Gradient Boosting Machine" (https://www.kdd.org/kdd2016/papers/files/rfp0697-chenAemb.pdf) 논문에서 제안된 기술인 eXtream Gradient Boost를 나타낸다.

```
  , start_station_name
  , start_date
FROM 'bigquery-public-data'.london_bicycles.cycle_hire
```

쿼리의 결과로 생성되는 모델은 선형 모델보다 성능이 떨어진다(1,363초). 입력 피처의 중요도는 다음 쿼리로 얻을 수 있다.

**예제 9-23** 피처 중요도를 추출하는 쿼리

```
SELECT * FROM ML.FEATURE_INFO(MODEL ch09eu.bicycle_model_xgboost)
```



## 사람의 통찰과 보조 데이터

다양한 모델 아키텍처를 시도하고 모델의 파라미터를 조정하는 것 외에도 사람의 통찰력을 결합하거나 머신러닝 모델에 보조 데이터를 제공하는 새로운 입력 피처를 추가할 수도 있다.

예를 들어 이전 모델에서는 ML.BUCKETIZE를 사용해 연속형 변수(타임스탬프에서 추출된 시간)를 4개의 구간으로 나눴다. 다른 유용한 함수는 ML.FEATURE_CROSS다. 이 함수는 별도의 범주형 변수를 AND 조건으로 결합할 수 있다(이러한 피처 간의 관계는 머신러닝 모델이 학습하기 어려울 수 있다). 문제를 사람 관점에서 바라보면, 평일만 또는 아침만 사용하는 것보다는 평일과 아침을 조합하는 것이 자전거 대여 시간을 예측하기 위한 좋은 피처라는 점을 직관적으로 알 수 있다. 그렇다면 날짜와 시간을 개별적으로 처리하는 대신 두 피처를 기준으로 하나의 교차 피처를 생성하는 것이 좋다.

**예제 9-24** 교차 피처를 생성하는 쿼리

```
ML.FEATURE_CROSS(STRUCT(
  IF(EXTRACT(dayofweek FROM start_date) BETWEEN 2 AND 6,
    'weekday', 'weekend') AS dayofweek,
  ML.BUCKETIZE(EXTRACT(HOUR FROM start_date),
    [5, 10, 17]) AS hr
)) AS dayhr
```

지금까지의 모델은 start_station_name 컬럼을 모델의 입력으로 사용했다. 이 방법은 대여소를 독립적으로 취급한다. 8장에서는 공간 근접성을 포착하는 방법으로 ST_GeoHash의 장점에 관해 논의했다. 이제 대여소의 위치에 대한 보조 정보를 가져와서 모델에 대한 추가 입력으로 사용하자.

이 두 가지 아이디어를 결합한 모델 학습 쿼리는 다음과 같다.

**예제 9-25** 교차 피처와 대여소를 위치 정보 피처를 추가해 모델을 학습하는 쿼리

```
CREATE OR REPLACE MODEL ch09eu.bicycle_model_fc_geo
TRANSFORM(duration
  , ML.FEATURE_CROSS(STRUCT(
      IF(EXTRACT(dayofweek FROM start_date) BETWEEN 2 AND 6,
         'weekday', 'weekend') AS dayofweek,
      ML.BUCKETIZE(EXTRACT(HOUR FROM start_date),
         [5, 10, 17]) AS hr
      )) AS dayhr
  , ST_GeoHash(ST_GeogPoint(latitude, longitude), 4) AS start_station_loc4
  , ST_GeoHash(ST_GeogPoint(latitude, longitude), 6) AS start_station_loc6
  , ST_GeoHash(ST_GeogPoint(latitude, longitude), 8) AS start_station_loc8
)
OPTIONS(input_label_cols=['duration'], model_type='linear_reg')
AS

SELECT
  duration
  , latitude
  , longitude
  , start_date
FROM 'bigquery-public-data'.london_bicycles.cycle_hire
JOIN 'bigquery-public-data'.london_bicycles.cycle_stations
ON cycle_hire.start_station_id = cycle_stations.id
```

이 모델의 평균 절대 오차는 898초로 앞서 확인했던 901초에 비해 개선되었다. 그러나 개선이 비교적 미미하다. 개선율이 미미하기 때문에 이제 다음 단계로 넘어갈 때가 된 것 같다.

## ARIMA를 이용한 시계열 예측

최근 6주간 하이드 공원의 자전거 대여소 중 하나에서 앞으로 2주간 발생하게 될 자전거 대여 수를 예측하는 문제를 생각해보자. 이 문제는 수요 예측 문제이며 순수히 시간의 흐름에 따른 자전거 수요가 어떻게 바뀔지를 예측하는 것이다.

다른 머신러닝 문제들처럼 먼저 학습 데이터를 수집하고 살펴봐야 한다. 2015년 6월 중순부터 대여 데이터를 가지고 있으며 그 달의 나머지 기간 동안의 수요를 예측하고자 한다고 가정해보자. 그러면 다음 쿼리를 이용해 최근 6주간의 데이터를 수집할 수 있다.



**예제 9-26** 하이드 공원의 모든 대여소의 일자별 대여 수를 추출하는 쿼리

```
SELECT
  CAST(EXTRACT(date FROM start_date) AS TIMESTAMP) AS date
  , COUNT(*) AS numrentals
FROM
  `bigquery-public-data`.london_bicycles.cycle_hire
WHERE start_station_name LIKE '%Hyde%' -- 하이드 공원의 모든 대여소
GROUP BY date
HAVING date BETWEEN '2015-05-01' AND '2015-06-15'
ORDER BY date
```

이 쿼리의 결과를 살펴보면 그림 9-6과 같이 주말에 대여 횟수가 증가하는 주간 트렌드를 볼 수 있다.

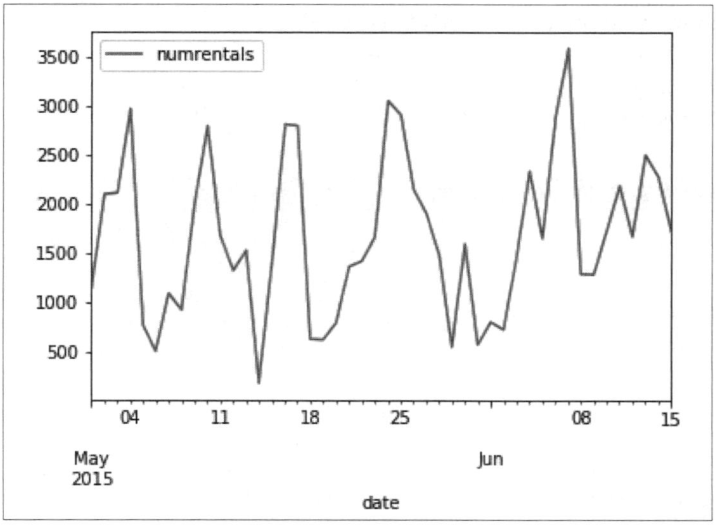


그림 9-6 과거의 데이터에 기반한 주간 트렌드

이 데이터를 이용해 ARIMA(https://en.wikipedia.org/wiki/Autoregressiive_integrated_moving_average) 모델을 학습[14]해서 빅쿼리에게 어떤 컬럼이 데이터 컬럼이며 어떤 컬럼이 타임스탬프 컬럼인지 알려줄 수 있다.

**예제 9-27** ARIMA 모델을 생성하는 쿼리

```
CREATE OR REPLACE MODEL ch09eu.numrentals_forecast
OPTIONS(model_type='ARIMA',
        time_series_data_col='numrentals',
        time_series_timestamp_col='date') AS
SELECT
  CAST(EXTRACT(date FROM start_date) AS TIMESTAMP) AS date
  , COUNT(*) AS numrentals
FROM
  `bigquery-public-data`.london_bicycles.cycle_hire
WHERE start_station_name LIKE '%Hyde%' -- 하이드 공원의 모든 대여소
GROUP BY date
HAVING date BETWEEN '2015-05-01' AND '2015-06-15'
```

모델이 학습을 마치면 ML.EVALUATE() 함수를 이용해 평가하고 ML.ARIMA_COEFFICIENTS() 함수를 이용해서 ARIMA 계수를 확인할 수 있다. 또한 앞으로 14일간의 대여 횟수를 예측하고 신뢰 구간의 90번째 백분위 수를 구할 수 있다.

**예제 9-28** ARIMA 모델을 사용해 14일 간의 대여 횟수를 예측하고 신뢰 구간의 90번째 백분위 수를 구하는 쿼리

```
SELECT * FROM ML.FORECAST(MODEL ch09eu.numrentals_forecast,
                  STRUCT(14 AS horizon, 0.9 AS confidence_level))
```

그리고 다음 쿼리를 이용해 기록과 예측 값, 그리고 신뢰 구간을 수집할 수 있다.

**예제 9-29** 예측 결과와 신뢰 구간을 이미지로 출력하는 파이썬 스크립트

```
import matplotlib.pyplot as plt
import pandas as pd
def plot_historical_and_forecast(
          input_timeseries, forecast_output,
```

14 이 책을 집필하던 당시 알파 상태이었지만, 이 책의 번역서가 출간되는 2020년 11월 현재에는 출시된 기능이다. https://cloud.google.com/bigquery-ml/docs/reference/standard-sql/bigqueryml-syntax-create-time-series?hl=ko를 참조하자. – 옮긴이

```
        timestamp_col_name, data_col_name):
    plt.figure(figsize=(20,6))
    plt.plot(input_timeseries[timestamp_col_name],
             input_timeseries[data_col_name], label = 'Historical')
    plt.xlabel(timestamp_col_name)
    plt.ylabel(data_col_name)
    forecast_output['forecast_timestamp'] = pd.to_datetime(
             forecast_output['forecast_timestamp'])
    x_data = forecast_output['forecast_timestamp']
    y_data = forecast_output['forecast_value']
    confidence_level = (forecast_output['confidence_level'].iloc[0] * 100)
    low_CI = forecast_output['confidence_interval_lower_bound']
    upper_CI = forecast_output['confidence_interval_upper_bound']
    # 데이터 출력, 줄 너비, 색상 등을 설정한다
    # 줄의 투명도를 설정하고 범주에 레이블을 제공한다
    plt.plot(x_data, y_data, alpha = 1,
             label = 'Forecast', linestyle='--')
    # 신뢰 간격을 표현한다
    plt.fill_between(x_data, low_CI, upper_CI,
             color = '#539caf', alpha = 0.4,
             label = str(confidence_level) + '% confidence interval')
    # 범주를 표시한다
    plt.legend(loc = 'upper center', prop={'size': 16})
    plot_historical_and_forecast(df, fcst, 'date', 'numrentals')
```

이 코드를 실행한 결과는 그림 9-7과 같다.

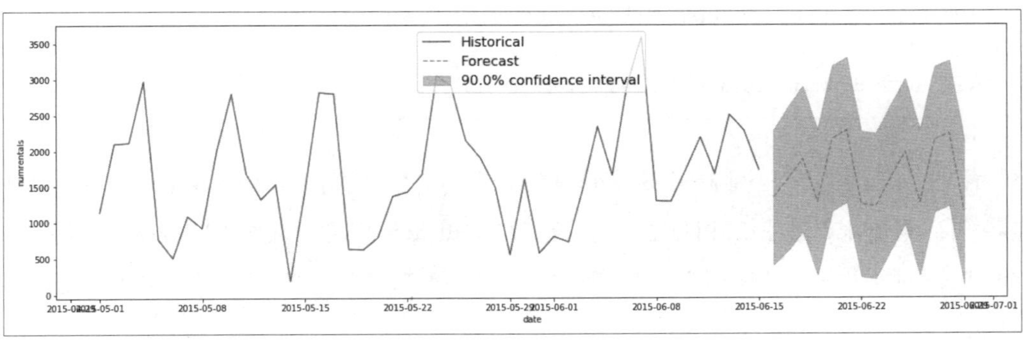


그림 9-7 기록 및 예측 데이터

하지만 이 예측이 6월 후반부에 실제로 일어난 대여와 얼마나 맞아떨어질까? 그림 9-8은 같은 과정으로 6월 후반부의 데이터를 추출해 예측 시계열 데이터와 비교해본 것이다.

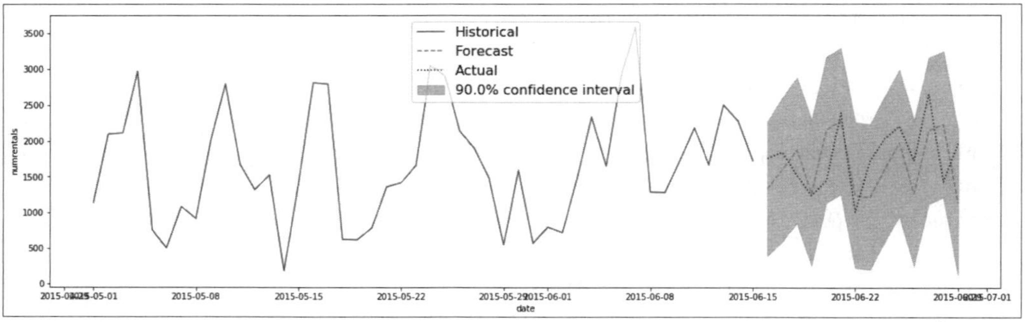


그림 9-8 기록 및 예측 데이터와 실제 결과를 비교한 그래프

지금까지 하이드 공원의 모든 자전거 대여소의 전체 대여량을 예측해봤다. 개별 대여소의 대여량은 어떻게 예측할 수 있을까? time_series_id_col 컬럼을 이용하면 된다.

**예제 9-30** 개별 대여소의 대여량을 예측하는 ARIMA 모델 생성하는 쿼리

```
CREATE OR REPLACE MODEL ch09eu.numrentals_forecast
OPTIONS(model_type='ARIMA',
        time_series_data_col='numrentals',
        time_series_timestamp_col='date',
        time_series_id_col='start_station_name') AS
SELECT
  start_station_name
  , CAST(EXTRACT(date FROM start_date) AS TIMESTAMP) AS date
  , COUNT(*) AS numrentals
FROM
  `bigquery-public-data`.london_bicycles.cycle_hire
WHERE start_station_name LIKE '%Hyde%' -- 하이드 공원의 모든 대여소
GROUP BY date
HAVING date BETWEEN '2015-05-01' AND '2015-06-15'
```

이 쿼리는 (5월 1일부터 6월 15일까지) 45일간의 데이터로 학습하는 것이 아니라 더 긴 기간의 데이터로 학습하고 있다. 그 이유는 시계열을 집계하면 조금 더 완만하며 개별 대여소의 시계열 데이터를 예측하는 것보다 훨씬 쉽기 때문이다. 그래서 모델에 더 긴 트렌드 기간을 제공해야 한다.

이렇게 만들어진 모델은 하나의 ARIMA 모델이 아니라 각 대여소 이름으로 구별된 ARIMA 모델이다. 다음 쿼리를 살펴보자.

**예제 9-31** ARIMA 계수를 추출하는 쿼리

```
SELECT *
FROM ML.ARIMA_COEFFICIENTS(MODEL ch09eu.numrentals_forecast)
ORDER BY time_series_id
```

이 쿼리를 실행하면 각 `time_series_id` (즉 대여소 이름)에 대한 개별 계수를 얻게 된다. 각 대여소는 서로 다른 복잡도를 가진 ARIMA 모델을 갖는다. 그 이유는 내부적으로 빅쿼리 ML이 하이퍼파라미터 튜닝을 자동으로 수행하기 때문이다. 모델 이름은 'ARIMA'지만 기반 알고리즘에는 이상 탐지, 휴일 효과 모델링(사용자가 휴일인 지역을 지정해야 한다), 계절 탐지/모델링 및 트렌딩 모델링 등을 포함한 여러 가지 기능이 추가되어 있다. 게다가 서로 다른 시계열을 병렬로 학습한다.

예측을 실행하면 각 대여소와 타임스탬프 별 예측값을 얻게 된다.

**예제 9-32** ARIMA 모델을 사용해 대여소별 값을 예측하는 쿼리

```
SELECT
  time_series_id AS start_station_name,
  forecast_timestamp, forecast_value
FROM ML.FORECAST(MODEL ch09eu.numrentals_forecast),
                STRUCT(3 AS horizon, 0.9 AS confidence_level))
ORDER BY time_series_id, forecast_timestamp
```

이 쿼리는 대여소별로 하나의 시계열 예측값을 리턴한다. 깃허브에 업로드해 둔 완전한 노트북 소스 코드(https://github.com/onlybooks/bigquery/blob/master/blogs/bqml_arima/bqml_arima.ipynb)는 이 결과는 물론 대여소별 예측값을 제공한다. 이 중 일부는 그림 9-9에 나타나 있다.

```
In [86]: station = stations['start_station_name'].iloc[3] # Hyde Park Corner
         print(station)
         plot_historical_and_forecast(df[df['start_station_name']==station],
                                      'date', 'numrentals',
                                      fcst[fcst['start_station_name']==station],
                                      actual[actual['start_station_name']==station]);
```

Hyde Park Corner, Hyde Park

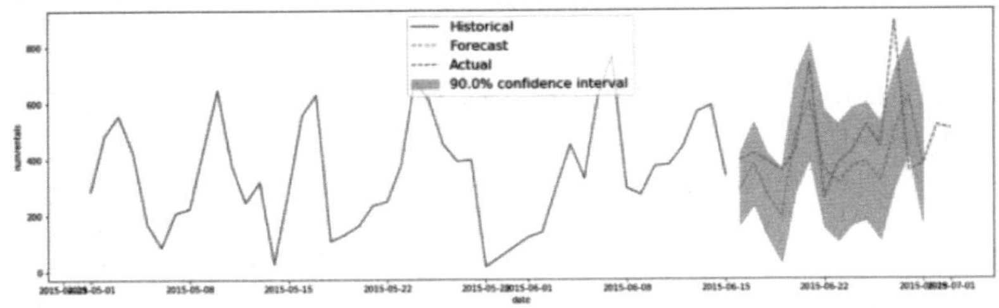


```
In [87]: station = stations['start_station_name'].iloc[6] # Serpentine Car Park,
         print(station)
         plot_historical_and_forecast(df[df['start_station_name']==station],
                                      'date', 'numrentals',
                                      fcst[fcst['start_station_name']==station],
                                      actual[actual['start_station_name']==station]);
```

Serpentine Car Park, Hyde Park

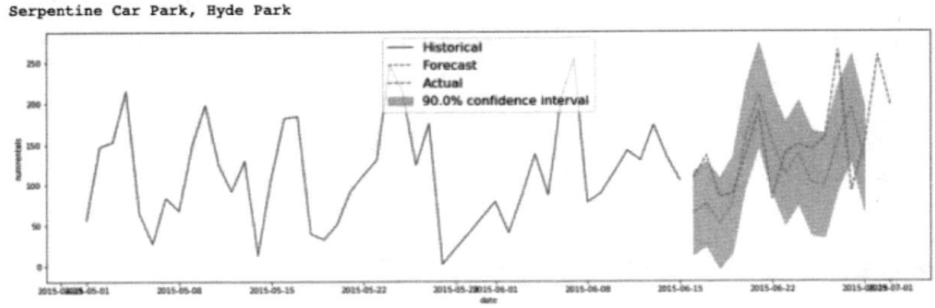


```
In [90]: station = stations['start_station_name'].iloc[4] # Knightsbridge
         print(station)
         plot_historical_and_forecast(df[df['start_station_name']==station],
                                      'date', 'numrentals',
                                      fcst[fcst['start_station_name']==station],
                                      actual[actual['start_station_name']==station]);
```

Knightsbridge, Hyde Park

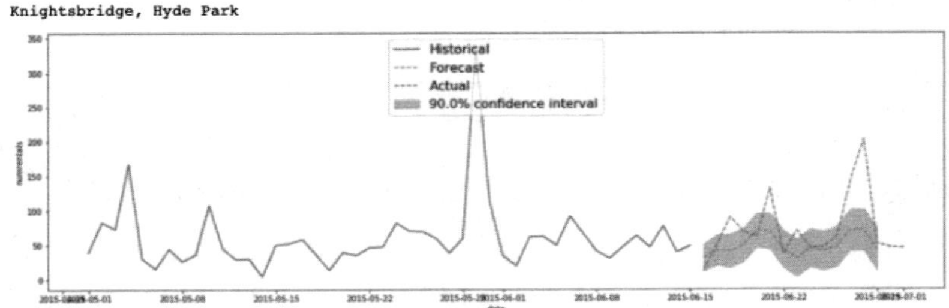


그림 9-9 여러 대여소의 예측값

## 분류 모델 생성하기

이전 절에서는 자전거 대여 시간을 예측하기 위한 머신러닝 모델을 구축했다. 그러나 1시간을 꼼꼼하게 살펴보면 그동안에 대여되는 자전거의 수는 적지 않으며 대여 시간도 천차만별이다. 예를 들어 첼시의 로얄 애비뉴 1[Royal Avenue 1]에 위치한 대여소에서 평일 오후 2시부터 1시간 동안 대여한 자전거의 분포를 확인해 보자.

**예제 9-33** 자전거 대여 분포를 확인하는 쿼리

```
SELECT
  APPROX_QUANTILES(duration, 10) AS q
FROM `bigquery-public-data`.london_bicycles.cycle_hire
WHERE
  EXTRACT(dayofweek FROM start_date) BETWEEN 2 AND 6
  AND EXTRACT(hour FROM start_date) = 14
  AND start_station_name = 'Royal Avenue 1, Chelsea'
```

결과는 다음과 같다.

| 행번호 | q |
|---|---|
| 1 | 0 |
| | 240 |
| | 420 |
| | 540 |
| | 660 |
| | 840 |
| | 1020 |
| | 1260 |
| | 1500 |
| | 2040 |
| | 386460 |

이 대여소에서 평일에 대여한 자전거의 80%는 이용 시간이 1,500초 미만이다. 이 80%에 대한 예측치만 얻을 수 있었다면 평일에는 이 대여소에 출퇴근용 자전거만 배치했을 것이다. 하지만 나머지 10%에서 20%는 1,800초 이상 사용한다는 것을 알고 있었다면 이 대여소의 자전거 중

15%는 도로용 자전거로 배치하기로 결정했을지도 모른다. 이처럼 분류 모델을 이용하면 자전거를 대여해 1,800초 이상 사용할 가능성을 예측할 수 있다.

## 학습

예제를 간소화하기 위해 회귀 모델에서 사용한 피처들을 가져와서 자전거 이용 시간이 30분을 초과할 확률을 예측하도록 모델을 학습시켜 보자.

**예제 9-34** 자전거 이용 시간이 30분을 초과할 확률을 예측하는 분류 모델 생성 쿼리

```
CREATE OR REPLACE MODEL ch09eu.bicycle_model_longrental
TRANSFORM(* EXCEPT(start_date)
  , IF(EXTRACT(dayofweek FROM start_date) BETWEEN 2 AND 6, 'weekday', 'weekend') AS
dayofweek
  , ML.BUCKETIZE(EXTRACT(HOUR FROM start_date), [5, 10, 17]) AS hourofday
)
OPTIONS(input_label_cols=['biketype'], model_type='logistic_reg')
AS

SELECT
  IF(duration > 1800, 'roadbike', 'commuter') AS biketype
  , start_station_name
  , start_date
FROM 'bigquery-public-data'.london_bicycles.cycle_hire
```

이 쿼리에서는 model_type을 로지스틱 회귀(logistic_reg)로 지정한 것에 주목하자. 이 모델은 분류 문제를 해결할 수 있는 가장 간단한 모델 유형이다. DNN 또는 부스팅 회귀 트리로 분류하려면 각각 dnn_classifier 또는 boosted_tree_classifier를 사용하면 된다.

자전거 이용 시간의 임계값을 1,800초로 제한해 레이블을 만들고 roadbike와 commuter라는 이름의 두 카테고리를 선정했다(숫자형 변수 dayofweek에서 주말/주중 범주형 변수를 만드는 방법과 유사하다). 불리언 값(True/False)을 사용할 수도 있지만, 실제 범주형 이름을 사용하는 것이 더 명확하다.

학습이 끝나면, 데이터셋을 7번 순회하면서 오차가 줄어들고 그림 9-10처럼 학습이 되었음을 알 수 있다(임의의 시드 때문에 결과가 약간 다를 수 있다).

그림 9-10에는 실제로 2개의 손실 곡선이 있다. 하나는 학습 데이터의 손실이며, 다른 하나는 평가 데이터의 손실이다(빅쿼리는 자동으로 데이터를 분류한다). 그럼에도 곡선은 매우 비슷하다. 평가 곡선이 손실 곡선보다 훨씬 높았다면 과적합에 대해 걱정했을 것이다. 테이블 뷰로 전환하면 전체 학습과정에서 두 손실율이 거의 비슷함을 알 수 있다.

| Iteration | Training Data Loss | Evaluation Data Loss | Learn Rate | Duration (seconds) |
|---|---|---|---|---|
| 6 | 0.3072 | 0.3024 | 3.2000 | 41.59 |
| 5 | 0.3078 | 0.3029 | 6.4000 | 39.66 |
| 4 | 0.3119 | 0.3069 | 3.2000 | 40.54 |
| 3 | 0.3240 | 0.3195 | 1.6000 | 42.15 |
| 2 | 0.3576 | 0.3543 | 0.8000 | 37.96 |
| 1 | 0.4502 | 0.4483 | 0.4000 | 38.01 |
| 0 | 0.5812 | 0.5805 | 0.2000 | 22.10 |



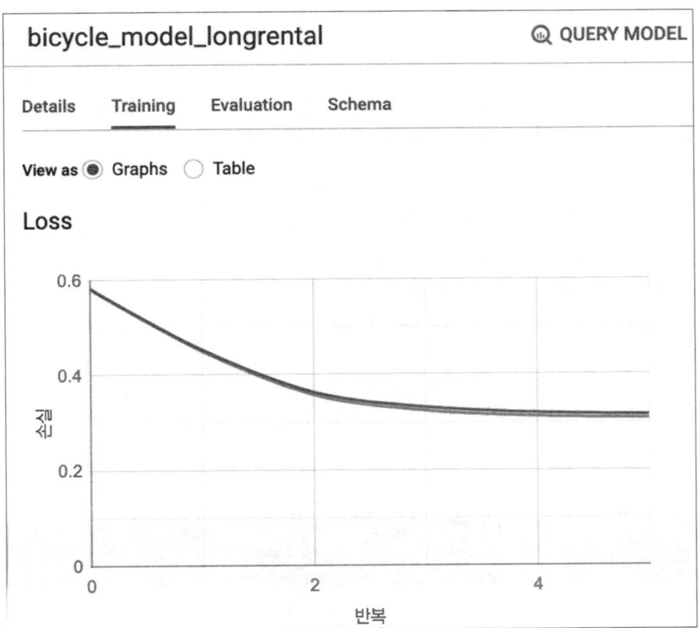

그림 9-10 모델이 학습을 수행하면서 발생한 손실 곡선

## 평가

학습 곡선에서 알 수 있듯이, 분류에 사용된 손실 지표는 교차 엔트로피cross-entropy이다. 그림 9-11과 같이 빅쿼리 웹 UI의 **평가**Evaluation 탭에서는 정확도 같은 친숙한 평가 지표를 볼 수 있다.

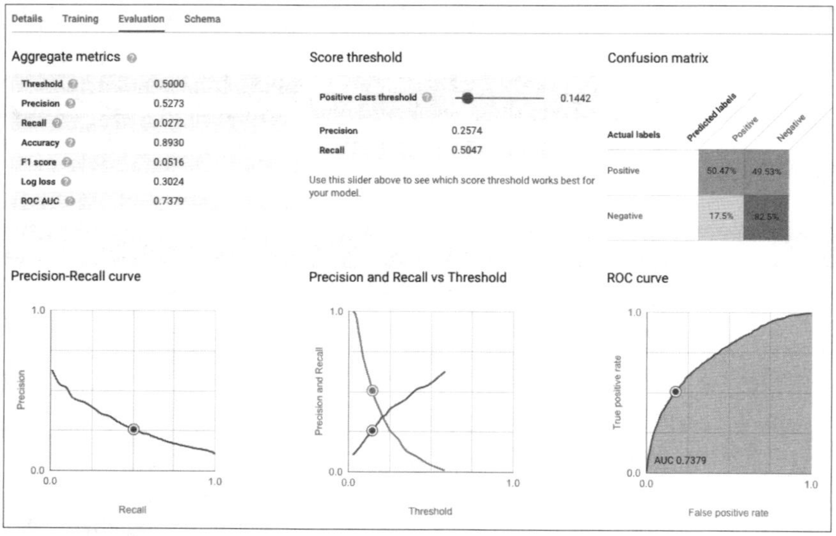


그림 9-11 분류 모델에 대한 빅쿼리 웹 UI의 평가 탭

## 예측

예측은 각 클래스의 확률도 얻을 수 있다는 점을 제외하면 회귀와 유사하다.

**예제 9-35 분류 모델 예측 쿼리**

```
SELECT * FROM ML.PREDICT(MODEL ch09eu.bicycle_model_longrental,
  (SELECT 'Park Lane, Hyde Park' AS start_station_name
         , TIMESTAMP('2019-05-09 16:16:00 UTC') AS start_date)
)
```

이 쿼리의 결과는 다음과 같다.

| 행번호 | predicted_biketype | predicted_biketype_probs.label | predicted_biketype_probs.prob | start_station_name | start_date |
|---|---|---|---|---|---|
| 1 | commuter | roadbike | 0.4419... | Park Lane, Hyde Park | 2019-05-10 16:16:00 UTC |
| | | commuter | 0.5580... | | |

결과를 보면 하이드파크 대여소에서는 평일 오후 4시에 도로용 자전거를 대여할 확률은 0.44, 즉 44%에 이른다. 그렇다면 이상적으로 해당 대여소의 자전거 중 44%는 도로용 자전거여야 한다.

## 임계값 고르기

앞의 문제에서 관심의 대상은 실제 확률이다. 그러나 분류 문제에서 원하는 산출물은 확률만이 아니라 예측 클래스인 경우가 많다. 따라서 예측 출력(이전 절 참조)은 확률뿐만 아니라 확률이 가장 높은 클래스도 포함한다. 이진 분류 문제에서 이는 0.5의 확률로 임계값을 정하고 0.5 이상의 확률이 있다면 '긍정적인positive' 클래스를 선택하는 것과 동일하다.

재현율recall은 특정 임계값에서 실제 참 값의 (실제 긍정 수를 총 긍정 수로 나눈) 백분율이다. 재현율이 높으면 찾으려고 하는 대부분을 얻을 수 있다. 그러나 재현율의 임계점을 높게 설정하면 오탐지가 발행할 수 있어 위험할 수 있다. 임계값이 0이면 모든 것이 선택되므로 전부를 재현할 수 있다.

다른 중요한 측정 지표는 정밀도precision인데, 전체 데이터셋에 대한 실질적인 긍정의 비율이다. 즉 '내가 이것을 사실로 예측했을때, 내가 옳을 확률은 얼마인가?'를 의미하는 값이다. 임계값을 0으로 설정하면 데이터셋에서 참으로 표시된 데이터의 비율을 얻는다(즉 모든 것이 참일 것이라 예측하므로 전체 데이터의 10%만 참이면 정밀도는 10%가 된다. 그다지 좋은 분류 기준이라고 할 수 없다).

'평가' 탭의 집계 지표(예: `accuracy=0.89`)는 임계값 0.5를 기준으로 계산한 것이다.

만약 누군가 도로용 자전거를 대여하려고 할 때 대여소에 자전거가 배치되어 있을 확률이 50%가 되도록 하려면, 사용 시간이 긴 대여 기록의 절반을 캡처해야 하므로 재현율을 0.5로 지정할 것이다. 그림 9-12와 '평가' 탭의 슬라이더를 사용해 임계값을 0.144로 변경하면 원하는 재현율을 얻을 수 있다. 다만, 이 방법은 정밀도를 희생한다! 이 임계값에서 모델은 0.26의 정밀도를 제공하므로 도로용 자전거가 필요할 것이라고 예측한 대여 중 실제 사용 시간이 30분 이상인 경우는 26%에 불과할 것이다.[15]

---

15 정밀도(또는 실제 긍정율)은 모델이 긍정 클래스를 예측했을 때 그 예측이 옳은 횟수의 비율이다. 다시 말해, 모델이 `roadbike` 클래스를 100번 예측했다면 그 예측이 옳은 경우는 25.7번뿐이다. 재현율은 모델이 옳은 예측을 했을 때 긍정의 결과를 얻은 비율이다. 즉 모델이 `roadbike` 분류를 예측했을 때 실제로 도로용 자전거가 필요했던 횟수의 비율을 말한다. 다중 클래스 문제에서 최종적으로 도출되는 정밀도(혹은 재현율)은 각 카테고리를 이진 분류 문제로 취급할 때의 평균 정밀도와 일치한다.

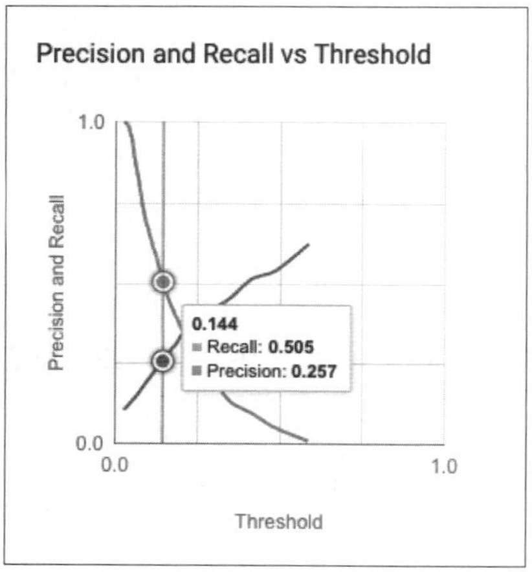


**그림 9-12** 원하는 재현율 또는 정밀도를 얻기 위해 확률의 임계값을 변경할 수 있다

이진 분류 모델에서는 원하는 임계값을 ML.PREDICT 함수에 전달할 수 있다.

**예제 9-36** 임계값을 설정해 예측하는 쿼리

```
SELECT * FROM ML.PREDICT(MODEL ch09eu.bicycle_model_longrental,
  (SELECT 'Park Lane, Hyde Park' AS start_station_name
         , TIMESTAMP('2019-05-09 16:16:00 UTC') AS start_date),
  STRUCT(0.144 AS threshold)
)
```

이 쿼리의 결과는 다음과 같다.

| 행번호 | predicted_biketype | predicted_biketype_probs.label | predicted_biketype_probs.prob | start_station_name | start_date |
|---|---|---|---|---|---|
| 1 | roadbike | roadbike | 0.4419... | Park Lane, Hyde Park | 2019-05-10 16:16:00 UTC |

결과에서 보듯이, roadbike 분류에 해당하는 확률이 기본 임계값인 0.5보다 작음에도 predicated_biketype 컬럼에 roadbike 분류가 선택되었다.

## 빅쿼리 ML 커스텀하기

기본적으로 빅쿼리 ML은 학습률learning rate,[16] 입력 피처 확장,[17] 데이터 분할[18] 등을 적절하게 선택할 수 있는 기능을 제공한다. 모델을 생성할 때 지정하는 `OPTIONS` 설정으로 모델의 생성을 세밀하게 제어할 수 있다(https://cloud.google.com/bigquery-ml/docs/reference/standard-sql/bigqueryml-syntax-create#model_option_list). 지금부터 몇 가지 모델 생성 제어 기능을 살펴보자.

### 데이터 분할 제어하기

빅쿼리는 기본적으로 크기가 적당한 데이터셋에서는 20%의 데이터를 무작위로 선택하고 평가를 위해 별도로 보관한다. 학습은 80%의 데이터로만 수행한다. 데이터셋이 작으면(500행 미만) 모든 데이터를 학습에 사용하며, 데이터셋이 크면(5만 행 이상) 1만 개의 행만 평가에 사용한다. 표 9-2에 나열된 `data_split_method`, `data_split_eval_fraction`, `data_split_col` 등 세 파라미터를 사용해서 평가에 사용할 데이터를 제어할 수 있다.

표 9-2 학습과 평가에 사용할 데이터를 분리하는 방식 제어하기

| 시나리오 | data_split_method | data_split_eval_fraction | data_split_col |
|---|---|---|---|
| 기본 값 | `auto_split` | 0.2 | n/a |
| 모든 데이터로 학습함 | `no_split` | n/a | n/a |
| 평가를 위해 데이터의 10%를 무작위로 보관함 | `random` | 0.1 | n/a |
| 평가할 행을 구체적으로 지정함 | `custom` | n/a | `colname`<br>이 컬럼의 불리언 값이 True 또는 NULL인 행은 평가를 위해 별도로 보관됨 |
| 평가를 위해 마지막 10%의 행을 보관함 | `seq` | 0.1(기본값은 0.2) | `colname`<br>이 컬럼을 기준으로 행을 오름차순으로 정렬함 |

16 빅쿼리는 데이터를 통한 각 반복이 시작될 때 라인 검색을 통해 좋은 값을 추정한다.

17 평균과 단위 분산이 0이 되도록 모든 숫자 입력을 조정한다.

18 기본적으로 평가를 위해 행의 20%를 무작위로 선택한다.

모델을 배포한 후 얼마나 잘 작동하는지 측정할 수 있는 방법은 데이터셋에서 시간순으로 정렬한 대여 기록의 처음 80%에 해당하는 데이터로 학습한 후 그 결과를 나머지 20%의 데이터로 테스트하는 것이다.[19] 즉 무작위로 분할하는 것보다는 과거의 데이터로 학습하고 새로운 데이터를 테스트하는 것이다.

**예제 9-37** 데이터를 시간순으로 분할하는 쿼리

```
CREATE OR REPLACE MODEL ch09eu.bicycle_model_bucketized_seq
TRANSFORM(* EXCEPT(start_date)
  , IF(EXTRACT(dayofweek FROM start_date) BETWEEN 2 AND 6, 'weekday', 'weekend') AS
dayofweek
  , ML.BUCKETIZE(EXTRACT(HOUR FROM start_date), [5, 10, 17]) AS hourofday
  , start_date --데이터를 나눌 때 사용한다
)
OPTIONS(input_label_cols=['duration'], model_type='linear_reg',
        data_split_method='seq',
        data_split_eval_fraction=0.2,
        data_split_col='start_date')
AS

SELECT
  duration
  , start_station_name
  , start_date
FROM 'bigquery-public-data'.london_bicycles.cycle_hire
```

SELECT 및 TRANSFORM 절 모두에 데이터를 분할할 컬럼을 지정하고, OPTIONS에는 데이터를 분할할 방법을 제어하는 세 가지 파라미터를 지정하고 있음에 주목하자.

현재 평균 절대 오차는 860초지만 이 값을 무작위 분할로 얻은 결과와 비교할 수는 없다. 평가 지표는 평가에 사용한 데이터에 크게 의존하는데, 이 예제에서는 다른 평가 데이터셋을 사용하고 있으므로 이 평가 결과를 앞서 얻은 결과와 비교할 수 없다. 게다가 앞서 얻은 결과는 예를 들면 크리스마스 날 같은 정보의 유출로 인해 이미 변질되었다.

19 A 대여소가 바쁜 날이 B 대여소도 바쁜 날일 수 있기 때문에 이 방법이 더 좋은 방법이다. 데이터를 무작위로 분할했을 때 A 대여소에서 2009년 크리스마스의 데이터를 학습 중인데, B 대여소에서 2009년 크리스마스를 평가 중이라면 두 대여소가 모두 바쁜 날이라는 정보가 누설될 수 있다. 데이터 분할 방법을 제어해서 데이터셋의 마지막 며칠 간의 데이터를 학습에 사용하지 못하게 하면 모델에게 과거 데이터를 학습시킬 계획을 더 충실하게 모델링해서 배포할 수 있다.

## 클래스 균형 맞추기

분류 문제에서 1,800초 이상 이용하는 자전거 대여는 12%를 밑돈다는 것을 알 수 있었다. 이것은 불균형한 데이터셋의 예다. 그러므로 드물게 나타나는 클래스의 가중치를 높이는 것이 좋으며, 그러려면 명시적으로 클래스 가중치를 전달하거나 빅쿼리에서 역빈도에 기반한 클래스 가중치를 설정하면 된다.

자동 균형 조정 방법을 사용하는 예는 다음과 같다.

**예제 9-38** 불균형한 데이터를 균형 맞추는 쿼리

```
CREATE OR REPLACE MODEL ch09eu.bicycle_model_longrental_balanced
TRANSFORM(* EXCEPT(start_date)
  , IF(EXTRACT(dayofweek FROM start_date) BETWEEN 2 AND 6, 'weekday', 'weekend') AS
dayofweek
  , ML.BUCKETIZE(EXTRACT(HOUR FROM start_date), [5, 10, 17]) AS hourofday
  , start_date
)
OPTIONS(input_label_cols=['biketype'], model_type='logistic_reg',
        data_split_method='seq',
        data_split_eval_fraction=0.2,
        data_split_col='start_date',
        auto_class_weights=True)
AS

SELECT
  IF(duration > 1800, 'roadbike', 'commuter') AS biketype
  , start_station_name
  , start_date
FROM 'bigquery-public-data'.london_bicycles.cycle_hire
```

가중치의 균형을 조정한 후 모델이 반환하는 확률은 더 이상 실제 발생 빈도에 대한 예측 추정치가 아니라는 점에 주의하자. 로지스틱 회귀에서 나오는 확률 추정치는 모델이 확인한 데이터의 발생 빈도에 기반하는데, 인위적으로 발생 빈도가 낮은 데이터를 조정했기 때문이다.

## 정규화

데이터 탐색과정에서 자전거 대여 시간이 비정상적으로 긴 몇몇 대여소를 제외하면 대부분 대여소의 자전거 대여 시간은 거의 동일하며 대여 건이 발생하지 않는 대여소도 많음을 알 수 있

었다. 이처럼 롱테일 분포long-tailed distributions를 갖는 범주형 피처는 과적합overfitting을 유발할 수 있다. 과적합은 모델이 데이터의 실질적인 의미가 아니라 데이터에 섞인 노이즈noise(임의 변동)를 학습하는 것이다. 이런 모델은 데이터셋에 담긴 데이터의 품질이 아니라 데이터 집합 자체를 표현하게 된다는 뜻이다.

정규화regularization는 과적합의 발생을 막기 위해 가중치가 큰 값에 패널티를 적용해 복잡성을 낮추는 방법이다. 가중치가 큰 값은 하나의 정확한 측정점을 발견하게 되면 갑자기 나타나므로 과적합의 징후로 여겨지는 경우가 많다.

빅쿼리 ML은 L1과 L2의 두 가지 정규화 유형을 지원한다. L1 정규화는 개별 가중치를 최대한 0에 가깝게 만들고 해석력interpretability이 좋은 반면, L2는 모든 가중치를 상대적으로 비슷하게 유지하려고 하며 과적합을 제어하는 데 더 좋다.[20] L1 또는 L2 정규화를 어느 정도 적용할 것인지는 다음과 같이 모델을 생성할 때 지정할 수 있다.

**예제 9-39** L2 정규화를 사용한 쿼리

```
CREATE OR REPLACE MODEL ch09eu.bicycle_model_bucketized_seq_l2
TRANSFORM(* EXCEPT(start_date)
  , IF(EXTRACT(dayofweek FROM start_date) BETWEEN 2 AND 6, 'weekday', 'weekend') AS
dayofweek
  , ML.BUCKETIZE(EXTRACT(HOUR FROM start_date), [5, 10, 17]) AS hourofday
  , start_date // 데이터를 분할할 때 사용한다
)
OPTIONS(input_label_cols=['duration'], model_type='linear_reg',
        data_split_method='seq',
        data_split_eval_fraction=0.2,
        data_split_col='start_date',
        l2_reg=0.1)
AS

SELECT
  duration
  , start_station_name
  , start_date
FROM 'bigquery-public-data'.london_bicycles.cycle_hire
```

예제에서 평균 절대 오차는 857초로, L2 정규화를 적용하지 않았을 때의 결과와 거의 동일하다.

20 L1과 L2에 대한 더 자세한 정보는 www.robotics.stanford.edu/~ang/papers/icml04-l1l2.ps문서를 참고하자.

십중팔구 그 이유는 데이터셋이 충분히 크며 모델이 과적합의 발생을 제어할 수 있도록 충분한 파라미터를 가지고 있기 때문이다. 대부분의 경우 L2 정규화를 권장한다. 특히 데이터의 양이 충분하지 않거나 더 많은 파라미터를 사용하는 DNN 같은 정교한 모델을 사용하는 경우에는 더욱 권장한다.

## k 평균 클러스터링

지금까지 살펴봤던 머신러닝 알고리즘은 지도 학습 방식이며 빅쿼리에 레이블 컬럼을 제공해야 했다. 하지만 빅쿼리는 k 평균 알고리즘(https://ko.wikipedia.org/wiki/K-평균_알고리즘)을 적용해 클러스터의 데이터를 유사성 기준으로 그룹화하는 비지도 학습도 지원한다. K 평균 알고리즘은 클러스터를 구성하는 멤버member의 평균값을 의미하는 k 클러스터를 식별할 수 있기 때문이다. 미래에 대한 값이 주어졌을 때 레이블 컬럼의 값을 예측하는 지도 학습과 달리 비지도 학습은 서술적descriptive이다. 데이터에 기반한 결정한 k 클러스터의 중심점으로서 데이터를 이해하고 그 중심점의 특성을 기준으로 각 클러스터의 멤버에 대한 의사결정을 내리려면 빅쿼리에서 `model_type=kmeans` 구문을 사용하면 된다.

### 어떤 것을 클러스터링할까

k 평균 클러스터링을 사용하는 첫 번째 단계는 클러스터링의 대상과 그 이유를 결정하는 것이다. 빅쿼리의 테이블은 주로 평면화되며 다양한 관점에서 사용하는 경향이 있으므로, 클러스터를 구성할 각 요소가 무엇을 나타낼 것인지를 분명히 하는 데 도움이 된다.

각 행에 소매 고객 거래를 표현하는 데이터가 있다고 가정하자. 이 테이블에서 클러스터링을 수행할 수 있는 여러 방법들이 있지만, 어떤 방법을 선택할 것인지는 클러스터로 수행하려는 작업이 무엇이냐에 따라 결정한다.

- 고객들 사이에서 자연스러운 그룹을 찾을 수 있다. 이것을 고객 세분화segmentation라고 한다. 고객 세분화의 실행에 사용하는 데이터는 각 거래를 실행한 고객을 설명하는 속성이다. 여기에는 방문한 상점, 구매한 품목, 지불한 금액 등이 포함될 수 있다. 고객을 클러스터링하는 이유는 이 고객 그룹(페르소나라고 한다)의 성향을 파악해서 각 클러스터의 '중심 고객'을 이해함으로써 그 그룹이 좋아할 만한 물건을 디자인하기 위한 것이다.

- 구매한 품목 중에서 자연적인 그룹을 찾을 수 있다. 이를 제품 그룹product groups이라고 한다. 제품 그룹을 수행하는 데 사용하는 데이터는 거래에서 구매한 품목을 설명하는 속성이다. 여기에는 구매한 사람, 구매한 시점, 구매한 매장 등이 포함될 수 있다. 이런 항목을 클러스터링하는 이유는 제품 그룹의 특성을 이해해 자기 잠식 효과cannibalization[21]를 줄이거나 교차 판매를 개선하는 방법을 알아내는 것이다.

두 경우 모두 클러스터링을 휴리스틱heuristic[22]으로 사용해 의사결정의 도움을 받는다. 제품의 디자인이나 사용성을 고객 한 사람 한 사람에게 모두 맞추는 것은 너무 어려우므로 고객의 그룹 또는 제품의 그룹을 대상으로 디자인이나 사용성을 고민하는 것이다.

제품 추천(고객에게 제품을 추천하거나 제품의 대상을 특정 고객으로 한정하는 것)에 한해서는 이 장의 뒷부분에 설명하는 `matrix_factorization` 모델을 학습하는 것이 좋다. 그러나 쉽게 이용할 수 있는 예측 분석 접근 방식이 없는 다른 의사결정의 경우에는 k 평균 클러스터링을 통해 데이터 중심 결정을 내릴 수 있다.

## 자전거 대여소 클러스터링하기

데이터에 중점을 두는 방법으로 새로운 유형의 자전거를 배치해야 할 대여소, 수리해야 할 자전거, 보유량을 늘여야 하는 자전거 등 자전거 대여소에 관련된 여러 의사결정을 해야 할 일이 빈번하다고 가정해 보자. 즉 자전거 대여소를 클러스터링할 때 대여소의 대여 시간, 대여소의 1일 대여 횟수, 대여소의 자전거 거치대 수 및 시내 중심으로부터 대여소까지의 거리 같은 속성을 기반으로 유사한 대여소를 그룹화할 수 있다. 처음 두 속성은 해당 요일이 주중인지 주말인지에 따라 달라지므로 두 값을 계산해 보자.

이 쿼리는 매우 길고 번거로우니 테이블에 저장하자.

**예제 9-40** 클러스터링을 위한 데이터 생성 쿼리

```
CREATE OR REPLACE TABLE ch09eu.stationstats AS

WITH hires AS (
  SELECT
```

21 자기 잠식 효과는 식인 풍습을 뜻하는 cannibal이란 단어에서 유래한 마케팅 용어로, 기업에서 새로 출시한 제품이 기존에 판매하던 다른 제품의 영역에 침범해 기존 제품에 부정적인 영향을 끼치는 현상을 뜻한다. – 옮긴이

22 시간이나 정보가 부족한 상황일 때 답을 얻기 위해 정확한 절차를 사용하지 않고 경험과 주관적인 직관에 의존해 결론을 도출하는 방법 – 옮긴이

```
    h.start_station_name AS station_name,
    IF(EXTRACT(DAYOFWEEK FROM h.start_date) BETWEEN 2 AND 6, "weekday", "weekend") AS
isweekday,
    h.duration,
    s.bikes_count,
    ST_Distance (ST_GeogPoint(s.longitude, s.latitude),
                 ST GeogPoint(-0.1, 51.5))/1000 AS distance_from_city_center
  FROM 'bigquery-public-data.london_bicycles.cycle_hire' AS h
  JOIN 'bigquery-public-data.london_bicycles.cycle_stations' AS s
  ON h.start_station_id = s.id
  WHERE EXTRACT(YEAR FROM start_date) = 2015
),

stationstats AS (
  SELECT
    station_name,
    AVG(IF(isweekday = 'weekday', duration, NULL)) AS duration_weekdays,
    AVG(IF(isweekday = 'weekend', duration, NULL)) AS duration_weekends,
    COUNT(IF(isweekday = 'weekday', duration, NULL)) AS numtrips_weekdays,
    COUNT(IF(isweekday = 'weekend', duration, NULL)) AS numtrips_weekends,
    MAX(bikes_count) AS bikes_count,
    MAX(distance_from_city_center) AS distance_from_city_center
  FROM hires
  GROUP BY station_name
)

SELECT *
FROM stationstats
```

결과 테이블에는 2015년에 운영 중인 대여소별로 총 802개의 행이 저장되며 그중 일부는 다음과 같다.

| 행번호 | startion_name | duration_ weekdays | duration_ weekends | numtrips_ weekdays | numtrips_ weekends | bikes_ count | distance _from_city _center |
|---|---|---|---|---|---|---|---|
| 1 | Borough Road, Elephant & Castle | 1109.932... | 2125.095... | 5749 | 1774 | 29 | 0.126... |
| 2 | Webber Street, Southwark | 795.439... | 938.357... | 6517 | 1619 | 34 | 0.164... |
| 3 | Great Suffolk Street, The Borough | 802.530... | 1018.310... | 8418 | 2024 | 18 | 0.193... |

### 클러스터링 수행하기

지도 학습과 마찬가지로 클러스터링을 수행하려면 이전 절에서 만든 테이블에서 CREATE MODEL 문을 실행해야 한다. 이때 각 대여소를 고유하게 식별할 수 있는 station_name 필드는 제거한다.

**예제 9-41** 클러스터링 생성하는 쿼리

```
CREATE OR REPLACE MODEL ch09eu.london_station_clusters
OPTIONS(model_type='kmeans',
        num_clusters=4,
        standardize_features = true) AS

SELECT * EXCEPT(station_name)
FROM ch09eu.stationstats
```

쿼리에서 보듯이, model_type 옵션 값으로 kmeans를 지정한다. num_clusters 옵션을 생략하면 빅쿼리는 테이블의 행 수에 따라 합리적인 값을 선택한다. 또한 이 데이터셋에 standardize_features 옵션을 지정한 이유는 컬럼마다 값의 범위가 다르기 때문이다. 예컨대, 도심과의 거리는 겨우 몇 킬로미터 단위인 반면, 대여 건수와 대여 시간은 천 단위 숫자로 표현하기 때문이다. 따라서 이런 값은 빅쿼리가 제로-평균zero-mean과 단위 변환으로 조정하도록 하는 것이 좋다.

### 클러스터 이해하기

특정 대여소가 속한 클러스터를 찾으려면 ML.PREDICT 함수를 사용한다. 다음은 이름에 'Kennington'이 있는 모든 대여소의 클러스터를 찾는 쿼리다.

**예제 9-42** 클러스터링 예측 쿼리

```
SELECT * EXCEPT (nearest_centroids_distance)
FROM ML.PREDICT(MODEL ch09eu.london_station_clusters,
  (SELECT * FROM ch09eu.stationstats
  WHERE REGEXP_CONTAINS(station_name, 'Kennington')))
```

이 쿼리의 결과는 다음과 같다.

| 행번호 | CENTROID_ID | startion_name | duration_weekdays | duration_weekends | numtrips_weekdays | numtrips_weekends | bikes_count | distance_from_ity_center |
|---|---|---|---|---|---|---|---|---|
| 1 | 2 | Kennington Road, Vauxhall | 1209.433... | 1720.598... | 8135 | 2975 | 26 | 0.891... |
| 2 | 2 | Kennington Lane Rail Bridge, Vauxhall | 979.391... | 1812.217... | 20263 | 5014 | 28 | 2.175... |
| 3 | 2 | Cotton Garden Estate, Kennington | 1572.919... | 997.949... | 5313 | 1600 | 14 | 1.117... |
| 4 | 3 | Kennington Station, Kennington | 1689.587... | 3579.285... | 4875 | 1848 | 15 | 1.298... |

Kennington 대여소 중 일부는 2번 중심점centroid에 있고 다른 대여소는 3번[23] 중심점에 있다. 이런 그룹을 이해하기 위해 다음과 같이 클러스터 중심 속성을 검사할 수 있다.

**예제 9-43 클러스터 중심점을 추출하는 쿼리**

```
SELECT *
FROM ML.CENTROIDS(MODEL ch09eu.london_station_clusters)
ORDER BY centroid_id
```

그러면 클러스터의 각 속성을 하나의 행으로 표현한 테이블이 반환된다.

| 행번호 | centroid_id | feature | numerical_value | categorical_value.category | categorical_value.value |
|---|---|---|---|---|---|
| 1 | 1 | distance_from_city_center | 2.978... | | |
| 2 | 1 | bikes_count | 10.013... | | |
| 3 | 1 | numtrips_weekends | 8273.849... | | |

다음과 같이 테이블을 피벗할 수 있다.

23 k 평균 알고리즘은 초기 시작점에 민감하며 시작점이 무작위로 선택되기 때문에 결과가 다를 수 있다.

**예제 9-44** 데이터를 피벗하는 쿼리

```
CREATE TEMP FUNCTION cvalue(x ANY TYPE, col STRING) AS (
  (SELECT value FROM UNNEST(x) WHERE name = col)
);

WITH T AS (
  SELECT
    centroid_id,
    ARRAY_AGG(STRUCT(feature AS name,
              ROUND(numerical_value,1) AS value)
              ORDER BY centroid_id) AS cluster
  FROM ML.CENTROIDS(MODEL ch09eu.london_station_clusters)
  GROUP BY centroid_id
)
SELECT
  CONCAT('Cluster#', CAST(centroid_id AS STRING)) AS centroid,
  cvalue(cluster, 'duration_weekdays') AS duration_weekdays,
  cvalue(cluster, 'duration_weekends') AS duration_weekends,
  cvalue(cluster, 'numtrips_weekdays') AS numtrips_weekdays,
  cvalue(cluster, 'numtrips_weekends') AS numtrips_weekends,
  cvalue(cluster, 'bikes_count') AS bikes_count,
  cvalue(cluster, 'distance_from_city_center') AS distance_from_city_center
FROM T
ORDER BY centroid_id ASC
```

피벗의 결과는 다음과 같다.

| 행번호 | centroid | duration_ weekdays | duration_ weekends | numtrips_ weekdays | numtrips_ weekends | bikes_count | distance_ from_city_ center |
|---|---|---|---|---|---|---|---|
| 1 | Cluster#1 | 1362.6 | 1968.4 | 25427.3 | 8273.8 | 10.0 | 3.0 |
| 2 | Cluster#2 | 1193.5 | 1738.1 | 8457.4 | 2584.3 | 21.0 | 3.0 |
| 3 | Cluster#3 | 1675.0 | 2460.5 | 4702.4 | 2136.8 | 14.9 | 6.7 |
| 4 | Cluster#4 | 1124.0 | 1543.1 | 8519.0 | 2342.1 | 5.7 | 4.1 |

이 테이블을 시각화하려면 빅쿼리 웹 UI에서 Explore in Data Studio을 클릭한 다음 Table with bar을 선택한다. 중심 컬럼을 **차원**으로 지정하고 나머지 컬럼은 **메트릭**으로 지정한다. 그림 9-13은 결과를 보여준다.

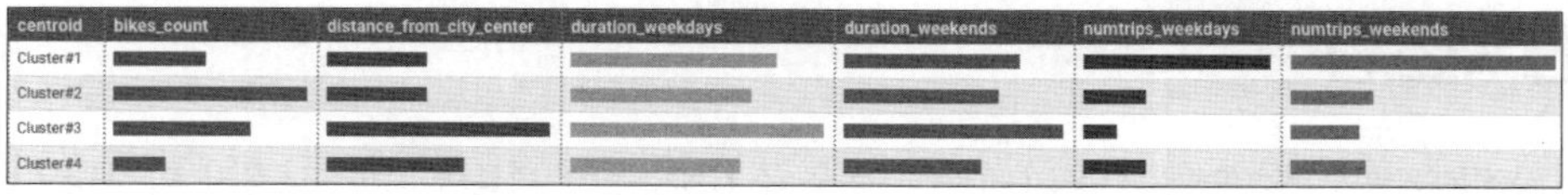


그림 9-13 클러스터 속성

그림 9-13을 보면 클러스터 #1은 도심에 가깝고 대여 수가 많은 매우 바쁜 대여소로 구성되며 클러스터 #2는 역시 도심에서 가깝지만 비교적 덜 바쁜 대여소로 구성되어 있음을 알 수 있다. 클러스터 #3은 시내 중심에서 멀리 떨어져 있고 주말에 대여 시간이 긴 대여소로 구성되며(주중 대여보다 주말 대여가 더 많은 유일한 대여소) 클러스터 #4는 보유한 자전거 수가 적은 작은 대여소로 구성된다(bikes_count 참조). 아마도 도시의 외곽에 있는 주거 지역일 것이다. 이런 피처와 런던에 대한 지식을 바탕으로 클러스터의 이름을 지을 수 있다. 클러스터 #1은 아마도 '관광 지역', 클러스터 #2는 '사업 지구', 클러스터 #3은 '당일 대여', 클러스터 #4는 '퇴근 대여소' 정도로 이름을 지어 주자.



## 데이터 기반 의사결정

이제 이 클러스터를 이용해 여러 가지 의사결정을 내릴 수 있다. 예를 들어 투자를 받아 자전거 거치대를 확장하려고 한다고 가정하자. 어떤 대여소에 거치대를 추가로 설치해야 할까? 클러스터 데이터가 없었다면 대여 횟수가 많고 자전거가 충분하지 않은 대여소(클러스터 #1의 대여소)에 거치대를 추가하고 싶을 것이다. 그러나 이제 클러스터를 가지고 있으며 이 대여소 그룹은 대부분 관광객에게 서비스를 제공함을 알고 있다. 그러므로 투표권도 없는 관광객보다는 일반 시민들이 많이 사용하는 클러스터 #4(출퇴근 대여소)에 거치대를 추가로 설치한다.

다른 예를 들어보자. 이번에는 새로운 유형의 잠금 장치를 실험하려 한다. 이 실험을 어떤 대여소 클러스터에서 진행해야 할까? 논리적으로 보유 자전거 수가 충분하고 A/B 테스트를 할 수 있을 정도로 바쁜 대여소는 상업 지구 대여소다. 반면에, 도로용 자전거를 추가로 보급할 대여소는 어떤 대여소일까? 도시 밖으로 당일 자전거 여행을 즐기려는 사람들에게 서비스를 제공하는 클러스터 #3이 좋은 선택인 것 같다.

물론 사용자가 매번 데이터 분석을 수행해 이런 결정을 개별적으로 내릴 수도 있다. 그러나 대여소를 클러스터링하고 설명이 포함된 이름을 사용하면 의사결정을 내리는 것이 훨씬 간단하고 설명하기 쉽다.

## 추천 시스템

협업 필터링collaborative filtering은 사용자에게 제품을 추천하는, 즉 제품에 대한 사용자 타깃팅 방법을 제공한다. 우선 사용자 ID, 제품 ID 그리고 사용자가 제품에 부여한 평점 등 세 가지 컬럼을 가진 테이블을 찾아보자. 하지만 사용자가 모든 제품에 평점을 매기지는 않으므로 이 테이블의 데이터는 밀집도가 낮을 수 있다. 그러나 추천 시스템은 평점을 기준으로 유사한 사용자와 유사한 제품을 찾아내서 사용자가 아직 보지 못한 제품에 어떤 평점을 줄 것인지를 알아낼 수 있다. 그런 다음, 예측한 평점이 가장 높은 제품을 사용자에게 추천하거나 예측 평점이 가장 높은 사용자를 제품의 주사용자로 추천할 수 있다.

### 무비렌즈 데이터셋

그러면 무비렌즈MovieLens 데이터셋을 사용해 추천 시스템을 구성해 보자. 이 데이터셋은 미네소타 주립대학University of Minnesota 컴퓨터공학부 연구실인 그룹렌즈(https://grouplens.org/about/what-is-grouplens/)가 미국 국립과학재단National Science Foundation의 투자를 받아 공개한 영화 감상문 데이터셋이다.

클라우드 셸에서 다음과 같이 데이터를 내려받아 빅쿼리 테이블로 로드한다.

**예제 9-45** 빅쿼리 테이블 로드하는 셸 스크립트

```
curl -O 'http://files.grouplens.org/datasets/movielens/ml-20m.zip'
unzip ml-20m.zip
bq --location=EU load --source_format=CSV \
  --autodetect ch09eu.movielens_ratings ml-20m/ratings.csv
bq --location=EU load --source_format=CSV \
  --autodetect ch09eu.movielens_movies_raw ml-20m/movies.csv
```

평점 테이블은 다음과 같은 컬럼으로 구성된다.

| 행번호 | userId | movieId | rating | timestamp |
|---|---|---|---|---|
| 1 | 70141 | 6219 | 2.0 | 1070338674 |
| 2 | 70159 | 2657 | 2.0 | 1427155558 |

이 테이블은 다음의 쿼리로 빠르게 살펴볼 수 있다.

**예제 9-46** 유저의 수, 영화 수, 평점 수를 확인하는 쿼리

```
SELECT
  COUNT(DISTINCT userId) numUsers,
  COUNT(DISTINCT movieId) numMovies,
  COUNT(*) totalRatings
FROM ch09eu.movielens_ratings
```

이 쿼리의 결과를 보면 데이터셋에는 13만 8천 명의 사용자, 2만 7천 편에 달하는 영화 및 2천만 건 이상의 평점 등이 성공적으로 로드되었음을 알 수 있다.

다음 쿼리로 처음 몇 편의 영화를 살펴보자.

**예제 9-47** 처음 몇 편의 영화 데이터를 확인하는 쿼리

```
SELECT *
FROM ch09eu.movielens_movies_raw
WHERE movieId < 5
```

결과를 보면 장르 컬럼은 형식화된 문자열임을 알 수 있다.

| 행번호 | movieId | title | genres |
|---|---|---|---|
| 1 | 3 | Grumpier Old Men (1995) | Comedy\|Romance |
| 2 | 4 | Waiting to Exhale (1995) | Comedy\|Drama\|Romance |
| 3 | 2 | Jumanji (1995) | Adventure\|Children\|Fantasy |

이제 장르를 배열로 파싱하고 다음과 같이 테이블을 다시 작성한다.

**예제 9-48** 장르를 배열로 파싱하고 테이블을 생성하는 쿼리

```
CREATE OR REPLACE TABLE ch09eu.movielens_movies AS
SELECT
  * REPLACE(SPLIT(genres, "|") AS genres)
FROM
ch09eu.movielens_movies_raw
```

이 테이블은 다음과 같은 결과를 저장한다.

| 행번호 | movieId | title | genres |
|---|---|---|---|
| 1 | 4 | Waiting to Exhale (1995) | Comedy |
| | | | Drama |
| | | | Romance |
| 2 | 3 | Grumpier Old Men (1995) | Comedy |
| | | | Romance |
| 3 | 2 | Jumanji (1995) | Adventure |
| | | | Children |
| | | | Fantasy |

이제 무비렌즈 데이터를 로드했으니 협업 필터링을 실행할 준비가 되었다.

## 행렬 분해

행렬 분해matrix factorization는 등급 행렬을 사용자 팩터user factors와 아이템 팩터item factors 등 2개의 벡터로 분해하는 협업 필터링 기술이다. 사용자 팩터 벡터는 user_col의 저차원low-dimensional 표현이며, 마찬가지로 아이템 팩터 벡터는 item_col을 나타낸다.

다음을 사용해 추천 모델을 작성한다.

**예제 9-49** 행렬 분해를 사용해 추천 모델 생성하는 쿼리

```
-- 최종 모델이 아니다. movie_recommender_16을 보자
CREATE OR REPLACE MODEL ch09eu.movie_recommender
options(model_type='matrix_factorization',
        user_col='userId', item_col='movieId', rating_col='rating')
AS

SELECT
  userId, movieId, rating
FROM ch09eu.movielens_ratings
```

model_type 옵션에 matrix_factorization을 지정하고 협업 필터링 설정에서 어떤 컬럼이 어떤 역할을 하는지 지정했다는 점을 제외하고는 평소와 같이 모델을 작성한다.

**머신러닝 워크로드에 정액제나 슬롯 유연제 적용하기**

온디맨드 가격제를 사용 중이라면 해당 가격제에서는 매트릭스 인수분해 모델 학습이 가능하지 않다는 에러 메시지를 보게 되는 경우가 있다. 그러면서 예약을 설정(유연 또는 보통)하도록 안내받을 것이다. 이때 슬롯 유연제를 최소 60초 단위로 설정할 수 있다.

온디맨드 가격제의 경우 쿼리가 처리하는 데이터의 양에 따라 과금이 적용된다. 기본적인 `SELECT`, `WHERE`, `JOIN`, `GROUP BY` 등을 실행한다면 온디맨드와 정액제 중 하나를 선택하면 된다. 온디맨드 가격제를 사용하면 GIS, 정규식 파싱, JSON 추출, `ORDER BY` 등과 같은 연산 집약적 쿼리를 저렴하게 사용할 수 있다.

하지만 머신러닝 쿼리는 예외다. 머신러닝 모델을 학습하려면 데이터를 수차례 반복해서 읽어야 하므로 온디맨드 가격제를 사용하는 경우 ML 모델이 반복해야 하는 횟수에 따라 과금이 된다. 즉 ML 모델의 학습에 최대 시간이 걸리지 않을(https://towardsdatascience.com/k-means-clustering-in-bigquery-now-does-better-initialization-3d7e7567bad3) 것임을 안다면 (https://medium.com/google-cloud/bigquery-ml-gets-faster-by-computing-a-closed-form-solution-sometimes-1baa5a838eb6) 정액제나 슬롯 유연제를 선택하는 편이 낫다. 빅쿼리의 ML은 실제로 사용할 연산에 대한 비용을 지불하는 경우에 저렴하다.

특히 추천 모델은 데이터와 반복 처리를 기준으로 비용을 책정하면 너무 비싸다. 공통 매트릭스 인수분해 모델은 수백만의 사용자와 수십만의 제품을 가지고 있다. 매트릭스 인수분해는 $O(N^3)$ 알고리즘이다. 따라서 현실적으로 매트릭스가 희박할 것이므로 수렴이 훨씬 빠르다. 그런 이유로 온디맨드 가격제를 사용하는 경우 빅쿼리가 매트릭스 인수분해의 실행을 거부하고 슬롯 유연제를 구입해 실제 사용하는 연산에 대해서만 비용을 지불하도록 권하는 것이다.

결과 모델은 학습 시간이 무려 1시간 소요되었으며, 학습 데이터 손실은 극도로 나빠지고 4번을 반복하는 동안 거의 0에 가깝게 떨어졌다.[24]

| Iteration | Training Data Loss | Evaluation Data Loss | Duration(seconds) |
|---|---|---|---|
| 4 | 0.5734 | 172.4057 | 180.99 |
| 3 | 0.5826 | 187.2103 | 1,040.06 |
| 2 | 0.6531 | 4,758.2944 | 219.46 |
| 1 | 1.9776 | 6,297.2573 | 1,093.76 |
| 0 | 63,287,833,220.5795 | 168,995,333.0464 | 1,091.21 |

24 반복의 지속 시간이 오락가락하는 이유는 기본 최적화 알고리즘이 첫 시도에서 사용자를 처리하고 그다음에 영화를 처리하며 영화 수보다 사용자 수가 훨씬 많기 때문이다.

그러나 평가 데이터 손실은 학습 데이터 손실보다 훨씬 높다. 이는 과적합이 발생하고 있음을 나타내므로 정규화를 추가해야 한다. 쿼리를 다음과 같이 수정한다.

**예제 9-50** L2 정규화를 추가한 추천 모델 생성하는 쿼리

```
-- 최종 모델이 아니다; movie_recommender_16을 보자
CREATE OR REPLACE MODEL ch09eu.movie_recommender_l2
options(model_type='matrix_factorization',
        user_col='userId', item_col='movieId',
        rating_col='rating', l2_reg=0.2)
AS

SELECT
  userId, movieId, rating
FROM ch09eu.movielens_ratings
```

이제 더 빠르게 학습(5번에서 줄어들어 3번만 반복)하며 과적합도 훨씬 적어졌다.

| Iteration | Training Data Loss | Evaluation Data Loss | Duration (seconds) |
|---|---|---|---|
| 2 | 0.6509 | 1.4596 | 198.17 |
| 1 | 1.9829 | 33,814.3017 | 1,066.06 |
| 0 | 481,434,346,060.7928 | 2,156,993,687.7928 | 1,024.59 |

기본적으로 빅쿼리는 요인 수를 행 수의 로그2에 맞춘다. 이때 테이블에 2천만 개의 행이 있으므로 요인의 수는 24개가 될 것이다. 이 값은 k 평균 클러스터링의 숫자처럼 적절한 기본값이지만, 약 50% 더 높은 수(36)와 30% 더 낮은 수(16)로도 실험해 볼 가치가 있는 경우도 많다.[25]

**예제 9-51** num_factors 값을 설정한 추천 모델 생성하는 쿼리

```
CREATE OR REPLACE MODEL ch09eu.movie_recommender_16
options(model_type='matrix_factorization',
        user_col='userId', item_col='movieId',
        rating_col='rating', l2_reg=0.2, num_factors=16)
AS
```

25 이상하게 들릴 수도 있다. 왜 3분의 1이 아닌 반일까? 이 시도의 기본적인 개념은 24가 16보다 50% 더 큰 숫자라는 것이다. 후보 공간을 빠르게 처리할 수 있도록 등비수열(geometric progression)을 num_factors에 대한 후보 값으로 사용하고 싶은 것이다. num_factors의 후보 값이 3개 이상이라면 각 후보 값이 이전보다 약 sqrt(2)배 높은 값으로 구성된 값들을 사용하자. 예를 들어 4, 6, 8, 12, 16, 24, 32, 48, 64 등을 사용할 수 있다.

```
SELECT
  userId, movieId, rating
FROM ch09eu.movielens_ratings
```

이렇게 하면, num_factors=16인 경우의 평가 손실(0.97)이 num_factors=36(1.67)일 때나 num_factors=24(1.45)일 때보다 낮음을 알 수 있다. 다른 값으로 실험을 계속할 수도 있지만 추가 실험으로 그다지 많은 것을 얻지는 못할 것이다. 그러므로 최종 행렬 분해 모델을 선택하고 계속 진행해 보자.



## 추천 만들기

이렇게 학습된 모델을 사용해 추천 목록을 제공할 수 있다. 예를 들어 userId가 903인 사용자에게 추천할 수 있는 최고의 코미디 영화를 찾아보자.

**예제 9-52** userId 903에게 추천 목록을 만드는 쿼리

```
SELECT * FROM
ML.PREDICT(MODEL ch09eu.movie_recommender_16, (
  SELECT
    movieId, title, 903 AS userId
  FROM ch09eu.movielens_movies, UNNEST(genres) g
  WHERE g = 'Comedy'
))
ORDER BY predicted_rating DESC
LIMIT 5
```

이 쿼리에서는 ML.PREDICT 함수를 호출할 때 학습된 추천 모델을 전달하고 예측의 수행에 필요한 일련의 movieId 및 userId를 제공한다. 예제에서는 userId는 하나(903)이지만 장르가 코미디인 모든 영화를 전달한다. 이 쿼리의 결과는 다음과 같다.

| 행번호 | predicted_rating | movieId | title | userId |
|---|---|---|---|---|
| 1 | 4.747231361947591 | 107434 | Diplomatic Immunity (2009– ) | 903 |
| 2 | 4.372639637398302 | 62206 | Supermarket Woman (Sûpâ no onna) (1996) | 903 |
| 3 | 4.325021974040314 | 122441 | Tales That Witness Madness (1973) | 903 |
| 4 | 4.296062517241643 | 120313 | Otakus in Love (2004) | 903 |
| 5 | 4.277251207896746 | 130347 | Bill Hicks: Sane Man (1989) | 903 |

## 이미 평가한 영화 필터링하기

물론 이 결과에는 사용자가 과거에 이미 관람하고 평가한 영화도 포함되어 있다. 다음과 같이 쿼리를 수정해 이미 평가한 영화를 제거한다.

**예제 9-53** 이미 평가한 영화를 제외하고 추천 목록을 만드는 쿼리

```
SELECT * FROM
ML.PREDICT(MODEL ch09eu.movie_recommender_16, (
  WITH seen AS (
    SELECT ARRAY_AGG(movieId) AS movies
    FROM ch09eu.movielens_ratings
    WHERE userId = 903
  )
  SELECT
    movieId, title, 903 AS userId
  FROM ch09eu.movielens_movies, UNNEST(genres) g, seen
  WHERE g = 'Comedy' AND movieId NOT IN UNNEST(seen.movies)
))
ORDER BY predicted_rating DESC
LIMIT 5
```

이 사용자의 경우에는 수정한 쿼리의 결과가 동일하다. 즉 예측한 평점이 가장 높은 영화 목록에 사용자가 이미 관람한 영화는 포함되어 있지 않다.

## 고객 타깃팅

이전 절에서는 특정 사용자가 가장 좋게 평가하는 영화를 판단하는 방법을 살펴봤다. 하지만 보유한 제품을 가장 좋아할 만한 고객을 알고 싶은 경우도 있다. 예를 들어 현재 평점이 하나뿐인 movieId=96481 영화를 더 많은 사람들이 리뷰하고 가장 높은 평점을 줄 가능성이 높은 100명의 사용자에게 쿠폰을 보내려고 한다고 가정하자. 이런 사용자를 찾으려면 다음과 같은 쿼리를 작성하면 된다.

**예제 9-54** 특정 영화를 좋아할 고객을 추출하는 쿼리

```
SELECT * FROM
ML.PREDICT(MODEL ch09eu.movie_recommender_16, (
  WITH allUsers AS (
    SELECT DISTINCT userId
    FROM ch09eu.movielens_ratings
  )
```

```
    SELECT
      96481 AS movieId,
      (SELECT title FROM ch09eu.movielens_movies WHERE movieId=96481) title,
      userId
    FROM
      allUsers
))
ORDER BY predicted_rating DESC
LIMIT 100
```

이 쿼리는 100명의 사용자를 반환하며 그중 최상위 5명의 사용자는 다음과 같다.

| 행번호 | predicted_rating | movieId | title | userId |
|---|---|---|---|---|
| 1 | 4.8586009640376915 | 96481 | American Mullet(2001) | 54192 |
| 2 | 4.670093338552966 | 96481 | American Mullet(2001) | 84240 |
| 3 | 4.544395037073204 | 96481 | American Mullet(2001) | 109638 |
| 4 | 4.422718574118088 | 96481 | American Mullet(2001) | 26606 |
| 5 | 4.410969328468145 | 96481 | American Mullet(2001) | 138139 |

### 모든 사용자와 영화에 대한 배치 예측

모든 사용자 및 영화의 조합에 대해 예측을 수행하려면 어떻게 해야 할까? 이때는 이전 쿼리처럼 별개의 사용자와 영화를 지정하는 것이 아니라 학습 중에 발견한 모든 movieId 및 userId에 대한 배치 예측을 수행하는 것이 편리하다.

**예제 9-55** 모든 사용자와 영화에 대한 배치 예측하는 쿼리

```
SELECT *
FROM ML.RECOMMEND(MODEL ch09eu.movie_recommender_16)
```

이전 절에서 이미 살펴보았지만, 사용자가 과거에 이미 관람하고 평가한 영화는 필터링할 수 있다. 이미 관람한 영화를 필터링하지 않는 것이 기본 작동인 이유는 예를 들어 식당을 추천하는 경우에는 사용자가 이미 다녀왔던 식당을 추천하는 것이 당연한 것처럼 이와 유사한 상황이 있기 때문이다.

## 사용자와 영화 정보 통합하기

행렬 분해 방식은 평점 행렬이 제공하는 것 이외에 사용자나 영화에 대한 어떠한 추가 정보도 활용하지 않는다. 그러나 사용자에 대한 다양한 정보(예: 거주 도시, 연간 수입, 연간 지출 등)를 보유한 경우가 더 많으며, 카탈로그에 언급된 제품에 대한 상세한 정보를 거의 보유하고 있다고 봐도 무방하다. 이 정보를 추천 모델에 어떻게 통합할 수 있을까?

행렬 분해 접근 방식의 결과로 얻게 된 사용자 요인과 제품 요인이 사실은 평점 행렬에서 사용자와 제품에 대한 정보를 간략하게 표현할 수 있을 눈치챘다면 그 답을 구할 수 있다. 이 정보를 나머지 다른 정보와 합치면 평점을 예측하기 위한 회귀 모델을 학습시킬 수 있다.

### 사용자와 제품 팩터얻기

ML.WEIGHTS 함수를 이용하면 사용자 팩터factor나 제품 팩터를 얻을 수 있다. 예를 들어 movieId=96481의 제품 팩터와 userId=54192의 사용자 팩터는 다음의 쿼리로 찾을 수 있다.

**예제 9-56** 모든 사용자와 영화를 배치 예측하는 쿼리

```
SELECT
  processed_input
  , feature
  , TO_JSON_STRING(factor_weights)
  , intercept
FROM ML.WEIGHTS(MODEL ch09eu.movie_recommender_16)
WHERE
(processed_input = 'movieId' AND feature = '96481')
OR
(processed_input = 'userId' AND feature = '54192')
```

이 쿼리의 결과는 다음과 같다.

| 행번호 | processed_input | feature | f0_ | intercept |
|---|---|---|---|---|
| 1 | movieId | 96481 | [{"factor":16,"weight":0.01274324364248563},<br>{"factor":15,"weight":-0.026002830400362179},<br>{"factor":14,"weight":-0.0088894978851240675},<br>{"factor":13,"weight":0.010309411637259363},<br>{"factor":12,"weight":-0.025990228913849212},<br>{"factor":11,"weight":0.0037023423385396021},<br>{"factor":10,"weight":-0.0016743710047063861},<br>{"factor":9,"weight":0.018434530705228803},<br>{"factor":8,"weight":-0.0016500835388799462},<br>{"factor":7,"weight":-0.021652088589080184},<br>{"factor":6,"weight":-0.0009796974773271663 7},<br>{"factor":5,"weight":-0.056352201014532581},<br>{"factor":4,"weight":-0.025090456181039382},<br>{"factor":3,"weight":0.015317626028966519},<br>{"factor":2,"weight":-0.00046084151232374118},<br>{"factor":1,"weight":-0.00094612715444545048}] | -1.1915305828542884 |
| 2 | userId | 54192 | [{"factor":16,"weight":-0.66257902781387934},<br>{"factor":15,"weight":-0.089502881890795027},<br>{"factor":14,"weight":-0.14498342867805328},<br>{"factor":13,"weight":0.57708118940369757},<br>{"factor":12,"weight":-0.25409266698347688},<br>{"factor":11,"weight":0.243523510689305},<br>{"factor":10,"weight":0.48314159427498959},<br>{"factor":9,"weight":0.21335694312220596},<br>{"factor":8,"weight":0.34206958377350211},<br>{"factor":7,"weight":-0.076313491055098021},<br>{"factor":6,"weight":0.21214183741037482},<br>{"factor":5,"weight":0.19387028511697624},<br>{"factor":4,"weight":-0.42699681695332414},<br>{"factor":3,"weight":0.046570444717220438},<br>{"factor":2,"weight":0.25934273163373722},<br>{"factor":1,"weight":-0.18839802656522864}] | 2.511409230366029 |

행렬 분해 방식으로 movieId와 userId의 조합에 대한 예상 평점을 얻으려면 이 가중치를 곱하고 절편을 추가한다.

이 가중치는 영화와 사용자의 행위를 저차원으로 표현하는 역할도 한다. 사용자 요소, 제품 요소 및 사용자와 제품에 대해 알고 있는 기타 정보를 모두 조합해서 평점을 예측하는 회귀 모델을 만들어 보자.

### 입력 피처 생성하기

무비렌즈 데이터셋에는 사용자 정보는 아예 없으며 영화 자체에 대한 정보도 거의 없다. 개념을 설명하기 위해 사용자에 대한 종합적인 정보를 만들어 보자.

**예제 9-57** 사용자의 종합적인 정보를 테이블에 저장하는 쿼리

```
CREATE OR REPLACE TABLE ch09eu.movielens_users AS
SELECT
  userId
  , RAND() * COUNT(rating) AS loyalty
  , CONCAT(SUBSTR(CAST(userId AS STRING), 0, 2)) AS postcode
FROM
  ch09eu.movielens_ratings
GROUP BY userId
```

사용자 테이블을 머신러닝 가중치와 조인하고 가중치 배열에서 모든 사용자 정보 및 사용자 팩터를 선택하면 사용자에 대한 입력 피처를 얻을 수 있다.

**예제 9-58** 사용자 입력 피처를 구하는 쿼리

```
WITH userFeatures AS (
  SELECT
    u.*,
    (SELECT ARRAY_AGG(weight) FROM UNNEST(factor_weights)) AS user_factors
  FROM
    ch09eu.movielens_users u
  JOIN
    ML.WEIGHTS(MODEL ch09eu.movie_recommender_16) w
  ON
    processed_input = 'userId' AND feature = CAST(u.userId AS STRING)
)

SELECT * FROM userFeatures
LIMIT 5
```

이렇게 하면 다음과 같은 사용자 피처가 생성된다(회귀 모델에 전달하기 전에 userId 컬럼은 제거해야 한다).

| 행번호 | userId | loyalty | postcode | user_factors |
|---|---|---|---|---|
| 1 | 65536 | 72.51794801197904 | 65 | 0.038901538776462 |
| | | | | 0.0019075355240976716 |
| | | | | 0.011537776936285278 |
| | | | | −0.0322503841197857 |
| | | | | 0.046464397209825425 |
| | | | | −0.015348467879503527 |
| | | | | 0.05865111283285229 |
| | | | | 0.04859058815259179 |
| | | | | 0.017664456774125117 |
| | | | | 0.006847553039523945 |
| | | | | 0.012585216564478762 |
| | | | | −0.06506297976701378 |
| | | | | −0.005041156227839918 |
| | | | | −0.04187860699038322 |
| | | | | 0.006216526560890197 |
| | | | | 0.02711744261644579 |

마찬가지로, 영화에는 두 가지 이상의 장르가 있을 수 있으므로 장르를 다루는 방법을 결정해야 한다는 점만 제외하면 영화 데이터에 대한 제품 피처를 얻을 수 있다. 각 장르에 대해 별도의 학습 행을 만들기로 결정했다면 다음 쿼리를 사용해 제품 피처를 구성할 수 있다.

**예제 9-59** 제품 피처를 구하는 쿼리

```
WITH productFeatures AS (
  SELECT
    p.* EXCEPT(genres)
    , g
    , (SELECT ARRAY_AGG(weight) FROM UNNEST(factor_weights)) AS product_factors
  FROM
    ch09eu.movielens_movies p, UNNEST(genres) g
  JOIN
    ML.WEIGHTS(MODEL ch09eu.movie_recommender_16) w
  ON
    processed_input = 'movieId' AND feature = CAST(p.movieId AS STRING)
)

SELECT * FROM productFeatures
LIMIT 5
```

그러면 다음과 같은 형태로 행이 만들어진다.

| 행번호 | movieId | title | g | product_factors |
|---|---|---|---|---|
| 1 | 1450 | Prisoner of the Mountains(Kavkazsky plennik)(1996) | war | 0.9883690055578206 |
| | | | | 1.3052751077485096 |
| | | | | −1.4000285383517228 |
| | | | | 1.3901032474256991 |
| | | | | −0.32863748198986686 |
| | | | | −0.7688057246956399 |
| | | | | −1.1853591273232054 |
| | | | | −0.4553668299329251 |
| | | | | −0.14564591302024543 |
| | | | | −0.18609388556738163 |
| | | | | −0.3547198526732644 |
| | | | | 0.06067380147330148 |
| | | | | −0.2733324088164271 |
| | | | | 1.8302213060412562 |
| | | | | 0.4753820155626278 |
| | | | | 1.559946725190114 |

이 두 WITH 절을 결합하고 movieId-userId 조합에 해당하는 평점을(평점 테이블에 존재한다면) 가져 와서 학습 데이터셋을 작성할 수 있다.[26]

**예제 9-60** 사용자 피처와 제품 피처를 사용해 학습 데이터셋 생성하는 쿼리

```
CREATE OR REPLACE TABLE ch09eu.movielens_hybrid_dataset AS

WITH userFeatures AS (
  SELECT
    u.*,
    (SELECT ARRAY_AGG(weight) FROM UNNEST(factor_weights)) AS user_factors
  FROM
    ch09eu.movielens_users u
  JOIN
    ML.WEIGHTS(MODEL ch09eu.movie_recommender_16) w
  ON
```

26 이 책의 깃허브 저장소에 있는 ch09/hybrid.sql 파일을 확인하자.

```
      processed_input = 'userId' AND feature = CAST(u.userId AS STRING)
  ),

  productFeatures AS (
    SELECT
      p.* EXCEPT(genres)
      , g
      , (SELECT ARRAY_AGG(weight) FROM UNNEST(factor_weights)) AS product_factors
    FROM
      ch09eu.movielens_movies p, UNNEST(genres) g
    JOIN
      ML.WEIGHTS(MODEL ch09eu.movie_recommender_16) w
    ON
      processed_input = 'movieId' AND feature = CAST(p.movieId AS STRING)
  )

  SELECT p.* EXCEPT(movieId), u.* EXCEPT(userId), rating
  FROM productFeatures p, userFeatures u
  JOIN
    ch09eu.movielens_ratings r
  ON
    r.movieId = p.movieId AND r.userId = u.userId
```



이 테이블의 행 중 하나는 다음과 같다.

| 1 | Hunted, The(2003) | Action | 2.6029616190628015 | 692.7156232519949 | 70 | 0.026523240535672774 | 2.0 |
|---|---|---|---|---|---|---|---|
| | | | 0.33485455845698525 | | | 0.0019319939217823622 | |
| | | | 0.31628840722516194 | | | −0.0020145595411925534 | |
| | | | −0.30752338315431 38 | | | −0.002646563034985453 | |
| | | | −0.4473419662482839 | | | −0.015945519378256 73 | |
| | | | −1.0222758233057185 | | | −0.010801066706191506 | |
| | | | −0.42418301494313826 | | | 4.772572135005211E−4 | |
| | | | −1.2447809221572947 | | | 0.014766024570817101 | |
| | | | −0.20242685993451942 | | | −0.007500869241538576 | |
| | | | 1.330350771422776 | | | −0.020383420117709883 | |
| | | | −0.3354935275410769 | | | −0.007863867111381763 | |
| | | | 0.32404375319192513 | | | 0.019901597021923123 | |

(이어짐)

| 1 | Hunted, The(2003) | Action | 2.6029616190628015 | 692.7156232519949 | 70 | 0.026523240535672774 | 2.0 |
|---|---|---|---|---|---|---|---|
| | | | 1.402657314320568 | | | −0.003178194776711233 | |
| | | | 0.4728896971092763 | | | 0.013146874239054253 | |
| | | | −0.5743444547904143 | | | −0.0017117741950437 | |
| | | | 0.35632448579921905 | | | −0.030130776462043048 | |

기본적으로 영화에 대한 몇 가지 속성과 영화에 해당하는 제품 요인의 배열 그리고 사용자에 대한 몇 가지 특성과 사용자에 해당하는 사용자 요인 배열을 갖추었다. 이것으로 행렬 인수 분해 모델을 구축하고 사용자 및 영화에 대한 메타데이터를 추가하는 '하이브리드' 추천 모델에 대한 입력을 구성한다.

## 하이브리드 추천 모델 학습하기

이 책을 쓰는 현재, 빅쿼리 ML은 배열을 회귀 모델에 대한 입력으로 처리할 수 없다. 따라서 배열을 구조체의 배열 필드로 변환하는 함수를 먼저 정의한다.

**예제 9-61** 배열을 구조체의 배열 필드로 변환하는 사용자 정의 함수

```
CREATE OR REPLACE FUNCTION ch09eu.arr_to_input_3(a ARRAY<FLOAT64>)
RETURNS STRUCT<a1 FLOAT64, a2 FLOAT64, a3 FLOAT64> AS (
  STRUCT(
    a[OFFSET(0)]
    , a[OFFSET(1)]
    , a[OFFSET(2)]
));
```

이제 이 함수로 다음과 같이 쿼리를 실행한다.

**예제 9-62** 사용자 정의 함수를 사용한 쿼리

```
SELECT
  ch09eu.arr_to_input_3(a).*
FROM
  (SELECT [34.23, 43.21, 63.21] AS a)
```

이 쿼리의 결과는 다음과 같다.

| 행번호 | a1 | a2 | a3 |
|---|---|---|---|
| 1 | 34.23 | 43.21 | 63.21 |

마찬가지로, 사용자 팩터 배열을 이름이 있는 컬럼으로 변환하는 ch09eu.arr_to_input_16_users 함수나 제품 팩터 배열[27]을 처리하는 유사한 함수를 생성할 수 있다. 그런 다음에 사용자 및 제품에 대한 메타데이터를 행렬 인수 분해 방식에서 얻은 사용자 팩터 및 제품 팩터와 연결하여 평점을 예측하는 회귀 모델을 생성할 수 있다.



**예제 9-63** 사용자 피처와 제품 피처를 사용해 평점을 예측하는 모델 생성하는 쿼리

```
CREATE OR REPLACE MODEL ch09eu.movielens_recommender_hybrid
OPTIONS(model_type='linear_reg', input_label_cols=['rating'])
AS

SELECT
  * EXCEPT(user_factors, product_factors)
  , ch09eu.arr_to_input_16_users(user_factors).*
  , ch09eu.arr_to_input_16_products(product_factors).*
FROM
  ch09eu.movielens_hybrid_dataset
```

학습 데이터셋을 생성하는데 사용한 사용자 정보는 인위적으로 조작한(loyalty 컬럼 생성 시 RAND() 함수를 사용했음을 상기하자) 것이므로 이 모델의 평가 지표를 확인할 필요는 없다. 물론 더 정교한 모델을 원한다면 dnn_regressor 모델을 학습시키고 하이퍼파라미터를 최적화할 수 있다. 그러나 그렇게까지 할 생각이라면 다음 절에서 다루는 AutoML 테이블을 사용하는 것이 낫다.

27 이 책의 깃허브 저장소의 ch09/arr_to_input16.sql 파일을 참고하자.

## GCP의 커스텀 머신러닝 모델

빅쿼리 ML은 매우 빠르게 구축하고 반복할 수 있는 모델[28]을 제공하는 반면, AutoML은 학습에 몇 시간 또는 며칠이 걸리긴 하지만 일단 학습이 완료되면 최첨단의 고품질 모델을 제공할 수 있다. 케라스Keras와 텐서플로는 머신러닝 모델 아키텍처의 저수준 제어를 제공하며 사용자 정의 머신러닝 모델을 설계, 개발 및 배포할 수 있다. 구조화된 데이터 또는 반구조화된 데이터에 대한 머신러닝은 빅쿼리 ML로 시작하는 것이 좋으며, 보유한 기술과 문제가 해결됐을 때 얻을 수 있는 가치에 따라 AutoML 또는 케라스로 머신러닝 문제를 세밀하게 조정하면 된다.

### 하이퍼파라미터 튜닝

머신러닝을 수행할 때 제법 많은 수의 파라미터를 임의로 선택하게 된다. 이런 파라미터로는 학습률, L2 정규화 수준, 신경망의 계층 및 노드 수, 부스팅 트리의 최대 심도depth 그리고 행렬 분해 모델의 요인 수 등이 있다. 이 파라미터에 어떤 값을 선택하는지에 따라 보류한 평가 데이터셋의 오차를 기준으로 더 나은 모델이 만들어지기도 한다. 이렇게 파라미터에 적절한 값을 선택하는 것을 하이퍼파라미터 튜닝이라고 한다.

#### 스크립팅을 사용한 하이퍼파라미터 튜닝

k-평균 클러스터링 모델을 예로 들어보자. 빅쿼리 웹 UI의 '평가' 탭(뿐만 아니라 `SELECT * ML.EVALUATE`의 결과)은 데이터가 지원하는 최적의 클러스터 수를 결정하는 데 도움이 되는 데이비스-볼딘 인덱스Davies-Bouldin Indexs를 보여준다(숫자가 낮을수록 클러스터링에 적합하다).

예를 들어 다음 스크립트로 클러스터 수를 변경하자.

**예제 9-64** 스크립팅을 사용한 하이퍼파라미터 튜닝

```
DECLARE NUM_CLUSTERS INT64 DEFAULT 3;
DECLARE MIN_ERROR FLOAT64 DEFAULT 1000.0;
DECLARE BEST_NUM_CLUSTERS INT64 DEFAULT -1;
DECLARE MODEL_NAME STRING;
DECLARE error FLOAT64 DEFAULT 0;

WHILE NUM_CLUSTERS < 8 DO
```

28 이 내용을 읽을 때쯤이면, automl은 빅쿼리에서 지원되는 모델 유형 중 하나일 수 있다.

```
  SET MODEL_NAME = CONCAT('ch09eu.london_station_clusters_',
                          CAST(NUM_CLUSTERS AS STRING));

  EXECUTE IMMEDIATE format("""
  CREATE OR REPLACE MODEL %s
    OPTIONS(model_type='kmeans',
            num_clusters=%d,
            standardize_features = true) AS
    SELECT * except(station_name)
    FROM ch09eu.stationstats;
  """, MODEL_NAME, NUM_CLUSTERS);

  EXECUTE IMMEDIATE format("""
    SELECT davies_bouldin_index FROM ML.EVALUATE(MODEL %s);
  """, MODEL_NAME) INTO error;

    IF error < MIN_ERROR THEN
       SET MIN_ERROR = error;
       SET BEST_NUM_CLUSTERS = NUM_CLUSTERS;
    END IF;
  SET NUM_CLUSTERS = NUM_CLUSTERS + 1;

END WHILE
```



### 파이썬에서 하이퍼파라미터 튜닝하기

파이썬과 파이썬의 멀티스레딩 기능을 사용해 동시 쿼리 수를 제한하는 방법으로 앞서 살펴본 쿼리와 같은 결과를 얻을 수 있다.[29]

**예제 9-65** 파이썬에서 하이퍼파라미터 튜닝하는 함수

```
def train_and_evaluate(num_clusters: Range, max_concurrent=3):
    # grid search means to try all possible values in range
    params = []
    for k in num_clusters.values():
        params.append(Params(k))

    # run all the jobs
    print('Grid search of {} possible parameters'.format(len(params)))
    pool = ThreadPool(max_concurrent)
```

29 전체 코드를 보려면, 이 책의 깃허브 저장소에서 ch09/hyperparam.ipynb 파일을 확인하자.

```
    results = pool.map(lambda p: p.run(), params)

    # sort in ascending order
    return sorted(results, key=lambda p: p._error)
```

이 코드에서는 Params 클래스의 run( ) 메서드가 적절한 학습 및 평가 쿼리를 호출한다.

**예제 9-66** 하이퍼파라미터 튜닝을 위한 Params 클래스

```
class Params:
    def __init__(self, num_clusters):
        self._num_clusters = num_clusters
        self._model_name = (
            'ch09eu.london_station_clusters_{}'.format(num_clusters))
        self._train_query = """
            CREATE OR REPLACE MODEL {}
            OPTIONS(model_type='kmeans',
                num_clusters={},
                standardize_features = true) AS
            SELECT * except(station_name)
            FROM ch09eu.stationstats
        """.format(self._model_name, self._num_clusters)
        self._eval_query = """
            SELECT davies_bouldin_index AS error
            FROM ML.EVALUATE(MODEL {});
        """.format(self._model_name)
        self._error = None

    def run(self):
        bq = bigquery.Client(project=PROJECT)
        job = bq.query(self._train_query, location='EU')
        job.result() # wait for job to finish
        evaldf = bq.query(self._eval_query, location='EU').to_dataframe()
        self._error = evaldf['error'][0]
        return self
```

[3,9] 범위에서 검색하면 7개의 클러스터를 사용했을 때 오차가 최소화됨을 알 수 있다.

```
ch09eu.london_station_clusters_7    1.551265    7
ch09eu.london_station_clusters_9    1.571020    9
ch09eu.london_station_clusters_6    1.571398    6
```

```
ch09eu.london_station_clusters_4    1.596398    4
ch09eu.london_station_clusters_8    1.621974    8
ch09eu.london_station_clusters_5    1.660766    5
ch09eu.london_station_clusters_3    1.681441    3
```

### AI 플랫폼을 사용해 하이퍼파라미터 튜닝하기

지금까지 살펴본 두 가지 하이퍼파라미터 튜닝 방법은 파라미터에 가능한 범위의 값을 전달하는 방법이었다. 하지만 파라미터의 값으로 사용할 경우의 수가 늘어날수록 그리드 검색이 더 낭비되는 경향이 있다. 따라서 효율적인 검색 알고리즘을 사용하는 것이 좋으며, 이때 클라우드 AI 플랫폼의 하이퍼파라미터 튜닝이 도움이 된다. 하이퍼파라미터 튜닝 서비스는 (텐서플로뿐만 아니라) 모든 모델에 사용할 수 있다. 그러면 하이퍼파라미터 튜닝 서비스로 DNN 모델의 노드 수와 피처 엔지니어링을 튜닝하자.[30]

먼저 각 파라미터의 범위, 동시 쿼리 수 및 총 실행 횟수를 지정하는 구성 파일을 생성하자.

```
trainingInput:
    scaleTier: CUSTOM
    masterType: standard # See: https://cloud.google.com/ml-engine/docs/tensorflow/
machine-types
    hyperparameters:
        goal: MINIMIZE
        maxTrials: 50
        maxParallelTrials: 2
        hyperparameterMetricTag: mean_absolute_error
        params:
            - parameterName: afternoon_start
              type: INTEGER
              minValue: 9
              maxValue: 12
              scaleType: UNIT_LINEAR_SCALE
            - parameterName: afternoon_end
              type: INTEGER
              minValue: 15
              maxValue: 19
              scaleType: UNIT_LINEAR_SCALE
            - parameterName: num_nodes_0
              type: INTEGER
```

30 전체 코드는 https://github.com/onlybooks/bigquery/blob/master/ch09/hyperparam.ipynb 파일에서 확인할 수 있다.

```
          minValue: 10
          maxValue: 100
          scaleType: UNIT_LOG_SCALE
        - parameterName: num_nodes_1
          type: INTEGER
          minValue: 3
          maxValue: 10
          scaleType: UNIT_LINEAR_SCALE
```

이 구성 파일에 각 파라미터의 최솟값과 최댓값, 그리고 최소화할 지표(평균 절대 오류)등을 지정한다. 그리드 서치는 4×4×90×7 또는 1만 개가 넘는 옵션을 시도해야 했지만, 여기서는 50회 정도의 시도로 최적화를 이뤄낼 것을 요청했다. AI 플랫폼 하이퍼파라미터 튜닝 서비스를 사용하면 200배 절약된다! 다음으로 빅쿼리에 전체 파라미터의 값을 한 세트 제공해서 모델을 학습시키고 평가하는 파이썬 프로그램을 생성한다.

**예제 9-67** 빅쿼리에서 전체 파라미터를 가져와 모델 학습하고 평가하는 파이썬 함수

```
def train_and_evaluate(args):
    model_name = "ch09eu.bicycle_model_dnn_{}_{}_{}_{}".format(
        args.afternoon_start, args.afternoon_end, args.num_nodes_0,
        args.num_nodes_1
    )
    train_query = """
        CREATE OR REPLACE MODEL {}
        TRANSFORM(* EXCEPT(start_date)
            , IF(EXTRACT(dayofweek FROM start_date) BETWEEN 2 AND 6, 'weekday',
'weekend') AS dayofweek
            , ML.BUCKETIZE(EXTRACT(HOUR FROM start_date), [5, {}, {}]) AS hourofday
        )
        OPTIONS(input_label_cols=['duration'],
                model_type='dnn_regressor',
                hidden_units=[{}, {}])
        AS

        SELECT
            duration
            , start_station_name
            , start_date
        FROM 'bigquery-public-data'.london_bicycles.cycle_hire
""".format(model_name,
        args.afternoon_start,
        args.afternoon_end,
```

```
        args.num_nodes_0,
        args.num_nodes_1)
    logging.info(train_query)
    bq = bigquery.Client(project=args.project,
                         location=args.location,
                         credentials=get_credentials())
    job = bq.query(train_query)
    job.result() # wait for job to finish

    eval_query = """
        SELECT mean_absolute_error
        FROM ML.EVALUATE(MODEL {})
    """.format(model_name)
    logging.info(eval_info)
    evaldf = bq.query(eval_query).to_dataframe()
    return evaldf['mean_absolute_error'][0]
```

이 코드는 조정 가능한 각 파라미터에 대해 특정 값을 사용하고 최소화된 지표인 평균 절대 오차를 반환한다. 그런 후 오차 값을 기록한다.

**예제 9-68** 파라미터 값을 기록하는 파이썬 코드

```
hpt.report_hyperparameter_tuning_metric(
    hyperparameter_metric_tag='mean_absolute_error',
    metric_value=error,
    global_step=1)
```

이제 이 학습 프로그램을 다음과 같이 AI 플랫폼 학습AI Platform Training 서비스에 제출한다.

**예제 9-69** AI 플랫폼 학습 서비스에 하이퍼파라미터 튜닝 실행하는 gcloud 명령어

```
gcloud ai-platform jobs submit training $JOBNAME \
    --runtime-version=1.13 \
    --python-version=3.5 \
    --region=$REGION \
    --module-name=trainer.train_and_eval \
    --package-path=$(pwd)/trainer \
    --job-dir=gs://$BUCKET/hparam/ \
    --config=hyperparam.yaml \
    --project=$PROJECT --location=EU
```

그러면 AI 플랫폼 콘솔에 최적의 파라미터가 출력된다.

## AutoML

AutoML은 코드를 작성하지 않고도 자동으로 최첨단의 머신러닝 모델을 생성하고 배포하는 제품군이다. 이 제품군은 최고의 머신러닝 전문가가 수동으로 제작한 모델과 비슷한 품질의 모델을 빌드하기 위해 다양한 피처 엔지니어링, 하이퍼파라미터 튜닝, 신경 구조 검색, 전송 학습 방법을 혼합해 적용한다.

> 빅쿼리 ML을 사용하면 머신러닝 문제를 공식화해서 피처 및 레이블을 식별함으로써 새로운 데이터셋이 정확성을 높이는지 여부, 시간 의존성에 대한 가정에서 실수의 감지, 일부 도메인 지식을 가장 적절하게 표현하는 방법 등을 빠르게 결정할 수 있다. 빅쿼리 ML이 제공하는 빠른 반복 기능은 데이터 웨어하우스 외부로 데이터를 이동하지 않고 모델을 학습하는 기능과 마찬가지로 매우 중요하다. 실행 가능한 머신러닝 문제를 식별한 후 AutoML을 사용하여 특정 학습 데이터셋(피처와 레이블)에 대한 매우 정확한 모델을 얻을 수 있다. 우리의 경험상, AutoML은 도메인 전문가의 통찰력에 준하는 기능을 도입하고 있어 정확성이나 배포 시간 측면에서 경쟁자가 없는 수준이다.

예를 들어 AutoML 비전Vision은 이미지를 업로드(또는 구글 클라우드 스토리지의 이미지를 참조)하고 이미지의 레이블을 식별해서 이미지 분류나 객체 감지 모델 학습을 시작하기 위한 웹 기반 인터페이스를 제공한다.

빅쿼리는 주로 구조화된 데이터나 준구조화된 데이터를 다루므로, 관련 AutoML 모델은 AutoML 자연어(텍스트 분류 및 엔티티 감지와 같은 작업 수행), AutoML 테이블(회귀, 분류와 같은 작업 수행, 구조화된 데이터에 대한 시계열 예측) 및 AutoML 추천(최첨단 권장 모델 구축)등에 주로 사용한다.

AutoML 테이블을 사용하려면(그림 9-14) GCP 콘솔에서 빅쿼리 테이블을 선택하고 피처 컬럼과 레이블 컬럼을 선택한 후 Train 버튼을 클릭한다. 학습 시간이 훨씬 길지만(12~24시간 정도) 빅쿼리 ML을 사용해서 같은 데이터셋을 학습한 것보다 정확도가 높은 편이다.

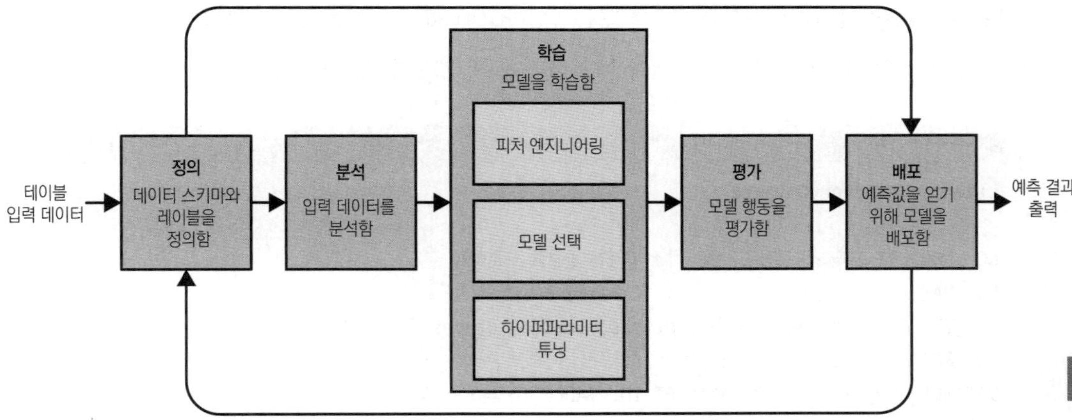


그림 9-14 빅쿼리 ML에서 반복 탐색 및 실험을 통해 구축한 것과 같은 학습 데이터셋인 빅쿼리 테이블을 AutoML 테이블로 사용할 수 있다. 경험상, 신중하게 생성된 학습 데이터셋에 적용된 AutoML 테이블은 최고의 성능을 제공한다.

## 텐서플로 지원

빅쿼리 ML은 확장 가능하고 편리하며, AutoML은 강력하고 정확하지만 케라스 또는 텐서플로로 고유한 사용자 지정 모델을 구축해야 하는 경우가 있다. 예컨대, 텐서플로로 모델을 학습시키고 빅쿼리로 예측하거나 빅쿼리에서 모델을 학습시킨 후 텐서플로 서빙TensorFlow Serving에 배포하는 것이 유리할 수도 있다.

텐서플로 코드에서 빅쿼리에 직접 접근하고 빅쿼리 테이블을 텐서플로 레코드로 내보내 데이터를 변환하는 것도 가능하다. 빅쿼리와 텐서플로 모델 간에는 상호운용성interoperability이 있다. 텐서플로 모델을 빅쿼리에 로드하고 빅쿼리 모델을 텐서플로의 `SavedModel` 형식으로 내보낼 수 있다. 여기서는 이런 내용을 다룬다.

### 텐서플로의 빅쿼리 클라이언트

텐서플로의 빅쿼리 클라이언트(https://github.com/tensorflow/io/tree/master/tensorflow_io/bigquery)는 빅쿼리 스토리지에서 효율적으로(예를 들면 빅쿼리에 쿼리를 실행하지 않고) 직접 데이터를 읽기 위해 스토리지 API를 사용한다. 케라스/텐서플로 2.0 모델에서 이 클래스를 사용하면 `tf.data.Dataset`을 생성할 수 있다. 먼저 필요한 패키지를 가져온다.

```
import tensorflow as tf
from tensorflow.python.framework import dtypes
from tensorflow_io.bigquery import BigQueryClient
from tensorflow_io.bigquery import BigQueryReadSession
```

그런 후 빅쿼리클라이언트BigQueryClient를 생성하고 read_session 함수를 호출한다. 이때 파라미터로 프로젝트의 ID와 데이터를 읽을 데이터셋에 대한 상세 정보를 제공한다.

**예제 9-70** 빅쿼리 클라이언트의 세션을 읽어오는 파이썬 코드

```
client = BigQueryClient()

GCP_PROJECT_ID='<프로젝트 이름>' # 과금이 발생할 프로젝트
COL_NAMES = ['Time', 'Amount', 'Class'] # 읽을 컬럼
COL_TYPES = [dtypes.float64, dtypes.float64, dtypes.float64]
ROW_RESTR = 'Time <= 144803'
DATASET_GCP_PROJECT_ID, DATASET_ID, TABLE_ID = (
  `bigquery-public-data.ml_datasets.ulb_fraud_detection').split('.')

bqsession = client.read_session(
        "projects/" + GCP_PROJECT_ID,
        DATASET_GCP_PROJECT_ID, TABLE_ID, DATASET_ID,
        COL_NAMES, COL_TYPES,
        requested_streams=2,
        row_restriction=ROW_RESTR)
```

이 코드에서 읽어올 컬럼(빅쿼리의 스토리지는 컬럼형이므로 전체 테이블을 읽을 필요가 없다) 및 각 컬럼의 데이터 타입과 행 제약을 지정하고 있음을 알 수 있다. 이렇게 하면 테이블이 클러스터되어 있을 경우 스토리지 API가 컬럼형 파일의 일부만 효율적으로 읽어올 수 있다.

그런 후 세션을 이용해 tf.data.Dataset을 읽으면 된다. 이때 레이블 추출, 사전 패치prefetching, 배치, 셔플링 등 보편적인 최적화도 적용할 수 있다.

**예제 9-71** 세션에서 피처 및 레이블을 추출하는 파이썬 코드

```
def features_and_labels(features):
  label = features.pop('Class') # 이것이 학습할 데이터다
  return features, label

batch_size=1024
dataset = (bqsession.parallel_read_rows()
          .prefetch(1)
          .map(features_and_labels)
          .shuffle(batch_size*10)
          .batch(batch_size)
```

이렇게 하면 batch_size 만큼의 레코드를 한 번에 읽어 여러 워커에 읽기 순서를 셔플링하고 레코드를 사전에 패치하는 등의 작업이 가능하다. 그래서 빅쿼리 데이터로 텐서플로 모델을 학습할 때는 이 방법을 따르기를 권한다. CSV 파일 등으로 데이터를 내보내서 데이터를 중복으로 로드하는 일은 절대 없게 하자.

### 판다스 사용하기

빅쿼리 테이블이 충분히 작은 경우 인메모리 판다스 데이터프레임으로 직접 읽는 것이 좋다.



**예제 9-72** 빅쿼리 테이블 데이터를 판다스 데이터프레임으로 읽는 파이썬 코드

```
query = """
SELECT
  start_station_name
  , duration
FROM `bigquery-public-data`.london_bicycles.cycle_hire
GROUP BY start_station_name
"""
df = bq.query(query, location='EU').to_dataframe()
```

그런 다음 tf.data API를 사용해 판다스에서 데이터를 읽는다.

**예제 9-73** tf.data API를 사용해 판다스에서 데이터를 읽는 파이썬 코드

```
tf.estimator.inputs.pandas_input_fn(
    df,
    batch_size=128,
    num_epochs=10,
    shuffle=True,
    num_threads=8,
    target_column='duration'
)
```

### 아파치 빔과 클라우드 데이터플로우

메모리에 담기 어려울 정도로 테이블이 크다면 이전 절에서 제시한 것처럼 빅쿼리클라이언트 BigQueryClient를 사용하기 바란다. 또 다른 방법은 클라우드 데이터플로우로 빅쿼리 데이터를 구글 클라우드 스토리지의 텐서플로 레코드로 내보낸다(자세한 내용은 5장 참조).

**예제 9-74** 빅쿼리 데이터를 주기적으로 내보내는 파이썬 코드

```
_ = (
    examples
    | 'get_tfrecords' >> beam.Map(lambda x: x['tfrecord'])
    | 'writetfr' >> beam.io.tfrecordio.WriteToTFRecord(
    os.path.join(options['outdir'], 'tfrecord', step)))
```

앞서 살펴본 텐서플로 이그잼플 객체는 각각 빅쿼리에서 필요한 레코드를 가져와 구성한 것이다.

**예제 9-75** 텐서플로 이그잼플을 생성하는 파이썬 코드

```
tfexample = tf.train.Example(
    features=tf.train.Features(
        feature={
            'start_station_name': _bytes_feature(row['start_station_name']),
            'duration': _int64_feature(row['duration']),
    }))
```

그 과정에서 필요하면 `tf.transform`(https://www.tensorflow.org/tfx/transform/get_started)으로 레코드를 변환할 수 있다. 그런 다음 텐서플로의 `tf.data.tfrecorddataset`에서 제공하는 고처리량high-throughput 메서드로 데이터를 읽으면 된다.

### 텐서플로로 내보내기

서빙serving을 위한 텐서플로 에코시스템은 매우 강력하다. 자바스크립트와 tensorflow.js를 사용하는 웹 브라우저, 텐서플로 라이트Lite를 사용하는 임베디드 장치나 모바일 애플리케이션, 쿠버플로우Kubeflow를 사용하는 쿠버네티스 클러스터, API 플랫폼 예측을 사용하는 REST API 등 다양한 방법으로 텐서플로 모델에 대한 예측을 실행할 수 있다. 그래서 빅쿼리 ML 모델을 텐서플로의 `SavedModel`로 내보내는 것이 유리할 때가 있다. 이렇게 내보낸 빅쿼리 ML 모델은 텐서플로 모델을 서비스하는 어떤 환경에서도 사용할 수 있다.

빅쿼리 모델 ch09eu.bicycle_model_linear를 텐서플로의 저장된 모델로서 구글 클라우드 스토리지로 내보내려면 다음과 같이 bq extract 명령을 이용하면 된다.

**예제 9-76** 빅쿼리 모델을 구글 클라우드 스토리지로 내보내는 명령어

```
bq extract -m ch09eu.bicycle_model_linear \
           gs://${BUCKET}/bqml_model_export/bicycle_model_linear
```

이 명령을 실행하면 .pb 확장자를 갖는 프로토콜 버퍼 파일을 비롯한 여러 파일이 생성된다. 그리고 구글 클라우드에는 TensorFlow/xgboost/Pytourch/etc 경로에 구글 AI 플랫폼(CAIP) 예측 모델이 생성된다.

모델을 배포하려면 깃허브(https://github.com/onlybooks/bigquery/blob/master/blogs/bqml_model_export/deploy.sh)에서 deploy.sh 파일을 다운로드한 후 다음과 같이 실행한다.

**예제 9-77** 구글 AI 플랫폼 모델을 배포하는 셸 커맨드

```
./deploy.sh gs://${BUCKET]/bgml_model_export/bicycle_model_linear \
      europe-west1 london_bicycles bqml
```

deploy.sh 파일은 모델과 CAIP 예측의 모델 버전을 생성한 후 이를 배포한다.

배포된 모델을 시험해보려면 input.json 파일을 생성하고 다음의 코드를 복사해 넣는다(모두 한 줄에 작성해야 한다).

```
{"start_station_name": "Vauxhall Cross, Vauxhall",
"dayofweek": "weekend", "hourofday": "17" }
```

이제 다음 명령을 이용해 클라우드 AI 플랫폼으로 보낸다.

**예제 9-78** 클라우드 AI 플랫폼으로 예측하는 명령어

```
gcloud ai-platform predict --model london_bicycles \
       --version bqml --json-instances input.json
```

그러면 다음과 유사한 결과를 얻게 된다.

```
PREDICTED_LABEL
[1329.178180269723]
```

클라우드 AI 플랫폼 예측은 JSON을 입력으로 수신하는 REST API를 제공하며 이 API는 웹 서비스를 호출할 수 있다면 어떤 언어로도 호출할 수 있다. 이 예제의 완전한 코드는 깃허브(https://github.com/onlybooks/bigquery/tree/master/blogs/bqml_model_export)에서 찾을 수 있다.

## 텐서플로 모델로 예측하기

텐서플로에서 모델을 학습하고 `SavedModel`로 내보냈다면, 텐서플로 모델을 빅쿼리로 가져와 `ML.PREDICT` SQL 함수로 예측할 수 있다. 빅쿼리는 어떤 쿼리도 예약이 가능하므로 이 방법은 배치 예측(예를 들면 지난 1시간 동안 수집된 모든 데이터에 대한 예측)을 실행하는 경우에 매우 유용하다.

모델을 빅쿼리로 가져오려면 그저 다른 `model_type`을 지정하고 `SavedModel`을 내보낸 모델 경로를 지정하기만 하면 된다(마지막 와일드 카드는 애셋assets과 어휘vocabulary 등의 하위 요소들을 가져오기 위한 것이다).

**예제 9-79** 텐서플로 모델을 생성하는 쿼리

```
CREATE OR REPLACE MODEL ch09eu.txtclass_tf
OPTIONS (model_type='tensorflow',
         model_path='gs://bucket/some/dir/1549825580/*')
```

그러면 그림 9-15에서 보듯이 내장 모델과 같은 방식으로 작동하는 모델이 생성된다. 여기서 스키마는 모델에 반드시 필요한 입력을 'input'이라고 부르며 그 타입이 문자열임을 나타내고 있다.

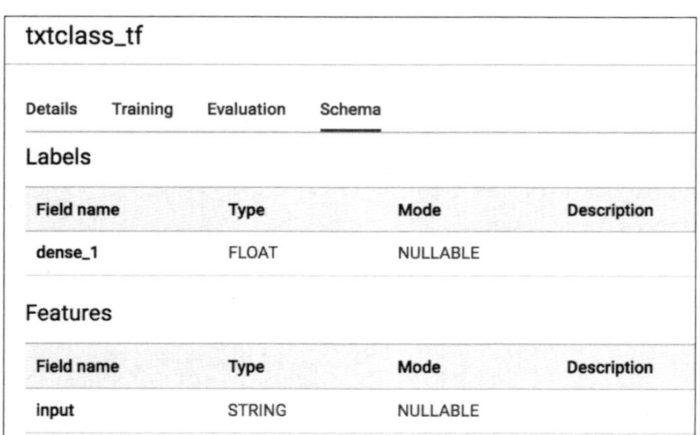


그림 9-15 빅쿼리에서 가져온 텐서플로 모델의 스키마

이제 이 스키마로 예측을 실행해 보자.

**예제 9-80** 텐서플로 모델로 예측하는 쿼리

```
SELECT
  input,
  (SELECT AS STRUCT(p, ['github', 'nytimes', 'techcrunch'][ORDINAL(s)]) prediction
FROM
  (SELECT p, ROW_NUMBER() OVER() AS s FROM
  (SELECT * FROM UNNEST(dense_1) AS p))
ORDER BY p DESC LIMIT 1).*
FROM ML.PREDICT(MODEL advdata.txtclass_tf,
(
SELECT 'Unlikely Partnership in House Gives Lawmakers Hope for Border Deal' AS
input
UNION ALL SELECT "Fitbit\'s newest fitness tracker is just for employees AND
health insurance members"
UNION ALL SELECT "Show HN: Hello, a CLI tool for managing social media"
))
```

머신러닝 모델을 학습시켜서 구글 클라우드 스토리지에 저장하고 빅쿼리로 가져오는 방법은 데이터를 데이터 웨어하우스 외부로 이동할 필요 없이 정기적으로 예측을 수행할 수 있어서 매우 강력하다.

## 정리

이 장에서는 빅쿼리의 머신러닝을 둘러봤다. 구조적 및 반구조적 데이터에서 작동하는 다양한 유형의 머신러닝 문제와 빅쿼리에서 모든 문제에 대한 머신러닝 모델을 학습하고 예측하는 방법을 논의했다.

먼저 빅쿼리에서 회귀 모델을 학습시키기 위해 피처와 레이블로 구성된 학습 데이터셋을 만들었다. 그런 다음 모델을 학습시키고 평가해서 예측에 사용할 수 있었다. 또한 기본 모델을 다양하게 개선하고 모델 가중치를 추출하는 방법을 논의했다. 마지막으로 선형 모델뿐만 아니라 DNN과 시계열 모델, 부스티드 회귀 트리를 학습하는 방법까지 알아봤다.

평가 지표가 더 정교하다는 점을 제외하면 빅쿼리에서 분류 모델을 학습하는 것은 회귀 모델과 비슷하다. 이진 분류 문제에서 임계값을 선택해 원하는 정밀도 또는 재현율을 얻는 방법을 논의했다.

또한 학습과 평가 간에 데이터 분할 방식을 변경하는 방법, 한 클래스가 다른 클래스보다 드문 경우 클래스 간의 균형을 조정하는 방법 그리고 과적합을 제한하기 위한 정규화 등 특정 문제를 해결할 때 중요한 다양한 사용자 정의 기능에 대해서도 알아봤다.

더불어 k 평균 알고리즘을 이용해 구조화된 데이터로부터 클러스터를 찾는 방법과 데이터 스튜디오를 사용해 클러스터의 속성을 시각화하고 데이터 기반의 의사결정을 이루는 방법도 알아봤다.

이 장에서 살펴본 머신러닝 모델의 마지막 유형은 추천 시스템이다. 제품 추천과 고객 타깃팅 문제를 해결하기 위해 행렬 인수 분해 모델을 구축했다. 또한 행렬 인수 분해로 얻은 사용자 요인 및 항목 요인을 사용하여 단순한 평점에 대한 예측을 넘어 사용자 및 제품에 대한 데이터를 포함하는 정교한 모델을 학습하는 방법도 논의했다.

마지막으로, 하이퍼파라미터 튜닝, AutoML 및 텐서플로 같은 사용자 지정 모델에 대한 나머지 GCP 에코 시스템을 살펴봤다. 그리고 머신러닝 모델을 구축하는 여러 가지 방법 간의 상호운용성과 어떤 사례에 어떤 방법을 사용할 것인지에 대해 알아봤다.

# 10장

# 빅쿼리 관리 및 보안

빅쿼리 같은 완전한 관리형 서버리스 제품을 사용하는 이유 중 하나는 공개형 클라우드 서비스의 보안 인프라스트럭처를 활용하기 위함이다. 구글 클라우드 플랫폼GCP에서는 데이터를 유휴 시at rest 및 전송 중in transit에 암호화하며, API를 서비스하는 인프라스트럭처는 암호화된 채널을 통해서만 접근할 수 있다. 사용자와 애플리케이션은 빅쿼리 리소스에 접근하기 위해 반드시 계정 및 접근 관리IAM, Identity and Access Management 서비스로부터 인증 및 권한 확인을 받아야 한다. 이런 사용자, 테이블, 작업, 뷰, 등의 관리 업무는 빅쿼리 웹 사용자 인터페이스나 bq 명령줄 도구 또는 REST API를 이용해 실행할 수 있다.

이 장에서는 빅쿼리 인프라스트럭처의 보호 장치와 클라우드 IAM의 설정, 그리고 작업을 모니터링하고 사용자의 권한을 관리하는 다양한 관리 도구를 알아본다. 또한 인프라스트럭처 보안 정책과 계정 및 접근 관리, 관리 도구 등으로 구축된 강력한 기반을 바탕으로 사용자가 필요로 하는 규제 및 준수를 만족하기 위해 빅쿼리가 지원하는 다양한 도구도 알아본다. 이런 도구와 기능이 규제 및 준수를 만족하는지는 법무팀에 꼭 확인하길 바란다!

## 인프라스트럭처 보안

빅쿼리의 보안 인프라스트럭처는 상당히 포괄적이다. 사람은 물론, 데이터센터, 서버 하드웨어, 소프트웨어 스택, 로깅, 암호화, 그리고 침입 탐지를 거쳐 클라우드 플랫폼 자체에까지 적용된다.

구글의 정보 보안 팀은 보안 리뷰 절차를 고안하고 보안 인프라스트럭처를 구축해서 구글의 보안 절차들을 구현했다. 이 팀은 최고의 보안 전문가들로 구성되어 있으며 하트블리드 취약점

(https://www.owasp.org/index.php/Heartbleed_Bug)과 SSL 3.0 보안 문제(https://www.us-cert.gov/ncas/alerts/TA14-290A)를 포함한 다양한 문제를 찾아 이에 대한 픽스fix를 제공하는 역할을 담당하고 있다. 구글의 데이터센터는 자체적으로 디자인한 보안 장치와 침입자를 추적할 수 있는 고해상도 카메라, 접근 로그, 정기 순찰 등으로 구성된 계층형 물리 보안 모델을 채택하고 있다.

서버 보안은 자체적으로 구축한 수만 개의 동일한 서버를 통해 확보하고 있다. 하드웨어, 네트워킹 그리고 자체 리눅스 소프트웨어를 포함한 전체 스택을 동일하게 구축함으로써 보안 관련 고려 사항을 줄이고 보안 위협에 대한 신속한 대처가 가능해졌다. 서버는 타이탄Titan이라는 자체 칩을 포함하고 있는데, 이 칩은 시스템 펌웨어와 소프트웨어 컴포넌트를 검증함으로써 강력하면서도 하드웨어에 기반을 둔 시스템 식별을 가능하게 한다.

사용자 정보는 다양한 제어와 절차로 보호된다. 구글 애플리케이션과 스토리지 스택의 모든 계층에서는 다른 컴포넌트로부터 유입되는 요청을 인증하고 권한을 확인한다. 프로덕션 서비스와 프로덕션 환경에 대한 엔지니어의 접근은 중앙식 그룹 및 역할 관리 시스템에 의해 정의하고 통제한다. 이 절차에는 유효 기간이 짧은 개인용 공개 키 인증서를 사용해서 엔지니어를 인증하는 보안 프로토콜이 포함되어 있으며, 이 인증서의 발급은 2단계 인증2-factor authentication으로 보호된다. 또한 더 이상 사용하지 않는 하드 디스크는 데이터 폐기 절차를 통해 고객 정보를 안전하게 처리한 후 폐기되며 이때 여러 사람이 디스크의 데이터를 삭제하고 검사하고 확인한다.

다른 구글 서비스처럼 빅쿼리 역시 보안 소켓 계층SSL, Secure Sockets Layer/전송 계층 보안TLS, Transport Layer Security으로 암호화된 채널을 통해서만 접근할 수 있는 전역 API 게이트웨이 인프라스트럭처를 통해 관리된다. 모든 요청은 반드시 사람이 로그인하거나 개인 키private key 기반의 암호를 이용해 제한된 시간 내에서만 유효하도록 생성된 인증 토큰을 포함해야 응답을 받을 수 있다. 또한 모든 API 요청은 기록되며, 프로젝트 관리자는 GCP 도구를 이용해 빅쿼리에서 발생하는 모든 작업 및 접근 로그를 읽을 수 있다.

영구 디스크에 저장된 새로운 데이터는 256비트 고급 암호화 표준AES-256, Advanced Encryption Standard 알고리즘으로 암호화된다. 암호화를 수행하는 암호화 키 역시 암호화되어 있으며 마스터 키는 정기적으로 다른 값으로 교체된다. 지메일을 포함한 구글의 여러 서비스는 동일한 암호화 및 키 관리 정책, 암호화 라이브러리, 신뢰 기관을 공유한다. 구글의 전역 네트워크는 공개 인터넷의 홉hop 수를 제한해서 전송 중에 데이터의 보안을 향상시키는 데 도움을 준다. 클라우드 인터커넥트Interconnect와 관리형 가상 사설 네트워크VPN, Virtual Private Network를 이용하면 온프레미스 사설 IP 환경과 구글 네트워크 간에 암호화된 채널을 생성할 수 있다.

빅쿼리는 이런 기능에 기반을 두고 구현되었다. 하지만 데이터에 대한 적절한 접근을 강제하고 요청 로그를 분석하는 것은 여전히 사용자의 책임이다. 또한 최종 사용자가 중요한 정보를 기업 네트워크/공개 클라우드 인프라스트럭처 외부로 공유하는 것을 방지하고(예를 들면 데이터 유실 보호), 어떤 개인을 특정 지을 수 있는 개인 식별 정보PII, personally Identifiable Information를 안전하게 보호하는 것 역시 사용자의 책임이다. 이 장에서는 이를 위해 GCP와 빅쿼리에서 제공하는 도구들을 알아본다.



## 계정 및 접근 관리

클라우드 계정 및 접근 관리IAM는 계정, 역할, 리소스 등을 정의해서 빅쿼리 사용자의 접근을 제어하도록 돕는다. 기본적으로 누가(계정) 어떤 리소스에 어떤 접근(역할)이 가능한지를 명시하는 것이라고 생각하면 된다.

### 계정

계정은 어느 누구가 접근이 가능한지를 명시하는 것이다. 여기서 누구란 @gmail.com 계정이나 @example.com 같은 G 스위트 도메인 계정 같은 구글 계정을 사용하는 최종 사용자나 서비스 계정을 사용하는 애플리케이션을 의미한다. 서비스 계정은 기본적으로 GCP와 연동된 지메일 주소이며 클라우드 콘솔 등을 통해 프로젝트의 서비스 계정 생성자가 가진 권한의 일부를 갖도록 생성할 수 있다.[1] 일반적으로 이런 계정은 애플리케이션의 실행에 필요한 (제한된) 권한을 적용하기 위해 생성한다.

접근이 허용된 멤버는 구글 그룹, G 스위트 도메인 또는 클라우드 계정[2] 도메인 같은 구글 계정의 가상 그룹을 포함할 수 있다. 권한을 부여할 때는 개별 계정보다는 구글 그룹에 할당하는 것이 좋은데, 클라우드 IAM 정책에 개별 사용자를 추가하거나 삭제하는 것보다는 그룹에 사용자

1 자세한 내용은 https://console.cloud.google.com/apis/credentials/serviceaccountkey와 https://cloud.google.com/iam/docs/creating-managing-service-accounts#creating_a_service_account 문서를 참고한다.

2 Cloud Identity, G 스위트 도메인과 기본적으로 같지만 G 스위트 애플리케이션에는 접근할 수 없는 계정이다. G 스위트나 모바일 장치 관리 같은 프리미엄 기능이 필요하지 않은 사용자라면 무료 클라우드 계정을 만들 수도 있다. 자세한 내용은 https://support.google.com/cloudidentity/answer/7319251을 참고한다.

를 추가하거나 제거하는 것이 훨씬 쉽기 때문이다. 접근 제어를 가상 그룹에 설정하더라도 감사 가능성auditability은 여전히 유지할 수 있다. 로깅과 감사 기능이 구글 빅쿼리에 접근하는 구글 계정이나 서비스 계정을 해석하기 때문이다.

allAuthenticatedUsers(구글 계정이나 서비스 계정으로 인증을 받은 모든 사용자를 의미하는 특별한 식별자)에게 접근을 허용하는 것도 가능하다).[3] 보통 공개 데이터셋을 발행할 때 이 식별자를 주로 사용한다. 예를 들어 이 책에서 계속 사용했던 london_bicycles 데이터셋이 이렇게 발행되어 있다. 다만, allAuthenticatedUsers 식별자는 도메인 내의 사용자뿐만 아니라 인증된 모든 사용자에게 접근을 허용한다는 점을 기억하자.

## 역할

역할은 어떤 계정을 통해 어떤 종류의 접근이 가능한지를 결정한다. 역할은 일련의 퍼미션permission으로 구성되어 있다. 따라서 자체적으로 역할을 재정의해 좀 더 세분화된 퍼미션을 적용할 수 있다. 하지만 대부분의 경우는 미리 정의된 역할을 사용하는 것으로 충분하다.

### 미리 정의된 역할

빅쿼리의 dataViewer 같은 역할은 자주 사용되는 퍼미션으로 구성되어 있는 미리 정의된 역할이다. 예를 들어 dataViewer 역할은 데이터셋에 대한 메타데이터를 얻기 위한 bigquery.datasets.get 퍼미션, 테이블 데이터를 읽기 위한 bigquery.tables.getData 퍼미션을 포함하지만 데이터셋을 삭제할 수 있는 퍼미션인 bigquery.datasets.delete 퍼미션은 포함하지 않는다.

이 책을 집필하는 현재, 8개의 미리 정의된 역할이 제공되며 이 중 4개의 역할은 데이터셋에 대한 접근과 테이블 및 뷰와 연관되어 있다. 가장 제한적인 것부터 나열하면 다음과 같다.

1. metadataViewer(완전한 이름은 roles/bigquery.metadataViewer이다) 역할은 데이터셋, 테이블 및 뷰의 메타데이터에만 접근할 수 있는 퍼미션을 제공한다.
2. dataViewer 역할은 메타데이터는 물론 데이터를 읽을 수 있는 퍼미션을 제공한다.
3. dataEditor 역할은 데이터셋을 읽을 수 있는 퍼미션은 물론 데이터셋 안의 테이블 목록 확인, 생성, 갱신, 읽기 및 삭제가 가능한 모든 퍼미션을 제공한다.
4. dataOwner 역할은 데이터셋을 삭제할 수 있는 퍼미션까지 포함한다.

3 GCP는 allUsers 식별자도 허용하지만 빅쿼리 사용자는 반드시 인증을 받아야 하므로 이 식별자는 빅쿼리에 적용되지 않는다.

5. readSessionUser 역할은 프로젝트에 요금이 청구되는 빅쿼리 스토리지 API에 대한 접근 퍼미션까지 제공한다.
6. jobUser 역할은 쿼리를 포함한 작업을 실행할 수 있으며 프로젝트에 요금이 청구된다.
7. user 역할은 작업을 실행할 수 있으며 프로젝트에 요금이 청구될 수 있는 스토리지에 데이터셋을 생성할 수 있다.
8. admin 역할은 프로젝트 내의 모든 데이터를 관리할 수 있으며 다른 사용자의 작업을 취소할 수 있다.

이상의 두 종류의 역할[4]은 서로 독립적이며 직교적orthogonal이라고 생각하면 된다. 예컨대, bigquery.readSeesionUser 권한을 가진 사용자는 테이블 데이터에 접근하지 못한다. 그 이유는 다른 프로젝트에 속한 데이터셋에서 데이터를 읽어야 할지도 모르기 때문이다. 데이터를 읽으려면 bigquery.tables.getData 퍼미션도 허용해야 한다. 마찬가지로, jobUser 역할은 테이블을 생성하거나 수정, 삭제할 수 없다(오직 SELECT만 가능하다). 만일 해당 사용자가 데이터 정의 언어/데이터 조작 언어 쿼리를 실행할 수 있게 하려면 dataEditor 역할도 추가로 지정해야 한다.

또한 특정 사용자 역할은 제공하지 않고 단순히 dataViewer 역할만 제공할 수도 있다. 예를 들어 사용자가 자신의 쿼리(독자들이 관리하는 데이터셋을 본인의 프로젝트에 생성한 쿼리 작업을 이용해 쿼리하는 경우)를 실행하는 요금을 직접 지불하기를 원하는 경우가 바로 그런 경우다. 각 역할의 정확한 기능과 전체 퍼미션, 그리고 어떤 REST API 메서드에 어떤 퍼미션이 필요한지 등의 상세 정보는 빅쿼리 문서(https://cloud.google.com/bigquery/docs/access-control)를 참고하기 바란다.

## 기본 역할

빅쿼리는 미리 정의된 역할과 사용자 정의 역할은 물론 GCP에 클라우드 IAM 지원이 추가되기 이전에 제공하던 기본 역할primitive roles을 지원한다. 대부분은 앞서 설명한 미리 정의된 역할을 사용하겠지만, 경우에 따라서는 사용자에게 프로젝트 역할(viewer, editor 또는 owner)을 할당하고 빅쿼리 데이터셋과 작업에 대한 퍼미션은 이 프로젝트 역할에서 상속되도록 구성하는 것이 편리하다.

4 데이터 작업에 관련된 처음 4개의 역할과 사용자를 표현하는 나머지 4개의 역할 – 옮긴이

프로젝트에서 보기 권한을 가진 계정은 프로젝트의 모든 데이터셋에 `dataViewer` 역할을 가지며, 프로젝트에 요금이 청구되는 작업(예를 들면 쿼리의 실행)을 생성할 수도 있다. 프로젝트 편집자editor는 프로젝트 보기 권한과 더불어 `dataEditor` 역할을 가지며, 프로젝트 소유자owner는 프로젝트 편집자 권한 외에 `dataOwner` 역할이 적용된다. 한 가지 예외는 쿼리를 실행한 사용자만 결과 테이블의 캐시에 접근할 수 있다(쿼리 결과가 다른 프로젝트 소유자는 접근할 수 없는 데이터셋과 조인한 결과를 포함할 수도 있기 때문이다). 프로젝트의 기본 역할을 할당하거나 취소하려면 GCP 콘솔을 사용하면 된다.

기본 역할은 데이터셋에 대한 읽기나 쓰기, 소유자 접근을 제공하며 각각 `dataViewer`, `dataEditor`, `dataOwner` 역할과 일맥상통한다. 따라서 미리 정의된 역할을 할당하는 것과 같은 방법으로 기본 역할을 할당할 수도 있지만, 가장 간단한 방법은 빅쿼리 웹 UI에서 데이터셋 공유 링크를 클릭하는 방법이다.

### 사용자 정의 역할

미리 정의된 역할이 요구사항에 부합하지 않는다면 사용자 정의 역할custom role을 생성할 수 있다. 하지만 여러 역할(예를 들면 `jobUser`와 `dataViewer` 역할)을 여러 사람에게 할당해야 한다고 해서 사용자 정의 역할을 생성하는 것은 좋은 방법은 아니다.

> 특정 태스크(task)를 수행하기 위해 여러 역할을 할당해야 한다면, 구글 그룹을 생성하고 그 그룹에 역할을 할당한 후 사용자나 다른 그룹을 추가하면 된다. 조직 내의 다양한 작업을 수행하기 위해 구글 그룹을 생성하고 그룹 구성원에게 미리 정의된 역할을 할당하는 것이 편리하다. 예를 들어 데이터 과학 팀의 구성원에게 데이터 웨어하우스 데이터셋에 빅쿼리 `dataViewer` 역할과 `jobUser` 역할을 할당하는 식이다. 이렇게 하면 누군가 자신의 직무를 변경했을 때 그 사람의 데이터셋과 프로젝트에 대한 권한을 일일이 변경하지 않고 단순히 다른 그룹의 구성원으로 옮기기만 하면 된다.

사용자 정의 역할을 이용하면 미리 정의된 역할의 퍼미션 중 일부만 할당할 수도 있다. 예를 들어 미리 정의된 `dataEditor` 역할은 소유자가 테이블을 생성하거나 수정 및 삭제하는 것을 허용한다. 그런데 데이터 공급자가 테이블을 생성하는 것은 허용하고 싶지만 삭제나 수정은 하지 못하도록 하고 싶다면 어떻게 해야 할까? 이때는 `dataSupplier`라는 새로운 역할을 생성한 후 필요한 퍼미션만 할당하면 된다. 그러려면 다음과 같이 새로운 YAML 파일(예를 들면 dataSupplier.yaml)을 생성하고 설정하면 된다.

**예제 10-1** 새로운 YAML 파일

```
title: "Data Supplier"
description: "Can create, but not delete tables" stage: "ALPHA"
includedPermissions:
- bigquery.datasets.get
- bigquery.tables.list
- bigquery.tables.get
- bigquery.tables.getData
- bigquery.tables.export
- bigquery.datasets.create
- bigquery.tables.create
- bigquery.tables.updateData
```

그런 다음에 gcloud 명령을 다음과 같이 실행해 새로운 역할을 생성한다.

**예제 10-2** 새로운 역할을 생성하는 명령

```
PROJECT=$(gcloud config get-value project)
gcloud iam roles create dataSupplier --project $PROJECT \
  --file dataSupplier.yaml
```

또한 다음 명령을 이용해 이 역할에 현재 할당된 퍼미션을 확인할 수 있다.

**예제 10-3** 현재 퍼미션을 확인하는 명령

```
gcloud iam rols describe dataSupplier --project $PROJECT
```

이 명령은 미리 정의된 역할에도 사용할 수 있다.

새로운 역할을 생성할 때는 먼저 ALPHA 스테이지에 역할을 생성해 소수의 구성원에만 적용하고 테스트한 후 BEAT와 GA 스테이지로 옮겨가는 것이 좋다. 이렇게 하면 새로운 역할을 좀 더 폭넓게 적용하기에 앞서 퍼미션을 세밀하게 조정할 시간을 벌 수 있다.

## 리소스

리소스에 대한 접근은 개별적으로 리소스마다 다르게 관리한다. 각 계정에는 빅쿼리의 모든 리소스에 대한 dataViewer 역할이나 bigquery.tables.getData 퍼미션이 할당되어 있지 않다. 대신, 퍼미션은 특정한 데이터셋이나 테이블에만 적용된다.

dataViewer 역할은 테이블이나 데이터셋에 적용되므로 누군가가 작업 정보가 필요할 때 dataViewer 역할을 사용할 수는 없다. 작업은 별개의 리소스이며 다른 종류의 퍼미션을 필요로 하기 때문이다. 해당 계정에 dataViewer 역할과 jobUser 역할을 모두 할당해도 된다. 이렇게 하면 해당 계정은 작업을 생성하고(쿼리 실행도 가능함) 테이블 데이터를 확인할 수 있으며 자신이 생성한 작업을 취소할 수도 있다.

하지만 가능하다면 퍼미션/역할의 할당은 가능한 한 피해야 한다. 즉 계정에 최소한의 권한만 할당해야 한다. 이는 각 계정에 할당할 역할과 각 역할이 제공하는 리소스를 모두 제한한다는 뜻이다. 이 방법과 새로운 리소스를 생성할 때 퍼미션을 갱신하는 부담 간의 균형을 잡아야 하는데, 조직 구조에 프로젝트의 구조를 맞춰 신뢰 경계를 생성하고 프로젝트 수준에서 역할을 할당하면 된다. 그러면 IAM 정책에 의해 프로젝트 수준에서 리소스 수준으로 권한이 전파되어 프로젝트에 새로 생성하는 데이터셋에도 자동으로 적용된다.

# 빅쿼리 관리

빅쿼리는 빅쿼리 웹 UI나 REST API, bq 명령줄 도구 등을 이용해 관리할 수 있다. 여기서는 여러분이 회사 내 빅쿼리 담당자이거나 문제의 리소스(작업이나 데이터셋)가 포함된 프로젝트의 관리자여서 admin 역할을 가지고 있다고 가정한다. 우선 bq 명령줄 도구를 기준으로 관리자가 수행해야 할 일반적인 태스크부터 살펴보자.

## 작업 관리

빅쿼리에 제출된 작업은 3가지 상태를 갖게 된다. PENDING 상태는 작업이 예약되었지만 아직 시작되지 않은 상태를 의미한다. RUNNING 상태는 작업이 시작되었음을 의미하며, 그 결과에 따라 마지막으로 SUCCESS 또는 FAILURE 상태가 된다.

프로젝트에서 지난 24시간 내에 생성된 모든 작업은 다음 명령으로 확인할 수 있다.

**예제 10-4** 지난 24시간 내에 생성된 작업을 확인하는 명령

```
NOW=$(date +%s)
START_TIME=$(echo "($NOW - 24*60*60)*1000" | bc)
bq --location-US ls -j -all --min_creation_time $START_TIME
```

bq는 밀리초 단위의 유닉스 타임스탬프가 필요하므로 현재 타임스탬프에서 하루(24×60×60초)를 빼서 `min_creation_time` 값을 얻은 후 명령줄 계산 도구인 bc[5]를 이용해 밀리초로 변환했다.

이렇게 해서 작업 ID를 얻게 되면 실행 중인 작업을 취소[6]할 수도 있다.

**예제 10-5** 실행 중인 작업을 취소하는 명령

```
bq --location=US cancel bquxjob_180ae24c_16b04a8d28d
```

경우에 따라서 로그(또는 빅쿼리 웹 UI)에서 프로젝트 이름과 지역[7]을 포함한 완전히 식별 가능한 작업 ID를 보게 될 수도 있다. 이런 때는 작업을 취소할 때 지역을 생략할 수 있다

**예제 10-6** 지역을 생략한 채 작업을 취소하는 명령

```
bq cancel someproject:US.bquxjob_180ae24c_16b04a8d28d
```

`jobUser` 역할이나 `user` 역할을 가진 사용자라면 누구나 자신의 작업을 실행하고 취소할 수 있다. 다른 사용자가 시작한 작업을 보거나 취소하는 것이 아니라면 굳이 `admin` 역할은 필요하지 않다.

## 사용자에게 권한 부여

사용자에게 권한을 부여할 때는 사용자별로 빅쿼리 리소스에 대한 접근을 허용하는 대신 구글 그룹을 생성해 사용자를 그룹에 추가하는 방식을 권장한다. 그렇게 하면 클라우드 콘솔을 이용해 구글 그룹에만 리소스에 대한 접근 권한을 부여할 수 있다. 구글 그룹에 여러 사용자를 한 번에 추가하거나 제거하는 방법은 여러 가지가 있다. 자세한 내용은 G 스위트 도움말 페이지(https://support.google.com/a/answer/6191469?hl=en)를 참고한다.

## 삭제된 레코드와 테이블의 복구

사용자가 중복된 데이터를 로드하거나 필요한 레코드를 삭제하는 등의 실수를 저질렀다면 7일 이내에 복구가 가능하다. 기존 테이블에서 삭제한 레코드와는 달리 삭제된 테이블은 2일 이내에만 복구할 수 있다.

5 bc 도구가 설치되어 있지 않다면 `apt install bc` 또는 기타 유사한 명령을 이용해 설치하면 된다.

6 작업을 취소하더라도 요금은 청구된다.

7 빅쿼리는 특정 리전 또는 멀티리전에 데이터를 저장한다. 쿼리는 데이터가 저장된 지역에서 실행되어야 하며 작업 메타데이터 또한 해당 지역에 저장된다.

예를 들어 테이블의 상태를 24시간 전의 상태로 복구하려면 SYSTEM_TIME AS OF 문과 DDL 문을 이용하면 된다.[8]

**예제 10-7** 데이터셋을 생성하는 쿼리

```
CREATE OR REPLACE TABLE ch10eu.restored_cycle_stations AS
SELECT
  *
FROM `bigquery-public-data`.london_bicycles.cycle_stations
FOR SYSTEM_TIME AS OF
  TIMESTAMP_SUB(CURRENT_TIMESTAMP(), INTERVAL 24 HOUR)
```

2일 이내에 삭제한 테이블도 복구할 수 있다. 예를 들어 1분 전에 생성했던 테이블을 삭제해 보자.

**예제 10-8** 테이블을 삭제하는 명령

```
bq rm ch10eu.restored_cycle_stations
```

이제 120초 전의 스냅샷을 이용해 복구할 수 있다.

**예제 10-9** 앞서 삭제한 테이블을 복구하는 명령

```
NOW=$(date +%s)
SNAPSHOT=$(echo "($NOW - 120)*1000" | bc)
bq --location=EU cp \
  ch10eu.restored_cycle_stations@$SNAPSHOT \
  ch10eu.restored_table
```

> 삭제한 테이블의 복구는 데이터셋 안에 같은 ID를 가진 테이블이 없는 경우에만 가능하다.[9] 특히, 삭제된 테이블이 스트림 형태의 데이터를 수신하며 테이블이 존재하지 않을 때는 테이블을 생성하는 옵션을 이용해 만들어진 것은 복구할 수 없다. 스트리밍 파이프라인이 빈 테이블을 생성하고 데이터를 밀어 넣을 수 있기 때문이다. 마찬가지 이유로 CREATE OR REPLACE TABLE 문을 사용할 때도 주의해야 한다. 이 구문은 테이블을 복구 불가능하게 만든다.

8 EU 리전에 ch10eu라는 데이터셋을 먼저 생성한다.

9 또한 해당 테이블을 생성했던 데이터셋을 삭제하거나 재생성해서는 안 된다. 자세한 내용은 https://cloud.google.com/bigquery/docs/managing-tables#undeletetable 문서를 참고한다.

## 지속적 통합/지속적 배포

SQL 쿼리의 버전을 관리해서 특정 시점의 스크립트를 확보하거나 시간이 지나면서 변경된 스크립트를 추적하는 것이 중요할 수 있다. 그렇다면 클라우드 소스 리파지토리Cloud Source Repository와 클라우드 펑션Cloud Function(의존 관계가 복잡하다면 클라우드 런Cloud Run)을 이용해 쿼리를 실행하는 방법을 고려하자.

### 클라우드 펑션에서 빅쿼리 호출하기

클라우드 소스 리파지토리에 빅쿼리 SQL 쿼리를 담은 .sql 파일과 클라우드 펑션을 구현한 파이썬 파일을 생성한 후 두 파일 모두 버전 관리 시스템에 등록한다. 클라우드 펑션은 빅쿼리 클라이언트 라이브러리를 이용해 빅쿼리에 쿼리를 제출할 수 있으며, 쿼리의 실행 시간이 클라우드 펑션의 타임아웃 설정보다 짧으면[10] 그 결과를 구글 클라우드 스토리지로 내보낼 수도 있다.

클라우드 펑션은 CGP 클라우드 콘솔에서 생성할 수 있다. 텍스트 창에 다음의 코드를 작성하자.

**예제 10-10** 빅쿼리를 호출하는 클라우드 펑션을 구현한 파이썬 코드

```
from google.cloud import bigquery
def query_to_gcs():
    client = bigquery.Client()

    # 쿼리를 실행하고 완료될 때까지 기다린다
    query_job = client.query("""
        ...
        """)
    query_job.result()

    # GCS로 내보내기 작업을 실행하고 완료될 때까지 기다린다
    extract_job = client.extract_table(query_job.destination, "gs://bucket/file.csv")
    extract_job.result()
```

이제 쿼리를 예약하는 대신, 클라우드 스케줄러Cloud Scheduler(https://cloud.google.com/scheduler/)를 이용해 클라우드 펑션을 예약하면 된다.

10 클라우드 펑션의 타임아웃은 설정이 가능하지만, 이 책을 집필하는 현재 최댓값은 9분이다.

앞서 예제는 쿼리의 실행 결과로 만들어진 임시 테이블을 이용해 extract_table 메서드를 호출한다. 이 방법은 쿼리의 실행 결과를 CSV 파일로 내보내는 가장 빠른 방법이다.

## 테이블, 뷰, 함수 생성의 버전 제어

버전 제어 및 반복성repeatability를 갖는 것은 쿼리뿐만이 아니라 테이블, 뷰, 모델, 저장 프로시저, 함수 등을 관리할 때도 중요하다. 그러므로 문제의 테이블이나 뷰, 모델, 함수 등을 다시 만들 때마다 호출할 수 있도록 생성 코드를 스크립트로 만들어 두는 것이 좋다.

쿼리 실행 결과를 토대로 테이블을 생성하려면 빅쿼리 클라이언트 라이브러리를 이용해 작업의 대상을 원하는 테이블로 지정하면 된다.

**예제 10-11** 쿼리 실행 결과로 테이블을 생성하는 파이썬 코드

```
from google.cloud import bigquery
client = bigquery.Client()
sql = """
WITH stations AS (
  SELECT [300, 314, 287] AS closed
)
SELECT
  station_id
  , (SELECT name FROM `bigquery-public-data`.london_bicycles.cycle_stations WHERE
id=station_id) AS name
FROM
  stations, UNNEST(closed) AS station_id
"""
job_config = bigquery.QueryJobConfig()
job_config.destination = (
    client.dataset('ch10eu').table('stations_under_construction'))
query_job = client.query(sql, location='EU', job_config=job_config)
query_job.result() # 쿼리가 완료될 때까지 대기한다
```

다음은 같은 기능을 DDL 문으로 구현한 예시다.

**예제 10-12** 쿼리 실행 결과로 테이블을 생성하는 쿼리

```
CREATE OR REPLACE TABLE -- 또는 TABLE/MODEL/FUNCTION
ch10eu.stations_under_construction
(
  station_id INT64 OPTIONS(description = 'Station ID'),
  name string OPTIONS(description = 'Official station name')
)
OPTIONS(
  description = 'Stations in London.',
  labels=[("pii", "none")] -- 반드시 소문자여야 한다
)
AS

WITH stations AS (
  SELECT [300, 314, 287] AS closed
)
SELECT
  station_id
  , (SELECT name FROM `bigquery-public-data`.london_bicycles.cycle_stations WHERE
id=station_id) AS name
FROM
  stations, UNNEST(closed) AS station_id
```



이 예제에서는 테이블과 컬럼 정의를 생성하는 CREATE 문을 직접 버전 제어 시스템에 추가한다. 빅쿼리에 이미 테이블이 존재한다면 메타데이터를 이용해 테이블과 컬럼의 목록을 쿼리한 후 함수를 이용해 프로그래밍적으로 SQL DDL 문을 만들어낼 수 있다(https:// cloud.google.com/bigquery/docs/information-schema-tables#advanced_example).

> 예약된 클라우드 펑션을 이용해 테이블을 생성하거나 교체(replace)할 때는 주의를 기울여야 한다. 클라우드 펑션이 예제처럼 REPLACE 문을 이용해 테이블을 교체하면 갱신된 행과 스키마 정의를 포함한 테이블의 어떠한 변경 내역도 덮어쓰일 수 있다.

## 슬롯 예약

크게 보면 빅쿼리의 가격 정책은 비용의 예측 가능성과 효율성 중 어떤 것이 더 중요한가에 따라 2가지로 구분할 수 있다.

정액제는 예측이 가능하다. 일단 몇 개의 슬롯을 구매하면 몇 개의 쿼리를 실행하든 같은 가격을 지불한다. 이 가격 정책은 비용을 예상하기를 원하는 기업에 적합하다. 이 가격제의 단점은 보통 500개의 슬롯만 사용하지만 어쩌다 1,500개의 슬롯을 사용하는 경우에 나타난다. 즉 500개의 슬롯을 사용할 때는 나머지 슬롯은 사용하지 않는 상태로 남아 있게 되며 1,500개의 슬롯을 사용할 때는 쿼리의 실행 속도가 느려진다.

온디맨드 가격제는 가격과 성능 면에서 효율적이다. 먼저 비용 면에서는 쿼리가 처리하는 데이터의 양에 따라 비용을 지불하면 된다. 이는 원래 클라우드가 지향해 온 방식, 즉 사용한 만큼만 지불하는 방식이다. 이 방법은 워크로드가 어느 순간에만 최고점에 다다르는 경우에 특히 유용하다. 사용하지 않는 슬롯에 대한 비용을 지불하지 않아도 되며 쿼리는 항상 실행 시점에 가능한 모든 연산 능력을 활용하기 때문이다. 하지만 일별 최대 비용 등의 비용 관리를 설정해서 관리하더라도 많은 기업이 이 방식을 선호하지 않는다. 그 이유는 첫째로는 매달 바뀌는 비용으로 예산을 책정하기가 쉽지 않으며 둘째로 비용 관리와 일별 제한에 거부감을 느끼기 때문이다.

보통 규모가 큰 기업일수록 정액제를 선호하며 규모가 작은 기업일수록 온디맨드 가격제를 선호한다.

### 슬롯 유연제

비용을 예상하고 싶어서 정액제를 사용하지만 워크로드가 들쭉날쭉하다고 가정해보자. 더군다나 언제 추가 용량이 필요한지도 정확히 알고 있다.

예컨대 하루에 한 번 추천 모델을 학습하며 이때 ,1500개의 슬롯이 필요하다고 생각해보자. 하루의 나머지 시간 동안은 500개의 슬롯만 필요하다. 그러면 정액제로 500개의 슬롯을 구매하고 추천 모델을 학습하는 한 시간 동안만 1,000개의 슬롯을 추가로 구매할 수 있다면 좋지 않을까? 그렇게 하면 보통의 워크로드도 영향을 받지 않고 추천 모델은 1,000개의 추가 슬롯을 활용할 수 있어 느려지지 않을 것이다.

이를 슬롯 유연제라고 한다. 즉 최소 60초 단위로 추가 슬롯을 구매하는 것이다. 보통 슬롯 유연제는 정액제에 유연성을 더하기 위해 사용한다. 하지만 온디맨드 가격제를 사용하는 기업도 슬롯 유연제를 이용해 하이브리드 가격 모델을 구성하고 연산 오버헤드가 발생하는 몇몇 작업에만 추가 비용을 지불할 수 있다.

### 커미트먼트

커미트먼트commitment를 확보해서 전용 빅쿼리 슬롯을 구매할 수 있다. 이 커미트먼트는 연 단위, 월 단위 또는 유연제 중 선택할 수 있다. 연 단위 또는 월 단위 커미트먼트는 해당 기간이 완료되기 전까지는 취소할 수 없는 반면, 유연 슬롯은 60초 이후에 취소할 수 있다.

슬롯은 웹 콘솔, REST API 또는 명령줄 도구를 이용해 구매할 수 있다. 예를 들어 IT 부서에서 미국에 5,000개의 유연 슬롯을 구매하려면 다음의 명령을 실행하면 된다.

**예제 10-13** 유연 슬롯을 구매하는 명령어

```
IT_PROJECT=... # 이 프로젝트의 비용이 청구될 계정
bq mk --project_id=${IT_PROJECT} --location=US \
      --capacity_commitment --slots=5000 --plan=FLEX
```

### 예약

이렇게 확보한 빅쿼리 슬롯은 워크로드 관리상의 목적으로 예약 슬롯으로 활용할 수 있다. 구매한 슬롯 중 4,000개를 bi_team이라는 이름의 예약 슬롯으로 활용하려면 다음 명령을 실행하면 된다.

**예제 10-14** 구매한 슬롯을 bi_team의 예약 슬롯으로 적용하는 명령어

```
bq mk --reservation --project_id${IT_PROJECT} --slots=4000 \
      --location=US bi_team
```

정액제로 빅쿼리를 사용하는 기업은 예약 슬롯을 하위 예약 슬롯으로 나누고 여기에 하나 혹은 그 이상의 프로젝트를 배정할 수 있다. 예를 들어 5,000개의 슬롯을 구매한 후 BI 팀의 여러 프로젝트가 사용하는 'bi_team'이라는 하위 예약 슬롯에 4,000개의 슬롯을 할당하고 나머지 프로젝트는 'ETL'이라는 하위 예약 슬롯에 배정하기로 결정할 수 있다. 이는 그림 10-1에 표현되

어 있다. 모든 슬롯이 사용 중이면 BI 프로젝트는 4,000개의 슬롯만 사용하도록 제한된다. 반면 ETL 프로젝트는 1,000개의 슬롯으로 제한된다. 현재 BI 워크로드가 2,000개의 슬롯만 사용한다면 ETL 워크로드가 나머지 3,000개의 슬롯을 사용하게 된다(물론 그 반대로도 가능하다).

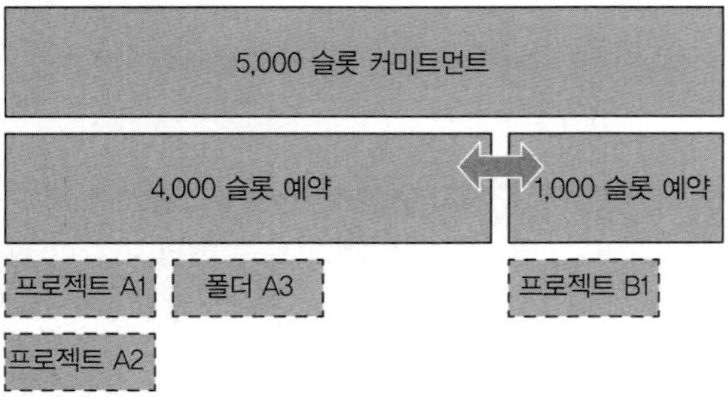


그림 10-1 슬롯 커미트먼트는 여러 예약 슬롯으로 나눌 수 있다. 그리고 예약 슬롯에 프로젝트와 폴더를 할당하면 된다.

보통은 우선순위가 높은 프로젝트에만 예약 슬롯을 할당하는 것이 보편적인 전략이다. 이 예약 슬롯은 프로젝트가 필요로 하는 최소한의 슬롯 개수를 의미한다. 만일 해당 예약 슬롯 내에 대기 중인 슬롯이 있다면 여러분의 조직 내의 모든 프로젝트가 활용할 수 있다. 예약 슬롯이 모두 사용 중이면 높은 우선순위를 가진 프로젝트는 예약에 명시된 최소한의 슬롯을 확보하게 되며 우선순위가 낮은 프로젝트는 루트 예약에 남은 용량만큼만 사용하도록 제한된다. 만일 예약에 할당된 슬롯 전체를 사용하게 되면 공평성 스케줄러가 개입해 실행 중인 각 쿼리가 예약 슬롯의 개수에 비례하는 양의 슬롯을 사용하게 된다. 이 비율은 예약별로 공평하게 나눠진 후 다시 프로젝트 별로 나누고 마지막으로 각 프로젝트가 실행하는 쿼리 별로 나누게 된다.

다음 명령은 IT 부서에서 BI 팀의 프로젝트 중 하나에 예약을 할당하는 명령이다.

**예제 10-15** 특정 프로젝트에 예약 슬롯을 할당하는 명령어

```
BI_PROJECT=...  # 이 프로젝트가 실행하는 쿼리는 예약 슬롯을 사용한다
bq mk --reservation_assignment \
      --reservation_id=${IT_PROJECT}:US.bi_team \
      --job_type=QUERY --assignee_type=PROJECT \
```

## 가격/요금 내보내기

GCP 서비스의 일별 사용 내역은 물론 해당 일의 예상 요금을 빅쿼리 데이터셋으로 내보낼 수 있다. 하지만 요금을 내보내는 작업 또한 빅쿼리의 사용 내역에 포함된다!

요금을 내보내려면 GCP 클라우드 콘솔의 Billing에서 요금을 내보낼 계정과 프로젝트를 선택한다. 그리고 요금 데이터를 내보낼 빅쿼리 데이터셋[11]을 선택한 후 빅쿼리 내보내기를 활성화하면 된다.

요금 데이터는 빅쿼리에 정기적으로 로드되므로 데이터를 확인할 수 있게 되기까지 한두 시간 정도 소요될 수도 있다. 빅쿼리의 갱신 주기는 사용하는 GCP 서비스에 따라 다르다.

다른 빅쿼리 테이블과 마찬가지로 내보낸 요금 데이터의 스키마를 확인해서 어떤 쿼리를 실행하고 어떤 대시보드를 구성할 수 있는지를 알아낼 수 있다. 몇 가지 예를 살펴보자.



### 제품별 월 요금

제품별로 월 요금을 알아보려면 다음의 쿼리를 실행하면 된다.

**예제 10-16** 제품별 월 요금을 계산하는 쿼리

```
SELECT
  invoice.month
  , product
  , ROUND(SUM(cost)
    + SUM(IFNULL((SELECT SUM(c.amount) FROM UNNEST(credits) c),
      0))
  , 2) AS monthly_cost
FROM ch10eu.gcp_billing_export_v1_XXXXXX_XXXXXX_XXXXXX
GROUP BY 1, 2
ORDER BY 1 ASC, 2 ASC
```

월 요금은 크레딧의 총합을 이용해 계산한 제품별 요금의 합이다.

### 요금 보고서의 시각화

그림 10-2에서 보듯이 요금 데이터를 시각화하는 데이터 스튜디오Data Studio 대시보드가 제공된다. 데이터 스튜디오에서 차트를 복사해 자신만의 대시보드를 만드는 방법에 대한 자세한 내용은 https://cloud.google.com/billing/docs/how-to/visualize-data 문서를 참고하기 바란다.

11 필요하다면 데이터셋을 생성해도 된다.

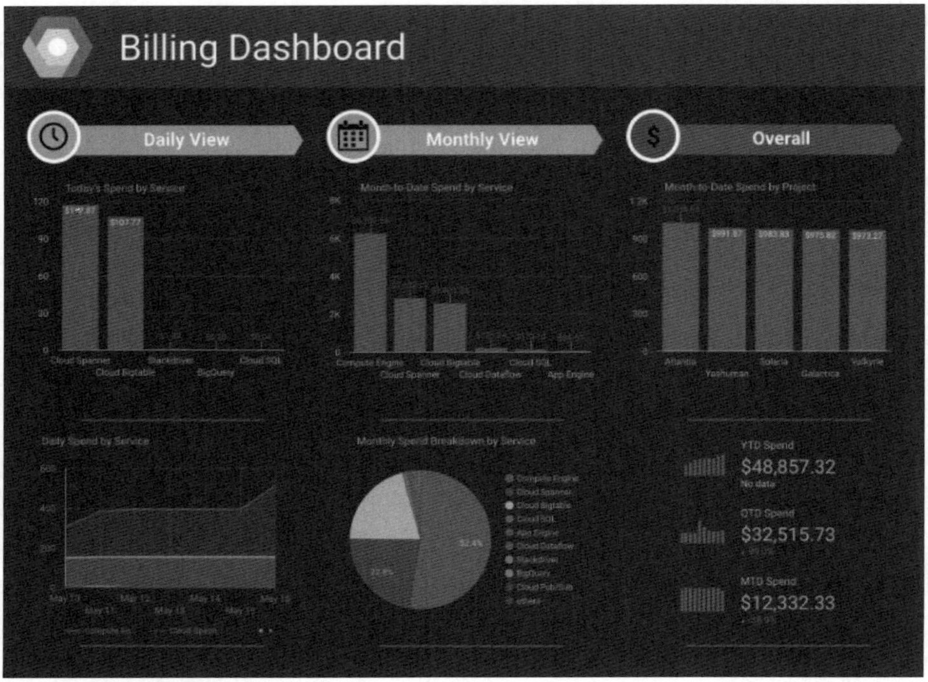


그림 10-2 빅쿼리로 내보낸 요금 데이터를 이용해 구성한 예제 데이터 스튜디오 대시보드

## 레이블

제품별로 가격을 분류해 보는 것도 좋지만, 조직의 원가 중심에 따라 비용을 분류해야 하는 경우가 더 많을 것이다. 요금 보고서를 이렇게 분류하려면 GCP 리소스에 레이블(키와 값의 쌍)을 적용해야 한다. 이렇게 적용하는 요금 데이터를 내보내면 각 행에 `labels.key`와 `labels.value`라는 2개의 컬럼이 추가된 것을 볼 수 있다. 이 두 컬럼은 요금이 발생한 GCP 리소스에 적용된 레이블을 나타낸다.

레이블이 팀 단위나 원가 중심을 기준으로 한다면 레이블의 키를 `team`으로 정의하고 값은 `marketing`이나 `research` 등으로 정의하면 된다. 또한 환경(예를 들어 `key=environment, value=production` 또는 `value=test` 등)이나 애플리케이션, 컴포넌트 단위로 레이블을 적용할 수도 있다.

레이블은 컴퓨트 엔진 가상 머신이나 데이터프록 클러스터, 데이터플로우 작업 등의 GCP 리소스에 적용할 수 있다. 물론 빅쿼리 데이터셋, 테이블, 모델, 심지어는 쿼리 작업에도 적용할 수 있다.

다음 코드는 ch10eu 데이터셋에 'environment:learning'이라는 레이블을 적용하는 방법을 보여준다.

**예제 10-17** 데이터셋에 레이블을 적용하는 명령

```
bq update --set_label environment:learning ch10eu
```

마찬가지 방법으로 테이블과 뷰에도 레이블을 적용할 수 있지만, 이 책을 집필하는 현재 테이블/뷰의 레이블은 요금 데이터에 나타나지 않는다.

**예제 10-18** 테이블에 레이블을 적용하는 명령

```
bq update --set_label environment:learning ch10eu.restored_table
```

또한 명령줄에서 작업을 제출할 때 레이블을 적용하는 것도 가능하다.

**예제 10-19** 실행할 작업에 레이블을 적용하는 명령

```
bq query --label environment:learning --nouse_legacy_sql 'SELECT 17'
```

REST API를 이용해 작업을 제출할 때는 작업 리소스의 labels 속성을 이용해 레이블을 적용하면 된다. 이렇게 하면 요금 보고서에 쿼리의 비용이 적용되어 환경이나 원가 중심 또는 기타 다른 레이블 키를 토대로 비용을 배분해 레이블 단위로 비용을 집계할 수 있다.

**예제 10-20** 레이블 단위로 비용을 집계하는 쿼리

```
SELECT
  invoice.month
  , label.value
  , ROUND(SUM(cost)
    + SUM(IFNULL((SELECT SUM(c.amount) FROM UNNEST(credits) c), 0))
    , 2) AS monthly_cost
FROM
  ch10eu.gcp_billing_export_v1_XXXXXX_XXXXXX_XXXXXX
  , UNNEST(labels) AS label
WHERE
  label.key = 'environment'
GROUP BY 1, 2
ORDER BY 1 ASC, 2 ASC
```

## 대시보드와 모니터링, 그리고 감사 로깅

보안에 있어 중요한 것은 보안 평가가 효율적인지를 확인할 수 있어야 한다는 점이다. 따라서 배포된 모든 리소스에 대한 관찰 가능성observability이 매우 중요하다.

### 클라우드 시큐리티 커맨드 센터

클라우드 시큐리티 커맨드 센터SCC, Security Command Center는 GCP를 위한 포괄적인 보안 관리와 데이터 위험 플랫폼을 제공한다. 클라우드 SCC는 보유한 자산과 각 자산의 보안 상태에 대한 시각적인 정보를 제공하므로 더욱 쉽게 위험을 방지하고 탐지하며 대응할 수 있다. 내장된 위험 탐지 기능을 이용해 의심스러운 행위를 발견하면 알림을 보내주기도 한다.

GCP의 클라우드 콘솔 SCC 마켓플레이스를 이용하면 클라우드 SCC에 접근해서 자산 발견asset discovery을 실행할 수 있다. 프로젝트를 스캔한 후에는 클라우드 SCC 대시보드를 이용해 SSH 접근을 위한 22번 포트의 공개 여부 같은 일반적인 문제들을 확인할 수 있다. 그다음부터 자산 발견은 하루에 최소 한 번씩 실행된다.

### 스택드라이버 모니터링과 감사 로깅

빅쿼리 리소스는 스택드라이버를 이용해 모니터링할 수 있다. 이 도구에는 전체 쿼리 시간, 사용 가능한 슬롯의 수 등과 같은 지표를 시각화하는 기능도 포함되어 있다. 또한 빅쿼리는 자동으로 스택드라이버 로깅으로 감사 로그를 전달한다. 사용자는 스택드라이버 로깅을 이용해 메시지를 필터링하고 클라우드 펍/섭, 클라우드 스토리지, 빅쿼리 등의 다른 서비스로 내보낼 수 있다.

로그를 장기간 보관할 수 있는 기능 외에도, 로그 데이터를 집계해서 분석하기 위해 빅쿼리로 로그를 내보내는 기능을 활용하면 좋다. 다음 예제는 사용자 계정별로 할인이 적용되기 전 예상 비용을 산출하는 쿼리다(https://cloud.google.com/bigquery/docs/reference/auditlogs/).

**예제 10-21** 사용자 계정별 예상 비용을 산출하는 쿼리

```
WITH data as
(
  SELECT
    protopayload_auditlog.authenticationInfo.principalEmail AS principalEmail,
    protopayload_auditlog.servicedata_v1_bigquery.jobCompletedEvent AS
jobCompletedEvent
```

```
  FROM
    ch10.cloudaudit_googleapis_com_data_access_2019*
)
SELECT
  principalEmail,
  SUM(jobCompletedEvent.job.jobStatistics.totalBilledBytes)/POWER(2, 40)) AS
Estimated_USD_Cost
FROM
  data
WHERE
  jobCompletedEvent.eventName = 'query_job_completed'
GROUP BY principalEmail
ORDER BY Estimated_USD_Cost DESC
```



빅쿼리 감사 로그는 LogEntry 메시지 안에 protoPayload.metadata 속성을 통해 보고된다. 이 속성은 관리용 활동 내역과 시스템 이벤트, 데이터 접근 등 세 가지 스트림으로 구성된다. 관리용 활동 내역admin activity은 작업의 추가와 완료 등을 포함한 이벤트다. 시스템 이벤트는 테이블이나 파티션이 만료되어 삭제될 때 발생하는 TableDeletion 이벤트 등을 의미한다. 마지막으로 데이터 접근data access 스트림은 새로운 작업, 상태가 변경된 작업, 테이블 데이터의 변경, 테이블 데이터의 조회 등에 대한 정보를 담고 있다.

## 가용성과 재해 복구, 암호화

빅쿼리의 아키텍처는 신뢰성에 큰 영향을 미친다. 예를 들어 빅쿼리 서비스는 서버리스 기반으로 구현되었으므로 하드웨어 컴포넌트에 장애가 발생하더라도 그 영향이 미미하거나 심지어 아무런 영향을 받지 않고 쿼리를 실행할 수 있다. 특정 가상 머신이나 노드와 연결된 다른 서비스와 달리, 빅쿼리는 거대한 공유 서버 풀pool을 갖추고 있어 거의 실시간으로 트래픽을 한 장소에서 다른 장소로 전달할 수 있다.

### 존, 리전, 멀티리전

GCP에는 세 가지 다른 종류의 서비스 지역location이 있다. 존zone은 컴퓨트 클러스터이며 보통 하나의 건물에 위치한다. 존은 고가용성을 지원하지만 주요 하드웨어에서 장애가 발생하면 (예를 들면 화재가 발생하거나 변압기가 타버리면) 존 자체가 오프라인이 될 수 있다. 간혹 단일 존 내의 서비스에 발생하는 문제는 하드웨어와 무관한 것인 경우도 있다. 요청이 너무 많으면 일부 서비스에 장애가 발생해서 의존 서비스에 문제가 생기기도 한다. 빅쿼리 같은 회복성이 있는 서비스는 존에서 어떤 문제가 발생하더라도 이를 극복해낼 수 있도록 디자인되어 있다.

반면, 리전region은 시 범위의 지역으로 여러 존으로 구성되어 있으며 존마다 서로 관련이 없는 장애가 발생할 수 있다. 하나의 리전은 보통 대형 캠퍼스 안의 여러 건물에 걸쳐 구성된다. 일반적으로 전체 리전이 오프라인되는 경우는 극히 드물다. 하지만 자연 재해로 인해 리전이 오프라인될 수는 있다. 일반적으로 태풍 같은 예측 가능한 자연 재해에 대비해 절차에 따라 리전을 셧다운하므로 데이터가 유실되는 경우는 없다. 하지만 지진 같이 예측 불가능한 재해는 리전의 데이터 유실을 초래할 수 있고 재해 상황이 끝나도 리전의 재시작이 불가능할 수도 있다.

멀티리전multiregions은 가장 안정적이다. 보통 지역 범위 내에서 어느 정도의 유연성을 확보하고 있으며 수백 마일 떨어진 여러 데이터센터에 걸쳐 구성되어 있다. 예를 들어 EU 멀티리전은 유럽 연합에 속한 지역의 물리적 데이터센터로만 구성된다. 그런데 데이터센터는 구체적으로 어느 지역에 있을까? EU의 프랑크푸르트 데이터센터를 말하는 걸까? 핀란드에는 데이터센터가 있을까? 구글 클라우드 스토리지 같은 몇몇 서비스는 구체적으로 어떤 리전에서 서비스되는지 언급되어 있다. 반면, 빅쿼리 같은 서비스는 컴퓨트와 데이터 분야의 유연성을 확보하기 위해 여러 지역에 데이터를 보관한다는 대략적인 가이드라인만을 알려준다.

## 빅쿼리와 장애 처리

서비스가 특정 종류의 장애를 얼마나 잘 처리하는지 예측하는 방법 중 하나는 장애가 얼마나 자주 일어나는지 기록하는 것이다. 만일 장애가 빈번하게 발생한다면 대부분의 경우 서비스가 제대로 테스트되지 않았으며 버그나 다른 문제에 영향을 쉽게 받는다는 뜻이다. 구글의 서비스는 거의 모든 종류의 하드웨어 및 소프트웨어 장애를 처리해서 계속 작동하도록 디자인되어 있다. 그뿐만 아니라 엄격하게 테스트하며 실패 경로failure path에 대한 대응을 지속적으로 훈련한다. 지금부터 발생 가능한 몇몇 장애와 이에 대한 빅쿼리의 대응 방법을 알아보자.

### 디스크 장애

회전형 디스크는 움직이는 부분이 있으므로, 유사한 다른 장비와 마찬가지로 제법 빈번하게 장애가 발생한다. 이레이저 인코딩erasure encoding을 이용해 콜로서스(빅쿼리 기반의 스토리지 인프라스트럭처, 6장 참고)에 데이터를 인코딩하기 때문에 데이터 유실은 없더라도 많은 디스크에서 장애가 발생할 수 있다. 10만 개의 디스크가 있다면 그중 수십 개에서는 매일 장애가 일어난다고 보면 된다. 게다가, 정기적인 유지보수로 인해 일부 디스크가 사용 불가능한 상태가 되는 것까지 고려하면 하루에 장애가 발생하는 디스크는 수백 개까지 늘어난다. 정전 상황에서는 디스크가 다시 시작하면서 더 많은 데이터가 유실될 수 있다. 그럼에도 불구하고, 빅쿼리에서 하드웨어 장애로 인해 데이터가 유실되는 경우는 극히 드물다.[12]

콜로서스는 디스크의 장애를 탐지하면 데이터를 다른 디스크로 복제한다. 그런 다음 구글 데이터센터 하드웨어 운영 팀이 디스크를 제거하고 안전하게 폐기한다. 해당 디스크를 사용하던 소프트웨어와 서비스는 일부 요청의 처리에 수 밀리초의 지연이 일어날 수는 있지만, 그 외 다른 영향은 전혀 없다.



### 머신 장애

서버를 최대한 오래 작동하도록 어떤 노력을 기울인다 하더라도 결국 충돌crash은 일어난다. 운영체제에도 버그는 존재하며, 우주선cosmic rays에 의한 메모리의 손상, CPU 장애, 전원 공급 문제, 하드웨어의 메모리 누수 등 여러 문제가 발생할 수 있다. 서버 소프트웨어에 대한 일반적인 접근법은 이중화를 통해 이런 종류의 장애를 더 견고하게 방지하는 것이다. 고가의 서버는 백업 전원 공급장치를 갖추고 있으며 전원을 끄지 않고도 메모리와 CPU를 교체할 수 있으므로 절대 다운되는 일이 없다.

하지만 구글은 자신들의 철학에 따라 다른 접근법을 취한다. 구글의 데이터센터는 언제든지 머신에 장애가 발생할 수 있다고 가정하고 있다. 이에 따라 반드시 이 문제를 처리할 수 있도록 소프트웨어를 작성한다. 언제 어느 때에 머신에 장애가 발생해도 작동하는 소프트웨어를 작성하기 위해 구글은 맵리듀스나 구글 파일 시스템(콜로서스의 전신), 드레멜 같은 확장형 분산 시스템을 개발하고 있다.

빅쿼리 서버에는 항상 충돌이 일어난다. 수십만 개 또는 수백만 개의 독립적인 워커가 실행 중이면 당연히 그중 일부에는 문제가 발생한다. 거의 모든 빅쿼리 서버에서 언제든 충돌이 일어날 수 있지만 사용자는 쿼리가 약간 느려지는 것 외에는 아무것도 느끼지 못한다. 구글 데이터센터를 운영하는 클러스터 관리 소프트웨어인 보그Borg는 몇 초 내에 정상상태 확인health check 신호

12 물론 특정 상황이나 코드의 버그, 자연 재해 등으로 인해 데이터가 유실될 수는 있다. 하지만 디자인상으로 데이터가 유실될 확률은 매우 낮다. 1PB 데이터를 저장 중일 때, 하나의 존에서 매일 1천 개의 디스크에 장애가 수백만 년 동안 일어난다 해도 데이터가 유실될 가능성은 0.01%보다 낮다.

에 응답하지 않는 태스크는 모두 재시작하며, 경우에 따라서는 다른 머신에서 재시작하기도 한다. 대부분의 경우 쿼리 엔진에서 실행되는 소프트웨어조차 이 문제를 인지하지 못한 채, 다른 태스크를 재시도하고 계속 작동할 뿐이다.

랙 장애나 네트워크 스위치 장애 같은 더 큰 문제도 투명하게 처리된다. 데이터센터 클러스터의 규모 덕분에 랙이나 스위치에 장애가 발생하더라도 서비스가 실행하는 태스크 중 극히 일부만 영향을 받으므로 서비스는 이 문제를 피할 수 있다. 데이터센터에서 이 문제를 직접 처리해야 하는 하드웨어 운영자가 아닌 이상에는 누구도 장애 알림을 받지 않는다. 물론 서비스 운영자도 매일 꿀잠을 잔다.

### 존 장애

내장된 자체 보수 메커니즘이 자동으로 처리할 수 없을 정도의 큰 장애가 발생하면 어떻게 될까? 분명히 말하지만, 이런 장애는 매우 드물다. 각 존은 하드웨어 및 네트워크 장애에 회복력을 갖도록 디자인되어 있다. 네트워크 스위치나 변압기처럼 존 자체를 다운시킬 수 있는 것들은 모두 이중화된 백업이 있다. 하지만 누군가 굴착기로 광섬유를 잘라버리거나 변압기에 불이 나서 존 전체에 장애가 발생할 수는 있다.

이 책을 집필하는 현재, 구글 컴퓨트 엔진 같은 몇몇 서비스는 단일 가용 존availability zone에 묶여 있다. 그래서 해당 존이 다운되면 존 내의 가상머신 인스턴스 역시 다운된다. 반면, 빅쿼리는 거의 모든 존 장애를 처리할 수 있도록 디자인되어 있으며 빅쿼리의 모든 클라우드 프로젝트는 1차 지역과 2차 지역을 갖는다. 따라서 1차 지역에서 장애가 발생하면 빅쿼리는 매끄럽게 2차 지역으로 이전된다.

존 장애는 크게 소프트한 장애와 하드한 장애로 나뉜다. 소프트한 장애는 존 내에 문제가 발생했지만 서비스들이 문제없이 실행되거나, 성능에 약간의 저하가 발생하는 정도의 장애를 말한다. 소프트한 장애는 주로 하드웨어 이슈보다 소프트웨어의 장애 때문에 발생한다. 즉 할당량 서버에 장애가 나거나, 빅테이블이 정지하거나 빅쿼리 스케줄러가 예약 작업을 너무 오래동안 실행하는 등의 상황을 말한다. 반면, 하드한 장애는 존이 다운되는 것을 의미하며 전원 문제나 복구할 수 없는 하드웨어 이슈 등이 이에 해당한다.

빅쿼리는 사전에 존을 비우는draining 방법으로 소프트한 장애에 대응한다. 여기서 비운다는 뜻은 새 쿼리는 다른 지역으로 보내고 기존의 쿼리만 계속 실행한다는 뜻이다. 새 쿼리는 2차 존으로 전달되며, 이미 실행 중이던 쿼리는 여전히 계속 실행되기도 하지만 장애가 심각한 수준이면 새롭게 2차 존에서 다시 시작되기도 한다.

소프트한 장애는 제법 자주 일어난다. 빅쿼리는 전 세계에 걸쳐 수십 개의 가용 존에서 작동하며 어떤 존에서 어떤 서비스가 잘못 작동할 확률이 제법 높다. 다행인 것은 이런 경우 빅쿼리의 장애 조치 코드가 작동해서 대부분의 사용자는 문제를 전혀 눈치채지 못한다는 점이다.

존 전체가 심각한 문제를 겪는 하드한 장애는 훨씬 드물다. 하드웨어에 의한 존 장애가 발생하면 사용자는 기존의 쿼리가 취소되고 새로운 존에서 다시 시작하므로 완료까지 두 배의 시간이 걸리는 등 뭔가 이상을 느낄 수 있다. 존 장애가 발생한 시점에 2차 존으로 최근의 데이터가 복제되지 않아서 1차 존이 복구되기 전까지 사용할 수 없다면 매우 심각한 존 장애라고 할 수 있다. 이런 상황에서는 관련된 테이블에 대한 쿼리가 실패하게 되며, 빅쿼리는 불완전한 데이터를 반환하지 않고 그냥 실패하도록 둔다.



## 리전 장애

그다음으로 심각한 수준의 장애는 전체 리전이 다운되는 장애다. 이런 장애는 존 장애보다 훨씬 더 드물다. 존 장애와 마찬가지로 리전 장애에도 전체 리전이 원활하게 셧다운할 수 있는 소프트 장애가 있다. 태풍의 길목에 있는 리전은 태풍의 영향권에 들기 전에 깔끔하게 셧다운할 수 있다. 그렇게 하면 리전을 재시작하거나 리전이 피해를 입은 상황에서도 데이터가 유실될 확률을 최소화할 수 있다. 전원 장애가 발생하는 때는 백업 시스템이 가동하므로 리전 전체가 다운되지는 않지만, 정전이 오래 지속되고 백업 시스템의 수용량이 넘어서게 되면 절차에 따라 리전을 셧다운하게 된다.

리전에도 역시 하드한 장애가 발생할 수 있지만 그 가능성은 훨씬 낮다. '블랙 스완black swan[13]'에 해당하는 여러 사건과 마찬가지로, 하드 장애 역시 실제로 얼마나 드물게 일어날 것인지 예측하기란 매우 어렵다. 심각한 지진으로 미처 알아차리기 전에 리전이 다운될 수도 있다. 극심한 기온 문제나 자연 재해 역시 언제든 발생할 수 있다. 하드 리전 장애는 하드웨어에 피해를 입히며 다른 곳으로 복제되지 않은 데이터가 유실될 수도 있다.

이 책을 집필하는 현재, 싱글리전 빅쿼리 지역(asia-east1이나 eurpoe-north1 등)은 다른 지역에 물리적인 복사본을 두지 않는다. 대부분 그 이유는 사용자의 데이터에 대한 요구사항을 위반하

13 발생 가능성은 매우 적지만 한번 발생하면 타격이 큰 장애를 의미한다. 블랙 스완이라는 명칭은 나심 니콜라스 탈레브가 집필한 『블랙 스완: 위험 가득한 세상에서 안전하게 살아남기』(동녘사이언스, 2018년, 개정증보판 출간)이라는 책에서 유래했다.

지 않으면서 다른 지역에 백업 복사본을 둘 곳이 없기 때문이다. 예를 들어 싱가폴은 전체 너비가 30마일 남짓한 섬이다. 만일 규제로 인해 사용자의 데이터를 싱가폴이 아닌 다른 나라에 저장할 수 없다면 싱가폴 내에서 데이터를 저장할 만한 다른 곳을 찾기가 쉽지 않다. 하지만 데이터에 대한 내구성을 짐작하기 전에 반드시 구글이 제공하는 최신 문서를 확인한다.

US나 EU 같은 멀티리전 빅쿼리 지역은 백업 복사본을 다른 리전에 저장한다. 따라서 심각한 리전 장애가 발생해도 데이터가 안전하다. 다만, 백업이 사용 가능해지기까지 어느 정도 시간이 걸릴 수는 있다.

### 내구성과 백업 그리고 재해 복구

다음은 빅쿼리의 복제replication 정책을 요약한 것이다.

- 멀티리전 데이터는 최소 두 리전으로 복제된다(싱글리전 데이터는 한곳에만 저장된다).
- 모든 데이터는 2개의 가용 존에 복제된다.
- 한 가용 존 내의 데이터는 이레이저 인코딩을 이용해 인코딩된다.

원격지 백업은 실수로 인한 삭제를 방지할 수 있는 2차 메커니즘을 이용해 보호된다. 예를 들면 일정 시간이 지나기 전에는 삭제할 수 없는 디스크 펌웨어의 기능을 이용하기도 한다. 즉 빅쿼리에 데이터를 너무 열심히 지우는 버그가 있더라도 디스크의 저수준 펌웨어 시스템이 해당 데이터가 물리적으로 즉시 지워지지 않도록 보호한다는 뜻이다.

고객이 실수로 데이터를 지운 상황에는 빅쿼리의 시간 여행 기능을 활용할 수 있다. 사용자는 `SYSTEM_TIME AS OF` 문법(8장 참고)을 이용해 데이터가 삭제되기 전 시간의 테이블을 쿼리하면 된다. 게다가, 복사 작업에서 `tablename@timestamp` 문법을 이용해 특정 시간의 테이블을 복사할 수도 있다.

예전 스냅샷에서 데이터를 복사하는 방법은 테이블의 삭제를 취소해야 할 때도 유용하다. 테이블의 삭제를 취소하려면 테이블이 존재하던 시점의 예전 테이블 이름을 새 이름으로 교체하면 된다. 다만, 테이블을 삭제한 후 같은 이름으로 새 테이블을 생성하면 복구가 불가능하다! 이 책을 집필하는 현재, 삭제된 테이블에 대한 시간 여행 기능은 일반적인 시간 여행 기한인 7일보다 짧아서 테이블이 삭제된 후 48시간 이내에만 가능하다.

## 개인정보 보호와 암호화

구글은 보안과 개인정보 보호에 민감하다. 빅쿼리의 모든 데이터는 유휴 시 암호화되며 네트워크를 통해 전송될 때도 암호화된다. 디스크상의 암호화는 콜로서스 파일 암호화를 통해 투명하게 이루어진다. 스트리밍 데이터는 빅테이블이나 로그 파일에 기록될 때 암호화된다. 메타데이터는 스패너에서 암호화한다. 네트워크 트래픽은 구글의 내부 원격 프로시저 호출 프로토콜을 통해 암호화된다. 따라서 누군가 물리적 디스크나 네트워크에 접근할 수는 있더라도 암호화되지 않은 데이터에는 접근할 수 없다.

### 접근 투명성

구글은 데이터 접근에 대해 몇 겹의 보호장치를 두고 있다. 시스템을 안전하고 신뢰성 있게 운영하기 위해 매우 제한된 수의 장애 대기 엔지니어만 사용자 데이터에 접근할 수 있다. GCP의 접근 투명성Access Transparency 프로그램 덕분에 구글의 누군가가 여러분의 데이터에 접근하면 감사 로그 레코드를 통해 알림을 받게 된다. 대부분의 경우는 이처럼 간단하게 작동하며, 누군가 데이터를 읽으면 여러분은 그 사실을 바로 알 수 있다.

### 가상 사설 클라우드 서비스 제어

가상 사설 클라우드 서비스 제어VPC-SC, Virtual Private Cloud Service Control는 발음하기는 어렵지만 서비스가 데이터에 어떻게 접근하며 데이터가 GCP 내에서 어떻게 흐를 수 있는지를 세밀하게 제어할 수 있는 메커니즘을 제공한다. 예를 들어 회사의 네트워크에 속한 IP 주소에서만 빅쿼리에 접근할 수 있도록 제한할 수 있다. 또는 빅쿼리로부터 구글 클라우드 스토리지로의 데이터 내보내기를 금지해서 서비스 간 데이터의 흐름을 제어할 수도 있다. 아니면 구글 클라우드 스토리지로의 내보내기는 허용하되, 조직이 소유한 클라우드 스토리지 버킷으로만 내보낼 수 있도록 설정할 수도 있다.

VPC-SC는 빅쿼리의 기능이라고 보기는 어렵다. 이 기능은 여러 GCP 제품에서 작동하는 기능이기 때문이다. 따라서 데이터의 유출과 이동 정책을 공통된 하나의 정책으로 생성할 수 있다. 좋은 방법은 아니지만 아무도 빅쿼리에 접근하지 못하게 할 수도 있다. VPC에 대한 자세한 내용은 구글 클라우드 문서(https://cloud.google.com/vpc/docs/)를 참고하기 바란다.

### 고객 관리형 암호화 키

빅쿼리의 모든 데이터는 유휴 시에 암호화되지만, 우리가 소유한 키로 데이터를 암호화하고 싶다면 어떻게 해야 할까? 이때는 고객 관리형 암호화 키CMEK, Customer-Managed Encryption Keys를 이용하면 된다. 이런 키는 GCP의 중앙식 키 관리 서비스인 클라우드 KMS를 이용해 관리하면 된다. 그러면 이 키를 이용해 암호화할 데이터셋이나 테이블을 선택할 수 있다.

빅쿼리는 키를 여러 층으로 감싼다wrapping. 또한 마스터 키는 KMS 외부에 절대 노출되지 않는다. CMEK로 보호되는 모든 테이블은 테이블 메타데이터에 한 번 감싸진 키를 가지고 있다. 빅쿼리는 이 테이블에 접근할 때 클라우드 KMS에 키를 벗겨내도록unwrap 요청해서 이 키를 각 파일마다 별도로 지정된 키를 벗겨내는 데 사용한다. 이처럼 키-래핑 프로토콜을 활용하면 벗겨낸 키가 외부로 노출될 위험이 줄어든다. 즉 어떤 파일의 키를 벗겨냈다 하더라도 그 키로 다른 파일의 데이터는 읽을 수 없다. 테이블 키를 벗겨냈다 하더라도 그 키로는 접근 제어 검사를 통과한 후에 파일 키를 벗겨낼 때만 사용할 수 있다. 클라우드 KMS는 마스터 키를 절대 노출하지 않는다. KMS에서 키를 삭제하면 다른 키는 절대로 벗겨낼 수 없다(그러므로 키를 잘 관리하자!).

## 규제의 준수

대부분의 조직은 정부 규제를 따르며, 여러분의 조직 역시 규제에 따라 법적인 문제가 발생하지 않도록 소프트웨어 및 분석 팀에 규제에 대한 요구사항을 정의하고 있을 것이다. 여기서는 빅쿼리의 기능 중 정부의 규제를 따르는 데 도움을 주는 기능을 중점적으로 살펴본다. 하지만 반드시 기억하자. 이런 도구나 기능을 이용하는 것이 정부의 규제 요구사항을 만족시킬 수 있는지는 법률팀에 꼭 확인하라!.

### 데이터 지역성

대부분의 정부는 데이터를 저장하는 지역에 제한을 두며, 빅쿼리는 데이터셋이 존재하는 데이터센터에서만 해당 데이터셋을 참조하는 쿼리가 실행되도록 강제하고 있다. 따라서 데이터의 지역성locality 제어는 데이터셋이 생성되는 시점에 이미 완료된다. 예를 들어 홍콩에 위치한 `asia-east2` 리전에 데이터셋을 생성하려면 다음 명령을 실행하면 된다.

**예제 10-22** asia-east2 리전에 데이터셋을 생성하는 명령

```
bq --location=asia-east2 mk --dataset ch10hk
```

빅쿼리는 싱글리전과 멀티리전 등 두 가지 위치를 지원한다. 싱글리전 지역의 예로는 조금 전 들었던 홍콩 리전이 있으며 지리적으로 특정한 위치를 가리킨다. 멀티리전(예를 들면 US와 EU[14])은 둘 또는 그 이상의 리전을 포함하고 있다. 지원되는 지역의 최신 목록은 빅쿼리 문서(https://cloud.google.com/bigquery/docs/locations)를 참고한다

6장에서 설명했듯, 빅쿼리는 작업의 실행 위치를 프로젝트 기본값이나 작업 예약, 요청이 참조하는 데이터셋 등을 이용해 결정한다. 또한 빅쿼리 웹 UI(쿼리 설정에서 처리 지역을 선택)나 REST API(`jobReference`의 `location` 속성 이용), `bq` 명령줄 도구(`--location` 지정)로 작업을 제출할 때 해당 작업을 실행할 지역을 명시할 수도 있다. 지정한 지역에서 쿼리를 실행할 수 없으면 (작업 실행 지역을 US로 지정했지만, 데이터는 EU에 있는 경우 등) 빅쿼리는 에러를 반환한다.

데이터를 리전 간에 이동하는 것은 현재 빅쿼리 데이터 전송 서비스BigQuery Data Transfer Service를 이용할 때만 가능하지만, 한 가지 예외가 있다. US 멀티리전 클라우드 스토리지 버킷의 데이터는 어떤 리전이나 멀티리전 지역의 빅쿼리 데이터셋으로 옮길 수 있다. 만일 어떤 리전의 클라우드 스토리지 버킷에서 빅쿼리로 데이터를 로드할 때, 그 버킷은 US 멀티리전 지역에 존재하는 것이 아니라면 반드시 빅쿼리 데이터셋과 같은 지역의 버킷이어야 한다(예를 들면 버킷과 데이터셋 모두 `asia-east2` 지역에 있어야 한다).

빅쿼리 데이터 전송 서비스를 사용할 수 없는 상황에서 지역 간에 빅쿼리 데이터를 이동하려면 몇 단계를 거쳐야 한다. 빅쿼리에서 같은 리전의 구글 클라우드 스토리지로 데이터를 내보낸 후, 이 데이터를 원하는 지역의 클라우드 스토리지로 옮긴 다음, 다시 빅쿼리 데이터셋으로 로드해야 한다. 이때 데이터를 클라우드 스토리지에 저장하는 데 시간이 걸리며 클라우드 스토리지 리전 간의 데이터 전송 과정에서 네트워크 이그레스egress 변경에 따른 추가 비용이 발생할 수 있다!

14 이 책을 집필하는 현재, EU 멀티리전에 저장된 데이터는 스위스 취리히나 영국 런던에 저장되지 않는다.

## 데이터의 서비스에 대한 접근 제한

IAM을 활용하면 전체 데이터셋에 대한 접근을 제한할 수 있다. 대부분의 경우 테이블에는 민감한 데이터가 저장되어 있어서 테이블의 일부에 접근을 제한하고 싶을 것이다. 이는 허가된 뷰 authorized views나 동적 필터, 또는 세밀한 접근 제어를 통해 가능하다.

### 허가된 뷰

허가된 뷰는 사용자가 쿼리할 수 있는 컬럼과 행을 SQL 쿼리를 이용해 제한하는 방법이다. 예를 들어 일부 사용자는 london_bicycles 데이터셋의 특정 컬럼과 행만 볼 수 있도록 하고 싶다고 가정해 보자. 그러려면 원래의 데이터셋이 아니라 다음의 뷰를 가진 ch10eu 데이터셋만 해당 사용자와 공유하면 된다.

**예제 10-23** 다른 데이터셋의 쿼리 결과를 뷰로 생성하는 쿼리

```
CREATE OR REPLACE VIEW ch10eu.authorized_view_300 AS
SELECT
  * EXCEPT (bike_id, end_station_priority_id)
FROM
  [PROJECTID].ch07eu.cycle_hire_clustered
WHERE
  start_station_id = 300 OR end_station_id = 300
```

이제 이 뷰에 대한 권한을 받은 사용자는 bike_id 컬럼이나 ID가 300이 아닌 다른 대여소의 정보는 확인할 수 없다. 사용자에게 권한을 부여하려면 이 데이터셋을 공유하면 된다. 빅쿼리 웹 UI에서 **데이터셋**(ch10eu)을 선택한 후 **Share Dataset** 메뉴를 선택하고 공유할 사용자나 구글 그룹을 선택한다. 그림 10-3은 다른 구글 계정에 빅쿼리 사용자 역할을 지정하면서 데이터셋을 공유하는 설정을 보여주고 있다.

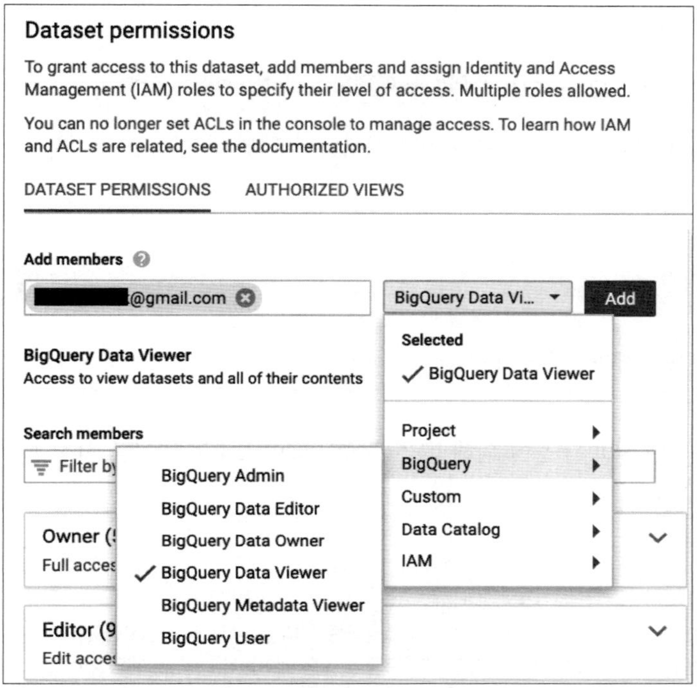


그림 10-3 허가된 뷰를 가진 데이터셋(ch10eu)을 공유하기 위한 설정

하지만 허가된 뷰 자체는 원본 데이터셋에 접근할 수 있어야 한다. 그러려면 그림 10-4처럼 빅쿼리 웹 UI에서 **원본 데이터셋**(ch07eu)을 선택하고 Share Dataset 메뉴를 선택한 후, Dataset permissions 패널에서 접근을 허용할 **허가된 뷰**를 선택하면 된다.

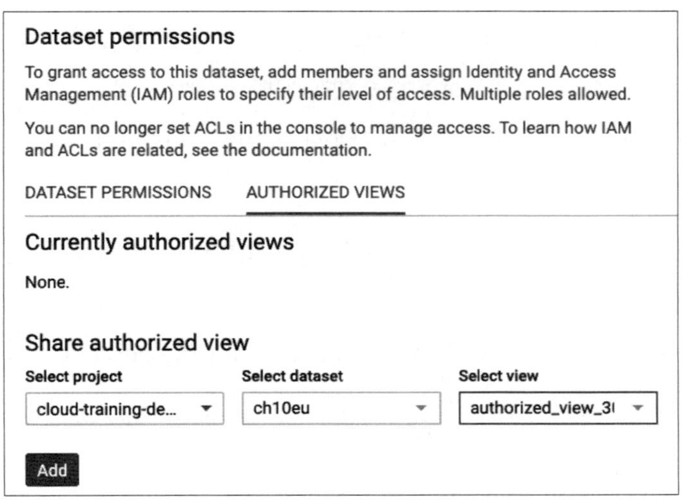


그림 10-4 ch10eu 데이터셋의 허가된 뷰에 ch07eu 데이터셋의 원본에 대한 접근을 허용하는 설정

이제 다음 URL을 확인해 보자([PROJECT] 부분은 자신의 프로젝트 이름으로 교체한다).

https://console.cloud.google.com/bigquery?p=[PROJECT]&d=ch10eu&page=dataset

구글 계정으로 로그인하면 `ch07eu` 데이터셋이 아닌 `ch10eu` 데이터셋을 볼 수 있다. 또한 다음처럼 뷰를 쿼리할 수 있다.

**예제 10-24** 생성된 뷰를 조회하는 쿼리

```
SELECT AVG(duration)
FROM [PROJECT].ch10eu.authorized_view_300
```

이 쿼리는 뷰를 생성할 때 사용했던 SQL 구문에 의해 ID가 300인 대여소에서 대여를 시작했거나 반납했던 사용 기록의 평균치만 구한다.

> 허가된 뷰는 계층형 뷰(layered view, 뷰가 다른 뷰를 호출하는 형태)를 갖지 않는 경우에 간단하게 사용할 수 있는 방법이다. 계층형 뷰를 가지면 SQL 구문이 많은 테이블을 참조할 수 있으며, 그 테이블은 각자 다른 데이터셋에 존재할 수도 있다. 그러면 접근 제어 목록(ACL, Access Control Lists)이 모든 뷰와 데이터셋에 연결되어야 함으로 관리자 입장에서는 골치가 아플 수 있다.

## 컬럼 수준 보안

동일한 데이터셋 안에 민감한 데이터와 비교적 덜 민감한 데이터와 함께 존재하는 경우가 있다. 게다가 테이블이나 데이터셋 또는 프로젝트 수준 퍼미션만 생각한다면 민감한 데이터에 적절한 접근 권한을 관리하기가 어려워진다. 클라우드 데이터 카탈로그Cloud Data Catalog를 활용한 빅쿼리의 컬럼 수준 보안을 활용하면 컬럼 단위의 정책 태그로 추상화한 데이터 클래스마다 접근 제어 설정을 적용할 수 있다.

그러려면 클라우드 데이터 카탈로그에 태그 셋을 생성하고 데이터셋에서 민감한 데이터를 가진 컬럼 모두에 해당 레이블을 태그하면 된다. 예를 들어 PII 컬럼에 태그하거나 건강과 관련된 정보를 저장하는 컬럼에 태그를 지정하고 건강과 관련된 정보를 가진 모든 컬럼에 같은 보안 정책을 적용할 수 있다.

정책 태그는 계층 구조를 지원한다. 루트 노드의 태그는 리프 노드의 태그가 가진 모든 퍼미션을 포함한다. 예를 들어 'salary' 태그가 'human_resources' 태그 안에 중첩되어 있다면 human_resources 데이터에 접근할 수 있는 사람은 salary 데이터에도 접근할 수 있다.

### 테이블 접근 제어

데이터셋을 공유하지 않고 특정 사용자와 테이블이나 뷰만 공유하는 것도 가능하다. 외부의 협업자와 테이블을 개별적으로 공유하고자 하거나 개별 테이블 수준에서 접근 수준을 다르게 제어하고자 하는 경우라면 허가된 뷰authorized view보다 훨씬 편리하게 활용할 수 있다. 반면 허가된 뷰는 여러 테이블을 조인하며 공유하기 전에 데이터의 형태를 변경할 수 있으므로 더 유연하다.

데이터셋 공유와 마찬가지로 테이블 공유도 웹 UI나 REST API 또는 기타 다양한 클라이언트 라이브러리를 이용해 설정할 수 있다.

테이블 수준 접근 제어는 와일드 카드 테이블을 쿼리할 때는 적용되지 않는다는 점에 주의하자. 그러므로 개별 와일드 카드 테이블에는 테이블 수준 접근 제어를 설정하면 안 된다. 이럴 때는 해당 테이블을 가진 데이터셋을 공유해야 한다.

### 사용자 기반의 동적 필터

전체 데이터셋을 필터링해서 뷰에 접근 권한을 가진 사용자에게 일부 컬럼과 행만 보여주는 뷰를 만들어봤다. 하지만 로그인한 사용자를 기준으로 테이블의 행에 필터를 적용하고 싶다면 어떻게 해야 할까? 다음 예제처럼 내장 함수인 SESSION_USER 함수를 사용하면 된다.

SESSION_USER 함수의 사용법을 알아보기 위해, 수작업 검토manual review[15]를 위해 백만 달러 이상의 트랜잭션 중 최상위 10개만 보여주는 뷰를 만든다고 한다고 가정해 보자. 하지만 이때 검토자가 근무하는 회사의 트랜잭션만 보여줘야 한다.[16]

**예제 10-25** SESSION_USER 함수를 사용하는 쿼리

```
CREATE OR REPLACE VIEW ecommerce.vw_large_transactions
OPTIONS(
  description="large transactions for review",
```

15 주문 내역 등의 정상 여부를 확인하기 위해 내부 직원이 진행하는 절차를 말한다. – 옮긴이

16 예제에서 참고하는 데이터셋은 공개용이지만 PII를 이유로 실제 이메일 주소는 포함하지 않고 있다. 따라서 예제의 쿼리는 정상적으로 작동하지 않지만 SESSION_USER 함수의 사용법을 보여주기에는 충분하다.

```
    labels=[('org_unit','loss_prevention')],
    expiration_timestamp=TIMESTAMP_ADD(CURPRENT_TIMESTAMP(), INTERVAL 90 DAY)
  ) AS

  SELECT
    visitorId,
    REGEXP_EXTRACT(SESSION_USER(), r'@(.+)') AS user_domain,
    REGEXP_EXTRACT(visitorEmailAddress, r'@(.+)') AS customer_domain,
    date,
    totals.transactions,
    totals.transactionRevenue,
    totals.totalTransactionRevenue,
    totals.timeOnScreen

  FROM `bigquery-public-data`.google_analytics_sample.ga_sessions_20170801

  WHERE
    (totals.totalTransactionRevenue / 1000000) > 1000
    AND REGEXP_EXTRACT(visitorEmailAddress, r'@(.+)') =
        REGEXP_EXTRACT(SESSION_USER(), r'@(.+)')
  ORDER BY totals.totalTransactionRevenue DESC
  LIMIT 10
```

이 뷰는 검토자와 같은 도메인의 트랜잭션만을 반영하기 위해 트랜잭션을 필터링하므로 @example.com 도메인을 가진 사용자는 @example.com 도메인의 트랜잭션을 검토할 수 있지만 @acme.com의 트랜잭션은 확인할 수 없다.

마찬가지로 스크립트에서 `@@proejct_id` 시스템 변수를 사용할 수도 있다. 이 변수는 어떤 프로젝트가 쿼리를 실행하는지를 구분할 때 특히 유용하다.

## 개인과 관련된 모든 트랜잭션 제거하기

사용자의 트랜잭션 데이터를 빅쿼리에 저장하고 데이터 웨어하우스에서 `userId=xyz`인 트랜잭션만을 모두 지우는 요청을 받았다고 가정하자. 이 작업은 크게 DML을 이용하는 방법과 크립토 슈레딩crypto-shredding을 이용하는 방법 등으로 가능하다(법적 요구사항에 의해 삭제가 필요할 경우 법무팀에 어떤 방법이 적합한 방법인지 반드시 확인한다).

## DML

각 테이블에 저장된 사용자 데이터를 삭제하려면 DELETE 문을 이용한다.

**예제 10-26** 데이터를 삭제하는 쿼리

```
DELETE someds.user_transactions
WHERE
  userId = 'xyz'
```

백업 및 임시 테이블의 행도 반드시 삭제해야 한다. 삭제된 행은 7일 동안 복구가 가능하므로 삭제한 데이터를 보존해야 하는 시간에 제한이 없다면 적어도 7일 이전에 작업을 시작한다. 8장에서 언급했듯이, 삭제 작업은 일괄로 실행하고 MERGE 문을 이용해 사용자 그룹별로 레코드를 삭제하는 것이 효율적이다.



## 크립토슈레딩

레코드 삭제를 수행하는 두 번째 방법은 userId 별로 고유한 암호화 키를 할당하고 모든 민감한 데이터를 해당 사용자의 암호화 키로 암호화하는 것이다. 이렇게 하면 사용자 개인정보의 보호에도 이점이 있다. 사용자의 데이터를 삭제하려면 간단히 해당 사용자의 암호화 키만 삭제하면 된다. 이 방법은 삭제된 키가 복구되지 않는 한, 백업과 임시 테이블을 포함한 데이터 웨어하우스의 모든 테이블에서 사용자 레코드를 즉시 사용 불가능하게 만든다.

예시를 위해 london_bicycles 데이터셋의 각 자전거를 데이터를 삭제하고자 하는 '사람'이라고 가정하자. 특히, 어느 한 시점에 자전거를 대여하고 반납했던 대여소는 노출하지 않는다고 해보자.

가장 먼저 할 일은 데이터셋의 고유한 bike_id 컬럼 값을 위한 키셋을 저장할 테이블을 생성하는 것이다.

**예제 10-27** 고유한 bike_id 컬럼 값을 저장할 테이블을 생성하는 쿼리

```
CREATE OR REPLACE TABLE ch10eu.encrypted_bike_keys AS
WITH bikes AS (
  SELECT
    DISTINCT bike_id
  FROM
    'bigquery-public-data'.london_bicycles.cycle_hire
)
SELECT
```

```
  bike_id, KEYS.NEW_KEYSET('AEAD_AES_GCM_256') AS keyset
FROM
  bikes
```

이제 encrypted_bike_keys 테이블에는 다음과 같이 원본 데이터셋의 고유한 bike_id 컬럼값과 그에 할당된 키셋이 저장된다.

| 행번호 | bike_id | keyset |
|---|---|---|
| 1 | 3792 | CJ/erfElEmQKWAowdHlwZS5nb29nbGVhcGlzLmNvbS9nb29nbGUuY3J5cHRvLnRpbmsuQ WVzR2NtS2V5EilalB0bdZJ8sfaEzaN8RyShvuCZL5r0OXf7EztsBLB9V1tMGAEQARif3q3xCCAB |
| 2 | 5331 | CKSmz/lLEmQKWAowdHlwZS5nb29nbGVhcGlzLmNvbS9nb29nbGUuY3J5cHRvLnRpbmsu QWVzR2NtS2V5EilalKtZqxsil9t41Sv6lTKAWEi/wxLS0cizdbCDWVPpcl8JGAEQARikps/yCyAB |

다음으로 이 키셋을 이용해 cycle_hire 테이블의 개인의 데이터를 암호화한다(이때 데이터에 대여소 간의 자전거 이동 기록과 시간이 포함되어 있다고 가정한다). 먼저 개인 데이터를 암호화할 함수를 생성해야 한다. 왜냐하면 민감한 데이터를 가진 컬럼 중 어떤 컬럼은 정수 데이터를, 또 다른 컬럼은 문자열을 가지고 있기 때문이다.

**예제 10-28** 키를 암호화할 함수를 구현하는 쿼리

```
CREATE TEMPORARY FUNCTION encrypt_int(keyset BYTES, data INT64, trip_start TIMESTAMP)
AS (
  AEAD.ENCRYPT(keyset, CAST(data AS STRING), CAST(trip_start AS STRING))
);

CREATE TEMPORARY FUNCTION encrypt_str(keyset BYTES, data STRING, trip_start TIMESTAMP)
AS (
  AEAD.ENCRYPT(keyset, data, CAST(trip_start AS STRING))
);
```

그런 다음 bike_id 컬럼을 이용해 암호화 키셋 테이블을 조인해서 각 행의 암호화 키셋을 가져와 암호화 함수를 호출해서 암호화를 수행한다.

**예제 10-29** 암호화를 수행하고 그 결과를 테이블로 생성하는 쿼리

```
CREATE OR REPLACE TABLE ch10eu.encrypted_cycle_hire AS

SELECT
  cycle_hire.* EXCEPT(start_station_id, end_station_id,
```

```
      start_station_name, end_station_name)
    , encrypt_int(keyset, start_station_id, start_date) AS start_station_id
    , encrypt_int(keyset, end_station_id, start_date) AS end_station_id
    , encrypt_str(keyset, start_station_name, start_date) AS start_station_name
    , encrypt_str(keyset, end_station_name, start_date) AS end_station_name
  FROM
    'bigquery-public-data'.london_bicycles.cycle_hire
  JOIN
    ch10eu.encrypted_bike_keys
  USING (bike_id)
```

이 테이블은 민감한 데이터를 가진 각 컬럼(예제에서는 start_station_id, end_station_id, start_station_name, end_station_name 컬럼)을 고유한 bike_id(예제에서는 각 자전거의 ID를 '사람'으로 취급하고 있음을 상기하자)의 키셋을 이용해 암호화했다. ENCRYPT 함수의 세번째 파라미터는 특정 문맥에서만 복호화를 허용하기 위해 '추가로' 전달한 데이터다. 예제에서는 start_date를 문맥으로 사용하고 있다. 이 세 번째 파라미터를 지정하지 않으면 테이블에 접근할 수 있는 누군가가 자전거에 해당하는 다른 행으로 바꿔치기해서 자전거의 위치를 의미하는 원래 값을 알아낼 수도 있다. 하지만 예제에서는 문맥(start_date)이 다르므로 내부자도 이런 식의 공격을 할 수 없다.[17]

암호화된 테이블을 쿼리하려면 쿼리를 실행하기 전에 데이터를 복호화해야 한다. 예를 들어 자전거 대여 시간이 가장 길었던 대여소를 찾으려면 다음 쿼리를 작성한다.

**예제 10-30** 데이터를 복호화하고 조회하는 쿼리

```
CREATE TEMPORARY FUNCTION
  decrypt(keyset BYTES, encrypted BYTES, trip_start TIMESTAMP) AS (
    AEAD.DECRYPT_STRING(keyset, encrypted, CAST(trip_start AS STRING))
);

WITH duration_by_station AS (
  SELECT
    duration
```

17 예를 들어 현 시점의 자전거의 위치를 표시하도록 허가된 애플리케이션을 사용하는 프로그래머가 있다고 가정해 보자. 만일 이 프로그래머가 애플리케이션을 수정할 수 있는 기술이 있다면 자전거의 암호화된 현재 위치를 현재 시간보다 이른 시간의 암호화된 위치로 바꿔치기한 후 애플리케이션을 이용해 매핑할 수 있다. 이렇게 하면 프로그래머는 암호화 키를 몰라도 자전거 위치의 기록을 얻을 수 있다. 하지만 start_date를 추가 필드로 사용한다면 이런 공격이 불가능하다. 이전 시간의 위치는 그 시간의 start_date 컬럼 값을 포함해서 암호화되었으므로 그 이후의 시간 값으로는 복호화가 불가능하기 때문이다. 이처럼 문맥을 제공하는 메타데이터는 AEAD 암호화 함수에 추가 데이터를 전달할 수 있다.

```
    , decrypt(keyset, start_station_name, start_date) AS start_station_name
  FROM
    ch10eu.encrypted_cycle_hire
  JOIN
    ch10eu.encrypted_bike_keys
  USING (bike_id)
)

SELECT
  start_station_name
  , AVG(duration) AS duration
FROM
  duration_by_station
GROUP BY
  start_station_name
ORDER BY duration DESC
LIMIT 5
```

이 쿼리의 결과는 다음과 같다.

| 행번호 | start_station_name | duration |
|---|---|---|
| 1 | Stewart's Road, Nine Elms | 4836.380090497737 |
| 2 | Contact Centre, Southbury House | 4364.000000000001 |
| 3 | Speakers' Corner 2, Hyde Park | 4006.0086554245627 |
| 4 | Speakers' Corner 1, Hyde Park | 3710.4661268713203 |
| 5 | Black Lion Gate, Kensington Gardens | 3588.0120035566083 |

이제는 단순히 암호화된 값을 그룹화할 수 없다! 암호화는 결정적이 아니므로(예를 들면 솔트가 추가되어 있으므로), 원래 테이블에 저장된 이름보다 암호화된 대여소 이름의 수가 더 많아졌기 때문이다.

**예제 10-31** 암호화된 테이블에서 고유한 대여소 이름을 조회하는 쿼리

```
SELECT COUNT (DISTINCT start_station_name)
FROM ch10eu.encrypted_cycle_hire
```

이 쿼리는 24,369,201개의 행을 반환하는 반면,

**예제 10-32** 암호화되지 않은 테이블에서 고유한 대여소 이름을 조회하는 쿼리

```
SELECT COUNT (DISTINCT start_station_name)
FROM `bigquery-public-data`.london_bicycles.cycle_hire
```

이 쿼리는 880개의 행만 반환한다.

대여 시간이 가장 많은 대여소를 찾는 쿼리는 암호화를 적용하지 않았을 때와 비교해 훨씬 느리다(두 배 이상 느리다). 하지만 필요할 때 다음과 같이 bike_id에 할당된 키셋만 삭제하면 모든 데이터를 읽을 수 없게 할 수 있다.

**예제 10-33** 키 값으로 데이터를 삭제하는 쿼리

```
DELETE ch10eu.encrypted_bike_keys
WHERE bike_id = 300
```

개인 사용자와 관련된 모든 데이터를 삭제할 때 어떤 방법을 사용할 것인지는 기술적 오버헤드를 유지보수의 형태로 가져갈 것인지(DML), 아니면 연산의 복잡도 형태로 가져갈 것인지(크립토슈레딩)에 따라 결정하면 된다.

## 데이터 유실 방지

때때로 민감한 데이터가 어디에 존재하는지조차 모를 때도 있다. 따라서 빅쿼리 테이블을 스캔해서 신용카드 번호나 회사 비밀 프로젝트 코드, 의료 정보 등 알려진 패턴 등을 검색할 수 있다면 도움이 된다. 그렇게 스캔한 결과는 먼저 민감한 데이터가 적절하고 안전하게 관리되고 있는지 확인할 수 있어서 민감한 데이터의 노출 위험을 줄일 수 있다. 또한 이런 스캔을 정기적으로 실행해 데이터의 증가 및 변경에도 대비하는 것도 중요하다.

클라우드 데이터 유실 방지DLP, Data Loss Prevention[18]을 이용하면 빅쿼리 테이블을 스캔해서 민감한 데이터를 보호할 수 있다. 클라우드 DLP는 완전한 관리형 서비스로, 패턴과 형식, 체크섬을 식별할 수 있는 90개 이상의 내장 타입 검사기를 사용한다. 또한 사전이나 정규 표현식, 문맥상의 요소 등을 이용해 사용자 정의 정보 타입 검사기를 정의하는 기능도 제공한다. 클라우드 DLP는 고객 데이터의 복제 없이 마스킹masking과 토큰화tokenization, 가명화pseudonymization, 데이

18 https://cloud.google.com/dlp/docs/ 문서를 참고하기 바란다. 이 책을 집필하는 현재, 클라우드 DLP는 글로벌 서비스다. 만일 데이터의 위치에 대한 요구사항이 있다면 DLP가 여전히 글로벌 서비스인지 먼저 확인한다.

터 시프팅data shifting 등을 이용해 민감한 데이터를 보호하기 위한 여러 도구도 제공한다. 클라우드 DLP는 빅쿼리에서 활용할 수도 있지만 구글 클라우드 스토리지의 데이터와 파일의 스트림 및 이미지에도 사용할 수 있다. 마지막으로 K-익명성K-anonymity(https://en.wikipedia.org/wiki/K-anonymity, http://itwiki.kr/w/K-익명성) 같은 방법을 포함한 재식별re-identification[19]의 위험을 이해하는 데 도움이 될 수 있도록 구조화된 데이터를 분석할 때도 사용한다.

빅쿼리 테이블을 스캔하려면 클라우드 콘솔에서 **빅쿼리**를 선택한 후 Export ➤ Scan with DLP 메뉴를 선택하고 특정 형태의 데이터를 포함하도록 그림 10-5와 같이 설정을 적용하면 된다.

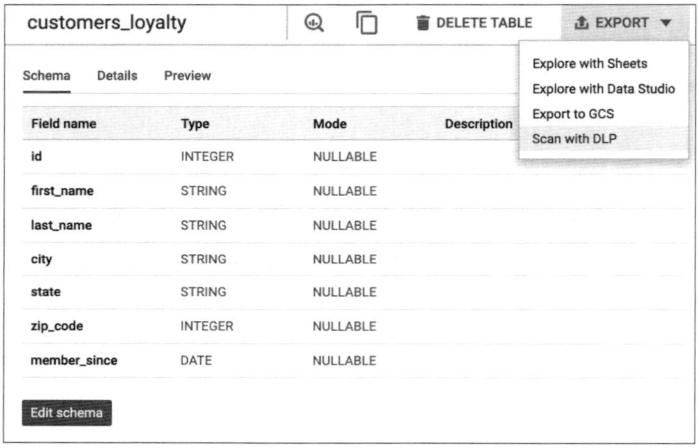


그림 10-5 클라우드 DLP를 이용한 빅쿼리 테이블 스캔

클라우드 DLP 스캔이 발견한 민감한 데이터를 삭제하거나 알아볼 수 없게 하려면 다음 절에서 설명할 클라우드 KMS의 키로 데이터를 보호하면 된다.

## CMEK

빅쿼리는 봉투 암호화envelop encryption를 이용해 사용자의 도움 없이 데이터를 암호화한다. 봉투 암호화를 사용하면 빅쿼리 테이블의 데이터는 먼저 데이터 암호화 키DEK, Data Encryption Key를 이용해 암호화된 후, 다시 DEK를 키 암호화 키KEK, Key Encryption Key를 이용해 암호화한다. 각 GCP 고객의 공유하지 않는 모든 리소스는 데이터 덩어리chunk로 나누어져 다른 고객이 사용하는 키와는 별개의 키로 암호화한다. 심지어 같은 고객이 보유한 같은 데이터의 다른 부분을 보호할

19 자세한 내용은 https://en.wikipedia.org/wiki/Data_re-identification 문서를 참고하자. 이는 익명화된 데이터를 관련된 다른 주변 데이터와 비교하면서 특정 개인을 식별해 내는 형태의 공격을 말한다.

때도 서로 다른 DEK를 사용한다. 그런 후 키 암호화 키를 이용해 구글이 데이터를 암호화할 때 사용한 데이터 암호화 키를 다시 암호화한다. 키 암호화 키는 그림 10-6에서 보듯이 구글 키 관리 서비스KMS, Key Mangement Service에서 중앙 관리한다.

그림 10-6 봉투 암호화는 DEK와 KEK로 이루어진다. KDK는 KMS에서 중앙식으로 관리하며 키 링을 사용해 키를 돌려쓴다

암호화를 사용하면 데이터가 실수로 공격자의 손에 들어가더라도 암호화 키가 없으면 실제 데이터에 접근할 수 없다. 설령 공격자가 여러분의 데이터를 저장한 스토리지 장치를 손에 넣는다 해도 그 데이터를 보거나 복호화할 수 없다. 또한 암호화는 중앙에서 관리하는 암호화 키를 데이터에 대한 접근이 무조건 감시되는 곳에 생성하기 때문에 데이터에 접근하기 위한 일종의 '관문'이 된다. 게다가, 암호화는 고객 데이터의 보호에도 기여한다. 즉 고객의 동의를 얻지 않고도 시스템은 데이터를 조작(예를 들면 백업)할 수 있고 엔지니어는 인프라스트럭처를 지원할 수 있다.

만일 규제에 따라 데이터를 암호화하는 데 사용한 키를 직접 관리해야 한다면 CMEK가 큰 도움이 된다. 키 암호화는 실질적인 데이터를 암호화하는 DEK를 암호화할 때 적용되며, 키 암호화 키는 중앙식 관리 시스템에 저장된다. 여러분이 키 암호화를 직접 관리해야 한다면 대부분 이와 같은 절차를 구현하길 원할 것이다. 즉 중앙에 KMS를 배치하고 그 키를 이용해 조직 내의 모든 프로젝트의 테이블 데이터를 암호화하고자 할 것이다.

클라우드 KMS에서 키는 특정 지역에 존재하는 키 링key ring에 귀속된다. 클라우드 KMS를 실행하는 중앙 프로젝트에서 키 링과 키를 생성한 후 키의 교체 주기를 명시하면 된다.

**예제 10-34** 프로젝트에 키 링과 키를 생성하고 교체 주기를 지정하는 명령

```
gcloud kms keyrings create acmecorp --location US
gcloud kms keys create xyz --location US \
  --keyring acmecorp --purpose encryption \
  --rotation-period 30d \
  --next-rotation-time 2019-07-01T12:00:00Z
```

키 링은 반드시 빅쿼리 데이터셋과 같은 지역에 생성해야 한다. 예를 들어 US 리전의 데이터셋은 US 리전의 키 링에 저장된 키로 보호해야 하며, asea-northeast1 리전의 데이터셋은 asea-northeast1 리전의 키 링으로 보호해야 한다.

빅쿼리는 클라우드 KMS의 키를 키 암호화 키로 이용한다. 즉 데이터를 암호화할 DEK를 암호화하기 위해 사용한다. 따라서 키를 생성한 후에는 KMS 프로젝트가 아닌 모든 프로젝트의 빅쿼리 서비스 계정이 키를 이용해 데이터를 암호화 및 복호화할 수 있도록 허용한다.

**예제 10-35** 빅쿼리 서비스 계정이 암호화 키를 사용하도록 허용하는 명령

```
SVC=$(bq show --encryption_service_account)
gcloud kms keys add-iam-policy-binding \
  --project=[KMS_PROJECT_ID] \
  --member serviceAccount:$SVC
  --role roles/cloudkms.cryptoKeyEncrypterDecrypter \
  --location=US \
  --keyring=acmecorp \
  xyz
```

그런 다음, 테이블을 생성할 때 사용할 키를 지정하면 된다.

**예제 10-36** 암호화 키를 지정해 테이블을 생성하는 명령

```
bq mk ... --destination_kms_key \
projects/[PROJECT_ID]/locations/US/keyRings/acmecorp/cryptoKeys/xyz \
mydataset.transactions
```

테이블을 생성할 때 키를 지정하면, 그 이후로는 특별한 조작이 없어도 클라우드 KMS로 보호되는 테이블을 쿼리할 수 있다. 빅쿼리는 테이블의 내용물을 암호화하도록 지정된 키의 이름을 저장해 뒀다가 클라우드 KMS가 보호하는 테이블을 쿼리할 때 그 키를 사용한다. 빅쿼리 웹 UI, bq 명령줄 인터페이스 등 현존하는 모든 도구는 테이블을 암호화한 클라우드 KMS에 접근할 수 있다면 기본적으로 암호화된 테이블과 같은 방법으로 작동한다.

## 데이터 유출 보호

VPC-SC를이용하면 클라우드 스토리지 버킷과 빅쿼리 데이터셋 같은 구글 클라우드 플랫폼 리소스 주변에 경계perimeter를 정의할 수 있다. 사설 구글 액세스Private Google Access를 함께 사용하

면 클라우드와 온프레미스 배포가 혼합된 하이브리드 클라우드 환경을 구성해 민감한 데이터는 사설 네트워크에서 보호할 수 있다.

VPC-SC는 클라우드 IAM이 제공하는 계정 기반 접근 제어 외에도 문맥 기반의 경계 보안을 제공한다. VPC-SC를 사용하면 도난된 자격 증명를 이용한 인증되지 않은 네트워크의 접근이나 악의적인 내부자에 의한 데이터 유출, IAM 정책을 잘못 정의한 실수로 인한 개인정보의 유출 등의 보안 위험을 줄일 수 있다. 또한 `gsutil`과 `bq` 같은 도구를 이용해서 경계 외부에서 리소스의 데이터를 읽거나 리소스로 데이터를 복사하는 행위도 차단할 수 있다.

VPC-SC를 설정하려면 GCP 콘솔의 `VPC Service Controls`으로 이동한 후 새로운 경계를 추가하면 된다. 그런 다음, 해당 경계 내에서 서로 통신을 허용할 프로젝트와 서비스를 지정하면 된다. 예를 들어 프로젝트 A에 빅쿼리와 클라우드 스토리지 등 2개의 서비스를 선택했다고 가정해 보자. 그러면 이 프로젝트는 클라우드 스토리지로부터 빅쿼리로 데이터를 로드하거나 빅쿼리에서 클라우드 스토리지로 데이터를 내보낼 수는 있지만 해당 프로젝트가 소유한 버킷만 사용할 수 있다. 즉 다른 프로젝트가 소유한 버킷에서 빅쿼리로 데이터를 로드하거나 다른 프로젝트가 소유한 버킷으로 빅쿼리 데이터를 내보낼 수는 없다. 버킷 간에 데이터를 복사하거나 다른 프로젝트에 소속된 데이터셋을 쿼리할 때도 마찬가지다. 물론 경계에 두 프로젝트를 추가해서 이 두 프로젝트 간에 통신도 허용할 수도 있다.

## 정리

이 장에서는 빅쿼리가 제공하는 인프라스트럭처 보안과 IAM을 이용해 사용자와 애플리케이션의 인증과 권한을 다루는 방법을 알아봤다. 또한 필요한 규제와 규정을 준수하기 위해 필요한 다양한 도구도 알아봤다. 하지만 이런 도구와 기능을 사용하는 것이 규제와 규정 요구사항을 준수하는지는 반드시 법무팀과 상의해야 한다!

지금까지 빅쿼리 세계로의 여행에 동참해 준 여러분에게 감사의 인사를 전한다. 서비스에 대한 소개로 1장을 시작해, 2장에서는 SQL 문법, 3장에서는 데이터 타입, 4장에서는 데이터 적재, 5장에서는 개발 환경을 살펴봤다. 6장부터는 기초적인 내용을 넘어서 빅쿼리의 아키텍처를 알아봤다. 7장에서는 다양한 성능 향상 팁을, 8장에서는 빅쿼리의 여러 기능을 낱낱이 살펴봤다. 9장에서는 빅쿼리를 이용한 머신러닝을, 마지막으로 이 장에서는 보안에 관해 설명했다. 이 책에서 의미 있는 통찰을 얻기 위해 데이터의 분석에만 집중할 수 있었던 것은 빅쿼리가 누구나 쉽게 사용할 수 있는 서버리스 SQL 엔터프라이즈 데이터 웨어하우스 솔루션이었기에 가능했다. 이 책을 통해 빅쿼리를 더 즐겁게 사용하면서 훌륭한 성과를 이루어내길 바란다.

# 한국어판 특별 부록

# 클라우드 컴포저와 빅쿼리로 ELT 파이프라인 만들기

변성윤

이 책은 빅쿼리에 관한 깊은 내용을 다루지만, 현업에서 사용하는 데이터 파이프라인에 관한 자료는 많지 않아 한국어판 특별 부록을 추가로 작성하기로 했다. 현업에서 데이터 파이프라인을 구축해야 하는 이들과 학생들이 데이터 파이프라인을 어떻게 구축하면 되는지 알 수 있도록 도움을 주고 싶었고, 데이터 엔지니어링에서 많이 사용하는 아파치 에어플로우에 관해 간단히 설명하고자 했다. 부록을 읽은 다음, 4장에서 설명한 빅쿼리 트랜스퍼 기능과 컴포저를 사용하면 배치성 데이터 파이프라인을 빠르게 구축할 수 있을 것이다.

이 부록에서는 구글 클라우드의 컴포저(컴포저는 구글 클라우드가 제공하는 관리형 에어플로우 서비스임)를 다룬다. 또한 ELT 파이프라인을 알아보고 실무에서 바로 사용할 수 있는 내용을 설명한다. 추가로 간단한 ELT 시나리오를 가정해 빅쿼리를 이용해 ELT 파이프라인을 만들어 볼 것이다.

## ELT 파이프라인의 큰 그림

ELT 파이프라인은 Extract-Load-Transform 과정을 의미한다. 우선 데이터를 하루에 한 번씩 배치로 옮긴다고 가정하고 시작하자. 로그 데이터는 아마 클라우드의 저장소(AWS S3 또는 GCP 클라우드 스토리지) 또는 데이터베이스에 저장되어 있을 것이다. 로그 데이터에서 필요한 내용만 추출Extract한다. 그리고 데이터 웨어하우스에서 해당 데이터를 로드Load해 테이블로 저장한다. 그런 다음에 데이터를 변환Transform하는 쿼리를 실행한다. 이런 흐름을 ELT 파이프라인이라 일컫는다.

ELT 파이프라인은 회사마다 다른 구조로 구성될 수 있으며, 배치냐 실시간이냐 등에 따라 ELT 파이프라인이 복잡해질 수 있다. 하지만 너무 복잡하게 생각하지 않고 다음과 같이 기억하자.

"ELT 파이프라인은 어딘가에 저장된 데이터를 추출한 후, 해당 데이터를 다른 장소(데이터 웨어하우스 등)로 옮기고(저장하고) 그다음에 데이터를 변환하는 과정이다."

## 클라우드 컴포저란

### 아파치 에어플로우

클라우드 컴포저Cloud Composer는 구글 클라우드가 제공하는 관리형 아파치 에어플로우Apache Airflow다. 우선 아파치 에어플로우가 무엇인지부터 알아보자.

오늘날 데이터 엔지니어링에서 많이 사용하는 오픈 소스인 아파치 에어플로우는 배치 ELT 파이프라인을 쉽게 만들 수 있는 도구이며 반복되는 작업 흐름을 쉽게 컨트롤할 수 있게 해준다. 예를 들어 A 작업 후에 B 작업을 실행해야 하고 B 작업 후에는 C 작업을 실행해야 하는 상황을 생각해 보자. 만약 A 작업이 실패했다면 B 작업을 실행해야 할까? 아니면 A 작업을 재시도해야 할까? 이런 것들을 컨트롤할 수 있는 도구가 바로 아파치 에어플로우다. 다시 말해, 워크플로우의 의존성을 관리할 수 있는 기능이다. 또한 매일 아침 9시에 작업을 실행하기 등 주기적인 작업 일정을 스케줄링할 수도 있다. 아파치 에어플로우에서는 이러한 작업 및 의존성을 확인할 수 있는 웹 UI도 제공된다.

최근에는 데이터 엔지니어링 외에도 머신러닝 엔지니어링(모델 학습, 배치 인퍼런스, 데이터 정합성 체크 등)에서도 자주 활용되고 있다.

### 클라우드 컴포저

클라우드 컴포저는 아파치 에어플로우의 인프라를 구글 클라우드 플랫폼에서 관리하는 서비스다. 구글 클라우드에서 인프라를 관리하므로 사용자는 핵심 파이프라인에만 집중하면 된다.

만약 규모가 작거나 인프라를 관리할 인력이 없다면 클라우드 컴포저를 사용하는 것을 추천한다. 클라우드 컴포저는 쿠버네티스 엔진에서 실행된다. 내부적으로 클라우드 SQL, 앱 엔진, IAP[Identity-Aware Proxy], 클라우드 스토리지, 스택드라이버 등 구글 클라우드의 여러 제품을 사용하지만, 사용자는 내부적인 요소를 몰라도 핵심 로직을 구현할 수 있다.

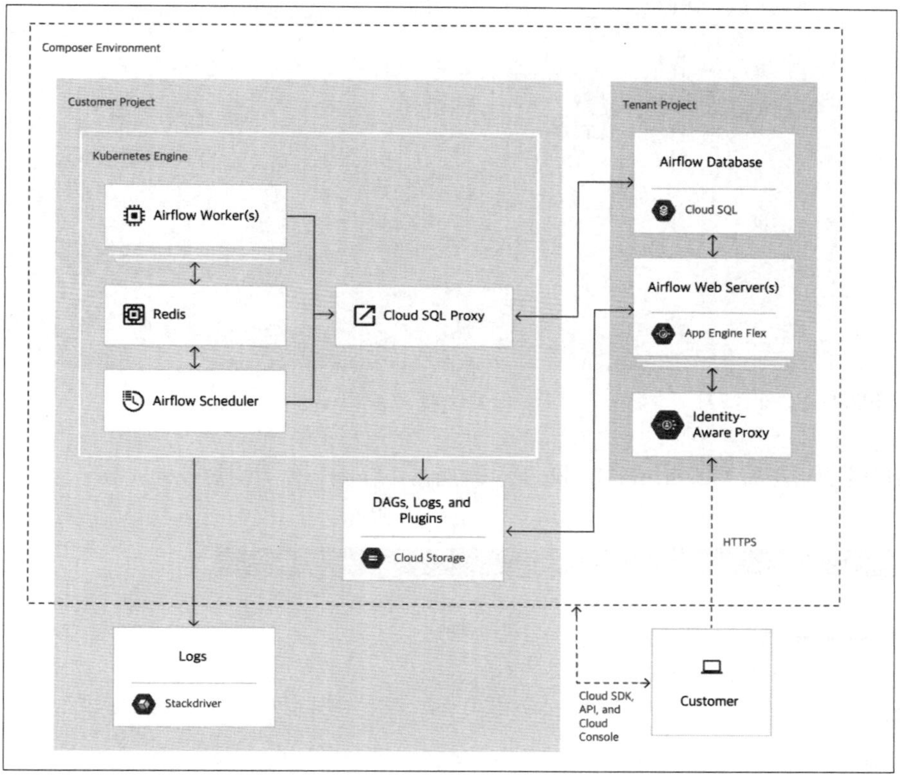


그림 A-1 구글 클라우드 컴포저 환경 리소스

## 클라우드 컴포저 생성 및 환경 설정

우선 구글 클라우드의 콘솔(http://console.cloud.google.com/)로 이동해 콘솔의 왼쪽 메뉴에서 **빅데이터 > Composer**를 클릭하자.

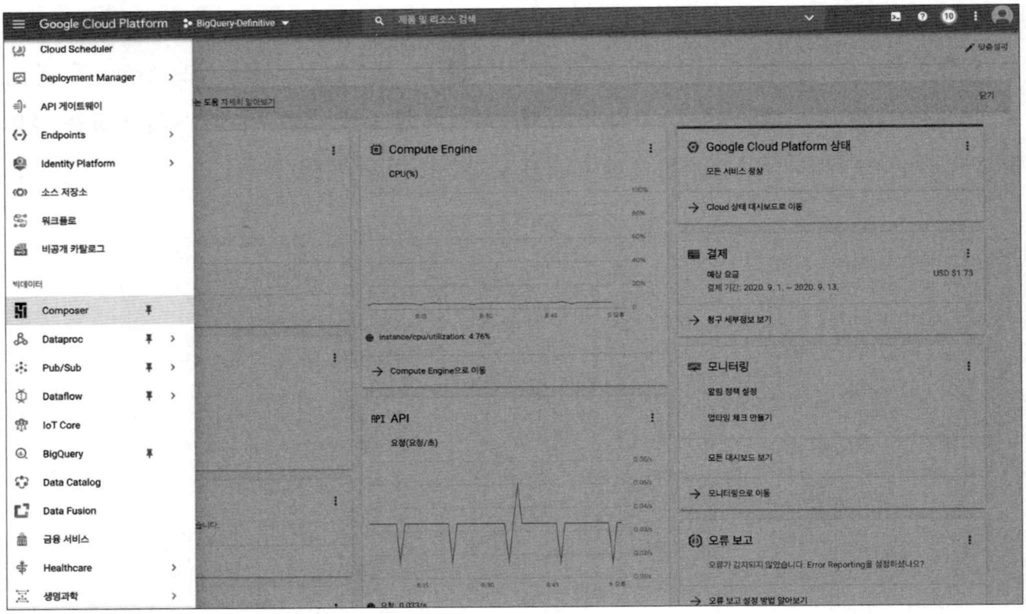

그림 A-2 구글 클라우드 콘솔의 컴포저

처음 실행했다면 클라우드 컴포저 API를 사용할지를 물어본다. **사용**을 클릭한다.

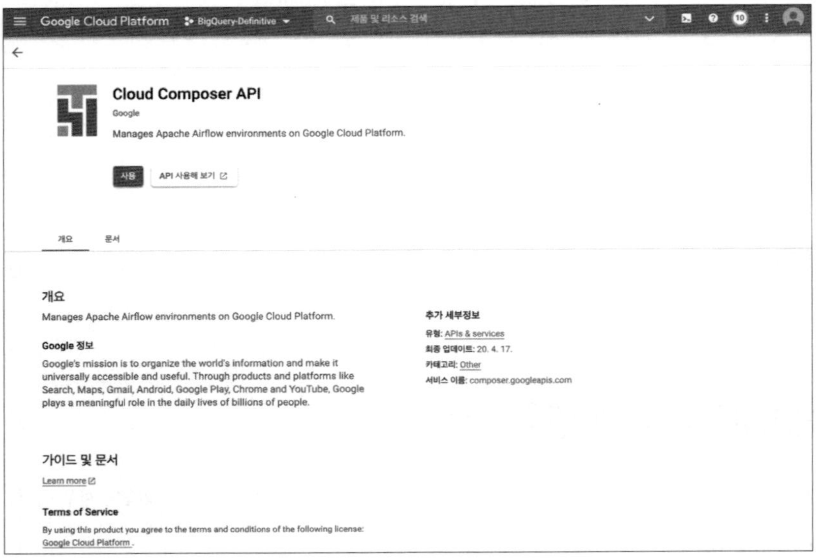

그림 A-3 컴포저 API 사용하기

**사용**을 클릭한 후 여러분이 사용하는 프로젝트를 선택하고 컴포저 메인 페이지로 이동하면 컴포저 환경을 만들 수 있다. 여기서 CREATE ENVIRONMENT를 클릭한다.

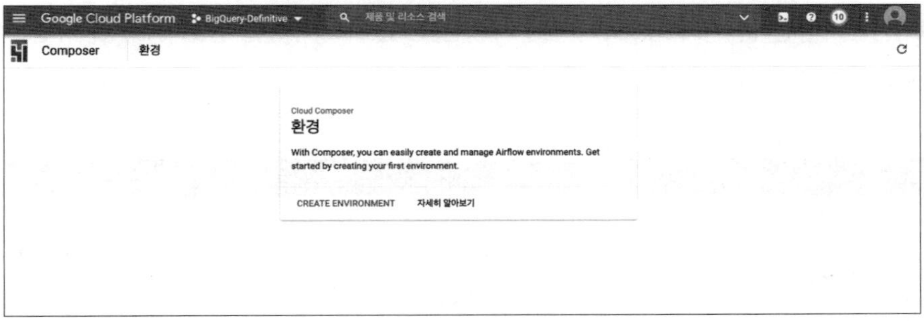


그림 A-4 컴포저 환경 생성하기

사용할 이름을 입력하고(여기선 composer-test라고 했지만, 원하는 이름을 지정해도 된다) 지역을 설정한 후 머신 유형을 선택한다. 여기서 머신 유형은 가장 작은 인스턴스인 n1-standard-1을 설정했다. 그 아래 설정은 우선 기본값을 사용하고, 파이썬 버전은 3으로 설정한 다음, **만들기** 버튼을 클릭한다.

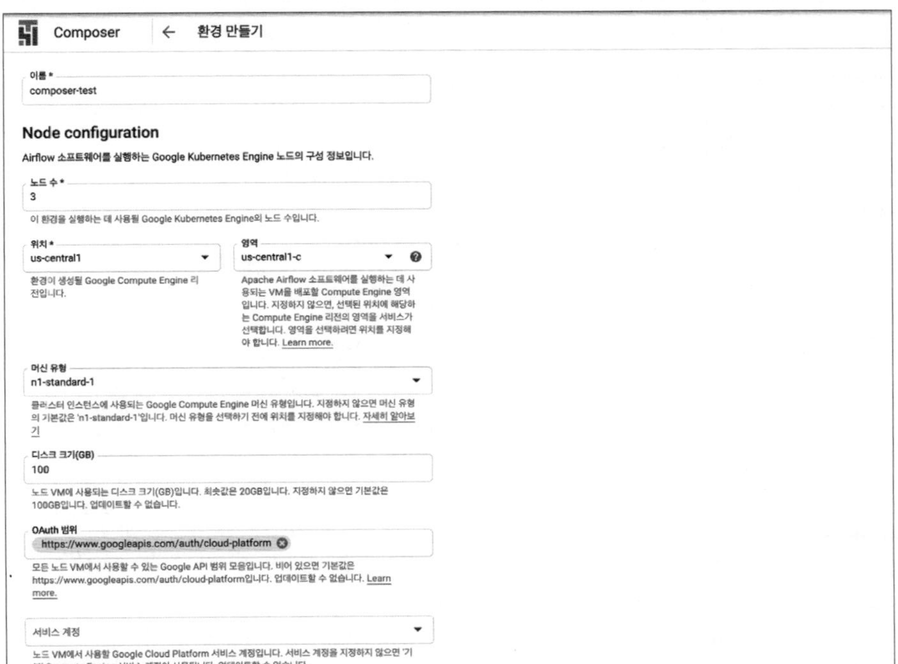


그림 A-5 컴포저 환경 설정

몇 분 기다리면 컴포저 환경이 생성된다. 만약 계속해서 환경이 생성되고 있다면 웹 브라우저 창을 새로고침 해보자. 생성된 환경에서 Airflow **웹 서버** 아래에 있는 Airflow 버튼을 누르면 에어플로우 웹 서버로 이동하고, **로그**를 클릭하면 로그를 확인할 수 있는 페이지로 이동한다. **DAG 폴더** 아래의 DAG를 클릭하면 클라우드 스토리지로 이동한다. 앞으로 작성할 컴포저 DAG 파일은 DAG 폴더 아래에 저장하면 된다.

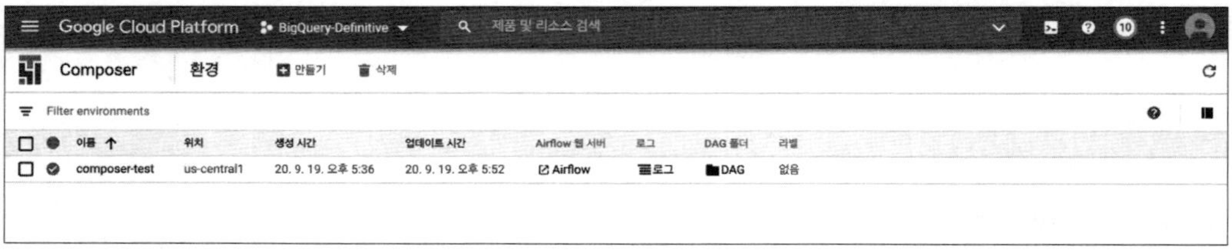


그림 A-6 생성된 컴포저 환경

컴포저 환경 이름인 composer-test를 클릭하면 컴포저의 전반적인 모니터링, 환경 설정, 환경 변수 등을 설정할 수 있다.

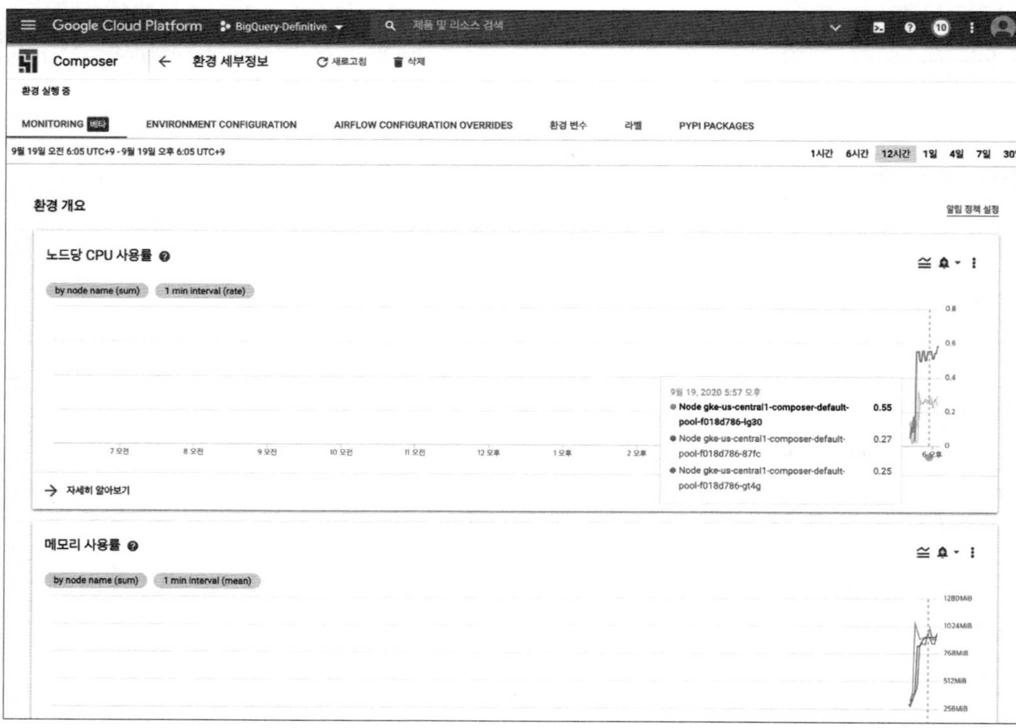


그림 A-7 컴포저 모니터링 페이지

환경 설정 페이지에서는 컴포저 생성 환경 설정 옵션을 볼 수 있다. 어떤 클라우드 서비스와 연결되어 있는지, 에어플로우 버전, 파이썬 버전, DAG 폴더, 웹 서버 UI 등의 정보를 확인할 수 있다.

그림 A-8 컴포저 환경 설정 페이지

AIRFLOW CONFIGURATION OVERRIDES 페이지에서는 에어플로우의 airflow.cfg 파일에 들어가는 설정을 오버라이드할 수 있다. airflow.cfg에 들어가는 설정은 에어플로우 공식 문서인 https://airflow.apache.org/docs/stable/howto/set-config.html에 자세히 나와 있다.

**환경 변수** 페이지에서는 컴포저 환경(스케줄러, 워커, 웹 서버 등)에서 사용할 환경 변수를 설정할 수 있다. PYPI PACKAGES 페이지에서는 컴포저 환경에서 사용할 파이썬 패키지를 설치할 수 있으며, 패키지 이름과 버전을 명시하면 컴포저 환경에 패키지가 설치된다.

## 클라우드 컴포저 웹 서버 UI

이제 다시 컴포저 환경으로 돌아와서 **Airflow 웹 서버** 아래의 Airflow 버튼을 클릭하자. 그러면 appspot.com 도메인을 갖는 URL로 이동하게 된다. 이제 웹 서버로 이동하면 그림 A-9와 같은 컴포저 웹 서버 화면을 볼 수 있다. 컴포저 환경을 방금 만든 상태이므로 airflow_monitoring이라는 DAG 1개만 존재한다. DAG을 만들어 보면서 웹 서버 UI를 자세히 알아보자.

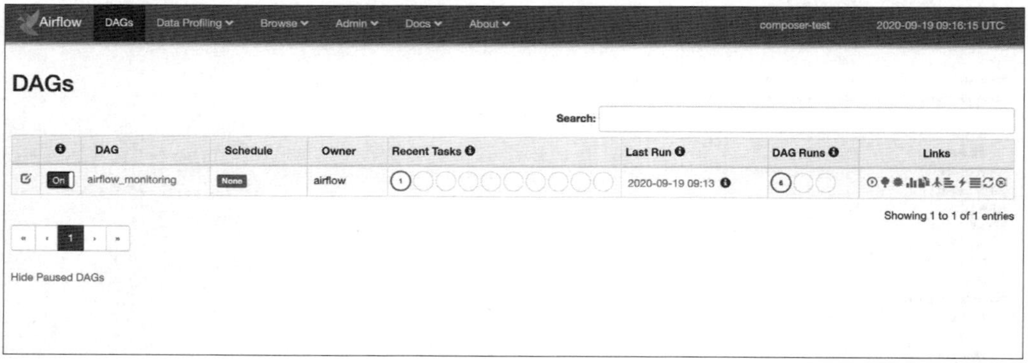


그림 A-9 컴포저 웹 서버 화면

## DAG 만들기

에어플로우는 DAG^Directed Acyclic Graph^이라는 워크플로우를 정의한 후, DAG 안에 여러 태스크^task^를 연결한다. 여기서 태스크는 하나의 작업 단위를 의미한다. 태스크는 오퍼레이터^operator^로 정의하는데, 오퍼레이터에는 파이썬을 실행하는 `PythonOperator`, 배시 커맨드를 실행하는 `BashOperator`, 빅쿼리 쿼리를 실행하는 `BigQueryOperator` 등 다양한 오퍼레이터가 있다. 사용자가 쉽게 사용할 수 있도록 추상화가 되어 있다.

DAG 파이썬 파일을 만드는 과정은 다음과 같다.

1. 기본 설정(`default_args`)을 정의한다.
2. `models.DAG`을 사용해 DAG을 정의한다.
3. DAG의 태스크를 생성한다. 하나의 DAG에 여러 태스크가 저장될 수 있으며, 태스크들은 오퍼레이터를 사용해 정의한다.

4. 태스크의 의존성을 표현한다.
5. 파이썬 파일을 클라우드 스토리지에 업로드하고 웹 서버로 이동해 작업이 실행되었는지 확인한다.
6. 오류가 생겼다면 오류 메시지를 확인해 파일을 수정한다.

DAG 예제 파일을 만들어서 컴포저에서 실행해 보자. 태스크는 총 8개로, BashOperator를 사용해 task1, task2를 순차적으로 실행한다. 그 후 PythonOperator를 사용해 task3을 실행한다. task3이 실행된 후 multiple_task가 병렬로 실행된다. multiple_task는 반복문에서 5번 반복되어 5개의 task를 만들게 되며, 반복문을 사용해 병렬로 태스크들을 연결할 수 있음을 보여주기 위해 사용했다. task_id를 보면 반복문을 돌며 sleep_for_0 태스크, sleep_for_1 태스크, ... sleep_for_4 태스크를 생성한다. 자세한 내용은 웹 서버를 통해 확인해 보자.



**예제 A-1** 간단한 컴포저 DAG 파이썬 스크립트

```
from airflow import models
from airflow.operators.bash_operator import BashOperator
from airflow.operators.python_operator import PythonOperator
from datetime import datetime, timedelta
import time

default_args = {
    'owner': 'airflow',
    'depends_on_past': False,
    'start_date': datetime(2020, 9, 18),
    'end_date': datetime(2020, 9, 20),
    'email': ['airflow@airflow.com'],
    'email_on_failure': False,
    'email_on_retry': False,
    'retries': 1,
    'retry_delay': timedelta(minutes=5)}

def print_hello(**kwargs):
    print("hello")

def my_sleeping_function(random_base):
    time.sleep(random_base)

# dag 객체 생성
with models.DAG(
```

```
    dag_id='airflow_first_dag', description='First DAG',
    schedule_interval = '0 0 * * *',  # 한국 시간으로 09시
    default_args=default_args) as dag:

task1 = BashOperator(
    task_id='print_date',
    bash_command='date',
    dag=dag)

task2 = BashOperator(
    task_id='sleep',
    bash_command='sleep 5',
    retries=3,
    dag=dag)

task3 = PythonOperator(
    task_id='print_hello',
    python_callable=print_hello,
    dag=dag,
)

task1 >> task2
task2 >> task3

for i in range(5):
    multiple_task = PythonOperator(
        task_id='sleep_for_' + str(i),
        python_callable=my_sleeping_function,
        op_kwargs={'random_base': float(i) / 10},
        dag=dag,
    )

    task3 >> multiple_task
```

생성한 DAG 파이썬 파일을 클라우드 스토리지에 업로드하자. 클라우드 스토리지 경로는 컴포저 환경에서 확인할 수 있다. 클라우드 스토리지 버킷으로 이동해 **dags** 폴더에서 **파일 업로드**를 눌러 파일을 업로드하면 된다(앞 코드는 이 책의 깃허브 appendix/dags/01.airflow-example.py 파일을 확인하자)

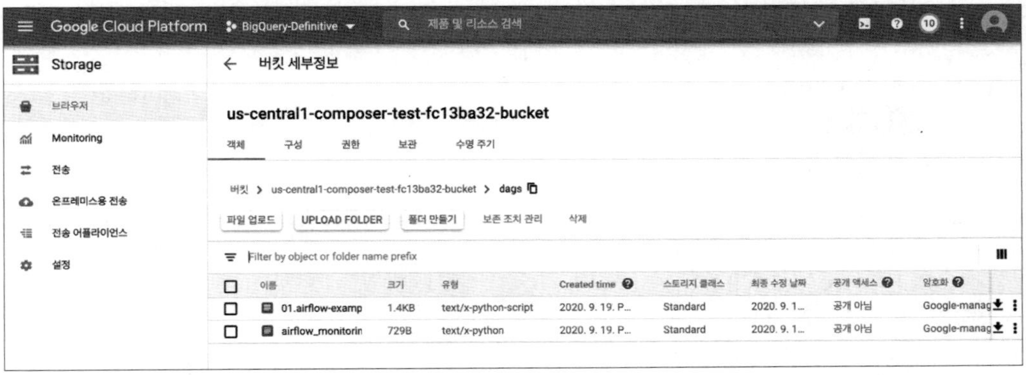


그림 A-10 클라우드 스토리지 버킷의 dags 폴더에 DAG 파일 업로드하기

이제 웹 서버로 이동해서 DAG이 추가되었는지 확인하자.

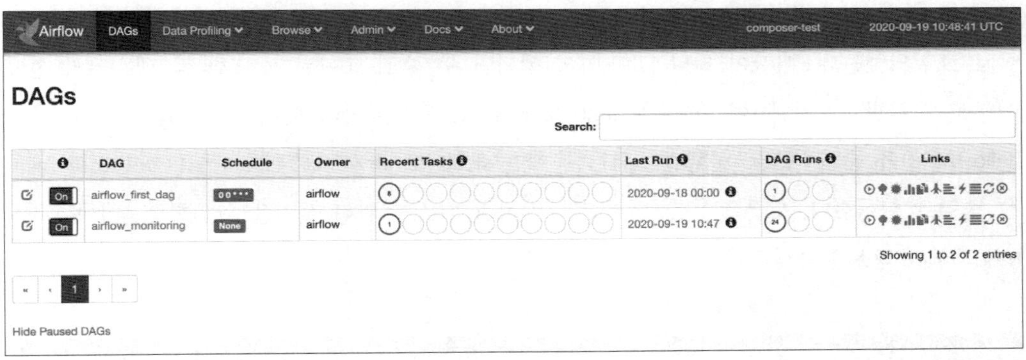


그림 A-11 추가된 airflow_first_dag

`airflow_first_dag`이라는 DAG이 생성되었다. 해당 DAG의 스케줄은 "0 0 * * *"으로 설정되어 있는데, 이 표현은 crontab에서 사용하는 표현과 동일하며 타임존은 UTC를 사용하고 있다. 따라서 이 스케줄은 UTC 기준 0시 0분에 실행되며 한국 시각 기준으로는 오전 9시 0분에 실행된다. Recent Tasks를 보면 8개가 초록색 원 안에 표시되어 있다. 초록색은 정상적으로 태스크들이 성공적으로 실행(=success)되었음을 의미한다. 성공을 나타내는 초록색 외에도 연두색은 실행 중running, 빨간색은 실패failed를 의미한다. 그 옆에 DAG Runs는 하나의 DAG이 실행 완료되었음을 의미한다. 이제 airflow_first_dag을 클릭해 트리 뷰를 확인하자.

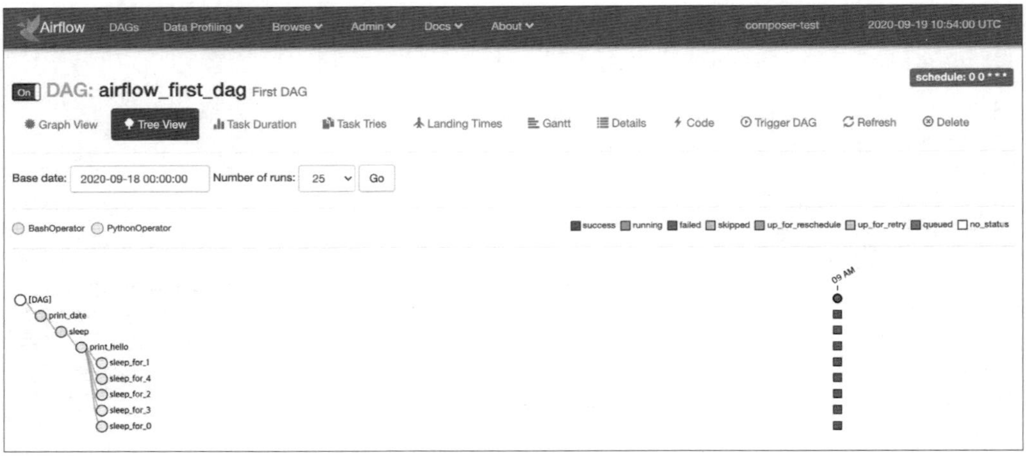


그림 A-12 컴포저 DAG의 트리 뷰

트리 뷰Tree View는 태스크들을 트리 형태로 보여준다. 해당 DAG은 1번만 실행되어 우측에 한 줄로 표현되었는데, 시간이 지나 DAG이 실행되면 두 줄로 표현된다. 또한 각 태스크의 성공 여부도 확인할 수 있다. 이 DAG은 print_date(task1)를 수행하며 이어서 sleep(task2)과 print_hello(task3)을 순차적으로 실행한다. 그다음에는 sleep_for_0~4(`for loop`에 있던 `multiple_task`)을 병렬로 실행한다. 오른쪽 네모 박스를 클릭하면 태스크 관련 설정을 확인할 수 있다. print_hello의 **네모 박스**를 클릭하자.

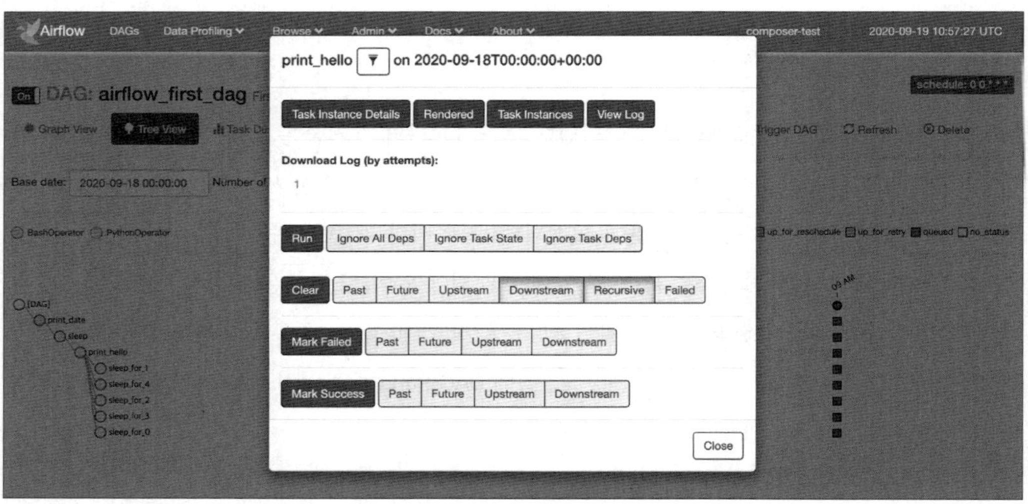


그림 A-13 태스크의 설정

이제 View Log를 클릭해 로그를 확인해 보면 print_hello에서 실행한 hello를 볼 수 있다. 파이썬에서 출력print하는 내용을 이 화면에서 볼 수 있다.

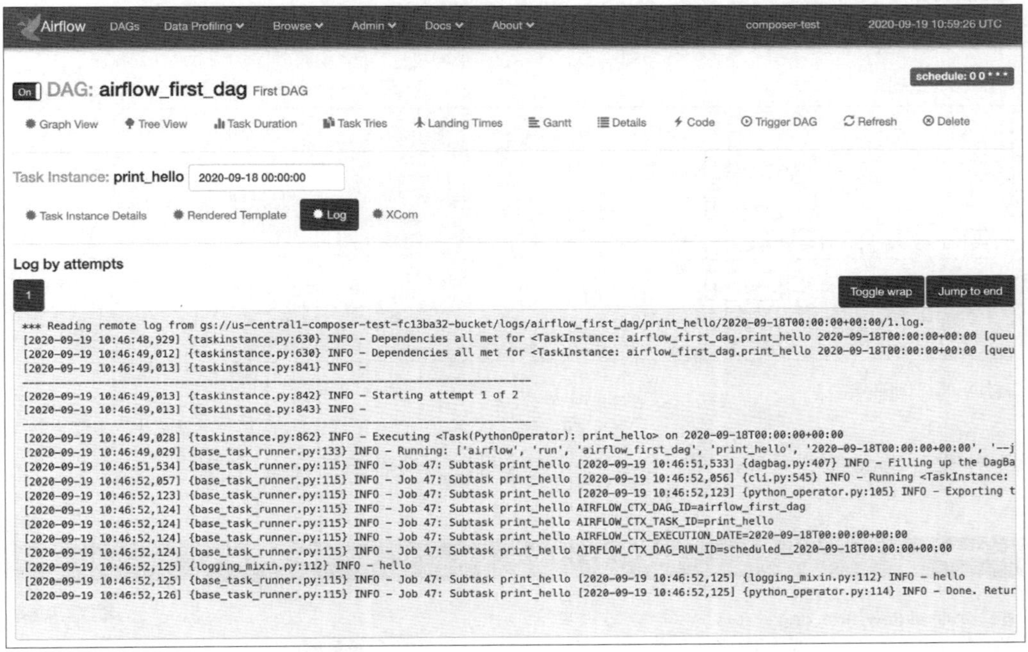


그림 A-14 태스크의 로그 확인

이제 Graph View를 클릭해 그래프 뷰로 이동하자. 트리 뷰와 비슷하지만 그래프 뷰는 태스크들의 관계를 표현하는 데 사용된다. 트리 뷰는 실행된 태스크들의 상황을 한 번에 볼 수 있고, 그래프 뷰는 선택된 특정 DAG 실행 건만 표시한다.

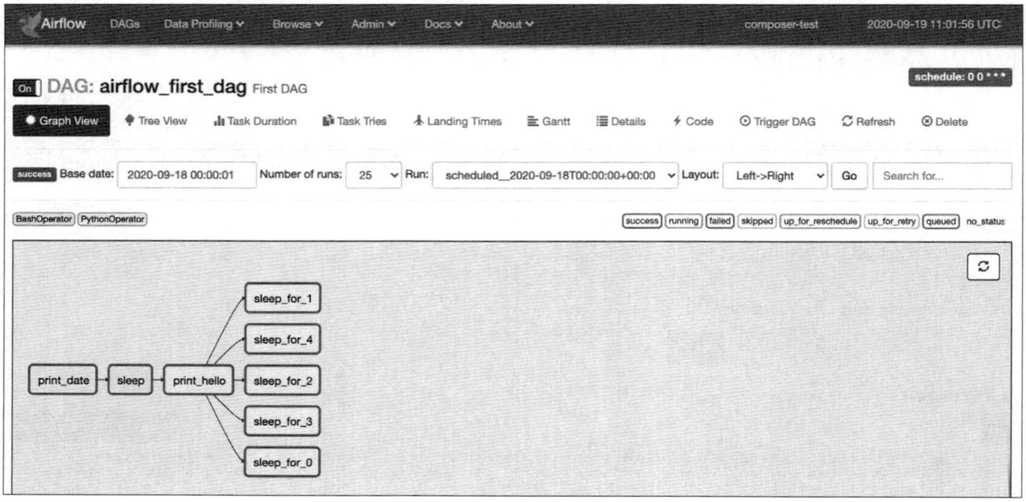


그림 A-15 그래프 뷰

그 밖에도, Code를 클릭하면 해당 DAG에서 사용하는 파이썬 코드를 볼 수 있다.

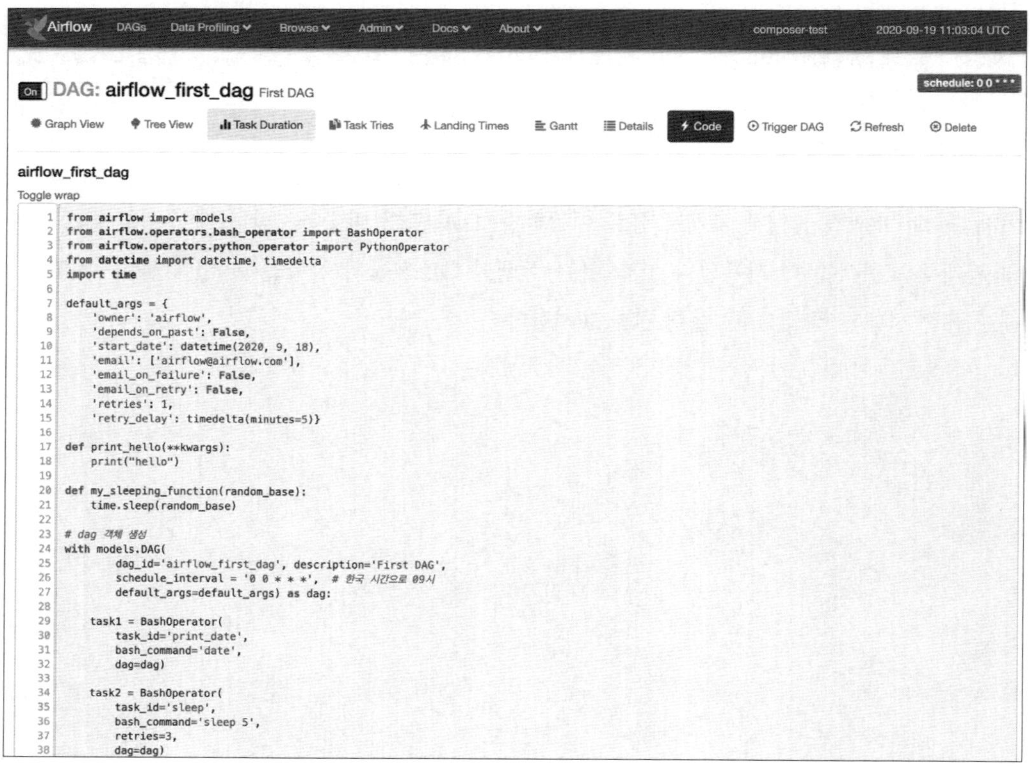


그림 A-16 코드를 확인할 수 있는 코드 페이지

Task Tries, Landing Times, Gantt 등은 실행 시간에 관련된 내용을 보여준다. 버튼을 눌러보면 어떤 그래프가 나오는지 확인할 수 있으니 한번 확인해 보길 바란다. Trigger DAG을 누르면 해당 DAG을 수동으로 실행한다.

지금까지 컴포저 웹 서버에 대해 알아보았으니, 이제 본격적으로 ELT 파이프라인을 만들어 보자.

## ELT 파이프라인 만들기

이제 만들어 볼 ELT 파이프라인은 1개의 DAG에 2개의 태스크가 있는 파이프라인이다. 구글 클라우드 스토리지에 저장된 CSV 파일을 빅쿼리 테이블에 저장하고, 그 테이블에 쿼리를 실행해 결괏값을 테이블로 저장하는 파이프라인을 만들 것이다. 구글 클라우드 스토리지에 저장되는 파일이 하루 단위로 데이터가 저장되는 상황을 가정하며, 저장된 테이블에 쿼리를 실행해 일별 주요 지표를 별도의 테이블로 저장할 것이다. 이렇게 집계된 테이블을 만드는 이유가 있다. 빅쿼리는 쿼리를 실행할 때 탐색하는 컬럼 용량에 따라 비용을 부과하기 때문이다. 자주 사용할 지표는 미리 집계해 놓고 사용하면 비용을 절약할 수 있다. 이제 파이프라인을 만들기 위해 하나씩 접근해 보자. 우선 데이터가 들어오는 ELT 파이프라인 시나리오를 가정하고, 해당 시나리오에서 어떤 데이터가 저장되는지 확인해 보자.

- 시나리오: 매일 구글 클라우드 스토리지에 데이터가 CSV로 저장(데이터는 하루 단위로 저장된다. 즉 9월 17일엔 9월 16일 데이터가 저장되고, 9월 18일엔 9월 17일 데이터가 저장된다.)
- 사용할 데이터: 해당 시나리오를 위해 임의로 가공한 데이터셋(https://github.com/onlybooks/bigquery/tree/master/appendix/data에서 내려받을 수 있다.)

### ❶ 서비스 계정 설정하기

구글 클라우드 스토리지와 빅쿼리에 접근하기 위해 서비스 계정을 생성하고 컴포저 환경에 등록해야 한다. 구글 클라우드 콘솔로 들어가 **API 및 서비스 > 사용자 인증 정보 > 사용자 인증 정보 만들기 > 서비스 계정**을 클릭해서 서비스 계정의 이름과 설명 등의 세부정보를 입력하고 **만들기** 버튼을 클릭한다.

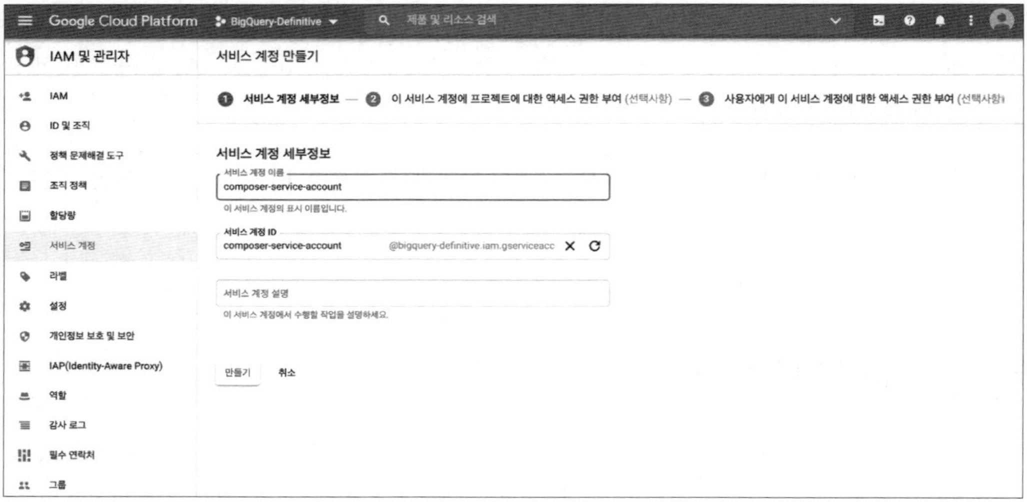


그림 A-17 서비스 계정 만들기

그다음에는 서비스 계정 권한을 부여한다. 그림 A-18의 2단계인 **이 서비스 계정에 프로젝트에 대한 액세스 권한 부여(선택사항)**에서 **서비스 계정 권한(선택사항)** 아래의 **역할**을 선택해 **BigQuery 관리자** 권한과 **저장소 관리자** 권한을 부여한다. 이미 서비스 계정을 생성했지만 역할을 부여하지 못했다면 **IAM 및 관리자 > IAM**에서 방금 생성한 서비스 계정을 클릭하고 우측에 있는 연필 모양 아이콘을 클릭해 역할을 추가한다.

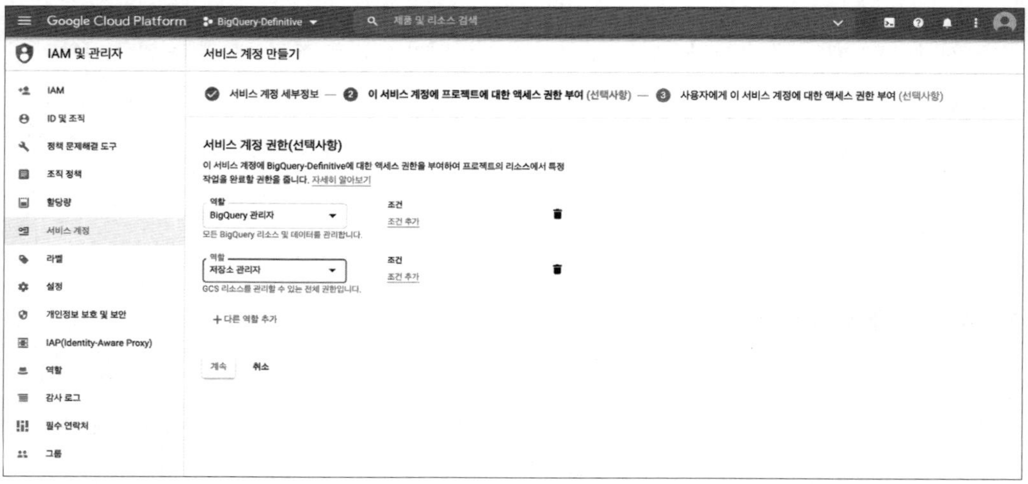


그림 A-18 서비스 계정에 권한 부여

그림 A-18의 3단계에 해당하는 [사용자에게 서비스 계정에 대한 액세스 권한 부여(선택사항)] 옵션에는 아무것도 설정하지 않고 완료를 클릭한다. [서비스 계정]에서 방금 생성한 서비스 계정의 이름을 클릭하고 **키 > 키 추가 > 새 키 만들기**를 누른다. 이때 키 유형은 JSON으로 설정하고 **만들기**를 클릭한다.

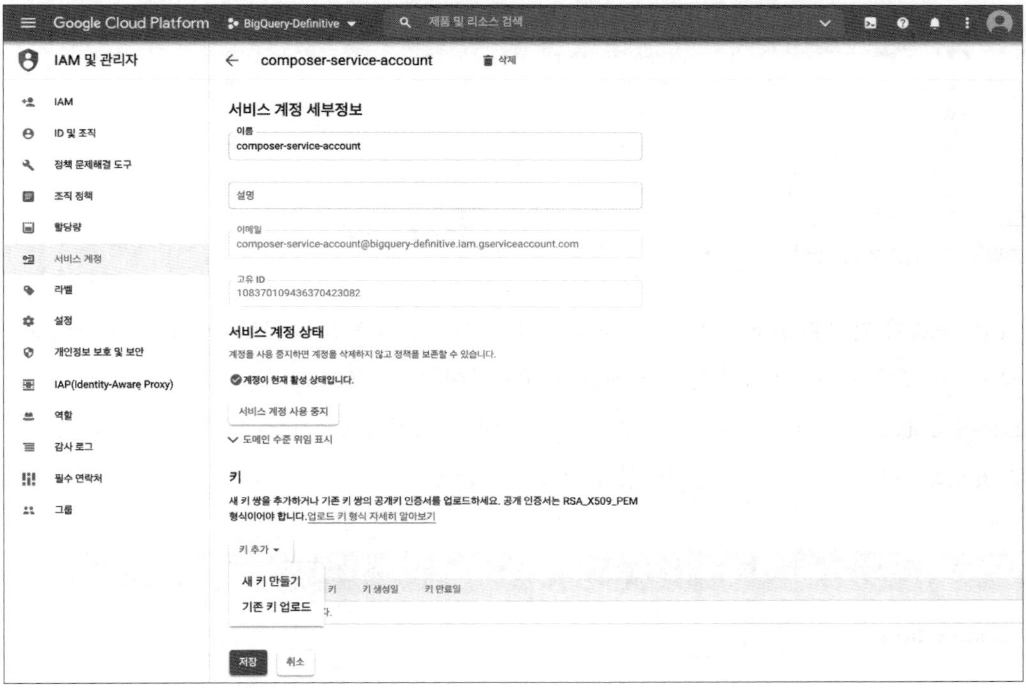


그림 A-19 서비스 계정 JSON 키 생성하기

이제 내려받은 json 파일을 잘 보관하자! 외부에 유출되면 위험하니 절대 깃허브 등에 올리지 않기를 바란다. 이제 다시 **컴포저 웹 서버 > Admin > Connection**으로 이동하자. Conn Id가 google_cloud_default로 되어 있는 설정을 찾아 수정을 뜻하는 **연필** 모양의 아이콘을 클릭한다.

그림 A-20 컴포저 웹 서버의 Connection

그림 A-21과 같이 Project Id 필드에는 여러분의 프로젝트 ID를 입력하고, Keyfile JSON 필드에는 앞서 내려받은 JSON 파일의 내용 전체를 복사해 붙여넣는다. Scopes 필드에는 [https://www.googleapis.com/auth/cloud-platform]를 입력하고, 마지막으로 Save 버튼을 클릭한다. 앞으로 google_cloud_default라는 커넥션 설정을 사용할 것이다.

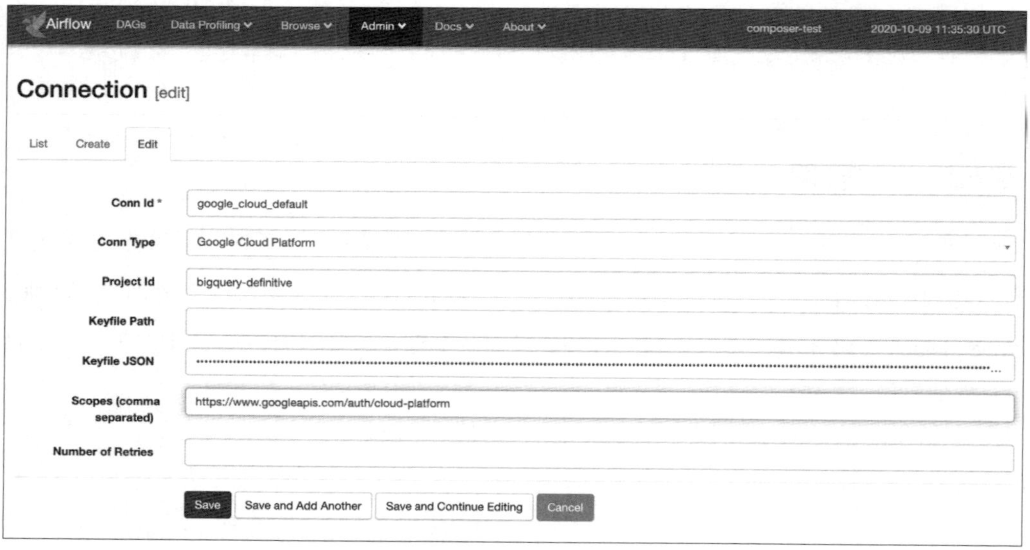


그림 A-21 컴포저 google_cloud_default 커넥션 설정하기

## ❷ 구글 클라우드 스토리지에 파일 업로드하기

클라우드 스토리지에 하루 단위로 저장될 데이터를 업로드하자. 여기서는 수동으로 파일을 업로드해 사용하지만, 실제 서비스 환경에서는 자동으로 데이터가 저장될 것이다.

구글 클라우드 콘솔에서 Storage를 클릭한 후 버킷을 생성한다. 버킷의 이름은 고유한 이름으로 설정해야 한다. 원하는 버킷의 이름을 사용하면 되며, 여기서는 bigquery-definitive로 했다. 여기서 설정한 버킷의 이름은 나중에 사용할 예정이니, 독자분들이 각자 사용한 스토리지 버킷 이름을 꼭 기억해두자.

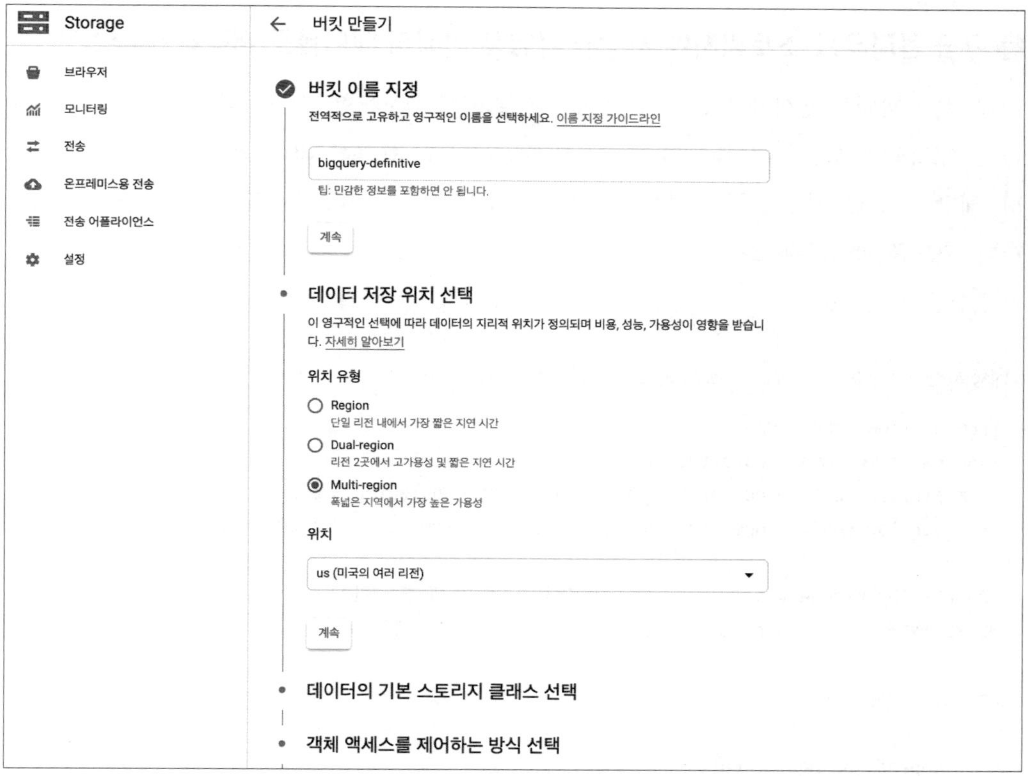


그림 A-22 구글 클라우드 스토리지 버킷 만들기

방금 생성한 스토리지 버킷에 들어가 **폴더 만들기**를 클릭한 후 data라는 폴더를 생성하자(그림 A-23). 그다음으로 깃허브(https://github.com/onlybooks/bigquery/tree/master/appendix/data)에서 csv 파일 및 스키마가 정의된 json 파일을 내려받아 업로드한다. 이 파일들은 2019년 11월 25일부터 28일까지 저장된 csv 파일이다.

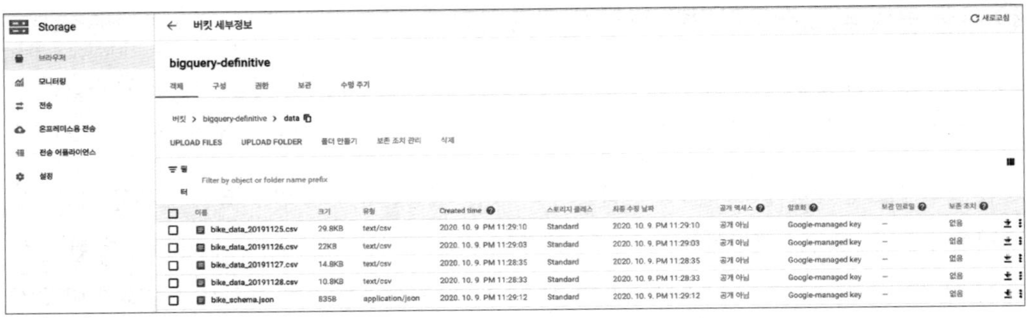


그림 A-23 스토리지에 업로드된 파일

## ❸ 구글 클라우드 스토리지에 저장된 파일을 빅쿼리 테이블로 저장하는 태스크

이제 DAG 파일을 생성하자. DAG을 생성한 후 2)에서 업로드한 파일을 빅쿼리 테이블로 적재하는 태스크를 생성할 것이다. 이 태스크는 `GoogleCloudStorageToBigQueryOperator`를 사용한다. 해당 오퍼레이터는 구글 클라우드 스토리지의 파일을 빅쿼리 테이블로 저장하는 오퍼레이터다. 코드를 살펴보자(코드는 이 책의 깃허브 appendix/dags/02.simple-elt-bigquery.py 파일에서 확인할 수 있다).

**예제 A-2** ELT 파이프라인 컴포저 DAG 파이썬 스크립트의 일부(1)

```
from airflow import DAG
from datetime import datetime, timedelta
from airflow.contrib.operators.gcs_to_bq import GoogleCloudStorageToBigQueryOperator
from airflow.contrib.operators.bigquery_operator import BigQueryOperator

PROJECT_ID='bigquery-definitive' # 여러분들의 프로젝트 ID를 넣어주세요
BUCKET_NAME = 'bigquery-definitive' # 생성한 버킷 이름을 넣어주세요

default_args = {
    'owner': 'airflow',
    'depends_on_past': False,
    'start_date': datetime(2019, 11, 25),
    ‘end_date’: datetime(2019, 11, 28),
    'retries': 1,
    'retry_delay': timedelta(minutes=1),
    'project_id': PROJECT_ID
}

dag = DAG('simple_elt_storage_to_bigquery',
```

```
        default_args=default_args,
        schedule_interval='30 0 * * *')

execution_date = '{{ ds_nodash }}'

storage_to_bigquery_task = GoogleCloudStorageToBigQueryOperator(
    dag=dag,
    google_cloud_storage_conn_id='google_cloud_default',
    bigquery_conn_id='google_cloud_default',
    task_id='storage_to_bigquery',
    bucket=BUCKET_NAME,
    schema_object='data/bike_schema.json',
    source_objects=[f"data/bike_data_{execution_date}.csv"],
    source_format='CSV',
    destination_project_dataset_table=f'{PROJECT_ID}.temp.bike_{execution_date}',
    write_disposition='WRITE_TRUNCATE',
    skip_leading_rows=1
)
```

필요한 라이브러리를 import한 후, 프로젝트 ID와 버킷 이름을 지정하자. 이 값은 여러분들의 프로젝트 ID, 버킷 이름을 저장해야 한다. 그 후엔 에어플로우 DAG에서 사용할 기본 파라미터를 default_args에 저장한다. owner는 해당 DAG의 주인을 의미하며, depends_on_past는 과거 스케줄링된 DAG의 성공 유무에 따라 그 이후 스케줄링을 실행할지 말지를 결정하는 인자다. False를 지정하면 과거 스케줄링이 실패해도 실행 시점이 되면 DAG을 실행한다. start_date와 end_date는 실행과 종료 시점을 나타낸다. retries는 태스크들이 만약 실패하면 다시 시도하는 횟수를 의미한다.

GoogleCloudStorageToBigQueryOperator의 인자를 보면 앞에서 생성한 커넥션 id와 태스크 id를 입력하며, 생성한 버킷 이름과 스키마 그리고 파일들을 지정한다. destination_project_dataset_table에는 이 파일을 저장할 빅쿼리 테이블을 지정한다. wirte_disposition은 테이블에 데이터를 추가할 때 덮어쓰기(WRITE_TRUNCATE) 할지, 데이터를 추가할지(APPEND) 등을 설정할 수 있다. skip_leading_rows는 맨 위에 있는 헤더를 생략하기 위해 1로 지정했다. 이 태스크 id는 storage_to_bigquery고, BUCKET_NAME의 data/bike_data_{execution_date}.csv에 있는 파일을 {PROJECT_ID} temp 데이터셋의 bike_{execution_date} 테이블에 저장한다. execution_date는 위에서 '{{ ds_nodash }}'로 정의하는데, 이는 실행하는 시점의 데이터를 dash가 없는 형태로 사용할 수 있다. 이는 에어플로우의 매크로 기능인데, 자세한 내용은 https://airflow.

apache.org/docs/stable/macros-ref.html에서 확인할 수 있다. 이런 방식을 사용하면 시작 시점의 날짜 등을 템플릿으로 활용할 수 있다.

## ❹ 저장된 빅쿼리 테이블에 쿼리를 실행해 결괏값을 테이블로 저장하는 태스크

이제 3)에서 생성한 태스크로 클라우드 스토리지에 저장된 csv 파일이 빅쿼리 테이블에 저장된다. 이 테이블에 쿼리를 실행해 일자별 시작역, 종착역별 건수를 집계하는 테이블을 생성해 보자. 이 태스크에서는 BigQueryOperator를 사용한다.

**예제 A-3** ELT 파이프라인 컴포저 DAG 파이썬 스크립트의 일부(2)

```
agg_query = f"""
SELECT
  start_date, start_station_id, end_station_id, COUNT(bikeid) AS cnt
FROM `{PROJECT_ID}.temp.bike_{execution_date}`
GROUP BY start_date, start_station_id, end_station_id
"""

query_task = BigQueryOperator(
        dag=dag,
        task_id="query_to_table",
        bigquery_conn_id='google_cloud_default',
        sql=agg_query,
        use_legacy_sql=False,
        write_disposition='WRITE_TRUNCATE',
        destination_dataset_table=f"temp.bike_agg_{execution_date}"
)
```

BigQueryOperator의 인자는 생각보다 간단하다. task_id와 sql, use_legacy_sql, write_disposition, destination_dataset_table 등이 있다. dag은 모든 오퍼레이터에 필요한 인자며, bigquery_conn_id는 위에서 생성한 커넥션 id를 입력한다. BigQueryOperator는 sql 인자에 들어가는 SQL 쿼리문을 실행하고 실행한 결과를 destination_dataset_table에 저장하는 일을 한다. storage_to_bigquery 태스크에서 생성한 빅쿼리 테이블에 SQL 쿼리문을 실행하고 해당 결과를 temp.bike_agg_{execution_date} 테이블에 저장한다. 이제 태스크를 연결하면 DAG이 완성된다. 태스크 연결은 >> 혹은 <<를 사용한다. A >> B는 A 태스크가 성공적으로 실행된 후 B 태스크를 실행하라는 의미다. 완성된 코드는 다음과 같다.

**예제 A-4** ELT 파이프라인 컴포저 DAG 파이썬 스크립트 전체 코드

```
from airflow import DAG
from datetime import datetime, timedelta
from airflow.contrib.operators.gcs_to_bq import GoogleCloudStorageToBigQueryOperator
from airflow.contrib.operators.bigquery_operator import BigQueryOperator

PROJECT_ID='bigquery-definitive' # 여러분들의 프로젝트 ID를 넣어주세요
BUCKET_NAME = 'bigquery-definitive' # 생성한 버킷 이름을 넣어주세요

default_args = {
    'owner': 'airflow',
    'depends_on_past': False,
    'start_date': datetime(2019, 11, 25),
    'end_date': datetime(2019, 11, 29),
    'retries': 1,
    'retry_delay': timedelta(minutes=1),
    'project_id': PROJECT_ID
}

dag = DAG('simple_elt_storage_to_bigquery',
          default_args=default_args,
          schedule_interval='30 0 * * *')

execution_date = '{{ ds_nodash }}'

storage_to_bigquery_task = GoogleCloudStorageToBigQueryOperator(
    dag=dag,
    google_cloud_storage_conn_id='google_cloud_default',
    bigquery_conn_id='google_cloud_default',
    task_id='storage_to_bigquery',
    bucket=BUCKET_NAME,
    schema_object='data/bike_schema.json',
    source_objects=[f"data/bike_data_{execution_date}.csv"],
    source_format='CSV',
    destination_project_dataset_table=f'{PROJECT_ID}.temp.bike_{execution_date}',
    write_disposition='WRITE_TRUNCATE',
    skip_leading_rows=1
)

agg_query = f"""
SELECT
  start_date, start_station_id, end_station_id, COUNT(bikeid) AS cnt
FROM `{PROJECT_ID}.temp.bike_{execution_date}`
```

```
GROUP BY start_date, start_station_id, end_station_id
"""

query_task = BigQueryOperator(
        dag=dag,
        task_id="query_to_table",
        bigquery_conn_id='google_cloud_default',
        sql=agg_query,
        use_legacy_sql=False,
        write_disposition='WRITE_TRUNCATE',
        destination_dataset_table=f"temp.bike_agg_{execution_date}"
)

storage_to_bigquery_task >> query_task
```

이제 이 파일을 컴포저의 스토리지 버킷에 업로드하기 전에 빅쿼리 콘솔로 이동해 temp라는 데이터셋을 생성하자. 해당 데이터셋이 있어야 예제 A-2 ELT 파이프라인 컴포저 DAG 파이썬 스크립트 파일의 결과가 저장된다. temp 데이터셋을 생성한 후 이 파일을 컴포저의 스토리지 버킷의 dags 폴더에 저장한다(csv 파일을 업로드한 스토리지 버킷이 아니라 컴포저의 버킷이다).

이제 결과를 컴포저 웹 서버에서 확인해 보면(그림 A-24), 4개의 DAG(25일부터 28일) 모두 정상적으로 성공했음을 확인할 수 있다.

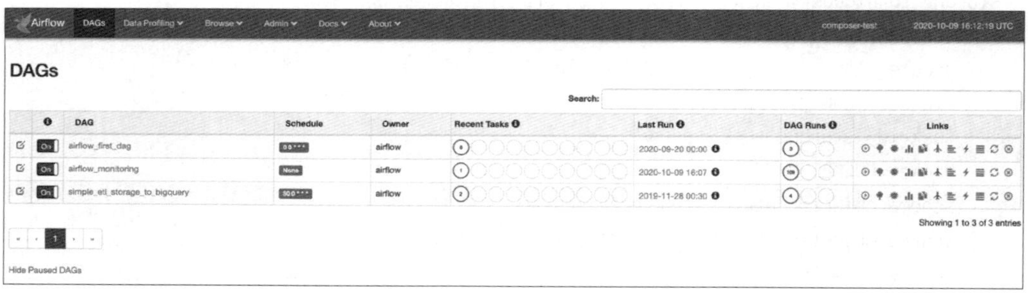


**그림 A-24** 정상적으로 실행된 simple_elt_storage_to_bigquery

빅쿼리 콘솔에 접속하면 temp 데이터셋 아래에 bike 테이블과 bike_agg 테이블이 저장되어 있음을 확인할 수 있다.

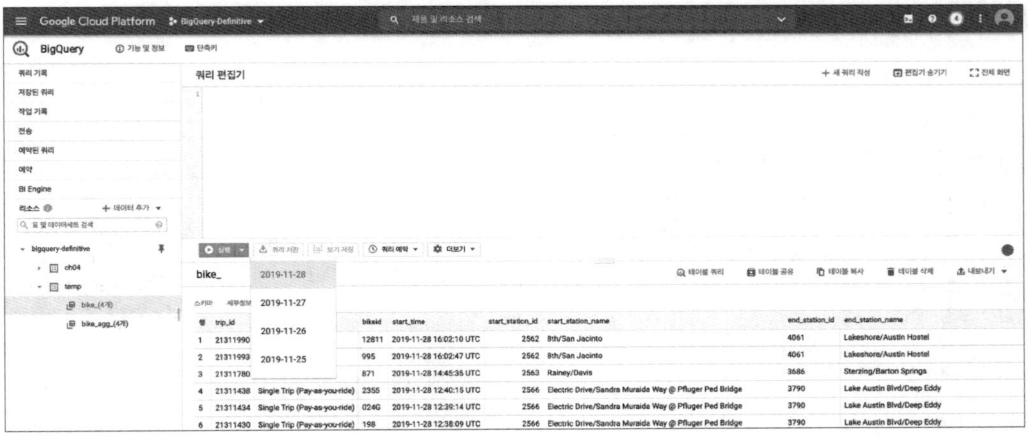


그림 A-25 적재된 bike 테이블

그림 A-26 적재된 bike_agg 테이블

지금까지 설명했듯이, 컴포저를 사용하면 간단하게 ELT 파이프라인을 구축할 수 있다. 여러분의 비즈니스 로직에 따라 다양한 오퍼레이터를 찾아 태스크로 정의한 후 태스크들을 연결해 사용하면 된다. 그리고 컴포저를 사용한 실습을 끝냈다면 추가 비용이 부과되지 않도록 컴포저를 반드시 삭제하자. 컴포저의 비용이 부담된다면 직접 에어플로우를 서버에 설치하는 방법도 합리적인 방법이다. 깃허브에서 'Airflow Docker'로 검색하면 puckel/docker-airflow를 찾을 수 있을 것이다. 해당 레포에 에어플로우 도커 컴포즈 파일 등이 있으니 참고하길 바란다. 여러분 조직의 데이터가 AWS S3에 저장되어 있을 수 있다. 빅쿼리 데이터 전송 기능을 사용하면 AWS S3에 저장된 데이터를 빅쿼리 테이블로 저장할 수 있다. 관련 내용은 이 책의 4장에서 자세히 다루니 참고하자.

# 찾아보기

## ㅅ



## ㅇ



## ㅈ

## S



## T



## U

## V



## W



## X



## Z



## 기호, 숫자

이 책의 표지에 있는 동물은 세계에서 가장 큰 새인 타조의 하위 종인 마사이 타조(Masai ostrich)(학명 Struthio camelus massaicus)로, 동부 아프리카의 탁 트인 평야와 목초 지대에 서식한다. 마사이 타조는 키가 7~9피트며 날개 길이가 6.5피트에 달하지만, 날지는 못한다. 마사이 타조의 날개는 깃털의 솜털이 따로 자라며 (보통의 새처럼) 서로 연결되어 날개를 만들 수는 없기 때문인데, 그래도 포식자를 피하려는 움직임에는 유용하다. 마사이 타조는 최대 시속 45마일로 달릴 수 있는 길고 센 다리를 가지고 있으며, 육지에서 가장 빠른 새이자 가장 빠른 두발 동물이다. 수컷은 검은 깃털(날개와 꼬리 주위에 약간 흰색이 있다)이 특징이며, 목과 다리(교배 중에 더 밝아진다)는 붉은 색이다. 반면에 암컷은 대부분 갈색과 회색빛을 띤다. 대부분 새들은 4개의 발가락을 가지고 있으나, 마사이 타조의 발가락은 2개뿐이며, 그중 하나는 발굽처럼 생겼다. 마사이 타조는 50마리 정도가 무리지어 이동하는데, 간혹 영양이나 얼룩말 같은 목초 동물들과 함께하기도 한다. 타조는 위험에 처하면 자신을 방어하기 위해 머리를 모래에 묻는다는 통념이 있다. 이는 가이우스 플리니우스 세쿤두스의 글에서 유래한다. 플리니우스는 아마도 타조가 모래와 조약돌을 섭취하는 것을 봤거나(타조는 이가 없어서 모래를 먹으면 소화에 도움이 된다), 타조가 알을 부화하는 동안 모래에 알을 파묻는 장면을 봤을지도 모른다. 어쨌든 위협을 받으면 마사이 타조는 멀리 도망가거나 몸을 땅으로 낮춘다. 극한 상황에서는 반격을 하며, 사자를 죽이기도 한다.
오라일리 표지에 나오는 많은 동물은 멸종 위기에 처해 있다. 세상에 존재하는 모든 동물은 존귀한 생명체다. 표지 그림은 『마이어스 클라인스 렉시콘(Meyers Kleines Lexicon)』의 흑백 판화를 바탕으로 한 호세 마르잔(Jose Marzan)의 작품이다.

## 구글 빅쿼리 완벽 가이드

빅데이터, AI, 머신러닝 엔지니어를 위한 대용량 데이터 분석 도구

**펴낸날** | 2020년 11월 26일 초판 1쇄
2022년 6월 24일 2쇄 발행

**지은이** | 발리아파 락쉬마난, 조던 티가니
**옮긴이** | 변성윤, 장현희

**펴낸이** | 김희정
**디자인** | 전병준(표지), 박진희(본문)
**제 작** | 천일문화사(인쇄), 다올페이퍼(용지)

**펴낸곳** | (주)책만
**주소** | 경기도 안양시 동안구 학의로 282
**연락처** | 전화 02) 535-4331, 팩스 02) 6280-4350
**홈페이지** | www.onlybook.co.kr
**페이스북** | facebook.com/onlybookpub
**전자우편** | support@onlybook.co.kr


ISBN 979-11-89909-23-9 93000
값 35,000원

이 도서의 국립중앙도서관 출판예정도서목록(CIP)은 서지정보유통지원시스템 홈페이지(http://seoji.nl.go.kr)와 국가자료공동목록시스템(http://www.nl.go.kr/kolisnet)에서 이용하실 수 있습니다.(CIP제어번호: CIP2020047106)